KB236517

영남인물고 3

안동

이유수·한치응 편수 | 신해진 역주

　이 책은 《영남인물고(嶺南人物考)》의 제3권을 번역한 것이다. 1751년 저술된 이중환(李重煥, 1690~1752)의 《택리지(擇里志)》에 의하면, "조선의 인재 가운데 반은 영남에 있다."라는 말이 있으니, 영남인물고는 그러한 사실을 실감케 한다. 1798년 채제공(蔡濟恭) 등이 정조(正祖)의 명에 따라 영남지역 인물 860명의 간략한 생애와 주요 행적을 각종 문헌에서 초출(抄出)하고 군현별로 편차한 문헌인데, 총목(總目)과 도목(都目: 이름, 벼슬, 호 등의 간략 기록표), 권1~권15를 합하여 총 17책으로 이루어진 유일 필사본이다. 현재 규장각한국학연구원에 권1~권10까지 10책이 소장되어 있고, 국립고궁박물관에 총목과 도목을 포함하여 권11~권15까지 7책이 소장되어 있다.

　원래 규장각에 보관해 오던 《영남인물고》는 1909년 이토 히로부미가 한일관계조사 자료로 66종 938권을 일본으로 가져갈 때 7책(총목·도록, 권11~15)도 반출되어 규장각에는 10책만 남게 되었다. 그러다가 2011년 조선왕조 도서가 일본으로부터 반환되어 국립고궁박물관에 소장될 때, 영남인물고 7책도 환수되어 규장각의 10책과 짝하여 완질을 이루게 되었다. 그 초고는 1799년에 완성되었으나 간행되지 못하였고, 그 구성은 다음과 같다.

권	지역	등재인물	계	편수자
권1	安東	金濟, 金澍, 金自粹, 裵尙志, 權定, 金銖, 鄭玉良, 金孝貞, 河緯地, 柳義孫, 權希孟, 柳崇祖, 金用石, 文敬仝, 權柱, 李宗準, 李弘準, 金時佐, 權檥, 柳公綽, 權輗, 權應挺, 權應昌, 金璡, 金希參, 權磌, 洪仁祐, 柳仲郢, 柳景深, 柳贇, 金彦璣, 金八元, 金宇宏, 具鳳齡, 權好文, 裵三益, 金守一, 鄭惟一, 李珙, 金明一, 李景嵘, 柳仲淹, 金克一, 權春蘭, 柳雲龍, 金宇顒, 金沔	47	蔡弘遠
권2	安東	柳成龍, 南致利, 琴胤先, 金誠一, 鄭士誠, 柳宗介, 洪迪, 柳復起, 金得研, 裵龍吉, 李亨男, 金涌, 鄭士信, 柳復立, 金潗, 金允安, 權益昌, 李光後, 權杠, 權希仁, 權泰一, 李大任, 李昌後, 柳袽, 洪成海, 柳袗, 柳義男, 金是權, 金是樞, 南礏, 柳元慶, 南海準, 張興孝, 權紀, 金是榲, 金烋, 鄭侙	37	丁若銓
권3	安東	柳元之, 柳稷, 南天漢, 宋樀, 金恁, 柳千之, 南天斗, 金邦杰, 李惟樟, 李時善, 柳挺輝, 金如萬, 柳楷, 李址, 柳世鳴, 李瑄, 柳元定, 金聲久, 權斗寅, 李東標, 金世欽, 柳後章, 李琬, 李東完, 金九成, 金世鎬, 邊克泰, 權斗經, 權斗紀, 金汝鍵, 李仁溥, 權德秀, 權榘, 李光庭, 金良炫, 柳升鉉, 李山斗, 金聖鐸, 權萬, 權業, 金景溫, 柳觀鉉, 金樸, 金命基, 金正漢, 金江漢, 柳正源, 金樂行, 權正忱, 李象靖, 李光靖, 柳道源, 李宗洙, 柳長源, 金始器, 裵相說, 金崇德	57	李儒修 韓致應
권4	尙州	黃喜, 盧嵩, 盧德基, 權徵, 尹師哲, 姜訒, 洪彦忠, 李堰, 金絿, 金舜皐, 黃孝獻, 申潛, 辛崙, 王希傑, 金彦健, 金範, 金沖, 盧守愼, 姜士尙, 成允諧, 鄭國成, 姜士弼, 宋亮, 金聃壽, 姜緖, 金弘敏, 姜紳, 金覺, 盧大河, 姜綖, 權宇, 高尙顔, 姜絪, 趙靖, 趙翊, 金弘微, 李坱, 李埈, 曺友仁, 金光斗, 康應哲, 鄭起龍, 鄭經世, 全湜, 高仁繼, 趙光璧, 權吉, 金宗武, 盧道亨, 金廷堅, 曹希仁, 趙又新, 洪鎬, 金克恒, 金秋任, 盧道凝, 盧峻命, 蔡得沂, 趙壽益, 韓克昌, 康用良, 李榘, 曹挺恒, 鄭道應, 洪汝河	65	睦萬中 沈奎魯
권5	尙州	金楷, 廉行儉, 孫萬雄, 南垕, 柳抗, 李萬敷, 洪大龜, 權相一, 黃翼再, 盧啓元, 姜杭, 金熙普, 高裕	13	尹弼秉 李鼎運
	禮安	琴柔, 琴以詠, 李堣, 李埴, 李賢輔, 金緣, 李仲樑, 金生溟, 李瀣, 李滉, 朴士熹, 金富弼, 金富仁, 李叔樑, 金澤龍, 金富儀, 琴輔, 吳守盈, 趙穆, 尹義貞, 琴應夾, 琴蘭秀, 金富倫, 琴應壎, 李安道, 金圻, 金垓, 任屹, 李詠道, 李弘重, 金坽, 金光繼, 李溟翼, 李燦漢, 金輝世, 金東俊, 李世泰	37	
	軍威	王沽, 權專, 卓愼, 權自新, 李軫, 李輔, 洪瑋, 張海濱, 朴漢男	9	
	英陽	趙德鄰	1	

권	지역	등재인물	계	편수자
권6	慶州	徐愈, 韓卷, 孫昭, 李蕃, 孫仲暾, 李彦迪, 李彦适, 李乙奎, 金世良, 曹漢輔, 李應春, 權德麟, 李應仁, 金浣, 金虎, 金應澤, 文緯, 權士諤, 李承金, 權士敏, 崔奉天, 權復興, 金石堅, 李希龍, 李彭壽, 李訥, 鄭克後, 金宗一, 孫宗老, 李璥, 韓汝愈, 孫德升	33	
	密陽	李行, 李伸, 孫肇瑞, 金叔滋, 安完慶, 金宗直, 邢士保, 李迨, 曹光益, 孫處訥, 孫起陽, 李光軫(총목에는 없으나 본집 목록에 있음), 孫遴, 金太虛, 盧盖邦, 朴陽春, 朴虬, 安命夏, 李泓	19	
	新寧	權應銖, 權應心, 李蘊秀	3	
권7	星州	李崇仁, 李稷, 都膺, 鄭種, 金自强, 金文起, 金孟性, 鄭崑壽, 鄭逑, 都衡, 呂希臨, 宋希奎, 洪繼玄, 金關石, 宋師頤, 李弘器, 朴而絢, 朴詮, 施文用, 李簥, 李天封, 李承, 金天澤, 崔恒慶, 金輳, 張鳳翰, 金㦿, 李彦英, 李潤雨, 裵尙龍, 朴永緒, 鄭惟榮, 李紬, 李廷賢, 金貴悅	35	李承薰 洪命周
	義城	金光粹, 李世憲, 申元祿, 李光俊, 金士元, 申仡, 申之悌, 金致中, 申之孝, 李民宬, 李民寏, 申適道, 申悅道, 李弘祚, 李爾松, 金尙瑗, 申弘望, 申達道, 金履矩, 金宗德	20	
권8	晉州	河演, 鄭溫, 河崙, 河敬復, 姜叔敬, 姜文會, 河潤, 鄭碩堅, 鄭鵬, 姜顯, 兪伯溫, 朴氣, 姜應台, 曹植, 鄭師賢, 李濟臣, 吳健, 鄭斗, 崔永慶, 金大鳴, 李琰, 河沆, 河天澍, 河應圖, 柳宗智, 成汝信, 陳克敬, 河受一, 姜德龍, 崔琦弼, 河憕, 吳長, 朴敏, 河鏡輝, 朴安道, 朴絪, 韓夢參, 河弘度, 河滑, 鄭頠, 韓範錫, 朴泰茂	42	蔡弘履 權應範 沈奎魯
	咸陽	趙承肅, 盧叔仝, 表沿沫, 梁灌, 兪好仁, 鄭汝昌, 盧友明, 姜漢, 盧禛, 姜翼	10	
	慈仁	李陽昭, 崔文炳, 宋希達, 金應鳴	4	
권9	永川	李玫, 柳方善, 李孟專, 曺尙治, 尹兢, 安觀, 曹致虞, 金應生, 郭珣, 鄭世雅, 孫德沉, 安餘慶, 曺好益, 金浣, 金演, 鄭宜藩, 鄭四震, 鄭大任, 安玎, 安璹, 安翔漢, 鄭好仁, 權穆, 李衡祥, 鄭萬陽, 鄭葵陽, 鄭重器, 權得中, 劍幹, 曹鵬九	30	李之珩 沈達漢
	大邱	楊熙止, 徐沈, 朴漢柱, 李英, 朴愼, 全慶昌, 徐思遠, 崔誠, 崔認, 鄭師哲, 崔東輔, 蔡應麟, 蔡夢硯, 蔡先見, 朴壽春, 蔡楙, 徐時立, 崔東嵂, 都慶兪, 都愼修, 都愼徵, 朴夢徵, 李益馝, 趙春慶, 崔興遠	25	
권10	榮川	鄭陟, 金爾音, 宋仁昌, 金淡, 鄭誠謹, 宋碩忠, 金楊震, 黃孝恭, 金鸞祥, 張壽禧, 朴承任, 吳澐, 金玏, 李德弘, 權斗文, 裵應褧, 金大賢, 李介立, 金盖國, 閔應祺, 金隆, 李庭憲, 成安義, 朴檜茂, 申㦃, 金汝燁, 金榮祖, 裵尙益, 金應	38	李址永 姜浚欽

권	지역	등재인물	계	편수자
		祖, 成以性, 李裿, 權昌震, 金益禧, 丁彦璛, 羅以俊, 李惟馨, 張瑥, 金倣		權坪 姜浚欽
	龍宮	安俊, 鄭雍, 鄭蘭宗(총목에는 없으나 본집 목록에 있음), 李文興, 李構, 潘冲, 姜應淸, 張漢輔, 姜汝䑓, 李涉, 金喜, 鄭榮後, 鄭榮邦, 全五倫	14	
	河陽	許稠, 金是聲	2	
	眞寶	申祉, 申禮男	2	
권11	醴泉	趙庸, 尹祥, 權山海, 權五福, 文瑾, 文瓘, 權五紀, 太斗南, 權橋, 辛達廷, 朴從鱗, 金慶言, 李愈, 鄭琢, 李熹, 權文海, 丁允祐, 金復一, 權旭, 李光胤, 朴蕡, 朴守緖, 鄭允穆, 鄭彦宏, 朴守謹, 金鋧, 金迖, 金海一, 權壊, 鄭玉, 朴孫慶	31	
	善山	朴好問, 金就文, 金應箕, 康伯珍, 李守恭, 黃瑾, 鄭希良, 朴英, 金就一, 朴雲, 康惟善, 盧守誠, 高應陟, 金䔄, 吉誨, 崔晛, 金寧, 朴瀅一, 金宗武, 盧景任, 鄭期遠, 金光岳, 洪浚亨, 鄭韎, 盧啓禎, 金鏡重	26	
	泗川	李楨	1	
	河東	崔濯	1	
권12	順興	安純, 李甫欽, 徐翰廷, 錦城大君, 庾瑺, 李秀亨, 權得平, 朴善長, 琴軔, 安名世, 安應一, 黃彦柱, 李汝馪, 權虎臣, 黃中玠, 安德麟, 洪以成, 南夢鰲, 洪翼漢, 洪宇定, 金綱, 朴天柱, 裵晉龜, 權胤錫, 金若海, 黃壽一, 金弘濟, 徐昌載	28	洪樂敏 睦萬中 柳遠鳴
	豐基	黃俊良, 黃暹, 郭嶠	3	
	奉化	琴徽, 琴元貞, 琴椅, 琴軸, 琴義筍, 金中淸, 琴元福, 權士溫, 琴是養, 琴聖奎, 鄭鐸	11	
	寧海	朴宗文, 申禧, 李孟賢, 申從溥, 朴毅長, 朴弘長, 申屹年, 申時明, 南佶, 權璟, 權尙任, 朴漍, 李徽逸, 李嵩逸, 李栽, 李㮒	16	
	義興	洪魯	1	
	開寧	李馥	1	
	盈德	金夏九	1	
	居昌	鄭榮振	1	
	山淸	閔安富	1	
권13	陜川	李樑材, 周怡, 周世鵬, 朴紹, 申季誠, 朴而章, 文勵, 文景虎, 曹應仁, 柳世勛, 金斗南, 姜翼文, 周國楨, 姜大遂, 沈自光, 金八擧, 曹漢儒	17	李泳夏 柳遠鳴
	咸昌	洪貴達, 蔡壽, 權達手, 蔡無逸, 柳宗仁, 郭守智	6	
	丹城	李迪, 李光友, 李晁, 李天慶, 金景謹, 權燾, 權克亮, 柳之遠	8	

권	지역	등재인물	계	편수자
	高靈	朴誾, 吳彦毅, 鄭師玄, 金守雍, 朴澤, 朴廷瑤, 朴廷琓	7	
	知禮	李崇元, 李淑琦	2	
	昌原	崔潤德, 仇宗吉, 曹致虞, 曹孝淵, 金命胤	5	
	草溪	卞仲良, 卞季良, 李允僉, 卞璧, 李希曾, 李希閔, 卞玉希, 李希顔, 李大期, 全致遠, 李胤緖	11	
	金海	金係錦, 宋賓	2	
	蔚山	曹爾樞, 李藝, 徐仁忠	3	
	梁山	李澄玉, 白受繪	2	
	固城	諸沫, 諸弘祿	2	
권14	東萊	梁潮漢, 辛起雲	2	
	聞慶	申叔彬, 鄭彦信, 沈大孚, 申厚命, 申弼貞	5	洪命周 金熙洛 李基慶
	仁同	張安世, 朴元亨, 張潛, 張顯光, 張士珍, 張慶遇, 張應一, 申益愰	8	
	靈山	李中, 李碩慶, 盧瑾, 裵鶴, 辛礎, 李厚慶, 李道孜, 李道輔, 辛夢參, 辛景夏	10	
	比安	朴宜中, 朴瑞生, 李世仁, 朴嗣叔, 朴忠仁, 朴孝純	6	
	金山	呂應龜, 裵興立, 呂大老, 鄭鎰, 裵命純, 姜汝㞐	6	
	漆谷	鄭錘, 李遠慶, 李道長, 李元禎	4	
	淸道	李原, 金克一, 金孟, 金駿孫, 金馹孫, 金大有, 朴慶新, 朴慶因, 朴慶傳, 朴河淡, 朴慶胤, 李雲龍, 朴慶宣, 朴瑄, 朴璨, 朴瑀, 朴琡	17	
	昌寧	李承彦, 李長坤, 盧克弘, 金廷哲, 尹南龍, 楊暄	6	
권15	安義	鄭矩, 全五倫, 鄭玉堅, 林薰, 林芸, 鄭惟明, 劉名盖, 鄭庸, 鄭蘊, 朴明榑, 尹應錫	11	洪樂敏 洪義浩
	宜寧	安堵, 安遇, 郭安邦, 郭承華, 郭之雲, 郭越, 郭䞭, 郭起, 李魯, 安克家, 郭赾, 郭越, 郭趌, 姜瑀, 郭再佑, 姜壽男, 安起宗, 郭再謙, 郭潔, 李曼勝, 郭瀏, 許懿, 郭壽岡, 郭世楗	24	
	咸安	趙旅, 安灌, 安宅, 李郊, 朴齊仁, 趙鵬, 趙宗道, 趙俊男, 趙信道, 趙敏道, 趙埱, 趙凝道, 朴震英, 李休復, 趙益道, 趙光立, 趙繼先, 趙任道, 趙善道, 李景茂, 李景蕃	21	
	三嘉	洪載, 文益昌, 盧欽, 李屹, 朴天祐, 鄭九龍, 文繼達	7	
	玄風	金宏弼, 裵紳, 朴惺	3	
	57		860	

영남의 71개 고을 가운데 57개 고을만 수록되었는데, 수록되지 않은 고을은 경산, 청송, 흥해, 연일, 장기, 청하, 거제, 진해, 곤양, 칠원, 남해,

기장, 언양, 웅천 14개이다. 대체로 해안이나 벽지 고을이라 할 수 있다. 또 고을별로 수록 편차가 컸음을 알 수 있다. 그리고 영남의 큰 인물이지만 아직 죄적에서 풀리지 않은 까닭에 합천의 내암 정인홍(鄭仁弘), 영양의 갈암 이현일(李玄逸)은 실리지 못했다.

이 문헌의 편찬 과정 및 의의에 대해서는 김기엽의 박사학위논문(『조선후기 영남학단의 학적 전승과 교유에 대한 자료적 고찰(고려대학교 대학원, 2022.2)과 최두헌의 글(『고전사계』 52, 한국고전번역원 소식지, 2023.12)에서 소상히 소개된 바 있다. 1798년 8월 정조가 김희락(金熙洛)을 주자소(鑄字所)로 불러 영남 선현들의 문적을 모아 편찬한 책이 있는지 물어 제대로 편찬한 책이 없음을 알고는, 김희락을 통해 상주 정종로(鄭宗魯), 경주 이정덕(李鼎德), 안동 호계서원, 예안 도산서원 등 영남 남인들 사이에서 강한 영향력을 가진 인물과 조직에 편지를 보내어 1개월 안으로 문적을 수집하여 올리도록 통보하였으며, 이에 대한 영남인들의 호응과 열망이 뜨거웠던 것이다. 채제공이 총책임자의 역할 맡아서 그와 가까운 젊은 남인 신료 25명이 1주일도 되지 않아 총 46권의 분량으로 문적을 베꼈으며, 다시 주요 내용을 뽑고 편차해 현전의 《영남인물고》의 초고가 완성된 것이다. 1년 뒤 채제공과 2년 뒤 정조가 잇달아 세상을 떠났기 때문에 간행에까지는 이르지 못한 것이다. 온전히 한 개인의 노력에 의해 만들어진 전기류(傳記類)인 이의현(李宜顯)의 《국조인물고(國朝人物考)》와 김육(金堉)의 《해동명신록(海東名臣錄)》과는 달리, 정조의 명에 의해 편찬되는 문헌에 수록된다는 것은 한 인물의 생애와 행적이 훌륭하여 타의 모범이 될 만하다고 국가가 공인한 것이 되었기에 1728년 이인좌·정희량의 무신란으로 말미암아 소외되었던 영남 남인들의 호응과 열망이 남달랐음을 말하고 있다.

이 영남인물고의 번역은 1967년 강주진 등에 의해 일본에 있었던 부분은 제외된 채 번역되어 세로 판형으로 탐구당에서 출간한 바 있으나,

그 이후로는 재번역 된 적도 없고 또한 완역되지도 않았다. 게다가 학술적 주석 작업은 전혀 이루어지지 않았으니, 특히 인물에 대한 주석 작업은 관계적(혼반, 학연, 혈연, 지연, 관력, 사회적 활동 등) 차원에서 행해질 필요가 있다. 그 기초라 할 수 있는 교감표점 작업이 2022년 한국고전번역원에 의해 이루어졌다. 그리하여 현 시점에서 보자면, 학술적 역주작업이 이루어져야 하고 또 완역되어야 할 과제가 있다.

영남인물고에는 인물의 사실이 행장·언행록·비문·제문 등 원래 문적에서 초록하여 수록되어 있다. 이는 각 인물이 일생 동안 산 실제적 삶의 총체에서 선택적 시각에 의해 1차 형상화 한 것이 원래 문적이고, 원래 문적에서 초출하여 2차 형상화 한 것이 바로 영남인물고의 행적인 것이다. 곧 원래 문적의 찬자가 지녔던 시각과 그 문적 안에서이기는 하나 초출자의 시각이 결합된 양상이다. 그래서 원래 문적의 찬자가 대상 인물과의 관계도 고려의 대상이 되어야 할 것이다. 그 관계는 혈연관계인지, 혈연관계에서도 직계인지 방계인지, 혼인관계인지, 혼인관계에서도 조모계인지 모계인지 처계인지, 사승관계인지, 일면식도 없는 관계인지 등등 다양하다. 그렇다면 원래 문적의 실상도 함께 살펴볼 필요가 있다. 그래서 이 책에서는 보충 자료로 그 원래 문적을 대부분 번역하여 함께 수록하였다.

이는 다양한 관점에서 영남인물고를 살펴볼 수 있도록 도모한 것인데, 전병철(「〈영남인물고〉 진주편 등재인물의 시기별 특징」, 『경남학』 32, 경상대학교 경남문화연구소, 2011)의 논의 결과가 특정지역에 국한된 것이기는 하지만 그에 따르면 15세기에는 흥성한 관료형 인물들이, 16세기에는 강직한 성품과 저항이 두드러진 처사형 인물들이, 17세기부터 18세기에는 남명 조식의 재전제자(在傳弟子)로 왜란과 호란의 국난 때 의병을 일으켜 활동한 인물들이 수록된 것으로 밝혀 다양한 성격의 인물군을 살펴볼 수 있는 시야를 확보하기도 하였다. 영남 사족의 조상 현창과 정치 참여

욕구 여론을 무마하기 위한 정조의 임시변통책에 불과해 영남우대책으로 보기 어렵다고 본 논의도 있지만, 그 당시 영남 사족들의 꿈틀대었던 욕구와 열망의 덩어리가 무엇이고 그것들을 어떻게 표상하였는지 문헌 계통을 통해 내밀하게 살펴야 하지 않을까 한다. 또 다양한 인물군이 지닌 특성, 곧 시기별, 문벌별, 학맥별, 행실별 등을 찾아낼 수 있도록 한다면, 영남 사족의 인적 연결망을 어떻게 구축하여 지역사회에서 중심 세력으로 자임할 수 있었는지 살필 수 있지 않을까 한다. 요컨대, 지역 집단의 유대 공고화 및 공통된 학문적 성향 등을 비롯한 인물 간의 동질성을 구축하게 한 의식적 기반을 확인하여 그것의 초연결성에 대한 분석을 통해 새로운 의미의 맥락성을 살필 수 있는 토대가 마련되리라 생각한다.

이 번역작업을 정년퇴임 이후의 석좌교수 임용을 신청하기 위하여 2021년도부터 준비하였다. 당시 이서희 박사, 권영희 박사, 진건화 박사과정 수료생, 이지혜와 유해운 석사과정생 등이 참여하여 방대한 자료를 입력해 주었다. 그 이후 한국고전번역원에서 고전DB로 표점작업한 자료가 탑재되어 다시 한번 검토 작업을 하였다. 그리고 2024년 석좌교수 임용 신청서를 제출하였는데, 엄정한 심사를 통해 전남대학교 인문대학에서 처음으로 석좌교수에 임용되었다. 완역을 향해 열심히 정진하는 것이 보답하는 길일 것이다.

한결같이 하는 말이지만 나름대로 최선을 다하고자 했다. 그러함에도 불구하고 여전히 부족할 터이니 대방가의 질정을 청한다. 끝으로 편집을 맡아 수고해 주신 보고사 가족들의 노고와 따뜻한 마음에 심심한 고마움을 표한다.

2025년 5월 빛고을 용봉골에서

차례

일러두기

이 책은 다음과 같은 요령으로 엮었다.

01. 번역은 직역을 원칙으로 하되, 가급적 원전의 뜻을 해치지 않는 범위 내에서 호흡을 간결하게 하고, 더러는 의역을 통해 자연스럽게 풀고자 했다.

02. 다음의 자료는 아주 유용하게 참고되었다.
    • 『嶺南人物考』, 강주진 외 역, 탐구당, 1967.
    • 『校勘 標點 韓國古典叢刊·傳記類21』, 한국고전번역원, 2022.

03. 원문은 저본을 충실히 옮기는 것을 위주로 하였으나, 활자로 옮길 수 없는 古體字는 今體字로 바꾸었다.

04. 원문표기는 띄어쓰기를 하고 句讀를 달되, 그 구두에는 쉼표, 마침표, 느낌표, 물음표, 작은따옴표, 큰따옴표, 가운뎃점 등을 사용했다.

05. 주석은 원문에 번호를 붙이고 하단에 각주함을 원칙으로 했다. 독자들이 사전을 찾지 않고도 읽을 수 있도록 비교적 상세한 註를 달았다.

06. 주석 작업을 하면서 많은 문헌과 자료들을 참고하였으나 지면관계상 일일이 밝히지 않음을 양해바라며, 관계된 기관과 여러분께 진심으로 감사드린다.

07. 이 책에 사용한 주요 부호는 다음과 같다.
    (   )   : 同音同義 한자를 표기함.
    [   ]   : 異音同義, 出典, 교정 등을 표기함.
    "   "   : 직접적인 대화를 나타냄.
    '   '   : 간단한 인용이나 재인용, 또는 강조나 간접화법을 나타냄.
    〈   〉   : 편명, 작품명, 누락 부분의 보충 등을 나타냄.
    「   」   : 시, 제문, 서간, 관문, 논문명 등을 나타냄.
    《   》   : 문집, 작품집 등을 나타냄.
    『   』   : 단행본, 논문집 등을 나타냄.

08. 이 책과 관련된 논문은 다음과 같다.(시기별)
    • 신승운, 「조선조 정조 命撰 〈인물고〉에 대한 서지적 연구」, 성균관대학교 석사학위논문, 1987.
    • 전병철, 「〈영남인물고〉 진주편 등재인물의 시기별 특징」, 『경남학』 32, 경상대학교 경남문화연구소, 2011.
    • 이재두, 「1798년 편찬한 〈영남인물고〉와 그 위상」, 『규장각』 58, 서울대학교 규장각한국학연구원, 2021.
    • 김기엽, 「조선후기 영남 학단의 학적 전승과 교유에 대한 자료적 고찰」, 고려대학교 박사학위논문, 2022.

09. 이 책의 차례에서 '보충'은 역주자가 인물의 이해를 위해 관련 자료 보탠 표시.

영남인물고 3
嶺南人物考 三

안동

01. 류원지

류원지의 자는 장경, 호는 졸재, 본관은 풍산이다. 문충공 류성룡의 손자이다. 선조 무술년(1598)에 태어났다. 관직은 현감을 지냈다. 현종 갑인년(1674)에 죽었다.

10세 때 수암공(修巖公) 류진(柳袗)에게 《맹자(孟子)》를 배우며 7편의 중요한 말을 묻자, 수암공이 말하기를, "잃어버린 마음을 찾는 것이다.(求放心)"라고 하니, 공은 대나무 조각에 '생각함을 물리친다.(屛思慮)'는 세 글자를 썼는데, 수암공이 말하기를, "잡된 생각을 물리치는 것은 옳거니와 생각함 자체를 물리치는 것은 옳지 못하다."라고 하였다. 공은 이때부터 더욱 성리학(性理學)에 더욱 더 마음을 쏟았다.

정묘년(1627)에 과거 시험을 보러 갔다가 답안을 짓다 마저 작성하지 못하고 병이 들어 훌쩍 나왔지만, 누군가가 보충하여 써서 제출하는 바람에 합격자 방에 들어 있자 공은 부끄럽게 여기고 복시(覆試)에 나아가지 않았다. 또한 별과(別科)에 응시하였는데, 고관(考官: 시험관)이 몰래 사람을 시켜 공의 시권(試券: 답안지)을 보려고 하자, 공이 응하지 않고 시험장에 나왔으며, 이후로는 마침내 과거에 응시하지 않았다.

창락승(昌樂丞)이 되어 집에 도착했을 때, 행리(行李: 물품) 중에 역노(驛奴: 역참에 속한 노비)가 바친 공포(貢布: 외거 공노비가 신역 대신 국가에 바친 소정의 베)를 받은 것이 있자, 공의 부인이 청하기를, "봄옷을 마련하지 못하였는데, 이 베를 쓰면 안 되겠습니까?"라고 하니, 공이 감짝 놀라며 말하기를, "이것은 바로 관아의 물건이거늘 어찌 사사로이 쓸 수가 있겠소?"라고 하였다. 부인이 웃으며 말하기를, "내 어찌 그것을 쓸 수 없음을 알지 못하겠습니까? 그저 시험해 본 것뿐입니다."라고 하니, 이 말을 들은 사람들은 두 사람이 어질다고 생각하였다.

일찍이 비를 만나 길가의 조그마한 집에 들어가 처마 밑에 풀을 깔고 앉은 적이 있었는데, 스스로 생각하기를, "세상의 일은 결코 부족한 이치가 없으니, 오직 제 분수를 지키면 어디서든 편안하고 즐거울 것이다."라고 하고는, 마침내 그 일을 기록하였다.

병자년(1636) 대가(大駕)가 남한산성에 들어갔다. 이때 공의 외사촌 이홍조(李弘祚)가 본부(本府: 안동부)의 의병장이 되어 새로 시작하는 일이 많았는데, 공이 그곳에 가 보고는 머물면서 계획을 세웠으니 상황에 맞추어 지혜롭게 판단하며 대응하는 것이 물 흐르듯 막힘없었다. 그리고 말하기를, "오랑캐를 방어하는 데는 수레를 이용한 전술만 한 것이 없다."라고 하면서 척계광(戚繼光)의 《기효서(紀效書: 紀效新書)》에 의거해 기존의 전법을 가감하여 실전에 쓰는데 편리하게 하였다.

황간 현감(黃澗縣監)이 되었을 때, 황간현은 임진년(1592)과 계사년(1593)의 전란을 겪은 뒤로부터 호수(戶數)가 100호도 채우지 못하였다. 공이 부임하고서 가장 먼저 봉사(封事)를 올려 전제(田制: 토지제도)와 군액(軍額: 군액부담)의 폐단을 논하고 감면해 주기를 청하였는데, 백성들이 이에 늘어났다.

진안 현감(鎭安縣監)이 되었을 때, 진안현에는 장인포(匠人布: 장인에게 身役 대신 세금으로 받는 베)가 있었고, 으레 현관(縣官: 현감)이 사사로이 썼다. 공은 창고 하나를 짓고서 '상평(常平)'이라 이름하고 이미 받아 놓은 것을 모두 그곳에 저장해 두었다가 백성들의 부역(賦役)을 보충하였는데, 향관(鄕官: 향청의 좌수나 별감)이 민간에 포고문을 내어 덕스러운 뜻을 알도록 하자고 청하였다. 공은 웃으며 말하기를, "백성들의 물건으로 백성들의 부역을 덜어주는 것이거늘 굳이 알게 할 필요가 있겠는가?"라고 하였다. 벼슬을 마치고 돌아오자, 고을 사람들이 사모해 마지않았으니 비석을 세워 공덕을 기렸고 생사당(生祠堂)을 지어 인화사(仁化祠)라 불렀다.

일찍이 《상수소설(象數小說)》을 지었는데, 열두 벽괘(十二辟卦: 易 大衍數의 근본이 되는 12卦)의 성글고 긴밀함이 가지런하지 않은 이유를 논하였다. 대체로 벽괘(辟卦)에 대한 설은 주모(周謨)가 주자(朱子)에게 질문하였으나, 주자로부터 이해하고 깨닫지 못할 가르침이 있었고, 그 후로 호옥재(胡玉齋: 胡方平)가 미루어 헤아려 하나하나 논하였지만 견강부회하는 병통이 있음을 면하지 못하였다. 공이 깊이 몰두하여 연구해 환하게 오묘한 이치를 밝혔으니, 식자(識者)들은 '선인들이 밝히지 못한 것을 밝혔다'고 여겼다.

호남 사람 안방준(安邦俊)이 《기축위록(己丑僞錄)》을 지었는데, 경인년(1590) 5월 이발(李潑)의 모친 윤씨 및 어린 아들이 죽은 것을 문충공(文忠公: 류성룡)이 재상이었던 때에 일어난 일로 터무니없이 거짓말을 꾸며놓아 말뜻이 흉악하고 참혹하였다. 공은 이를 개탄하며 동리(東里) 정세규(鄭世規)가 수집한 《기축일기(己丑日記)》를 가져다 그 시기를 조사하고 조목조목 분석하였는데, 곧 정철(鄭澈)이 위관(委官: 재판장)이었을 때였다.

일찍이 말하기를, "화담(華潭) 서경덕(徐敬德)의 〈원리기(原理氣)〉·〈태허(太虛)〉 등의 글은 주장과 취지가 엉뚱한 곳을 향하여 달려가는 것을 면치 못한데다, 그의 〈귀신사생설(鬼神死生說)〉은 또한 분명 불씨(佛氏)의 윤회설(輪回說)이다. 대개 천지의 기화(氣化)는 지나간 것이 이어지고 다가올 것이 계속되어 한 순간도 멈춤이 없어서 마치 강물이 흘러가 다시 돌아오지 않는 것과 같으니, 이미 흩어진 기(氣)를 수습해 끌어들여 다시 장래에 생성할 기(氣)로 삼을 필요는 없다."라고 한 적이 있다.

병오년(1666)에 영유의례소(嶺儒議禮疏)를 지었는데, 이때 조정에서 상소문 지은 자를 장차 구문(鉤問: 형벌 등 강압적인 수단을 동원하여 범죄 사실을 꼬치꼬치 캐물음)할 것이라는 말이 있었다. 공이 지은 절구시 1수에 이르기를, 이러하다.

충효를 서로 전한 지 이백 년이러니

신이 아홉 번 죽더라도 어찌 잊으랴.

임금 사랑 나라 걱정 평생의 뜻이니

머리 위엔 밝고 밝은 태양 걸리리라.

《존요록(尊堯錄)》 1권을 지어 세상에 전하였다.

신해년(1671) 큰 기근이 발생했을 때, 공은 범문정(范文正: 남송의 범중엄)의 고사(故事)를 본받아 재상에게 글을 올려 구휼책을 자세히 아뢰었으며, 또한 바다의 여러 섬이 황폐하다고 하여 버려진 곳에 소수의 백성들을 들어가 농사짓게 하고 20분의 1로 세금을 거두어서 변방의 비축을 확충하고 왜구를 방비할 자원으로 삼도록 논하였으며, 또 상평창(常平倉)의 모곡(耗穀: 원곡의 소모를 감안해 이자를 더 거두는 곡식)을 옮겨 적으며 회계에서 삭감하는 비리를 논하였으며, 또 대마도(對馬島) 도주(島主)가 관저를 웅천(熊川)으로 옮기는 일은 부적절하다고 아홉 조목으로 논하였다.

공은 겸허하면서 돈독하고 중후한 데다 단정하고 곧으며 신중하고 치밀하였으니, 바로잡아 주기를 기다리지 않고도 자연히 도(道)에 가까웠다. 더욱이 문장공(文莊公) 정경세(鄭經世)의 문하에 종유하여 배웠는데, 이기(理氣)·상수(象數)·천문(天文)·지리(地理)·예악(禮樂)·율력(律曆)·의약(醫藥)·복서(卜筮)와 같은 논설에 모두 관통하지 않음이 없었다. 문집이 출간되어 세상에 전한다.【협주: 류종춘이 찬한 가장에 실려 있다.】

영남의 선배들이 모두 운위하기를, "퇴도(退陶: 이황) 이후 성명(性命)과 의리(義理)의 학설은 졸재(拙齋: 류원지)에게 이르러 극진히 연마하였다."라고 하였다.【협주: 홍여하가 찬한 묘갈명에 실려 있다.】

• 柳元之

柳元之, 字長卿, 號拙齋, 豐山人。文忠公成龍[1]孫。宣祖戊戌生。官縣監。顯宗甲寅卒。

十歲, 受《孟子》於修巖公袗[2], 問七篇中要語, 修巖公曰: "求放心." 公於竹片上, 書'屛思慮'三字, 修巖公曰: "屛雜慮則可, 屛思慮則不可." 公自是益加潛心於性理之學。

丁卯, 赴試闈, 搆草未畢, 遇疾徑出, 有人足成書呈, 榜出得中, 公恥不赴覆試。又赴別科, 考官潛使人要見公劵, 公不應而出, 遂輟擧業。

爲昌樂[3]丞, 到家, 行中有所捧驛奴貢布, 公夫人請曰: "春衣未授, 此布未可用耶?" 公驚曰: "此乃官布, 何得私用?" 夫人笑曰: "吾豈不知其不可用? 聊試之爾." 聞者兩賢之。

嘗遇雨, 入路傍矮屋, 藉草簷底, 自念: "世間事都無不足之理, 惟安分則可以隨處安樂." 遂記其事。

丙子, 大駕入南漢。時公之外從李弘祚[4], 爲本府義將, 事多草剏, 公

1　成龍(성룡): 柳成龍(1542~1607). 본관은 豊山, 자는 而見, 호는 西厓. 의성 출생. 증조부는 柳子溫이며, 조부는 柳公綽이다. 아버지는 황해도관찰사 柳仲郢이며, 어머니 安東金氏는 진사 金光粹의 딸이다. 첫째부인 全州李氏는 현감 李坰의 딸이며, 둘째부인 仁同張氏는 張潤葉의 딸이다. 퇴계 李滉의 문인이다. 金誠一과 동문수학했으며 서로 친분이 두터웠다. 이조판서, 좌의정, 영의정 등을 역임하였다.

2　修巖公袗(수암공진): 柳袗(1582~1635). 본관은 豊山, 자는 季華. 아버지는 영의정 柳成龍이다. 1610년 사마시에 합격하였다. 1612년 해서지방에서 金直哉의 誣獄이 일어났을 때에 무고를 당하여 5개월간 옥고를 치렀다. 1616년에 遺逸로 천거되어 洗馬에 제수되었으나 사양하였다. 1623년 인조반정 뒤 다시 학행으로 천거되어 봉화현감이 되었다. 1624년 형조정랑을 거쳐 1627년 청도군수가 되었다. 1634년 지평으로 있을 때 장령 姜鶴年이 당시 서인정권의 정책을 크게 비판하여 심한 논란이 일어났는데, 이때 강학년을 두둔하여 대간들로부터 공격을 받았다.

3　昌樂(창락): 驛 이름. 경상북도 영풍군 순흥면에 있었다.

4　李弘祚(이홍조, 1595~1660): 본관은 漢山, 자는 汝邦, 호는 睡隱. 조부는 李大馨이다. 아버지는 찰방 海山 李文英이며, 어머니 豊山柳氏는 西厓 柳成龍의 딸이다. 4세에 아버지를 잃고, 6세 때는 형 漣川公에게 보내졌으며, 8세 되던 해에는 모친을 따라 외가인 안동 하회에 가서 외조부 서애 류성룡에게 글을 익혔다. 이후 13세부터는 막내 외숙인 修巖 柳袗에게 본격적으로 배우며 학문과 덕행을 익혀 나갔다. 이후 과거 공부로 한양에 올라왔으나 李爾瞻 일파가 국권을 농단한 채 폐모론을 주장함으로써 세상이 어지러워지자 "삼강이 끊어져가는구나!"라고 탄식하고서 과거 공부를 그만두고 다시 안동으로 내려와 氷溪書院에서 자연과 서책을 벗하며 울적한 마음을 달랬다. 인조반정 이후 몇 차례 향시에 합격했

往見之, 留而經畫, 臨幾應智, 酬應如流。且謂："禦虜莫如車戰."依戚繼光[5]《紀效書[6]》, 增損古制, 以便其用。

知黃澗[7]縣, 縣自經壬癸之亂, 戶不滿百。公至, 則首上封事, 論田制·軍額之弊, 乞從蠲減[8], 民賴蕃殖。

知鎭安[9]縣, 縣有匠人布, 例爲縣官私用。公設一倉, 名曰常平, 所捧盡貯其中, 用補民役, 鄕官請帖民間, 俾知德意。公笑曰："以民之物補民之役, 何必使知也?"解官歸, 邑人追思不已, 樹碑以頌, 立生祠, 號爲仁化祠。

嘗著《象數小說[10]》, 以論十二辟卦疎密不齊之由。盖辟卦之說, 周謨[11]問於朱子, 而朱子有理會不得之訓, 後胡玉齋[12]推度論列, 未免有牽合之病。公潛心研究, 洞釋幽眇, 識者以爲:'發前人所未發.'

湖南人安邦俊[13]作《己丑僞錄》, 以庚寅五月李潑[14]母尹氏及穉子之死,

으나 한양에서 치르는 성시에는 뜻을 이루지 못하였다. 1636년 때 병자호란이 터져 인조가 남한산성에 포위되자 안동 인사들의 추대로 의병장이 되어 의병을 모집하였다. 1638년 영남 의병대장이었던 전식의 천거로 自如道察訪과 의금부도사를 역임하였다. 그 후 회인 현감을 지냈다.

5   戚繼光(척계광, 1528~1587): 중국 명나라 장수. 1548년에 兵部主事 計士元이 추천한 바 있으며, 張居正의 신임이 두터웠다. 1561년 왜구가 대거 台州를 침략하자 절강 연안에 서 왜구를 크게 무찔렀으며, 1563년 왜구 6,000여 명이 興化府城을 공격하자 福建 總兵 兪大猷, 廣東 總兵 劉顯 등과 함께 平海衛를 설치하여 대승을 거두었다. 1583년 장거정 사후, 광동의 鎭守로 물러나 있다가 광동에서 쓸쓸하게 죽었다.

6   紀效書(기효서): 紀效新書. 명나라 장수 戚繼光이 오랑캐와 왜구와의 실제 싸움을 바탕으로 지은 兵書. 임진왜란 때 宣祖가 이 책을 구해 훈련도감 설치에 이용하였다.

7   黃澗(황간): 충청북도 영동 지역의 옛 지명.

8   蠲減(견감): 흉년이나 기타 여러 가지 일들로 인해 나라에서 租稅의 일부를 면제해 주는 것.

9   鎭安(진안): 전라북도 북동부에 있는 고을.

10   象數小說(상수소설): 1652년 柳元之가 지은 術書. 陰陽論·地家說·天文·曆法 등에 관하여 기술하였다.

11   周謨(주모, 1141~1202): 송나라 학자. 자는 舜弼. 朱熹의 門人으로, 효우가 깊었고, 상례를 치르는 데 古禮를 써 많은 사람들이 본받았다.

12   玉齋(옥재): 胡方平(1223~1278)의 호. 黃榦의 문인 董夢程과 沈貴瑤에게 수학하고, 20여 년 역학에 침잠하여 주자 역학의 전수를 터득했다.

13   安邦俊(안방준, 1573~1654): 본관은 竹山, 자는 士彦, 호는 隱峰·牛山·氷壺. 보성 출신. 증조부는 安秀崙이며, 조부는 남원부사 安舳이다. 아버지는 첨지중추부사 安重寬이며,

爲在於文忠公作相之日, 白地搆捏, 語意凶慘。公痛之, 取鄭東里世規[15]
所裒集《己丑日記》, 考其日月, 逐條剖析, 乃鄭澈[16]委官[17]時也。

　　嘗曰: "徐花潭[18]〈原理氣[19]〉·〈太虛[20]〉等篇, 立言命意, 未免向別處走,

　　어머니 珍原朴氏는 朴而徹의 딸이다. 부인 慶州鄭氏는 판관 鄭承復의 딸이다. 安重敦에게
　　입양되었다. 양모 南原梁氏는 梁允純의 딸이다. 朴光前·朴宗挺에게서 수학하고, 1591년
　　坡山에 가서 成渾의 문인이 되었다. 이듬해 임진왜란이 일어나자 박광전과 함께 의병을
　　일으켰다. 호남 지방에서 명성을 떨치며 지평, 장령, 공조참의 등을 역임하였고, 《이대원
　　전》, 《삼원기사》, 《기묘유적》, 《老辣瀟辭》 등을 저술한 학자이다.

14 李潑(이발, 1544~1589): 본관은 光山, 자는 景涵, 호는 東巖·北山. 증조부는 李達善이며,
　　조부는 李公仁이다. 아버지는 제학 李仲虎이며, 어머니 海南尹氏는 尹衢의 딸이다. 부인
　　密陽朴氏는 朴苡의 딸이다. 金謹恭·閔純의 문인이다. 1568년 생원시에 합격하고, 1573년
　　알성문과에 장원급제하였다. 이듬해 賜暇讀書를 하고, 이조정랑으로 발탁되었다. 1579년
　　응교, 1581년 전한, 1583년 부제학을 역임하고 이듬해에 대사간에 이르렀다. 이조전랑으
　　로 있을 때에는 자파의 인물을 등용함으로써 사람들로부터 원망을 샀으며, 동인의 거두로
　　서 鄭澈의 처벌문제에 강경파를 영도하였다. 이로 인하여 李珥·成渾 등과도 교분이 점점
　　멀어져 서인의 미움을 받았다. 1589년 동인 鄭汝立의 모반사건이 일어남을 계기로 서인들
　　이 집권하게 되자, 관직을 사퇴하고 교외에서 待罪하던 중 잡혀 두 차례 모진 고문을
　　받고 杖殺되었다.

15 鄭東里世規(정동리세규): 東里 鄭世規(1583~1661). 관은 東萊, 자는 君則, 호는 東里.
　　증조부는 鄭振이며, 조부는 우의정 鄭彦信이다. 아버지는 생원 鄭慄이며, 어머니 原州元氏
　　는 元虎俊의 딸이다. 1613년 사마시에 합격하였다. 門蔭으로 의금부도사를 거쳐 화순현령,
　　안산군수를 역임하였다. 1636년 병자호란 때 8000명의 근왕군을 조직하여 용인의 험천까
　　지 진출하는데 성공하나, 청군의 기습공격을 받고 대패하였으나, 충성심을 인정받아 패군
　　의 죄를 면죄받았다. 우참찬, 이조판서 등을 지냈다.

16 鄭澈(정철, 1536~1593): 본관은 延日, 자는 季涵, 호는 松江. 증조부는 鄭自淑이며, 조부는
　　鄭潙이다. 아버지는 돈녕부판관 鄭惟沈이며, 어머니 竹山安氏는 安彭壽의 딸이다. 부인
　　文化柳氏는 柳强項의 딸이다. 인종의 귀인이 된 큰 누이와 桂林君 李瑠의 부인이 된
　　둘째누이가 있다. 林億齡에게 시를 배우고 金麟厚·宋純·奇大升에게 학문을 배웠다. 사화
　　와 당쟁이 이어지는 어지러운 시기에 파직·사직·유배를 반복하는 삶을 살았다. 문재가
　　뛰어나 관직 진출 전에 〈성산별곡〉을 지었고 〈관동별곡〉·〈사미인곡〉 등을 지었다. 정여립
　　사건 때는 우의정 겸 서인의 영수로서 동인들을 가혹하게 숙청하여 원성을 샀다. 왕세자
　　책봉문제로 선조의 노여움을 사 유배되었다가 임진왜란을 맞아 다시 복귀했으나 동인의
　　모함으로 사직하고 강화에 우거하다가 사망했다. 우의정, 좌의정, 전라도체찰사 등을 역임
　　하였다.

17 委官(위관): 죄인을 推鞫할 때, 議政大臣 가운데서 임시로 뽑아서 임명하는 재판장.

18 花潭(화담): 徐敬德(1489~1546)의 호. 본관은 唐城, 자는 可久, 호는 復齋. 증조부는 徐得
　　富이며, 조부는 徐順卿이다. 아버지는 徐好蕃이며, 어머니는 保安韓氏이다. 부인 泰安李氏
　　는 李繼從의 딸이다. 理보다 氣를 중시하는 독자적인 氣一元論을 완성하여 主氣論의 선구
　　자가 되었다.

其〈鬼神死生說[21]〉, 又分明是佛氏輪回之論。盖天地氣化, 去者過來者續, 無一息之停, 如川流之往而不復, 不須將已散之氣, 收拾入來, 復爲將來方發之氣也."

丙午, 草嶺儒議禮疏, 時有言朝廷將鉤問製疏者。公有一絶云:"忠孝相傳二百年, 臣雖九死敢忘旃? 愛君憂國平生志, 頭上昭昭白日懸."作《尊堯錄》一卷, 傳于世。

辛亥大饑, 公依范文正[22]故事, 上宰相書, 備陳賑濟之策, 又論海上諸島荒棄處, 寡民入耕, 二十稅一, 以爲廣邊蓄·備倭寇之資, 又論常平耗穀[23]移錄會減[24]之非, 又論對馬島主, 移館熊川事, 不便九條。

公謙冲篤厚, 端直謹密, 不待矯揉, 自然近道。且從學於鄭文莊經世[25]之門, 如理氣·象數·天文·地理·禮樂·律曆·醫藥·卜筮之說, 靡不淹

---

19 原理氣(원리기): 徐敬德이 우주의 근원에 대해 쓴 논설. 우주의 온갖 현상은 모두 氣의 소산으로 우주의 본체를 先天이라고 하고 현상을 後天이라 하면서 기의 본체는 맑고 형체가 없으며, 현상은 모이고 흩어지는 변화를 한다고 함.

20 太虛(태허): 徐敬德이 존재와 비존재, 생성과 소멸의 연속성을 氣와 虛의 인식을 통해 밝힌 논설. 태허는 '비어있으면서 비어있지 않다.' 아무것도 없는 듯하지만 우주는 보이지 않는 기로 충만하고 있다. 그것은 공간적으로 무한하고 시간적으로 영원하다. 미세하고 균질적으로 분포되어 있어 고요한 기는 '본체(體)'의 상태이고, 그것이 내적 필연과 상황의 영향에 따라 때로 응집하고 때로 분산되는 것은 그 '작용(用)'의 상태이다. 그런 점에서 허는 결코 그야말로 '아무것도 없는' 진공이나 허무가 아니라고 하였다.

21 鬼神死生說(귀신사생설): 서경덕이 氣의 聚散을 통해 삶과 죽음을 설명한 논설. 기의 취산으로 보면 삶과 죽음은 다르지만 기 자체는 조금도 변함이 없으며 본질상으로 없던 것이 있게 되거나 있던 것이 없게 될 수는 없다. 그리고 사람이 죽으면 육체와 혼이 흩어져 버리지만 사람의 정신과 지각은 끝내 흩어지지 않는다. 여기서 정신은 육체나 혼백과는 다른 영묘한 마음을 뜻하며, 지각은 이러한 마음의 인식작용을 말한다. 여기서 마음 혹은 본성은 사라지지 않는다는 일종의 靈魂不滅說이 발생하였는데 결국 이것도 기가 불멸한다는 이론으로 귀결된다. 程頤와 朱熹가 기의 散을 無, 聚를 有로 본 반면에, 서경덕은 산을 기의 환원으로 인식하여 氣不滅論을 주장하였기 때문에 程朱學을 고수한 학자들에 의해 비난을 받았다.

22 范文正(범문정): 남송의 정치가 范仲淹(989~1062). 仁宗 때 參政知事가 되어, 정치의 개혁을 꾀하여 十個條를 상소하였으나 반대파 때문에 실패하였다.

23 耗穀(모곡): 還者 穀食을 받을 때, 곡식을 쌓아둘 동안 축이 날 것을 미리 짐작하고 한 섬에 몇 되씩을 덧붙여 받던 곡식.

24 會減(회감): 받을 것과 줄 것을 상쇄하여 회계 처리하는 것. 會錄된 재화를 會案에서 공용으로 사용한 것으로 회계 처리하여 삭감한다는 뜻이다.

貫。有文集判行于世。【柳宗春²⁶撰家狀²⁷】

　　嶺中先輩, 皆云: "退陶以後, 性命義理之說, 到拙齋磨勘盡."【洪汝河²⁸撰碣²⁹】

25　鄭文莊經世(정문장경세): 文莊 鄭經世(1563~1633). 본관은 晉州, 자는 景任, 호는 愚伏. 증조부는 鄭繼咸이며, 조부는 鄭銀成이다. 아버지는 좌찬성 鄭汝寬이며, 어머니 陜川李氏는 李軻의 딸이다. 첫째부인 全義李氏는 部將 李海의 딸이며, 둘째부인 眞寶李氏는 충순위 李潔의 딸이다. 柳成龍의 문인이다. 1578년 생원진사 양시에 합격하고, 1586년 알성문과에 급제하였다. 예조판서, 이조판서, 대제학 등을 역임하였다.

26　柳宗春(류종춘, 1720~1795): 본관은 豐山, 자는 孟希, 호는 畏齋. 증조부는 柳後常이며, 조부는 柳聖和이다. 아버지는 懶翁 柳㴐이며, 부인은 李世震의 딸이다. 1791년 류성룡의 후손으로서 음직에 천거되어 의금부도사 등을 역임, 수직으로 첨지중추에까지 올랐다. 유고로 《畏齋集》이 전한다.

27　家狀(가장): 柳宗春의 《畏齋集》이 전한다고 하나 확인할 수 없음.

28　洪汝河(홍여하, 1620~1674): 본관은 缶溪, 자는 百源, 호는 木齋・山澤齋. 증조부는 洪景參이며, 조부는 洪德祿이다. 아버지는 대사간 洪鎬이며, 어머니 長興高氏는 高從厚의 딸이다. 첫째부인 長水黃氏는 黃德柔의 딸이며, 둘째부인 義城金氏는 金烇의 딸이다.

29　洪汝河의 문집에서는 확인할 수 없었으나, 柳元之의 문집 《拙齋先生文集》을 1791년 가을에 柳宗春이 간행하며 쓴 跋文에 "然屛翁賚擧一時前輩之論, 以爲退陶老先生以後, 能折衷性理同異之說, 惟此集爲然."이라는 구절이 있었다.

02. 류직

류직의 자는 정견, 호는 백졸암, 본관은 전주이다. 선조 임인년(1602)에 태어났다. 인조 경오년(1630) 사마시에 합격하였다. 현종 임인년(1662)에 죽었다.

공이 태학에 있을 때, 우계(牛溪: 成渾)·율곡(栗谷: 李珥)을 문묘에 종사해야 한다는 주장이 있자, 바로 제생(諸生)들을 이끌고 소두(疏頭)로 앞장서서 상소를 올려 불가하다고 배척하였는데, 글의 내용이 매우 준엄하였고 상소문이 수천 수백 마디였다. 마침내 금고(禁錮: 등용 금지)를 당했다.
병자년(1636) 대가(大駕)가 출성(出城: 항복)했다는 소식을 듣고 비분강개하여 시를 지어 이르기를, "헛되이 슬피 눈물을 흘리며 북쪽 하늘 바라보니, 은하수를 붙잡아 동쪽 바다를 씻어내고 싶구나."라고 하였고, 또 이르기를, "차마 주정이 바뀌는 것을 보나니, 누가 진갑 쓰기에 능하겠는가."라고 하였다.【협주: 이유장이 찬한 행장에 실려 있다.】

• 柳稷

柳稷, 字廷堅, 號百拙庵, 全州人。宣祖壬寅生。仁祖庚午司馬。顯宗壬寅卒。

公在太學, 時有牛溪[1]·栗谷[2]從祀文廟之議, 乃率諸生, 首倡陳疏, 斥

---

1   牛溪(우계): 成渾(1535~1598)의 호. 본관은 昌寧, 자는 浩原, 호는 默庵. 증조부는 현령 成忠達이며, 조부는 知中樞府事 成世純이다. 아버지는 현감 成守琛이며, 어머니 坡平尹氏는 판관 尹士元의 딸이다. 부인 高靈申氏는 군수 申汝樑의 딸이다. 1551년 생원진사 양시의 초시에는 모두 합격했으나 복시에 응하지 않고 학문에만 전심하였다. 그해 겨울 白仁傑의 문하에서 를 배웠다. 1554년에는 같은 고을의 李珥와 사귀면서 평생지기가 되었다. 1568년에는 李滉을 뵙고 깊은 영향을 받았다. 이이가 죽은 뒤 西人의 주요 지도자가 되었고 이조판서로 봉사했으나 국정운영에 관한 봉사소를 올리고 귀향했다. 이이의 권유

其不可, 辭氣甚峻, 疏凡累千百言。遂被錮禁。

　丙子, 聞大駕出城, 悲憤作詩曰: "空揮危涕瞻天北, 欲挽明河洗海東。"[3] 又曰: "忍見周正革, 誰能晉甲書?"[4]【李惟樟[5]撰行狀】

보충
이유장(李惟樟, 1625~1701)이 찬한 행장

백졸암 선생 류공 행장

　류씨(柳氏)의 선조는 문화(文化)에서 나왔다. 고려 태조의 공신(功臣)인 류차달(柳車達)이 바로 그 시조이다. 그 후손들이 전주(全州)로 분적(分籍)하였다. 휘 류습(柳謵: 柳濕의 오기)이 있었으니 사헌부 장령에 추증되었다. 그 아들 휘 류극서(柳克恕)는 보문각 직제학을 지냈다. 그 아들 휘 류빈(柳濱)은 문과에 급제하고 부사(府使)를 지냈다. 그 아들이 네 명이었

　로 관직에 나아갔고 임진왜란 중에도 조정에 봉사했으나 대체로 벼슬을 극구 사양했다. 죽은 뒤 기축옥사와 관련되어 삭탈관직되었다가 다시 복권되었다.

2　栗谷(율곡): 李珥(1536~1584)의 호. 본관은 德水, 자는 叔獻, 호는 石潭·愚齋. 증조부는 李宜碩이며, 조부는 李蕆이다. 아버지는 李元秀이며, 어머니는 현모양처의 사표로 추앙받는 師任堂申氏로 申命和의 딸이다. 부인 谷山盧氏는 목사 盧慶麟의 딸이다. 아명을 見龍이라 했는데, 어머니 사임당이 그를 낳던 날 흑룡이 바다에서 집으로 날아 들어와 서리는 꿈을 꾸었다 하여 붙인 이름이다. 19세 때 금강산에 들어가 불교를 공부하기도 했으나 20세에 하산해 유학에 전념했다. 이후 총 9번의 과거에 모두 장원급제하여 구도장원공이라 불렸다. 1568년 천추사의 서장관으로 명에 다녀왔고, 1583년 병조판서가 되어 선조에게 시무육조와 십만양병설 등 개혁안을 올렸다. 학문 연구와 후진 양성에도 힘썼으며 주자학의 핵심을 간추린 《성학집요》 등 많은 저술을 남겼다.

3　《百拙庵先生文集》 권1 〈詩·感吟〉으로 실려 있음.

4　《百拙庵先生文集》 권1 〈詩·次金泰叔(克亨)韻〉으로 실려 있음.

5　李惟樟(이유장, 1625~1701): 본관은 禮安, 자는 夏卿, 호는 孤山·磨崖·懶庵·芋園·芋圃·四益堂. 조부는 主簿 李珍이다. 아버지는 通德郎 李廷發이며, 어머니 順天金氏는 대구부사 金允安의 딸이다. 부인 全州柳氏는 柳樟의 딸이다. 安東府 豊縣에서 태어났다. 1660년 사마시에 합격하였다. 1669년 모친상을 당한 후, 두문불출하였다. 이후 강학에 전념하면서 《주역》과 《춘추전》 등에 깊은 관심을 가졌고, 朱子와 退溪 선생의 禮說을 절충하여 독자적인 이론 체계를 구축하였다.

는데, 그 둘째아들 휘 류의손(柳義孫)은 참판을 지냈으며, 그 막내아들 휘 류말손(柳末孫)은 사헌부 집의를 지냈고 참판에 추증되었다. 류말손의 아들 휘 류계동(柳季潼)은 승지에 추증되었고 류의손의 후사가 되었다. 그 아들 휘 류식(柳軾)은 문과부사를 지냈고 참판에 추증되었다. 그 아들 류윤선(柳潤善)은 병절교위(秉節校尉)를 지냈고 선생에게 고조부가 된다. 증조부 휘 류성(柳城)은 사복시 정(司僕寺正)에 추증되었다. 조부 휘 류복기(柳復起)는 좌승지에 추증되었다. 2대에 걸쳐 은혜를 입은 것은 모두 선생의 당제(堂弟: 4촌동생) 부윤(府尹) 류지(柳榰, 1626~1701)가 귀했기 때문이다. 아버지의 휘는 류우잠(柳友潛), 호는 도헌(陶軒)인데, 문학과 행실이 있어서 사림으로부터 추앙을 받았다. 어머니 우계이씨(羽溪李氏)는 직장(直長) 이찬(李纘)의 딸이다. 선생은 황명(皇明: 명나라) 만력(萬曆) 임인년(1602) 12월 13일에 태어났다.

휘는 직(櫻), 자는 정견(廷堅)이다. 어려서부터 타고난 자질이 도(道)에 이미 가까웠으며, 마음이 화락하고 조용한데다 단정하고 정중하여 어른다운 풍모를 지녔다. 배우기 시작하자 이미 큰 뜻에 통하고 재치가 풍부하여 일찍이 〈격옹도(擊瓮圖)〉 시를 지은 적이 있었으니, 사문(斯文) 조정(趙靖)이 그것을 보고 말하기를, "이 아이는 단지 문장이 아름다울 뿐만 아니라 스스로 격옹의 기상마저 지녔다."라고 하였다. 성품이 지극히 효성스러웠으니, 나이 15세 때 어머니가 역병에 걸려 매우 위독하자, 선생 또한 전염되었는데도 억지로 일어나 어머니를 붙들어 모시며 똥을 맛보고 병의 차도를 살폈다.

숭정(崇禎) 경오년(1630) 진사시에 합격하였다. 이때부터 비록 과거 시험에 힘썼으나 또한 급급해 하는 뜻이 있은 적이 없었으니, 날마다 경서와 사서를 탐독하는 것으로 일삼았고 특히 《중용(中庸)》과 《대학(大學)》에 더욱 힘썼다. 살고 있는 집이 부모님 댁과 약간 떨어져 있었지만 아침저녁으로 걸어서 가 문안 인사를 드리고, 길을 오가는 동안에는 한 편의 글이라도 암송하는 것을 늘 그렇게 하였다.

을해년(1635)에 황해도 유생들이 당시의 여론에 영합하여 앞장서서 문성공(文成公) 이이(李珥)를 문묘(文廟)에 종사(從祀)할 것을 주장하였고, 당시 권력자들도 문간공(文簡公) 성혼(成渾)을 아울러 거론하며 상소를 올려 종사할 것을 청하였으나, 인조(仁祖)는 도덕적 덕망이 그다지 높지 못하고 흠결에 대한 세상의 비난이 있다는 이유로 이를 물리쳤다. 효종(孝宗)이 즉위한 초기에 태학(太學)에서 다시 그 주장을 제기하고 조정의 안팎이 이에 부화뇌동하자, 사론(士論)이 하나로 모아졌다고 여겼다. 이에, 영남에서 상소를 올려 그것에 대해 시비를 가리어 사리를 밝히는데 선생을 영수(領袖)로 추대하자, 바로 800명이라는 많은 선비들과 함께 대궐로 나아가 강력히 주장하였다. 그들의 말은 명백하고 통쾌하였으니, 주상이 비답(批答)을 내려 칭찬하고 장려하였다. 시배(時輩)는 선생을 너무 심하게 시기하여 황첨(黃籤: 황색의 附箋, 등용 금지 명단)을 붙여서 벼슬길에 오르는 것을 막았다.

선생은 이에 문을 닫아걸고 조용히 지내면서 세상일에 마음을 두지 않았는데, 자신의 거처를 '백졸암(百拙庵)'이라 이름 짓고 근체시(近體詩) 1수를 지어 자신의 뜻을 나타내었으니, 이러하다.

백졸암 속의 백졸옹은
고목 같은 몸에 살쩍은 쑥대 같지만,
매화 대나무 국화 심어 청한의 벗 삼고
달 구름 산 읊으니 작은 시통에 가득타.

아흔 노모 모심에 근심과 기쁨이 절실하나
한 마을의 남완(완적과 완함)처럼 가난타만,
내가 죽반승임은 내 분수 따라 알맞거늘

평생의 운명 가난하더라도 어찌 한하랴.

또한 자리 한편에 '신중하면 모욕을 면하며, 겸손하면 시기를 면하며, 침묵하면 미움을 면하며, 청렴하면 화를 면하며, 부지런하면 그르침을 면한다.(愼則免侮, 謙則免妬, 默則免惡, 廉則免禍, 勤則免愆.)'는 20글자를 써 놓고 항상 눈에 띄게 하였다. 무릇 마음을 다스리고 행동 절제하는데 그 엄격함이 이와 같았다.

만년에 낙건(洛建: 정자와 주자)의 책들을 즐겨 읽으며 그 뜻을 깊이 연구하였으니, 닭이 울고 난 뒤에는 일어나 앉아서 암송하며 새기기를 게을리하지 않았다. 날마다 문하생들이며 자제들과 도를 논하고 학문을 강론함에 있어 장려도 하고 권유도 하는 방법으로 차근차근 순서를 따랐고 특히 초학자들을 계도하는데 뛰어났는데, 제생(諸生)들이 그의 가르침을 받아 학문의 길로 나아간 자들은 또한 성취한 자들이 많았다. 이를 테면 4촌동생 류지(柳椥), 조카 류정휘(柳挺輝), 생질 김계광(金啓光)·권성구(權聖矩)·정요천(鄭堯天) 등이 모두 문과에 급제하였다.

어머니의 나이가 아흔을 넘었는데, 선생의 형제 다섯 명 모두가 백발이 성성한 늙은 모습으로 날마다 어머니를 모시는 즐거움의 지극함이란 보통사람들로는 도저히 말로 표현할 수 없는 것이 있었다.

선생은 이미 당시 사람들에게 거슬리어 산 바깥으로 발걸음을 하지 않았는데, 날마다 시인들이며 풍류객들과 시를 읊조리면서 스스로의 마음을 풀었다. 같은 고을에 표은(瓢隱) 김시온(金是榲)과 야암(野庵) 김임(金恁)이 있었으니, 모두 고결한 선비들이었다. 그들과 막역한 벗이 되어 도의와 덕업을 서로 권면하였으니, 당시 사람들이 '하상삼로(河上三老)'라고 불렀다.

만년에 덕망이 더욱 더 높아지고 명성이 더욱 더 알려졌는데, 원근의 사람들이 흠모하였고 이웃 고을의 수령들 또한 그의 집에 자주 찾아와 예를 갖추었다.

임인년(1662) 봄에 모친상을 당하였는데, 이때 선생은 나이가 이미 예순을 넘겼는데도 모든 상례(喪禮)의 절차를 한결같이 예법에 따라 준수하였으며, '삼년지상은 못난 자식이 힘쓸 바이다.(三年之喪, 不肖所勉.)'는 여덟 글자를 창살 사이에 써 두고 스스로 경계하였다. 그러나 지나친 슬픔으로 인해 병을 얻어서 그 해 10월 20일에 흙벽집에서 삶을 마쳤다. 선생이 거처했던 남쪽 박곡(朴谷)의 임향(壬向) 언덕에 안장하였다. 선생의 부인 영가권씨(永嘉權氏: 안동권씨)는 첨정 권개(權漑)의 딸이다. …(중략)…

선생의 장례를 치른 지 39년이 지난 경진년(1700)에 여러 후손들이 묘지가 기울어져 오랫동안 보존하기 어려울 것을 염려하여 본현(本縣) 고천(高川)의 간향(艮向) 언덕에 새 묘지를 정하였고 부인 권씨와 함께 합장하였다.

선생은 금옥(金玉)과 같은 자질로 갈고 닦은 공력을 더하였으니, 멀리서 바라보아도 이미 덕이 있는 분의 기상을 알 수 있다. 남들과 말을 나눌 때는 화평하고 따뜻한 인정미가 얼굴빛에 넘쳐났다. 그가 확고하게 지키는 바에 이르면, 비록 맹분(孟賁)과 하육(夏育)이라 할지라도 빼앗을 수 없는 것이 있었다. 많은 선비들이 소청(疏廳)을 설치하던 날에 고을에서 뜬소문이 있자, 사람들이 사사로이 서로 대립하며 소란스럽게 공격하여 장차 진정시킬 수 없었는데, 선생은 듬직하게 동요되지 않은 채 소신을 굽히지 않으니 중론도 따라서 절로 바로잡혔다.

아, 선생의 밝은 소견과 바른 지조가 시대에 제대로 쓰여서 시행한 바가 있었다면, 이 세상과 백성들에게 거의 도움이 되었을 것이다. 그러나 어찌하여 이미 그 기량을 지녔는데도 도리어 그의 운수로 국한시키고는 조정의 기둥이 될 만한 그릇을 억누르고 신임하지 않아 온축한 채 죽게 한단 말인가? 이는 참으로 하늘의 뜻을 가늠할 수 없는 일이며, 세상의 도를 염려하는 자라면 어찌 길게 탄식하지 않겠는가. 비록 그렇다 하더라도 선생의 정론(正論)은 이미 무너져 가는 물결 속의 지주(砥柱: 버팀목)가 되었고, 한 가닥 공변된 논의는 시간이 지날수록 더욱 빛났다. 훗날 우리 같은 선비들이 곰 발바닥과 물고기 중 하나를 취사선택해야 함을 알고 황량하기 이를 데 없는 곳으로 기꺼이 귀양살이를 가서 사리 사욕과 정세에 흔들리지 않는다면 명성과 유풍이 미치는 바를 어찌 한두 마디로 말할 수 있겠는가?

선생이 후학들을 떠난 지 이제 39년이 되었다. 선생의 손자 류하시(柳夏時) 씨가 숨은 미덕이 오래되어서 점차 잊혀질까 염려하여 장차 글쓰는 군자에게 묘지명(墓誌銘)을 구해 그 미덕을 오래도록 전하려 하였는데, 이유장 또한 문하의 선비 반열에 있었다 하여 몇 마디를 짓고서 채택에 대비하게 하였다. 그러나 노쇠함이 심하고 정신이 쇠약해진 탓에 그 아름다운 덕을 형용할 수가 없으니 아, 슬프다.

경진년(1700) 12월일

문인 예안 이유장 삼가 행장을 짓다.

百拙庵先生柳公行狀

柳氏之先, 出自文化。麗祖功臣車達, 卽其鼻祖也。其後代移籍全州。有諱習, 贈司憲府掌令。掌令生諱克恕, 寶文閣直提學。提學生諱濱, 文科府使。府使有四子, 其仲諱義孫, 參判, 季諱末孫, 司憲府執義, 贈參判。執義生諱季潼, 贈承旨, 出爲參判公後。承旨生諱軾, 文科府使, 贈參判。府使生諱潤善, 秉節校尉, 於先生爲高祖。曾祖諱城。贈司僕正。祖諱復起, 贈左承旨。二代推恩, 皆以先生堂弟府尹楷貴也。考諱友潛, 號陶軒, 有文行, 爲士林所推重。妣羽溪李氏, 直長纘之女。先生生于皇明萬曆壬寅十二月十三日。諱楔, 字廷堅。自幼天資近道, 雍容端重, 有成人之度。始學, 已通大義, 饒才思, 嘗作〈擊瓮圖〉詩, 趙斯文靖, 見之

曰: "此兒, 非但詞藻之美, 自有擊瓮底氣像也." 性篤孝, 年十五時, 母夫人遘癘危劇, 先生亦繼染, 强起扶侍, 嘗糞以驗其差劇. 崇禎庚午, 中進士試. 自是雖黽勉於場屋, 而亦未嘗有汲汲之志, 日以探閱書史爲業, 而尤加工於庸學. 居第距親庭稍遠, 晨昏步往定省, 而於道中, 默誦一遍. 其在乙亥歲, 黃海道儒生等, 承望時論, 倡爲文成公李珥文廟從祀之議, 當路者並擧文簡公成渾, 陳疏請之, 仁廟以道德未高, 疵累有謗, 斥之. 孝廟嗣服之初, 自太學又倡其說, 中外和附, 以爲士論歸一. 於是, 嶺南陳疏辨明, 推先生爲領袖, 乃與八百多士, 詣闕爭之. 其言明白痛快. 上下批嘉奬. 時輩嫉先生太甚, 付黃籤以錮之. 先生於是, 閉門靜居, 無意世事, 扁其室曰'百拙庵', 書近體詩一首, 以見志, 曰: "百拙庵中百拙翁, 形如枯木鬢如蓬. 種梅竹菊爲閒友, 詠月雲山滿小筒. 九耋北堂憂喜切, 一村南阮寠貧同. 安吾粥飯隨吾分, 何恨平生命也窮?" 又於座隅, 書'愼則免侮, 謙則免妬, 默則免惡, 廉則免禍, 勤則免悞.'二十字, 常目在之. 凡治心制行, 其嚴如此. 晚喜洛建諸書, 硏窮其義, 鷄鳴後起坐, 誦念不倦. 日與門生子弟, 論道講學, 奬誘之方, 循循有序, 尤長於啓發蒙學, 諸生之霑丐引進者, 亦多成就. 如堂弟楷, 從子挺輝, 甥姪金公啓光·權公聖矩·鄭公堯天, 皆以文科進. 母夫人年過九十, 先生兄弟五人, 皆以蒼顔白髮, 日侍庭闈, 娛樂之至, 有人所不能形言者. 先生旣見忤於時, 足跡不出山外, 日與詩人韻士, 吟詠自遣, 同縣, 有瓢隱金公是樞·野庵金公焦, 皆高士. 與之爲莫逆交, 以道義德業相推, 一時稱爲'河上三老'云. 晚年, 德益尊, 名益重, 遠近嚮慕, 隣邑守宰, 亦多造其廬禮焉. 壬寅春, 丁母夫人憂, 時先生年已過六十, 凡居喪之節, 一遵禮制, 書'三年之喪, 不肖所勉'八字於牕楣間, 以自警. 因毀成疾, 以是年十月二十日, 終於堊室. 葬于所居之南朴谷壬向之原. 先生之配永嘉權氏, 僉正漑之女. …(중략)… 先生葬後三十九年庚辰歲, 諸孫等以爲葬地傾側, 恐非久遠之計, 得新山於本縣高川艮向之原, 夫人權氏合祔焉. 先生以金玉之質, 加之以椎琢之功, 望之已知其有德者氣像. 及與人言, 和平溫潤之意, 溢於容色. 至其所守之確, 則雖所謂

賁·育, 有不能奪者矣。當多士設疏之日, 有鄕中浮議, 私自角立, 闃然攻擊, 將不可鎭定, 先生凝然不動, 無所撓屈, 衆論隨以自正。嗚呼。以先生所見之明, 所守之正, 能得用於時, 而有所施設, 則其於斯世斯民, 可庶幾乎? 而奈何旣有其具, 反局其數, 使廊廟棟樑之器, 詘而不信, 蘊而長終? 此實天意之所未可測, 而爲世道慮者, 豈不長吁而永歎哉? 雖然, 先生之正論, 旣爲頹波之砥柱, 一脈公議, 愈久愈烈。後來吾黨之士, 知其熊魚之取舍, 而甘於魑魅之投竄, 不爲利欲形勢所撓, 則風聲遺韻之所及, 安可一二道哉? 先生之棄後學, 于今三十有九年矣。先生之孫夏時氏, 以潛德之久而漸堙爲懼, 將求墓表之語於秉筆之君子, 傳之永永, 以惟樟亦嘗在門下士之列, 使之撰次其一二, 以備採擇。而衰朽之甚, 精神銷散, 無以形容其德美, 嗚呼悲夫! 庚辰十二月日。門人禮安李惟樟謹狀。

〔孤山先生文集, 권6, 行狀〕

03. 남천한

남천한의 자는 장우, 호는 고암, 본관은 영양이다. 선조 정미년(1607)에 태어났다. 인조 경오년(1630) 사마시에 합격하고 정유년(丁酉年: 을유년의 오기, 1645) 문과에 급제하였다. 양사(兩司: 사헌부와 사간원)와 승지를 거쳐 대사간에 이르렀다.

민신(閔愼)은 아버지가 폐질(廢疾: 정상적인 활동을 하지 못하는 병)이 있었기 때문에 대신하여 조부상(祖父喪)을 치렀는데, 사대부들의 여론이 떠들썩해져 이를 두고서 살아 있는 아버지를 죽인 죄라고 하였다. 이에 민신에게 아버지를 대신하여 상복을 입도록 가르친 자들은 송나라 영종(寧宗: 趙擴)의 사례를 증거로 제시하였으나, 공이 장령(掌令)으로서 맨 먼저 아뢰며 올린 상소에 그것은 예법에 어긋난다는 것을 말하여 민신이 마침내 처벌을 받도록 하였다.

기해년(1659)에 대상(大喪: 孝宗의 喪)을 치를 때, 재상 송시열(宋時烈)이 사종설(四種說: 《儀禮》 註疏에서 大統을 계승해도 참최를 입지 못하는 네 가지 예외 규정. 西人은 이 중에서 3번째에 있는 '體而不正: 서자가 계승한 경우'를 들어 기년복을 주장함)을 들어 왕대비(王大妃)가 기년복(朞年服)을 입는 제도로 잘못 정하였는데, 미수(眉叟) 허목(許穆)이 상소를 올려 그 부당함을 말하자, 송시열이 '단궁(檀弓)의 문복(免服)과 자유(子游)의 최복(衰服)'을 인용하여 잘못이 아닌 양 꾸몄다. 이에 조정의 논쟁이 크게 격렬하였는데, 용주(龍洲) 조경(趙絅)과 고산(孤山) 윤선도(尹善道) 등 여러 명현들이 잇달아 상소를 올렸으나 모두 파면되거나 유배되었으니 다시는 감히 말하지 않았다. 갑인년(1674) 공은 다시 상소를 올려 환하게 변론하였고, 나라의 예제(禮制)가 마침내 바로잡혔다. 그 후로 시국이 점점 그릇되어 가는 것을 보고 동생 남천택(南天澤)과 함께 벼슬을 버리고 집으로 돌아왔는

데, 조정에서 여러 차례 불러도 나아가지 않았다.【협주: 남몽뢰가 찬한 유사
에 실려 있다.】

• 南天漢

南天漢[1], 字章宇, 號孤巖, 英陽人。宣祖丁未生。仁祖庚午司馬, 丁酉
文科。歷兩司·承旨, 至大司諫。

閔愼[2], 以父有廢疾, 代服祖喪, 士論譁然, 罪其死其生父。於是, 敎閔
代服者, 以宋寧宗事證之, 公以掌令, 首陳疏言其非禮, 敎閔者遂抵罪。
己亥, 大喪[3]時, 宋相時烈[4], 以四種說, 誤定王大妃朞年之制, 眉叟[5]許

1　南天漢(남천한, 1607~1686): 본관은 南陽, 자는 章宇, 호는 孤岩. 증조부는 南應元이며,
　조부는 南隆達이다. 南礏의 형 南礏은 6남매를 두었는데 그 장남이다. 어머니 冶城宋氏는
　宋福基의 딸이다. 첫째부인 安東權氏는 權宗善의 딸이며, 둘째부인 丹陽禹氏는 禹弘鼎의
　딸이다. 1630년 사마시에 합격, 1645년 문과에 급제하였다. 이후 지평·장령 등을 거쳐
　1675년 집의·대사간에 승진하고, 이듬해부터 여러 차례 승지를 역임한 뒤, 1680년에
　호조참의가 되었다. 예론에 밝아, 閔愼이 병든 아버지를 대신하여 할아버지의 복을 입으려
　는 '代父服喪'을 논란 끝에 막은 일이 있다. 또 禮訟에 깊이 참여하여 남인의 입장을
　앞장서 천명하였다. 특히, 1674년 숙종이 즉위하자 장령으로 재직하면서 가장 먼저 宋時烈
　유배와 宋浚吉의 관작추탈을 주장하였다. 그 뒤 숙종의 깊은 신임을 받았으나 1680년
　경신대출척으로 호조참의 재직 중 벼슬을 박탈당하였다.
2　閔愼(민신, 1650~1693): 본관은 驪興, 자는 寡悔. 증조부는 閔友孟이며, 조부는 閔業이다.
　아버지는 閔世益이며, 어머니는 達城徐氏이다. 첫째부인은 晉州姜氏이며, 둘째부인은 陽
　城李氏이다.
3　大喪(대상): 孝宗의 喪. 1659년 효종이 승하하자 효종의 계모인 慈懿大妃(莊烈王后)의
　복제문제를 두고 서인과 남인은 계모가 아들의 상중에 상복을 얼마 동안 입어야 하는지를
　두고 서로 다른 의견을 내세우며 충돌하였다. 남인의 3년상과 서인의 1년상이 대립하였는
　데, 인조의 장자인 소현세자가 죽었을 때, 자의대비가 장자를 대상으로 하는 3년상의
　상복을 입었기 때문에 서인의 1년상이 채택되었다. 이를 1차 禮訟이라 한다.
4　宋相時烈(송상시열): 宋時烈(1607~1689). 본관은 恩津, 자는 英甫, 호는 尤庵·尤齋·文正.
　증조부는 宋龜壽이며, 조부는 宋應期이다. 아버지 康陵參奉 宋甲祚이며, 어머니 善山郭氏
　는 임진왜란 때 趙憲과 함께 금산에서 전사한 郭自防의 딸이다. 부인 韓山李氏는 도사
　李德泗의 딸이다. 1607년 외가인 충청도 옥천 九龍村에서 태어났다. 김장생·김집의 제자
　이며, 주희와 이이의 학문을 모범으로 삼았다. 효종 대 중국 청나라에 대한 복수의 당위성
　을 주장하며 북벌에 동참하였고, 현종 대 화양동을 비롯한 고향에 은거하며 존주대의의
　확립에 힘썼다. 숙종 대 초반 예송의 책임을 지고 유배 생활을 겪은 뒤, 경신환국 이후

公, 上疏言其不可, 宋引'檀弓免[6]·子游衰[7]', 以文之。於是, 朝議大激, 趙龍洲絅[8]·尹孤山善道[9]諸名賢, 相繼陳疏, 皆罷斥竄逐, 莫敢復言。甲

다시 출사하여 조선중화주의의 실현에 앞장섰다. 그러나 원자 정호를 반대한 이유로 기사환국 때 사사되었다.

5 眉叟(미수): 許穆(1595~1682)의 호. 본관은 陽川, 자는 文甫·和甫. 증조부는 찬성 許磁이며, 조부는 별제 許櫚이다. 아버지는 현감 許喬이며, 어머니 羅州林氏는 정랑 林悌의 딸이다. 부인 全州李氏는 영의정 李元翼의 손녀이다. 과거를 보지 않고 학문과 글씨에 전념해 독특한 전서를 완성했다. 예론에 뛰어나 두 차례 예송 논쟁에서 서인의 영수 송시열을 대상으로 남인의 주장을 대변했다. 현종 대에는 서인의 주장이 관철되면서 좌천되었으나 숙종 대에 남인의 주장이 채택되어 대사헌을 거쳐 우의정에 올랐다. 경신대출척으로 서인이 집권하자 파직되어 저술과 후진양성에 전념했다.

6 宋時烈의 《宋子大全》 권26 〈獻議·大王大妃服制議〉에 나옴. 私家의 후계자는 반드시 嫡長子와 嫡長孫의 계통으로 이어야 함을 강조할 때 제기하는 설이다. 《禮記》 〈檀弓上〉에 公儀仲子의 喪에 檀弓이 袒免을 하였는데, 중자가 그의 嫡孫을 버리고 庶子를 후계자로 세우자, 단궁이 말하기를 "어째서 그런 짓을 하는가? 나는 이전에 이런 예를 듣지 못하였다."라고 하고, 달려가 문 오른쪽에 있는 子服伯子에게 나아갔다.(公儀仲子之喪, 檀弓免焉. 仲子舍其孫而立其子, 檀弓曰: "何居? 我未之前聞也." 趨而就子服伯子於門右.")라고 한 데서 나오는 말이다.

7 子游衰(자유최): 《禮記》 〈檀弓上〉에 司寇인 惠子의 喪에 子游가 일부러 禮가 아닌 麻衰와 수삼의 腰絰을 띤 衰服의 重服 차림으로 조문함으로써, 사구 혜자가 적자인 蘭虎를 폐하고 庶子를 세운 것을 기롱하며 깨우쳐 주려고 한 고사.

8 趙龍洲絅(조용주경): 龍洲 趙絅(1586~1669). 본관은 漢陽, 자는 日章, 호는 龍洲·柱峯. 증조부는 折衝將軍 趙壽崑이며, 조부는 공조좌랑 趙玹이다. 아버지는 奉事 趙翼男이며, 어머니 文化柳氏는 柳愷의 딸이다. 부인 安東金氏는 金瓚의 딸이다. 尹根壽의 문인이다. 1612년 사마시에 합격하고, 1626년 식년문과에 급제하였다. 1627년 정묘호란이 일어나 인조가 강화도에 파천하고 조정에서 화전 양론이 분분할 때 지평으로 강화론을 주장하는 대신들에 대하여 강경하게 논박하였다. 이어 이조좌랑·이조정랑을 거쳐, 1636년 병자호란이 일어났을 때 사간으로 척화를 주장하였다. 이듬해 집의로 일본에 청병하여 청나라를 공격할 것을 상소했으나 받아들여지지 않았다. 1650년 청나라가 査問使의 척화신에 대한 처벌 요구로 영의정 李景奭과 함께 의주 白馬山城에 안치되었다가 이듬해 풀려나와, 1653년 회양부사를 지내고 포천에 은퇴하였다.

9 尹孤山善道(윤고산선도): 孤山 尹善道(1587~1671). 본관은 海南, 자는 約而, 호는 孤山·海翁. 증조부는 정랑 尹衢이며, 조부는 형조판서 尹毅中이다. 아버지는 禮賓寺副正 尹唯深이며, 어머니 順興安氏는 安繼善의 딸이다. 첫째부인 南原尹氏는 예조판서 尹暾의 딸이며, 둘째부인은 漢陽趙氏이다. 숙부 강원도관찰사 尹唯幾에게 입양됐다. 성균관 유생 시절부터 권신을 규탄하는 소를 올려 유배되기도 했다. 孝宗의 대군 시절 스승이었다. 남인 가문에서 태어나 집권 세력인 서인에 강력하게 맞서 왕권의 확립과 강화를 주장하다가 20여 년의 유배 생활과 19년의 은거생활을 했다. 병자호란 때 왕이 항복하자 조상으로부터 물려받은 막대한 유산을 바탕으로 보길도에 별서를 짓고 생활하며 〈어부사시사〉 등 탁월한 문학작품을 남겼다.

寅[10], 公復上疏通辨, 邦禮遂正。其後, 見時事漸謬, 遂與弟天澤[11], 棄官歸家, 屢徵不就。【南夢賚[12]撰遺事[13]】

보충
민신대부복상문제

민신대부 복상문제(閔愼代父服喪問題)

현종(顯宗) 말년에 전임 교관(敎官) 민업(閔業)이 죽었는데, 박세채(朴世采)의 의견에 따라 그 아들 민세익(閔世益)을 대신해 손자인 민신(閔愼)이 참최복(斬衰服)을 입고 상(喪)을 치렀다.

아버지에게 폐질(廢疾: 실성병)이 있으면 손자가 대신해 복을 입는다는 박세채의 주장은 송시열(宋時烈)의 의견에 의거한 것이었다. 이때 송시열은 물론 민정중(閔鼎重)도 민신의 대복(代服)을 당연한 것으로 보았다.

---

10 甲寅(갑인): 2차 禮訟. 1674년 孝宗 妃 仁宣王后가 죽자 慈懿大妃가 며느리의 상중에 상복을 얼마 동안 입을 것인가를 두고 다시 논쟁이 일어났다. 서인은 기년복(1년복)으로 정했다가 대공복(9개월 복)으로 수정하였는데, 남인이 대공복의 부당성을 지적하면서 기년복을 주장하였다. 이때 현종은 서인의 주장을 물리치고 남인의 기년복을 채택하여 서인 정권이 무너지고 남인이 실권을 장악하였다.

11 天澤(천택): 南天澤(1619~1684). 본관은 英陽, 자는 蘇宇, 호는 苔巖. 증조부는 南應元이며, 조부는 南隆達이다. 南礦의 형 南礦은 6남매를 두었는데 그 장남이다. 어머니 冶城宋氏는 宋福基의 딸이다. 첫째부인은 이장의 딸이며, 둘째부인은 이홍업의 딸이다. 1642년 생원시에 합격하고, 1648년 식년문과에 급제하였다. 사헌부지평, 사간원정언, 사헌부장령, 울산부사, 예조정랑, 호조참의, 충청도사, 경주부윤을 지냈다. 1676년 승지에 이르렀다.

12 南夢賚(남몽뢰, 1620~1681): 본관은 英陽, 자는 仲遵, 호는 伊溪. 경상도 의성현 新村里(경상북도 점곡면 동변리 月村)에서 출생하였다. 증조부는 南應震이고, 조부는 南樞이다. 아버지는 通仕郎 南海準이며, 어머니 安東權氏는 군자감직장 權誌의 딸이다. 부인 鵝洲申氏는 申之義의 딸이다. 1642년 사마시에 합격하고, 1651년 증광문과에 급제하였다. 연원도찰방을 거쳐 예조정랑이 되었고, 고성과 임실의 군수를 역임하였으며 진주목사가 되었으나 禮制의 개혁을 상언했다가 왕의 노여움을 당해 파직되었다. 그 뒤 伊溪精舍를 지어서 후진을 교육하였다.

13 南夢賚의 문집《伊溪先生文集》과《伊溪先生續集》에서는 확인할 수 없음. 한편, 1809년에 간행된《新安世稿》에서 南天漢의 문집인 권7〈孤嵓遺稿〉에서도 남몽뢰가 지은 '遺事'를 확인할 수 없다.

1673년 김우명(金佑明)이 이 일에 대해 말하기를, "손자는 할아버지에 대해서 기년복(期年服)을 입어야 할 따름이므로 민신의 행동은 부자관계를 어지럽힌 것이며, 그런 상태에서는 임금에 대한 충성도 기대할 수 없다."라고 공격하였다. 이때부터 조정에서 논란이 시작되었다.

송시열은 주자(朱子)의 주장 중에서 "임금이 나라를 할아버지로부터 이어받았을 때는 마땅히 참최복을 입어야 한다는 것과 삼년상은 천자로부터 서인(庶人)까지 통용되어 귀천에 관계가 없다."라고 한 것을 절대적인 근거로 내세웠다. 이에 반해, 김우명은 "제왕가에서의 할아버지에 대한 손자의 참최복은 인정하면서도, 주자도 그것을 사서인(士庶人)에게까지 적용한 것은 아니다."라고 주장하였다.

이 논란은 숙종 즉위 후에도 이어져 1674년 남인(南人) 허적(許積)과 남천한(南天漢) 등이 민신의 행동을 패륜으로 규정하면서 그 배후의 송시열 등을 공격하였다. 반면 김수항(金壽恒) 등은 민신과 송시열을 두둔하였다. 신하들 사이의 이러한 논란에 대해 현종이나 숙종은, 사실을 밝혀 나라의 기강을 세워야 한다는 원칙을 강조하면서 은근히 제왕가와 일반 사서인의 예를 구별하려는 의도를 나타내었다.

이 논쟁은 1674년 민신에게 강상(綱常)을 범한 죄의 차율(次律)을 적용해 장(杖) 100대, 3,000리 유형의 형벌을 내림으로써 결말이 났다. 그러나 그 뒤로도 남인이 송시열을 공격하는 재료로 흔히 이용되었다.

위와 같은 민신의 대복문제는 사상적으로 성리학의 천착이 진전되어 예의 문제가 새로운 과제로 부과되고 있던 사회 상황에서 나온 것이었다. 예법과 효의 관계를 재해석하는 계기가 되었던 것이다.

〔출전: 『한국민족문화대백과』, 한국학중앙연구원〕

04. 송적

| 송적의 자는 □□, 본관은 연안이다. 도사에 추증되었다.

공의 동생 송구(宋構)가 사람을 죽여서 감옥에 갇히게 되자, 공이 말하기를, "나는 아들이 네 명이나 있지만 아우에게는 자식이 하나도 없으니, 차마 내가 살아남고 그를 죽게 할 수는 없다."라고 하고는 마침내 아우를 숨겨 주고 태연히 스스로 감옥에 들어갔다. 죽음을 앞두고 네 아들을 돌아보며 말하기를, "너희들은 나 때문에 동생 집안과 화합하지 못한다면, 나는 장차 눈을 감지 못할 것이다."라고 하였다.

그 아들이 훗날 국난을 당했을 때 곡식을 운반한 공로가 있어서 의금부도사(義禁府都事)에 추증되었다.【협주: 이광정이 찬한 묘갈명에 실려 있다.】

• 宋樀

| 宋樀, 字□□, 延安人。贈都事。

公弟構殺人, 當逮獄, 公曰: "吾有四子, 弟無一兒, 吾不忍生而使渠死也." 遂匿之, 夷然就獄。臨死, 顧謂四子曰: "汝輩, 以吾故而與弟家失和, 則吾將不暝矣."

其子, 後當國難, 有輸粟勞, 贈禁府都事。【李光庭[1]撰碣】

---

1   李光庭(이광정, 1674~1756): 본관은 原州, 자는 天祥, 호는 訥隱. 조부는 문과도사 李時馪이다. 아버지는 李後龍이며, 어머니는 公州李氏이다. 백부 李先龍의 양자로 갔다. 1699년 진사가 되었으나, 생부모와 양부모 喪을 연이어 당하자, 과거시험을 포기하고 태백산 자락 小川山으로 들어가 젊은이를 가르치면서 문장가로서의 일생을 보냈다.

보충

이광정(李光庭, 1674~1756)이 찬한 묘갈명

연안 송공 묘갈명 병서

백성들의 마음가짐이 하늘의 보응(報應)을 업신여긴 지 오래되었다. 자기 아버지의 자식을 보는 것이 자기의 자식만도 못하였으니, 급박한 어려움을 당할 때에 동생을 능히 애처롭게 여기는 자는 본디 적거니와, 더구나 또한 동생의 죽음을 대신하여서 그 동생을 살리려는 것임에랴.

내가 연안 송공 유사(延安宋公遺事)를 읽을 때마다 책을 덮고 탄식한다. 송공에게는 아우 송구(宋構)가 있었는데, 계집종의 남편을 매질하여 거의 죽게 만들고는 두려워서 도망쳤고, 공 또한 이웃 고을로 피신하였다. 공을 미워하는 자가 공을 가리키며 원수라고 말하고는 관아에 고하였다. 공을 체포하여 심문하자, 공이 이에 말하기를, "동생은 곧 형이고 형 또한 동생이오. 어찌 그 죄가 있느냐 없느냐를 따지겠소?"라고 하고는, 곧장 스스로 없는 죄를 있다고 받아들여 형벌을 받으니, 추관(推官: 심문 관원)이 이 때문에 깜짝 놀랐지만 끝내 공에게 죄를 물었다. 공은 죽음을 앞두고 자식들에게 훈계하기를, "내가 죽는 것은 분수이니라. 그러나 내가 죽는다고 해서 내 동생을 원망하지 마라. 그렇게 하면 나는 죽어도 눈을 감지 못할 것이다."라고 하고는, 마침내 죽었다. 아, 이것이 어찌 근래에 볼 수 있는 것이겠는가?

처사(處士) 이성전(李成全)이 그의 전(傳)을 지었고, 시독(侍讀) 김성탁(金聖鐸)이 그 뒤에 서문을 썼다. 하루는 공의 증손자 송집(宋鏶)이 이를 들고 와서 나 이광정에게 보이며 묘갈명(墓碣銘)을 부탁하였다. 아, 내가 비록 늙고 쇠약하지만, 감히 승낙하고 명문 쓰는 일을 하지 않겠는가?

공의 휘는 적(樀), 자는 융길(隆吉), 그 선대(先代)는 연안(延安) 사람이다. 6대조 현감 송수은(宋守殷)이 비로소 안동으로 와서 풍산현(豊山縣) 만운리(晚雲里)에 집을 장만하여 살았다. 그 아들 송희문(宋希文)은 정과

(正科: 문과와 무과의 통칭)에 급제하였으나 일찍 죽어 벼슬이 저작(著作)에 그쳤다. 고조부 송국주(宋國柱)는 진사였고, 증조부 송유경(宋遺慶)은 침랑(寢郞)이었으며, 조부 송여옥(宋汝沃)은 송암(松巖) 권호문(權好文) 문하에서 수학하여 문학(文學)으로 칭송을 받았다. 아버지 송상빈(宋尚賓) 또한 문재(文才)가 있어 일찍이 갑과(甲科)에 급제하였으나 장자(莊子)의 말을 써서 파방(罷榜)되었다. 실로 옥천전씨(沃川全氏)에게 장가갔는데, 사인(士人) 전홍(全洪)의 딸이다. 만력(萬曆) 임인년(1602)에 공을 낳았다.

공은 학문과 덕행이 있었다. 야로송씨(冶爐宋氏)에게 장가갔는데, 사인 송엄(宋淹)의 딸이자 찰방 송복기(宋福基)의 손녀이다. 4남 2녀를 낳았는데, 네 아들은 송인여(宋仁輿)·송영여(宋令輿)·송예여(宋禮輿)·송지여(宋智輿)이고, 두 딸은 장현(張玹)·임지구(林之久)에게 각기 시집갔다. 송인여는 외아들 송연우(宋延祐)이며, 송영여는 두 아들 송수(宋洙)와 송순(宋洵)이며, 송예여는 두 아들 송연조(宋延祚)·송연지(宋延祉)이고 세 딸이 이재발(李在發)·김만록(金萬祿)·김수안(金壽安)에게 각기 시집갔으며, 송지여는 외아들 송연복(宋延福)이고 외동딸이 김수성(金壽成)에게 시집갔다.

내가 듣기로는 지극한 덕행이 있은 뒤에는 반드시 번성한다고 하였는데, 송씨(宋氏)는 지금에까지 영락한 사람들이 많아서 떨치지 못하였으나 송집(宋鏶)이 송연조의 아들로서 세 아들을 두었으니, 하늘의 도가 아마도 여기에 있지 않겠는가? 이에 명을 적는다.

급(伋)과 수(壽)는 환난을 함께하고, 공포(孔褒)와 공융(孔融)은 죽기로써 감싸니, 그와 같은 고결한 의리는 천 년 동안 전해지나, 단지 몇몇 인물만을 잊지 않고 일컬을 뿐이다. 공이 환난을 당함은 그 사정이 다르니, 동생이 잘못하여 사람을 죽이고도 도망쳐 자수하지 않자, 공은 이에 없는 죄를 있다고 자수하여 동생을 대신해 형벌을 받았다. 저 심문하던 자는 어찌하여 형벌을 논의하지도 않았거늘, 공의 매우 억울함을 알면서 또한 형률을 감하지 않았단 말인가. 공은 죽음을 앞두고 자식들에게 훈계하며 성심과 믿음에 거짓이 없어야 한다고 했으니, 순임금이 동생을 대하던 그 마음 또한 이와 같았을 것이다. 이 일을 돌에 새겨서 후세에 전한다.

延安宋公墓碣銘幷序

民德之蔑天, 久矣。視其父之子, 曾不如己之子, 當急難, 能念鞠子哀者固少, 況又代其死以全其弟乎? 余讀延安宋公遺事, 輒掩卷而唏也。宋公有弟構, 杖其婢之夫, 垂斃, 懼而逋, 公亦避旁縣。有惡公者, 指語仇告官。逮公訊, 公乃曰: "弟卽兄, 兄亦弟也。豈問其有罪無罪乎?" 卽自引伏, 推官爲之愕然, 然卒坐公。公將死, 誡諸子, 曰: "我死分耳。而無以我之死而怨吾弟也。然者, 我死不瞑目也." 遂死。烏乎! 此豈近世所有者? 李處士成全爲之傳, 金侍讀聖鐸叙其後。日, 公曾孫鏶, 持而示光庭, 索銘。烏乎! 余雖老弊, 敢不諾而銘諸? 公諱楠, 字隆吉, 其先延安人。六世祖知縣守殷, 始來安東, 家豐山之晚雲里。其子希文, 中正科, 早卒, 官止著作。高祖國柱, 進士, 曾祖遺慶, 寢郎, 大父汝沃, 游權松巖先生之門, 以文學稱。考諱尙賓, 亦有文, 嘗中甲科, 以用莊罷。實娶沃川全氏, 士人洪之女。以萬曆壬寅生公。公有文行。娶冶鑢宋氏, 士人尙淹之女, 察訪福基之孫。生四男二女, 男曰仁興·令興·禮興·智興, 女曰張珝·林之久。仁興一子延祐, 令興二子洙·洵, 禮興二子延祚·延祉, 三女李在發·金萬祿·金壽安, 智興一子延福, 一女金壽成。吾聞至行之後必蕃, 宋氏於今多零替不振, 鏶延祚之子, 有子三人, 天道庶其在此乎? 銘曰。伋·壽同難, 褒·融爭死, 高義千載, 只誦數子。公之遇難, 其事差異, 弟誤殺人, 逋不自首, 公乃引伏, 爲弟禍受。彼典獄者, 曷不議辟, 知公甚冤, 亦不貸律。公死誡子, 誠信無僞, 舜之於弟, 其心亦耳。載事于石, 以告來禩。

〔訥隱先生文集, 권12, 墓碣銘〕

05. 김임

김임의 자는 수이, 호는 야암, 본관은 의성이다. 참판에 추증된 김용(金涌)의 손자이다. 선조 갑진년(1604)에 태어났다. 인조 을해년(1635) 사마시에 합격하였다. 현종 정묘년(丁卯年: 정미년의 오기, 1667)에 죽었다. 대사헌에 증직되었다.

병자년 이후 공은 과거에 응시하고 싶지 않아 궁벽한 시골에 자취를 감추었다. 이부랑(吏部郎) 남노성(南老星)이 공과 평소 교분이 있어서 매우 간절히 만나보려 했고 사람까지 시켜 은밀한 말을 전했으나, 공은 사양하고 가지 않았다.

집안 사람이 밭을 사려고 했는데, 때마침 관아에서 내지 않은 조세를 한창 독촉하고 있었다. 문중(門中) 사람들이 갚지 못한 자가 많자, 공은 그 집안 사람을 책망하고 그 돈을 문중 사람들에게 주도록 하였다.【협주: 김학배가 찬한 행장에 실려 있다.】

• 金恁

金恁, 字受而, 號野菴, 義城人。贈參判涌[1]孫。宣祖甲辰生。仁祖乙

1 　涌(용): 金涌(1557~1620). 본관은 義城, 자는 道源, 호는 雲川. 증조부는 金禮範이며, 조부는 생원 金璡이다. 아버지는 찰방 金守一이며, 어머니 漢陽趙氏는 司果 趙孝芬의 딸이다. 金誠一의 조카이다. 1590년 증광문과에 급제하였다. 1592년 임진왜란이 일어나자 향리인 안동에서 의병을 일으켜 安東守城將에 추대되었고, 이듬해 예문관의 검열·봉교, 성균관의 전적 등을 지냈다. 1597년 정유재란이 일어나자 諸道都體察使 李元翼의 종사관으로 수행해 많은 활약을 했으며, 교리에 재임 중 督運御史로 나가 군량미 조달에 많은 공을 세웠다. 그러나 조정에서 동서분당이 생겨 김용을 후원하던 영의정 柳成龍이 서인에 의해 축출되자, 탄핵을 받아 선산부사로 옮겨졌다. 제용감정·세자필선·집의 등 중앙 관직에 머물다가 예천군수·상주목사·홍주목사 등의 지방 관직을 지내면서 오직 백성의 보호와 학문의 진흥에 힘썼다. 1609년 병조참의를 지냈다. 그 후 1616년 60세의 나이로 여주목사로 나갔다.

亥司馬。顯宗丁卯[2]卒。贈大司憲。

丙子後, 公不欲應擧, 晦跡窮巷。吏部郎南老星[3], 與公有素, 求見甚切, 使人致密語, 公辭不往。

家人欲買田, 時官逋方督。族人多不能償者, 公責家人, 而以其錢與族人。【金學培[4]撰行狀[5]】

보충

김학배(金學培, 1628~1673)가 찬한 언행록

성균관 생원 야암 김공 언행록

공의 휘는 임(恁), 자는 수이(受而), 성씨는 김씨(金氏), 자호(自號)는 야암(野庵)이다. 김씨의 계통은 의성(義城)에서 나왔다. 고려조에 휘 김용비(金龍庇)는 태자첨사(太子詹事) 벼슬을 지냈으니, 바로 시조이다. 그 아들 휘

2　丁卯(정묘): 丁未의 오기.

3　南老星(남노성, 1603~1667): 본관은 宜寧, 자는 明瑞, 호는 雲谷. 증조부는 南彦經이며, 조부는 南格이다. 아버지는 생원 南好學이며, 어머니 安東金氏는 金尙容의 딸이다. 첫째부인 淸州韓氏는 韓嶷의 딸이며, 둘째부인 德水李氏는 李安訥의 딸이다. 1624년 생원시에 합격하고, 1631년 별시문과에 급제하였다. 동부승지부터 도승지에 이르기까지 장기간 승지직을 맡았으며 大司諫에 누차 제수되었다. 이조, 호조, 예조, 병조의 참의 및 호조, 병조, 공조 등의 참판을 역임하였으며, 여러 차례 사신으로 북경에 파견되었다. 외직으로는 안동부사, 함경도관찰사, 개성유수 등을 지냈다.

4　金學培(김학배, 1628~1673): 본관은 義城, 자는 天休, 호는 錦翁. 증조부는 金淪이며, 조부는 金是樴이다. 아버지는 金黮이며, 어머니 眞寶李氏는 李義遵의 딸이다. 첫째부인 興海裵氏는 裵澤全이며, 둘째부인 開城高氏는 高爾節의 딸이다. 金是榲의 문인이다. 1651년 사마시에 합격하고, 1663년 식년문과에 급제하였다. 1668년 정자에 올랐다가 저작으로 옮겨 校正廳에 들어가 경전의 문자를 參校하는 일을 하였으며 12월에 박사에 올랐다. 1670년 성균관전적에 올랐고, 사헌부감찰로 옮겼다가 예조좌랑에 임명되었다. 1671년 춘추관기사관을 겸하였다. 같은 해 5월 고성현감에 제수되었다.

5　《長皐世稿》 권1과 권2에 金恁의 문집 《野庵文集》이 묶여져 있는데 어떤 누가 쓴 행장이든 수록되어 있지 않음. 대신 金學培의 〈언행록〉이 수록되어 있다. 이 언행록은 김학배의 문집 《錦翁先生文集》 권5 〈언행록〉에도 그대로 수록되어 있다.

김의(金宜)는 상서좌복야(尙書左僕射)를 지냈으며, 그 아들 내영소윤(內盈少尹) 휘 김서지(金瑞之), 그 아들 문예부 좌사윤(文叡府左司尹) 김태권(金台權) 3대에 걸쳐 모두는 고려의 사적에 기록되어 있다. 좌사윤의 아들 김거두(金居斗)는 우리 조선조에 들어와 공조전서(工曹典書)를 지냈다. 공조전서의 증손자는 바로 부지승문원사(副知承文院事) 휘 김한계(金漢啓)이다. 명망이 있어서 노산조(魯山朝: 단종)의 집현전 학사(集賢殿學士)를 지냈으나, 얼마 안 되어 병으로 사직하고 향리로 돌아왔다가 마침내 벼슬하지 않았다. 집현전 학사 이후 3대를 지나 공의 고조부에 이르니, 성균관 생원을 지냈고 이조판서에 증직된 휘 김진(金璡)이다. 모두 다섯 아들을 두었는데 연달아 과거에 급제하였고 학문과 덕행으로 세상을 빛냈다. 그 가운데 둘째아들 휘 김수일(金守一)은 자여도 찰방(自如道察訪)을 지냈는데, 바로 공의 증조부이다. 조부 휘 김용(金涌)은 통정대부 병조참의를 지냈는데, 임진년(1592) 선무원종공신(宣武原從功臣)에 책훈 되었고, 이후에 가선대부 이조참판에 증직되었으며, 호는 운천(雲川)이다. 옥당(玉堂: 홍문관)에서 아름다운 명성을 떨치고 대각에 두루 역임하며 청렴한 풍모와 곧은 절개가 당시에 빛났다. 죽음을 앞두고서 '빈궁해도 의를 잃지 않고 영달해도 도를 떠나지 않는다.(窮不失義, 達不離道.)'는 여덟 글자로 자손들을 권면하였다. 조모는 정부인(貞夫人)에 증직된 진성이씨(眞城李氏)로 퇴계(退溪) 선생의 손녀이다. 아버지 휘 김시주(金是柱)는 기유년(1609) 생원시에 장원으로 합격하고, 계축년(1613) 문과에 급제하였다. 승정원 주서(承政院注書)를 거쳐 병조 좌랑에 올랐다가 얼마 되지 않아 병으로 죽었다. 어머니 숙인(淑人) 영가권씨(永嘉權氏: 안동권씨)는 태사(太師) 권행(權幸)의 후손으로 정랑(正郎) 권위(權暐)의 딸이다. 공을 임신하고 있었을 때 숙인은 기이한 꿈을 꾸었는데, 만력(萬曆) 갑진년(1604) 윤9월 24일에 공을 임하(臨河)의 천전리(川前里) 집에서 낳았다.

태어나면서부터 영민함이 보통 아이들과 달랐다. 겨우 세 살 때 참판공(參判公: 조부 金涌)의 명에 따라 중부(仲父) 처사공(處士公)에게 후사(後嗣)로 보내졌다. 처사공의 휘 김시건(金是楗)은 죽계안씨(竹溪安氏) 호군(護軍) 안담(安霮)의 딸에게 장가갔는데, 겨우 한 해가 지나서 갑자기 요절했다. 안씨는 강보에 싸여 있던 공을 데려와 안동부의 동쪽 가구촌(佳丘村)에서 길렀다. 이 때문에 공은 대여섯 살이 되도록 아직 권씨의 소생임을 알지 못했다. 하루는 시냇가에서 즐거이 놀고 있는데, 어떤 사람이 지나가다가 공을 보고 말하기를, "이상하구나. 이 아이는 바로 아무개 집의 아이일 터인데."라고 하였다. 공은 즉시 들어가 안씨에게 고하기를, "어떤 나그네가 저를 아무개 집의 아이라고 하니, 이 무슨 말입니까?"라고 하자, 안씨는 그의 속마음을 시험하고자 응대하기를, "그렇다면 내 아들이 아닌 것이니, 어찌 떠나지 않느냐?"라고 하자, 공은 곧바로 울며 사죄하였다.

일찍이 참판공을 따라 글자를 배운 적이 있었는데, 참판공이 뜰 앞의 배꽃을 가리키며 공에게 시를 짓게 하였다. 공은 곧장 그 자리에서 시를 지어 말하기를, "배꽃이 희미하게 희다.(梨花依依白)"라고 하자, 참판공이 크게 놀라며 말하기를, "희미하게 희다(依依白)라는 세 글자로 능히 저물 무렵의 정취를 그려내었도다. 이 아이는 훗날 반드시 시로 이름을 떨칠 것이다."라고 하였다. 이로부터 문장이 매우 뛰어나 말을 했다 하면 사람들을 놀라게 하였다.

12세 때 또 외조부 정랑공(正郎公: 權暐)을 따라 《시전(詩傳)》을 배웠는데, 외우고 읽는 것이 물이 흐르는 듯하였다. 이에 정랑공이 항상 말하기를, "예전에 나는 학봉(鶴峯: 金誠一) 선생에게 배웠으나 자질이 노둔하여 한 줄의 글도 외우지 못해 늘 간절히 마음으로 통하려 해도 되지 않았고 입으로 표현하려 해도 되지 않았다. 지금 너는 총명하고 민첩하기가 이와 같으니 어찌 재주가 트이지 못할까 걱정하겠느냐?"라고 하였다. 이때 공의 4촌형 김휴(金烋)는 공보다 여덟 살이 많았고 문재(文才)와 학문이 뛰어났다. 참판공이 손자의 항렬 중에 재능이 있는 자를 언급할 때면 반드시 말하기를, "아무개와 아무개다."라고 하였다. 하루는 과제를 내어 시를 짓게 하였는데, 공은 곁에서 바로 지어 올리니 구절과 격조가 맑고 고아하였다. 참판공이 더욱 기특하게 여기고, 이어 이미 지어 놓았던 〈아소사(我所思)〉 12가(歌)를 친히 써서 주었다. 공은 그것을 받아 보물처럼 여기며 항상 몸에 지녔고, 또한 훼손되고 더럽혀질까 염려하여 종이에 색을 입혀서 보관하였다.

정사년(1617) 좌랑공(佐郎公: 친부 金是柱)의 상(喪)을 당했는데, 당시 공은 나이가 14세였지만 백씨(伯氏: 친형 金熙)와 함께 능히 예법대로 상을 치렀다. 경신년(1620) 참판공의 상을 당하였고, 계해년(1623) 정부인(貞夫人: 조모)도 세상을 떠났는데, 제사를 지내는 여가에도 부지런히 글 읽기에 온힘을 기울였으니 경서(經書)와 사서(史書)를 깊이 탐구하고 백가서(百家書)에도 두루 통달하여 학문을 닦고 문장을 쌓은 것이 날로 크게 발전하였다. 당대의 문인과 재사(才士)들이 옷깃을 여미고 존숭하였고, 또 사림들 사이의 논의중에도 의연히 홀로 서서 강직하여 아부하지 않아 사람들이 모두 그를 존경하면서도 두려워하였다.

을해년(1635) 성균관 생원이 되었다. 장도(長途)에 오른 뛰어난 말의 수레가 떠나 벼슬길이 시작되었으나 병자년(1636)에 이르러 시국이 일변하자, 공은 과거에 응시하고 싶지 않아 궁벽한 시골에 자취를 감추고 강호에 흥취를 기탁한 것이 거의 5,6년이 되었다. 신사년(1641)에야 비로소 어버이의 명으로 마지못해 성균관에 들어갔으나 몇 달 만에 돌아왔다. 이로부터 비록 상례(常例)대로 과거에 응시하기는 하였으나 또한 반드시 합격하겠다는 생각을 하지 않았다. 무릇 다섯 차례나 발해(發解: 初試)에는 합격했으나 번번이 전시(殿試: 覆試)에는 낙방하였다. 아, 어찌 운명이 아니리오.

계미년(1643) 횡당(黌堂: 학당)에 있으면서 학사(鶴沙) 김응조(金應祖)와

서신을 주고받으며 논의한 일이 있었다. 학사가 편지를 보내 축하하며 말하기를, "식견과 문장이 또래보다 훨씬 뛰어나니, 혹 백척간두(百尺竿頭)에서 한 걸음을 더 나아간다면 실로 영남(嶺南)의 다행함이 될 것이다."라고 하였다. 그 기대가 이와 같았다.

병술년(1646) 반궁(泮宮: 성균관)에 있었다. 이부랑(吏部郎) 남노성(南老星)은 공과 평소 교분이 있어서 매우 간절히 만나보려 했으나, 공이 한사(寒士)는 가서 안 된다며 사양하였다. 남노성이 공과 가까운 사람을 시켜 또 은밀한 말을 전했으나, 공은 끝내 응하지 않았다.

무자년(1648) 권씨 상(權氏喪: 생모의 상)을 당하여 장례를 치르고는 무덤 곁에 움막을 짓고서 아침저녁으로 돌보았으니 바람이 불고 비가 와도 폐하지 않았는데, 경인년(1650)에 상기(喪期)를 마쳤다. 신묘년(1651)에 과거를 보러 도성으로 갔다. 이때 안씨(安氏: 양모)가 살아 계셨으니, 절하고 하직할 즈음 자신도 모르게 하염없이 눈물을 흘렸다. 도성 안에 도착해서도 어버이 생각하는 마음을 스스로 억누르지 못하여 때로는 꿈속에서 감응하기도 하고 때로는 시를 읊으며 드러내기도 하니, 사람들은 대부분 이를 보고 기이하게 여겼다. 집으로 돌아오는 도중에 안씨의 부음이 전해졌다. 공은 천 리 길을 달려가 곡하였는데 슬픔으로 상(喪)을 이겨내지 못할 뻔했으나 끝까지 효도하지 못한 것을 통한으로 여겼다.

마침내 세상과의 인연을 끊고 오직 자제들을 가르치는 것으로 일삼았다. 원근에서 배우려는 자들이 공의 명성을 듣고는 책 보따리를 짊어지고 찾아와 앞에서 경서와 사서의 어려운 뜻을 묻는 자가 날마다 20여 명이나 되었는데, 공은 과정(課程)을 엄히 세우고 밤낮으로 게으르지 않았으니, 어떤 사람이 그의 노고를 말하면 대답하기를, "나는 스스로 이를 즐기나니 피곤하지 않다."라고 하였으며, 또 누군가가 과거를 보도록 권하면 얼굴을 찌푸리며 죄인이라고 하였다.

만년에 자신이 살았던 천전리(川前里)의 우곡(雨谷) 물가에 집을 짓고

'야암(野庵)'이라 편액하였으니, 연못을 파고 나무를 심어 늘그막에 책을 읽으며 학문에 힘쓰는 장소로 삼았다. 그리고 그 이름에 대한 설(說)을 지었으니, 그 설에서 대략 이르기를, "내 평생 행한 일은 부박(浮薄)하고 화려한 것을 애써 버리고 오직 비루한 야(野)만을 숭상하였으니, 이 암자는 야인(野人)이 거처하는 곳이요, 사람은 바로 이 암자의 주인이다."라고 하였으며, 그 설의 말미에 또 이르기를, "소(素: 흰색)는 그리는 일의 바탕이요, 야(野: 자연스런 질박함)는 꾸미는 일의 본질이라서 모름지기 그 본질이 있은 연후에야 그 꾸밈을 할 수 있으니, 내가 비록 야(野)라고 한들 어찌 족히 글을 짓는데 병통이 될 것이라고 여기겠는가?"라고 운운하였다. 아, 이를 보면 공의 지향을 충분히 알 수 있다.

병오년(1666) 겨울, 우연히 감기에 걸려 날이 갈수록 점점 위중해지자, 자제들이 약을 올려 들기를 청하였으나 공은 이를 거절하며 말하기를, "죽고 사는 것은 운명이니라. 어찌 약을 먹고서 수명을 연장할 수 있겠느냐?"라고 하였다. 마침내 스스로 만사(輓詞) 한 편을 지었으니, 그 사는 이러하다.

행실은 남에게 미치지 못했고
덕업은 남에게 이롭지 못했네.
늘그막에 강호에서 보내노라니
해와 달이 맑고도 깨끗하여라.
살아서는 세상에 유익함이 없었고
죽어서는 후세에 전할 이름 없을레라.
그저 조화를 타고 돌아가는 것뿐이니
초목과 함께 썩는 것도 달게 여기네.

이어서 자식들에게 명하기를, "너희 아비의 평생 행적이 이 만사 안에

다 담겨 있으니, 굳이 다른 사람에게 다시 청하여 허울 좋은 칭송을 받을 필요가 없느니라." 하였고, 또 말하기를, "만약 뜻을 같이했던 벗이나 친척들이 만사를 짓는 자가 있으면 또한 불가불 써야 할 것이다."라고 하였다. 몇 달이 지난 후에 병세가 차츰 회복되어 정신과 기력이 더욱 소생한 것으로 알았다. 그러나 하루는 외부 손님 및 집안 자제들과 시를 짓고 속마음을 이야기하느라 하루 종일 시간 가는 줄 몰랐다. 이튿날 아침에 갑작스럽게 위중하고 나쁜 증상이 생겨서 사흘이 지난 뒤에 끝내 일어나지 못하는 지경에 이르렀으니, 바로 정미년(1667) 4월 3일이다. 향년 64세였고, 바로 운천공(雲川公: 조부 김용)이 세상을 떠난 날이기도 하다. 아, 슬프다.

공은 용모가 단정하고 성질이 굳세고 방정하였으며, 온화하기는 옥처럼 윤기가 난데다 삼엄하기는 우뚝 솟은 산과 같았으며, 게다가 재능과 품격이 고결하고 총명하기가 남보다 뛰어났다. 일찍부터 참판공의 가르침을 받으며 백씨(伯氏: 친형 金熙) 및 당형(堂兄: 4촌형 金烋)과 함께 학문하는 데 뜻을 독실히 하여 날로 매진하고 달로 진보하면서 옥 같은 인재가 뜰에 가득하고 난초 향기가 사람을 감싸니, 사람들은 모두 흠앙하고 부러워하였다. 조만간 높은 곳에 오를 것으로 여겼으나 불행히도 시기와 사세가 어긋나서 운명이 원수와 더불어 모의하니, 이삼십 년 사이에 거의 모두 죽었고 공 또한 기구한 운명 속에 엎어지고 자빠지다가 어느새 늙고 쇠약해져 버렸다. 높은 구름을 뚫을 재능이 인적 없는 산골에서 헛되이 늙었고, 바람을 따라잡는 준족의 명마가 큰 길에조차 나아가지 못하였으니, 이를 아는 사람들은 안타까워하였으나 공은 털끝만큼도 원망하거나 탓하는 기색이 없었다.

부모를 모시고 집에 거주할 때, 곁에서 부모의 뜻을 순종하며 입맛에 맞는 제철 음식을 마련하려고 갖은 노력을 다하자, 안씨가 일찍이 말하기를, "능히 내 마음을 네 마음으로 여기는구나."라고 한 적이 있었다.

동기간에 우애가 더욱 돈독하였으니, 일찍이 병든 백씨(伯氏: 친형 金熙)를 간병할 적에 몸소 약을 달이고 옷을 벗지도 않은 채 밤낮으로 곁을 지켰는데 달을 넘겨도 게으르지 않자, 주변 사람들이 탄복하여 말하기를, "비록 효자가 부모에 대해서도 이보다 더할 수 없겠다."라고 하였다. 숙제(叔弟: 막내아우)와는 큰 소 한 마리의 울음소리가 들리는 곳에서 살았으나, 형제간의 화목함이 늙도록 변하지 않았다. 동생이 병을 앓아 해를 거듭하며 낫지 않았는데, 공은 온 마음을 다하여 약을 구해 치료하였으니 한결같이 백씨를 돌볼 때와 같았다. 올해 봄이 되어서는 병에 걸려 앓고 나서 기력이 쇠약해졌으나, 여전히 비바람을 피하지 않고 밤낮을 가리지 않은 채 지팡이를 짚으면서 오가며 거의 하루도 거르지 않았다. 오가는 길에서 시를 읊은 적이 있었으니, 이러하다.

> 네 명의 형제가 셋만 남았으니
> 하루를 못 보면 열흘인 양 하네.

그 간곡하고 지성스러움이 이와 같았다. 아버지를 여읜 조카들도 자기 자식처럼 보살피며 가르치고 성취시켜서 모두 제자리를 찾게 하였는데, 게다가 그들이 가난한 것을 염려하여 심지어 자신의 말까지 풀어서 주었다. 분가할 적에는 형과 아우에게 후하게 하고 자신에게 박하게 하여 나누었으며, 조상을 받들어 제사지낼 때에는 오직 정결에만 힘썼지 적당히 되는대로 하지 않았다. 관아에서 빛을 독촉해 거두어 가려는 날에 일가친지가 밭을 사겠다는 청을 거절하였고, 그 남은 재산을 털어서 가난해 빛을 갚지 못하는 문중(門中) 사람에게 나누어주었다. 사사로이 곡식을 빌려주고 이자를 받았다는 말을 들으면 독촉해 거두어들인 수노(守奴)들의 행위를 꾸짖고는 그 빛 문권을 불태워 이웃에서 가난해 빛을 갚지 못하는 자들을 구제하였다. 이러한 일이 비록 공에게 있어서야 자잘한 행실이지만 또한 봉황새의 한 깃털이 되기에 충분한 것이다.

젊었을 때에는 다소 지나치게 언변이 매섭고 풍채가 강직한 면이 있었으나, 중년 이후로는 이를 고쳐 바로잡으려고 여러 방면에서 점검하였으며, 만년에 이르러서는 날카로운 면모가 점차 감추어지면서 온화한 기색이 자연스럽게 배어나고 공손해져 다시는 모난 기상이 없었다.

마음가짐과 몸가짐은 한결같이 겸허함을 으뜸으로 삼았으며, 사람을 대할 때는 정성스러워 참되려고 하였지 괴팍해 모난 행동하지 않았으며, 일을 당했을 때는 굳세고 과감하였지 기꺼이 아첨하여 빌붙는 태도를 취하지 않았다. 항상 '마음을 다스려서 허물을 줄여야 한다.(治心寡過)'·'진실로 곤궁해도 부지런히 배워야 한다.(固窮勤學)' 등의 말로 자식과 조카들에게 간절히 일러주었으며, 심지어 시를 지어 스스로도 권면하였으니, 그 시는 이러하다.

허물이 적길 바라나 허물 적어지지 않고
마음을 편하려 하나 마음이 편치 못하네.

또 지었으니, 이러하다.

안회처럼 물 한 바가지면 어디 가나 삶이 족하였고
관녕처럼 평상이 뚫리면 미래의 염려 사라지리라.

이것은 그가 평생토록 고심하고 힘을 기울인 부분이다.

신묘년(1651) 이후로 벼슬에 나아갈 뜻이 일체 없었는데, 빛을 가리고 광채를 숨겨서 발걸음을 성시(城市)에 들이지 않은 지가 10여 년이 되었다. 산수의 경치가 빼어난 곳에 살면서 비록 술을 즐기지는 않지만, 좋은 시절이나 명절을 만나 바람이 따뜻하고 풍경이 아름다울 때면 번번이 반드시 이웃의 어른과 아이들을 불러 모우고 막걸리와 산나물을 준비하니 서로에게 진솔한 모임이 되었다. 백발에 아이의 얼굴로 세상 밖에서 노닐며 일찍이 말하기를, "이 또한 인간 세상에서 하나의 좋은 일이로다."라고 한 적이 있다.

책은 섭렵하지 않은 것이 없었으나 특히 사서(四書)에 정밀하였고,《중용》과《대학》에 이르러서는 바로 평생 동안 항상 읊조리던 것이다. 글을 짓는데 있어서 어렵고 까다로운 것을 일삼지 않고 오직 정밀하고 적절한 가에만 힘썼으며, 시 또한 맑고 시원한데다 태평하여 세속의 정취가 없었다. 청풍자(淸風子) 정공(鄭公: 鄭允穆, 1571~1629)이 항상 칭찬하여 말하기를, "아무개의 시는 적선(謫仙: 李白)에게서 얻은 것이 많다."라고 하였다. 그리고 나의 외숙 개곡(開谷) 이공(李公: 李爾松, 1598~1665) 또한 당시 동료 가운데 글에 능한 자들을 일일이 거론하다가 공에게 미치면 말하기를, "아무개의 재주는 우리들이 미칠 바가 아니었다."라고 하였다.

공의 첫째부인 청주정씨(淸州鄭氏)는 고려 대장군 휘 정의(鄭顗)의 후손이다. 할아버지 휘 정탁(鄭琢)은 의정부 좌의정으로 서원부원군(西原府院君)에 봉해졌고 시호는 정간공(貞簡公), 호는 약포(藥圃)이다. 아버지 휘 정윤위(鄭允偉)는 통훈대부 사재감 주부(司宰監注簿)를 지냈는데, 과거 공부를 일삼지 않고 유가의 책에 힘을 썼다. 의인(宜人: 정씨)은 법도 있는 집안에서 생장하여 뜻과 행실이 곧고 밝았다. 스무 살에 공에게 시집을 와서 시어머니를 섬기는데 며느리의 도리를 다하였고 군자의 배필이 되어 덕을 어기는 것이 없었다. 임인년(1602) 12월 26일에 태어나 임신년(1632) 11월 1일에 죽었으니, 향년 31세였다. 이듬해 10월 2일에 안동부 서쪽 임피(林皮) 골짜기 선영 곁의 병향(丙向) 언덕에 안장하였다. 둘째부인 신천강씨(信川康氏)는 함양군수 휘 강이청(康以淸)의 손녀이자, 강수윤(康秀胤)의 딸이다. …(중략)…

공이 생전에 말하기를, "내가 죽으면 마땅히 정씨와 함께 같은 무덤에 묻히리라.” 한 적이 있었는데, 세상을 떠난 뒤에 여러 자손들이 그 유지를 받들어 날짜를 잡아 무덤을 열기로 하였다. 하루는 나 김학배(金學培)에게 말하기를, “선친의 안장 날짜가 이미 정해졌으나 무덤에 새길 글은 아직 부탁한 곳이 없다. 우리들이 장차 그 한두 가지를 기록하여 대인군자(大人君子)에게 청하려고 하지만, 못나고 형편없는 우리는 혼미하고 둔하여 선친의 덕행을 환하게 밝힐 수가 없다. 선친을 따라 교유한 자들이 많으나, 가장 깊이 아는 사람으로 그대 만한 자가 없으니 그대가 부디 도모해주기를 바란다.”라고 하였다. 나 김학배가 깜짝 놀라 말하기를, “돌아가신 숙부의 뜻과 행실은 참으로 없어지게 해서도 안 되지만, 그 덕을 글로 짓는 것은 중대한 일이니 형편없는 자에게 부탁해서도 안 될 것이다. 게다가 가장(家狀)을 찬술하려면 자손들이 마땅히 그것을 해야 하는 것이다. 하물며 중숙(仲叔: 다른 삼촌)이 살아 계시는데 김학배 같은 몽매한 후손이 어찌 감히 한마디 말이라도 그 사이에 할 수 있겠는가?”라고 하니, 자손들이 눈물을 흘리며 말하기를, “선친이 밭에서 농사를 지으면서 시골에 살아 이름이 세상에 드러나지 않은데다, 중부(仲父)가 질병이 떠나지 않고 깊어 또 그 전말을 기억하지 못힌다. 만약 그대가 지어 주지 않는다면 끝내는 지을 가망이 없게 될 것이다.”라고 하였는데, 그들의 얼굴을 보니 침통하여 스스로 주체할 수가 없는 듯하였다. 나 김학배가 마음속으로 생각하기를, ‘공의 평생 동안 언행은 남들의 귀와 눈에 남아 있다. 만약 공의 묘지가 평소 공을 아는 이로부터 나온다면 어리석은 내가 굳이 한마디도 더할 필요가 없을 것이다. 그러나 다만 대략적으로 개요를 기록하여서 명문(銘文)을 청하는 근거로 삼고자 하는 것이라면 내가 굳게 사양할 것도 아니다. 하물며 나의 선친과 공은 삼종간(三從間)의 친족인데다 마음도 한 몸처럼 지내며 평생의 의기를 남김없이 토로하였으나, 내가 하늘의 벌을 받아 선친(先親: 김학배의 아버지 金黜)이 세상을 떠난 지금 벌써 14년이나 되었다. 우러르며 의지할 사람은 오직 공뿐이었지만, 공마저 이에 이르렀으니 애달프게도 의지할 바가 없게 되었다. 지금 이 일을 더욱이 글재주가 보잘것없다고 사양할 수 없구나.'라고 여겼다. 이어 자손들과 서로 마주 보며 피눈물을 흘리고는 삼가 그 가운데 큰 덕행만을 뽑아 위와 같이 엮고 채택에 대비하는 바이다. 세세한 언행은 모두 싣지 않았다.

금상 8년 정미년(1667) 여름 5월

족질 김학배 삼가 기록하다

成均生員野庵金公言行錄

公諱㷇, 字受而, 姓金氏, 自號野庵。金之系, 出義城。高麗時有諱龍庇公, 位太子詹事, 是鼻祖也。生諱宜尙書左僕射, 僕射生內盈少尹諱瑞之, 少尹生文叡府左司尹諱台權, 三世皆在麗乘。司尹之子曰居斗, 入我朝爲工曹典書。典書之曾孫, 乃副知承文院事諱漢啓也。有聞望, 魯山朝爲集賢殿學士, 已而謝病歸, 遂不仕。知事之後, 三世而至公之高祖, 成均生員, 贈吏曹判書諱璡。擧五男子, 折桂搴蓮, 文行冠世。其仲子諱守一, 薦拜自如道察訪, 是爲公曾祖。祖諱涌, 通政大夫兵曹參議, 以壬辰宣武原從勳, 後贈嘉善大夫吏曹參判, 號雲川。飛英玉堂, 歷敭臺閣, 淸風直節, 震耀當時。臨終以'窮不失義, 達不離道'八字, 勸勉其子孫焉。祖妣贈貞夫人眞城李氏, 退溪先生孫女也。考諱是柱, 以己酉生員壯元, 登癸丑文科。由承政院註書, 陞兵曹佐郎, 未幾而病卒。妣淑人永嘉權氏, 太師幸之後, 正郞暐之女。公之在娠, 淑人得異夢, 以萬曆甲辰閏九月二十四日辛丑, 生公于臨河川前里第。生而英爽異凡兒。甫三歲, 以參判公命, 出後于仲父處士公。處士公諱是楗, 聘于竹溪安氏護軍霮之女, 纔閱歲而卒早夭。安氏取公於襁褓之中, 出養于府東佳丘村。以故公至五六歲而猶未知爲權氏出也。一日, 嬉游溪邊, 有人過而語之曰："異哉! 此兒乃某家兒也." 公卽入告于安氏, 曰："有客謂我爲某家兒，是何言耶？"安氏欲試其意，應之曰："若然則汝非吾兒，盍去諸."公卽泣謝之。嘗從參判公學字，參判公指庭前梨花而使公作句。公卽應口對曰："梨花依依白."參判公大驚曰："依依白三字，能畫出暮時景。此兒他日必以詩鳴矣."自此藻思逸發。語輒驚人。十二歲。又從外翁正郎公，學詩傳，誦讀如流。正郎公每言曰："昔我受學於鶴峯先生，而質魯，不能誦一行書，常切憤悱。今爾聰敏如此，何患乎不成才也？"時公之從兄烋，長於公八歲，而才學超等。參判公嘗稱孫行之有才，則必曰："某與某."云。一日，命題賦詩，公卽從傍製進，句格淸越。參判公益奇之，仍親書所製〈我所思〉十二歌與之。公受言寶之，常自佩紳，又慮其壞汚，乃染色褙紙而藏之。丁巳丁佐郎公憂，時年十四，與伯氏，能執喪以禮。庚申，遭參判公喪，癸亥，哭貞夫人，祭奠之暇，劬書刻苦，精探經史，旁通百家，種學績文，日大以肆。一時文人才士，莫不斂袵推先，而又於士林論議之間，毅然獨立，棘棘不阿，人皆敬憚之。乙亥陞上庠。長途逸駕，發軔伊始，而逮至丙子，時事一變。公不欲應擧，晦迹窮巷，託興江湖者，殆將五六年矣。辛巳，始以親命，强遊泮中，數月而還。自是，雖隨例赴擧，而亦不爲必得之計。凡五中於發解，而輒屈於殿試。嗚呼！豈非數耶？癸未在黌堂，與鶴沙金公應祖，有往復論議之事。鶴沙以書賀之曰："見識文藻，超出儕輩，儻進一步於百尺竿頭，則實嶺南之幸也."其期許如此。丙戌在泮宮。吏部郎南老星，與公有素，求見甚切。公辭以寒士不肯往。南使公親切者，又致密語，公終不應。戊子丁權氏憂，旣葬，廬于墓側，晨昏展謁，風雨不廢，庚寅終制。辛卯赴解于京。時安氏在堂，拜辭之際，不覺涕零。及到城中，思親之念，不能自抑，或感於夢寐，或發於吟詠，人多異之。還至路中，則安氏訃至矣。公千里奔哭，幾不勝喪，以未得終孝爲痛。遂謝絕人事，一以訓誨子弟爲業。遠近學子，聞風負笈，執經史問難於前者，日常二十餘，公嚴立課條，晝夜不懈，人或言其勞苦，則答曰："我自樂此，爲疲也."又或勸之應擧，則蹵然稱罪人。晚年，築室于所居川前里雨谷之畔，顔之曰野庵，鑿池種樹，爲臨老藏修之所。而自作名說，其說若曰："吾平生所爲，務去浮華，

惟鄙野是尙。庵是野人之居, 而人是斯庵之主也."其末又曰:"素者繪
之質也, 野者文之本也, 須有其本, 乃可以施其文, 則吾雖野, 豈足以爲
文之病哉."云云。嗚呼! 觀此足以知公之志矣。丙午冬, 偶感寒疾, 日漸
彌留, 子弟請進藥, 則公拒之曰:"死生命也。豈有服藥而延齡者乎?"遂
作自輓一章, 其詞曰:"行不逮人, 德無及物。送老江湖, 蕭灑日月。生無
益於世, 死無聞於後。聊乘化而歸盡, 甘與草木同腐."因命諸子曰:"乃
父平生, 盡在此中, 不必更求於人, 以取虛誇也."又曰:"若執友親戚有
輓之者, 則亦不可不用也."數月後, 自至差復, 精神氣力, 益覺穌健。一
日, 與外客及一家子弟, 賦詩說懷, 終日亹亹。翌朝猝得危惡之症, 越三
日丁未, 竟至不淑。寔丁未四月初三日也。享年六十四。乃雲川公捐舘
之期也。嗚呼! 公容兒端正, 性質剛方, 溫溫如玉潤, 栗栗如山起, 而加
以才格清高, 穎悟絶人。蚤服參判公敎訓, 與伯氏及堂兄, 篤志爲學, 日
邁月征, 玉樹盈庭, 蘭馥襲人, 人皆欽豔。朝夕且陸, 而不幸時與事悖,
命與仇謀, 二三十年之間, 淪落殆盡, 而公亦崎嶇顚躓, 已迫衰暮矣。凌
雲之翰, 虛老於空谷, 追風之足, 未展於通衢, 識者恨之, 而公略無一毫
怨尤之色。奉親家居, 左右順適, 溫凊瀡瀡, 靡極不用, 安氏嘗曰:"能以
我心爲心矣."同氣之間, 友愛彌篤, 嘗侍疾於伯氏, 躬親湯藥, 不脫衣
襟, 日夜在側, 經月不懈, 傍人歎服, 以爲:"雖孝子之於父母。蔑以加
矣."與叔弟同, 居牛鳴之地, 而常棣之樂, 至老不衰。弟嘗抱病, 屢歲沈
綿, 公殫心救藥, 一如伯氏之時。至於今年春, 則纏經疾病, 筋力衰替,
而猶且不避風雨, 罔間明晦, 杖屨來往。殆無虛日。路中嘗有詩曰:"四
人兄弟三人在, 一日不瞻十日如."其懇到誠切如此。撫孤姪如己子, 敎
育成就, 咸使得所, 而又慮其貧乏, 至於脫驂而與之。分異之際, 則厚於
昆弟而薄於自取, 奉先之時, 則一於精潔而不事苟簡。當官債督徵之
日, 則拒家人買田之請, 而推其餘, 以與族人之貧不能償者。聞私穀取
息之言, 則責守奴督捧之擧, 而焚其券, 以濟鄰里之窮不能酬者。此雖
在公爲細行, 而亦足爲鳳凰之一毛也。少時言論風采, 頗有過於峭峻
處, 中歲以來, 用力矯揉, 多方點撿, 至於晚年, 則鋒穎潛藏, 和氣油然,

而恂恂焉無復凌厲之氣像矣。處心行己, 一以謙虛爲主, 待人誠實而不務爲崖異之行, 遇事剛果而不肯爲阿好之態。 常以'治心寡過·固窮勤學'等語, 懇懇爲子姪言之, 而至於作詩以自勉, 其詩曰: "庶幾寡過過無寡, 秪欲安心心靡安." 又曰: "顔瓢到處生涯足, 管榻穿來世慮空." 此其平生苦心喫力處也。自辛卯以後, 一切無意於進取, 而埋光鏟彩, 足跡不入城府者十有餘年矣。所居山水絶勝, 雖不嗜酒, 而每當佳辰令節風和景媚之時, 則必招鄰里集冠童, 濁醪山蔬, 相與爲眞率之會。白髮童顔。婆娑物外, 嘗曰: "此亦人間一勝事."云。於書無不涉獵, 而尤精於四子之書, 至於庸學, 則乃其平生所常誦者也。爲文不事險棘, 惟務精切, 而詩亦淸爽飄逸, 無塵俗韻味。淸風子鄭公, 常稱曰: "某之詩, 得於謫仙者最多."云。而我舅氏開谷李公, 亦歷擧一時同儕之能文者, 而及公曰: "某之才, 非吾輩所及."云。公先娶淸州鄭氏, 高麗大將軍諱顗之後。祖諱琢議政府左議政西原府院君謚貞簡公號藥圃。考諱允偉通訓大夫司宰監主簿, 不事擧業, 著力儒書。宜人生長法家, 志行貞明。二十歸于公, 事姑得婦道, 配君子無違德。生于壬寅十二月二十六日, 歿于壬申十一月一日, 享年三十一。用翌年十月二日辛酉。葬于府治之西林皮洞先塋之傍丙向之原。後娶信川康氏, 咸陽郡守諱以淸之孫, 秀胤之女。…(중략)… 公嘗曰: "我死, 當與鄭氏同壟."旣歿諸孤, 遵奉遺志, 卜日開塋。一日, 謂學培, 曰: "先君葬有日矣, 而誌窆之文, 未有所屬。孤等將欲記其一二, 以請於大人君子, 而不肖無狀, 荒迷昏塞, 無以發明其先德。從先君遊者多矣, 而其深者莫如子, 子其幸圖之."學培瞿然曰: "先叔父志行, 固不可泯沒, 然撰德大事也。不可以託諸匪人。且欲述家狀, 則諸孤當自爲之。況有仲叔氏在, 如學培之後生眇識者, 何敢措一辭於其間乎?"諸孤泫然曰: "先君身居畎畝, 名不顯於當世, 仲父疾病沈綿, 又不記其端倪。若不蒙幸於君, 則終亦無所望幸焉耳矣."視其面, 慘慘焉若不自容者。學培竊惟, '公之平生言行, 在人耳目。若使誌公之墓者, 出於平日知公之手, 則必不待愚蒙之一言, 而特欲略記梗槩, 以爲請銘之階主, 則爲若無可以固辭者。況吾先君與公, 族爲三從,

而情則一身, 平生意氣, 傾倒無餘, 而不穀獲戾于天, 先君子下世, 今已十四年矣。所仰望而依歸者, 惟在於公, 而公又至此, 恤恤乎無所憑依。今於此役, 尤不可以蕪拙辭.’仍與諸孤, 相對泣血, 而謹撫其大者如右, 以備採擇。微言細行皆不載。上之八年丁未夏五月, 族姪金學培謹錄。

[錦翁先生文集, 권5, 言行錄]

06. 류천지

류천지의 자는 자강, 본관은 풍산이다. 지평 류진(柳袗)의 아들이다. 광해군 병진년(1616)에 태어났다. 효종 임진년(1652) 참봉에 제수되었고, 2번의 찰방과 3번의 현령을 지냈다. 숙종조 때 지평에 천거되어 제수되어 장령에 이르렀다. 기사년(1689)에 죽었다.

공이 8세 때 지평공을 따라 봉화(奉化)의 임지로 갔는데, 어린 누이가 관아의 창과 벽을 더럽히고 깨트리자, 공이 말리며 말하기를, "관아에서 사용하는 모든 것들은 다 백성들로부터 나온 것이니, 모쪼록 그렇게 하지 말아라." 하였다.

공이 9세 때 모친상을 당하여 울부짖고 가슴을 치는 것이 성인과 같았다. 지평공이 맛있는 음식을 먹도록 억지로 권했으나 공은 문득 슬피 울며 차마 초목지자(草木之滋: 생강과 계피, 상중에 먹는 고기)를 먹지 못하고 3년상을 마쳤다.

경오년(1630) 지평공을 따라 합천(陜川) 임지로 갔는데, 고을의 관아에 요괴가 있어 비워 두고 거처하지 않았지만 공이 수리하고 청소하여 거처하니 그 해악이 마침내 사라졌다.

공이 도성에서 벼슬하고 있을 때 예송(禮訟)이 있었는데, 영남 유생 류세철(柳世哲) 등이 대궐문을 두드려 간쟁하려 하자, 예를 그르친 당파의 사람들이 바야흐로 권세를 등에 업고 수사(收司: 규찰하여 고발함)를 유숙했던 주인에게까지 아울러 미치도록 하니, 선비들이 자못 기가 꺾였다. 공은 이에 관소(館所)로 끌어들이고 같이 머무르며 상소문을 작성하는데 전념할 수 있도록 하였다.

공이 자여도(自如道)에서 돌아온 뒤에는 역민(驛民)들은 거사비를 세웠으며, 단양(丹陽)에도 또한 선정비가 세워져 있다.【협주: 이만부가 찬한 행장

에 실려 있다.】

• 柳千之

柳千之, 字子强, 豐山人。持平袗[1]子。光海丙辰生。孝宗壬辰, 拜參
奉, 歷二郵三邑。肅宗朝薦拜持平, 至掌令。己巳卒。

公八歲, 隨持平公奉化[2]任所, 稚妹汚割窓壁, 公止之曰："凡官所需,
皆出於民, 愼毋爾也."

公九歲, 丁毋憂, 號擗[3]如成人。持平公, 强以滋味, 公輒悲泣, 不忍食
以草木之滋, 終三年。

庚午, 隨持平公陜川[4]任所, 郡廨有邪魅, 廢不居, 公修掃處之, 其害
遂除。

公宦於京, 時有禮訟, 嶺儒柳世哲[5]等, 將叩閻爭之, 誤禮黨人, 方據權
要, 收司[6]並及居停之主, 士頗沮挽。公於是引而同館, 得以專意治疏。

---

1   袗(진): 柳袗(1582~1635). 본관은 豐山, 자는 季華, 호는 修巖. 증조부는 柳公綽이며, 조부
     는 柳仲郢이다. 아버지는 영의정 柳成龍이며, 어머니 全州李氏는 李坰의 딸이다. 부인
     安東權氏는 權采의 딸이다. 1610년 사마시에 합격하였다. 1612년 해서지방에서 金直哉의
     誣獄이 일어났을 때에 무고를 당하여 5개월간 옥고를 치렀다. 1616년 遺逸로 천거되어
     세자익위사세에 제수되었으나 사양하였다. 1623년 인조반정 뒤 다시 학행으로 천거되어
     봉화현감이 되었다. 1627년에 청도군수가 되었다가, 이듬해에 收布匠人에 대한 보고에
     허위가 있다 하여 파직당하였다. 1634년 지평으로 있을 때 장령 姜鶴年이 당시 서인정권의
     정책을 크게 비판하여 심한 논란이 일어났는데, 이때 강학년을 두둔하여 대간들로부터
     공격을 받았다.
2   奉化(봉화): 경상북도 북부에 있는 고을.
3   號擗(호벽): 부모의 상을 당하여 울부짖고 가슴을 침.
4   陜川(합천): 경상남도 서북부의 산간내륙에 있는 고을.
5   柳世哲(류세철, 1627~1681): 본관은 豐山, 자는 子遇, 호는 悔堂. 증조부는 柳雲龍이며,
     조부는 柳褧이다. 큰아버지인 柳元直이 후손이 없어 14세 때 양자로 입양되었다. 생부는
     柳元履이며, 넷째 아들로 태어났다. 생모는 高敞吳氏이다. 柳元之에게 수학하였다. 1654년
     사마시에 합격하여 내시교관과 동몽교관·사복시주부를 거쳐 공조좌랑 및 군위현감을
     지냈다. 1666년 기해년 복제의 부당함을 지적하는 영남 사림의 疏頭가 되었다. 그러나
     끝내 뜻을 관철하지 못하고 오히려 儒罰을 받았다. 1674년 제2차 예송이 있었는데, 기년복
     이 받아들여져 1675년 금고형에서 풀려났다.

公自自如[7]歸後, 驛民立去思碑, 丹陽[8]又有善政碑。【李萬敷[9]撰行狀】

보충

이만부(李萬敷, 1664~1732)가 찬한 행장

통훈대부 사헌부장령 풍산 류공 행장

공의 휘는 천지, 자는 자강이다. 성씨는 류씨이며 대대로 풍산(豐山) 출신이다. 고려 때부터 현달하였으며, 우리 조선조에서 공조전서(工曹典書) 류종혜(柳從惠)가 있었고 그 후손이 이어져 문충공(文忠公) 서애(西厓: 류성룡) 선생에 이르러 더욱 창대하였다. 휘 류자온(柳子溫)은 성균관 진사를 지냈고 정헌대부(正憲大夫) 이조판서에 추증되었으며, 그 부인 안동김씨(安東金氏)는 정부인(貞夫人)으로 추증되었다. 휘 류공작(柳公綽)은 간성군수(杆城郡守)를 지냈고 의정부 좌찬성에 추증되었으며, 그 부인 연안이씨(延安李氏)는 정경부인(貞敬夫人)으로 추증되었다. 휘 류중영(柳仲郢)은 황해도 관찰사를 지냈고 순충적덕보조공신(純忠積德補祚功臣)으로 책봉되어 의정부 영의정 풍산부원군(豐山府院君)에 추봉되었으며, 그 부인 안동김씨(安東金氏)는 정경부인으로 추증되었다. 이는 실로 문충공이 귀

---

6 收司(수사): 연좌제. 서로 糾察하여 고발하게 하는 것으로 전국 시대 秦나라 公孫鞅이 제정한 법이다. 열 집을 한 단위로 하여, 한 집이 죄가 있을 경우 아홉 집이 관아에 고발하게 하였는데, 만일 고발하지 않을 때는 열 집이 모두 연좌되었다.

7 自如(자여): 自如道. 조선시대, 경상도의 함안·창원·김해·밀양·양산 방면과 창원·웅천·칠원 방면으로 이어졌던 역로.

8 丹陽(단양): 충청북도 북단에 있는 고을.

9 李萬敷(이만부, 1664~1732): 본관은 延安, 자는 仲舒, 호는 息山. 증조부는 李袗이며, 조부는 이조판서 李觀徵이다. 아버지는 예조참판 李沃이며, 어머니 全州李氏는 승지 李同揆의 딸이다. 첫째부인 義城金氏는 金爾楷의 딸이며, 둘째부인 豐山柳氏는 柳千之의 딸이다. 1678년 15세 때 宋時烈의 극형을 주장하다가 灒南에게 몰려 北靑에 유배된 아버지를 따라가 그곳에서 여러 해 동안 시봉하며 학문을 닦았다. 그 뒤 아버지가 유배에서 풀려나 고향에 돌아왔으나 벼슬을 단념하고 오직 학문 연구에 전념하였다. 그리하여 어려서부터 가학으로 학문을 전수받고, 志趣가 고상하며, 程朱學에 심취한 것이다.

하게 되었기 때문에 은혜를 입은 것이다. 관찰사 공에게는 두 아들이 있었는데, 문충공은 둘째아들이었다. 휘는 성룡(成龍), 자는 이현(而見)이다. 벼슬은 상상(上相: 영의정)에 오른데다 공적은 사직을 보존하였거니와 덕행은 사문(斯文)을 북돋우었으니, 국승(國乘: 國史)에 실려 있고, 문인(門人) 우복(愚伏) 정경세(鄭經世) 선생이 상세히 기술하였다. 문충공에게는 또 세 아들이 있었는데, 막내아들의 휘는 류진(柳袗), 자는 계화(季華), 호는 수암(修巖)이다. 젊어서 진사시에 장원으로 뽑혔지만 다시는 과거에 응시하지 않았다. 폐조(廢朝: 광해군)의 정치가 어지러워지자, 하회(河回)의 대대로 살던 곳에서 상산(商山: 상주)의 시리(柴里)로 옮겨 터를 잡았다. 천거를 받아 여러 고을의 수령을 거쳐 벼슬은 사헌부 지평을 지냈다. 사람들은 그의 출처를 보고 세상에서 중용되느냐 경시되느냐를 헤아렸지만, 크게 뜻을 펼치지 못했고 사후에 이조참판에 추증되었다. 그 부인 영가권씨(永嘉權氏: 안동권씨)는 정부인(貞夫人)으로 추증되었는데, 현감 아무개(權來)의 딸이자, 충정공(忠定公) 권벌(權橃)의 증손녀이다. 만력(萬曆) 병진년(1616) 정월 5일에 공을 낳았다.

공은 타고난 자품이 중후하였다. 어린 시절에 행동이 침착하고 느긋하여 또래아이들과 어울려 장난치며 놀지 않았으니, 이를 본 사람들은 큰 그릇이 될 것임을 알았다. 8세 때에 참판공(參判公: 柳袗)을 따라 봉화(奉化) 임지로 갔는데, 어린 누이가 관아의 창과 벽을 더럽히고 깨트리자, 공이 급히 이를 말리며 말하기를, "관아에서 사용하는 모든 것들은 백성들의 힘을 쓰지 않은 것이 없으니 모쪼록 그렇게 하지 말아라."라고 하자, 참판공이 등을 어루만지며 말하기를, "내 아들이 벌써 이러한 뜻을 알았으니, 조상의 업적을 지켜서 명성을 실추시키지 않겠구나."라고 하였다.

갑자년(1624)에 권 부인(權夫人: 모친)이 세상을 떠났는데, 당시 공의 나이 9세였지만 울부짖고 가슴치는 범절이 마치 성인과 같았으며, 상여를 따라 길을 가면서도 곡(哭)하는 것을 멈추지 않으니 이를 들은 사람들이 눈물을 흘리며 칭찬하였다. 장례를 치르고 돌아온 뒤, 참판공이 아들의 기혈이 아직 왕성하지 않은 것을 염려하여 맛있는 음식을 억지로 권했는데, 공은 문득 슬피 울며 차마 먹지 못하였고, 결국 초목지자(草木之滋: 생강과 계피, 상중에 먹는 고기)도 복용하지 않은 채 3년상을 마쳤다.

경오년(1630) 또 참판공을 따라 합천군(陜川郡)에 갔는데, 고을 관아에 요괴가 있어 이전의 고을 수령들은 비워 두고 거처하지 않았지만, 공은 참판공에게 아뢴 뒤에 수리하고 청소해서 거처하니 그 해악이 마침내 사라졌다.

을해년(1635) 참판공이 영천(榮川: 영주)의 객사(客舍)에서 죽었다. 공은 관을 받들어 고향으로 돌아와 예법대로 송장(送葬)과 제전(祭典)을 치르며 슬퍼하는 마음도 가득하니, 고을사람들이 혀를 차며 예법을 집안에서 이어받았다고 칭찬하였다.

임진년(1652) 처음으로 선릉(宣陵) 참봉에 보임되었고, 무술년(1658) 자여도(自如道) 찰방에 제수되었으며, 임인년(1662) 또 경양도(景陽道) 찰방에 제수되었는데, 맡은바 직무에 마음을 다하여 역로(驛路)가 피폐했던 것을 회복시키니 모두 거사비(去思碑)가 세워져 있다.

갑진년(1664) 사옹원 직장으로 승진하였고, 병오년(1666) 의금부 도사로 옮겼고, 정미년(1667) 세자익위사 익위(翊衛)에 제수되었고, 무신년(1668) 사섬시 주부(司贍寺主簿)가 되었다가 곧 군자감 주부(軍資監主簿)로 옮겼다. 공은 작은 벼슬도 비루하게 여기지 않고 부지런히 직무를 처리하니, 아전들이 모두 감복하여 감히 속이지 못했다.

이때 예송(禮訟)이 있었는데, 영남 유생 류세철(柳世哲)이 많은 선비들을 이끌고 대궐문을 두드려 간쟁하려 하였다. 예(禮)를 그르친 자의 당파 사람들이 바야흐로 권세를 등에 업고 함정을 만들고는 수사(收司: 규찰하여 고발함)하기를 기다리면서 중상모략도 유숙시켜 준 주인에게까지 아울러 미치도록 하니, 선비들이 자못 기가 꺾여 동요되어 머뭇거렸다. 공은 이에 선비들을 관소(館所)로 불러 관소에 있으면서 논쟁에 전념하도록 하였다. 류세철은 바로 공의 족질(族姪)이었다. 이전의 공경(公卿)들이 공의 재주가 큰 소임을 감당할 만하다고 천거하였지만, 공은 별욕심 없이 담담하여 자중하며 오래도록 하급 관료로 지냈다.

기유년(1669) 용담(龍潭) 현령에 제수되었으나 얼마 되지 않아 방백(方伯)의 뜻을 거슬러 낮은 고과 점수를 받았다. 경술년(1670) 다시 현풍(玄風)에 제수되었는데, 그해 전국 8도가 대단히 심한 흉년이었고 신해년(1671)에는 전염병까지 극심하게 유행하였다. 현풍은 궁색한 고을이 되었고, 백성들은 대부분 고질병으로 떠돌아다녔다. 이에 공은 흉년에 따른 기근 구제책을 강구해 곡식의 비축을 확대하고 미음과 죽을 쑤었으며, 식량을 나누어 보내는데 몸소 관여하여 골고루 알맞도록 하면서 연리(椽吏: 아전 또는 서리)에게만 맡기지 않았다. 다른 요역(徭役)과 부세(賦稅)도 함께 편리하게 조정하여 죄다 감면되도록 돌보았으니, 살아남은 백성들이 매우 많았고 온 고을이 힘입었다. 망우당(忘憂堂) 곽재우(郭再祐)는 현풍현 사람이다. 임진왜란 때 충성스러운 업적이 매우 뛰어났는데, 공은 고을의 여론을 주도하고는 자신의 녹봉을 내놓고 사당을 세우는 역사(役事)를 도와서 제사를 올렸다. 앞서 사헌부 지평에 천거되어 제수되었으나 사양하고는 나아가지 않았다.

정사년(1677) 단양군수에 제수되었다. 단양(丹陽)은 온통 암벽으로 둘러싸여 있는 험준한 고을이지만 영남과 호남의 물산이 집중하는 교통의 요충지이고, 구담(龜潭)과 도담(島潭)의 산수는 선경(仙境)이라 부르기에 알맞았는데, 퇴도(退陶: 이황) 선생 및 창석(蒼石) 이준(李埈)이 부임하여 다스렸던 곳이다. 그 당시와 멀어지면서 산골 풍속이 점점 거칠어진데다 땅은 돌이 많아 척박하자 백성들은 게으름만 피우며 목숨이나 이어갔다. 공이 부임하자마자 전해 온 기록을 살펴 정비하고 다듬었는데, 먼저 가르친 다음에 처벌하였다. 객관에 있는 정자를 '봉서(鳳棲)'라고 한 것 또한 창석이 창안한 것이다. 공이 다시 시기에 알맞게 새로 중수하였는데, 무너진 곳을 고치고 더럽혀 훼손된 것을 단장하니 찾아오는 수레가 장관이었으나, 그 노역(勞役)을 백성들에게 끼치지 않았다. 문충공(文忠公: 류성룡)이 일찍이 운암(雲巖: 단양 오암의 하나)의 경치가 좋은 곳에 〈수운정(水雲亭)〉을 지었으니 실로 고을의 경계에 있었는데, 한가한 날이면 가마를 타고 유람한 후에 돌아왔다. 5년간 지내며 좋은 정사를 펼쳤는데, 순찰사가 그 집안 대대로 내려오는 덕의 근원을 살펴서 포목(褒目: 관원의 고과평가를 좋게 하는 글)에 적을 만하다고 여겼으니, 세속의 관리가 능력이 있다는 명성을 얻어 과시하려는 자와는 견줄 수 없는 것이었다.

공은 일찍이 소백준령(小白峻嶺)의 예천(醴泉)에 터를 잡은 적이 있는데, 가파른 산봉우리가 둘러싸고 있는 넓은 골짜기 가운데 맑고 차가운 샘물이 솟아나오는 곳이었다. 이때에 이르러 그곳으로 돌아가 지낼 곳으로 삼으니, 백성들이 애석하게 여겨서 비석을 세워 청렴한 덕과 선정을 기렸다. 공은 마침내 풀을 베어 집을 짓고는 황무지를 개간하여 밭을 일구고서 직접 농사를 짓고 김매기를 하였다. 산골의 노인이며 목동들에게 밭 경계를 더 많이 차지하도록 양보하였다. 시냇가에 작은 정자를 짓고 날마다 그곳에서 스스로 즐겼다. 부귀를 누린다 해도 변하지 않을 것이었으나, 숙인(淑人)의 묵은 병 때문에 상산(商山)의 옛집으로 와서 치료하였으니, 이는 공의 뜻이 아니었다.

무진년(1688) 공은 처음 가래로 인한 병을 얻어 오랫동안 지속되어 이듬해 기사년(1689)까지 앓았다. 선왕(先王: 숙종)이 바야흐로 옛 신하들을 등용하였는데, 여름에 장령으로 공을 불렀으나, 공은 두 차례나 상소를 올려서 병에 대해 아뢰고 체직되었다. 9월 20일 시리(柴里)의 집에서 생을 마쳤으니 향년 74세였다. 장령의 임명장은 또 장례를 치르는 중에 도착했다. 이때 부음이 조정에 알려지자, 주상이 놀라 애도하면서 부의

(賻儀)를 의례(儀禮)대로 하사하였다. 경오년(1690) 정월, 고을 북쪽 미면 (米麪)의 손향(巽向) 언덕에 안장되었다.

공은 자질이 의연하고 체격이 큰데다 기국이 준엄하였다. 겨우 약관 (弱冠: 20세)이 되었을 때 이미 재상이 될 만한 인재라는 촉망을 받아서 한두 번 과거를 보러 갔으나, 속된 선비들이 명리를 좇아 달려드느라 평소의 지조를 잃는 모습을 보고 부끄럽게 여겨 영화로운 벼슬길에 대한 뜻을 끊었다.

매일 반드시 손을 씻고 닦은 뒤 의관을 정제하고서 정신을 한데 모아 홀로 앉아 있었으니, 질투와 탐욕이 마음속에서 싹트지 않고 오만함이 몸가짐에 드러나지 않아 엄숙하기가 마치 범할 수 없을 것 같았다. 공경 으로 사람들을 대하고 겸양으로 스스로 수양해 진실된 마음을 터놓으며 말하는 이치가 곡진하여 지선(至善)으로 이끌고 권장하는데 남과 자신을 차별하지 않았다. 탐욕스럽고 비루하게 구차히 이득을 얻거나 거짓으로 속이며 올바르지 못한 자가 있으면 마치 개돼지 같이 보았으며, 또한 남의 잘못이나 허물을 드러내 놓고 말한 적이 없었기 때문에 사람들이 그를 사랑하고 흠모하였지 감히 교만하게 대하지 않았다.

여러 차례 천거되어 내직과 외직을 두루 지냈다. 무릇 제수하는 바가 있으면, 명을 받고는 즉시 떠나면서 말하기를, "대대로 왕가를 섬겼던 신하로서의 의리로 감히 산림(山林)에서 여유롭게 지내는 척하는 것을 본받지 않겠다."라고 하였지만, 한 관직에 오래 머무르지 않았기 때문에 첫 벼슬길에 오른 지 여러 해가 지나서야 비로소 현령이 되었고, 남대(南 臺: 학문과 덕이 뛰어나 이조에서 사헌부 대관을 천거한 사람)로 일소(馹召: 지방 의 관원에게 마패를 주어 역말을 타도록 하여 불러올리는 일)하는 명을 받기에 이르러서는 말하기를, "분수에 넘치는 것이다. 영광이 지나친 것이다." 라고 하면서 시종일관 간절히 사양하며 황송함에 마치 스스로 어쩔 줄을 모르는 것 같았다.

　일상생활에서의 행실은 올바르고 당당한 곳으로 나아가는 데에 힘썼으니, 지조를 지키는 것이 단단히 확고하였고 식견과 생각이 헤아리기 어렵도록 깊었으며 계획과 조치가 주도면밀하였다. 중론의 옳고 그름이 정해지지 않으면 공은 그것을 분별하여 한마디로 밝혔지만, 혹 불편한 점이 있으면 즉시 풀어버리는데 인색하거나 거리낌이 없었다. 그가 군읍(郡邑)을 다스릴 적에 이를 따라서 행하여 거친 옷을 입고 변변치 않은 음식을 먹으며 성실히 부지런하게 직무를 수행하였으니, 백성을 신뢰로 대하였고 아전을 엄하게 다스렸으며 상관을 예로 섬겼다. 시급한 것은 교화를 돈독하게 하는 일, 형벌을 신중히 처결하는 일, 군사 업무를 점검하는 일, 제사를 공경히 지내는 일, 농업과 양잠을 권장하는 일, 도로와 교량을 수축하는 일로서 그 대체(大體)를 보존하려는 것이었지, 별것이 아닌 작은 은혜로서 백성들의 환심을 사려 하지 않았다. 처음에는 혁혁한 명성이 없었으나 몇 달이 지난 뒤에는 백성들이 따르고 아전들이 두려워하였으니 실제적인 혜택이 널리 퍼졌다. 이웃 고을에서는 명성을 얻고도 끝내 처음의 명성을 유지하지 못하는 경우가 많았지만, 오직 공의 치적만은 시간이 지날수록 더욱 드러났으니, 이는 정성을 바친 실제적인 혜택이 드러났기 때문이다.

　집에 거처했을 때는 검소하여 이익을 위해 그 어떤 것도 도모하지 않은데다 내외의 분별도 뚜렷하니, 은혜와 의리가 온화하고 화목하였다. 효성과 우애는 타고 나서 늙도록 쇠하지 않았으니, 일찌감치 부모를 여의어 종신토록 몹시 애통해 하면서 손때가 묻은 것을 보면 눈자위에는 문득 눈물이 고였으며, 때로는 꿈속에서 흐느껴 울었다. 계모를 봉양하면서 계모의 뜻을 어김이 없이 받들었다. 누이는 8명으로 모두 시집갔지만, 남동생 1명은 분가해서 살아 공은 한 집안에 같이 즐겁게 지낼 수 없는 것을 애석하게 여겼는데, 틈만 나면 바로 가서 살피고 더러는 나루에 나가 맞아들여 이야기하면서 웃음꽃을 피우며 즐거움이 넘쳐 나는 것이 마치 어린 아이들이 지내는 것 같았다. 당시 가세(家勢)가 몹시 넉넉하지 않았으나 조금이라도 여유가 생기면 골고루 나누어 주면서 문권(文券)을 만들지 않았는데도 사람들 사이에 이간하는 말이 없었다. 이를 미루어 친척들과 화목하게 지내면서 자신의 사욕을 이겨 내고 의를 행하였다.

벼슬살이를 할 때는 자손을 위하여 한 치의 사사로운 이익을 도모하지 않았으며, 집안 친족 가운데 가난하고 어려운 사람이 있으면 더 두터이 두루 보살폈으며, 빈궁하여 의지할 곳이 없는 자들은 데려다 기르면서 자립할 수 있도록 돕고 말하기를, "내가 전수 받은 바가 있기 때문이다."라고 하였다.

특히 조상을 받드는 일에도 독실하였으니, 매일 아침이면 사당을 찾아 뵈었으며, 조상의 기일 4일 전부터 재계하면서 집안의 안팎에 시끄럽지 못하도록 했으며, 제사에 쓰일 제수(祭需)는 몸소 감독하여 준비하였으며, 제삿날이 되면 엄숙하고 공경한 마음으로 받들었으며, 도식으로 정해서 제사의 음식과 절차에 조금도 어긋남이 없도록 하였다. 항상 말하기를, "제사를 정성껏 올리지 않으면 조상이 흠향하지 않으리니, 자손된 자로서 마땅히 그 정성을 다해야 한다. 집안이 흥하느냐 쇠하느냐 하는 것 또한 이에서 비롯되니 어찌 생각하지 않을 수 있겠는가?"라고 하였다.

글 짓는 작은 기예로서 문예적 명성을 성취하는 것을 마음에 두지 않았으나, 귀로 듣기만 해도 장문의 글을 어렵지 않게 암송하였다. 젊어서부터 경서(經書)와 사서(史書), 제자백가서(諸子百家書)를 섭렵하였으며, 하도낙서(河圖洛書)와 상수(象數) 변화며 윤달을 정하거나 해의 오묘한 그림자를 측정하는 데에도 밝았다.

예법과 의리를 면밀히 살펴서 누군가 의심스러운 예문(禮文)이나 변통한 예절(禮節)에 대해 물으면 그 근거와 출처를 원용하였으니, 마치 등불로 비추어 보고 숫자로 계산하는 듯 정밀하였다. 친족이나 지인들이 상을 치르면서 형편에 따라 행해야 할 예절을 대부분 공에게 기대어 판단하였다. 이는 공이 조상의 공덕을 받고 태어나 부여받은 것이 매우 두터웠으니, 귀가 젖고 눈이 물들어 절로 충성과 효성이 독실해져서 마음으로 체화하고 몸으로 실천하며 흔들리는 바가 없었다.

행실은 교만하거나 과격하지 않은데다 순박하고 곧아 흠이 없었으며, 말은 직설적이지 않으면서도 온화하고 이치에 맞았다. 마음씨가 넓고 품행이 뛰어나며 일처리가 주밀하여 큰 일을 받아 무거운 책임을 감당할 수 있었으니, 공의(公議)도 생각하는 바였고 조정의 신하들도 고대하여 조정의 소명(召命)이 이르렀지만, 공은 한결같이 사양하고 물러났다. 고을에서 나는 물품을 바쳐 융숭한 대우를 받지도 않았고, 공적으로 명함을 들이지 않고는 요로(要路)에 기웃거리지도 않았으니, 이 때문에 좋아하지 않은 사람 또한 많았다.

단양(丹陽)에 있을 때 어떤 일로 인하여 경성(京城)에 들어갔는데, 연신(筵臣: 경연에 참석하는 신하)이 공이 작은 고을에서 오랫동안 머물러 있는 것은 온당하지 않다고 여겨서 주상에게 아뢰어 그대로 머무르며 강론하게 하려고 하자, 공이 크게 놀라 자신이 늙고 병든 것을 말하니, 일이 마침내 중지되었다. 《주역(周易)》에 이르기를, "그 붕당을 흩으니 대단히 상서롭다. 흩어지는데 산 같은 큰 무리를 이룸은 보통 사람이 생각할 수 있는 일이 아니다.(渙其羣, 元吉。渙有丘, 匪夷所思.)"라고 하였는데, 문충공(文忠公: 류성룡)이 실천하였다. 또 말하기를, "친비함을 안으로부터 함은 스스로 잃지 않는 것이다.(比之自內, 不自失也.)"라고 하였으며, 또 말하기를, "나의 생을 살펴서 나아가고 물러나니 아직 도를 잃지 않은 것이다.(觀我生進退, 未失道也.)"라고 하였으니, 수암공(修巖公: 柳袗)과 공이 실천하였다. 공이 마음속에 간직한 바를 헤아려 말해 보자면, 자하(子夏)가 말하기를, "부모를 섬기되 그 자신의 힘을 다하고, 임금을 섬기되 능히 그 몸을 바치며, 벗들과 더불어 사귀되 말을 함에 믿음이 있으면 나는 반드시 배운 자라고 할 것이다."라고 한 것은 공이 항상 행한 바에서 징험할 수 있다. 증자(曾子)가 말하기를, "6척의 어린 아들을 부탁할 만하여 사방이 백 리 되는 나라의 국정을 맡길 만하고 큰일에 임하여 절개를 빼앗을 수 없다면 군자다운 사람인가?"라고 하였는데, 공으로 하여금 한번 숨 쉬는 사이에 달려 있는 위급한 때에 직면하게 하더라도 또한 그와 가까울 것이리라.

공의 첫째부인 흥양이씨(興陽李氏)는 창석(蒼石) 이준(李埈) 선생의 딸로 어진 덕과 규범을 갖추었다. 둘째부인 진양하씨(晉陽河氏)는 사인 하진영(河晉瀯)의 딸로 부녀자의 도리를 실천하여 동서들이 모두 따랐는데, 또한 공보다 먼저 죽었다. …(중략)…

류위하(柳緯河: 이만부의 처남) 씨가 못난 나에게 말하기를, "나의 두 형은 먼저 세상을 떠났소. 불초는 아버지를 여의어 외롭고 어리석어 이미 우리 집안의 전통을 이어받기에 부족한데다, 만일 하루아침에 세상을 떠나기라도 하면 내 선친이 행한 언행의 대강이 장차 묻혀서 전해지지 않을 것이오. 《예기(禮記)》에서 이른바 '밝지 못하다(不明), 어질지 못하다(不仁).'라고 한 것이 두려우나, 또 무엇으로써 후세에 전할 수 있겠소? 그리하여 감히 귀와 눈으로 듣거나 본 것을 초고를 만든 것이오. 그런데 윤색하여 문장을 다듬는 것은 오직 당신의 책임이오."라고 하였다. 못난 나는 미천하고 비루한데다 글재주도 없을뿐더러, 또한 가르침을 받으면서 보고 느낄 기회도 없었으니 어떻게 위대한 군자의 아름다운 덕을 형용할 수 있겠는가. 오직 공과 나의 할아버지 치정공(致政公: 李觀徵) 및 목재(木齋) 홍여하(洪汝河)가 막역한 의리를 나누었는데, 못난 나는 일찍이 가정에서 공에 대한 말을 한두 번 들은 적이 있었다. 그리고 황송하게도 공의 사위가 되니, 류위하 씨의 부탁을 또 어찌 끝까지 저버릴 수 있겠는가. 삼가 가전(家傳)을 위와 같이 고쳐 바로잡았지만, 감히 아첨

하거나 진실로 지나친 미사여구를 쓰지 않았으니 붓을 잡은 군자는 헤아
려 주기 바라노라.

금상 2년 임인년(1722) 늦봄
사위 연성 이만부 삼가 쓰다

通訓大夫司憲府掌令豐山柳公行狀

公諱千之, 字子强。姓柳氏, 世爲豐山人。自麗顯, 我朝有工曹典書
從惠, 傳至文忠公西厓先生, 盆昌大。有諱子溫, 成均進士贈正憲吏判,
妣安東金氏, 贈貞夫人。諱公綽, 杆城郡守贈議政府左贊成, 妣延安李
氏贈貞敬夫人。諱仲郢, 黃海道觀察使贈純忠積德補祚功臣議政府領
議政豐山府院君, 妣安東金氏贈貞敬夫人。實維以文忠公貴而推恩也。
觀察公二子, 文忠公爲季。諱成龍, 字而見。位躋上相, 功存社稷, 道翼
斯文, 載國乘, 門人鄭愚伏先生, 序述詳焉。文忠公又有三子, 季諱袗,
字季華, 號修巖。少擢進士壯元, 不復應擧。廢朝政亂, 自河回世居, 移
卜商山之柴里。用薦歷郡邑卒, 官司憲府持平。人以其出處, 占時輕重,
然未及大施, 後贈吏曹參判。妣永嘉權氏贈貞夫人, 縣監某之女, 忠定
公橃之曾孫也。以萬曆丙辰正月五日擧公。公天稟重厚。髫齔時, 擧止
凝遠, 不隨隊嬉戲, 見者知爲大器。八歲, 隨參判公奉化任所, 有稚妹汚
割官屋窗壁。公亟止之曰: "凡官所需, 無有不費民者, 愼毌爾也." 參判
公撫背曰: "吾兒已知此義, 可以守先業不墜也." 甲子, 權夫人下世, 時
公九歲, 號擗之節, 如成人然, 從喪在途, 哭不撤, 聞者爲涕出稱之。葬
而返, 參判公憂其氣血未盛。强以滋味。公輒悲泣不忍。遂不用草木之
滋。以終三年。庚午, 又隨參判公于陜川郡, 郡廨有邪魅, 前莅郡者, 廢
不居, 公告于參判公, 修堉處之, 其害遂除。乙亥, 參判公卒于榮川客邸。
公扶櫬而歸, 葬祭以禮, 易戚兼至, 鄕邦嘖嘖謂禮法家傳焉。壬辰, 始補
宣陵參奉, 戊戌, 拜自如丞, 壬寅, 又拜景陽丞, 盡心職事, 驛路鮇殘。

俱有去思碑。甲辰, 陞司饔直長, 丙午, 移禁府都事, 丁未, 拜世子翊衛司翊衛, 戊申, 爲司瞻寺主簿, 俄遷軍資。公不鄙小官, 勤以幹務, 胥吏咸服, 不敢欺。時有禮訟, 嶺儒柳世哲率多士, 將叩閣爭之。誤禮者黨人, 方據權要設阱, 以待收司, 中傷幷及主客者, 士頗沮撓遲回, 公於是呼而館所, 館得以專意爭論。世哲卽公族子也。前時公卿, 有薦公才堪大任, 然公恬澹自重, 久滯下僚。己酉, 除龍潭縣令, 未幾, 忤方伯, 居下考。庚戌, 復除玄風, 是歲八域大無, 辛亥疫癘幷熾。玄爲殘縣, 民多癚瘵流散。公爲講究荒政, 廣儲穀, 設饘粥, 分餼糧, 躬莅務均, 不替椽吏。他徭賦俱方便, 經紀盡蠲減之, 所存活甚衆, 而一境賴焉。郭忘憂再佑, 縣人也。龍蛇之變, 忠績甚著, 公因鄉議唱之, 捐俸相役建祠, 俎豆禮也。旣已, 薦拜司憲府持平, 辭不就。丁巳, 除丹陽郡守。丹卽一巖邑, 以管轂嶺湖, 龜島山水, 號稱仙境, 退陶先生若蒼石李公, 所莅治也。時逖世遠, 峽俗漸于野, 地磽确, 民卒窳偸生。公始至, 考其遺以振以勵, 先敎後刑。客館亭, 以鳳棲者, 亦蒼石所刱也。公復相時重新, 易其頹搖, 績其漫漶, 星軺聳觀, 而勞不及民。文忠公嘗築雲巖水石, 實在郡境, 暇日奉板輿, 遊賞而還。居五年, 政成。巡察推原其世德, 以爲褒目, 非俗吏誇詡得能聲者比也。公嘗於醴泉之小白, 占一區, 峻嶠環匝, 廣谷中, 開水泉淸冽。至是, 以爲歸, 民惜之, 立石頌淸德善政。公遂誅茅構屋, 墾荒作田, 課耕理鋤。與山翁牧豎, 推隈讓畔。溪上築小亭, 日於其中自娛。有富貴不可易者, 以淑人宿疴, 就醫於商山舊居, 非公志也。戊辰, 公始有痰証沈綿, 至明年己巳。先王方起用舊臣, 夏, 以掌令召公, 公再上章, 陳病得遞。九月二十日, 考終于柴里第, 享年七十有四。掌令之命, 又及攢塗。時訃聞, 上震悼, 賜賻如儀。庚午正月, 葬于州北米麴巽向之原。公資姿毅偉, 器度峻整。甫冠, 已有公輔之望, 一再赴擧, 見俗士逐逐喪素履, 恥之, 絶意榮途。日必盥帨服冠, 凝神塊坐, 忮求不萌於心, 敖慢不設於體, 肅然若不可犯。敬以接人, 謙以自牧, 披豁誠心, 辭理曲至, 導誘至善, 無間人己。有貪鄙苟得, 譎詭不正者, 視若狗彘, 亦未嘗顯言人過失, 以故人愛慕而不敢慢。累登薦剡, 歷官內外。

凡有所除, 聞命卽行, 曰: "世臣之義, 不敢效山林偃蹇." 然不淹一官, 故筮仕有年, 始得縣符, 至當南臺馹召之命. 曰: "分踰矣! 榮過矣." 終始懇辭, 惶懼若不自容者. 日用常行, 務出正大, 操守堅確, 識慮深遠, 區畫縝密. 衆論是非不定, 公以一言辨析, 然或有不便, 卽釋去無吝滯. 其治郡邑, 率是而行, 惡衣菲食, 恪勤奉職, 臨民以信, 御吏以嚴, 事官長以禮. 所急者, 敦化原·恤刑章·詰戎務·敬祀享·勸農桑·修道路橋梁, 以存其大體, 不爲煦煦小惠, 以求悅民. 初無赫赫之聲, 數月之後, 民懷吏譽, 實惠普洽. 鄰境之有名聞, 終不保始者多, 惟公政績, 久益宣著, 蓋誠而實著者也. 其居家, 澹泊無營, 內外斬斬, 而恩義雍穆. 孝友天得, 老而不衰, 以早失怙恃, 爲終身至痛, 遇手澤, 眶輒凝淚, 時夢栩嗚咽. 致養繼慈, 承意無違. 姊妹八人, 皆適人, 有弟一人分居. 公恨不得一室湛樂, 間輒往省, 或津裝邀致, 語笑懽洽, 有如童幼. 時世業甚薄, 割饒均與, 不爲置券, 人無間焉. 推以姻睦, 克己爲義. 居官, 不爲子孫營尺寸, 宗族有貧乏者, 周恤之加厚, 其竆無依者, 取養資以成立, 曰: "此吾有所受也." 尤篤於奉先, 每日晨謁祠堂, 先諱齋四日, 令內外無得譁, 籩豆之實, 躬自監辦, 祭之日, 肅敬將事, 定爲圖式, 饌品節文, 無少違越. 常曰: "祭祀不謹, 祖先不享, 爲子孫者, 當盡其誠. 人家興替, 亦由於此, 可不念乎?" 不屑雕篆小技以文藝成名, 而聰聽所及, 大篇文字, 不勌而成誦. 少涉經史子家, 明圖書象數之變·置閏測影之竗. 精覈禮義, 有叩以疑文變節, 證援出入, 如燭照數計. 親故家侍喪權變, 多待公而斷焉. 蓋公胚胎前光, 付畀甚厚, 耳濡目染, 忠孝篤實, 心體躬踐, 無所撓奪. 行不矯激而純實無玷, 言不訐直而醞藉中理. 德量之宏, 行誼之卓, 幹局之周, 可以大受而任重, 公議所存, 朝紳佇望, 旋招及門, 而公一於退讓. 邑産饋遺, 不及重席, 非公納刺, 無廁廁要門, 以此不悅者, 亦衆. 丹陽時, 因事入京, 有筵臣以公不宜久滯下邑, 欲奏留勸講, 公大驚, 陳老病狀. 事遂寢. 易曰: "渙其羣, 元吉. 渙有丘, 匪夷所思." 文忠公先生以之. 又曰: "比之自內, 不自失也." 又曰: "觀我生進退, 未失道也." 修嚴與公以之. 若測公所存而言之, 子夏曰: "事父母, 能竭其

力, 事君, 能致其身, 與朋友交, 言而有信, 吾必謂之學者." 於公常行, 可徵焉。曾子曰: "可以托六尺之孤, 寄百里之命, 臨大節而不可奪, 君子人與?" 使公當危疑呼吸之際, 其亦庶幾乎。公初聘興陽李氏, 蒼石先生李公埈之女, 有賢德閨範。再聘晉陽河氏, 士人晉瀛之女, 克修婦道, 娣姒咸服, 亦先公殞。…(중략)… 緯河甫謂不佞, 曰: "吾兩兄, 先謝世。不肖孤惸俉愚下。旣不足以承我家傳, 有如一朝溘然, 我先人言行大致, 將湮而不宣。禮所謂'不明不仁者是懼, 又何以詔來? 仍敢用耳目所及起藁焉。若夫潤色成文, 惟子之責." 不佞賤陋無文, 矧未及侍燕以得於觀感, 何以形容大君子懿德也? 惟公與我王考致政公曁木齋洪公, 有莫逆義, 不佞嘗得公一二于家庭間矣。而忝贅公子姓之列, 緯河甫之托。又何得以終孤乎? 謹竊隲括家傳如右, 非敢有阿好, 苟爲溢美之辭, 宜秉筆君子之諒也。上之二年壬寅季春, 女婿延城李萬敷謹書。

〔息山先生文, 권23, 行狀〕

07. 남천두

남천두의 자는 경육, 본관은 영양이다. 광해군 기미년(1619)에 태어났다. 숙종 경진년(1700)에 죽었다. 정랑(正郞)에 추증되었다.

어머니는 거의 백 세에 가까웠는데, 공 또한 여든 살이었으나 아침저녁으로 곁에서 모시며 잠시도 떠나지 않았으니, 앉고 누을 때면 반드시 스스로 부축하였고, 먹는 것과 마시는 것은 반드시 직접 조리하고 맛을 보았으며, 옷과 이불도 직접 깨끗하게 빨았다. 자제들이 대신하겠다고 하면, 말하기를, "내가 비록 부모를 위한 일을 오랫동안 했더라도, 그것을 다른 사람에게 대신하도록 할 수 있겠는가?"라고 하였다. 어머니가 돌아가시자 밤낮으로 울부짖으며 애통해하였고, 상복과 띠를 벗지 않았다. 매일 아침 일어나면 사당의 뜰을 쓸었으며, 어머니의 손때가 남아 있는 것들을 수습하였다. 비록 작은 솜 조각이나 한 자 길이의 종이까지도 따로 상자에 보관하였는데, 죽음을 앞두고 그것들을 관에 넣어서 함께 묻어 주도록 유언하였다.【협주: 정요천이 찬한 행장에 실려 있다.】

• 南天斗

南天斗[1], 字景六, 英陽人。光海己未生。肅宗庚辰卒。贈正郞。

每夫人年近百歲, 公亦八十, 夙宵侍側, 不離須臾, 坐臥必自扶持, 飲食必自調嘗, 衣衾必自澣濯。子弟請代, 則曰:"吾雖久爲親服勞, 其可得乎?"及喪, 晝夜號哭, 不脫絰帶。每日晨起, 掃除廟庭, 收其平生手澤之存者。雖片絮尺紙, 別藏篋笥, 臨終, 命入棺以殉。【鄭堯天[2]撰行狀】

---

1 南天斗(남천두, 1619~1700): 영양남씨족보에서 그의 개인 정보를 찾을 수가 없음.
2 鄭堯天(정요천, 1639~1700): 본관은 東萊, 자는 聖則, 호는 訥齋. 증조부는 鄭澡이며,

조부는 진사 鄭榮邦이다. 아버지는 鄭煂이며, 어머니 漢陽趙氏는 趙延珩의 딸이다. 百拙庵
柳楧의 제자이며, 洪萬朝·丁時潤 등과 교유했다. 첫째부인 全義李氏는 李文洙의 딸이며,
둘째부인 新平李氏는 李益昌의 딸이다. 1660년 진사시에 합격하고, 1693년 식년문과에
급제하였다. 정요천이 남천두와 어떤 관계인지 파악할 수가 없었다.

08. 김방걸

김방걸의 자는 사흥, 호는 지촌, 본관은 의성이다. 인조 계해년(1623)에 태어났다. 현종 경자년(1660) 문과에 급제하였다. 삼사(三司)·승지(承旨)를 역임하고 대사성에 이르렀다. 숙종 을해년(1695)에 죽었다.

기사년(1689) 공은 사간이 되었을 때, 중궁이 궁을 떠나는 변고를 만났고 백관들의 정청(廷請)이 이미 정지되었음을 듣고서 이튿날 즉시 사직하고 돌아가며 말하기를, "몸이 사간이 되어서 임금에게 허물이 있는 것을 보고서도 능히 바로잡지 못했으니, 몸을 받들어 벼슬에서 물러나는 것이 더 낫다."라고 하였다.

일찍이 승문원 정자로서 임금에게 나아가 올릴 문서를 가지고 제학(提學)을 만나 어려운 문제를 분별하는데 분석하고 설파하는 것이 매우 정밀하고 자상하여 익숙하니, 들은 자들은 탄복하기를, "이 사람은 참으로 문학에 뛰어난 선비로다."라고 하였다.

재상 권대운(權大運)은 일찍이 참판 박정설(朴廷薛)에게 말하기를, "그대는 김 아무개를 아는가? 이 시대의 사람이 아니니, 그대는 그와 더불어 함께 지내면서 모든 일을 다 마땅히 본받을 만하네."라고 하였다.

일찍이 영암군수가 되어서는 맑고 깨끗하게 정사를 펼쳤으며 청렴함으로 자신을 단속하였다. 돌아올 때는 행장이 단출하여 오직 담복화(薝葍花) 화분 하나뿐이었다.【협주: 이보가 찬한 행장에 실려 있다.】

• 金邦杰

金邦杰, 字士興, 號芝村, 義城人。仁祖癸亥生。顯宗庚子文科。歷三司·承旨, 至大司成。肅宗乙亥卒。

己巳, 公爲司諫, 時値中宮遜位之變, 聞百官廷請已輟, 明日卽棄歸曰: "身居諫職, 見君上有過而不能救, 不如奉身而退矣."

嘗以承文正字, 持進奏文書, 對提學辨難, 剖破甚鍊熟精詳, 聞者歎曰: "此眞文學之士也."

權相大運[1], 嘗謂朴參判廷薛[2], 曰: "君識金某乎? 非今世人, 君與同舘, 凡事皆當取法也."

嘗守靈巖, 淸淨爲治, 廉潔律己。及歸, 行槖蕭然, 惟薝蔔花[3]一盆而已。【李簠[4]撰行狀】

---

1 權相大運(권상대운): 權大運(1612~1699). 본관은 安東, 자는 時會, 호는 石潭. 증조부는 지중추부사 權常이며, 조부는 예조판서 權悏이다. 아버지는 司䆃 權謹中이며, 어머니 全州李氏는 李幼渾의 딸이다. 첫째부인 丹陽禹氏는 禹鼎의 딸이며, 둘째부인 商山金氏는 金尙의 딸이다. 1642년 진사시에 합격하고 1649년 별시문과에 급제하였다. 청요직을 지내고 형조·병조·예조의 참의와 좌승지·한성부우윤·형조참판·개성유수 등을 거쳐 1666년에 평안도관찰사가 되었다. 이어 대사간·함경도관찰사를 거쳐 1670년 호조판서로 발탁되었으며, 그 뒤 형조판서를 거쳐 우참찬이 되고 판의금부사를 겸임했다. 1674년 숙종이 즉위하자 예조판서가 되고, 이듬해 병조판서를 거쳐 우의정으로 승진했다. 1680년 경신대출척으로 남인이 실각하고 서인이 득세하자, 판중추부사로 밀려났다가 파직당하고 영일에 圍籬安置되었다. 그 뒤 1689년에 기사환국으로 남인이 재집권하자 다시 등용되어 영의정에 올랐다.

2 朴參判廷薛(박참판정설): 參判 朴廷薛(1612~?). 본관은 咸陽, 자는 汝弼, 호는 遯愚堂. 증조부는 朴苣이며, 조부는 朴守敬이다. 아버지는 도사 朴瑛이며, 어머니 慶州李氏는 李榮門의 딸이다. 1642년 진사시에 합격하고, 1651년 식년문과에 급제하였다. 1676년 사헌부장령이 되었으며 이어 사간원헌납을 역임하였다. 1678년에는 궐내의 기강이 문란한 사실을 들어 소를 올렸다. 이해에 집의를 거쳐서 이듬해에 사간이 되었다. 1689년 공조참의가 되고, 이듬해에 예조참의를 거쳐 승지가 되었다.

3 薝蔔花(담복화): 치자꽃. 인도에서 부르는 명칭이다.

4 李簠(이보, 1629~1710): 본관은 眞城, 자는 信古, 호는 景玉. 증조부는 鶴川 李逢春이며, 조부는 진사 李敬遵이다. 아버지는 司馬兩試 李爾樟이며, 어머니 仁同張氏는 忠義衛 張友程의 딸이다. 부인 安東權氏는 權中正의 딸이다. 어려서는 종숙부 寺正公에게 나아가 공부를 하였고, 장성하여서는 鶴沙 金應祖의 문하에서 수학하였다. 1676년 문과에 급제하였으나 합격이 취소되었다. 그 후 한두 차례 더 과거에 응시하였으나 계속 실패를 하자 과거에 대한 마음을 접었다. 1691년 사옹원 참봉)에 임명되어 부임하였으나 곧 사임하였다. 만년에는 大谷山에 집을 짓고 은거하며 스스로를 景玉山人이라 칭하며, 짚신을 신고 지팡이를 짚으며 집 주변 산책하는 것을 즐거움으로 삼았다. 한국국학진흥원에 소장된 《景玉集》의 권4에 수록되어 있다.

보충

이보(李簠, 1629~1710)가 찬한 행장

행장

공의 성씨는 김씨, 휘는 방걸, 자는 사흥(士興), 호는 지촌(芝村)으로 신라 경순왕(敬順王)의 후손이다. 경순왕의 아들 김석(金錫)이 의성군(義城君)에 봉해져 마침내 의성을 관향으로 삼았다. 그 후손 중에 휘 김용비(金龍庇)가 있어 벼슬이 태자첨사(太子詹事)에 이르렀는데, 백성들에게 공덕을 베풀어 고을 사람들이 사당을 세워 제사를 지냈다. 그 아들 휘 김의(金宜)는 상서 좌복야(尙書左僕射)를 지냈고, 그 아들 휘 김서지(金瑞芝)는 내영고 소윤(內盈庫少尹)을 지냈고, 그 아들 휘 김태권(金台權)은 문예부 좌사윤(文睿府左司尹)을 지냈고, 그 아들 휘 김거두(金居斗)는 공조전서(工曹典書)를 지냈고, 그 아들 휘 김천(金洊)은 진례도 도만호(進禮島都萬戶)를 지냈고, 그 아들 휘 김영명(金永命)은 신녕현감(新寧縣監)을 지냈고, 그 아들 휘 김한계(金漢啓)는 부지승문원사(副知承文院事)를 지냈으니 집현학사(集賢學士)로서 문종과 단종의 조정에서 벼슬을 하였지만 광묘(光廟: 세조)가 개옥(改玉: 왕위 교체)하기에 이르자 남쪽으로 돌아가 다시는 벼슬하지 않았다. 그 아들 휘 김만근(金萬謹)은 진사로 통례원 좌통례(通禮院左通禮)에 추증되었고, 그 아들 휘 김예범(金禮範)은 승정원 좌승지에 추증되었고, 그 아들 휘 김진(金璡)은 생원으로 이조판서에 추증되었다. 이 사람은 공에게 고조부가 되는데 두터운 덕과 아름다운 행실로 한 시대의 사람들을 탄복시켰으며, 호는 청계 선생(靑溪先生)이다. 다섯 아들을 두었으니, 모두 학문과 행실이며 인덕과 공업으로 선대의 아름다움을 잘 이어갔다. 장남 휘 김극일(金克一)은 사성(司成)을 지내고 호는 약봉(藥峯)이다. 차남 휘 김수일(金守一)은 찰방을 지내고 호는 구봉(龜峯)이다. 삼남 휘 김명일(金明一)은 생원이고 호는 운암(雲巖)이다. 사남 휘 김성일(金誠一)은 판서에 추증되고 시호는 문충(文忠)이며 호는 학봉(鶴峯)

이다. 오남 휘 김복일(金復一)은 종부시 정(宗簿寺正)을 지내고 호는 남악(南嶽)이다. 이후에 고향 사람들이 경산서원(景山書院)을 세우고 판서공(判書公: 김진)을 존숭하여 제사를 지냈는데, 다섯 아들들도 함께 배향(配享)하였다. 찰방(察訪: 김수일)의 아들 휘 김철(金澈)은 진사였는데, 판서공의 명에 따라 백부 사성공(司成公: 김극일)의 양자가 되었다. 아버지 휘 김시온(金是榲)은 높은 절개와 원대한 식견을 지녔고 예학(禮學)에 조예가 깊은데다 시문(詩文)도 청신하고 강건하여 법도가 있어서 사림의 추앙을 받았으며, 호는 표은(瓢隱)이다. 병자호란 이후에는 바로 벼슬에서 물러나 은거하여 나오지 않았으니, 유일(遺逸)로 침능랑(陵寢郎)으로 제수되었으나 나아가지 않았다. 후대의 사람이 그의 묘에 '숭정처사 김공지묘(崇禎處士金公之墓)'라고 썼다. 어머니 풍산김씨(豊山金氏)는 지평 휘 김봉조(金奉祖)의 딸로 어진 덕을 갖추어 부녀자의 모범이 되었다. 공은 천계(天啓) 계해년(1623)에 태어났다.

어려서부터 지극한 품성을 지녔다. 11세 때 어머니상을 당해서는 슬퍼하고 그리워하기를 성인과 같았다. 일찍이 이질을 앓아 위태로운 지경에 처한 적이 있었는데, 아버지와 형들이 맛있는 음식을 권하고 돌보려 하였지만 번번이 눈물을 흘리면서 먹지 않았다. 13세 때 가르침을 받기 시작했는데 기억력이 보통 사람보다 뛰어나 미처 열흘도 되지 않아《논어(論語)》1권을 널리 관통하자 사람들이 모두 의아하고 이상하게 여겼다. 이로부터 경서(經書)와 사서(史書)며 제자백가서(諸子百家書)에 대해 막힘없는 것이 마치 양자강과 황하를 틔우듯 해 견문이 두루 해박하고 문장이 찬란히 빛났다.

경자년(1660) 과거에 급제하여 승문원 정자로 뽑혀 보임되었다. 일찍이 본원(本院: 승문원)의 조사(曹司: 하급 관리)로서 임금에게 나아가 올릴 문서를 가지고 재상들을 찾아가 아뢰며 설명과 대답에 막힘없이 물 흐르듯하자 재상들이 모두 눈여겨보았는데, 공이 나가자 탄복하여 말하기를,

"이 사람은 참으로 문학에 뛰어난 선비로다."라고 하였다. 조정의 명망 있는 자들이 앞다투어 서로 교유하기를 원하였다.

임인년(1662)에 외직으로 나가 제원도(濟原道) 찰방이 되었고, 을사년(1665)에 전적(典籍)으로 옮겼다가 곧이어 감찰(監察)로 옮겼고 겨울에 좌랑예부(佐郎禮部)가 되었다가 병오년(1666) 또 예부좌랑에 제수되었다.

정미년(1667) 외직으로 나가 옥구(沃溝) 현령이 되었는데, 백성을 다스리고 아전을 대할 적에 한결같이 정성과 믿음으로 하였으며, 삼척(三尺: 법)을 엄격히 지키고서 법을 굽혀 남의 뜻을 따른 적이 없었다. 장령(掌令) 윤 아무개가 그의 노비로 하여금 공에게 재판을 받도록 했는데, 그 노비가 자기 주인의 벼슬과 성명을 거론하면서 공을 협박하려 하니, 공이 말하기를, "일은 옳고 그름에 달린 것이지, 어찌 네 주인의 벼슬과 지위를 따져야겠는가?"라고 하면서 마침내 내쳤다. 윤 아무개는 원한을 품고 공을 탄핵하여 파직시켰다. 그 후로 어떤 사람이 윤 아무개에게 말하기를, "김 아무개의 청렴하고 간결한 정사(政事)가 옛 사람에게 부끄럽지 않았는데도, 그대는 비루하고 자질구레한 짓으로 내쳤으니 대간(臺諫)의 평가가 공정하다고 할 수 있겠는가?"라고 하니, 윤 아무개는 얼굴이 붉어지며 아무런 말도 하지 못하였다.

기유년(1669)에 부친상을 당했는데, 애통해하는 정성과 법도에 맞는 상례를 모두 갖추어 격식과 예제에 어김이 없었다. 임자년(1672)에 또 계모 남씨상을 만나 상을 치르는 예절이 하나같이 이전의 상과 같았다.

을묘년(1675) 평안도도사(平安道都事)에 제수되었다. 대신(大臣)들이 문사(文士)가 외직에 오래 머물러서는 안 된다며 교체할 것을 아뢰었다. 가을에 또 내직으로 들어와 예조정랑 겸 춘추관 병조정랑에 제수되었고, 겨울에 사헌부지평으로 제수되었으나 사양하고 나아가지 않았다.

병진년(1676) 사간원정언에 제수되었다. 좌의정 권공(權公: 權大運)이 참판 박정설(朴廷薛)에게 말하기를, "그대는 김 아무개를 아는가? 이 시대의 사람이 아니니, 그대는 그와 더불어 지내면서 모든 일을 다 마땅히 본받을 만하네."라고 하였다. 여름에 또 정언으로 제수되었고, 가을에 병조정랑으로 옮겼다. 일찍이 입시하였을 때, 주상이 공을 가리키며 말하기를, "이 사람이 예전의 대간이 아니냐?"라고 하였는데, 성상(聖上)이 그가 언관(言官)에서 체직된 것을 애석하게 여겼던 것이었다. 겨울에 장령으로 제수되었다.

정사년(1677) 봄에 상소를 올려 시국에 관한 일을 진달하였는데, 군사들과 백성들의 고달픔, 공도(公道)의 통제와 폐쇄, 벼슬길의 혼란, 형벌에 관한 정사의 문란 등을 극언하며, 성상의 뜻을 세우면서도 무너진 기강을 진작시키는 것으로 폐습을 제거해 백성을 구제하는 근본으로 삼아야 한다고 했는데, 그 말이 매우 사리에 합당하여 당로자(當路者: 권세가)를 용서하지 않았다. 상소를 올리고서 여러 사람들의 시기가 고슴도치 털 같자, 공은 마침내 조정에 있는 것이 편안치 않아 사직하고 고향으로 내려갔다. 이어 정언(正言)으로 제수되었으나 또 사양하여 나아가지 않았다. 가을에 영암군수로 좌천되었는데, 미수(眉叟) 허 선생(許先生: 허목)이 편지를 보내어 탄식하기를, "근래 조정의 상황이 날로 좋지 않으니, 감히 바른말을 하는 선비들이 모두 외직으로 내쳐지고 있다."라고 하였다. 대궐에 나가 하직인사를 올리던 날, 새로 제수된 수령들을 불러 만났는데 주상이 특별히 공을 돌아보며 말하기를, "너는 내 말이 끝나기도 전에 틀림없이 마음을 다하여 직무를 수행할 것이다."라고 하였다. 공은 황송하고 감격하여 물러났다. 영암(靈巖) 고을에 도착해 더욱 스스로 노력하였는데, 맑고 깨끗하게 정사를 펼쳤으며 청렴함으로 자신을 단속하였다. 돌아올 때는 행장이 단출하여 담복화(舊菖花) 화분 하나뿐이었다. 기미년(1679)에 헌납으로 제수되었으나 사양하여 나아가지 않았다. 경신년(1680)에 홍문관수찬에 제수되었으나 또 사양하였다.

얼마 되지 않아 신료(臣僚)들이 화를 입는 일이 일어났다. 공은 관직에서 물러나 강호에 은거하였는데, 은거한 곳은 바위 골짜기에 빼어난 샘과 절벽이 있는 곳이었다. 공은 항상 지팡이를 짚고서 신을 신고 소요하면 표연히 세속을 벗어난 기분이었고, 어부와 나무꾼들이 공과 더불어 친근해져 서로 자리다툼을 할 정도였다.

기사년(1689) 정국(鼎革: 기사환국, 남인의 왕조)이 되자, 공은 수찬(修撰)으로 부름을 받았다. 맨먼저 죄인 임금을 폄하하고 나라의 종통을 어지럽힌 죄를 상소하였는데, 대략 이르기를, "기해년(1659) 예론을 논의할 때에 송시열이 4가지 복제설(服制說)을 주창하여 군부(君父)를 폄하하고 종통(宗統)을 어지럽히면서 예기의 〈단궁(檀弓)〉에 나오는 문복(免服)과 자유(子游)의 참최복(斬衰服)이라는 설을 들어서 효묘(孝廟: 효종)를 운운한 실상을 증명하려 하였습니다. 경신년(1680)에 이르러 권력 쟁탈의 초기에 방자하게 상소를 올려 힘도 없고 용기도 없음을 한탄하며 관고(貫高)의 죄인이라고 하였는데, 관고는 한(漢)나라 조왕(趙王) 장오(張敖)의 정승으로 한고조(漢高祖)를 찬시(簒弑)하려고 했던 일이 발각되자 목매어 죽은 사람입니다. 지금 송시열은 감히 관고의 일을 들어 자신의 마음을 증명하려 하였으니, 그가 효종에게 다른 마음을 품은 것이 있었음을 그 스스로 남김없이 모두 말한 것으로 이것이 어찌 하루아침과 하루저녁 사이에 생긴 일이겠습니까? 오늘날에 이르러 주기(主器: 임금의 자리)를 맡길 수 있었고 명호(名號: 새 임금의 호칭)가 이미 정해져 종묘사직의 무궁한 복이 실로 여기에 달려있었습니다만, 송시열은 감히 은밀히 딴 뜻을 품고 옛일을 인용하여 국본(國本: 세자)을 위태하게 만들려고 도모하였으니, 그 한없이 흉악하고 극도로 악독함이 이에 이르러 더욱 드러났습니다. 송시열이 전후로 범한 죄악은 국모를 폐하여 내친 정인홍(鄭仁弘)의 죄보다 더한데, 정인홍은 이 때문에 처벌을 받았건만 송시열은 아직도 목숨을 보전하고 있으니, 신(臣)은 국가의 법도가 이로 인해 어지러워질까 두렵습니다."라고 하였다. 전후로 송시열을 공격한 자들은 송시열이 다시 조정에 들어올까 두려워하고 그의 말에 타협하여 훗날을 위한 조처로 삼았다. 그러나 공의 상소문이 한 번 나오자, 송시열의 흉측한 죄상이 남김없이 다 드러났다. 양사(兩司)가 이어서 논핵하니, 송시열은 마침내 형벌을 받아 죽게 되어서 공의(公議)가 크게 펼쳐졌다.

얼마 되지 않아서 장령(掌令)으로 옮겼고, 여름에는 사간(司諫)에 제수되었다. 이때 중궁이 궁을 떠나는 일이 있었는데, 백관(百官)들이 장차 대궐에 나아가 정청(廷請)하려 하였다. 공은 본원(本院: 사간원)에 도착했는데 마침 학질에 걸려서 따라 들어갈 수가 없었다. 얼마 뒤에 정청이 이미 정지되었음을 듣고는 이튿날 즉시 사직하고 돌아갔다. 어떤 사람이 그 이유를 물으니, 공이 말하기를, "몸이 사간의 직책에 있으면서 임금에게 허물이 있는 것을 보고도 능히 바로잡지 못했으니, 몸을 받들어 벼슬에서 빨리 물러나는 것이 더 낫다."라고 하였다.

종부시 정(宗簿寺正)으로 옮겨 제수되었으나 나아가지 않았다. 가을에는 수찬으로 제수되었지만 사직을 청하면서 아울러 최근 언로(言路)가 열리지 않아 공의(公議)가 펼쳐지지 못하는 것을 진달하였고, 특히 마음을 비우고 간언을 받아들이는 것에 곡진하게 관심을 기울이도록 해야 한다고 하니, 주상이 너그러운 비답(批答)을 내렸다. 겨울에는 부응교(副應教)로 승진하였다. 구언 전지(求言傳旨: 나라에 災變이 생기거나 큰일이 있을 때 신하나 士林에게 솔직한 의견을 구하는 傳敎)에 따라 차자(箚子)를 올려 9가지 폐단을 논하였는데 통렬하게 절실하여 누그러진 바가 없었다. 또 사간(司諫)으로 옮겼다. 경오년(1690) 다시 응교로 돌아왔고, 얼마 후에 승정원 동부승지로 승진하였지만 상소를 올려 사직하고 돌아갔다. 신미년(1691) 여름 병조참지(兵曹參知)에 제수되었고, 겨울에는 병조참의로 옮겼다. 임신년(1692) 봄에는 다시 병조참지에 제수되었으나 사직하고 돌아갔다. 얼마 후에 예조참의로 옮겨졌으나 나아가지 않았고, 여름에는 사간원 대사간에 제수되었으나 사직하였다. 계유년(1693) 가을에는 성균관 대사성에 제수되었으나 상소를 올려 사직을 간청하였다. 이때 조정에는 정세의 소용돌이가 일 조짐이 있었는데, 공은 그 기미를 알아차리고 조정에 나아가는 것을 달가워하지 않았으나, 겨울에 또다시 대사간으로 부름을 받자 사직을 청했지만 윤허되지 않았다. 갑술년(1694) 봄에 면직되어 병조참의로 옮겼고, 얼마 후에 병조참지로 옮겼다.

여름에는 시국이 크게 변하면서 함정이 땅에 가득하고 화(禍)의 그물이 하늘을 뒤덮자, 온 조정의 제공들은 놀라고 두려워하지 않음이 없어서 어쩔 줄을 몰랐으나, 공은 침식이나 말하고 웃는 것이 모두 평소와 다름없었다. 이를 본 사람들이 모두 감탄하여 말하기를, "이 사람은 화가 눈앞에 닥쳤는데도 조금도 마음이 동요하지 않으니, 그 정력(定力: 수양에 의해 이루어진 힘)에는 미칠 수가 없다."라고 하였다. 마침내 태연히 사직하고 돌아왔다.

집에 도착한 지 겨우 며칠 되었을 때 유배에 처하는 명이 이르자, 온 가족이 울부짖었으나 공은 태연작약하였다. 그날로 길을 떠나 5월에 동복(同福)의 유배지에 도착하였다. 문을 닫아걸고 손님을 사절한 채 날마다 엄주(弇州: 명나라 王世貞)의 글을 대하여 읽으며 '남천일우(南遷一友)'라고 제목을 붙였다. 이는 소장공(蘇長公: 蘇軾)이 혜주(惠州)에 있을 때 도연명(陶淵明)과 유종원(柳宗元)의 문집에 붙인 말을 취한 것이다. 소서(小叙) 및 절구(絶句)를 지어 스스로를 기록하였다.

을해년(1695) 3월 말에 병이 들어 4월 7일에 죽었으니 향년 73세였다. 여러 자식들이 관을 받들어 돌아왔다. 그 해 10월 18일에 와룡산(臥龍山) 태향(兌向)의 언덕에 안장하였다. 지례(芝澧: 경상북도 안동시 임동면 소재) 철봉(鐵峯)의 어느 방향으로 옮겨 모셨다. 영조(英祖) 을유년(1765)에 또다시 길안(吉安) 금학산(金鶴山)의 미좌(未坐)의 언덕으로 옮겨 모셨고, 숙부인(淑夫人)을 합장하였다.

공은 훤칠한 키에 듬직한 체구여서 풍채가 빼어났다. 명문가에서 태어나 자라며 가정의 가르침에 무젖어 학문을 익혔고 견문을 넓혔다. 그의 마음가짐과 몸가짐은 반드시 효도, 우애, 충성, 신의를 준칙으로 삼았다. 성품이 검소하고 청렴하여 화려한 것을 좋아하지 않았고 영화나 이익을 꾀하지 않았으니, 분수를 따라 담백하게 생활하여 상관없는 일을 경영한 적이 없었다.

나아가고 물러나는 절도에 삼가면서 뜻을 펴고 때를 기다리는 의리에 밝았는데, 벼슬살이를 하며 직책을 맡았어도 오랜 시간을 보낸 적이 없었으니, 뜻에 맞지 않는 일이 있으면 하루도 다하기를 기다리지 않고서 놀란 오리가 날아가듯 결단하였다. 이 때문에 벼슬살이를 시작한 지 40년 동안 제수되었어도 부임하지 않았고 부임했어도 반드시 사직하였으니, 그가 조정에 있던 날은 집에서 지낸 날에 견주면 10분의 1도 되지 않았다. 당시 사람들이 모두 '염퇴(恬退: 名利에 욕심이 없어 벼슬을 내놓고 물러나는 것)'라고 명목을 붙였지만, 공을 깊이 아는 자는 공을 일컬어 영남 지방에 으뜸가는 인물이라거나 금옥(金玉)처럼 훌륭한 사람이라고 하였다. 일찍이 말하기를, "인생이란 제 뜻에 맞는 것이 중요한데, 어찌 몸을 명예의 굴레에 얽매여 수레를 끄는 망아지처럼 구부린 채로 살겠는가?"라고 하면서, 권세가의 문을 드나드느라 소란스런 곳을 보면 마치 자기를 더럽힌 것처럼 할 뿐만이 아니었고 뒤로 물러나서 자취를 감추었으니 마치 원수를 피하는 것과 같았다. 평소에 큰 표주박 같은 낙연(落淵: 안동시 길안면 용계리), 약산(藥山)의 선유정(仙遊亭), 기산(岐山)의 봉황루(鳳凰樓)를 좋아했는데, 때로는 초연하게 홀로 다니거나 때로는 벗들과 함께 경치가 뛰어난 곳을 찾아나서서 물과 바위, 구름과 노을이 어우러진 사이에 가마를 타고 드나들었다. 미수(眉叟) 허 선생(許先生: 허목)이 늘 공을 청복(淸福: 맑은 복)을 누린다 칭찬하면서 늙고 병들어 함께 유람하지 못하는 것을 탄식하였다.

평소 논의할 때는 남들과 다른 적이 있지 않았으나, 의(義)와 이(利),

시(是)와 비(非)에 있어서는 그 구별을 따져서 분명히 밝히는 것이 심히 명백하고 발꿈치가 땅에 붙은 듯 심히 굳건하니, 분육(賁育: 齊나라의 孟賁과 衛나라의 夏育)도 능히 빼앗을 수 없는 지조가 늠연히 있었다. 일찍이 말하기를, “신하가 임금을 섬길 때는 마땅히 그 처한 상황에 따라 몸을 바쳐야 한다. 화(禍)와 복(福), 이익과 손해를 따질 것이 아니다.”라고 하였다. 공이 기해년(1659)에 일어났던 예를 그르친 일을 논하려 할 때, 친지들이 그만두기를 권하며 말하기를, “저들의 무리가 바라던 것이 끝내 반드시 뜻대로 될 것이니, 장차 닥칠 화는 예측할 수 없습니다.”라고 하자, 공이 의연히 말하기를, “계문자(季文子: 魯나라 대부 行父)가 말하지 않았던가? 자기 임금에게 무례하게 구는 자를 보거든 매가 참새를 모는 것처럼 사정없이 처벌해야 한다고 했다. 지금 어찌 화복을 염려하여 논하지 않을 수 있겠는가?”라고 하고는 마침내 논했다. 결국 그로 인해 죄를 얻었지만 후회하지 않았다.

공은 비록 한직에 있으면서도 국사에 대해 모든 것을 깊이 헤아렸다. 청나라의 칙서(勅書)가 나와 우리로 하여금 북계(北界)에서 백두산(白頭山)까지 길을 열라고 한 것을 듣고는, 사람들이 모두 뒤숭숭 두려움에 떨며 이는 반드시 북계를 할양하려는 계획이라고 여겼다. 어떤 이가 말하기를, “비록 북계를 할양하더라도 강약의 형세가 다르니 따르지 않을 수 없을 듯하다.”라고 하자, 공이 정색하며 말하기를, “병자년(1636)의 일은 비록 나라의 존망에 관계되어 나온 것이더라도 실로 신하된 자가 깊이 부끄러워할 바인데, 지금 만약 조정에 인재가 있다면 어찌 선왕(先王)의 강토를 대수롭지 않은 듯이 적에게 줄 수 있겠는가? 비록 아직 일어나지 않은 일이라 할지라도, 그와 같은 말을 어찌 차마 입 밖으로 낼 수 있단 말인가?”라고 하니, 듣는 사람들이 옳다고 여겼다.

당시 조정에서는 북한산성을 설치하려고 논의했으나 노역(勞役)이 과중하다고 하여 중지하였다. 공이 탄식하며 말하기를, “요새지를 설치하여 나라를 지키는 것은 임금이 가장 먼저 힘써야 할 일이다. 지금 북한산성을 설치하여 남한산성과 함께 경성(京城)을 좌우에서 도우면, 경성은 형세가 절로 견고해질 것이다. 어찌 일시적인 노역을 꺼려서 만세의 계책을 하지 않는단 말인가?"라고 하며, 장차 상소를 올리려고 했으나 끝내 하지 못했다.

공은 형제들이 매우 많았는데 한 집안에서 서로 기뻐하고 즐거워하며 우애가 매우 돈독하였다. 맏형이 설사병을 앓은 적이 있었는데, 공은 나이가 노년에 접어들었음에도 밤낮으로 병시중을 들었고, 화장실에 갈 때도 반드시 직접 따라가기를 게을리하지 않았다. 자손들이 번성하였는데, 가르치고 성취시켜 모두 온순하고 근실한 선비로서 행의(行誼)를 원근에 드러내니 사대부 집안에서 흠모하여 본받고자 하지 않음이 없었다. 마을 사람들을 대할 때는 신중하고 겸손하였는데, 스스로 옷 무게를 감당할 수 있는 아이 이상에게도 예의를 고르게 갖추지 않음이 없었고, 또한 준엄한 말이나 노한 기색으로 사람들을 대한 적이 없었는데도 사람들은 저절로 공경하는 마음이 우러나서 아끼고 좋아하지 않는 자가 없었다.

공은 평생 동안 생업에 관심을 두지도 않아 집안살림을 꾸리지도 않았으니, 초라한 띠집에서 쓸쓸하게 살며 죽과 미음조차 때때로 마련하지 못했으나 태연히 개의치 않았다. 흉년을 만난 적이 있었는데, 수하의 노복들이 굶어 죽는 자가 있을 정도였다. 이때 친지 중에 고을의 수령으로 있는 자가 많았으나, 한번도 편지를 보내 도움을 청한 적이 없었다. 그 고을의 수령이 공의 곤궁한 생활 형편을 듣고서 간혹 주선해 주는 바가 있으면 번번이 일가친지들과 나누었다.

유배되던 날, 유배 가는 일이 갑작스레 일어나서 행장은 몹시 부끄러울 정도였다. 객지에서의 가난과 고생은 사람이 거의 감당할 수 없는 것이었으나, 한번도 고을 수령에게 도움을 구한 적이 있지 않았다. 고을 수령이 와서 뵙고자 하면, 죄인을 자주 들러 보는 것은 온당치 않다는 뜻으로 사양하였다. 호남의 선비들이 공의 덕과 의를 사모한 자들이 잇달아 찾아오면, 번번이 사절하고 말하기를, "죄를 지은 사람이 어찌 감히 손님을 만날 수 있겠습니까?"라고 하였다. 문을 닫고 홀로 앉아 종일토록 우두커니 있었으며, 노복들까지도 엄금하여 이웃에 드나들지 못하도록 하였다. 호남 사람들이 말하기를, "예로부터 귀양살이가 고요하다고 하지만, 이 노인 같은 이는 없었다."라고 하였다. 병세가 위중했을 때는 여러 고을의 선비들이 모두 병문안을 하러 찾아왔고, 죽었을 때는 조의금을 보내는 예를 행하는데 마음을 다하지 않음이 없었으며, 관을 고향으로 돌려보내는 날에는 백 리 밖까지 멀리 나와 전송하였으니, 이는 그를 진심으로 감복하여 그러하였던 것이다.

공의 문장은 웅장하고 호방하며 자유분방한데다 붓을 들면 수천 자를 거침없이 써 내려갔으나, 중년 이후에는 절제하여 법도에 맞추었으니 자못 상세하고 간절하며 간략하고 합당한 것을 숭상하였다. 어떤 이가 자기 선조의 묘지명을 권 영상(權領相: 權大運)에게 청하자, 영상이 말하기를, "무릇 묘지명을 남에게 부탁하려면 반드시 먼저 그 사람을 보고 다음으로 그의 글을 보아야 한다. 김 아무개 같은 사람과 글은 오늘날 세상에 구하려고 해도 쉽게 얻을 수가 없으니, 그대는 어찌하여 이 사람에게 청하지 않는가?"라고 하였다. 그 당시 제공(諸公)들이 칭찬하고 인정하는 것이 이와 같았다.

더욱이 상소문을 잘 지었는데, 명백하고 간절하여 신하가 임금에게 아뢰는 법도를 깊이 터득하였다. 평생 지은 글이 매우 많았지만, 모두 마음에 들지 않는다고 하여 원고를 없애고 기록으로 남기지 않았다. 어떤 사람이 간혹 그 글을 모아 엮기를 권하자, 공이 말하기를, "어찌 쓸쓸하고 졸렬한 말을 가지고 후세 사람들의 눈을 더럽힐 수 있겠는가?"라고 하였으니, 공이 명성을 피하는 것은 이와 같았다. 여러 자손들은 공이 남긴 시문 몇 권을 거두어 집에 보관해 왔다.

공은 동래정씨(東萊鄭氏)에게 장가갔는데, 사인(士人) 정이무(鄭而武)의 딸이고, 부사(府使) 정언굉(鄭彦宏)의 손녀요, 참판 김륵(金玏)의 외증손녀였다. 곧고 순하며 부덕(婦德)이 있어 내조의 공이 컸다. …(중략)…

이보(李簠)는 종유한 것이 이미 오래되어 지우(知遇)를 받은 것이 가장 깊었고, 공의 언행이며 도덕과 의리에 대해서는 진실로 한두 가지일망정 본 적이 있다. 사사로이 생각하건대, 공의 충성과 사랑은 정사년(1677) 당시 정사를 아뢴 상소문에 나타났고, 올곧음은 기사년(1689) 토죄한 상소문에 드러났다고 여긴다. 이는 공이 임금을 섬긴 절개이다. 효성과 우애에 돈독하였고 고향 사람들에게 인자하였으며, 가난하게 살면서도 검소하였고 맑은 얼음물을 마시며 쓰디쓴 소태나무를 씹더라도 굳게 절개를 지키는데 더욱 힘썼으며, 곤액을 당해도 민망해하지 않았고 의리와 천명에 안주하였다. 이는 공의 몸가짐에서 드러난 실상이다. 경서(經書)에 관한 풍부한 학술, 법도에 맞는 훌륭한 말 같은 것은 임금의 덕을 보완하고 치도(治道)를 보좌할 만한 것이었으나, 벼슬길에 나아감은 어렵게 하고 물러남은 쉽게 한 연유로 끝내 그 포부를 펼치지 못하였으니, 운명으로 돌려야 하는가 아니면 시운으로 돌려야 하는가.

이제 여러 자손들이 비석에 새길 명(銘)을 입언군자(立言君子)에게 청하려 하니, 그 행장이 없을 수가 없었다. 그리하여 못난 나에게 서술하라 하니, 못난 내가 어찌 감히 공의 행장을 짓겠으며 또한 어찌 감히 공의 행장을 짓지 않겠습니까. 삼가 역임한 관직과 행적의 대강을 간추려 정리하여 후대에 연마하는 자리에서 사실에 근거할 자료로 삼고자 한다.

종사랑 행 경릉참봉 진성 이보 삼가 짓다

行狀

公姓金, 諱邦杰, 字士興, 號芝村, 新羅敬順王之後也。敬順王之子錫, 封義城君, 遂貫義城。其後有諱龍庇, 官至太子詹事, 有功德於民, 邑人立祠祀之。詹事生諱宜, 尙書左僕射, 僕射生諱瑞芝, 內盈庫少尹, 少尹生諱台權, 文睿府左司尹, 司尹生諱居斗, 工曹典書, 典書生諱洊, 進禮島都萬戶, 萬戶生諱永命, 新寧縣監, 縣監生諱漢啓, 副知承文院事, 以集賢學士, 仕文宗·端宗朝, 及光廟改玉, 卽南歸不復仕。院事生諱萬謹, 進士贈通禮院左通禮, 通禮生諱禮範, 贈承政院左承旨, 承旨生諱璡, 生員贈吏曹判書。於公爲高祖, 以厚德懿行伏一世, 號靑溪先生。有五丈夫子, 文行德業, 克趾世美。長諱克一, 司成號藥峯。次諱守一, 察訪號龜峯。次諱明一, 生員號雲巖。次諱誠一, 贈判書諡文忠號鶴峯。次諱復一, 宗簿寺正號南嶽。後鄕人刱景山書院, 尊祀判書公, 以五先生從享焉。察訪生諱澈進士, 以判書公命, 出後伯父司成公。考諱是榲, 有高節遠識而深於禮學, 詩文淸健有法度, 爲士林推服, 號瓢隱。丙子亂後, 卽屛居不出, 以遺逸除陵寢郎不赴。後人題其墓曰'崇禎處士金公之墓'云。妣豐山金氏, 持平諱奉祖之女, 有淑德爲閫範。公以天啓癸亥十二月二日生。幼有至性。年十一遭母夫人憂, 哀慕如成人。嘗患痢瀕危, 父兄欲以滋味救護, 輒涕泣不食。十三始受學, 記性絶人, 未過一旬, 淹貫《論語》一部, 人皆驚異。自是於經史百家, 沛然如決江河, 見聞博洽, 文藝燁發。庚子登第, 選補承文院正字。嘗以本院曹司, 持進奏文書, 往稟諸相, 辨對如流, 諸相皆目屬之, 旣出, 歎曰:"此人眞文學之士也。"朝士之有名望者, 爭願與交。壬寅出爲濟原道察訪, 乙巳遷典籍, 俄遷監察, 冬佐郎禮部, 丙午又拜禮佐。丁未出宰沃溝, 臨民御吏, 一以誠信, 謹守三尺, 未嘗屈法徇人。掌令尹某, 使其奴就訟於公, 奴擧其主官爵姓名, 欲以脅公, 公曰:"事在曲直, 安問爾主官爵?"竟左之。尹銜之劾罷。其後, 有人謂尹, 曰:"金某之淸簡, 無愧古人, 而君以鄙瑣斥之, 臺評可謂公正乎?"尹面赤無以對。己酉遭外艱, 戚易咸備, 式禮無愆。壬子又遭繼妣南氏憂, 居喪禮節, 一如前喪。乙卯除平安道都事。大臣以文士不可久外, 啓遞之。秋又入拜禮正兼春秋兵曹正郎, 冬拜司憲府持平, 辭不赴。丙辰拜司諫院正言。左相權公謂朴參判廷薛, 曰:

“君識金某乎? 非今世之人也, 君與之同舍, 凡事皆當取法可也.”云。夏又拜正言, 秋移兵曹正郎。嘗入侍, 上指公, 曰: “此非舊日臺諫耶?” 蓋聖意惜其遞言官也。冬拜掌令。丁巳春, 疏陳時事, 極言軍民之困悴·公道之雍閼·仕路之混淆·刑政之紊亂, 而以立聖志振頹綱, 爲剗弊救民之本, 言甚剴切, 不饒當路。疏上而羣猜蝟起, 公遂不安於朝, 辭遞下鄉。旋拜正言, 又辭不赴。秋左遷靈巖郡守。眉叟許先生, 貽書歎曰: “近來朝廷景象日不佳。敢言之士皆補外.”云。陛辭日, 引見新除守令, 上獨顧公, 曰: “爾不待予言, 必爲盡心職事.” 公惶感而退。到郡愈益自勵, 以淸淨爲治, 廉潔律己。及歸, 行橐蕭然。惟舊菖花一盆而已。己未拜獻納, 辭不赴。庚申拜弘文館修撰, 又辭。未幾, 搢紳禍起。公退處江湖, 所居有泉石巖壑之勝。公每杖屨逍遙, 飄然有出塵之想, 而漁者樵者與之爭席矣。己巳鼎革, 公以修撰被召。首疏罪人時烈貶君亂統之罪, 略曰: “當己亥議禮之日, 時烈倡爲四種服制之說, 貶薄君父, 壞亂宗統, 而至擧〈檀弓〉免子游衰之說, 以證孝廟云云之實。及至庚申, 傾奪之初, 肆然投疏, 恨其無拳無勇, 爲貫高之罪人云, 貫高爲趙王敖, 欲行簒弑之謀於漢高帝, 事覺絶吭而死。今時烈, 乃敢援高以證其心, 其有異心於孝廟者, 渠自說盡無餘, 此豈一朝一夕之故哉? 至於今日, 主器有託, 名號已定, 宗社無彊之福, 實在於此, 而時烈乃敢隱有異志, 援引古昔, 謀危國本, 其窮兇極惡, 至此尤著矣。時烈之前後罪惡, 有浮於仁弘之廢斥國母, 而仁弘則以此伏罪, 時烈則尙保首領, 臣恐國家三尺。從此紊矣.”前後攻時烈者, 懼時烈之復入, 遷就其說, 以爲日後地。而及公疏一出, 時烈兇逆之狀, 畢露無餘。兩司因繼論之, 時烈遂伏法, 公議大伸。尋移掌令, 夏除司諫。時中壼有離宮之擧, 百官將詣闕廷請。公到本院, 適患痁瘧, 不得隨入。俄聞廷請已輟, 明日卽棄歸。人或問其故, 公曰: “身居諫職, 見君上過擧而不能救, 不如奉身而亟退也.”遷宗簿寺正不赴。秋拜修撰, 控辭兼陳近日言路未闢, 公議未伸, 而尤眷眷於虛懷納諫, 上優批答之。冬陞副應敎。因求言旨, 箚論九弊, 痛切無所回撓。又轉司諫。庚午復還應敎, 俄陞承政院同副承旨, 陳疏遞歸。辛未夏拜兵曹參知, 冬遷參議。壬申春, 又拜參知棄歸。旋移禮曹參議不赴, 夏拜司諫院大司諫, 辭遞。癸酉秋拜成均館大司成, 陳疏懇辭。時朝著將有移盪之漸, 公見其幾微, 不樂赴朝, 而冬又以大司諫被召, 乞遞不允。甲戌春遞移兵議, 旋移參知。夏時事大變, 機穽絡地, 禍網彌天, 滿朝諸公, 莫不惶駭失措, 而公寢食言笑, 無異平日。見者咸歎曰: "此人禍在睫前, 而少不動心, 其定力有不可及也." 遂從容辭遞而歸。到家纔數日, 恩謫之命至, 擧家號泣, 而公夷然自若。卽日就道, 五月到同福謫所。杜門謝客, 日對弇州文, 題曰'南遷一友'。蓋取蘇長公在惠州時, 題陶柳集語也。書小叙及絶句以自識。乙亥三月晦日感疾, 四月初七日卒, 享年七十三。諸孤奉柩歸。以其年十月十八日, 葬于臥龍山兌向之原。後移奉于芝澧鐵峯某向。英廟乙酉, 又移奉于吉安金鶴山未坐之原, 淑夫人祔。公脩幹長軀, 風彩燁如。旣生長名家, 擩染庭訓, 資之以問學, 廣之以見聞。其立心制行, 必以孝友忠信爲準。性簡素廉潔, 不喜紛華, 不謀榮利, 循分泊如, 未嘗爲膜外經營之事。謹於進退之節, 明於出處之義, 居官在職, 不曾淹浹時月, 意有不合則不俟終日, 決若驚鳧。以故筮仕四十年, 除而不赴, 赴而必辭, 其立朝之日, 較之家食, 不能十分居一。一時皆以恬退目之, 知公深者, 謂公爲南中第一流, 或稱金玉其人。嘗曰: "人生貴適意, 何可絆身名韁, 跼蹐爲轅下駒哉?" 視熱門鬧場, 不啻若浼己, 卻步斂跡, 如避仇敵。雅愛大瓢之落淵, 藥山之仙遊亭, 岐山之鳳凰樓, 或翛然獨往, 或攜朋選勝, 肩輿出沒於水石雲霞之間。眉叟許先生, 每稱公淸福, 有老病不同遊之歎。平居論議, 未嘗有異於人, 而至義利是非之際, 剖判甚晳, 脚跟甚牢, 凜然有賁育不能奪之志。嘗曰: "人臣事君, 當隨其所遇而致身焉。禍福利害, 非所論也." 當公之論己亥誤禮也, 所親勸止之曰: "彼黨終必得志, 禍將不測." 公毅然曰: "季文子不云乎? 見人之無禮於其君者, 誅之如鷹鸇之逐鳥雀也。今豈可以禍福爲慮而不論哉?" 遂論之。卒以此獲罪而不悔也。公雖處閒, 於國事靡不經緯籌度。聞淸勑出來, 令我從北界開道白頭山, 人皆洶懼, 以爲此必割北界之計也。或曰: "雖割北界, 彊弱勢異, 似不可不

從." 公正色曰: "丙子之事, 雖出於存亡所關, 而實臣子之所深羞, 今若朝廷有人, 何可以先王疆土, 輕易與敵乎? 雖是未然之事, 此言何忍發諸口也?" 聞者韙之。時朝議將設北漢城, 中以役重止之。公歎曰: "設險守國, 有國之先務也。今設北漢城, 與南漢城, 夾控京城, 則京城形勢自固。寧憚一時勞役, 而不爲萬世計哉?" 將欲陳疏而不果。公兄弟衆多, 怡愉一堂, 友愛甚篤。伯兄嘗患泄痢, 公年過耆艾, 晝夜侍疾, 如厠之時, 必爲隨往不怠。子姓甚繁, 敎養成就, 皆以馴謹儒雅, 著行遠邇, 士夫家莫不欽艶就法。處鄕黨, 恂恂謙遜, 自勝衣以上, 靡不講均禮, 亦未嘗以峻辭厲色加人, 而人自生敬, 無不愛慕欣欣焉。公平生不問產業, 不營家室, 茆廬蕭然, 饘粥時或不給, 而晏然不以爲意。嘗值歲侵, 手下奴僕, 至有飢死者。時親知之宰州縣者多, 而未嘗一書有求。地倅聞公桂玉, 或有所周, 輒分與一家。被謫之日, 事出倉卒, 槖裝甚恥。客中艱苦, 殆有人不可堪者, 而一未有干於地主。地主欲來謁, 則以數見罪人, 不便之意, 辭之。湖士之慕公德義者, 相繼踵門, 輒謝曰: "負罪之人, 何敢通賓客?" 閉門兀坐, 終日嗒然。嚴禁奴僕。不使出入閭巷。湖中語曰: "自古謫居恬靜, 無如此爺."云。疾革, 數邑士子, 咸來問疾, 及卒, 賻贈之禮, 無不盡心, 返柩之日, 遠送至百里之外, 蓋其心服而然也。公爲文章, 雄放橫逸, 下筆千言, 而中歲以後, 斂而就矩, 頗以精切簡當爲尙。人有求銘其先墓於權領相公, 相公曰: "凡求銘於人者, 必先觀其人, 次觀其文。如金某其人與文, 求之今世不易得, 君何不求於此人耶?" 其一時諸公之所推許類此。尤善於章疏, 明白懇切, 深得人臣告君之體。平生製述甚多, 皆以不滿意, 壞稿不錄。人或勸其裒輯, 則曰: "何可以寂寥拙語, 薦醜後人眼孔乎?" 蓋公之避名如此。諸孤收遺詩文若干卷, 藏于家。公娶東萊鄭氏, 士人而武之女, 府使彦宏之孫, 參判金公玏之外曾孫。貞順有婦德, 克贊內化。…(중략)… 簠從遊旣久, 受知最深, 於公之言行德義, 固嘗有覘其一二者。私竊以爲公之忠愛, 見於丁巳陳事之疏, 讜直著於己巳討罪之章。此公之事君之節也。篤於孝友, 仁於鄕黨, 居窮守約, 冰檗益勵, 阨窮不憫, 安於義命。此公之行己之實

也。若夫經術之富, 文雅之美, 可以補養君德, 裨贊治道者, 緣於難進易退, 終不克展其抱負, 抑將歸之於命歟時歟。今諸孤將求麗牲之銘於立言之君子, 以其不可無狀也。令不佞序次之, 不佞何敢狀公? 亦何敢不狀公? 謹撮其歷官行事之梗槩, 以爲硏席下據實之資云。從仕郎行敬陵參奉眞城李籤謹撰。

[景玉集, 권4, 行狀]

09. 이유장

이유장의 자는 하경, 호는 고산, 본관은 전의이다. 인조 을축년(1625)에 태어났다. 현종 경자년(1660) 사마시에 합격하였다. 숙종 기사년(1689) 천거로 별제에 제수되어 관직은 익찬에 이르렀다. 신사년(1701)에 죽었다.

공은 일찍이 산방(山房)에서 글을 읽을 때에 어머니가 손수 침구를 싸서 보내준 적이 있었는데, 몇 달 후 돌아왔을 때에 침구는 그대로 싸여 있었다.

공은 지론이 바르고 공평하여 시국에 관한 일을 논하면서 말하기를, "반드시 한쪽만 전적으로 옳고 한쪽만 전적으로 그르다 하지 않아야 한다."라고 하였으며, 벼슬길에 나아가거나 물러나는 것을 논하면서 말하기를, "반드시 산림에 은거하는 것만 고귀하고 조정이나 저자에 숨는 것이 더럽다 하지 않아야 한다."라고 하였다.

대신(大臣)이 실천이 독실하다며 천거하여 품계를 뛰어넘어서 별제(別提), 좌랑, 현감에 제수되었으나 모두 나아가지 않았다. 또 익찬(翊贊)에 제수되어 한 번 대궐에 나아가 사은하고는, 집으로 돌아오는 길에 진선(進善) 정시한(丁時翰)을 만나려고 들렀는데, 정시한은 공의 거취가 의리에 합당한 것을 탄복하였다.

일찍이 우담(愚潭) 정공(丁公: 정시한)의 육조소(六條疏)를 논하며 말하기를, "임금이 하늘의 도를 본받는 도리로 사사로움이 없는 것에 달려 있다. 지금 조정의 논의는 무너지고 갈라져 편당(偏黨)을 짓는 것이 습속이 되었는데, 공이 상소를 올려 말하지 않는다면 어떻게 되겠는가?"라고 하자, 우담이 웃으며 말하기를, "이것은 그대가 훗날 해야 할 말이로다."라고 하였다.

주자(朱子)와 퇴계(退溪)의 예론(禮論)을 가려 뽑아 분류하여 편찬하고
《이선생예설(二先生禮說)》이라 이름하였으며, 《동사(東史: 동사절요)》에
서 번잡하면서도 어지러운 대목을 삭제하고 자기의 의견을 덧붙였다.【협
주: 조덕린이 찬한 묘갈명에 실려 있다.】

• 李惟樟

李惟樟, 字厦卿, 號孤山, 全義人。仁祖乙丑生。顯宗庚子司馬。肅宗
己巳, 薦授別提, 官至翊贊。辛巳卒。

公嘗讀書山房, 母夫人手裹寢具送之, 數月而還, 裹自在也。

公持議正平, 論時事, 則曰: "未必甲者全是, 乙者全非." 論出處, 則
曰: "未必山林爲高, 朝市爲汗."

大臣以踐履篤實薦, 超授別提·佐郎·縣監, 皆不赴。又除翊贊, 一謝
而歸, 歷遇丁進善時翰[1], 丁公歎其去就之合義。

嘗論丁愚潭六條疏, 曰: "人君體天之道, 在於無私。今朝論潰裂, 偏
黨成習, 公疏不言之何也?" 愚潭笑曰: "此老兄他日之言."

抄朱子·退溪禮論, 類編曰《二先生禮說》, 就東史, 刪其煩亂, 間附己
意。【趙德鄰[2]撰碣】

1　丁進善時翰(정진선시한): 進善 丁時翰(1625~1707). 본관은 羅州, 자는 君翊, 호는 愚潭.
　　증조부는 대사헌 丁胤福이며, 조부는 丁好寬이다. 아버지는 관찰사 丁彦璜이며, 어머니
　　橫城趙氏는 직제학 趙正立의 딸이다. 부인 晉州柳氏는 柳穎의 딸이다. 강원도 원주 法泉으
　　로 낙향하여 평생 벼슬길을 멀리하였다. 오직 李玄逸·李惟樟 등과 교유하면서 학문에
　　힘쓰고 후진 양성에 전념하였다. 遺逸로 천거되어 사헌부집의·성균관사업의 벼슬이 내려
　　졌으나, 모두 사양하고 나아가지 않았다. 1690년 〈萬言疏〉를 올려, '왕의 마음을 바로잡을
　　것', '집안 다스리기를 엄격히 할 것', '나라의 근본을 배양할 것', '조정을 바르게 할 것',
　　'인재를 쓰고 버림에 신중히 할 것', '언로를 열 것'의 6조를 제시하였다. 이 상소의 구절에
　　왕이 분노하여 관직을 삭탈하도록 명하였다. 그 뒤 세자시강원진선으로 나아갔다. 1691년
　　서인을 몰아내고 남인이 집권한 기사환국이 일어나자, 정시한은 남인에 속하면서도 인현
　　왕후를 폐위시킨 일은 잘못이라고 소를 올렸다가 삭탈관직 당하였다. 이 해에 다시 기용되
　　었으나 사퇴하고 벼슬길에서 물러났다.
2　趙德鄰(조덕린, 1658~1737): 본관은 漢陽, 자는 宅仁, 호는 玉川. 증조부는 趙佺이며,

보충

조덕린(趙德鄰, 1658~1737)이 찬한 묘갈명

익위사익찬 고산 선생 이공 묘갈명 병서

오늘날 세상의 선비들은 대부분 학문을 닦지 않는다. 학문을 닦는다 해도 오로지 귀와 입으로만 암송하고 말하는데 힘쓰면서 세상에 떠들썩하게 총애를 탐하나, 그 실상을 살펴보면 아무런 성취도 없다. 만약 자신을 절실히 돌이켜 뜻을 굳게 세우고 힘써 행하여 선량한 사람으로 후세에 전하고서 삶을 마친 자라면, 오직 고산(孤山) 이 선생(李先生: 李惟樟)이 그러한 사람뿐일 것이다. 선생이 죽은 지 이미 28년이나 되었지만, 배우려는 사대부들은 흠모하여 우러르는 것이 쇠하지 않았다. 하루는 선생의 손자 이재기(李載基)가 추담(秋潭) 김공(金公: 金基厚의 아들이자 金允安의 손자인 金如萬, 1625~1711)이 지은 행장을 소매에 넣고 와서 묘지명을 부탁하였는데, 나는 사양했으나 받아들여지지 않았다. 곧 가만히 생각하자니 나는 그래도 선생이 살아 있을 때에 관(冠)을 쓰며 어른이라고 일컬었거늘, 한번도 선생의 문하에 찾아가 스승으로 모시고서 학업을 질정한 적이 없었고, 선생은 세상을 떠나고 말았다. 사사로이 시 1수를 지어서 뉘우치고 슬퍼하는 마음을 나타내어야 했는데, 지금 비루하게 여기지 않고 이 글을 부탁하니 조덕린(趙德鄰)이 어찌 감히 사양하겠는가.

삼가 행장을 살펴 보니, 선생의 휘는 유장(惟樟), 자는 하경(廈卿)이다. 이씨(李氏)는 계통이 전의(全義)에서 나왔으니, 시조인 고려 태사(太師)

조부는 趙廷珩이다. 아버지는 충의위 趙頠이며, 어머니 豊山柳氏는 柳世長의 딸이다. 부인 安東權氏는 金應祖의 외손녀로 權壽夏의 딸이다. 李玄逸의 문인이다. 1677년 진사시에 합격하고, 1691년 문과에 급제하였다. 1708년 강원도 도사, 1711년 황해도 도사, 1716년 충청도 도사를 지냈으며, 1725년 홍문관수찬이 되었으나 사직하였다. 그뒤 사간이었을 때 당재의 폐해를 논하는 상소를 올렸다가 탄핵을 받고 仕版에서 삭적되고, 종성에 유배되었다. 1727년 정미환국으로 유배에서 풀렸고, 고향에서 지냈다.

이도(李棹)에서 그 10세손 제학(提學) 이익(李翊)에 이르러 처음으로 계통이 나뉘어 예안이씨(禮安李氏)가 되었다. 높은 벼슬이 끊이지 않았는데, 5세를 지나 조선조에 들어와 휘 이훈(李薰, 1489~1552)이 성균관 생원이 되었다. 대대로 한양(漢陽)에서 살았는데, 이훈에 이르러서 비로소 안동(安東)의 풍산현(豊山縣)으로 이주했으니, 선생에게 고조부가 된다. 증조부 휘 이희인(李希仁, 1526~1572)은 예조 생원이다. 조부 휘 이진(李珍)은 군자감 주부이었는데, 숙부 이순인(李純仁)의 양자가 되었다. 아버지 휘 이정발(李廷發)은 통덕랑이었으며, 어머니 순천김씨(順天金氏)는 대구부사 김윤안(金允安)의 딸이다. 선생은 천계(天啓) 을축년(1625) 5월 16일 풍산리의 집에서 태어났다.

아이 때부터 우뚝하였으니, 성품이 중후하여 장난을 좋아하지 않았다. 10여 세가 되어서야 배움에 나아가 글을 읽기 시작했는데 종일토록 조금도 쉬지 않자, 어머니가 몸을 해칠까 염려해 잠시 쉬라고 하니, 대답하기를, "이렇게 해도 오히려 남들만 못한데, 감히 게으름을 부리며 놀다가 어른들에게 걱정을 끼칠 수 있겠습니까?"라고 하였다. 몇 년이 지나서는 경서의 구두를 떼었고, 지향의 옳고 그름을 분별하는 것이 날로 진취되었다. 일찍이 산방(山房)에서 글을 읽을 때에 어머니가 손수 침구를 싸서 보내준 적이 있었는데, 몇 달 후 집으로 돌아왔을 때에 침구는 풀지도 않은 채 그대로 싸여 있었다.

아버지 통덕공(通德公)은 성품이 엄격하여 자식들에게 사소한 잘못이 있으면 용서하지 않았는데, 선생은 온화한 기운과 기쁜 낯빛으로 뜻을 거스른 적이 없었다. 갑오년(1654) 통덕공이 병환에 있을 적에는 밤낮으로 띠를 풀지도 않았으며, 병세가 위독했을 때는 손가락을 베어 피를 약에 섞어 올렸는데, 효과가 없으면 기절했다가 다시 깨어났다. 상을 당해서는 수질(首絰)과 요대(腰帶)을 벗지 않았고 죽과 채소만 먹으며 일체 《문공가례(文公家禮: 주자가례)》를 따랐다.

경자년(1660) 사마시에 합격하였다. 그해 어머니가 종양을 앓았는데 병세가 깊고 오래 지속되었는데, 선생은 곁에서 지극정성으로 시중을 들었으며 10년을 하루같이 보냈다. 기유년(1669) 어머니의 상(喪)을 당하여 그 절차는 이전의 부친 상례(喪禮)와 똑같이 치렀다. 삼년상을 마치고 상복을 벗자 세상일에 관심을 두지 않고 문을 닫아걸고서 뜻을 닦았는데, 강학(講學)에 전념하여 언제나 읽고 사색을 하느라 침식하는 것까지 잊기에 이르렀다.

기사년(1689) 여름에는 대신(大臣)이 행실이 고상하고 학문이 뛰어난 데다 실천까지 독실하다며 천거하여 품계를 뛰어넘어서 와서별제(瓦署別提)에 제수되었고, 가을에는 공조좌랑에 제수되었으나 모두 나아가지 않았다. 신미년(1691) 가을 안음현감에 제수되었으나 사양하였고, 겨울에 또 익찬(翊贊)에 제수되어 억지로 일어나 조정으로 나아갔으나, 입직한 지 7일 만에 곧 사직하고 집으로 돌아왔다. 양주(楊州)에 있는 선영의 묘를 성묘하러 가는 길에 도봉서원(道峯書院)을 들렀으며, 원주(原州)로 가서 진선(進善: 세자시강원의 정4품 관직) 정시한(丁時翰)을 만났다. 정공(丁公)이 예전에 방문한 적이 있었는데, 한번 만나 보자마자 마음이 서로 맞았었다. 이때에 이르러 공의 얼굴을 보고는 거취가 의리에 합당한 것을 탄복하였다 정공은 단양(丹陽)의 구담(龜潭)에 정사(精舍)를 짓고서 스스로 선생과 가까이 지내고자 하였다.

갑술년(1694) 시국이 크게 변하여 갈암(葛庵) 이 선생(李先生: 李玄逸)이 멀리 귀양되었다가 여러 해 지나서야 비로소 풀려나 집으로 돌아왔다. 선생이 산사(山寺)로 찾아가 만나 시를 화답하여 응수하고, 예(禮)를 며칠간 논한 뒤에 돌아왔다. 일찍이 정유년(1657)에서 존재(存齋) 이 선생(李先生: 李徽逸)이 선생을 만나러 찾아와《심경(心經)》등의 책을 강론했는데, 선생이 평소 이공(李公)의 형제(兄弟: 이휘일과 이현일)들과 교유하여 도의(道義)의 교분을 맺었다고 한다.

신사년(1701) 봄에 오랫동안 앓아온 이질(痢疾)이 재발하였다. 자제들이 의인에게 치료를 요청하자, 선생이 말하기를, "내 나이가 여든인데다 병마저 이와 같으니 약을 쓴들 아무런 소용이 없을 것이다."라고 하였다. 3월에 병세가 더욱 심하였다. 4월에는 편지로 정 진선(丁進善: 정시한)에게 영결을 고하였고, 또 근체시 1수를 보냈으니 '풍악(豐嶽)과 섬강(蟾江) 사이에 혼과 꿈이 서로 통하리로다.'라고 구절이 있었다. 문인(門人) 이성전(李成全)에게 이르기를, "나에게 거문고 하나, 칼 하나, 주 태사(朱太史: 朱之蕃)의 붓, 오랜 친구가 준 매화와 대나무가 있는데, 진실로 이 네 가지는 내가 벗하는 것들이다. 나는 '사익(四益)'이라 하여 내 당호(堂號)로 이름하고자 한다."라고 하였다. 이어 명하여 타인의 서책은 목록을 작성하고 돌려주도록 하였다. 문인과 지인들이 문병하러 오는 것을 맞아들여 만나 보았다. 5월에는 병이 더욱 악화되어 위독해졌다. 갈암 선생이 편지를 보내 병세를 물었는데, 선생이 그것에 답장하려고 하자, 시중드는 사람이 말하기를, "선생의 병이 위중하니 부디 천천히 하고 후일을 기다리시지요."라고 하니, 말하기를, "내 병이 이 지경에 이르렀는데 후일을 기다릴 수 있겠는가?"라고 하면서 곧바로 구술해서 봉함해 부치게 하고는, 손자 이재기(李載基)를 돌아보며 말하기를, "내가 편한 《예설(禮說)》의 〈국혈(國恤: 나라의 초상)〉 조목에 빠뜨린 부분이 있으니 관련 자료를 상고하여 보충해 넣도록 하라." 하였다. 이우정(李宇定: 李惟樟의 문인)이 점쳐서 송괘구사(訟卦九四)를 얻고 말하기를, "해로울 것이 없을 듯합니다."라고 하자, 선생이 말하기를, "나를 속이지 말라." 하고는 곧바로 효사(爻辭)를 착오가 없게 외우고 이어서 약을 물리쳤다. 이재기가 울며 나아가 말하기를, "할아버지는 일찍이 남명(南冥: 曺植)이 병이 들었는데도 약과 음식을 물리친 것을 의심하였으면서, 어찌하여 이와 같이 약을 물리칩니까?"라고 하자, 말하기를, "남명은 곡기(穀氣)까지 함께 먹지 않은 것일 뿐이다."라고 하고서 곧바로 부녀자들을 문 밖으로 내보내고는,

시중드는 자에게 자리를 똑바로 펴도록 하였다. 시중드는 자가 자리를 들고 어느 쪽으로 펴야 할지 물으니, 선생이 동쪽을 가리키며 베개를 베고 누웠다. 잠시 후에 스스로 일어나 옷을 갑아입으려 했으나, 왼팔만 겨우 벗자마자 이미 어찌 할 수가 없어서 부축을 받으며 베개에 누웠으나 몸이 기울여지는 것을 면치 못하자, 스스로 몸을 바르게 하고 두 손을 가지런히 모아 왼쪽 가슴 위에 올려놓은 채 죽었다. 곧 5월 14일이었다. 아, 이는 배운 바를 실천한 것이라 할 수 있을 것이다. 향년 77세였다. 그해 9월 어느 날, 풍산현(豐山縣) 북쪽 현공산(懸空山) 용감(龍甘) 골짜기 정향(丁向)의 언덕에 안장하였다.

선생은 차분하고 독실하며 간명하고 담담한데다 온화하고 순수하였다. 하늘로부터 재질을 품부받은 위에 깊이 생각하기를 더없이 좋아하여 마음으로 터득하고 몸으로 경험한 학문의 힘으로 뒷받침하였는데, 조금씩 공력을 쌓아가며 날마다 실천해 보이고 법도에 맞도록 처신하는 것을 천성인 듯 편안하게 지내었으니, 한겨울에 화롯불을 쪼이지 않고 삼복 더위에도 부채질하지 않은 채 묵묵히 공부를 더하는데 그대로 지나친 적이 없었다.

어렸을 때에는 자못 기억하는 능력이 노둔하여 보통 사람보다 뛰어나지 못했는데, 차분하게 자신을 수양한 지가 오래되어 마음을 잡고 보존하는 것이 더욱 견고하기에 이르러서는 총명이 날로 진보하였으니, 경전(經傳)의 주해(註解)부터 백가서(百家書)에 이르기까지 두루 관통하여 학식이 깊어져서 마치 자기가 말하는 것처럼 외울 수 있었다. 책상 위에는 잡다한 책이 없고 오직 경전과 염민(濂閩: 濂溪의 周敦頤와 閩中의 朱子) 제현(諸賢)들의 책들만 있었는데, 밤마다 《중용(中庸)》과 《대학(大學)》의 정문(正文: 원문)을 단정한 자세로 엄숙하게 외웠으며, 자리 주변의 창가와 벽에는 성현들의 격언을 간략하에 기록해 두고서 스스로 경계하고 반성하였으며, 《주역(周易)》과 《춘추(春秋)》에서 이치를 미루어 생각하여 밝혀내고 깊이 음미하는데 온 마음을 다하였다.

평소에 게으른 태도나 오만한 말을 한 적이 없었으며, 사람들을 하루 종일 가르칠 때도 피로한 기색조차 보이지 않았으며, 가슴이 탁 트여 온화하고 소탈한데다 겸손하게 자신을 낮추며 남의 허물을 덮어주고 장점을 드러내면서 남에게 상심을 입힐까 두려워하였다. 그리고 그 의리의 소재를 분명하게 판별하고 철저히 분석하는데 신념이 확고하여 빼앗을 수가 없었다. 선생이 익찬(翊贊)이 되었을 때 당로(當路: 중요한 지위나 직분)에 있는 사람들이 굳게 요청해도 사양하고 가지 않고서 즉시 성을 떠났으며 하루도 머물지 않았다.

가까운 고을에 윤리와 기강이 무너지는 변고가 일어나자, 선생이 앞장서서 그 변고를 구명하여 처벌하자는 주장을 펼치니 지주(地主: 수령)가 크게 노하였다. 선생은 앞으로 나아가 마주하여 올바름을 펼치며 조금도 흔들리지 않자, 지주가 분하였으나 하는 수 없이 마침내 마음으로 탄복하고 그를 조정에 천거하였다. 마음가짐이 공정하고 너그러웠으며 지론(持論)이 바르고 공평하였으니, 그가 시국에 관한 일을 논하면서 반드시 한쪽만 전적으로 옳고 한쪽만 전적으로 그르다고 보지 않았으며, 벼슬길에 나아가거나 물러나야 하는 것을 논하면서 반드시 산림에 은거하는 것만 고귀하고 조정이나 저자에 숨는 것이 더럽다고만 하지 않았다. 일찍이 정공(丁公: 丁時翰)과 함께 그의 육조소(六條疏)를 논하며 말하기를, "임금의 도리는 하늘을 본받는 것보다 더 큰 것이 없고, 하늘을 본받는 도리로 사사로움이 없는 것에 달려 있다. 지금 조정의 논의는 무너지고 갈라져 편당(偏黨)을 짓는 것이 습속이 되었는데, 공이 상소를 올려 말하지 않는다면 어떻게 되겠는가?"라고 하자, 정공이 웃으며 말하기를, "이것은 그대가 훗날 해야 할 말이로다."라고 하였다.

학자들에게 말하기를, "옛날의 현인과 군자는 대부분 과거 시험을 통해 세상에 나와서 도를 행하지만, 학자는 비록 내외와 경중의 분별을 알지 않을 수 없을지라도 또한 반드시 스스로는 고상한 척 표방하며 벼슬길을 가벼이 여길 필요는 없다."라고 하였다. 때문에 사람을 가르칠 때는 비록 위기지학(爲己之學)을 우선으로 할지라도 또한 과거 공부도 아울러 하도록 하였다. 때때로 간혹 과거의 글제로 쓰도록 하면 본래 글 짓는 것을 좋아하지 않았고, 간혹 남으로부터 강요를 받아서 짓게 되면 그때의 글은 평이하고 소박하며 간략하여 화려하게 꾸미는 것을 일삼지 않았다. 시를 읊는 것을 완상에 빠져 본심을 상실하는 것으로 여겨 읊조리는 바가 드물었지만, 가끔 마음에 맞는 것이 있어서 짓게 되면 청아하고 품격이 있었으며 세속의 기운이 없었다. 평소 두보(杜甫)의 시를 좋아하여 손수 써서 읊으며 감탄하고는 하였다.

주자(朱子)와 퇴계(退溪)의 예론(禮論)을 가려 뽑아 분류하여 편찬하고 종류에 따라 다시 묶어 정리하고는 이름하기를 《이선생예설(二先生禮說)》이라 하였다. 《동사(東史: 동사절요)》에서 번잡하면서도 어지러운 대목을 삭제하고 자기의 의견을 덧붙였다. 음양·점술·산수(筭數)·병법·풍수의 말에 이르러서는 모두 대강 큰 뜻만을 통하고 따로 급하게 여기는 바가 있어 생각할 겨를이 없었으며, 또한 남에게 말하지도 않았다. 글자의 획이 반듯하고 아담하였는데, 비록 급하게 쓸 때도 제멋대로 갈기어 쓴 적이 없었으니, 정공(丁公: 정시한)은 시를 얻게 될 때마다 반드시 손수 써 주기를 청하여 보관하였다. 아우 처사공(處士公: 李惟枋)은 천성이 급하였는데, 손괘찬(損卦贊)을 지어 그에게 주었다. 양자(養子) 이봉조(李鳳朝)는 오랫동안 병을 앓았는데다 심장병까지 생겨 백순도(百順圖)를 그려서 경계하였다. 갈암 선생(葛庵先生)이 일찍이 선생을 주상에게 천거하여 자품을 뛰어넘어 등용하도록 청하였는데, 주상이 장차 기용하려 했으나 끝내 당시의 공론 때문에 결국 시행되지 못하였다. 애석하다!

부인 완산류씨(完山柳氏)는 학생 류학(柳㰒)의 딸로 선생보다 23년 먼저 죽었는데, 내가(內佳) 골짜기의 선영 곁에 안장하였다. 자녀을 두지 않아서 맏형의 둘째아들 이봉조를 양자로 삼았다. …(이하 생략)…

후학 한양 조덕린 짓다

翊衛司翊贊孤山先生李公墓碣銘 幷序

今世士多不學。其學焉者, 專於口耳, 以資誦說, 以譁世取寵, 而考其實則無得也。若反己切實, 篤志力行, 淑人傳後, 以沒其身者, 惟孤山李先生其人。先生歿而已二十八年, 學士大夫, 欽想景仰之不衰。一日, 先生之孫載基, 袖秋潭金公之狀, 以銘墓爲託, 余辭謝不獲。則竊念吾猶及先生時, 戴冠稱人, 未嘗一登先生之門, 考德質業, 而先生歿矣。私爲詩一章, 以道懺悼之意, 今不鄙而屬玆筆, 德鄰何敢讓焉? 謹按狀, 先生諱惟樟, 字廈卿。李氏系出全義, 祖於麗之太師棹, 至十世孫提學翊, 始自別爲禮安人。簪纓不絶, 傳五世入國朝, 有諱薰, 成均生員。世居漢陽, 至公始移居安東豐山縣, 於先生爲高祖。曾祖諱希仁, 禮曹生員。祖諱珍, 軍資主簿, 出後叔父純仁。考諱廷發, 通德郎, 妣順天金氏, 大丘府使允安之女。先生以天啓乙丑五月十六日。生於豐山里第。兒時嶷然, 重遲不戲。十餘歲, 就學受讀, 終日不休, 大夫人恐傷之, 令小息, 對曰:"如是, 尙不逮人, 敢惰遊, 以貽長者憂邪?" 數年離經, 辨志日進。嘗讀書山房, 大夫人手裹寢具送之, 數月而還, 寢具不解, 裹自在也。父通德公性方嚴, 諸子少有過, 不饒, 先生和氣愉色, 未嘗有違忤。甲午, 通德公病, 晝夜不解帶, 及其革也, 斷指和藥而進之, 不效則絶而復甦。不脫絰帶, 歠粥蔬食, 一依《文公家禮》。中庚子司馬。是歲, 大夫人患癩中, 證勢沉綿, 先生調侍勤劇, 十年如一日。己酉, 丁大夫人憂, 喪制一如前喪。服闋, 無意世事, 杜門求志, 一意講學, 俯讀仰思, 至忘寢食。己巳夏, 大臣以行高學優踐履篤實薦之, 超授瓦署別提, 秋, 除工曹佐郎, 皆不赴。辛未秋, 除安陰縣監, 辭, 冬又除翊贊, 强起赴朝, 入直七日, 卽辭歸。道楊州省先墓, 謁道峯書院, 見丁進善時翰于原州。丁公嘗來訪, 一見便託心契。至是, 相見面, 歎去就之合義。丁公爲築精舍于丹陽之龜潭, 以自近於先生。甲戌, 時事大變, 葛庵李先生竄謫, 累年始放還。先生往會于山寺, 相與酬和, 論禮數日而返。曾在丁酉, 存齋李先生來見先生, 講《心經》等書, 先生素交李公伯仲間, 定爲道義交云。辛巳春, 宿患痢疾復發。子弟請醫治之, 先生曰: "吾年八十, 病如是, 藥無益也。"三月, 病盆甚。四月, 以書告訣于丁進善, 又寄近體一首, 有'豐嶽蟾江, 魂夢相通'之句。謂門人李成全, 曰: "吾有琴一劍一, 朱太史筆, 故人所贈梅竹, 眞此四者, 吾所友也。吾欲以四盆, 名吾堂。"因命錄還他人書冊。延見門人知舊來問者。五月, 病盆臻轉劇。葛庵先生書來問疾, 欲答之, 侍者曰: "夫子之病病矣, 請徐之, 以待後日。"曰: "吾病至此, 可俟後邪?"卽口呼緘送, 顧謂孫載基, 曰: "吾所編《禮說》國恤條, 有闕漏, 可取考補入。"李宇定筮之。得訟卦九四, 曰: "似無害。"先生曰: "無謬我。"卽誦爻辭無錯, 因卻藥。載基泣而進曰: "大父嘗疑南冥病而卻藥食, 何如是卻之?"曰: "南冥幷與穀氣而不食爾。"卽出婦人于戶外, 命侍者正席。侍者執席, 問何鄕, 先生指東, 展枕而臥。俄自起更衣, 左臂纏脫, 已無及矣, 扶擁就枕, 未免欹側, 自整身齊手拱, 向左置心上而逝。卽五月十四日也。嗚呼! 此可以驗所學矣。享年七十有七。以其年九月日, 葬于豐山縣北懸空山龍甘洞丁向之原。先生沈靜篤實, 簡淡溫粹。得之天賦, 覃思劇嗜, 心得體驗, 資之學力, 銖累寸積, 日見之行, 履繩蹈矩, 安之若性, 隆冬盛暑, 不爐不扇, 默默加工, 未嘗放過。少時頗魯記性, 不踰恒人, 及其靜養旣久, 操存盆固, 則聰明日進, 自經傳註解, 以至百家之書, 無不貫穿淹綜, 如誦已言。案上無雜峽, 惟經傳濂閩諸賢之書, 每夜將庸·學正文, 整容莊誦, 座隅牕壁間, 箚錄聖賢格言, 以自警省。於易·春秋, 推究翫味而盡心焉。平居未嘗有惰容傲言, 誨人終日, 無倦色, 胸懷坦蕩, 和易謙卑, 掩過揚善, 猶恐傷人。而其義之所在, 明辨痛析, 確然不可奪。其爲翊贊也, 當塗諸人, 固要之, 謝不往, 卽出城, 不俟終日。比縣有倫紀之變, 先生倡發究治之論, 地主大怒。先生前對, 据正不撓, 地主快快無奈, 卒乃心服而薦之朝。處心公恕, 持論正平, 其論時事, 則未必甲者全是而乙者全非也, 其論出處, 則未必山

林爲高, 而朝市爲汙也。嘗與丁公, 論其六條疏, 曰：“人君之道, 莫大於
體天, 而體天之道, 在於無私。目今朝論潰裂, 偏黨成習, 公疏不言之何
也？”丁公笑曰：“此老兄他日之言也.”其與學者, 言曰：“古之賢人君子,
多由科目, 而出身行道, 學者雖不可不知內外輕重之分, 亦不必高自標
置。輕視仕宦之途也.”故敎人雖先於爲己之學, 而又使兼治擧業。時或
命題課考, 素不喜製述, 或被人强要而作, 則其文平鋪質約, 不事藻餙。
以詩爲翫物喪志, 罕有所吟咏, 間有意會而發, 則閒雅典重, 無世俗氣。
雅好杜詩, 手書而詠歎之。抄朱子及退溪禮論, 類編彙分, 名曰《二先生
禮說》。就《東史》, 刪其煩亂, 間附己意。至陰陽·卜筮·籌數·兵陣·堪輿
家言, 皆略通大意, 自以非所急而不暇, 亦不以語人也。字畫楷正端好,
雖造次間, 未嘗放意胡草, 丁公每得詩, 必請手寫藏弆。弟處士公, 性卞
急, 爲作損卦贊以與之。子鳳朝久病, 發心疾, 作百順圖以警之。葛庵先
生, 嘗薦之於上, 請陞資收召, 上將用之, 終以時議, 遂寢不行, 惜哉！
配完山柳氏。學生欅之女。先先生二十三年歿。葬在內佳洞先塋之側。
無子女。取伯兄第二子鳳朝子之。…(이하 생략)… 後學漢陽趙德隣撰。

〔玉川先生文集, 권11, 墓碣銘〕

10. 이시선

이시선의 자는 자수, 호는 송월재이다. 태종왕의 아들 온녕군(溫寧君) 이정(李禎)의 후손이다. 인조 을축년(1625)에 태어났다. 숙종 을미년(1715)에 죽었다.

선생의 자호(自號)는 송월(松月)인데, 소나무에서 '변치 않음(不變)'을 취하고, 달에서 '항심(恒心)'을 취하였다.

처음에는 과거 공부를 하다가, 얼마 후에 말하기를, "혈기 왕성한 사내가 되어 사방을 주유하지 않을 것인가." 하고는, 무릇 명산대천, 사통팔달한 도회지, 영웅이 할거했던 곳, 혈기 왕성한 사내들이 노닐던 곳 등 발자취가 거의 미치지 않은 곳이 없었다. 돌아와서는 서재를 겨우 침상과 책상만 들어갈 만하게 지었는데, 온돌방에 불을 때는 것은 습기를 제거하려는 것이어서 연기만 통하고 불기운은 미치지 않았다. 옷은 몸에 가볍고 따뜻한 것을 금하였으며, 음식은 흰죽을 날마다 2사발을 먹는 것으로 그쳤다. 한겨울에 화롯불을 쬐지 않고 삼복 더위에도 부채질하지 않았으며, 밤이면 자는 것이 두 시간을 지나지 않았다. 좋아하고 즐기려는 욕심은 몸 밖으로 물리치고 참된 이치와 깨끗한 기운은 오로지 내면에 간직하였다. 그런 뒤에 토지를 개척해 팔아 책을 구하기도 하고 때로는 손수 책을 베껴 써서 벽을 빙 돌아가며 서가에 꽂아 놓은 채 굽어보며 읽고 우러러 생각하였는데, 콩을 던져 셈을 하면서 표주박에 가득 차면 1번으로 쳤고, 간혹 만 번 넘게 읽기도 하였다. 육경(六經)·사서(四書) 및 정자(程子)와 주자(朱子)의 성리서(性理書)를 우선으로 하고, 사마천(司馬遷)과 반고(班固)의 역사서·노장(老莊)·시문(詩文)·제자(諸子) 및 병가(兵家)·지리(地理)·복서(卜筮) 같은 분야도 두루 통하여 꿰뚫지 않은 것이 없었다. 마침내 이를 문장으로 펼쳤으니, 위로는 순(舜)임금과 우(禹)임금부터 백가서(百家書)에서 드러나거나 드러나지 않은 것까지의 뜻을 헤아려 신기한 경지에 드나들었다. 물결을 일렁이도록 하면 파도가 되어 굽은 물굽이와 긴 모래톱을 휩쓰는 것처럼 가려지고 숨은 곳까지 모두 드러내는 듯했는데, 한 구절이라도 낡고 허름한 표현으로 지은 시문(詩文)이 없이 전철을 따르지 않았으며, 또한 이교(異敎)에든지 왕도와 패도의 뒤섞임에든지 어디에도 빠짐이 없이 이른바 내용이 풍부하며 필치가 호방하였다는 것이다. 지은 글들이 매우 많았지만, 스스로 무익하다고 생각하여 버려서 지금 약간 편만 남아 있다. 또한 《경서훈해(經書訓解)》, 《칠원구의(漆園口義)》, 《사선(史選)》이 집에 보관되어 있다.

성품이 사람을 초대하거나 방문하는 것을 좋아하지 않아 교유한 사람들은 당시 명망이 있던 몇몇 인사들이었다. 효도하고 우애한 실상으로 마을 사람들에게 신망을 얻었다. 항상 후생들에게 가르치며 말하기를, "선비의 행실은 '마음에 부끄럽지 않아야 한다(不愧心)'는 세 글자에 불과하다."라고 하였다.

나이가 80세에 이르러서도 피부는 더욱 탱탱하고 정신과 풍채는 더욱 빛나자, 말하기를, "내가 평소에 수련을 하지 않았는데도 이렇게 장수하는 신기한 일이다."라고 하였다. 하루는 자제들에게 말하기를, "스스로 기력을 헤아려 보니 더 이상 버틸 수 없을 것 같다."라고 하고는, 몸가짐을 삼가고 교유를 신중히 하며 혼인은 때에 맞춰 행하도록 경계하였다. 여전히 입속으로 슬며시 《중용(中庸)》 수장(首章)과 《역경(易經)》〈건괘(乾卦)〉의 풀이를 외우며 편안하게 세상을 떠났다. 저서로 《전의변지(傳義騈枝)》·《서전참평(書傳參評)》·《시전남도(詩傳濫涂)》·《하화편(荷華編)》이 집에 보관되어 있다.【협주: 이익이 찬한 행장에 실려 있다.】

• 李時善

李時善, 字子修, 號松月齋。太宗王子溫寧君裎後孫。仁祖乙丑生。

| 肅宗乙未卒。

先生自號松月, 松取不變, 月取有恒也。

始爲博士家業[1], 旣而曰: "壯夫不爲周流四方?" 凡名山大川, 通邑都會, 英雄之所割據, 莊士之所盤旋, 足跡殆遍。歸而爲齋, 僅容床案, 堗取去濕, 烟通而火不及。衣禁輕煖, 食止白粥日二盂。寒不爐, 暑不扇, 夜寢不遇一更。嗜慾外屛[2], 眞精內專。然後斥田求書, 或手自傳寫, 繞壁揷架, 俯讀仰思, 投豆爲籌, 以瓠滿爲度, 或讀過萬遍。先之以六經‧四子若洛建性理之書, 旁通馬班[3]羣史, 老莊風騷[4], 諸子若兵家‧地理‧占筮之類, 無不橫穿午貫。遂乃掞爲文章, 上自姚姒[5], 包羅[6]百氏, 微顯逆志, 出新入奇。揚之爲瀾, 盪成濤波, 曲灣長洲, 幽隱畢露, 無一句塵蠹口業[7], 不循途轍, 亦不泩於異敎雜霸[8], 抑所謂宏中肆外[9]矣。所撰著甚富, 自謂無盆而棄之, 今留若干篇。又有《經書訓解》‧《漆園口義》‧《史選》, 藏於家。

性不喜徵逐[10], 所與遊一時名論數人。李友[11]之實, 孚於鄕黨。常誨語

1　博士家業(박사가업): 과거 공부를 일컬음. 梁나라 司馬褧의 부친이 三禮에 밝아 齊나라의 國子博士에 이르렀는데, 사마경이 가업을 이어받아 관로에 나아가서 국가의 중요한 禮制를 주관했던 데서 유래하였다.

2　外屛(외병): 28수의 하나인 奎宿에 딸린 별자리 이름. 天溷을 가리는 병풍으로, 냄새나고 더러운 일을 감추는 것을 상징한다.

3　馬班(마반): 司馬遷과 班固의 통칭.

4　風騷(풍소): 《詩經》의 國風과 《楚辭》의 離騷라는 뜻으로, 詩歌와 文章을 아울러 이르는 말.

5　姚姒(요사): 중국의 舜임금과 禹임금을 아울러 이르는 말. 姚는 순임금의 姓이고, 姒는 우임금의 성이다.

6　包羅(포라): 포괄함. 망라함.

7　口業(구업): 시문 짓는 일을 가리키는 말.

8　雜霸(잡패): 王道와 霸道를 혼용하는 것.

9　宏中肆外(굉중사외): 글을 짓는데 내용을 넓게 하고 형식을 자유로이 함. 내용이 풍부하며 필치가 호방하다는 말이다.

10　徵逐(징축): 사람을 초대하거나 방문함.

11　李友(이후): 孝友의 오기.

後生, 曰:"士之爲行, 不遇不愧心三字."

　及年至大耋, 膚革盆充, 神采彌章, 曰:"吾素無修鍊, 得此壽可異也."
一日, 謂子弟, 曰:"自量氣力, 不可復支."仍戒其謹持身, 審交遊, 婚嫁
以時。口中猶暗暗誦《中庸·首章》《易·乾卦》, 怡然而逝。所著書有《傳
義騈枝》·《書傳參評》·《詩傳濫涂》·《荷華編》, 藏于家。【李瀷[12]撰行狀】

보충

이익(李瀷, 1681~1763)이 찬한 묘지명

송월재 이 선생 묘지명 병서

　송월재(松月齋) 이 선생의 휘는 시선(時善: 李英基의 4남), 자는 자수(子
修)이다. 안동(安東)의 춘양(春陽)에 은거하며 뜻을 추구하였다. '송월'은
선생의 호인데, 소나무에서 '변치 않음(不變)'을 취하고, 달에서 '항심(恒
心)'을 취하였다.

　처음에는 과거 공부를 하다가, 얼마 후에 말하기를, "대장부가 되어
사방을 주유하지 않을 것인가." 하고는, 무릇 명산대천, 사통팔달의 고을
이나 대처, 영웅이 할거했던 곳, 혈기 왕성한 사내들이 노닐었던 곳 등
발자취가 거의 미치지 않은 곳이 없었다.

　돌아와서는 서재를 겨우 침상과 책상만 들어갈 만하게 지었는데, 온
돌방에 불을 때는 것은 습기를 제거하려는 것이어서 연기만 통하고 불기
운은 미치지 않았다. 옷은 몸에 가볍고 따뜻한 것을 금하였으며, 음식은

12　李瀷(이익, 1681~1763): 본관은 驪州, 자는 子新, 호는 星湖. 증조부는 좌찬성 李尙毅이며,
　　조부는 사헌부지평 李志安이다. 아버지는 대사헌 李夏鎭인데, 이하진의 첫째부인 龍仁李
　　氏는 李後山의 딸이며, 둘째부인 安東權氏는 權大後의 딸이다. 이익은 안동권씨의 소생이
　　다. 첫째부인 高靈申氏는 申必淸의 딸이며, 둘째부인 泗川睦氏는 睦天健의 딸이다. 부친이
　　유배지에서 사망하고, 과거 응시가 거절되고, 형마저 옥사하자 성호에 은거하며 학문에
　　정진했다. 《성호사설》, 《곽우록》, 《이자수어》 등을 저술한 유학자이자 실학자이다.

흰죽을 날마다 2사발을 먹는 것으로 그쳤다. 한겨울에 화롯불을 쬐지 않고 삼복 더위에도 부채질하지 않았으며, 밤이면 자는 것이 네 시간을 지나지 않았다. 좋아하고 즐기려는 욕심은 몸 밖으로 물리치고 참된 이치와 깨끗한 기운은 오로지 내면에 간직하였다. 그런 뒤에 토지를 개척해 팔아 책을 구하기도 하고 때로는 손수 책을 베껴 써서 벽을 빙 돌아가며 서가에 꽂아 놓은 채 굽어보며 읽고 우러러 생각하였는데, 콩을 던져 셈을 하면서 표주박에 가득 차면 1번으로 쳤고, 간혹 만 번 넘게 읽기도 하였다.

육경(六經)·사서(四書) 및 정자(程子)와 주자(朱子)의 성리서(性理書)를 우선으로 하고, 사마천(司馬遷)과 반고(班固)의 역사서·노장(老莊)·시문(詩文)·제자(諸子) 및 병가(兵家)·지리(地理)·복서(卜筮) 같은 분야도 두루 통하여 꿰뚫지 않은 것이 없었다. 마침내 이를 문장으로 펼쳤으니, 위로는 순(舜)임금과 우(禹)임금부터 백가서(百家書)에서 드러나거나 드러나지 않은 것까지의 뜻을 헤아려 신기한 경지에 드나들었다. 물결을 일렁이도록 하면 파도가 되어 굽은 물굽이와 긴 모래톱을 휩쓰는 것처럼 가려지고 숨은 곳까지 모두 드러내는 듯했는데, 한 구절이라도 낡고 허름한 표현으로 지은 시문(詩文)이 없이 전철을 따르지 않았으며, 또한 이교(異敎)에든지 왕도와 패도의 뒤섞임에든지 어디에도 빠짐이 없이 이른바 내용이 풍부하며 필치가 호방하였다는 것이다. 지은 글들이 매우 많았지만, 스스로 무익하다고 생각하여 버려서 지금 약간 편만 남아 있다. 또 《경서훈해(經書訓解)》, 《칠원구의(漆園口義)》, 《사선(史選)》이 집에 소장되어 있다.

그 요지를 대략 들어 보면, 그 말에 이르기를, "하늘이 포희씨(包羲氏: 伏羲氏)를 인도하여 괘(卦)와 효(爻)를 열게 하였고, 세 성인(三聖人: 卦辭를 지은 周文王, 爻辭를 지은 周公, 十翼을 지은 孔子)이 그것을 부연하여 풀어서 《역경(易經)》의 성정(性情)을 드러냈다. 그러나 주문왕과 주공이라 할지라도 온전히 복희씨의 뜻에 꼭 들어맞지는 않았으며, 공자 또한 완전히 주문왕과 주공의 뜻에 꼭 들어맞지는 않았으니, 다시 서로 여러 가지 변화를 부리는 신(神)에 맞게 움직여야 하늘의 뜻에 거슬리지 않을 것이다. 후세에는 혹 갈라져 나와 수술학(數術學: 음양오행가)이 되었지만, 덕과 의에 부합하지 않는 경우가 있었다. 정자(程子)가 옛것을 폐지하고 새롭게 창안하였으나 여전히 억지로 끌어 붙인 부분이 있었고, 주자(朱子)가 그 오류를 바로잡았으나 때때로 서로 배치되기도 하였다. 그 가운데 선호하는 바를 따라 취사선택하여 하나로 만들고 때때로 자득한 것을 드러내어 《주역전의변지(周易傳義騈枝)》를 지었다.

《역(易)》은 괘만 그리고 풀이가 없으나, 오직 《서경(書經)》이 최초의 문자 기록으로 존재했으니 네 왕조(虞·夏·商·周)의 여섯 가지 문체(典·謨·訓·誥·誓·命)이다. 앞뒤로 천오백 년 이상 동안 아닌게 아니라 도를 밝히는 창이자 도를 향하는 연원이니, 여기에서부터 비롯되지 않은 적이 없다. 쌍둥이가 서로 비슷해도 오직 어머니만이 알아보듯이, 그 의리(義理)의 깊고 미묘한 뜻은 현자(賢者)가 논할 수 있다. 그래서 채씨(蔡氏: 蔡沈)가 10년간 참되게 꾸준히 쌓아서 절충한 설(說)을 만들었으나, 진맥하며 세밀히 살피지 못하여 간혹 혈맥(血脈)이 가려졌다. 때문에 상정(常情)에 가까운 설(說)을 세워 옛 훈고(訓詁)에 의거해 해석하면서 마음을 비우고 밝은 깨달음을 기다리며 상호 참고하여 외람되이 평(評)한 《서전참평(書傳參評)》을 지었다.

고문에 《시경(詩經)》을 인용한 것은 더러 변문(變文)이 많기도 하여 그 뜻이 본의(本義)와 서로 어긋나니, 오늘날 해석하는 자는 고친 것을 참으로 알지만 천천히 본디의 취지를 연구한다면, 가만히 있어도 절로 본래의 아름다움이 드러날 것이라서 《시전남도(詩傳濫涂)》를 지었다.

그 외에도 《춘추(春秋)》·《삼례(三禮: 禮記·周禮·儀禮)》는 공자(孔子)·증자(曾子)·자사(子思)·맹자(孟子)가 도를 전한 책으로 반복하여 스스로 깨달아서 밝히지 않음이 없으니 사람들로 하여금 읽으면 읽을수록 싫증이 나지 않는다. 마침내 그 책을 《하화편(荷華編)》이라 명명하였으니, 연꽃은 진흙 속에서도 물들지 않는데다 사람들이 없다고 향기를 내지 않는 것도 아니니, 대개 이런 점을 취한 것이다."라고 하였다.

성품이 사람을 초대하거나 방문하는 것을 좋아하지 않아 교유한 사람들은 당시 명망이 있던 몇몇 인사들이었다. 효도하고 우애한 실상으로 마을 사람들에게 신망을 얻었다. 항상 후생들에게 가르치며 말하기를, "선비의 행실은 '마음에 부끄럽지 않아야 한다.(不愧心)'는 세 글자에 불과하다."라고 하였다.

나이가 80세에 이르러서도 피부는 더욱 탱탱하고 정신과 풍채는 더욱 빛나자, 말하기를, "내가 평소에 수련을 하지 않았는데도 이렇게 장수하는 신기한 일이다."라고 하였다. 하루는 자제들에게 말하기를, "스스로 기력을 헤아려 보니 더 이상 버틸 수 없을 것 같다."라고 하고는, 몸가짐을 삼가고 교유를 신중히 하며 혼인은 때에 맞춰 행하도록 경계하였다. 여전히 입속으로 슬며시 《중용(中庸)》 수장(首章)과 《역경(易經)》〈건괘(乾卦)〉의 풀이를 외우며 편안하게 세상을 떠났으니, 바로 을미년(1715) 봄 2월 17일이었다. 그가 태어난 천계(天啓) 을축년(1625)과는 향년 91세였다. 묘는 예안(禮安) 건지산(搴芝山)의 선영 아래 간좌(艮坐)의 언덕에 있다.

선생의 가계는 선원(璿源)에서 나왔는데, 태종(太宗)의 별자(別子: 庶子) 온녕군(溫寧君) 이정(李裎)이 그 시조이다. 온녕공에게 아들이 없어 동모제(同母弟)인 근녕군(謹寧君) 이농(李禯)의 아들 우산군(牛山君) 이종(李踵)을 후사로 삼았다. 우산군은 아들 6명을 두었는데, 한산정(韓山正) 이정(李挺: 3남)이 서호주인(西湖主人)이라는 호를 가지고 있었고, 무풍정(茂豊正) 이총(李摠: 2남)과 함께 가장 어질다는 명성이 있었다. 그러나 연산주(燕山主)가 그들을 꺼려서 부자와 형제 7명이 같은 날에 화를 당하였다.

신양수(信陽守) 이회(李淮), 사포서 별제(司圃署別提) 이민(李敏), 용궁 현감(龍宮縣監) 이성립(李成立)을 거쳐 휘 이영기(李榮基)에 이르니, 바로 공의 선친이다. 외조부 안동권씨(安東權氏) 군자감 정(軍資監正) 권래(權來)는 바로 충재(沖齋) 선생 권벌(權橃)의 손자이다. 안동(安東)에서 살게 된 것은 선친 때부터 시작되었다. 부인 흥양이씨(興陽李氏)는 사축서 사축(司畜署司畜) 이일규(李一圭)의 딸이자, 월간(月澗) 선생 이전(李㙉)의 손녀이다. 충재는 을사사화 때의 올곧은 신하였고, 월간은 서애(西厓: 柳成龍) 문하의 고명한 제자였는데, 모두 영남의 명망 있는 집안이다. …(중략)…

지금 선생의 증손자 이량(李梁) 및 현손 이명현(李命顯) 씨가 와서 영원히 전해지도록 지명(誌銘)을 부탁하였다. 그 행장(行狀)과 묘갈을 읽어 보았는데, 모두 영남의 어진 군자로 특별히 두드러져 이름났으니, 이익(李瀷) 내가 어찌 감히 군말을 하겠는가. 다만 이미 지어진 글에 따라 대략 위와 같이 서술했을 뿐이다. …(이하 생략)…

松月齋李先生墓誌銘 幷序

松月齋李先生, 諱時善, 字子修。隱居求志於安東之春陽。松月其號也, 松取不變, 月取有恒。始爲博士家業, 旣而曰: "丈夫不爲周遊四方!" 凡名山大川, 通邑都會, 英雄之所割據, 莊士之所盤旋, 足迹殆遍。歸而爲齋, 僅容牀案, 埃取去濕, 煙通而火不及。衣禁輕煗, 食止白粥日二杆。寒不爐, 暑不扇, 夜寢不過一二更。嗜欲外屛, 眞精內專。然後斥田求書。或手自傳寫。繞壁揷架。俯讀仰思。投豆爲籌。以瓠滿爲度。或讀過萬徧。先之以六經‧四子若洛建性理之書, 旁通馬班羣史, 老莊‧風騷, 諸子若兵家‧地理‧卜筮之類, 無不橫穿午貫。遂乃掞爲文章, 上自姚姒, 包羅百氏, 微顯逆志, 出新入奇。揚之爲瀾, 蕩成波濤, 曲灣長洲, 幽隱畢露, 無一句塵蠹口業, 不循塗轍, 亦不泆於異敎雜霸, 抑所謂閫中肆外矣。所撰著甚富, 自謂無益而棄之, 今留若干篇。又有《經書訓解》‧《漆園口義》‧《史選》, 藏於家。略擧其㮣, 其言曰: "天誘包羲, 使啓

卦爻, 三聖繫之辭, 發易之性情。然文周不盡契於包羲, 尼父不盡契於文周, 更相運神, 與天唯諾。後世或流爲數術, 不配德義。程子剗舊創新, 猶有牽合, 朱子正其失, 或相背馳。故從其所好, 取舍爲一, 間發自得, 作《傳義駢枝》。卦畫無辭, 惟書最初文字, 四代六體, 前後一千五百有餘年間, 莫非明道之牖, 向道之淵源, 權輿於此。孿子相似, 惟母知之, 義理深微, 賢者論之。故蔡氏十年眞積, 折衷成說, 然診之不審, 或蔽血脈。故近常情爲說, 據古訓爲解, 虛以待明, 參互猥評, 作《書傳參評》。古文引詩, 或多變文, 其義相反, 今之解者, 從改爲眞, 徐究本旨, 不動自佳, 作《詩傳濫涂》。其佗《春秋》·《三禮》, 孔曾思孟傳道之書, 無不反覆發揮, 令人盆看盆不厭。遂名其書曰《荷華編》, 荷華者, 處汙泥而不滓, 不爲無人而不香, 蓋取諸此也。"性不喜徵逐, 所與遊一時名論數人。孝友之實, 孚於鄕黨。常誨語後生, 曰：“士之爲行, 不過不愧心三字.”及年至大耋, 膚革盆充, 神彩彌章, 曰：“吾素無修鍊。得此壽可異也.”一日, 謂子弟, 曰：“自量氣力, 不可復支.”仍戒其謹持身·審交遊, 婚嫁以時。口中猶暗暗誦《中庸·首章》《易·乾卦》辭, 怡然而逝, 卽乙未春二月十七日也。距其生天啓乙丑, 享年九十一。墓在禮安縣芝山先塋下艮坐之原。先生系出璿源, 太宗別子溫寧君裎, 其始祖也。溫寧公無子, 取母弟謹寧君襛之子牛山君踵爲後。牛山六子。韓山正挺號西湖主人, 與茂豐正摠。最有賢聲。燕山主忌之, 父子兄弟七人, 同日被害。歷信陽守淮·司圃別提敏·龍宮縣監成立, 至諱榮基, 卽其先考也。外祖安東權氏軍資正來, 乃冲齋先生橃之孫。家于安東, 自先考始。配興陽李氏, 司畜署司畜一圭之女, 月澗先生墺之孫。冲齋乙巳遺直, 月澗厓門高等, 皆嶺外之望族也。…(중략)… 今其曾孫梁槩玄孫命顯氏, 來託不朽誌銘。閱其狀與碣, 皆嶺外賢君子, 特筆著稱, 漢何敢贅焉？只遵已成文字, 略敍如右云爾。…(이하 생략)…

［星湖先生全集, 권63, 墓誌銘］

11. 류정휘

류정휘의 자는 중겸, 본관은 전주이다. 인조 을축년(1625)에 태어났다. 효종 신묘년(1651) 문과에 급제하였다. 양사(兩司)를 거쳐 목사에 이르렀다. 숙종 을해년(1695)에 죽었다.

공은 숙부 졸암공(拙庵公: 柳榠)이 일찍이 상소를 올려 이이(李珥)와 성혼(成渾)이 문묘(文廟)에 종사되는 것은 합당하지 않다고 배척하였기 때문에 과거에 급제한 후에도 오랫동안 규례(規例)에 따라 벼슬길이 원활하지 못하였다.

경오년(1690) 장령(掌令)에 제수되었을 때 민정중(閔鼎重)을 안율(按律)하는 주계(奏啓)를 정지시켰고, 정언(正言)에 제수되었을 때 김석연(金錫衍)을 논죄하는 주계를 정지시켰다.

공이 직강(直講)으로 경저(京邸)에 있을 때 유명한 재상(宰相) 몇 사람이 이르기를, "그대는 어찌 송시열이 예를 그르친 죄를 논하는 상소를 하지 않는가?"라고 하자, 공이 말하기를, "송시열의 죄는 논할 만한 것이지만, 사적인 목적을 위하여 하는 것은 저는 하지 않겠습니다."라고 하였다.【협주: 행장에 실려 있다.】

• 柳挺輝

柳挺輝, 字仲謙, 全州人。仁祖乙丑生。孝宗辛卯文科。歷兩司至牧使。肅宗乙亥卒。

公以叔父拙庵公[1], 嘗疏斥李珥・成渾不合從祀文廟, 故登第後久不得

---

1 拙庵公(졸암공): 柳榠(1602~1662). 본관은 全州, 자는 廷堅, 호는 百拙庵. 증조부는 柳城이며, 조부는 柳復起이다. 아버지는 柳友潛이며, 어머니 羽溪李氏는 직장 李繢의 딸이다.

循例遷轉[2]。

庚午, 拜掌令, 時停閔鼎重[3]按律啓, 拜正言, 停金錫衍[4]啓。

公以直講在邸, 有名宰數人謂曰: "君何不疏論宋時烈誤禮之罪?" 公
曰: "時烈之罪, 在所可論, 然有所爲而爲之, 吾不爲也."【行狀[5]】

보충

이보(李簠, 1629~1710)가 찬한 행장

통정대부 여주목사 류공정휘 행장

공의 성씨는 류씨, 휘는 정휘, 자는 중겸이다. 그 선조는 문화인(文化
人)이었지만, 11대조 장령 휘 류습(柳濕)에 이르러 처음으로 전주(全州)에

부인 안동권씨는 權濈의 딸이다. 형으로 柳櫨, 동생으로 柳櫟·柳樗·柳橰이다. 鄭經世의
문인이다. 1630년 진사시에 합격하였다. 1650년 嶺南 유생의 疏頭로 李珥와 成渾의 문묘
종사를 반대하는 상소를 올려 儒籍에서 削名되고 付黃의 벌을 받았다.

2 遷轉(천전): 벼슬자리를 옮김.

3 閔鼎重(민정중, 1628~1692): 본관은 驪興, 자는 大受, 호는 老峯. 증조부는 閔汝俊이며,
조부는 경주부윤 閔機이다. 아버지는 강원도관찰사 閔光勳이며, 어머니는 판서 李光庭의
딸이다. 첫째부인 平山申氏는 申昪의 딸이며, 둘째부인 南陽洪氏는 洪處尹의 딸이며, 셋째
부인 全州李氏는 전평군 李慶禎의 딸이다. 宋時烈의 문인이다. 1649년 식년문과에 급제하
였다. 승정원동부승지·성균관대사성·이조참의·이조참판·함경도관찰사·홍문관부제학·사
헌부대사헌을 거쳐, 1670년 이조·호조·공조의 판서, 한성부윤·의정부참찬 등을 역임하였
다. 1675년 다시 이조판서가 되었으나 許積·尹鑴 등 남인이 집권하자 서인으로 배척을
받아 관직이 삭탈되고, 1679년 長興으로 귀양갔다. 이듬해 경신환국으로 송시열 등과
함께 귀양에서 풀려 우의정이 되고, 다시 좌의정에 올라 4년을 지냈다. 1689년 기사환국으
로 다시 남인이 집권하자 노론의 중진들과 함께 관직을 삭탈당하고 碧潼에 유배되어
그곳에서 죽었다. 1694년의 갑술환국으로 남인이 다시 실각하자 관작이 회복되어, 양주로
옮겨 장례를 치르고, 뒤에 여주로 옮겨졌다.

4 金錫衍(김석연, 1648~1723): 본관은 淸風, 자는 汝伯. 증조부는 金興宇이며, 조부는 영의
정 金堉이다. 아버지는 영돈녕부사 金佑明이며, 어머니 恩津宋氏는 宋國澤의 딸이다.
부인 全州李氏는 동돈녕 李挺漢의 딸이다. 현종비 明聖王后의 동생이다. 1680년 음보로
관직에 나아가 예빈시 正·典設·別檢을 역임하였다. 1689년 기사환국으로 관직에서 추방
당하였다가 1694년 갑술옥사로 다시 기용되어 1697년 공조참판이 되었다. 한성부우윤을
거쳐 1700년에 강화유수, 1704년에 어영대장, 1709년에 형조판서 등을 역임하였다.

5 行狀(행장): 李簠의 《景玉集》 권4 〈行狀〉에 수록되어 있음.

적(籍)을 두었다. 그 아들 휘 류극서(柳克恕)는 고려에서 보문각 직제학(寶
文閣直提學)을 지냈다. 그 아들 휘 류빈(柳濱)은 문과에 급제하고 부사(府
使)를 지냈으며 참판에 추증되었는데, 아들 네 명을 두었다. 그 둘째아들
휘 류의손(柳義孫)은 집현전에 선발되어 들어갔고 벼슬은 참판에 이르렀
으며, 그 막내아들 휘 류말손(柳末孫)은 집의를 지냈고 참판에 추증되었
다. 류말손은 아들 세 명을 두었는데, 막내아들 휘 류계동(柳季潼)은 승지
에 추증되었고 참판공(參判公: 류의손)의 후사가 되었다. 그 아들 휘 류식
(柳軾)은 문과를 급제하고 부사를 지냈으며 맏아들 류윤덕(柳潤德)이 귀
해져서 참판에 추증되었다. 그 아들 류윤선(柳潤善: 류윤덕의 동생)은 병절
교위(秉節校尉)를 지냈고 경성에서 영천(榮川: 榮州)으로 옮겨와 살았다.
그 아들 휘 류성(柳城, 1533~1560)은 공에게 고조부가 되는데, 문소김씨
(聞韶金氏: 의성김씨)에게 장가갔으니 판서에 추증된 김진(金璡)의 딸이다.
영주에서 비로소 수곡(水谷: 안동 소재 무실)에 터를 잡고 살았는데, 성취
하기도 전에 요절하였다. 김씨는 상(喪)을 당하여 지나치게 슬퍼한 탓에
몸이 몹시 상하여 상을 마치고서 얼마 있다가 이어 죽었다. 훗날 증손자
류지(柳榰, 1626~1701)가 귀해져서 사복시 정(司僕寺正)에 추증되었고, 김
씨는 절개의 행실로 조정에 알려져 정려가 내려졌다. 증조부 휘 류복기
(柳復起)는 승지에 추증되었다. 조부 휘 류우잠(柳友潛)은 은자(隱者)의 덕
을 지녀 벼슬하지 않았는데, 호는 도헌(陶軒)으로 사우(士友)들에게 추앙
을 받았다. 아버지 휘 류숙(柳橚)은 호군(護軍)을 지냈는데, 당시 사람들
은 덕이 넉넉하여 훌륭한 사람이라고 칭송하였다. 어머니 한양조씨(漢陽
趙氏)는 직장(直長) 조전(趙佺)의 딸이다. 공은 을축년(1625) 10월 어느 날
에 태어났다.

　어려서부터 자태가 풍만한데다 총명하고 영리함이 남달랐으니, 보는
사람들은 모두 장차 원대한 그릇이 되리라는 것을 알았다. 성장해서는
문예가 빛을 발하였다. 과거에 명성이 있었으니, 신묘년(1651) 문과 별시

에서 4등으로 급제하였고 이때 나이가 27세였다. 같이 급제한 사람들은 모두 경성(京城)의 부유한 집안 자제들이었지만, 오직 공만이 시골 출신으로 선발되자, 당시 사람들은 "칠도(七道)에서 유일한 인재"라고 불렀다. 이때 영남의 유생들이 상소를 올려 성혼(成渾)과 이이(李珥)를 문묘(文廟)에 종사(從祀)하는 것은 부당하다며 배척하였는데, 공의 숙부 졸암공(拙庵公: 柳櫻)이 소두(疏頭)였기 때문에 당시 사람들이 모두 공에게 원한을 갚고자 하여 벼슬길이 많이 험난하였다.

무술년(1658)에 이르러서 비로소 청하현감(淸河縣監)에 제수되었는데, 사람들은 재능에 비해 낮은 직책이라 여겼다. 그 고을은 외지고 협소하며 바닷가에 가까웠는데, 봉양하기에 편안하여 공 또한 평온하였다. 정사를 펼침에 오직 인애(仁愛)를 근본으로 삼았으며, 공사를 일으켜 명성을 얻으려한 적이 없었다. 3년만에 어떤 일로 면직되어 고향으로 돌아갔다.

신축년(1661) 예조좌랑에 제수되었고, 감찰로 옮겼다. 임인년(1662) 또 옥구현감(沃溝縣監)에 제수되었고 오래지 않아 임피현감(臨陂縣監)의 직무까지 겸임하다가 산성(山城)의 곡식을 포흠(逋欠)한 일로 파직되었다. 당시 상신(相臣)의 동생이 그 직책을 맡고 있었는데, 방백(方伯)이 권세를 두려워하여 그 책임을 공에게 전가한 것으로 공론에 거스린 것이었다.

정미년(1667) 외직으로 나가 고성현령(固城縣令)에 제수되었으나 또 세곡선(稅穀船)이 침몰한 것 때문에 파직되었다. 경술년(1670) 집에서 쉬고 있었는데, 마침 큰 기근이 들었다. 부사(府使) 이규령(李奎齡)이 공에게 구휼을 감독하도록 청하자, 온 마음을 다해 구휼하여 자못 많은 사람들을 구제하고 회생시켰다. 신해년(1671) 또 기장현감(機張縣監)에 제수되었으나 해당 고을의 전선(戰船)이 침몰한 것 때문에 수사(水使)가 장계를 올려 파직되었다.

을묘년(1675) 성균관 직강에 춘추관 기주관을 겸하였다가 외직으로 나가서 고부군수(古阜郡守)가 되었다. 이보다 먼저 그 고을의 군수는 주로 무반(武班)이었는데, 대부분 무능하고 어리석어 제대로 아랫사람들을 단속하지 못하였으니, 군량과 궁중 조세가 모두 지방의 호족과 교활한 서리배들에게 착복되어 단지 허위 장부만 남아 있었다. 공은 그 폐단을 알고 조사해 사대(使臺: 관찰사나 사헌부 관원)에게 보고하여 하나하나 징수하도록 하고 조금도 용서하지 않았다. 몇 달이 지나지 않아서 창고가 가득 찼다. 오래지 않아 사직하고 돌아왔다.

정사년(1677) 예조정랑(禮曹正郎)으로 승진하여 청로(淸路: 지위가 낮고 녹이 많지 않으나 뒷날에 높이 될 좋은 벼슬)가 비로소 열렸지만, 사간원 정언에 제수되자 두 번이나 상소하여 체직되었다. 얼마 지나지 않아 사헌부 장령으로 옮겨졌다가 감시관(監試官)으로 차출되어 남성시(南省試: 成均試 혹은 國子監試)에 갔다가 응시생들이 시험장에서 소란을 일으켜 파직되었다. 얼마 후에 또 직강(直講)과 사예(司藝)로 서용(敍用)되었다가, 다시 개성 경력(開城經歷)으로 보임되자 임지가 멀고 어버이가 연로하다면서 부임하지 않았다. 다시 예조정랑, 사예, 편수관, 장악원 정에 제수되었으나, 모두 제수되자마자 곧 체직되었다. 당시 주상은 왕대비(王大妃: 현종의 왕비 명성왕후 김씨)에게 축수(祝壽)하면서 연로한 부모가 있는 시종신(侍從臣)에게 은전(恩典)을 베풀었는데, 이 때문에 호군공(護軍公: 부친 柳櫶)에게 특별히 3품직이 제수되었다. 그해는 양친(兩親)이 회혼(回婚)을 맞는 해라서 외직을 자청하여 예천군수(醴泉郡守)가 되었는데, 잔치를 베풀어 영화롭게 하니 향리 사람들이 모두 축하하였다. 원근에서 이를 들은 사람들은 그의 효심을 칭찬하지 않는 이가 없었다.

계해년(1683)과 갑자년(1684)에 잇따라 모친상과 부친상을 당하였는데, 애통해하는 정성과 법도에 맞는 상례를 모두 갖추었다. 상복을 벗은 후에는 벼슬길에 나아갈 뜻이 더욱 없었으니 집에 한가롭게 지냈다.

무진년(1688) 양산군수(梁山郡守)에 제수되었다. 양산은 경계가 동래부(東萊府)와 접해 있어서 사신들이 교류하는 곳이었다. 고을은 정사에 폐단이 많았고, 객관(客館)은 화재로 소실된 뒤 오랫동안 재건되지 않았다. 공이 부임한 뒤로는 하나같이 모두 시원하게 도려내며 폐단을 적절히 혁파하였고, 객관도 새로 지었다. 고을 백성들은 공이 떠난 뒤에도 그리워하였다.

경오년(1690) 정언(正言)으로 제수한 부름을 받았고, 통례원상례(通禮院相禮)로 옮겼다가 다시 장령에 제수되었다. 이때 양사(兩司: 사헌부와 사간원)가 김석연(金錫衍)을 논죄하고 민정중(閔鼎重)을 안율(按律: 형률에 비추어 해당되는 처벌을 가려 냄)하는 일로 해가 지나도록 집요하게 논계(論啓)하였는데, 김석연은 바로 주상의 외삼촌이었고 민정중은 궁척(宮戚: 왕실의 인척)이었다. 공은 주상이 뜻이 확고하다는 것을 알았고, 또한 조정에서 이 때문에 불안정한 사태가 일어날 발단이 될까 염려하였는데, 사간원에 있을 때는 김석연을 논죄하는 주계(奏啓)를 정지시키고, 사헌부에 있을 때는 민정중을 안율하는 주계를 정지시키자, 이로 인하여 당로자(當路者: 권력자)의 미움을 크게 받아 체직되어 사도시 정(司䆃寺正)으로 옮겼고, 자품을 승진시킨다는 핑계로 경흥부사(慶興府使)에 제수되었으나 실제로는 멀리 내친 것이다. 1년이 지나서야 돌아왔는데, 먼 길을 가서 바람과 서리를 맞으며 보내다가 피로와 고달픔이 병이 되었다.

임신년(1692) 여주목사(驪州牧使)에 제수되었으나, 얼마 지나지 않아 공은 경기도 지역이 중요한 곳이기 때문에 노쇠하고 병든 몸으로 감당하기 어렵다며 마침내 체직되도록 도모하여 돌아왔다.

기사년(1689) 초에 도헌(都憲: 대사헌) 이현석(李玄錫)이 상소를 올렸지만 한쪽 편만 감싸주려는 의도가 드러나 있어서 그 말이 극히 교묘하게 변호하고 있었는데, 공이 훗날에 대사헌에 들어가 동료들과 함께 논하여 물리쳤다. 그런데 갑술년(1694)이 되자, 이때 뜻을 얻어 권력을 잡은 사람들이 과거의 일을 다시 문제 삼아 함께 논계(論啓)했던 자들을 모두 변방으로 유배하였으나 공에 대한 처벌은 삭직(削職)하는 것에 그쳤다.

양사가 다시 공도 함께 유배를 보내야 한다고 청하였으나, 주상이 윤허하지 않고 이어 사면해 곧 석방하도록 하자, 사람들은 인재를 알아보는 임금의 명철함에 감복하였다.

이때에 이르러 공의 질병은 끝내 1년 남짓 낫지 않다가, 을해년(1695) 모월 모일에 정침(正寢)에서 죽었으니 향년 71세였다. 그해 모월 모일에 모산(某山) 모향(某向)의 언덕에 안장하였다.

공의 용모는 우아하고 고상하며, 성품은 차분하고 세심하며, 몸가짐은 겸손하고 유순하며, 마음씨는 충직하고 순후하였는데, 본성대로 살면서 분수를 따라 솔직하고 공정하였다. 그의 눈빛을 마주하면 온통 온화하고 선량한 기운이 감돌아 사람들로 하여금 비열하고 거짓되며 사악하려는 싹이 저절로 사라지게 하니, 이는 공의 타고난 천품에서 이루어진 것이다.

겉으로 과시하려는 남다른 행동을 하지 않았으며, 자만하거나 뽐내고 과장하는 습관을 몹시 싫어하였으며, 모든 일은 반드시 낮은 자세로부터 해나갔으며, 고개를 숙이고 물러나면서도 자기 견해를 버리고 마음을 비웠다. 평생 동안 남의 잘못이나 허물을 말하거나 남의 장단점을 논한 적이 없었으니, 누군가에게 좋은 점이나 특기가 하나라도 있으면 포창하며 칭찬하여 말하면서 혹여라도 사람들이 알지 못할까 두려워하였으니, 이는 공의 행실에서 보인 것이다.

부모를 섬길 때는 정성과 효성으로 성실하게 봉양하는 도리를 다하였으며, 형제에게는 우애로 화락하게 지내는 마음을 돈독하였으며, 종친을 대할 때는 친목하면서 거두어 돌보는 정의(情誼)를 도탑게 하였으며, 향촌에서는 후덕하여 겸양하는 풍속을 확충하였다.

벼슬하여 직무를 맡았을 때에 이르러서는 법을 엄격히 지키며 제도 바꾸는 것을 좋아하지 않았다. 백성을 대하고 아전을 부릴 때는 한결같이 자애롭고 진실되었다. 그리고 특히 청렴하고 신중하며 검소한 것으로 자신을 단속하였으니, 9개의 고을을 맡아 다스렸지만 시골집 1채도 늘어나지 않았다. 자손들 가운데 그를 따라 관아에 간 자들의 옷이 비록 찢어지고 더럽더라도 새로 지어 입지 못하도록 하면서 말하기를, "내가 나라의 은혜를 입어 의식(衣食)을 관청에서 받는 것만으로 족하다. 너희들이 어찌 아울러 먹고 입을 수 있단 말이냐?"라고 하였다. 타고 다니는 말이 뼈가 앙상하고 안장들이 매우 낡았는데, 출행할 즈음에 말을 모는 역졸이 매우 부끄럽게 여겼으나 늙은 아전이 탄복하여 말하기를, "내가 관청에 복무한 지 오래이지만 검소함이 우리 수령 같은 이를 보지 못하였으니, 이는 자랑스러워할 일이지 부끄러워할 일이 아니다."라고 하였다. 전후로 맡아서 다스린 곳이 대부분 해안 고을이었는데, 어떤 이가 물고기와 소금을 팔아 관청의 비용을 충당하라고 권하자, 공은 듣지 않으며 말하기를, "모든 일은 이쪽에 이로우면 저쪽에는 해로운 법이다. 관청의 경비는 절약하면 본디 지출해서 사용할 수 있는데, 하필이면 넉넉하기를 구하여서 부당한 이익만을 꾀하여 스스로 오명을 취하겠는가?"라고 하였다. 고을에 과외로 더 거둔 것이 관례화되어 백성들을 괴롭히는 경우에는 반드시 탕감하려 힘쓰고는, 스스로 매우 검약하여 씀씀이를 매우 절약하며 말하기를, "수령이 언제까지 다스릴 수 있을지 기약할 수 없는데, 관아의 물품을 함부로 써 버리면 갑자기 교체되어 돌아가게 되는 일이 생길 경우 후임자에게 무엇을 남겨줄 수 있겠는가?"라고 하였다. 교체할 즈음에 남겨 저장해 둔 수량이 반드시 전임자보다 배가 되었다.

고을 안의 유학자들을 격려하여 학문과 문예를 시험하며 부지런히 가르쳐서 뉘우치도록 하였다. 집에 있을 때는 여름이면 집안의 자제들을 모아서 글을 쓰고 문예를 익히도록 하였는데, 처음부터 끝까지 게을리하지 않아서 인재를 양성한 것이 많았다.

공은 벼슬한 지 수십 년 동안 권문세가에 발을 들여놓은 적이 없었던 까닭에 공의 뒤를 밀어 주는 이가 아무도 없었다. 이전 기해년(1659)에 효종(孝宗)이 승하했을 때, 송시열(宋時烈)이 복제(服制)를 낮추어 서자(庶子)의 예로 따르자고 주장하였다. 그 당시 졸옹(拙翁) 류원지(柳元之)가 《상복고증(喪服考證)》을 지어서 그것을 오류라며 배척하였다. 갑인년(1674) 이후로 조정과 민간에서는 송시열이 예를 그르친 죄에 대한 논의가 한창이었는데, 이름난 재상(宰相) 세 사람이 합사(合辭)하면서 공에게 권하여 말하기를, "공은 하급 신료(臣僚)로 머물러 있은 지 오래이니, 이제 만약 송시열을 배척하는 상소를 하면서 아울러 류원지의 예설(禮說)을 올리면 높은 벼슬을 기약할 수 있을 것이네."라고 하자, 공이 대답하기를, "송시열의 죄는 참으로 논할 만하지만, 만약 먼저 높은 벼슬에 마음을 둔다면 이익을 위해 움직이고자 하는 것입니다. 그렇게 해서 승진을 꾀하려고 도모하는 것은 나는 하지 않을 것입니다."라고 하였다. 대개 그는 이익으로 사람을 부추기는 것을 싫어했기 때문이다. 공은 겸손하고 신중하여 스스로를 단속하며 사양해 피하는 것이 이와 같았기 때문에, 세상 사람들이 공을 알지 못했고, 공 또한 세상에서 알아주기를 구하지 않았다.

그의 중년과 만년에 이른 이후로는 조정에서도 어질다고 칭송하였으며, 고향에서도 신망을 얻었다. 여주목사(驪州牧使)가 되었을 때 좌의정 목래선(睦來善)을 찾아가 하직을 고하였는데, 좌의정이 술자리를 마련해 대접하며 말하기를, "내가 영공(令公)을 심복한 지 오래이네. 고부(古阜)에 있을 때 판서 권대재(權大載)가 호남을 순찰하면서 사람들에게 자주 일컫기를, '류 아무개 같은 사람이라야 관리의 직임에 능하다고 할 수 있다.' 했다네."라고 하였다. 참판 홍만조(洪萬朝)가 본부(本府: 안동부)에 부임하여 공과 산사(山寺)에서 만난 적이 있었는데, 돌아가면서 감탄하여 말하기를, "류 아무개는 참으로 성실하고 진실된 군자이다."라고 하였다.

공은 어머니의 뜻을 받들어 고을에서 지낼 때면 반드시 외가의 제수를 마련해 바쳤고, 경흥(慶興)에 있을 때에도 또한 그러하였다. 남악(南岳: 경북 영양군 석보면 주남리 소재)에 있던 태재(太宰) 이현일(李玄逸)이 이를 듣고 감탄하여 말하기를, "어머니를 사모하여 3천 리 밖에 있으면서도 그 정성스런 마음을 바꾸지 않았으니 사람으로 하여금 탄복하게 하도다."라고 하였다. 상사(上舍) 이조영(李朝英)은 공의 인척(姻戚)인데, 일찍이 공의 집에 들어갔다가 탄식하여 말하기를, "집 안에는 화려한 물건이 보이지 않으니, 그대야말로 벼슬살이를 제대로 한다고 할 만하다."라고 하였다.

공은 만년에 당숙(堂叔) 부윤(府尹) 류지(柳榰), 대간(大諫) 김방걸(金邦杰), 호군(護軍) 김태기(金泰基), 기타 늙은이들 몇 명과 향산고사(香山故事: 白居易의 香山九老會)를 본받아 노인회를 만들었다. 무릇 승려 암자와 학사(學舍), 한적한 곳에서 달마다 모임을 갖지 않은 적이 없었는데, 고금을 토론하고 시문을 읊으며 풍류를 즐기는 것이 우아한데다 술과 안주가 진솔하였으니 사람들은 모두 흠모하고 감탄하며 지상의 신선에 견주었다. 참판 김 아무개가 이를 듣고 탄식하며 말하기를, "강가의 신선 모임이야말로 세상의 드문 아름다운 일이거늘, 내가 고향을 떠나 있는 까닭으로 그 즐거운 자리에 가서 함께하지 못하는 것이 개탄스러울 따름이다."라고 하였다.

공이 죽은 지 몇 해가 지난 뒤에 못난 사람인 나는 장로(長老)의 뒤를 따라 호원(虎院)에서 모임을 가졌는데, 그 자리에 있던 사람들 수십 명 가운데 익찬(翊贊) 이유장(李惟樟), 호군(護軍) 김태기(金泰基)와 같은 이는 신중하여 경솔히 사람을 평가하지 않는 인물들이나 이야기가 공에게 이르자, 모두 말하기를, "이 늙은이는 벼슬하기 전부터 높은 벼슬에 이르기까지 마음가짐이 한결같았으니, 겸손하고 청렴한 덕을 누가 능히 기록하여 후세에 민멸되지 않도록 한단 말인가?"라고 하였다. 그가 사우(士

友)들 사이에서 추앙받고 안타까워한 것이 이와 같았다.

지금 공의 동생 류증휘(柳增輝) 씨가 공의 행적을 매우 상세히 기록하였으니, 이것만으로도 충분히 공을 불후하게 할 만하다. 또한 공이 평소에 조용히 못난 나에게 이르기를, "나와 그대는 서로 잘 아는 사이라네. 나는 평생 칭찬할 만한 일이 없으니, 죽은 뒤에 허튼 말로 지나치게 미화하려고 당대의 저명한 인사들에게 구하지 말게나. 그대가 나의 이력과 행실을 간략히 기록하여 내 자손들이 참고할 수 있게 해주면 좋겠네."라고 하였다. 그때에는 공의 농담으로 여겼지만, 지금에 이르러서야 돌이켜 생각해 보니 저도 모르게 서글픈 감회가 일어났다. 삼가 중씨(仲氏: 류증휘)의 글을 바탕으로 간략히 순서를 가하면서 공의 말을 실천하고자 하면서, 또한 입언군자(立言君子)에게 고하려 한다.

通政大夫驪州牧使柳公挺輝行狀

公姓柳, 諱挺輝, 字仲謙。其先文化人, 至十一代祖掌令諱濕, 始籍全州。生諱克恕, 麗朝寶文閣直提學。生諱濱, 文科府使, 贈參判, 有四男。仲曰義孫, 選入集賢殿, 官至參判, 季曰末孫, 執義, 贈參判。有三男, 季曰季潼, 贈承旨, 出繼參判公后。生諱軾, 文科, 府使, 以長子潤德貴, 贈參判。生諱潤善, 秉節校尉, 自京寓居榮川。生諱城, 於公爲高祖, 娶聞韶金氏, 贈判書璡之女。始卜居于水谷, 未就而早卒。金氏柴毁積傷, 喪畢而繼沒。後以曾孫楮貴, 贈公司僕正, 金氏以節行事聞, 旌閭。曾祖諱復起, 贈承旨。祖諱友潛, 隱德不仕, 號陶軒, 爲士友所推重。考諱橌, 護軍, 世稱長德巨人。妣漢陽趙氏, 直長佺之女。公生于乙丑十月某日。幼而姿相丰茂, 聰悟絶人, 見者皆知爲遠大器也。稍長, 文藝燁發。有聲公車間, 辛卯, 擢文科別試第四人, 時年二十七。同榜者皆京城紈綺子弟, 而獨公以鄕人得選, 時號七道一人云。時嶺儒疏, 斥成李從祀文廟之非, 而公之叔父拙庵公爲疏首以故, 時人皆修郤於公, 仕路多枳。至戊戌, 始除淸河縣監, 人以爲屈。而縣僻小, 濱海且近, 便養, 公安焉。

其爲政, 一以仁愛爲主, 而未嘗以興作賈聲價。居三年, 以事罷歸。辛丑, 授禮曹佐郎, 遷監察。壬寅, 又除沃溝縣監, 未久, 兼任臨陂, 以山城穀逋欠, 見罷。蓋其時相臣之弟, 方爲其官, 而方伯畏勢, 移責於公, 公議拂然。丁未, 出爲固城縣令, 旋以稅船沈海而罷。庚戌, 家食, 值歲大饑。府使李公奎齡, 請公監賑, 盡心賙恤, 濟活頗多。辛亥, 又監機張, 以該縣戰船致敗, 爲水使啓罷。乙卯, 以成均直講兼春秋館記注官, 出爲古阜郡守。前此, 守其郡者, 或維以武班, 率多冗鄙, 不能撿下, 軍餉宮租, 盡爲鄕豪猾胥輩所耗竊, 只有虛簿。公詢知其弊, 申報使臺, 一一徵督, 不爲少貸。未過數月, 倉庾盈溢。未久棄歸。丁巳, 陞禮曹正郎, 淸路始闢, 拜司諫院正言, 再疏得遞。尋移司憲府掌令, 差監試官, 入南省, 以擧子亂場而罷。俄敍直講·司藝, 又補開城經歷, 以地遠親老, 不赴。復入禮正·司藝·編修官·掌樂院正, 皆旋拜旋遞。時上進壽於王大妃, 推恩於侍從臣之有老親者, 以故, 護軍公特授三品職。是歲又是兩親重牢之年, 公求爲醴泉郡守, 設慶席以榮之, 鄕里畢賀。遠近聞者, 莫不嘖嘖稱其孝。癸亥甲子, 連丁內外艱, 戚易咸備。服闋, 益無意於進取, 處家優閒。戊辰, 除梁山郡守。梁境接萊府, 爲使蓋交會之地。邑多弊政, 而客館爲融風所災, 久未營建。公至之日, 一皆疏剔, 蠲革得宜, 館宇重新。邑民有去後思。庚午, 召拜正言, 移通禮院相禮, 復拜掌令。時兩司以金錫衍論罪·閔鼎重按律事, 論執經年, 金乃上之外舅, 而閔是宮戚也。公知上意堅定。且慮朝著因此有不靖之端, 在諫院時停金啓, 在憲府時停閔啓, 以此大爲當路所忌, 遞移司宰寺正, 託以陞資, 授慶興府使, 實遠之也。朞年始返, 而遠涉風霜, 始勞悴成病。壬申, 拜驪州牧使, 未幾, 公以畿路重地, 非老病所堪。遂圖遞而歸。當己巳初, 都憲李玄錫進疏, 顯有營護一邊之意, 辭極回互, 公後入臺席, 與同僚論斥之。至甲戌, 時人得志秉國, 追理前事, 同論者皆竄邊遠, 而公罰止削職。兩司又請竝竄, 上不許, 因赦卽釋, 人咸服天鑑之明。至是, 公疾遂沈綿歲餘, 乙亥某月某日, 卒于正寢, 享年七十一。用其年某月某日, 葬于某山某向之原。公容貌雅重, 性度安詳, 持身謙巽, 宅心忠厚, 任眞隨分, 坦易平正。接其眉宇, 渾是冲和善良之容。令人鄙詐非僻之萌自爾消落。此則公之得於天分者也。不爲表襮厓異之行, 深惡矜衒誇張之習, 事事必從平地上做去, 低頭退步黜已虛懷。平生未嘗言人過失·論人長短, 人有一善一藝, 則褒揚稱道, 恐或人之不知, 此則公之見於制行者也。事父母, 盡誠孝忠養之道, 處兄弟, 篤友愛湛樂之情, 待宗族, 敦親睦收恤之誼, 居鄕黨, 推仁厚遜讓之風。至其當官任職, 謹守三尺, 不喜更張。臨民御吏, 一以慈祥惆惆。而尤以淸愼儉約律己, 歷典九邑, 田廬不增。子孫之隨之官者, 衣雖弊垢, 不令改製曰: "我蒙國恩, 衣食於官亦足矣。汝輩何可兼喫着乎? 所乘馬骨高, 而鞍具甚弊, 出行之際, 馬卒甚以爲羞, 有老吏歎曰: "吾服官役久矣, 而未見儉素如我侯者, 此可誇而不可羞也。"前後所莅, 多海邑, 或勸其斥賣魚鹽以補官用者, 公不許曰: "凡事利於此, 則害於彼。官費有節, 則自可支用, 何必求贏牟利, 自取汚名乎?"邑有科外之斂, 成例而病民者, 必務蠲除, 自奉甚約, 用度甚節曰: "守令遲速不可期, 虛費官物, 遽有遞歸之事, 則於傳與後人何?"交遞之際, 留儲之數, 必倍於前。勸誘邑中儒士, 課試文藝, 勤加敎誨。居家夏月, 則聚一家子弟, 命題習藝, 終始不怠, 多有成才者。公筮仕數十年, 未嘗迹權勢門, 故人無推轂公者。前是己亥, 孝廟陟遐時, 宋時烈議服制降從庶子之禮。其時, 拙翁柳公元之, 製喪服考證, 以斥其誤。甲寅以後, 朝野方論時烈誤禮之罪, 有名宦三人, 合辭勸公, 曰: "公沈於下僚久矣, 今若疏斥時烈, 兼上柳某禮說, 則通顯可期。"公答曰: "時烈之罪, 固在可論, 而若先有心於通顯, 則是爲利欲動也。媒此求進, 吾不爲也。"蓋惡其以利喉人也。公謙約遜遁如此, 故世無知公, 公亦不求知於世。及其中晚以來, 朝著稱賢, 鄕黨信服。爲驪州時, 過辭睦左相來善, 左相設酒延款曰: "吾心服令公久矣。在古阜日, 權判書大載, 按湖南, 亟稱於人, 曰: '如柳某, 可謂能於吏職也。'"洪參判萬朝莅本府, 與公會於山寺, 旣歸歎曰: "柳某眞誠實君子也。"公體母夫人意, 居郡時則必供外家祭需, 及在慶興亦然。南岳李太宰玄逸聞之, 歎曰: "慕慈親, 如在三千里外, 不替其誠, 令人歎服。"李上舍朝英, 公之姻戚也。嘗入閤內歎曰：“室中不見華美之物，君可謂善居官矣．”公晚年，　與堂叔府尹柳公楷·大諫金公邦杰·護軍金公泰基及其他耆艾若而人，依香山故事，爲老人會。凡僧庵·學舍·靜散之處，無月不會，討論今古，吟詠詩文，風流都雅，酒肴眞率，人皆歆艶嗟歎，比之地仙。金參判□聞之，喟然曰：“河上仙會，實是曠代勝事，恨我以離鄕之故，不得往同此樂，可慨也已．”公沒後數年，不佞隨長老後，會于虎院，在座者數十人，如李翊贊惟樟·金護軍泰基，愼然可不輕許人者也，語及於公，咸曰：“此老，自韋布至頂玉，秉心如一，其謙遜淸素之德，誰能記傳，使之不泯於後也？”其爲士友間所推重悼惜如此。今公之弟增輝氏，記公行蹟甚詳，是足以不朽公矣。抑公於平日，嘗從容謂不佞，曰：“吾與君，相知熟矣。吾平生無可稱道，死後不可以虛辭溢美，求文於當世之聞人。君可略記吾履歷行事，使我子孫有所考見可也．”當其時，意以爲公之戲言，追思至今，不覺愴然感懷。謹就仲氏之文。略加序次，以踐公之言。而且諗於立言之君子云。

〔景玉集，권4，行狀〕

12. 김여만

김여만의 자는 회일, 호는 기산, 본관은 순천이다. 부사(府使) 김윤안의 손자이다. 인조 을축년(1625)에 태어났다. 숙종 신묘년(1711)에 죽었다.

공의 가르침이 집에서 이루어지자, 집안사람들이 각각 자신의 일을 맡아 밤이 깊어도 감히 지레 물러나지 않았으니 규문(閨門)이 엄숙하였다.

공은 일찍이 담배 피우는 것을 좋아했는데, 하루는 낡은 상자에 선친이 병환에 있었을 때 담배 연기 냄새를 싫어하여 '담배를 피우는 사람은 내 방에 들어오지 마라.'라고 쓴 작은 종이가 있는 것을 발견하고서 감격해 목메어 울며 담배 피우는 것을 끊었다.

공의 누이가 남편을 여의고 자식이 없는 데다 노년에 병들자, 공은 누니를 모시고 돌아와 친히 돌보며 옷도 벗지 않고 잠잔 것이 몇 달이었다.

친족 중 매우 가난한 자가 있자, 공이 30년이나 돌보아 네다섯 식구가 굶어 죽는 것에서 벗어날 수 있었다.

이웃 사람 가운데 아버지의 사랑을 받지 못하는 자가 있자. 공은 한밤중에 은밀하게 말하기를, "부자(父子)라는 천륜은 금수 또한 그것을 가지고 있는데, 사람이고서 금수만도 못할 수가 있겠는가?"라고 하니, 그 사람이 눈물을 흘리며 사과하였고, 그 아버지 또한 이 말을 듣고 깨달았으니, 부자가 애초와 같게 되었다.【협주: 이재가 찬한 행장에 실려 있다.】

- 金如萬

金如萬, 字會一, 號箕山, 順天人。府使允安[1]孫。仁祖乙丑生。肅宗辛卯卒。

公敎成於家，家人各執其業，夜深不敢徑退，閨門肅然。

公嘗嗜飮烟茶，一日見舊篋，有先人寢疾時惡烟，寫小紙曰：“飮烟者勿入吾室.”感泣絕飮。

公有姊，寡而無子，老且病，公迎歸，親自扶護，寢不解衣者數月。

有族子甚貧，公取育之三十年，四五口得免於流殍。

隣人有不得於父者，公嘗夜深密語曰：“父子之天，禽獸亦有之，可以人而不如禽獸乎?”其人泣謝，其父亦聞而感悟，父子如初。【李栽[2]撰行狀】

보충

이재(李栽, 1657~1730)가 찬한 행장

기산 김공 행장

공의 휘는 여만(如萬), 자는 회일(會一)이다. 그 선조는 대개 순천(順天) 사람인데, 좌의정 평양부원군(平陽府院君) 시호 양경공(襄景公) 김승주(金承霔: 초명 金乙寶)의 9세손이다. 그 아들 김유온(金有溫)은 여러 관직을 역임한 다음 예부우시랑(禮部右侍郎)을 지냈는데, 비로소 대령(大嶺: 鳥嶺) 남쪽으로 넘어와 안동부(安東府) 풍산현(豐山縣) 구담리(九潭里: 경북 안동

---

1 尤安(윤안): 金允安(1562~1620). 본관은 順天, 자는 而靜, 호는 東籬. 조부는 金自順이다. 아버지는 현감 金博이며, 어머니 眞城李氏는 李潚의 딸이다. 첫째부인 綾城具氏는 具鷗齡의 딸이며, 둘째부인 英陽南氏는 南瑢의 딸이다. 柳成龍의 문인이다. 1588년 생원시에 합격하고, 1612년 증광문과에 급제하였다. 1592년 임진왜란 때 金垓 휘하에서 형 金允明과 함께 의병을 일으켰다. 1604년 생원으로 소를 올려 五賢을 문묘에 從祀할 것을 청하였으나, 선조가 李彦迪의 사적에 미심쩍음이 많다고 하여 부당하다는 전교를 내렸다. 대구부사와 대사간을 역임하였다.

2 李栽(이재, 1657~1730): 본관은 載寧, 자는 幼材, 호는 密菴. 증조부는 현감 李涵이며, 조부는 李時明이다. 아버지는 李玄逸이며, 어머니 務安朴氏는 경력 朴玏의 딸이다. 부인 義城金氏는 金學逵의 딸이다. 어려서부터 숙부 李徽逸과 李嵩逸에게 배웠다. 벼슬길에 나아가지 않고 오직 학문에만 몰두하여 성리학의 대가가 되었다. 主理論으로 영남학파를 이끌었으며 후진 양성에 힘써 많은 문인을 배출하였다.

시 풍천면 소재)에 가정을 이루었으니, 그 자손들이 영남(嶺南) 사람이 된 것은 이 때문이다.

증조부 휘 김박(金博)은 은자(隱者)의 덕을 지녀 벼슬길에 나아가지 않았다. 조부 휘 김윤안(金允安)은 처음에 유일(遺逸)로 천거되어 우승(郵丞: 찰방)이 되었는데, 얼마 되지 않아서 장원급제하여 통정대부(通政大夫)에 올랐으며, 외직으로 나가 대구부사(大丘府事)를 지냈다. 만년에 나라의 정치가 어지러워지자 벼슬에서 물러나 전원으로 돌아와서는 따로 자호(自號)를 '동리(東籬)'라 하고 편안하게 한가로운 삶을 즐기며 스스로 만족하였다. 또한 일찍이 서애(西厓) 류 선생(柳先生: 柳成龍)의 문하에서 종유하였고, 문학의 과거에서 출중하였다. 아버지 휘 김기후(金基厚)는 국자상상(國子上庠: 성균관 생원)이었고, 종숙부 휘 김윤문(金允文)의 후사를 이었다. 행의(行義)로 향리(鄕里)에서 칭송이 자자했으며, 수암(修巖) 류진(柳袗)·처사(處士) 최철(崔喆)과는 마음으로 서로를 허여하여 막역지우가 되었다. 어머니 안동권씨(安東權氏)는 동지(同知) 권빙(權憑)의 딸로 또한 부인으로서 착한 행실이 있었다. 천계(天啓) 을축년(1625) 6월 어느 날에 구담리(九潭里) 자택에서 공을 낳았다.

어려서부터 온후한데다 그릇됨과 도량이 있었다. 상상공(上庠公: 부친 김기후)은 먼저 다섯 딸을 두어 기르다가 만년에야 공을 얻어 지극히 사랑했지만 가르쳐 기르는 방도가 매우 엄하고 법도가 있었는데, 죽기 직전에 유언으로 간곡히 당부하였으니 '선을 좋아하는 마음'과 '이익을 좋아하는 마음'을 분별하라는 것이었다. 공은 이때 나이가 겨우 9세였지만, 상(喪)을 당하여 치르면서 몸이 상할 정도로 슬퍼하였고, 또 선친의 가르침을 각별히 지켜 한순간도 자제들과 어울려 한가로이 놀며 방종하는 일을 하지 않았다. 훗날 덕이 이루어져 행실이 높아짐에 명확하고 강직하여 결코 자기를 굽혀 타인에게 아첨하지 않았던 것은 실로 또한 유래가 있었다. 부친의 유언에 따라 재종형(再從兄) 창암공(蒼巖公) 김여

옥(金如玉)에게 배웠는데, 번잡하게 과정을 챙겨 주지 않아도 스스로 부지런하고 영민하였다.

14세 때 모친상을 당하였는데, 슬퍼하고 안타까워하는 것이 더욱 커서 상중(喪中)의 예제(禮制)를 성인처럼 지켰다. 상기(喪期)를 마쳐 상복을 벗고는 스스로 문장을 짓는데 힘써서 동년배 사이에서도 명성이 있었으나 여러 차례 과거시험에서 불운을 겪었으며, 중년 이후로는 벼슬길에 나아갈 뜻을 끊고서 더 이상 과거장에 들어가지 않고 오직 책을 읽으면서 자기의 뜻을 이루도록 자제들에게 가르치는 것을 일삼았다. 만년에는 수남(水南: 낙동강 남쪽)에 있는 기산리(箕山里: 경북 안동시 풍천면 남쪽 소재) 북쪽에 다시 터를 잡아 집을 짓고 은둔하며 노년을 보내기로 하였다. 시를 지어 자신의 뜻을 보였는데, 조용히 속세를 떠나려는 생각이 있었다.

그 사이에 있어 여러 차례 고을에서 천거를 받았고, 계유년(1693) 여름에 또 재상의 특별한 천거가 있었지만, 공은 이미 사양해야 할 때였다. 하지만 정신과 기력이 여전히 왕성하여 평소와 다름이 없었으나 세상을 살아가는 데에 지켜야 할 도리가 뒤집혀 끝내 세상에 이름을 드러내지 못했으니, 사대부로서 공론을 견지한 자들은 안타까워하지 않는 이가 없었다. 병술년(1706) 공의 나이 82세 때 '우로은(優老恩: 노인 우대의 은혜)'을 받아 품계가 정3품인 용양위부호군(龍驤衛副護軍)에 제수되었다.

신묘년(1711) 여름에 병을 앓아서 한 달을 넘기다가 6월 28일 기산(箕山)의 집에서 죽었으니, 향년 87세였다. 그의 죽음 소식이 전해지자, 원근 각지에서 찾아와 서로 조문하며 말하기를, "덕망 있는 사람이 세상을 떠났도다."라고 하였다. 처음에는 구담리(九潭里) 서쪽 선영(先塋)의 뒤편에 장사 지냈고, 10년 후 경자년(1720)에 풍수의 말을 따라 풍산현(豐山縣) 남쪽 광덕산(廣德山) 오향(午向)의 언덕으로 이장하였다.

공의 부인 안동김씨(安東金氏)는 현감 김기보(金箕報)의 증손녀이자 학생 김희진(金希振)의 딸이다. 온화하고 너그러우며 인자하고 검소하였는데, 공과 70년을 함께 살면서 처음부터 끝까지 덕을 저버림이 없었으니, 종친들은 부인으로서의 아름다움을 칭송하였다. 공보다 1년 뒤 8월 8일에 죽었으니, 향년 93세였다. 앞뒤로 안장하였는데, 모두 공과 같은 묘역이었다. …(중략)…

공은 강선(剛善: 의롭고 곧고 과단성 있고 엄숙하고 굳세고 견고함)한 자질을 타고나서 덕의(德義)에 알맞은 교훈을 이어받았는데, 효성과 우애 그리고 공손함과 검소함을 바탕으로 삼고 충성과 신의 그리고 신중함과 공경함을 으뜸으로 삼았으니, 그때그때 바꿔 가며 바르지 못하게 처신하려는 사사로운 생각이 마음속에서 싹튼 적이 없었으며, 경박해 조급하고 허탄한 태도가 기거동작에서 나타나지 않았다.

평소에는 아침 일찍 일어나서 머리를 빗고 단정한 의관 차림으로 정좌하여 책을 읽었는데, 여가가 있더라도 손님이나 집안 자제들과 함께 서로 마주 앉아 종일토록 가벼운 농담을 한 적이 없었고 또한 나태한 모습을 보인 적이 없었다. 간혹 한밤중이 되도록 잠들지 않아야 했을 때, 곁에 있는 사람들은 정신이 희미하고 팔다리가 노작지근해져서 모두 옆으로 기대었으나, 공은 정신과 기력이 더욱 맑고 엄숙해지면서 어깨와 등이 더욱 곧게 폈다. 비록 일을 처리하느라 시달렸더라도 한적한 곳에 혼자 있을 때면 또한 안일하고 방자하면서 멋대로 행동한 적이 없었다. 사람들 가운데 구차하고 게을러 일을 꺼리면서 무례하고 거만하게 굴어 조금도 위용이 없는 자가 있는 것을 보면 반드시 몹시 미워하고 단호하게 꾸짖었다. 때문에 엄격하지 않아도 가르침이 집에서 이루어졌으니, 여러 자식들과 손주들이 각각 자신의 일을 맡아 곁에서 삼가며 신중하여 무더위에도 스스로 감히 스스로 편하게 지내려 하지 않았고 밤이 깊어도 감히 지레 물러나지 않았는데, 심지어 부녀자나 딸들도 젊은이나 어른 할 것 없이 또한 감히 조심스럽고 두려워하지 않음이 없이 오직 실수를 할까봐 걱정하였다. 규문(閨門)의 안팎이 엄숙하여 태원부군(太原府君: 王

凝)의 가법(家法)과 같았다.

집안이 대대로 본래 청빈한데다 공이 또 어려서 집안을 거의 일으켜 세우지 못할 듯했는데, 스스로 누대의 제사를 이어받아 제대로 감당해내지 못할까 두려워하면서도 나이가 어리다는 이유로 게으르지 않아 수습하고 정돈하여 조금도 누락됨이 없이 옛 가업을 회복하여서 손님 접대와 제사 지내는 데에 다시는 부족할까 염려하지 않게 되었다.

대개 집안을 다스림에 전적으로 예법을 준수하고 윤리를 돈독히 하는 것을 우선시하였다. 더욱 조상을 받드는 데에 삼갔는데, 모든 의식 절차를 한결같이 《가례(家禮)》를 따랐으나 선조들이 이미 행해 오던 것들은 감히 자신의 뜻대로 경솔히 바꾸려 한 적이 없었고, 집이 가난하여 갑자기 갖출 수 없는 것 또한 구차스럽게 구하려고 꾀하지도 않았으니, 오직 한마음으로 정성을 다하고 공경을 지극히 할 뿐이었다. 매년 제삿날이 되면 반드시 그날에 앞서서 청소하고 몸을 깨끗이하고는 제수(祭需)와 제기(祭器)를 정갈하게 마련하고 깨끗하게 씻어서 조금이라도 경건하지 않음이 없게 하였다.

어려서 부모를 여의었기 때문에 한평생 가슴 아파했는데, 매번 제삿날이 될 때마다 통곡하여 슬픈 마음을 다하였으니 혹시라도 보았다면 제사에 참여한 자들이 감동하여 눈물을 흘렸다. 처음 상상공(上庠公: 부친 김기후)이 병을 앓았을 때 담배 연기 냄새를 싫어하여 작은 종이에 쓰기를, "담배를 피우는 사람은 내 방에 들어오지 마시오."라고 하여 작은 상자에 던져 넣었다. 공은 이때 아직 어려 미처 들어 알지 못하고서 담배 피우는 것을 좋아하였다. 하루는 옛날 소장품을 보다가 작은 종이에 남긴 필적을 발견하고서 감격해 목메어 울며 스스로 주체하지 못하고 이어 담배를 끊고 다시는 피우지 않았다.

누이가 모두 6명(金馮·李周遠·李雲翼·黃婬·李在完·李漢標)이었는데, 아직 시집가지 않았을 때 아껴 보호하는 것이 지극히 깊어서 배필을 골라 주며 자산을 남김없이 주었고, 이미 시집간 뒤에도 더욱 정성을 다해 돌보면서 오가며 문안하는 것이 쇠하지 않았다. 분가(分家)하여 재산을 나누어야 했을 때 곱절을 더해 주었고, 스스로는 매우 적게 취하였다. 넷째 매부 이재완(李在完)이 편지를 보내어 너무 과도하다면서 책망하고 자신이 받았던 것의 삼분의 일을 돌려주었으니, 사람들이 두 사람 모두 어질다고 칭찬하였다.

그리고 나서 맏누이가 일찍 남편을 여의고 자식이 없었는데 노년에 병들어 위태롭자, 공은 곧장 집으로 모시고 돌아와 밤낮으로 시절에 맞는 음식을 마련하였으며, 누이의 일상생활을 친히 돌보느라 옷도 벗지 않고 잠잔 것이 몇 달이었으나 처음부터 끝까지 하루처럼 한결같았으니, 누이가 감격하여 눈물을 흘렸다. 누이가 죽었을 때 또 정성스럽게 시체를 염습하여 관에 넣어서 지아비의 집안에 보내어 안장하도록 보냈는데, 소문이 퍼지자 감탄하지 않은 자가 없었으니 설수고사(蓺鬚故事: 蓺鬚煮粥고사로, 당나라 재상이었던 李勣이 병든 누이의 죽을 끓이다가 바람이 불어 수염과 귀밑머리를 태웠다는 고사)에 견주기까지 하였다.

창암공(蒼巖公: 6촌형 金如玉)이 늙도록 자식이 없자, 공이 날마다 찾아가 곁에서 보살피며 못하는 일이 없이 봉양하였는데, 서로 5리 정도 떨어져 있었지만 비바람이 몰아치든 날씨가 춥든 덥든 한번도 거르지 않았다.

친족 중에 가난하여 스스로 생계를 꾸릴 수 없는 사람이 있으면 공은 거두어다 문밖에 집을 마련해 주고서 아침저녁으로 음식을 나누어 주기를 또한 30년이나 하였으니, 그 가족 네다섯 명은 끝내 굶어 죽는 것에서 벗어날 수 있었다. 그가 늙어서 병들어 죽자, 또 그를 염하여 장례를 치러서 유감이 없도록 하였다.

어려서부터 늦은 나이까지, 능히 자신의 도리를 지키고 의를 행한 것으로 이와 같은 사례는 매우 많았다. 벗과 함께 있을 때에는 반드시 신의와 의리로 대하였는데, 상대의 사정을 따져서 취하고 버리지 않았다.

고향에서 친구들의 경조사가 있을 때면 예를 소홀한 적이 없었으며, 환난과 곤궁에 처한 이들에게 진료와 구제가 만약 미치지 못하면 비록 노비나 비천한 사람일지언정 권위만을 내세우지 않고서 그들의 굶주림을 살피며 그들의 노고를 걱정하였고, 노인과 어린이를 대할 때면 더욱더 은혜와 의리를 베풀었으며, 의지할 데 없이 떠돌아다니며 걸식하는 자들을 보면 더욱 측은하게 여겨 구제할 방법을 생각하였다. 이 때문에 마을의 아이들과 늙은이들 또한 그를 친애하고 받들지 않는 자가 없었으며 자신들의 귀의처로 삼았다.

종족(宗族)과 척당(戚黨)이 매우 성대하나 지혜로운 사람과 어리석은 사람의 자품(資品)이 달랐고, 공이 살았던 마을에서도 사람들이 번성하여 취향과 성향이 대부분 같지 않았으니, 공은 부딪치지도 않고 따라하지도 않으면서 공정한 마음과 올바른 도리로 처신하자, 사람들 또한 그를 헐뜯거나 비난할 수 없었다.

일찍이 이웃 마을 사람 가운데 아버지의 사랑을 받지 못하는 자가 있자, 밤에 사람들을 물리치고서 그에게 말하기를, "부자(父子)라는 천륜은 금수 또한 그것을 가지고 있는데, 사람이고서 금수만도 못할 수가 있겠는가?"라고 하면서 이윽고 《중용(中庸)》의 '부모가 안락하게 여길 것이다.(父母其順)'라는 뜻을 들어 반복해서 타이르니, 그 사람은 그 자리서 눈물을 흘리며 사과하였으나 몸둘 바를 모르는 것 같았다. 그 아버지 또한 이 말을 듣고 깨달았으니, 부자가 다시 애초와 같게 되었다. 사람들은 이를 두고 비록 구정장(仇亭長: 후한의 蒲亭長 仇覽)이 진원(陳元)을 교화(敎化)한 것이라 하더라도 또한 이보다 더할 수는 없을 것으로 생각하였다. 그의 효성과 우애의 덕이 실제로 자기에게 있었기 때문에 그의 말이 사람을 감동시키는 것이 이렇게 쉬웠던 것이다.

공의 본성은 본래 어질고 후덕하였으나 풍모가 준엄하고 성품이 강직하여 악을 원수같이 미워하였으며, 특히 이익을 위해 의리를 잊거나 양심을 속이고 흔적을 감추는 자들에 대해서는 엄격하여 짐짓 부드러운 얼굴빛을 취한 적이 없었다. 친척이나 친구에게 잘못이나 허물이 있으면 알고도 말하지 않은 적이 없었으며, 또한 고할 때는 그 말이 철저하지 않은 적이 없었다. 그러나 반드시 그들의 사정과 본심을 고려하여 지나치게 각박한 비판은 하지 않았으며, 그들이 뉘우쳐서 알고 고치려 한다면 예전과 다름없이 대하였다. 간혹 조금이나마 선행이나 장점이라도 있으면 칭찬하느라 입을 다물지 못했으며, 사소한 허물이 있다고 하여 장점을 덮어버리지 않았다. 그 사람들이 처음에는 공의 준열함에 기대하는 것도 없지 않았지만, 나중에야 공의 충고를 기꺼이 받아들였다.

한 친구가 행동이 더럽고 천하여 공의 비난을 받았으나 조금도 뉘우치지 않은 적이 있었는데, 얼마 안 되어 유학(儒學)의 장(長)이 되려고 하자 공이 글을 보내 이를 논박하였다. 이윽고 넓은 자리에 사람이 많이 모인 곳에서 우연히 만났는데 노한 기색을 보이자, 공은 다시 준엄하게 꾸짖고 봐주지 않으며 말이 끊고 맺는 것이 엄하니 그 사람은 끝내 부끄러워하며 사죄하였다.

또한 젊은 시절에 고을 서당의 모임에 갔을 때, 형제 사이의 다툼으로 고을에 소문난 자가 당당히 윗자리에 앉아 있자, 공이 정색하여 말하기를, "이곳은 명륜당(明倫堂)이다. 어찌 패륜자가 감히 윗자리에 있을 수 있단 말인가? 이를 바로잡지 않는다면 귀중한 곳을 더럽히는 것이니 어찌하겠는가?"라고 하고는, 즉시 재동(齋僮: 서당 심부름꾼)에게 북을 쳐서 그를 쫓아내도록 하였다. 그 모임에 있던 사람들 가운데 이를 본 자들은 안색을 고치고 태도를 바꾸지 않은 자가 없었다. 학사(鶴沙) 김 선생(金先生: 金應祖)이 이를 듣고 감탄하면서 훌륭하게 여겨 말하기를, "어떻게 하면 이 사람을 얻어 대각(臺閣)에 두어서 이와 같이 소인배들을 몰아낼 수 있겠는가?"라고 하였다.

고을 사람들이 가끔 산방(山房)이나 학사(學舍)에 모여 이야기를 나누면서 한창 마음껏 웃고 농담하였는데, 공이 도착하면 가득했던 사람들이 엄숙해지면서 시끄러운 소리가 없었다. 간혹 시비를 가리는 일이 눈앞에 닥치면 모두 서로 바라보며 놀라 눈이 휘둥그레졌는데, 공이 조용히 한 마디로 그 가부를 판별하니 또한 마음을 기울여 탄복하면서 따를 수 없다고 여기지 않은 자가 없었다.

공이 젊었을 때는 《주서절요(朱書節要)》를 즐겨 읽었고 만년에는 또 《논어(論語)》 책의 맛을 터득하였는데, 병이 심하거나 손님이 찾아오거나 하지 않는 한 하루도 책을 손에서 놓은 적이 없었다. 오로지 정성을 다해 깊은 뜻을 찾아 익히려고 반복하여 실마리를 찾았는데, 이미 노년에 이르렀어도 날마다 정해 놓은 공부할 과정이 있었지만 말이 충성스럽고 믿음직하며 행실이 독실하고 공경스러워야 한다(忠信篤敬)는 가르침을 더욱 부지런히 힘썼다. 일찍이 말하기를, "군자의 도는 비록 여러 가지이지만 그 요점은 '말이 충성스럽고 믿음직하며 행실이 독실하고 공경스러워야 한다.'는 것에 불과한데, 사람이고서 이 두 가지를 갖추지 못하면 비록 '행실이 증자(曾子)나 사어(史魚)와 같다' 하더라도 나는 믿지 않는다."라고 하였으며, 또 말하기를, "나는 매일 지난날 도모했던 바를 돌이켜 살피며 항상 충성스럽지 못하거나 믿지 못하거나 하는 일이 있을까 두려워한다."라고 하였다. 친척이나 친구 중에 혹여라도 저버리거나 배신하는 자가 있으면 공은 반드시 먼저 스스로를 반성하였다. 스스로 반성하여 잘못이 없는데도 그렇게 대우를 받으면 또한 차마 갑자기 내치거나 끊어버리지 못하고 늘 묵묵히 홀로 탄식하면서 사람들이 깨닫지 못하면 안타까워하였고, 특히 자기가 사람들을 감화시키지 못하는 것을 한스러워하였다.

공은 본래 재능과 도량이 있어 사우(士友)들 사이에서 추앙을 받았다. 한 마을에 큰 사건이 생기거나 사림(士林)에 중요한 논의가 있을 때면 대부분 공을 믿어 중하게 여겼지만, 공은 오만하거나 자랑한 적이 없었으며 반드시 신중하고 공경하여 감히 조금도 깔보고 업신여기는 마음이 있지 않았다.

집안에 경조사(慶弔事)가 생기면 자제들에게 필요한 물품과 예법 절차를 문서에 기록하게 하여 벽에 붙여두고 때에 맞춰 살펴서 행하도록 하며 말하기를, "성인(聖人)이 이르기를, '일을 맡아서 처리할 때도 공경히 해야 한다.(執事敬)'라고 했으니, 이와 같은 일들도 마음에 새겨 두고 그냥 지나치지 않는 것 또한 어느 때든 경(敬)을 유지하는 한 방편이다."라고 하였다. 그래서 평소 일처리를 할 때면 크고 작은 것을 막론하고 각기 조리에 맞도록 하여 군색하거나 낭패한 적이 없었으니 모두 이런 태도로 행하였다. 자손들을 가르칠 때는 반드시 의관을 단정히 하고 언행을 신중히 하는 것을 근본으로 삼아 사소한 까닭으로 다투거나 분란을 초래하는 것을 깊이 경계하였다. 배우려는 자가 실천할 만한 한마디 가르침을 청하면 자기의 뜻을 먼저 세우고 물욕(物欲)에 의해 흔들리지 않도록 하라고 일러주었으나, 그 귀결은 또한 말이 충성스럽고 믿음직하며 행실이 독실하고 공경스러워야 한다(忠信篤敬)는 것에서 벗어나지 않았다.

공은 타고난 성품이 이미 두터운데다 가지고 있는 본바탕을 완전히 길렀으니, 죽거나 사는 일로든 즐겁거나 슬픈 일로든 그의 마음을 흔들 수가 없었는데, 처음 맏아들과 막내아들 두 아들이 연이어 대과와 소과에 급제하자 사람들은 모두 영광스럽게 여겼지만 공은 얼굴에 기뻐하는 빛이 없었다. 80세에 세 아들을 연이어 잃었으나, 또한 이치에 따라 처신하여 지나친 슬픔으로 건강을 해치는 데에 이르지 않았다. 오래 병으로 누워 있었지만 여전히 날마다 읽었던 책을 암송하고 게다가 날마다 절구시 1수를 지어 그 정신과 기력을 시험하였다. '마음을 편안하게 가져야 화기(火氣)를 내린다.(平心降火)'라는 네 글자를 자리의 오른쪽에 크게 써 두고 스스로 반성하였다. 외손자 김성탁(金聖鐸)이 새로 태학(太學: 성균관)에 들어가게 되어 알현하러 오자, 공은 병을 무릅쓰고 일어나 앉아 의관을 갖추고서 맞이하며 말하기를, "비록 자손일지라도 과거 급제자를 누운 채로 맞이할 수는 없다."라고 하면서, 평온히 또 자신이 누워 있는 곁으로 불러 들여서 예전의 언행을 토론하였는데, 그 중에는 출세하여 처신하는 방법도 언급할 때는 낮과 밤을 이으면서도 지칠 줄 몰랐다. 병세가 더욱 심해지자, 시중드는 사람에게는 명하여 남에게 빌린 서적들을 모두 기록하여 돌려주도록 하였고, 집안의 부인들에게는 집안을 올바르게 하는 방법을 일러주었으며, 손자들에게는 집안의 명예를 욕되게 하지 말라는 뜻을 깨우쳤다. 말을 마친 후에 부녀자들을 물리고 가까이 오지 못하게 하고는 자리를 바로잡아 동쪽을 향해 누워서 세상을 떠났으니, 아! 군자의 바른 죽음이라 할 만하도다.

공은 평소 저술하는 것을 좋아하지 않아서 시문(詩文) 몇 편이 있으나 또한 미처 탈고하지 못했고, 손수 기록한 일기 몇 권이 집에 보관되어 있다. 공은 일찍이 자호(自號)를 '추담(秋潭)'이라 하였고, 또 기산(箕山)에 살았던 적이 있어서 세상 사람들이 간혹 '기산선생'으로도 일컬었다. 공이 평생 동안 교유한 사람들은 모두 당대의 명망이 있는 큰 선비들이었다. 그리고 고산(孤山) 이유장(李惟樟)은 공에게 내외종 형제 사이가 되는데 동갑으로 생일이 더 빨랐다. 살았던 곳 또한 30리가 되지 않아 어려서부터 서로 왕래하며 도의(道義)로서 서로 학문과 덕행을 닦았는데, 나이가 들수록 덕행이 더욱 높아지자 고을 사람들이 누구나 흠모하고 존경하며 '산남(山南)의 두 대노인'이라 일컫지 않는 이가 없었다. 그리고 목재(木齋) 홍여하(洪汝河)는 일찍이 공이 행한 의(義)를 고상하고 현명하다면서 말하기를, "만약 아무개가 세상으로 나가 쓰인다면 임금을 받들고 백성을 보살필 수 있을 것이어서 또한 후배들의 귀감이 될 수도 있을 것이나, 세상에 그를 알아보는 자가 있지 않으니 결국 도랑이나 계곡에 묻혀 사라지고 말 것인가?"라고 하였으니, 아마도 깊이 안타까워한 것이다. 아, 슬프도다! 오늘날 학문을 강론하지 않은 지 오래되었다.

저 붓을 잡고 글을 읽으면서 경서를 배우는 선비라 부르는 자들은 오직 명예와 이익을 성취하는 것만 급선무로 여길 뿐이지, 다시는 내면으로 가까이하여 자기의 몸에 본분의 사업을 붙게 해야 한다는 것을 알지 못한다. 이에 대해 한마디라도 언급하게 되면, 번번이 떼지어 일어나 비웃으며 미련하다고 여겼다. 경중의 차이를 깊이 이해하고 오로지 마음을 내면에 힘써서 부지런히 읽어 남들이 맛보지 못하는 것을 맛보며 앞으로 남은 세월이 얼마 되지 않는 것도 염두에 두지 않았으니, 공이 남긴 행실 같은 것은 어찌 오늘날 세상에서 보고 들을 수 있겠는가? 옛일을 상고해 보니, 독실한 행실을 지닌 조언원(趙彦遠: 남송의 趙善應)과 같은 사람일 것이다.

공문(孔門)의 가법(家法)은 인(仁)을 구하는 것보다 우선할 것이 없고, 인을 구하는 요체는 말이 충성스럽고 믿음직하며 행실이 독실하고 공경스러운(忠信篤敬) 것보다 절실한 것이 없는데, 공이 일생 동안 힘써 온 바는 이 네 글자를 벗어나지 않았다. 공과 같은 사람이야말로 인을 구하는 데에 뜻을 두고서 군자의 자기 자신을 위해 배우는(爲己之學) 뜻을 터득했다고 이를 만하다. 오직 자신을 반성하고 근본을 세우는 것이 참으로 이와 같이 절실하였기 때문에 그 도(道)가 채워지고 커져서 집안에 있을 때나 고을에 있을 때 일처리와 사람을 대하는 데에 있어 어느 곳에서든 그 마땅함을 얻지 못하는 바가 없었는데, 이른바 근본이 서면 도가 생겨난다라는 것으로 군자는 자기 자신을 위해 하기 때문에 결국 남까지도 이루어 줄 수가 있었으니, 이 지점에 이르면 더욱 믿을 만하다.

세상에서는 흔히 덕이 있는 자는 혹 재주가 부족하고 재주 있는 자는 혹 덕이 없다고 하니, 재주와 덕을 겸비하는 것은 어려울 것이다. 이에 공은 아름다움을 품고 쌓았으면서도 다른 사람이 알아주기를 구하지 않았으며, 그 아름다움이 속에 있어 은은한 가운데 날로 빛났다. 심지어 몹시 번거롭고 바쁜 일에서 사람들이 간혹 다급하여 몸 둘 바를 몰라하였으나, 공은 으뜸이 되는 핵심을 이끌어 내어 능숙한 역량을 여유있게 발휘하였다.

이로 미루어 말하자면, 공과 같은 사람이야말로 또 어찌 소위 재주가 온전하고 덕이 구비되었으니 울연히 군자다운 사람이 아니겠는가? 이로 말미암아 나아가 세상을 어루만진다면, 세상을 경영하고 일을 맡아보는 것이 어찌 탁월하여 볼 만한 것이 아니겠는가? 그러나 때를 만나지 못하고 세상에서 알아주길 구하지 않아 조정에서 쓰일 인재가 헛되이 초야에서 늙어가니, 어찌 뜻있는 선비와 은자(隱者)에게 천고의 한이 되지 않겠는가?

예전에 나의 증조부 참판공(參判公: 李涵)은 공의 조부 동리공(東籬公: 金允安)과 인척의 친분이 있었는데, 어려서부터 함께 학업을 한 적이 있는데다 또한 이웃고을에서 나란히 수령을 하였으니 서로 친형제처럼 지냈다. 나의 선친(先親: 李玄逸)에 이르러 만년에 공과 서로를 가장 잘 아는 사이였는데, 선부(選部: 吏曹)에 들어갔을 때 천거를 통해 관직에 오르게 하려 했으나 일이 뜻대로 되지 못하고 말았으니, 당시의 여론이 또 한바탕 바뀐 것이다. 선친은 이를 깊이 한스럽게 여겨 번번이 못난 우리들에게 말하기를, "아무개가 어질다는 것을 알면서도 벼슬에 나아가게 하지 못하였으니, 벼슬자리를 훔치고 있다는 비난을 면하기가 어려울 것이다."라고 하였다. 선친이 호남의 유배지에서 돌아왔을 때, 공과 고산(孤山: 李惟樟)이 모두 노령의 나이에 말고삐를 나란히 하고 금수(錦水)의 남쪽으로 찾아왔다가, 이어 봉황산(鳳凰山)의 사찰에 들어가기를 서로 청하여 며칠간을 정답게 나누고 돌아왔다. 이로부터 서로 더욱 깊이 사모한 것이 편지에 자주 보였으나, 불행히도 선친이 머지않아 아들들을 남겨두고 세상을 떠났다.

못난 내가 한번 찾아가 절을 올린 적이 있었는데, 공은 이미 나이가 아흔을 바라보았으나 오관(五官)이 쇠하지 않았고 정신도 여전히 왕성하였다. 용모는 강건하고 기운은 화평하였으며 언어는 간결하면서도 이치는 마땅하였으니, 충신독경(忠信篤敬)의 교훈을 체득하였음이 더욱 증험되었으며, 《노론(魯論: 논어)》1부가 또한 곁에 놓여 있었다. 큰 덕을 듬뿍 받고 돌아왔는데, 의지할 곳이 있으니 스스로 다행으로 여겼다. 그러나 얼마 지나지 않아서 공이 천명을 다하여 세상을 떠났으니, 외롭게 살아남아 겨우 살아가는 이 목숨은 백년토록 우러러볼 분이 없는 애통함을 품은 지 오래되었다.

공이 죽은 지 17년이 지난 뒤, 사손(嗣孫) 김기명(金起溟)이 그의 외사촌 동생 상사(上舍) 김성탁(金聖鐸)과 함께 공의 행적을 기록한 1편을 가지고 와서 외람되게도 나에게 행장을 부탁하였다. 거듭 대대로 내려온 교분을 들어 요구하였는데, 이재(李栽) 나는 우둔하여 글을 잘 짓지 못하는데다 덕행의 실제를 제대로 서술할 수 없었으니 스스로 감히 이 일을 맡을 수 없음을 알고 있었으나, 그 뜻이 매우 간절하여 부탁을 들어주지 않으면 그만두지 않을 것 같았다. 또한 선대와의 두터운 교분을 생각하니 끝내 사양할 수도 없는 일인지라, 삼가 받아들여 마침내 완성하였다. 김 군(金君: 김기명)과 상사 군(上舍君: 김성탁)은 모두 신중하고 신실하여 감히 그 말할 것도 다하지 못하는 사람들로 정중하게 편집하고 기록하되 지나친 미화를 깊이 경계하였으니, 그 말이 미덥고 검증된 것이어서 모두 근거로 삼아 글을 썼다. 이에 그 가운데 내용을 차례로 서술하기를 마친 후, 예전에 들은 바를 간략히 덧붙이고 그 뜻을 풀어 설명하면서 외람되게도 위와 같이 논평한 바가 있다. 지언자(知言者)가 선택하여 취하기를 바란다.

삼가 행장을 짓다.

箕山金公行狀

公諱如萬, 字會一。其先蓋順天人, 左議政平陽府院君諡襄景公承霖之九世孫也。是生有溫, 屢官禮部右侍郎。始踰大嶺之南, 家于安東府豐山縣之九潭里, 子孫爲嶺人以此。曾祖諱博, 隱德不仕。祖諱允安, 始以遺逸薦補郵丞, 尋擢上第, 進階通政, 出知大丘府事。晚際昏朝, 謝事歸田, 別自號東籬, 樂優閒以自適。而嘗遊西厓柳先生之門, 高步文學之科。考諱基厚, 國子上庠, 出爲宗叔父諱允文之後。以行義著稱鄕邦, 柳修巖袗·崔處士喆, 心相許爲莫逆交。娶安東權氏, 同知憑之女, 亦有婦人善行。以天啓乙丑六月某甲, 生公于九潭里第。幼魁厚有器度。上庠公先育五女, 晚得公鍾愛甚, 然其敎養之方, 甚嚴有法度, 臨終遺戒惓惓, 以分別善利爲言。公時甫九歲, 旣執喪致毀, 又能恪守先訓。不暫爲子弟遨放縱逸事。異日德成行尊, 明白峻勵, 不肯枉己徇人者, 實亦有所自也。以遺命, 從再從兄蒼巖公如玉學, 不煩程督, 克勤以敏。十四丁內憂, 哀戚尤至, 守制如成人。旣外除, 自力爲文詞, 有聲儔類間, 屢不利於公車, 中歲以後, 絶意進取, 不復入場屋, 惟以讀書求志, 訓子弟爲事。晚更卜築于水南箕山之陰, 爲棲遲終老計。作詩以見志, 蕭然有出塵之想。中間屢登鄕薦, 癸酉夏又有宰臣別薦, 公已當謝之秋。然精力尙强, 不愆于素, 而世道反復, 終不獲有見於世, 士大夫持公議者, 莫不惜之。丙戌, 公年八十二, 有優老恩, 秩正三品, 授龍驤衛副護軍。辛卯夏, 寢疾踰月, 以六月二十八日, 考終于箕山之寓舍, 享年八十有七。訃出, 遠近相弔曰: "德人亡矣。" 始葬于九潭里西先塋之後, 後十年庚子, 用卜人言, 奉遷于豐山縣南廣德山午向之原。公配安東金氏, 縣監箕報之曾孫, 學生希振之女。柔嘉仁儉, 配公七十年, 終始無違德, 宗黨稱其媲美。後公一年, 以八月八日終, 享年九十三。前後葬皆與公同兆。…(중략)… 公稟剛善之資, 承義方之訓, 以孝友恭儉爲本, 以忠信謹恪爲主, 機變枉曲之私, 不萌於中心, 浮躁矯誕之習, 不形乎動作。平居日晨興櫛頮, 整衣冠端坐讀書, 暇則與賓客子弟, 相對終日, 未嘗有戲言, 亦未嘗有惰容。或至夜分不寐, 傍人昏倦率靠倚, 公神氣益淸肅, 肩背

益竦直。雖幹事勞勣, 閒居幽獨之中, 亦未嘗安肆以自放。見人有偸懦憚事, 藝慢無威儀者, 必深惡而痛斥之。以故不肅而敎成於家, 諸子若孫, 各執其業, 侍側惟謹, 盛暑不敢自便, 夜深不敢徑退。以至婦人女子無少長, 亦無敢不小心祇栗, 惟恐或有差失。閨門內外, 肅然若太原府君家法。家世素淸貧, 公又幼孤, 幾不振, 自以承累世宗祀, 懼不克負荷, 不以年少爲解, 收拾整頓, 纖悉無遺漏, 於以復舊業, 供賓祭, 無復闕乏之虞矣。蓋其家政, 全以飭禮法篤倫理爲先。而尤致謹於奉先, 凡百儀節, 一遵家禮, 然先世所已行者, 未嘗敢以已意輕變, 家貧不可猝具者, 亦不爲苟得計, 惟一意盡誠致敬。每於祭時, 必前期灑掃齊沐, 粢盛器皿, 蠲潔滌濯, 罔或不虔。以少失怙恃, 爲終身痛, 每當忌日, 號痛盡哀, 若或見之, 在位者爲感動揮涕。始上庠公寢疾時, 惡嗅南草烟。書小紙曰:“飮南草者。勿入吾室.”投諸一小篋。公時尙少, 未及聞知, 而嘗嗜飮南草。一日, 因閱舊藏, 見小紙遺蹟, 感泣不自勝, 因絶不復飮南草。姊妹凡六人, 在室而愛護深至, 擇對資遣無闕, 已嫁而眷戀益篤, 往來存省不衰。及析著分産, 推良倍數, 而自取甚寡約。四姊婿李公在完, 貽書責其太過, 還所得三分之一, 人兩賢之。旣而, 伯姊早寡無子, 老病且殆, 公卽迎歸于家, 日夜節時其匕箸, 而親扶護其起居, 不解衣而寢者且數月, 終始如一日, 姊爲之感激泣下。及喪, 又誠信棺殮, 歸葬夫家, 見聞所及, 靡不感歎, 至比之燕鬌故事。蒼巖公窮老無子, 公日往侍側, 就養無方, 相去五里許。不以風雨寒暑而或廢。族子有貧不能自活者, 公收取而舍于門外, 朝夕分食飮, 且三十年, 其家四五口, 終始得免流殍。及其老病以死, 則又爲之殯葬無憾。自少至老, 其能克己爲義, 如此類甚多。其與朋友處, 必以信義相接, 未嘗視冷煖爲趣舍。鄕里故舊, 吉慶凶弔, 禮無所闕, 患難窮阨, 軫救若不及, 雖僮使下賤, 不專以威, 必察其飢寒, 恤其勞苦, 而待老幼恩義有加, 見流丐無依者, 尤惻然思有以濟之。以故村閭穉耋, 亦莫不愛戴, 以爲己歸。族黨甚盛, 通闒異品, 所居里人物繁夥, 臭味多不同, 公不激不徇, 一以平心直道自處, 人亦莫能非間也。嘗引里人, 有不得於父者, 夜屛人語曰:“父子之天, 禽獸亦有之。可以人而不如禽獸乎?"因擧《中庸》父母其順之義, 反復曉諭, 其人立泣謝, 若無所容。其父亦聞而感悟, 父子復如初。人以爲雖仇亭長之化陳元, 亦無以過此。蓋其孝友之德, 實有諸己, 故其言能感人之易如此。公德性本仁厚, 而風裁峻整, 疾惡如讎, 尤嚴於見利忘義·欺心匿跡之類, 未嘗假以辭色。親舊有過失, 未嘗知而不言, 亦未嘗告而不盡其言。然必原其情實, 不爲刻核已甚之論, 及其懺悔知改, 則待之一如平昔。或有寸善片長, 推借不容口, 不以瑕掩瑜。其人始或不能無望於峻激, 後乃懣然服其忠告也。有一友人, 嘗以行汚賤, 見非於公, 而不少悛, 未幾擬儒宮之長, 公移書駁之。尋邂逅稠廣中, 有慍色, 公又峻斥不饒, 辭氣益嚴切, 其人卒憼謝。又於後生時, 赴州庠會, 有以鬪牆, 聞於鄕者, 巍然據上坐, 公正色曰:"此明倫堂也。豈無倫者所敢上耶?此而不正, 其如汚重地何?"卽命一齋僮鳴鼓而逐之。會中見者, 無不肅然變色易容。金鶴沙先生, 聞而歎奇之曰:"安得置此人臺閣上, 搏逐羣小如此?"鄕人有時會話于山房學舍間, 方恣意笑謔, 及公至, 則滿坐肅穆, 無謹譁聲。或有事是非當前, 衆皆相顧愕眙, 公徐以一言, 定其可否, 又莫不傾心歎服, 以爲不可及也。公少喜讀《朱書節要》, 晚又得味論語書, 非甚病若有客, 未嘗一日去手。專精玩索, 反復紬繹, 年已耄期, 日有程課, 而於忠信篤敬之訓, 尤疊疊焉。嘗曰:"君子之道, 雖多端, 其要不過曰:'言忠信行篤敬而已。'人而無此二者, 雖曰:'行若曾史。'吾不信也。"又曰:"吾每日循省所猷爲, 常恐有不忠不信事。"親戚故舊, 或有相背負者, 公必先自反。旣自反無失, 而其見待由是也, 則又不忍遽斥絶, 而居常默默竊歎, 憫人之不悟, 尤恨己之不能感人也。公素以有才局, 見推士友間。一鄕有大事變, 士林有大議論, 率多倚公爲重。然公未嘗矜氣逞能, 必詳愼祇畏。不敢少有慢易心。家有吉凶事, 則命子弟籍記應用物件及禮俗品節, 付諸壁上, 令以時省行之曰:"聖人云:'執事敬。'如此等事, 存心不放過, 亦持敬之一端也。"故其平日處事, 無論鉅細, 各有條理, 未嘗窘敗者, 皆用是道也。敎子孫, 必以正衣冠·謹言行爲本, 而深戒爭小故招拂亂。學者請一言可行, 則告之以先立其志, 不撓奪於物欲, 然其歸亦不出忠信篤敬上矣。公稟賦旣厚, 完養有素, 不以死生歡戚動其心, 始伯季兩胤, 連登大小科, 人皆以爲榮, 公不色喜焉。大耋連喪三子, 亦能以理自處, 不至過哀傷生。旣寢疾, 猶日誦所讀書, 又日賦一絶, 以驗其精力。書平心降火四大字于座右以自省。外孫金聖鐸, 新入太學, 來謁, 公力疾起坐, 具冠服見之曰: "雖子孫, 新恩不可臥見也." 徐又引入臥側, 討論前言往行, 間及立身行己之方, 連日夜不倦。及益侵, 命侍者悉錄借人書籍還之, 告諸婦以宜家之道, 喩諸孫以毋忝之意。言訖, 揮婦女出外毋近, 正席東首而逝, 嗚呼! 可謂君子之正終矣。公素不喜述作, 有詩文若干篇, 亦未及脫稿, 有手記日曆數卷藏于家。公嘗自號秋潭, 又以其嘗居箕山, 故世或稱箕山先生。公平生所從遊, 皆一時聞人碩士。而孤山李公惟樟, 與公爲內外兄弟, 同庚先月日。居又劣一舍, 少小相旋往, 以道義相切磋, 洎其年益高德益邵, 鄕人莫不愛慕尊敬, 稱爲山南二大老。而木齋洪公汝河, 嘗高賢公行義, 曰: "若使某也出爲世用, 可以尊主庇民, 亦可以爲後輩矜式, 而世無有知之者, 其將堙沒溝壑而已乎?" 蓋深惜之也。嗟乎悲夫! 今世學不講久矣。彼操觚帖誦, 號爲經生學子者, 惟名利進取之是急, 不復知有近裏著己本分上事業。見有一言之及乎此, 則輒曹起, 而笑且迂之。其能深知輕重之分, 專務用心於內, 俔焉孳孳, 味人所不味, 不知年數之不足, 如公之爲者, 豈今世所耳目哉? 若稽于古, 殆篤行趙彦遠其人哉。孔門家法, 莫先於求仁, 求仁之要, 莫切於忠信篤敬, 而公之一生著力處, 不出此四字上。若公者其可謂有志於求仁, 而得君子爲己之學之意與。惟其反身立本, 誠切如是, 故其道自然充大, 以之居家處鄕, 應事接物, 無所處而不得其當, 所謂本立而道生, 君子爲己, 故終能成物者, 至是尤信。世嘗言有德者, 或短於才, 有才者, 或歉於德, 才德兼備者爲難。乃公含章蘊采, 不求人知, 而有美在中, 闇然而日章。至於茬煩遇劇, 人或刲刲靡措。而公則提綱挈維, 恢刃有餘地。推此言之, 若公者, 又豈非所謂才全德備, 蔚然君子人者耶? 由此進爲而撫時, 其所以經世宰物者, 庸詎不卓然可觀? 而時乎不遇, 世莫我知, 廊廟之具, 虛老林泉, 寧不爲志士幽人千古之恨哉? 昔我曾大父參判公, 於公之先王考東籬公, 有婣戚之分。少嘗同藝業, 旣又並宰鄰壤, 相與如親昆弟。至我先君子, 晚與公, 相知最深, 其入選部也, 欲因薦剡關陞而事有不如意者, 時論又一變矣。先人深恨之。每語不肖等, 曰: "知某之賢而不及進, 難免竊位之譏." 及先人自湖南謫所還, 公與孤山, 俱以大耋之年, 並轡來訪于錦水之陽, 仍相要入鳳凰山寺, 款晤數日而歸。自是, 相慕用尤深, 屢見於尺牘間, 不幸先人, 尋棄諸孤矣。不肖孤一嘗歷拜龐牀下, 公已年登九袠, 而五官不衰, 神精尙旺。貌毅而氣和, 言簡而理當, 益驗其有得於忠信篤敬之訓, 而魯論一部且在側矣。飽德歸來, 竊自幸依歸有所。曾未幾時, 公以天年下世, 孤露餘生, 抱百年安仰之痛久矣。後公歿十有七年, 嗣孫起溟, 與其外弟金上舍聖鐸, 以公行錄一編, 誤辱徵狀于栽。重以世誼見責, 栽旣椎不文, 且無能言德行之實, 自知決不敢承當, 而其意甚勤, 不得請不已。且念先契之重, 有不可得以終辭者, 謹受而卒業焉。則金君與上舍君, 皆謹信不敢盡其言者也, 相與鄭重編錄, 深以溢美爲戒, 其言信而有徵, 皆可據而書也。乃就其中敍次訖, 粗述舊聞, 推演其義, 而僭有所論列如右。以俟知言者之採擇云。謹狀。

〔密菴先生文集, 권20, 行狀〕

13. 류지

류지의 자는 중오, 호는 괴애, 본관은 전주이다. 인조 병인년(1626)에 태어났다. 병술년(1646) 사마시에 합격하고, 효종 갑오년(1654) 문과에 급제하였다. 양사와 6개의 고을 수령을 거쳐 벼슬이 부윤에 이르렀다. 숙종 신사년(1701)에 죽었다.

효종(孝宗)의 대상(大喪) 때, 예관(禮官)이 재상 송시열(宋時烈)에게 복제(服制)에 관한 의견을 수렴하였는데, 공이 복제를 낮추어 서자(庶子)의 예(禮)를 따르려 한다는 것을 보고 크게 놀라 말하기를, "이 예는 큰 잘못이니, 반드시 논란이 있을 것이다."라고 하였고, 과연 공의 말대로 되었다. 목재(木齋) 홍여하(洪汝河)가 일찍이 말하기를, "아무개의 예를 그르친 잘못을 류 아무개가 미리 알았으니, 우리 같은 사람들이 미칠 바가 아니다."라고 한 적이 있었다.

정사년(1677) 정언이 되었을 때 김석주(金錫冑)가 상소를 한번 올렸는데, 임금과 신하 사이를 이간하려는 뜻이 노골적으로 드러나 있자, 공이 이를 논박해 배척하였다. 재상 민희(閔熙)가 감탄하여 말하기를, "류 아무개의 논의는 미연에 방지하여 더 이상 커지지 않도록 하려는 것에서 나왔으니, 언관의 책임을 제대로 다한 사람이라 할 수 있다."라고 하였다.【협주: 이보가 찬한 행장에 실려 있다.】

- 柳楮

柳楮, 字重吾, 號乖厓, 全州人。仁祖丙寅生。丙戌司馬, 孝宗甲午文科。歷兩司·六邑, 至府尹。肅宗辛巳卒。

孝宗大喪時, 禮官收議服制於宋相時烈, 公見其降從庶子之禮, 大驚曰: "此禮大誤, 必有論議." 果如公言。洪木齋汝河, 嘗曰: "某人誤禮之失, 柳某先知之, 非吾儕所及."

丁巳, 爲正言, 時金錫胄[1]進一疏, 顯有離間君臣之意, 公論斥之。閔相熙[2]歎曰: "柳某之論, 出於防微杜漸[3], 可謂能盡言責之職也."【李簠撰行狀】

보충

이보(李簠, 1629~1710)가 찬한 행장

통정대부 경주부윤 류공 행장

신사년(1701) 11월 4일 부윤(府尹) 류공(柳公)이 고천리(高川里)의 집에서 죽었으니, 향년 76세였다. 부음(訃音)이 전해지자, 주상이 특별히 유사(攸司)에게 명하여 부의(賻儀)를 행하였으니, 아! 애도와 영예의 은전(恩典)이 갖추어졌다. 장사를 지낸 뒤에는 아들들이 묘도(墓道)에 비(碑)가 없자 당대 입언군자(立言君子)에게 묘비명을 청하려고 했으나, 행장(行狀)

---

1 金錫胄(김석주, 1634~1684): 본관은 淸風, 자는 斯百, 호는 息庵. 증조부는 강릉참봉 金興宇이며, 조부는 영의정 金堉이다. 아버지는 병조판서 金佐明이며, 어머니 平山申氏는 五衛都摠部 都摠管 申翊聖의 딸이다. 첫째부인 昌原黃氏는 黃一皓의 딸이며, 둘째부인 全州李氏는 李厚源의 딸이다. 1657년 진사시에 합격하고, 1662년 증광문과에 장원급제하였다. 서인 중 한당에 가담해 집권세력이던 산당에게 중용되지 못하다가, 1674년 자의대비 복상 문제로 제2차 예송이 일어나자 남인과 결탁해 산당을 숙청했다. 남인세력이 강화되자 다시 서인과 제휴해 송시열을 탄핵하려던 남인의 책동을 꺾는 등 남인세력 척결에 앞장섰으나 도가 지나쳐 서인 소장파의 반격을 받았고 서인이 소론과 노론으로 분열하는 원인을 제공하기도 했다.

2 閔相熙(민상희): 閔熙(1614~1687). 본관은 驪興, 자는 皥如, 호는 雪樓·石湖. 증조부는 여주목사 閔世舟이며, 조부는 閔謤이다. 아버지는 참판 閔應協이며, 어머니 豊山金氏는 金壽賢의 딸이다. 부인 東萊鄭氏는 鄭世矩의 딸이다. 閔黯의 형이다. 1602년 별시문과에 급제하였다. 숙종 즉위 이후 남인의 집권으로 정계에서 활약이 컸다. 그러나 1680년의 경신환국 당시 남인이 실각될 때 관작을 삭탈당하고 위리안치 되었다. 그 후 1686년에 풀려나서 田里로 돌아갔으며, 1689년 기사환국 때 신원되었다.

3 防微杜漸(방미두점): 기미를 막고 조짐을 막음. 미연에 방지하여 더 이상 커지지 않도록 한다는 말이다.

이 없을 수가 없어서 못난 나에게 글을 짓도록 하였다. 못난 내가 평소 공과 친숙하게 지냈기 때문에 못하겠다고 사양하려 해도 또한 감히 사양할 수가 없었다.

삼가 살펴보건대, 류씨(柳氏)는 문화(文化)에서 나왔는데, 류차달(柳車達)의 후손이다. 대대로 이어져 내려오다가 10대조에 이르러 장령(掌令) 류습(柳濕)이 적(籍)을 전주(全州)로 옮겨 마침내 관향(貫鄕)으로 삼았다. 그 아들은 보문각 직제학 류극서(柳克恕)이며, 그 아들은 부사를 지내고 참판에 증직된 류빈(柳濱)이며, 그 아들은 집의를 지내고 참판에 증직된 류말손(柳末孫)이며, 그 아들 승지에 증직된 류계동(柳季潼)은 중부(仲父) 류의손(柳義孫)의 후사가 되었으며, 그 아들은 부사를 지내고 참판에 증직된 류식(柳軾)이며, 그 아들 병절교위(秉節校尉)를 지낸 류윤선(柳潤善)은 공에게 고조부가 된다. 증조부 휘 류성(柳城)은 사복시 정(司僕寺正)에 추증되었고 요절하였다. 증조모 김씨는 판서에 증직된 김진(金璡)의 딸인데, 몸이 상하도록 슬퍼하다가 뒤이어 죽은 사실이 알려져 정려가 내려졌다. 조부 휘 류복기(柳復起)는 승정원 좌승지에 추증되었다. 아버지 휘 류희잠(柳希潛)은 호조참판에 증직되었다. 3대가 영광스럽게 증직된 것은 모두 공이 귀했기 때문이다. 어머니 김씨는 태사(太師) 김선평(金宣平)의 후손으로 사인(士人) 김원(金元)의 딸인데 정부인(貞夫人)에 증직되었다. 천계(天啓) 병인년(1626) 11월 24일 공을 낳았다.

공의 휘는 지(�), 자는 중오(重吾)이다. 어려서부터 남다른 자질을 지녀 우뚝해 짝할 자가 없었으니, 그를 본 사람들이면 모두 뜻을 원대하게 펼칠 것으로 기대하였다. 이때 4촌형 졸암공(拙庵公: 柳櫻)이 사도(師道)를 지녀 후진들을 가르쳤다. 공도 거기에 나아가 가르침을 받았는데, 깨닫는 것이 민첩하여 같은 문하생 중에서 앞자리를 차지하였으니, 졸암공이 자주 칭찬하였다.

병술년(1646) 사마시에 합격하고 비로소 성균관에 들어갔는데, 언변

과 풍채로 동료들 사이에서 추앙을 받았다. 갑오년(1654) 문과에 급제하였다. 그 이전에 이이(李珥)와 성혼(成渾)을 문묘에 종사(從祀: 배향)하려는 문제로 논의가 일어났는데, 졸암공(拙庵公)이 도내(道內) 여러 유학자들을 이끌고 상소를 올려 이를 배척하였다. 당시 사람들이 이를 시기해 이미 졸암공을 속박하였고 공의 나아갈 길도 막아 상주 교수(尙州敎授)로 좌천시켜 제수하였는데, 사람들은 이를 억울한 처사라 여겼으나 공은 조금도 개의치 않고 고을의 유생들을 권면하며 공부에 힘쓰도록 글을 강독하여 많은 인재를 양성하였고, 과거에 급제한 자도 잇따랐다.

무술년(1658) 성균관전적 겸 남학교수(南學敎授)로 제수되었고, 얼마 지나지 않아서 형조좌랑과 예조좌랑으로 옮겨져 춘추관 기사관(春秋館記事官)을 겸임하였다가 겨울에는 결성현감(結城縣監)으로 제수되었다. 결성현은 경기 지역과 가까워 권세 있는 자들의 전장(田莊)이 많이 있었는데, 간사하고 옹졸한 무리들이 여우와 쥐처럼 그 사이를 끼어들어 관청을 방해하고 백성들에게 폐해를 끼쳤다. 공은 이를 하나하나 밝혀내어 처리하면서 조금도 용서하지 않았으니, 시기하는 자들의 모함을 받아 머지 않아서 파면되어 돌아왔다. 벼슬길에서 배척당하여 나아가지 못한 것이 10년이었다.

경술년(1670)에 이르러 비로소 감찰(監察)로 제수되었고 또 예조좌랑으로 들어갔다가, 외직을 나가 단성현감(丹城縣監)이 되었다. 얼마 되지 않아 참판공(參判公: 부친 류희잠)의 상을 당했는데, 애통해하는 정성과 예법을 모두 갖추어 상례(喪禮)를 행하며 어긋남이 없었다. 갑인년(1674) 조정에서 정사가 새롭게 펼쳐지면서 오랫동안 억눌렸던 것들이 모두 펴지게 되자, 공의 앞길이 비로소 열렸다. 그러나 공은 자애로운 어머니를 편히 봉양할 생각에 외직으로 보임되도록 힘써 청하였으니, 예조좌랑에서 울진현령으로 옮겨 제수되었다. 바닷가의 백성들을 안집(安集)시키려는 생각을 가지고서 병들고 쇠약한 자를 보살피니, 백성들이 모두 공이 떠난 후에도 그리워하였다.

병진년(1676) 성균관직강으로 들어갔다가 곧이어 사헌부지평으로 제수되었다. 얼마 되지 않아 장령(掌令)으로 승진하였으나 상소를 올려 간절히 사양하면서 또한 당시 정사의 폐단을 언급하며 성학(聖學)을 돈독히 하고 성군(聖君)의 뜻을 세우는 것이 나라를 잘 다스리는 근본임을 강조하였는데, 주상이 크게 칭찬하고서 받아들였다. 상소가 제출된 후, 한 재신(宰臣)이 공에게 와서 감사하며 말하기를, "근래에 경연(經筵)에서 '항상 배움에 힘쓴다(典學),'라는 두 글자로 주상에게 힘쓰도록 권한 이가 없었는데, 공이 상소를 올려 힘써 말하였으니 우리들이 부끄럽네."라고 하였다.

정사년(1677) 사간원 정언으로 옮겼을 때 병조판서 김석주(金錫冑)가 상소를 올렸는데, 임금과 신하 사이를 이간하고 위아래를 의혹케 하는 단서가 노골적으로 드러나 있었다. 공이 차자(箚子)를 올려 이를 논박해 배척하였고, 당시 여론이 이를 옳다고 하였다. 좌의정 민희(閔熙)가 감탄하여 말하기를, "류 아무개의 논의는 미연에 방지하여 더 이상 커지지 않도록 하려는 것에서 나왔으니, 언관(言官)의 책임을 제대로 다한 사람이라 할 수 있다."라고 하였다.

조정의 논의에서 공이 기개와 절개가 넉넉하고 재간과 능력이 충분히 능숙하다고 하여 서북의 처리하기가 매우 어려운 곳을 맡기려 했으나, 공은 어머니가 늙었음을 이유로 가까운 곳에서 봉양할 수 있도록 청하여 외직으로 나가 밀양부사(密陽府使)에 제수되었다. 그가 다스려서 백성들을 품어 보호하고 세력이 있는 교활한 사람을 단속하는 것을 위주로 삼자, 아전들이 서리 밟듯이 조심하였고 백성들은 봄처럼 따뜻해졌다. 또한 양로연(養老宴)을 열어 지역 내의 노인들을 모아 정성과 예의를 다하여 대접하니, 이를 본 사람들이 감탄하였다. 1년 남짓 지난 후에 모친상을 당하여 슬픔에 사무쳐서 예법을 다했으며, 상복을 벗은 후에는 10여

년간 집에서 지냈다.

무진년(1688) 승문원 판교(承文院判校)와 상의원 정(尙衣院正)에 제수되었고, 기사년(1689) 환국(換局)이후에는 능주목사(綾州牧使)에 제수되었다가 몇 달이 지나지 않아 길주목사(吉州牧使)로 승진하였다. 공은 남북을 다니느라 갖은 노고를 겪어 관아에 도착하자마자 병이 들어 1년 넘게 자리에 누웠다가 관직에서 물러나 돌아왔다. 고을 백성들이 고을 경계를 쓸고 백 리 밖까지 따라 나와 배웅하였는데, 그 까닭에 대해 "이것은 그대들의 고을에서 전해오는 관례인가 아닌가?"라고 물으니, 대답하기를, "아닙니다. 고을 백성들이 공의 공평하고 올바른 정치에 감복하여 스스로 와서 정중히 보내드리는 것입니다."라고 하였다.

계유년(1693) 경주부윤(慶州府尹)으로 승진하여 영화롭게도 3대에 걸쳐 증직이 내려졌으나, 공은 힘써 정중히 사양한데다 대신(大臣)들이 나이가 많아 번잡한 직무를 감당하기 어렵다고 아뢰어 체직되었다. 공은 물러나 시골에서 한가로이 지내며 편안히 즐겼다.

갑술년(1694)에 이르러 당파의 싸움이 다시 일어나서 유배와 처형으로부터 아무도 피하지 못하였다. 그러나 공만은 언관의 지위에 있지 않았고 당시 여론의 중심에 있지 않았기 때문에 초연히 홀로 화를 면할 수 있었으니, 사람들은 신명(神明)이 화락한 군자를 도운 바가 있어서 그런 것이라고 생각하였다.

이때에 병으로 오랫동안 누워 있자, 자제들이 의원을 부르고 약을 올리려 하였다. 공이 말하기를, "나는 이미 일흔을 넘겼으니, 오래 살았다 할 수 있다. 수명은 정해져 있으니 어찌 의원을 불러서 더 살기를 바라겠느냐?"라고 하였다. 죽기 직전에 정신이 흐트러지지 않았고 말도 착오 없이 했는데, 자제들에게 유언으로 훈계하기를, "내 평생 동안 일컬을 만한 것이 없으니, 남에게 만사(輓詞)를 부탁하지 말아라." 하였고, 또한 다섯 가지 계율을 자손들에게 남겨 받들어 행하도록 하면서 말하기를,

"부지런히 책을 읽어라, 언행을 신중히 하라, 농사와 양잠에 힘써라, 검소함을 숭상하라, 조세를 성실히 납부하라." 하였다. 아, 이를 통해 공의 생애를 볼 수 있다.

공의 외모와 태도는 엄정하고 준엄하였으며, 내면은 중후하고 너그러웠다. 사람들은 모두 공경하면서도 꺼리고 또한 즐거이 가까이 하였다.

성품은 효성과 우애가 깊어 부모를 섬길 때 정성스런 효성과 충직스런 봉양(奉養)의 도리를 다하였다. 형제들과 지냄에 우애롭고 화락한 정이 돈독하였다. 공의 거처는 본가와 조금 떨어져 있는 거리였는데, 개천이 흘러 집 앞을 지나고 있어서 공은 매일 아침저녁으로 문안을 드리러 갈 때마다 손으로 대나무 장대를 들고 시냇물을 따라 가며 물고기를 잡아 부모의 밥상을 차려 드렸다. 부모가 세상을 떠난 뒤에는 항상 부모를 섬기던 마음으로 맏형을 섬겼으며, 구미에 맞는 음식이나 몸을 편하게 할 물품이 있으면 반드시 먼저 올렸다. 벼슬에 있을 때나 집에 있을 때나 한결같아서 졸암공(拙庵公)을 삼생의 의리(生三之義: 부모, 스승, 군주를 똑같이 섬겨야 하는 의리)로 받들었는데, 관직에 있을 때는 반드시 제사 음식을 마련하였고 길지를 택하여 이장(移葬)하는 일도 직접 주관하여 은혜를 보답하는 성의를 다하였다. 종족(宗族)들을 대할 때는 화목을 돈독히 하는 것에 중시하였고, 고향 사람들을 대할 때는 한결같이 너그럽게 용서하였는데, 때로는 간혹 남의 착하지 못한 것을 보면 준엄하게 잘못을 지적하고 책망하였기 때문에 고을 사람들이 두려워하며 감히 나쁜 짓을 하지 못하였다. 성품이 남에게 베풀기를 좋아하여 누군가 청하는 바가 있으면 인색하여 아까워한 적이 없이 반드시 죄다 나누어주고 나서야 말하기를, "훗날에 만약 쓸 일이 있으면 또한 마땅히 남에게 구하여 쓰도록 하라." 하였다.

관직에 있으면서 직무를 수행할 때는 반드시 공정함을 마음에 두고 삼척(三尺: 법)을 엄수하여 결코 법을 어기고서 사사로운 청탁을 들어주지 않았으니, 아무도 감히 정도(正道)에 어긋나는 것을 가지고 범하지 못하였다. 문서와 장부가 산더미처럼 쌓여 있어도 온갖 부정을 적발하는 것이 귀신 같았으며, 공문서와 하소연하는 글이 관청에 가득하여도 시비를 가려 판결하는 것이 마치 물 흐르듯 하였으니, 교활한 관리와 교묘한 아전들이 간사한 일을 할 수 없었다.

일에 맞닥뜨리면 반드시 성실하고 신중하면서 부지런하였으며, 자랑하고 꾸미거나 실속 없이 겉만 화려한 것을 좋아하지 않았다. 가벼운 농담조차 입에 올린 적이 없었고, 늘 한가롭게 지내며 자취를 감추고는 권세의 길을 달려가지도 않았고 권문세가를 찾아다니지도 않았기 때문에 공을 추천하거나 밀어주는 사람이 없어서 비록 벼슬길이 순탄하지 못한 것이 오래였지만 끝내 지조를 바꾸지 않았다.

공이 퇴청한 여가에는 책상 앞에 조용히 앉아 있었으니, 태만한 기색도 몸에 배는 일이 없게 하였고 가희(歌姬)나 무녀(舞女)의 소리도 귀에 가까이 하지 않았다. 평소에는 일찍 일어나 세수하고 하루 종일 단정히 앉아 있었는데, 비스듬하거나 흐트러진 모습을 보인 적이 없었으니 비록 여러 날의 여정 위에도 또한 마찬가지였다. 성품은 엄격하고 정중한 것이 응집하여 경솔하게 말하거나 행동하지 않았으며, 식견은 우뚝하게 뛰어나 사람들이 따라갈 수 없었다.

효종(孝宗)이 승하하였을 때, 예관(禮官)이 송시열(宋時烈)에게 복제(服制)에 관한 의견을 수렴하고 돌아가는 길에 공을 만났는데, 공이 복제를 낮추어 서자(庶子)의 예(禮)를 따르려 한다는 것을 듣고 크게 놀라 말하기를, "이 예는 큰 잘못이니, 반드시 논의가 일치되지 않고 다를 것이다."라고 하였다. 과연 공의 말대로 되자, 예랑(禮郎)이 깊이 탄복하였다. 목재(木齋) 홍여하(洪汝河)가 일찍기 말하기를, "송시열의 예를 그르친 잘못을 류 아무개가 미리 알았으니, 우리 같은 사람들이 미칠 바가 아니다."라고 하였다.

공은 만년에 대간(臺諫) 김방걸(金邦杰), 호군(護軍) 김태기(金泰基), 당조카 여주목사(驪州牧使) 류정휘(柳挺輝) 및 그 밖의 어른 몇 명과 함께 '노인회(老人會)'를 만들었는데, 매번 경치가 좋은 곳에 만났고 달마다 모임을 갖지 않은 적이 없이 자적하여 즐기면서 마음껏 이야기하니, 사람들이 지상의 신선에 견주었다.

공은 생전에 묏자리를 진보현(眞寶縣) 서쪽 추령(楸嶺) 묘향(卯向)의 언덕에 잡아두었는데, 죽은 후 자제들이 그곳에 장사를 지냈으니 유언을 따른 것이었다.

공은 영양남씨(英陽南氏)와 혼인하였는데, 현령(縣令) 남서(南恕)의 딸로 덕을 갖추어 가정을 화목하게 다스렸고 정부인(貞夫人)에 봉작하였다. 공보다 7년 먼저 세상을 떠났으며, 안동부(安東府) 동쪽 구미촌(龜尾村) 뒤편 미향(未向)의 언덕에 새로 묘를 썼다. …(이하 생략)…

通政大夫慶州府尹柳公行狀

歲辛巳十一月四日丁亥, 府尹柳公卒于高川里第, 享年七十六。訃聞, 上特令攸司行賻, 嗚呼! 哀榮之典備矣。旣葬, 諸孤以墓道有闕, 將請銘於當世立言之君子, 而不可以無狀也, 令不侫序次之。以不侫雅習公故也, 辭不敢而亦不敢辭。謹按。柳氏本於文化, 寔太師車達之後。奕世聯連, 至十代祖, 掌令濕移籍全州, 遂以爲貫。傳寶文閣直提學克恕, 府使贈參判濱, 執義贈參判末孫, 贈承旨季潼, 出繼仲父參判公義孫后, 府使贈參判軾, 至秉節校尉潤善, 於公爲高祖。曾祖諱城, 贈司僕正, 早卒。夫人金氏, 贈判書璡之女也, 哀毀繼沒, 事聞旌閭。祖諱復起, 贈承政院左承旨。考諱希潛, 贈戶曹參判。三世榮贈, 皆以公貴也。妣金氏, 太師宣平之後, 而士人元之女, 贈貞夫人。以天啓丙寅十一月二十四日生公。公諱楷, 字重吾。幼有異質, 岐嶷不羣, 見者咸以遠大期之。時從兄拙庵公, 有師道, 訓誨後進。公從而受業, 敏悟爲同門前列, 拙庵公亟稱許焉。丙戌, 中司馬, 始遊泮中, 言論風彩, 爲儕流所推重。甲午,登文科。前此, 李珥·成渾從祀文廟之議起, 拙庵公率道內諸儒, 陳疏斥之。時輩嫉之, 旣錮拙庵公, 且掎公進道, 左授尙州敎授, 人以爲屈, 而公少不介意, 勸誘邑中儒士, 勤課講誦, 多有成才, 續登科第者。戊戌, 除成均典籍兼南學敎授, 俄轉刑佐禮佐兼春秋館記事官, 冬除結城縣監。縣近畿, 多有權貴庄, 奸細之徒, 狐鼠其間, 撓害官方, 貽弊小民。公一一摘治, 不加少饒, 爲忌者所中, 未幾, 罷歸。擯斥不調者十年。至庚戌, 始除監察, 又入禮佐, 出爲丹城縣監。俄丁參判公憂, 戚易咸備, 式禮無愆。甲寅, 朝著適新, 久屈咸伸, 公之前路始闢。而公爲慈夫人便養計, 力求補外, 自禮佐移拜蔚珍縣令。懷集海戶, 撫摩凋瘵, 民皆有去後思。丙辰, 入爲成均直講, 旋拜司憲府持平。俄陞掌令, 陳疏懇辭, 且及時政之弊, 而以敦聖學立聖志爲致治之本, 上大加獎納。疏出, 一宰臣來謝於公曰:“近來筵中, 未聞以典學二字敦勉於上, 而公能陳疏力言, 吾輩可愧矣.”丁巳, 移司諫院正言。時兵判金錫冑, 投進一疏, 顯有離間君臣·疑惑上下之端。公箚論斥之, 時論韙之。閔左相熙歎曰:“柳某之論, 出於防微杜漸, 可謂能盡言責之職者也.”朝議以公饒氣節·優幹局, 將擬以西北盤錯之地, 而公以親老乞近, 外除密陽府使。其治以懷保小民濕束豪猾爲主, 吏負霜雪, 民挾春暄。又行養老宴, 聚境內耆耆, 殫誠禮饗, 觀者興歎。歲餘, 丁母夫人憂, 哀懷盡禮, 服闋, 家食十餘年。戊辰, 除承文院判校·尙衣院正, 己巳改局, 除綾州牧使, 纔過數月, 陞牧吉州。公跋涉南北, 備嘗勞勩, 到官卽病, 臥閣歲餘, 解歸。邑民掃境, 追送於百里之外, 問之曰:“此是汝邑舊例否?”曰:“非也。邑民感公公正之政, 故自來奉送.”癸酉, 陞拜慶州府尹, 榮贈三世, 公俛俛肅謝, 而大臣以年老不堪剸劇, 啓遞。公退處田里, 優閒自適。至甲戌, 黨禍復作, 竄逐誅殺, 無人得脫。而公獨以不在言地·不柄時論之故, 超然獨免於禍, 人謂神明愷悌有所保佑而然。至是, 寢疾彌留, 子弟欲迎醫進藥。公曰:“吾年過七十, 得年多矣。脩短有定, 豈可迎醫求活耶?”臨絶, 精神不亂, 言語無錯, 遺戒子弟曰:“吾平生無可稱道, 勿求輓語於人.”且以五戒, 遺子孫奉行, 曰:“勤讀書, 愼言行, 力農桑, 崇儉素,

謹租稅."嗚呼! 此可以觀公終始矣。公姿表嚴毅峻整, 而內實厚重寬和。人皆敬憚, 而亦樂親附。性孝友, 事父母, 盡誠孝忠養之道。處同氣, 篤友愛湛樂之情。公居第, 距親庭稍遠, 有溪流過宅前, 公每日定省, 輒手持竹竿, 沿溪釣魚, 以供親廚。父母沒後, 常以事父母者而事伯兄, 適口之味, 便身之物, 必先奉進。在官在家如一, 奉拙庵公, 以生三之義, 居官時必供祭物, 擇地改葬, 親自經營, 以盡追報之誠。待宗族, 主於敦睦。處鄉黨, 一以寬恕, 而時或見人不善, 則峻加警責, 故鄉里畏之, 不敢爲非。性好施, 人有所求, 未嘗靳惜, 必盡散乃已曰："後若有用處, 亦當求於人而用之."當官莅職, 必以公正爲心, 謹守三尺, 絶不枉法徇私, 人不敢干以非道。文簿委積而摘發如神, 牒訴盈庭而裁決若流, 猾吏巧胥, 不得售奸。遇事必誠實愼謹, 而不喜衒飾浮華。嬉戲之言, 未嘗出諸口, 常端居斂迹, 不趨勢路, 不謁權門, 以故人無推轂公者, 雖蹇滯多年, 而終不改操。公退之暇, 對案靜默, 怠慢之色, 不設於身, 聲伎之音, 不近於耳。平居, 夙興盥頮, 終日端坐, 未見有欹側之容, 雖累日行役之後亦然。性嚴重凝定, 不輕言動, 而見識超邁, 人莫能及。當孝宗賓天之日, 禮官收議服制於宋時烈, 歸路見公, 公聞其降從庶子之禮, 大驚曰："此禮大誤, 必有論議攜貳之事."果如公言, 禮郞深用歎服。洪木齋汝河, 嘗曰："時烈誤禮之失, 柳某先知之, 非吾儕所及也."公晚年與大諫金公邦杰・護軍金公泰基・堂姪驪牧挺輝・及其他耆艾若而人, 結爲老人會, 每遇勝境, 無月不會, 逍遙暢敍, 人以比地仙云。公預卜葬地於眞寶縣西楸嶺卯向之原, 旣沒, 子弟卽奉窆于是, 從遺命也。公娶英陽南氏, 縣令恕之女, 有婦德贊內化, 贈貞夫人。先公七年而卒, 葬於府東龜尾村後未向之原, 卜新兆也。…(이하 생략)…

〔景玉集, 권4, 行狀〕

14. 이지

이지의 자는 후경, 호는 대박자, 본관은 월성(月城: 경주)이다. 인조 무진년(1628)에 태어났다. 숙종 무진년(1688)에 죽었다.

공은 체구가 장대한데다 기개와 도량이 있었는데, 일찍이 말하기를, "나는 측실의 자식이니 마땅히 분수를 지켜야 한다."라고 하고는, 늘 평량자(平涼子: 패랭이, 喪制가 쓰던 갓)를 쓰면서 굵은 베옷을 입고 짚신을 신었다.

아버지와 어머니가 죽었을 때 적자(嫡子)는 어렸는데, 공은 감히 집안일을 관장하지 않고 반드시 문장(門長: 문중에서 항렬과 나이가 제일 위인 사람)에게 집안일을 아뢰어 재산과 기물을 봉인한 후 문장의 서명을 받아 놓고 적자가 장성할 때까지 기다렸다.

적자가 천연두를 앓다가 기절하자, 공은 품에 안고 보호하느라 먹지도 않고 숨조차 죽인 채 울며 기도한 지 5일 만에 소생하였다.

적자가 장성하자, 공은 구업(舊業: 조상 대대로 전해 내려오는 전답과 가옥 등등)을 모두 돌려주고 소에 아내를 태워 소천현(小川縣)의 산속으로 들어갔는데, 몸에는 한 푼도 지니지 않았다. 근면하고 검소하여 농사에 힘써서 친척 가운데 의지할 곳이 없는 사람들을 봉양하였다. 번번이 제삿날이면 비록 큰 변고가 있을지라도 반드시 가서 참여했는데, 비가 오고 바람이 불거나 춥거나 더워도 그만두지 않았다.【협주: 이광정이 찬한 묘갈명에 실려 있다.】

• 李址

李址, 字厚卿, 號大朴子, 月城人。仁祖戊辰生。肅宗戊辰卒。

公魁梧有氣量, 嘗曰:"吾是側室子也, 當守分."常戴平涼子, 着大布
衣·草屨。

父母死而嫡子幼, 公不敢管家務, 必請事於門長, 封其帑藏·器用, 受
門長署, 以待嫡子之長成。

嫡子嘗患痘氣絶, 公抱保安, 臥絶食屛氣, 泣禱五日而復甦。

及嫡子長成, 公悉還其舊業, 牛載其妻, 入小川山中, 不以一貲隨身。
勤儉力穡, 以養其親戚之無依者。每於祭日, 雖有大故必往, 風雨寒暑
不避。【李光庭撰碣】

보충

이광정(李光庭, 1674~1756)이 찬한 묘갈명

대박자 묘갈명 병서

대박자(大朴子)의 묘는 안동부(安東府) 소천현(小川縣: 봉화군 소천면) 연
남(延南) 태형(兌向)의 언덕에 있다. 대박자의 성씨는 이씨(李氏), 자는 후
경(厚卿), 본관은 월성(月城)이다. 월성이씨는 번성했던 큰 성씨이다. 조
선조 세종 때의 대사헌 이승직(李繩直)이 안동의 금계리(金溪里)에 살았
다. 그의 손자 이종준(李宗準)은 무오사화(戊午士禍)로 인해 죽었는데, 호
는 용재(慵齋)이다. 용재의 형 이숭준(李崇準)은 대박자의 6대조이다.

선친의 휘 이재현(李再炫, 1606~1664, 호는 藥谷, 李膺祚의 손자, 李成極의
아들)은 둘째부인과의 사이에서 딸 하나를 낳아 사인(士人) 이경백(李景
白)에게 시집보냈으며, 셋째부인과의 사이에서 아들 하나를 낳았다. 이
달시(李達時)인데 태어난 지 3년 만에 그의 어머니를 잃고 네 살 때 아버
지마저 여의었으며, 대박자는 서출(庶出)이었다.

선친이 죽었을 때 이미 결혼하여 자식이 있었는데, 스스로 서자였기
때문에 감히 집안일을 관장하지 않고 자형(姉兄)에게 양보했으나 할 수

가 없자, 즉시 선친이 사용하던 온갖 기물(器物)을 봉인하고는 문장(門長: 문중에서 항렬과 나이가 제일 위인 사람)에게 서명을 청하여 표지하였다. 장례와 제사를 이달시가 주관하였고 자기는 돕기만 하였다. 이달시가 두진(痘疹: 천연두)을 앓다가 기절하자, 대박자는 그를 품에 안고 먹지도 않아 밤낮으로 몸져 누워서도 슬피 기도한 지 5일 만에 이달시가 소생하였다.

대박자는 성품이 근면하고 검소하여 농사에 힘써서 구업(舊業: 조상 대대로 전해 내려오는 전답과 가옥 등등)을 증식하였다. 신해년(1671)의 대기근 때 안팎의 모든 친척 72명을 모아 먹이며 개 1마리를 기르게 하였으니, 그 개는 진씨(陳氏: 개를 감화시킨 江州陳氏)의 개처럼 감화되어 도둑들을 감히 가까이 오지 못하게 하였다.

이달시가 성장하여 가정을 이루자, 곧바로 문장(門長)과 마을의 장로(長老)들을 불러 모셔 놓고서 이전에 봉인했던 것의 열쇠를 가져다 풀고 문권대로 돌려주었다. 그가 증식한 것도 아울러 돌려주며 말하기를, "이것 또한 구업(舊業)에서 나온 것이다."라고 하였다. 그의 아내 문씨(文氏) 또한 현명하고 식견이 있었으니, 대박자가 장차 적자 동생에게 부인을 맞아들이려고 하면서 일부러 속여 자신의 아내에게 집에서 나가도록 했다가 가산(家産)을 적자 동생에게 죄다 돌려주고는 아내에게 이르기를, "여자는 본래 인색하니, 나는 혹시라도 사사로이 넘볼까 두려웠던 것이오."라고 하자, 아내가 웃으며 말하기를, "남편이 하는 일을 제가 어찌 알았겠습니까?"라고 하였다.

그 이전에 대박자는 그의 동생에 고하기를, "낭군(郎君)이 이제 성인이 되어 조상의 제사를 주관할 수 있게 되었으니, 나의 책임은 끝났네. 사물의 이치는 둘이 동시에 번성할 수 없는데다 나는 자녀가 많고 낭군은 적은데, 혹여라도 서로 방해가 될까 두려우니 떠나는 것만 못하네."라고 하고는, 자기 아내를 태운 소 1마리를 끌고 걸어서 소천현(小川縣)의 산속으로 들어가 늙은 노비 임명철(任命鐵)의 집에 이르렀다. 임명철이 자기의 집을 비워 지내도록 하며 말하기를, "공은 사람들이 능히 할 수 없는 일을 하는데, 노비만 능히 주인을 위하여 할 바를 하지 못하겠습니까?"라고 하며 한 푼도 가져가지 않은 채로 떠났다. 이웃 마을의 사람들이 의롭게 여기고 다투어 노비를 도와주었으니, 노비 또한 예전보다 더 풍요로웠다.

대박자는 깊은 산골에 살면서도 종가(宗家)의 제사 및 일이 있을 때면 험한 길을 150리나 가서 참여했는데, 비가 오고 바람이 불거나 춥거나 더워도 그만두지 않았다. 이달시의 처가 아들을 낳자, 대박자는 가서 출산의 기쁨을 보고 울며 아내에게 말하기를, "나는 이제야 선친에게 보답할 수 있게 되었소."라고 하였다.

대박자는 늘 평량자(平涼子: 패랭이, 喪制가 쓰던 갓)를 쓰면서 굵은 베옷을 입고 짚신을 신고 다녔다. 사람들이 간혹 비웃으면, 그가 말하기를, "천한 사람의 분수이다. 게다가 나의 낭군(郎君: 이달시)이 검소하게 옷을 입는데, 의당 그것보다 나아서는 안 된다."라고 하였다. 대박자는 체구가 장대한데다 기개와 도량이 있었는데, 사람들에게 성실하고 삼갔으니 마을의 장로(長老)들이 그와 더불어 노는 것을 기뻐하였다.

태어난 지 60돌이 되는 해에 죽었으니, 무진년(1688) 10월 8일이었다. 첫째부인은 사별하였고, 둘째부인은 문씨(文氏)이다. 첫째딸은 손각조(孫慤祖)의 처가 되었는데 첫째부인의 소생이다. 아들은 이인석(李仁錫)·이의석(李義錫)·이예석(李禮錫)·이현석(李賢錫)·이신석(李信錫)이며, 딸은 각기 김익신(金翊臣)·박진광(朴震光)·김용표(金龍標)의 처가 되었는데 둘째부인 문씨의 소생이다. 내외의 손자와 손녀들이 수십 명이다.

대박자가 죽고 난 뒤에 문씨가 자기의 아들들에게 말하기를, "네 아비와 낭군(郎君: 이달시)이 죽고 나자, 소낭군(小郎君: 이달시의 아들) 형제의 왕래가 점점 소원해지고 있으니, 전답을 나누어 주면 혹여라도 이로 말미암아 끊이지 않고 오지 않겠느냐?"라고 하니, 아들들이 따라서 곧바로 문밖의 삼밭을 주었다.

오래지 않아 두 아들이 모두 조상의 가업을 망치고 또 그 삼밭마저 남에게 저당잡히더니만, 둘 다 요절하여 후사가 없어 제사가 끊겼다. 이인석(李仁錫)의 아들 이태삼(李台三)이 사당의 신주를 거두어 가지고 집으로 돌아와 제사를 지냈다. 이태삼 또한 덕행이 있어서 여러 숙부들을 매우 매우 정성스럽게 섬겼으며, 자기의 전답을 팔아서 병든 사람을 구료하고 환곡을 갚느라 집안의 재산은 마침내 속절없었지만, 의를 좋아하고서 선하지 않은 것을 곧바로 보지 않았으니, 사람들은 조부의 풍모가 있다고 여겼다. …(이하 명문 생략)…

大朴子墓碣銘 幷序

大朴子葬, 安東之小川縣延南兌向之原。大朴子李姓, 址名, 厚卿字, 月城人。月城之李爲大姓。我世宗世, 大司憲繩直, 居安東金溪里。其孫宗準, 死戊午禍, 號慵齋。慵齋之兄崇準, 大朴子六世祖也。其先君諱再炫, 再娶而生一女, 適士人李景白, 三娶得一男。曰達時, 生三歲而喪其母, 四歲而孤, 大朴子側出也。先君之卒, 已娶妻有子, 自以庶子, 不敢管家務, 以讓姊兄, 不可, 卽封閉先君時凡百器用, 請門長署識之。其葬及祭, 以達時主而己攝之。達時病痘疹氣絶, 大朴子抱之懷中, 絶食晝夜臥, 哀禱五日而達時甦。大朴子性勤儉力穡, 增殖舊業。當辛亥大侵, 聚餔內外諸親七十二人, 令人畜一犬, 犬有陳氏之感, 盜不敢近。達時旣長有室, 卽會門長里長老, 取所封鑰匙, 依券還之。其所增殖者, 並致之曰﹕"此亦舊業所從出."妻文亦賢有識, 大朴子將迎適弟婦, 紿之使出, 旣盡還家資, 迺謂妻曰﹕"婦人性嗇, 吾恐其或私之也."妻笑曰﹕"丈夫所爲, 妾何知焉?"旣已, 大朴子告其弟, 曰﹕"郎君成立, 宗祀有主, 吾責塞矣。物莫能兩盛, 吾子女夥而郎君弱, 恐或相妨, 不如違之."載其妻一牛, 徒步入小川山中, 抵老奴任命鐵。命鐵虛其堂, 處之曰﹕"公能爲人所不能爲, 奴獨不能爲主所爲乎?"不持一貲而出。隣里義之, 爭

救助奴, 奴亦饒於舊。大朴子居峽, 宗家祭祀及有故, 必往險道百里有半, 風雨寒暑不廢。達時妻擧子男, 大朴子往視産喜, 泣語妻曰："吾今可以下報先君矣." 大朴子常戴平凉子, 衣大襦, 著秸屨而行。人或笑, 則曰："賤人之分也。且吾郞君儉服用, 不宜過之." 大朴子魁梧有氣量, 與人愿款, 諸長老, 喜與之游。年周甲而終, 戊辰十月八日。初喪配, 再娶而得文氏。女孫㲄祖妻, 前配出。子仁錫·義錫·禮錫·賢錫·信錫, 女金翊臣·朴震光·金龍標妻, 文出也。內外孫男女數十餘人。大朴子旣沒。文語其子曰："汝父與郞君旣亡, 小郞君兄弟, 來往漸疎, 盍分田與之, 或因此源源也？" 諸子從之, 卽與門外麻田。旣而, 二子俱敗其祖業, 又質其麻田於人, 而俱夭無嗣祀絶。仁錫有子台三, 收其廟主而歸家祀之。台三亦有行。事諸父甚謹, 斥其田以養病輸糶, 家業遂空, 然好義不直視不善, 人以爲有祖父風。…(이하 명문 생략)…

〔訥隱先生文集, 권12, 墓碣銘〕

15. 류세명

류세명의 자는 이능, 호는 우헌, 본관은 풍산이다. 겸암 류운룡의 증손 자이다. 인조 병자년(1636)에 태어났다. 현종 경자년(1660) 진사시에 합격하고, 숙종 을묘년(1675) 문과에 급제하였다. 한림(翰林)·호당(湖堂)·이랑(吏郎: 銓郎)을 거쳐 벼슬이 교리에 이르렀다.

공충도(公忠道: 충청도) 도사(都事)였을 때 서천군수(舒川郡守)가 불법을 저지른 죄상을 탄핵하여 파면시키자, 온 도내가 숙연해졌다. 청주목사가 이를 듣고는 곧바로 상경하여 스스로 파직 당하여 떠나니, 백성들이 말하기를, "서천군수의 파직이 청주목사에게는 다행한 일이네."라고 하였다.

공은 족숙(族叔) 졸재공(拙齋公) 류원지(柳元之)에게 가르침을 받았는데, 심오한 뜻을 강론하고 토론하니 견해가 매우 정밀하고 투철하였다. 발해(發解: 初試)에 급제하자, 어머니가 기뻐하며 말하기를, "이는 훌륭한 스승의 공덕입니다."라고 하니, 졸재공이 웃으며 말하기를, "형수님은 내가 그에게 배웠다는 것을 알지 못하고 도리어 내가 가르친 줄로 여기는군요."라고 하였다.

공은 책에 대해서는 읽지 않은 것이 없었고 이치에 대해서는 궁구하지 않은 것이 없었으니, 학문적 조예가 날로 깊어졌고 더욱이 조용히 홀로 있는 가운데 스스로를 성찰하는 공부에 더욱 엄격하였다.【협주: 류규가 찬한 행장에 실려 있다.】

• 柳世鳴

柳世鳴[1], 字爾能, 號寓軒, 豐山人。謙庵雲龍[2]曾孫。仁祖丙子生。顯宗庚子進士, 肅宗乙卯文科。歷翰林·湖堂[3]·吏郎, 至校理。

爲公忠都事, 劾罷舒川守不法之罪, 一道肅然。淸州牧使聞之, 卽上京, 自國遞罷, 民言:"舒川之罷, 淸州之幸."

公受業於族父拙齋公元之[4], 講討蘊奧, 見解精透。及發解, 母夫人喜曰:"此賢師之功也." 拙齋公笑曰:"嫂氏不知吾之學于渠, 而反以我爲敎耶?"

公於書無所不讀, 於理無所不窮, 造詣日深, 而尤嚴於幽獨存省之工。
【柳洼[5]撰行狀】

---

1 柳世鳴(류세명, 1636~1690): 본관은 豊山, 자는 爾能, 호는 寓軒. 증조부는 柳雲龍이며, 조부지는 柳裪이다. 아버지는 柳元履인데, 류원리의 첫째부인 安東權氏는 처사 權直養의 딸이며, 둘째부인 高敞吳氏는 생원 吳渷의 딸이다. 부인 咸昌金氏는 金堯翊의 딸이다. 재종숙인 柳元之의 문하에서 수학하였다. 1660년 사마시에 합격하고, 1675년 증광문과에 급제하였다. 1678년 예문관검열을 지낸 뒤 사관과 이조좌랑을 거쳐 1689년 사헌부지평·홍문관교리·사간원헌납을 역임하였다. 1689년 3월과 윤3월 두 차례에 걸쳐 홍문록에 등재되었다. 公忠道都事로 있을 때 서천군수의 비행을 탄핵하여 파면시키어 도내가 숙연하였고, 홍문관교리로 있을 때는 부교리 閔昌道와 함께 노론의 宋時烈·金壽恒·金錫冑에 대한 엄벌과 閔鼎重을 엄히 다스려야 한다는 箚子를 올려 민정중을 뒷날 碧潼으로 유배하게 하였다.

2 雲龍(운룡): 柳雲龍(1539~1601). 본관은 豊山, 자는 應見, 호는 謙菴. 증조부는 柳子溫이며, 조부는 柳公綽이다. 아버지는 柳仲郢이며, 어머니 安東金氏는 진사 金光粹의 딸이다. 부인 鐵城李氏는 참봉 李容의 딸이다. 柳成龍의 형으로 李滉의 문하에서 수학하었다. 사포서별제기 된 뒤 禁府例遷·豊儲倉直長 등을 역임하면서 청렴하고 철저한 임무 수행 능력을 인정받아 내자시주부로 승진해, 진보현감 등을 지냈다. 그러나 어머니의 신병 때문에 사퇴하였다가 다시 인동현감으로 추배되었다. 광흥창주부·한성부판관·평시서령·사복시첨정 등을 두루 역임하였다.

3 湖堂(호당): 국가의 중요한 인재를 길러내기 위하여 건립한 전문 독서연구기구. 긴 휴가 때 책을 읽는 것은 世祖 때에 혁파되었다가 成宗 때 다시 설치되었다. 또 세종 때에 산사에서 독서하게 하시더니, 성종께서는 다시 龍山 東湖의 경치 좋은 곳을 택하여 서당을 세우시고 호당이라 이름 지었다. 文學士가 왕왕 여기에서 배출되니 당시 사람들이 호당에 드는 것을 큰 영예로 알았다.

4 元之(원지): 柳元之(1598~1674). 본관은 豊山, 초명은 景顯, 자는 長卿, 호는 拙齋. 증조부는 柳仲郢이며, 조부는 柳成龍이다. 아버지는 장령 柳袽이며, 어머니 南陽洪氏는 군자감정 洪世贊의 딸이다. 부인 義城金氏는 金是樞의 딸이다. 柳袗에게 수학하였다. 황간·진안 등지의 현감을 역임하였고, 1636년 병자호란 때에는 안동지방의 의병장 李弘祚와 함께 활약하였다. 학문에 열중하여 사서오경과 제자백가에 능하였다.

5 柳洼(류규, 1730~1808): 본관은 豊山, 자는 秀夫, 호는 臨汝齋. 柳成龍의 6세손이다. 증조부는 柳萬河이고, 조부는 柳後沆이다. 아버지는 柳聖五이며, 어머니 安東權氏는 權鼎老의 딸이다. 부인 永陽李氏는 李德祥의 딸이다. 일찍이 학문에 전심하여 經史와 算律, 陰陽,

星曆에 정통하였다. 安敏修, 權明佑, 金弼衡, 李象辰 등과 道義交를 맺었다. 1791년 좌의정 蔡濟恭의 천거로 의금부도사에 제수되었고, 1792년 영남 유림과 연명으로 사도세자가 죄가 없음을 아뢰는 萬人疏를 올렸다. 이어 사재감봉사와 종부시직장·사옹원주부·사헌부 감찰 등을 역임하였고, 경산현령으로도 지냈다. 1800년 돈령부도정에 제수되었다. 그의 문집 《臨汝齋集》의 권7과 권8에 행장들이 묶어져 있으나, 柳世鳴의 행장은 수록되어 있지 않다.

16. 이선

이선의 자는 봉언, 호는 허직, 본관은 전주이다. 태종의 왕자 온녕군(溫寧君) 이정(李䄇)의 후손이다. 인조 경진년(1640)에 태어났다. 현종 병오년(1666) 사마시에 합격하고 숙종 을미년(1679) 처음으로 벼슬길에 나섰으며, 계해년(1683) 문과에 급제하여 벼슬은 좌랑을 지냈다. 정묘년(1687)에 죽었다.

공은 여러 차례 과거에 급제하지 못했지만 때때로 상경하여 과거에 응시하기 위해서 도성에 왔는데, 재상 허적(許積)의 서자(庶子) 허견(許堅)이 찾아와서 만나보려는 뜻을 전했으나, 공은 한번도 찾아가서 사례하지 않았다.

공이 광흥창 봉사(廣興倉奉事)가 되었는데, 녹봉을 지급하는 곳으로 지급하고 남은 여분이 있으면 창고의 관리가 으레껏 차지하던 것을 장부에 기록하고 광흥창 안에 보관하였으며, 재상들의 요구가 있으면 그에 응하여 그들의 마음을 만족시키지 않았으니, 이 때문에 미움을 받아 체직되었다. 수십 년이 지난 뒤, 한 늙은 창고 아전이 영남 사람을 만나 말하기를, "창고 관료를 많이 보았지만 추호도 부정을 저지르지 않고 권신(權臣)도 두려워하지 않았던 이로 이 봉사(李奉事) 같은 이를 아직 보지 못했다."라고 하였다.

공의 문장은 명백하고 전아하였지만, 글을 지으면 곧바로 초고를 파기하여 과제문(科製文: 과거 시험을 위해 지은 글)이 전해지는 것 외에 시문(詩文)이 많이 전해지지 않았으니, 몇 권이 집에 보관되어 있다.【협주: 이재가 찬한 행장에 실려 있다.】

• 李瑄

李瑄, 字奉彥, 號虛直, 全州人。太宗王子溫寧君裎[1]之後。仁祖庚辰生。顯宗丙午司馬, 肅宗乙未筮仕, 癸亥文科, 官佐郎。丁卯卒。

公累擧不中, 時以計偕[2]至, 許相積[3]送子堅, 來見致意, 公一不往謝。

公爲廣興奉事, 頒祿, 羨餘之, 倉官例占者, 簿儲倉中, 卿宰有求, 應之, 而不厭其心, 以此見忤汰職。後數十年, 有一老倉吏, 見嶺人, 曰：“閱倉官多矣, 不犯秋毫, 不畏强圉, 未見如李奉事。”云。

公之文辭, 明白典雅, 而有作, 旋削稿, 科製流傳外, 詩文不多傳, 有若干卷藏于家。【李栽撰行狀】

보충

이재(李栽, 1657~1730)가 찬한 행장

통훈대부 행 예조좌랑 허직 이공 행장

공의 휘는 선(瑄), 자는 봉언(奉彥), 성씨는 왕실의 성이고, 허직(虛直)은

---

1   裎(정): 李裎(1407~1453). 태종의 왕자. 信嬪辛氏의 3남이며, 부인은 順天朴氏이다.

2   計偕(계해): 偕計. 향시에 합격하고서 상경하여 과거에 응시하는 것.

3   許相積(허상적): 許積(1610~1680). 본관은 陽川, 자는 汝車, 호는 默齋·休翁. 증조부는 許礎이며, 조부는 許潛이다. 아버지는 부사 許僩이며, 어머니 安東金氏는 金悌의 딸이다. 첫째부인 驪興閔氏는 閔之釴의 딸이며, 둘째부인 光山李氏는 李籑의 딸이다. 1633년 사마시에 합격하고, 1637년 식년문과에 급제하였다. 1645년 경상도관찰사가 되었으나 1647년 일본사신 다이라[平成幸]를 위법으로 접대한 죄목으로 파직되었다. 다시 기용되어 1653년 호조참판, 1655년 호조판서를 거쳐, 1659년 형조판서를 역임하였다. 그 해 효종이 승하하면서 慈懿大妃의 服喪問題가 일어나자, 남인으로서 서인의 朞年說에 맞서 3년설을 주장했으나 채택되지 않았다. 1662년 陳奏副使로 청나라에 다녀왔으며, 1664년 우의정이 되었다. 같은 해 사은 겸 진주사로 다시 청나라에 다녀와 좌의정에 올랐다. 1671년 영의정이 되었으나 이듬해 宋時烈의 논척을 받아 영중추부사로 전임되었다. 1674년 仁宣大妃가 죽어 자의대비의 복상문제가 다시 일어나자, 서인의 大功說(9개월 설)에 맞서 기년설을 주장하였다. 이번에는 그 주장이 받아들여지면서 다시 영의정에 복직하고 남인이 집권하였다.

그의 호이다.

   태종(太宗)의 여러 왕자 가운데 온녕군(溫寧君) 이정(李裎)은 자식이 없어서 동복동생 근녕군(謹寧君) 이농(李襛)의 아들인 우산군(牛山君) 이종(李踵)을 양자로 삼았다. 우산군은 한산부정(韓山副正) 이정(李挺: 3남)을 낳았으니, 형제가 6명으로 모두 명망이 있었다. 이정의 둘째 형 무풍정(茂豊正) 이총(李摠)이 특히 풍류(風流: 청담을 일삼는 사람들)의 종주(宗主)가 되었으나, 연산군(燕山君)이 이를 시기하여 그 여섯 형제를 모두 주살하였고 우산군까지 그 화가 미쳤다. 중종(中宗) 반정 이후 한꺼번에 억울함이 풀려서 부정(副正)에서 도정(都正)으로 승진되었다.

   한산도정은 신양수(信陽守) 이회(李淮)를 낳았고, 신양수는 사포서별검(司圃署別檢) 휘 이민(李敏)을 낳았다. 이가 바로 공의 4대조이다. 증조부 휘 이성립(李成立)은 우애와 효성을 타고 났으며, 문장과 필법이 모두 뛰어났다. 태학의 천거를 받아 능서랑(陵署郎)에 제수되었고, 곧 백부(栢府: 사헌부)의 선발을 앞두고 있었다. 이때 동인이라 서인이라 표방하며 대치하고 있어 피차간의 의론 사이에 가담하지 않았는데, 이 때문에 추천해 주는 사람이 없어서 벼슬은 용궁현감에 그쳤다. 조부 휘 이영기(李榮基)는 어려서 부모를 여의고 한성(漢城)에서 재를 넘어 기천(基川: 豊基)의 외가에 의탁하였다. 안동권씨와 결혼하였는데, 군자감 정(軍資監正) 휘 권래(權來)의 딸이자 충정공(忠定公) 권벌(權橃)의 증손녀이다. 그리하여 안동부(安東府)의 내성현(奈城縣)에 집을 장만하여 살았다. 성품이 차분하고 후덕하였기 때문에 지금까지도 마을 사람들이 일컬으며 그리워하였다. 아버지 휘 이시항(李時恒) 또한 훌륭한 덕을 지녔으나 불행히도 일찍 세상을 떠났다. 어머니 여주이씨(驪州李氏)는 왕자사부(王子師傅) 이환(李煥)의 딸로 정숙하고 조용하면서 자식을 사랑하고 시부모에게 효도를 다하였으니 부녀자의 법도를 잘 닦았다. 두 아들을 낳았는데, 공은 그 장남이다. 공은 장릉(長陵: 仁祖) 경진년(1640) 11월 9일에 용궁현(龍宮

縣) 무호리(蕪湖里)의 외가에서 태어났다.

그가 태어날 즈음에 사부공(師傅公: 외조부 이환)이 꿈에서 학을 안고 있었는데, 깨어나 해몽하며 말하기를, "이 아이는 반드시 범상하지 않을 것이다."라고 하였다. 태어나자 빛나도록 뛰어나 평범한 아이들과 달랐다. 어려서부터 놀고 장난칠 때 이미 추악한 기색을 보이거나 사납고 궂은 말을 하는 것이 없었다. 겨우 6세가 되었을 때 사부공에게 글자를 배웠는데, 깨달음이 매우 민첩하고 기억력이 남보다 뛰어나 경서(經書)·사서(史書)·백가서(百家書)의 말을 두루 통하니, 마치 칼날에 맞아 실올처럼 잘게 해체되듯 막힘없이 이해하여 알기 어려운 것도 쉽지 않은 것이 없었다.

조금 성장해서는 고모부 구재(鳩齋) 김계광(金啓光)을 종유하여 사장(詞章)의 학문을 익혔는데, 글을 짓는 재주가 거침없이 날마다 진전하여 박사가언(博士家言: 과거 공부)에 대해서는 익히지도 않았으나 교묘하지 않음이 없으니, 당시의 동료들은 모두 옷깃을 여미고 받들어 존경하면서 자신들은 미치지 못할 바라고 여겼다.

약관의 나이에 외우(外憂: 외조부 이환 喪)를 당해 슬퍼하다가 몸이 상하여 병이 생겨서 거의 죽을 뻔했으나 가까스로 살아났다. 그로 인해 몸이 쇠약해지고 병을 잘 앓게 되자, 문을 닫아걸고 조용히 지내며 수양할 것을 생각하여 오로지 옛 사람들의 위기지학(爲己之學: 학문을 자신의 것으로 삼음)에 뜻을 두었다. 날마다 《심경(心經)》과 《근사록(近思錄)》 등의 책을 깊이 몰입해 완미하여 탐색하고서 때때로 중요한 구절을 뽑아내어 자리의 한쪽에 걸어두었고, 또 옛 사람들의 훌륭한 말과 선행을 작은 종이에 적어 아침저녁으로 보며 반성하는 자료로 삼았는데, 그 종이들을 묶어서 '백폄경(百砭經)'이라 이름하고는 끝에 유을(劉乙)이 《백회경(百悔經)》이라 한 뜻을 덧붙여 놓았다.

복을 벗고 나서는 어머니 및 여러 백부와 숙부의 명을 어기기가 어려워서 마침내 과거 공부를 하였지만, 항상 과거가 사람의 마음가짐을 망치다고 여겨 지극히 경계하였다. 사람들이 조급히 출세길에 나아가려 요행으로 급제하는 것을 보면 마음속으로 마치 자신을 더럽히는 것처럼 비루하게 여겼다. 27세가 되어 태학(太學: 성균관)에 들어갔다. 이때부터 연달아 대과(大科)를 보았는데, 초시에서 간혹 장원을 차지하기도 하고 간혹 삼장(三場: 初試의 初場, 中場, 終場)을 모두 통과하기도 하였으나, 번번이 성시(省試: 도성에서 시행하는 과거인 覆試 또는 會試)에서 오르지 못하였다. 사람들은 공을 위하여 늦어지는 것이라고 하자, 공이 말하기를, "이것은 천명이 있어야 하니, 어찌 반드시 얻을 수 있으리라고 바라겠습니까? 다만 마땅히 사람으로서 할 일을 닦을 뿐입니다."라고 하였다.

일찍이 목재(木齋) 홍여하(洪汝河)를 찾아가 의문점을 묻고 가르침을 청하니, 홍여하는 그의 그릇됨을 매우 중히 여겼고 서로 주고받은 서신이 심히 많았다. 그 중에는 문장 짓는 법을 논한 글이 하나 있었는데, 구법(句法)과 장규(章規)에까지 마음을 기울여 남김없이 말하였다. 대개 홍여하가 기대하는 바는 단지 과거를 위한 수련에만 그치지 않은 것이었다.

백호(白湖) 윤휴(尹鑴)는 바야흐로 조정에 등용된데다 훌륭한 명성이 있어 선비들이 대부분 그와 교제하는 것을 영광스럽게 여겼는데, 윤휴가 공의 명성을 듣고 한번 만나보고자 하여 자제를 보내 뜻을 전했지만 공은 끝내 찾아가지 않았다.

재상 허적(許積)의 서자(庶子) 허견(許堅)은 명망 있는 인사들과 교분을 맺는 것을 좋아했는데, 공이 해계(偕計: 상경하여 과거에 응시함)할 때에 번번이 날마다 반드시 찾아와 만나보려는 자신의 뜻을 전했으나 공은 한번도 사례하는 뜻을 표하지 않았다. 이에 허견이 매우 유감을 품고 공을 헐뜯어 마지않았으나, 공은 전혀 동요하지 않았다.

평소 공과 친했던 한 명망 있는 선비가 공이 관직에 오르는 것이 늦어지자 안타깝게 여겼는데, 과거가 임박하여 찾아와서 공의 정문(程文: 과거 답안)을 보고 싶어 했으나, 공은 그가 혹여라도 시험을 주관하는 자가 될까 꺼려서 끝내 내보이지 않았다.

낙양(洛陽: 한양)의 문사(文士)들 중에 학업을 같이하자고 청하는 자들이 심히 많았지만, 권세 있는 집안의 자제들과는 전혀 어울리지 않았다. 공은 자기 자신을 다스리는데 엄격하기가 이와 같았다.

명릉(明陵: 숙종) 기미년(1679)에 공의 품은 재주가 오랫동안 펴지 못하고 있다는 소문이 있자, 정릉 참봉(貞陵參奉)에 제수되었다. 이듬해(1680) 당파로 인한 화(禍)가 일어나서 시국이 크게 변하였다. 공은 별자리를 관찰하며 점괘를 살피고 벼슬할 생각이 전혀 없었지만, 다만 집안이 가난하고 어머니가 늙었음을 생각하니 벼슬하지 아니할 의리가 없었기 때문에 열심히 직무를 수행하였다. 임기가 만료된 후 광흥창(廣興倉)의 봉사(奉事)로 옮겼다.

광흥창은 곧 모든 관리들에게 녹봉(祿俸)을 지급하는 곳으로, 녹봉을 지급한 후 여분이 있으면 으레껏 창고 관리들이 차지하였다. 그러나 본래의 관례로는 전중어사(殿中御史)가 대감(臺監: 감찰)으로서 녹봉 지급을 감독하였으니, 대간(臺諫)의 서리(書吏)가 이를 계기로 무수히 청탁하였다. 공이 그 폐습을 개혁하고자 일체 꾸짖어 금하면서 여분을 모두 장부에 기록하고 광흥창 안에 보관하여 뜻밖의 사태에 대비하였다. 그러나 사소한 청탁이 있었고, 혹은 재상(宰相)의 집안에서 나오기도 하였다. 공은 마음속으로 이를 천하게 여기고 공자(孔子)가 여섯 말과 넉 되[釜]를 주라는 뜻을 새겨서 청탁에 특별히 부응하여 그들의 마음을 만족하게 하지 않았다. 끝내 이로 인해 미움을 받았으니, 전관(銓官)을 사주하여 공을 체직시키도록 하였다. 수십 년이 지난 뒤, 한 늙은 창고 아전이 영남 사람을 만나 옛일을 이야기하며 말하기를, "창고의 일을 맡아온 이래로 창고 관료들을 본 것이 어찌 한이 있겠소? 추호도 부정을 저지르지 않고 권신(權臣)도 두려워하지 않았던 이로 이 아무개 봉사(奉事) 같은 이를 아직 보지 못했소."라고 하였다.

　계해년(1683) 비로소 과거에 급제하여 자궁(資窮: 당하관의 최고 자리에 있는 것)으로 전적(典籍)에 임명되었다. 을축년(1685) 예조 원외랑(禮曹員外郎)으로서 외직으로 나가 은계도찰방(銀溪道察訪)이 되었는데, 집과의 거리가 매우 멀어져 어머니를 편안하게 봉양하려는 계획과 어긋나서 슬퍼함에 마음속으로 즐거워하지 않았다. 직무를 수행함에 이르러서는 말하기를, "관직은 낮지 않으니 오직 내 마음을 다할 뿐이다."라고 하였다. 우졸(郵卒: 驛卒)을 어루만져 다스렸고, 정사를 펼침에 은혜를 베푸는 것을 우선하였다. 관례에 따른 수입을 줄여 궁핍한 사람들을 구제하고, 자신의 녹봉을 줄여 번거로운 비용을 절약하였다. 역마를 사고로 잃어버린 경우에는 값을 지급하여 다시 마련하도록 도왔고, 관우(館宇: 客館)가 낡고 허물어진 경우에는 자신의 봉급을 털어 수리하고 보수하게 하였다. 간혹 전례가 없는데도 단지 재정을 낭비하는 것이라고 말하는 이가 있으면, 공이 말하기를, "날마다 달마다 들어오는 수입은 자연스레 남는 여분이 생기게 마련인데, 그 모두를 내 것으로 들인다면 마음이 편치 않을 것이기 때문에 그저 이렇게 하는 것뿐이오."라고 하였다.

　은계도(銀溪道)는 경사(京師: 도성)에서 멀지 않았으니 도성(都城) 아래에 사는 친구들 중 실직하여 집에서 지내는 사람들이 긴급한 도움을 요청하는 경우가 한번이 아니었지만, 공은 힘이 미치는 대로 의리에 따라 나누어 베풀었다. 그러나 감사(監司)의 비장(裨將)이 객관을 지나며 글을 지어달라고 청한 적이 있었는데, 공은 그가 위세를 부리려고 청하는 것이라 미워하여 지어주지 않았다. 비장은 원한을 품고 방백(方伯)에게 모함하였는데, 방백이 그 말을 받아들이고는 마침내 체면을 고려하지 않고서 중고(中考: 중간 등급)로 평가하였다. 이에 공은 세상에서 무엇도 할 수 없다는 것을 더욱 알았으면서도, 위세에 굴복하지 않았음은 이를 통해 또한 볼 수 있다.

정묘년(1687) 초에 어떤 일로 도성에 들렀다가 돌아온 후 얼마 지나지 않아 두창(痘瘡: 천연두)에 걸렸는데, 스스로 일어나지 못할 줄 알고 앉아 친히 편지를 써서 동생 및 아들에게 남겼으니, '효도와 우애, 충성과 신의, 예의와 의리(孝弟忠信禮義)'라는 여섯 글자로 권면하였고, '나의 복이 박하다고 해서 착한 일을 하는 데에 태만하지 말라.' 타일렀다.

편지를 다 쓰고 나서 바르게 누운 후 생을 마쳤는데, 정월 24일이었으니 향년 48세에 그쳤다. 2월에 선영 아래 삼우곡(三隅谷)으로 초빈(草殯)하였고, 10월 어느 날에 예천군(醴泉郡)의 서쪽 입석(立石) 건좌(乾坐)의 언덕에 안장하였다. 그곳의 좌측 기슭은 곧 첫째부인 숙인(淑人) 김씨의 묘소이다. …(중략)…

공의 기질은 온아하고 성품은 강직하면서도 도량이 컸으니, 온화하고 평온한 가운데에서도 사람들이 함부로 할 수 없는 면이 있어서 원근의 사우(士友)들이 흠모하여 그와 교제하지 않은 자가 없었고, 또한 감히 희롱하거나 업신여길 수도 없었다.

평소에는 의관을 바르게 하고 단정히 앉아 있었으며, 게으른 모습을 보지 못했다. 비록 오랜 병석으로 쇠약해진 중에서도 또한 반드시 몸가짐을 가지런히 하고 마음을 다잡은 뒤에야 사람을 대하였다. 항상 성현(聖賢)을 본받아 배울 만한 본보기로서 반드시 스승으로 삼았으며, 속된 유학자의 범속하고 비루함을 깊이 부끄러워하였다.

일찍이 성간(成覸)이 제경공(齊景公)에게 '그도 장부요, 나도 장부이다. 그러니 내가 그의 뜻을 두려워할 것이 있겠는가?(彼丈夫, 我丈夫, 吾何畏彼之志?)'라고 하였는데, 지금 그의 《일신기(日新記)》 및 《독서수록(讀書隨錄)》 등의 글을 읽어보면 또한 그가 평소 마음속으로 스스로 기약한 바가 글 꾸미는 것을 일상으로 삼는데만 그치지 않았음을 볼 수 있다. 도리어 늙은 어머니가 집에 계시니 마음대로 할 수 없어 과거에 응하여 벼슬을 구한 지 십여 년 동안 분주하느라, 여유롭고 한가로운 시절에 해내려고 한 뜻을 다할 수가 없었다. 때때로 개연히 탄식하며 말하기를, "내 뜻이 옛사람만 못한 것도 아닌데, 단지 앞으로 나아가 담당할 용기가 없었고 또한 강한 도움을 받아 절차탁마할 기회가 없었기 때문이었지만, 시일을 끌며 게을리 젊은 시절의 시간을 허비했으니 어찌 깊이 한탄스럽지 않겠는가?"라고 하였다.

평소 마음가짐과 행실은 오직 사리(事理)의 옳고 그름만을 기준으로 삼아 취사선택하였다. 벼슬살이를 몇 년 하면서 하는 일 없이 한가하게 지내면서도 연줄을 잡으려는 의도가 없었고, 험한 상황을 겪으면서도 권세가들을 두려워하지 않았으니, 결국 이 때문에 벼슬길에서 어정거리며 그의 뜻을 펼치지 못하고 죽었다. 몇 년이 지난 뒤에 조정이 개기(改紀: 정세가 바뀜, 1694년 갑술환국)하였으니, 공과 같은 시기에 좌천되어 있던 사람들이 모두 기용되면서 어떤 이는 높은 관직에 올랐으나 공은 보지 못했다. 당시 공론에서는 공이 경연(經筵)에서 강론하고 논의한데다 관각(館閣)에서 문장을 잘 지었기 때문에 이러한 제일류의 사람을 잃은 것을 불행이라 여기며 함께 깊이 탄식하고 애석해 하였다.

공에게는 한 명의 동생인 이완(李琬, 1650~1732, 자는 粹彦, 호는 龜厓)이 있었는데, 공보다 11살 어렸고 또한 착하고 믿음직스러운데다 타고난 재능이 있었다. 공은 우애가 돈독하고 지극한데다 동생의 나이가 약관도 채 되기 전에 의리로는 스승과 벗을 겸하였으니 동생을 이끌어 깨우치고 도와주며 각각 그에 맞는 방도를 다하였는데, 이미 능한 바는 칭찬하면서 미치지 못하는 바는 면려하여 마침내 동남 지방의 수사(修士: 행실을 잘 닦은 선비)가 되었다. 일찍이 말하기를, "우리 형제는 단 두 사람뿐이니, 어찌 차마 각기 생업을 따로 마련하겠는가? 반평생 함께 살면서 끝까지 사사로이 너와 나에 대해서 한 번도 언급하지 않았다. 세상 사람들이 각기 처자식만 편애하다가 틈이 생겨 살림을 나누는 것을 보면 곧장 귀를 막고 듣지 않으려 했다."라고 하였다.

책이라면 보지 않는 것이 없었으니, 평소 특별한 일이 없으면 단 하루도 글을 읽지 않고 그냥 보낸 적이 없었다. 하지만 공부하는 과정은 사서(四書)를 근본으로 삼고 제자백가서(諸子百家書)를 두루 읽었다. 일찍이 그의 아들 이인보(李仁溥)에게 보낸 편지에 이르기를, "나는 학문에 비록 실제로 터득함은 없었지만 또한 이 일에 뜻을 둔 적은 있었다. 대개 종신토록 마음속에 간직해야 할 것은 사서만한 것이 없는데, 문장과 의리는 모두 여기에서 나온다. 만약 사서를 숙독하여 마치 자신의 말처럼 외울 수 있다면, 견해가 높기를 기대하지 않아도 저절로 높아질 것이다."라고 하였다. 이는 대개 모두 몸소 겪은 것이기 때문에 말한 것이 이처럼 매우 친근하고 다정하였다.

품은 뜻을 드러내어 문장을 지은 것이 명백하고 전아하여 비루하거나 진부한 표현이 전혀 없었다. 세상의 문장에 대한 안목을 갖춘 자들은 모두 경학(經學)을 박람하고 시무(時務)에 통달한 글로 인정하였다. 그러나 공은 이에 스스로 만족하지 않아서 오직 과제문(科製文: 과거 시험을 위해 지은 글)이 전해지는 것 외에는 글을 지으면 곧바로 초고를 파기하였기 때문에 시문(詩文)이 많이 전해지지 않았으니, 지금 몇 권이 집에 보관되어 있다.

처음 이재(李栽) 내가 아주 젊었을 때 공을 삼계원(三溪院) 서재(書齋)에서 한번 뵌 적이 있다. 그때 공은 동주(洞主: 서원 원장)였는데, 마침 학문을 통해 사우들이 모였지만 나를 어리게만 보지 않고 욕되게도 함께 밤새도록 이야기를 나누어 주었으며, 가슴이 뿌듯하게 뭔가 얻은 듯이 돌아오면서 공의 단정하고 선량하면서도 유학자다운 풍모에 감복하였다. 그러나 다시 뵙기도 전에 갑자기 세상을 떠났으니, 늘 더 이상 가르침을 받을 수 없어 한스럽게 여겼고 또한 날아오르기에 날개짓을 다하지도 못한 채 수명이 어느새 다한 것이다.

오래지 않아 학사(學士) 권천장(權天章: 權斗經)을 종유(從遊)하였는데,

공의 학문을 언급할 때면 지칠 줄 모르고 칭송하지 않은 적이 없었으니, "세상에 문장으로 이름난 이가 많지 않은 게 아니나, 정밀한 이해와 오묘한 깨달음이 이 사람과 같은 자가 몇이나 되겠는가? 고상한 지조와 올곧은 덕행은 또한 단지 문사에만 그치는 것이 아니다."라고 말하였다. 나는 이에 더욱 애통해 마지않았으니, 공을 따라 종유하고 싶어도 할 수 없었다.

지금 공의 장남(長男: 李仁溥) 군이 막내숙부 수언(粹彦: 李琓) 어른이 지은 가장(家狀)을 가지고 수백 리를 걸어 다시 교정하고 차례를 정하는 일을 부탁하러 찾아와서 공의 유고(遺稿)를 검토하고 교정해주기를 청하였다. 이재(李栽) 나는 글재주가 형편없는데다 늙고 병들어 기력이 쇠하여서 실로 이러한 부탁을 감당할 수 없었다. 다만 내가 일찍이 수언 어른과 교유한 적이 있었는데, 그가 덕망 있는 어른이어서 그의 말이 마땅히 거짓이 아님을 알 수 있었다. 공이 아들에게 보낸 편지에서 나의 선친을 따라 배우도록 권유한 것이 한 번이 아니라 거듭 말한 것을 읽어 보니, 또한 우리 집안에 대해 이와 같이 간절하였음을 알 수 있었다.

부모를 잃고 근근이 살던 이 목숨이 생각하면 슬픔과 눈물이 북받쳐 좀처럼 마음을 추스르지 못하였다. 하물며 이인부 씨가 슬픈 얼굴로 간절히 부탁하는 말을 차마 끝까지 거절할 수 있겠는가? 마침내 남아 있는 넋을 불러 모아 그 가장(家狀)에 위와 같이 약간의 평가를 더하여 훗날 글을 쓰는 사람들의 참고할 자료로 삼기를 바란다.

삼가 행장을 짓다.

通訓大夫行禮曹佐郎虛直李公行狀

公諱瑄, 字奉彦, 宗姓, 虛直其號也。太宗諸王子溫寧君裎無子, 取母弟謹寧君襛之子牛山君踵以爲後。牛山生韓山副正挺, 兄弟六人, 皆有聲。其二兄茂豐正摠, 尤爲風流所宗, 燕山主忌之, 幷戮六公子, 以及牛

山君。中廟改玉, 一倂雪冤, 陞副正爲都正。韓山生信陽守淮, 信陽生司
圃署別檢諱敏。是爲公四世祖。曾祖諱成立, 孝友出天, 詞筆俱妙。用
太學薦, 拜陵署郎, 將擬栢府之選。時當東西標榜, 峙不與彼此議論間,
坐是無推挽者, 官止龍宮縣監。祖諱榮基, 少失二親, 自漢城踰嶺, 依外
氏于基川。娶安東權氏, 軍資監正諱來之女, 忠定公諱橃之曾孫女也。
因家于安東府之奈城縣。以恬靜有厚德, 至今爲鄕里所稱慕。考諱時
恒, 亦有長德, 不幸早世。妣驪州李氏, 王子師傅煥之女, 貞靜慈孝, 壼
範克修。擧二男, 公其長也。公以長陵庚辰十一月九日, 生于龍宮縣之
蕪湖里外第。方其解孕也, 師傅公夢抱鶴, 覺而診之曰:"此兒必非常."
旣生, 果炯秀異凡兒。自髫齡遊戲時, 已無麤粗鄙倍形諸色辭者。甫六
歲, 受字於師傅公, 解悟甚捷, 記性過人, 通經史百家語, 如迎刃縷解,
無難之不易。少長, 從姑夫金鳩齋啓光遊, 習詞章之學, 藻思沛然日進,
其於博士家言, 不習無不工, 同時儕流, 皆斂衽推先, 以爲非所及也。弱
冠丁外憂, 哀毀成疾, 幾危僅穌。因淸羸善病, 思欲杜門養靜, 專意古人
爲己之學。日取《心經》《近思錄》等書, 潛心玩索, 時時拈出要語, 揭諸
座隅。又書古人嘉言善行于小帖子, 以爲日夕觀省之資, 籤其帖曰'百砭
經' 以附劉乙《百悔經》之意云。服旣闋, 重違母夫人及諸父之命, 卒從
事擧業, 然常以科目之壞人心術爲至戒。見人躁進有幸得者, 心鄙若浼
己。二十七入太學。自是連占大科, 解或居魁, 或貫三場, 輒不利省試。
人皆爲公遲之, 公曰:"是有命, 何可覬其必得? 但當修人事而已."嘗從
木齋洪公汝河, 質疑請益, 洪公深器重之, 往復書札甚多。其中有論作
文法一書, 其於句法章規, 傾倒無餘。蓋其所以見期者, 不止爲科擧手
而已。尹白湖鑴, 方嚮用有盛名, 士多榮其容接, 尹公聞公名, 欲一見
之, 令子弟致意, 公終不肯往。許相積妾子堅, 喜交結名流, 每於公偕
計, 日必來見致意, 公一不回謝。堅甚憾恨, 訾毀公不已, 公不爲動。有
一名士素善公者, 惜公通籍之晚, 臨場來訪, 要見公程文, 公嫌其或掌
試, 終不出。洛下文士, 請同業者甚衆, 絶不與貴遊子弟相從。其律己之
嚴有如此者。明陵己未, 有以公抱才久屈聞者, 除貞陵參奉。明年黨禍

起, 時事大變。公觀象玩占, 了無宦情, 顧念家貧親老, 不仕無義, 故俛勉供職。秩滿, 遷廣興倉奉事。倉卽百官頒祿之所, 頒訖有羨餘, 例爲倉官所占。而舊例殿中御史, 以臺監監頒, 臺吏因緣請囑無數。公欲革其弊習, 一切訶禁, 悉以其餘, 簿貯倉中, 以備不虞。有瑣屑之請, 或出卿宰家。公心賤之, 以與釜之義, 不優副以厭其心。終以此見忤, 喉銓官汰之。後數十年, 有一老倉吏, 見嶺人, 談舊事曰:“自省事來, 閱倉官何限? 其不犯秋毫, 不畏强禦, 未見如李奉事某.”云。癸亥始擢第, 資窮付典籍。乙丑以禮曹員外郞, 出爲銀溪道察訪, 去家絶遠, 計違便養, 悒悒不樂於心。至其奉職, 則曰:“官無卑, 惟當盡吾心爾.”撫御郵卒, 政先慈惠。蠲例入以蘇殘瘏, 減自奉以省煩費。馹騎有故失者, 給價以助改立, 館宇有頹圮者, 捐俸以營修繕。或有以無前例而徒費財爲言者, 公曰:“日月之入, 自有贏餘, 悉入己, 心所不安, 故聊爾如此.”云。銀溪去京師不遠, 都下親舊失職家居者, 請賙急非一, 公隨力所及, 頒施之爲義。有營裨過館索製者, 公惡其有挾而求, 不與之。裨嗛構方伯, 方伯入其言, 遂以昧體面, 置中考。公於是益知世之不可有爲, 而其不爲威勢所撓, 因此亦可見矣。丁卯歲首, 因事入城, 還未幾遇痘疾, 自知不起, 扶坐手書一札, 遺其弟若子, 勉之以‘孝弟忠信禮義’六字, 申之以勿以‘我福薄而怠於爲善.’書訖正枕而終, 正月二十四日也, 壽止四十八。二月歸殯于先墓下三隅谷, 十月某甲, 奉窆于醴泉郡西立石乾坐之原。其左麓, 卽前配金淑人之葬也。…(중략)… 公氣貌溫雅, 資禀剛方蘊藉, 和易之中, 自有人不可慢者, 遠近士友, 莫不慕與之交, 亦不敢加以戲侮。平居, 正衣冠端坐, 不見其有惰容。雖久病綿劣中, 亦必整頓收斂, 然後與人相接。常以聖賢模範, 爲必可師, 俗儒凡陋, 爲深可恥。嘗有‘彼丈夫, 我丈夫, 吾何畏彼之志?’今讀其《日新記》及《讀書隨錄》等篇, 亦足以見其平日所自期者, 不止組織爲生活而已也。顧以親老在堂, 不得自專, 應擧覓官, 餘數十年卒卒, 無優閒時節, 可以究其志之所欲爲者。有時慨然發歎曰:“吾志非不如古人, 正坐無直前擔當之勇, 又無强輔切磋之益, 因循廢墜, 抛却盛年光陰, 豈不爲深可恨者乎?”平日立心制

行, 惟視事理當否爲趣舍。從宦累年, 棲遲宂散, 而無意扳聯, 經涉險難
而不怵權要, 竟以是蹭蹬仕路, 不得伸其志以沒。後數年, 朝著改紀, 與
公同時淹滯者皆起用, 或至大官, 而公不及見矣。一時公議, 以經幄論
思, 館閣摛文, 失此第一流爲不幸, 相與深嗟惜之。公有一弟玩粹彦, 少
公十一歲, 亦善信有才性。公友愛篤至, 年未弱冠, 義兼師友, 提誨誘
掖, 各盡其方, 嘉其所已能, 而勉其所不及, 卒爲東南修士。嘗曰:"吾兄
弟只二人, 今何忍各立産業? 半世同居, 終無一言及於爾我之私。見世
之人有各私妻子, 生釁析著者, 直欲掩耳而無聞."公於書無所不觀, 平
居無事, 未嘗一日放過。然其用功次第, 以四書爲本, 旁及諸子書。嘗與
其子仁溥書曰:"吾於學問上, 雖無實得, 亦嘗有志此事。蓋終身服膺,
莫如四書, 文章·義理。都從此出。若熟讀四書, 如誦己言, 則所見不期
高而自高."云云。是蓋皆其身所經歷, 故言之親切如此。發之爲文辭,
明白典雅, 絶無葷血陳腐語。世之具文眼者, 皆許以明體適用之文。然
公未嘗以是自足, 惟科製流傳外, 有作旋削稿, 以故詩文不多傳, 今有
若干卷藏于家。始栽最少時, 一嘗拜公於三溪院齋。時公爲洞主, 方文
會士友, 不以余菲少, 辱與之晤語終夕, 充然若有得而歸, 而服其有端
良儒雅之風。未及再覯, 公遽云亡, 則每恨不得更承餘誨, 又悲其飛不
盡翰, 而大限旋窮也。旣而, 從權學士天章遊, 語及公文學, 未嘗不亹亹
稱述, 曰:"世之以文辭名者, 非不多, 其精解妙悟, 如若人者有幾? 而其
雅操貞德, 又不止爲文士已乎."余於是尤爲之慟惜無已, 欲起而從之
而不可得。今其長胤君, 以其季父粹彦父之狀, 跋涉數百里, 見囑以更
定撰次之役, 仍請考訂其遺文。栽旣不文, 又此老病昏憊, 實無以勝此
寄。顧余嘗周旋粹彦父, 知其爲德人長者, 其言宜不誣。及讀公與子書,
勸令從我先人學, 屢言不一言, 又知其惓惓於吾家如此。孤露餘喘。感
念悲咽。殆無以爲懷。況仁溥氏之慼容苦語, 有不忍終辭者乎? 遂收召
殘魂, 就其家狀, 略加評隲如右, 以備秉筆者採摭之資云。謹狀。

〔密菴先生文集, 권20, 行狀〕

17. 류원정

류원정의 자는 선구, 호는 송와, 본관은 풍산이다.

공은 성품이 도탑고 효성스러워 13세 때 아버지를 여의어 상(喪)을 성인처럼 치르면서 곡하고 울며 슬퍼하니 소리를 들었던 이조차 눈물을 훔쳤다. 어머니를 섬길 때는 유순한 기색에 온화한 얼굴이었고, 어머니가 병이 들었을 때는 밤낮으로 곁을 떠나지 않은 채로 약물을 반드시 직접 조제하여 맛보아 드렸으며, 맛있는 음식을 반드시 손수 마련하여 드렸으며, 옷과 침구를 반드시 손수 세탁하였으니, 곁에서의 봉양을 자제들에게 대신하도록 한 적이 없는 것이 수십 년 동안 하루같았다.

세 번이나 효행으로 조정에 알려졌으나, 공은 번번이 수심에 찬 모습으로 감히 받아들이지 않았다.

공은 전상(前喪: 부친상)을 입었을 때부터 이미 쇠약해지는 병에 걸려 후상(後喪: 모친상)에 이르러 병이 더욱 심해지자, 스스로 일어날 수 없음을 알고 자제들에게 약을 올리지 말라고 명하였다.【협주: 김응조가 찬한 행장에 실려 있다.】

• 柳元定

柳元定, 字善久, 號松窩, 豐山人。

公性篤孝, 十三而孤, 執喪如成人, 哭泣哀, 聞者掩泣。事母夫人, 色愉而容惋, 及其有疾, 晝夜不離側, 藥餌必親調嘗, 甘旨必親供, 衣衾必親濯, 左右就養, 未嘗令子弟代之, 積數十年如一日。

三以孝行聞於朝, 公每蹙然不敢當焉。

公自罹前喪, 已有羸悴之疾, 逮遭後喪, 病益篤, 自知不起, 命子弟勿

進藥。【金應祖[1]撰行狀[2]】

보충

김응조(金應祖, 1587~1667)가 찬한 묘갈명

송와처사 풍산 류공 묘갈명 병서

《서경(書經)》의 〈군진(君陳)〉에 이르기를, '부모에게 효도하고 형제간에 우애하라.' 하였으니, 또한 이 마음을 미루어 넓히면 한 집안의 정사(政事)가 될 수 있다고 생각한다. 나는 송와처사(松窩處士)의 행실에서 이 말을 세 번이나 반복해 되뇌이며 옷깃을 여미지 않은 적이 없었다.

공의 본관은 풍산, 성씨는 류씨, 휘는 원정, 자는 선구, 송와(松窩)는 그의 자호(自號)이다. 공은 성품이 도탑고 효성스러워 13세 때 아버지를 여의어 상(喪)을 성인처럼 치르며 애통하게 곡하고 우니 소리를 지나면서 들었던 이조차 눈물을 훔쳤다. 어머니를 섬길 때는 유순한 기색에 온화한 얼굴이었고, 어머니가 병이 들어 자리에 누웠을 때는 밤낮으로 곁을 떠나지 않은 채로 약물을 반드시 직접 조제하여 맛보아 드렸으며, 맛있는 음식을 반드시 손수 마련하여 드렸으며, 변기를 반드시 손수 가져다 주었으며, 침실을 반드시 직접 불을 지폈으니, 어머니 곁에서 봉양하는 모든 일을 자제들에게 대신하도록 한 적이 없는 것이 수십 년 동안 하루같았다. 이를 수암공(修巖公: 柳袗)이 늘 입에 침이 마르도록 칭찬하였다.

---

1 金應祖(김응조, 1587~1667): 본관은 豊山, 자는 孝徵, 호는 鶴沙·啞軒. 안동 출신. 증조부는 훈련원부정 金義貞이며, 조부는 장례원사의 金農이다. 아버지는 산음현감 金大賢이며, 어머니 全州李氏는 守義副尉 李纘金의 딸이다.부인 義城金氏는 金汯의 딸이다. 柳成龍과 張顯光의 문인이다. 1613년 생원시에 합격하고, 1623년 알성문과에 급제하였다. 선산도호부사·사간원사간·홍문관응교·한성부우윤 등을 지냈다.

2 行狀(행장): 金應祖의 문집 《鶴沙先生文集》 권7에는 묘갈명으로 실려 있음.

어머니가 세상을 떠나자, 상(喪)을 3년 동안 예제(禮制)에 지나칠 정도로 치렀고, 또한 슬퍼하며 그리워하는 마음을 다하여 울부짖다가 기절하였지만 항상 초상 때와 같이 하였으니, 조문하러 온 이들이 비통하게 여기지 않는 사람이 없었다. 부모의 기일이 되면 반드시 수십 일 동안 몸과 마음을 정결히 한 후에 제사를 지냈다.

맏형의 요절을 마음 아파하였고, 둘째 형을 부모 섬기 듯이 섬기며 사랑과 공경을 모두 다하면서 평생 동안 곡면지례(告面之禮: 나갈 때는 고하고 돌아와서는 얼굴을 뵙는 예)를 거르지 않자, 둘째 형도 그를 항상 공경하고 소중하게 여겼다.

심지어 자제들을 훈육하거나 하인들을 대할 때도 은혜와 의리를 함께 베풀었다. 사람을 대할 때는 오래되어도 공경하면서 선행을 드러내고 허물을 감싸주었다. 의로운 행실이 널리 알려져 고을 사람들이 모두 칭찬하면서 우러렀다. 세 번이나 효행으로 조정에 알려졌으나, 공은 번번이 수심에 찬 모습으로 감히 받아들이지 않았다.

공은 전상(前喪: 부친상)을 입었을 때부터 이미 쇠약해지는 병에 걸려 후상(後喪: 모친상)에 이르러 더욱 심해졌다. 을미년(1655)에 이르러 병이 위중해지자, 스스로 일어날 수 없음을 알고 자제들에게 약을 올리지 말라고 명하였다. 숨을 거두던 날에 정신과 기운이 조금도 흐트러지지 않은 채 죽은 뒤의 일을 다 처치하고는 자리를 바르게 하도록 하여 머리를 동쪽으로 두고 세상을 떠났다. 공이 태어난 경자년(1600)부터 이때에 이르기까지 56년이다. 같은 해 어느 달 어느 날, 천등산(天燈山) 오향(午向)의 언덕에 안장하였다. 아아! 공의 지조와 행실이 순수하였으니, 마땅히 세상에 드러나고 장수해야 했지만 여기에 그치는 것은 어찌 하늘의 뜻이 아니겠는가?

공의 선조 휘 류종혜(柳從惠)는 공조전서(工曹典書)를 지냈다. 고조부 휘 류공작(柳公綽)은 간성군수(杆城郡守)를 지내고 좌참찬(左參贊)에 추증되었다. 증조부 휘 류중영(柳仲郢)은 황해도관찰사를 지내고 영의정에 추증되었으며 풍산부원군(豊山府院君)에 봉해졌다. 조부 휘 류운룡(柳雲龍)은 통정대부 원주목사(原州牧使)를 지내고 이조참판에 추증되었다. 아버지 휘 류기(柳祺)는 낭천현감(狼川縣監)을 지냈다. 어머니 의인(宜人) 문소김씨(聞韶金氏: 의성김씨)는 고려 태자첨사(太子詹事) 휘 김용비(金龍庇)의 후손으로 내자시정(內資寺正) 약봉(藥峯) 휘 김극일(金克一)의 딸이다. 부인 무안박씨(務安朴氏)는 고려 국학전주(國學典酒)와 고주사(高州使)를 지낸 박진승(朴進昇)이 그 시조이며, 아버지 휘 박유(朴瑜)는 거제현령을 지냈다. …(이하 생략)…

松窩處士豊山柳公墓碣銘 幷序

書稱君陳, '能孝於親, 友於兄弟.' 又能推廣此心, 以爲一家之政。余於松窩處士之行, 未嘗不三復斯言而斂袵焉。公豊山人, 姓柳氏, 諱元定, 字善久, 松窩其自號也。公性篤孝, 年十三而孤, 執喪如成人, 哭泣之哀, 道路聞者掩泣。事母夫人, 色愉而容婉, 夫人寢疾, 晝夜不離側, 藥餌必親調嘗, 甘旨必親供具, 溷器必親携提, 寢房必親爇火, 凡左右就養, 未嘗令子弟代之, 積數十年如一日。修巖公每稱之不容口。及遭大憾, 執喪逾制三年, 且盡哀慕號絶, 常如袒括之日, 弔者莫不悲痛。其奉先祀, 盡誠致敬, 情文備至。遇親忌, 必齋宿數十日而後行事。痛伯氏早逝, 事仲氏如事親, 愛敬兼盡, 終身不廢告面之禮。仲氏每敬重之。至於訓子弟御婢僕, 恩義竝行。接人久而能敬, 揚善而容過。行義著聞, 鄕人翕然稱慕之。三以孝行聞於朝, 公每蹴然不敢當焉。公自罹前喪, 已有羸悴之疾, 逮遭後喪益甚。至乙未, 病遂篤, 自知不起, 命子弟勿進藥。屬纊日, 神氣不爽, 處置身後事訖, 命正席, 東首而逝。自其生年庚子, 至是五十六歲。同年月日, 葬于天燈山午向原。嗚呼! 以公志行之純, 宜顯且壽而止於是, 豈非天哉? 公之先, 有諱從惠, 工曹典書。高祖諱公綽, 杆城郡守贈左參贊。曾祖諱仲郢, 黃海道觀察使贈領議政, 豊山府

院君。祖諱雲龍, 通政原州牧使贈吏曹參判。考諱裪, 狼川縣監。妣宜
人聞韶金氏, 高麗太子詹事諱龍庇之後, 內資寺正藥峯諱克一之女也。
配務安朴氏, 高麗國學典酒高州使進昇, 其鼻祖也。考諱瑜, 巨濟縣令。
…(이하 생략)…

[鶴沙先生文集, 권7, 墓碣銘]

18. 김성구

김성구의 자는 덕휴, 호는 팔오헌, 본관은 의성이다. 부제학 김우굉(金宇宏)의 현손이다. 인조 신사년(1641)에 태어났다. 현종 임인년(1662) 사마시에 합격하고, 기유년(1669) 문과에 급제하였다. 삼사(三司)·대성(大成)을 거쳐 벼슬이 감사(監司)에 이르렀다. 숙종 정해년(1707)에 죽었다. 안동(安東)의 백록사(柏麓祠)에 향사하였다.

공은 용모와 풍채가 단정하고 순수한데다 총명하고 영특하기가 남들보다 훨씬 뛰어났으니, 젊어서부터 높은 벼슬에 올라 한결같이 유학의 선비와 같았다. 이때 숙종(肅宗)이 선왕의 뜻을 받들어 나라의 예법을 바로잡으려 했는데, 양사(兩司: 사헌부와 사간원)가 종묘(宗廟)에 고하고 사면을 반포하도록 청하자, 임금께서는 재상 허적(許積)의 말을 허용하여 듣지 않았다. 공은 동료들과 함께 차자(箚子)를 올려 말하기를, "공론(公論)을 따르지 않을 수 없습니다."라고 하였다. 이때부터 조정의 논의가 이미 점차 갈라지기 시작하였다.

역수(逆竪: 반역자를 비하하는 말) 유정(有湞: 이유정)이 강도(江都: 강화도)에 투서하여 군사를 일으킬 음모를 꾸몄으나 붙잡혀 주벌(誅罰)되었다. 흉서의 내용은 모두 송시열(宋時烈)의 적자니 서자니 한 말에 근거한 것이었으니, 마침내 송시열을 외딴 섬으로 유배하였고, 양사가 장차 송시열에게 동조한 당부(黨附: 당파)를 논죄하려 하여 논의가 이미 정해졌다. 그러나 정언(正言) 조지석(趙祉錫)이 이러한 논의가 시작되기 전에 미리 전랑(銓郞) 이봉징(李鳳徵)을 탄핵하여 간관(諫官)으로 차출되지 못하게 하여서 그 논의를 막으려 하였다. 공은 조지석이 권력자의 뜻을 살피며 사건을 회피하려 한다고 상소하여 그를 배척하였다. 이에 승정원 및 대신들이 논의에 참여한 인물들을 귀양 보내어 내칠 것을 청하자, 세 사람이 유배되고 다섯 사람이 외직으로 좌천되었는데, 공은 정의현(旌義縣)으로 유배되었다. 당대의 바른 사람들과 행실이 훌륭한 선비들은 공이 조정을 떠나는 것을 보고 두 주먹을 움켜쥐며 탄식하지 않은 이가 없었다.

백봉(白峯) 이항(李沆)이 항상 말하기를, "사람이 벼슬하려면 대부분 연줄을 이용하여 나아가지만, 김 아무개 같은 이는 편안히 늘 청정하게 지내며 세상에 욕심 없이도 스스로 청현직(淸顯職)에 이르렀으니, 이는 참으로 어려운 일이다."라고 하였다.

문정공(文正公) 허목(許穆)이 연상(漣上)에 있을 때 조정에 나아가지 않자, 주상이 월료(月廩: 녹봉)를 하사하도록 명하였는데, 공이 나아가 아뢰기를, "어진 신하를 대우할 때는 정성과 예를 다해야 하며 한갓 헛된 명분만을 숭상해서는 안 됩니다."라고 하자, 주상이 그 말을 따랐다.【협주: 조덕린이 찬한 묘갈에 실려 있다.】

눌은(訥隱) 이광정(李光庭)이 찬한 묘비명에 이를기를, "귀양지에서 돌아오며 탔던 필마(匹馬)가 되돌려 보내지자 바닷가에서 울부짖었다."라고 한 것은 대개 공이 정의현에서 돌아올 때에 탔던 필마를 정의현의 물건이라 하여 돌려보낸 것이다.【협주: 가장에 실려 있다.】

• 金聲久

金聲久, 字德休, 號八吾軒, 義城人。副提學宇宏[1]玄孫。仁祖辛巳生。

---

1   宇宏(우굉): 金宇宏(1524~1590). 본관은 義城, 자는 敬夫, 호는 開岩. 경상북도 성주 출신. 증조부는 金從革이며, 조부는 金致精이다. 아버지는 부사 金希參이며, 어머니 淸州郭氏는 郭人和의 딸이다. 부인 南陽洪氏는 찰방 洪胤崔의 딸이다. 동생은 東岡 金宇顒이다. 이황과 조식의 문인이다. 1552년 진사시에 장원 합격하고, 1566년 별시문과에 급제하였다. 여러 관직을 두루 지내다가 1573년 부수찬, 1578년 司僕寺正을 거쳐 동부승지·대사간·대사성 등을 지내고 이듬해 병조참 의·승지에 이르렀다. 그러나 李銖의 옥사로 곧 파직되었다. 1582년 충청도관찰사가 되었다가 형조참의·장례원판결사·홍문관부제학 등을 역임하였다. 이듬해 유생 朴濟로부터 음흉하다는 탄핵을 받아 외직으로 물러나 청송부사·光州牧使 등을 지냈다. 1589년 관직에서 물러나 고향 성주로 돌아갔다.

顯宗壬寅司馬, 己酉文科。歷三司·大成, 至監司。肅宗丁亥卒。享安
東柏麓祠[2]。

公容采端粹, 聰悟絶倫, 自少登顯, 一如儒素。時肅宗承先志, 釐正邦
禮, 兩司請告廟頒赦, 上用許相積言, 不聽。公與同僚, 上箚言:"公論不
可不從."自此朝議已有岐異之漸。

逆竪有湞, 投書江都, 密謀稱兵, 捕得伏誅。凶書情節皆祖宋相時烈
嫡庶之說, 遂移置時烈于絶島, 兩司將論向時黨附者, 議已定。正言趙
祉錫[3], 及其未發, 先彈銓郎李鳳徵[4], 俾不得差出諫官, 以沮其論。公以
祉錫希意避事, 疏斥之。於是, 政院及大臣, 請竄逐諸持論者, 三人竄,
五人補外, 公得旌義[5]。一時正人·莊士, 見公去國, 莫不扼掔稱歎。

李白峯沆[6], 常言:"人之仕者, 多由扳援以進, 而若金某安常守靜, 自
致清顯, 是爲難耳."

2　柏麓祠(백록사): 柏麓里社. 경상북도 봉화군 봉화읍 해저리에 있는 사당.

3　趙祉錫(조지석, 1648~?): 본관은 楊州, 자는 善慶. 증조부는 趙挺이며, 조부는 趙有恒이다.
　　아버지는 趙益剛이며, 어머니 昌寧曺氏는 曺挺生의 딸이다. 부인 慶州李氏는 李浣의 딸이
　　다. 1675년 식년문과에 장원으로 급제하였다. 1677년 正言을 지낸 후 암행어사가 되어
　　경기·강원·황해 3도를 朴紳·安如岳 등과 함께 순찰하며 정세를 살펴보았다. 1679년 다시
　　정언을 지냈고, 1680년 장령에 임명되어 관리의 감찰업무를 맡았다. 1681년 京城判官을
　　지냈다.

4　李鳳徵(이봉징, 1640~1705): 본관은 延安, 자는 鳴瑞, 호는 隱峰. 증조부는 李澍이며,
　　조부는 李昌庭이다. 아버지는 지평 李완이며, 어머니 固城李氏는 李元樑(또는 李國樑)의
　　딸이다. 부인 順興安氏는 安㻨의 딸이다. 1675년 생원시에 합격하고, 같은 해 증광문과에
　　장원급제하였다. 修撰으로 등용된 뒤 사인·부제학 등을 거쳐 1691년 개성유수가 되었다.
　　이듬해 전라도관찰사, 1694년 대사헌이 되었다. 같은 해 갑술옥사가 일어나 남인이 제거될
　　때 함께 파직되었다. 1698년 형조참판으로 복직되고, 1701년 부사직으로 禧嬪張氏의
　　賜死를 반대, 智島에 위리안치되었다.

5　旌義(정의): 旌義縣. 제주도 서귀포시 중심부에서 동부 지역에 있던 고을.

6　李白峯沆(이백봉항): 白峯 李沆(1636~1691). 본관은 驪州, 자는 太初, 호는 白峯. 증조부
　　는 李尙信이며, 조부는 李志裕이다. 아버지는 李邦鎭이며, 어머니 陽川許氏는 許儆의
　　딸이다. 부인은 李雲漢의 딸이다. 1662년 진사시에 합격하고, 1670년 별시문과에 급제하
　　였다. 1676년 부안현감, 1678년 충주목사, 1680년 경신대출척으로 삭탈관직 당하였다.
　　1682년 안주목사, 1686년 동래부사를 지냈다. 1688년 전라감사, 1689년 기사환국으로
　　대사헌이 되었고, 이어 예조참판에 임명되었다.

許文正穆, 在漣上[7]不造朝, 上命賜月廩, 公進言曰:"待賢臣, 當盡誠禮, 不可徒尙虛文."上從之.【趙德鄰撰碣[8]】

李訥隱光庭, 撰碑銘曰:"苂還匹馬, 歸嘶海澨."盖以公自旌義歸時, 以所承匹馬, 謂是旌義之物, 而還之也.【家狀】

보충
이광정(李光庭, 1674~1756)이 찬한 묘지명

통정대부 강원도 관찰사 팔오헌 김 선생 묘지명 병서

김씨(金氏) 가운데 관향(貫鄕)이 문소(聞韶: 의성)인 사람들은 신라(新羅) 경순왕(敬順王)에서 나왔다. 경순왕의 아들 김석(金錫)이 의성을 식읍으로 받았기 때문에 자손들은 마침내 의성(義城)을 본관으로 삼았다. 고려 시대에 태자첨사(太子詹事) 김용비(金龍庇)가 백성들에게 공덕이 있어서 고을 사람들은 지금까지도 제사를 지내고 있다. 조선조에 휘 김용초(金用超)가 있었는데, 개국공신으로 녹훈되었고 병마절제사(兵馬節制使)를 지냈다. 6대를 지나 척주부사(陟州府使) 휘 김희삼(金希參)에 이르러 학문으로 현달한 벼슬을 두루 거쳤는데, 세상 사람들은 그를 칠봉선생(七峯先生)으로 불렀으며, 총재(冢宰: 이조판서)에 증직되었고 향현사(鄕賢祠)에 제향하였다. 그 아들 휘 김우굉(金宇宏)으로 호는 개암(開巖)인데, 동생 문정공(文貞公) 김우옹(金宇顒)과 함께 남명(南冥: 조식) · 퇴도(退陶: 이황)의 문하에서 배우고 명성이 더욱 빛나서 마침내 벼슬이 홍문관 부제학에 이르렀고, 서원(書院: 涑水書院)의 사당에 제향되었으니, 공의 고조부가 된다. 증조부 휘 김득가(金得可)는 음보(蔭補)로 창녕현감을 지냈다. 조부 휘 김율(金瑮)과 아버지 휘 김추길(金秋吉)은 모두 상사(上舍: 사마시)에

---

7   漣上(연상): 漣川. 경기도 연천군 중남부에 있는 고을.
8   趙德鄰의 묘갈명이 매우 방대한 분량이라서, 그 대신 李光庭의 묘지명을 보충자료로 삼는다.

합격하고 학문으로 이름을 떨쳤으며 서추(西樞: 중추부)를 지냈는데, 공의 덕택으로 각기 승정원좌승지, 이부좌시랑에 증직되었다. 시랑(侍郎: 부친 김추길)은 전주류씨(全州柳氏) 동추(同樞: 동지중추부사) 류화(柳華)의 딸에게 장가갔다. 인조 신사년(1641)에 공을 낳았다.

공의 휘는 성구(聲久), 자는 덕휴(德休), 팔오(八吾)는 그의 호이다. 어려서부터 영특하고 호쾌하였으며, 문장을 일찍이 통달하였다. 22세 때(1662) 상상(上庠: 사마시에 합격하여 성균관에 입학)에 올랐고, 29세 때(1669) 명경과(明經科: 식년문과의 초시에서 四經을 중심으로 시험을 보던 分科)에서 3등으로 급제하였다. 곧바로 장흥고 직장(長興庫直長)에 임명되었다가 금오랑(金吾郎)과 성균관 전적(成均館典籍)으로 옮겼다. 신해년(1671) 전중(殿中: 사헌부 감찰)을 거쳐 외직으로 나가 무안현감(務安縣監)이 되었다. 계축년(1673) 사구 원외랑(司寇員外郎)에 제수되어 춘추(春秋)를 겸직하였다. 이듬해 본부(本府)의 정랑(正郎)으로 승진하였는데, 판결이 분명하여 온 조정이 그 재능에 탄복하였다.

숙종(肅宗) 초에 성균관 직강을 거쳐 기성랑(騎省郎: 병조의 낭관)으로 옮겼고 외직으로 나가 경기(京畿)의 막하에서 보좌하였다가 내직으로 들어와 사헌부 지평이 되었다. 병진년(1676) 거창현감(居昌縣監)에 제수되었고, 정사년(1677) 홍문관 부수찬(弘文館副修撰)으로 부름을 받았으나 사양하여 체직되었다.

무오년(1678) 봄에 다시 수찬(修撰)으로 부름을 받고 나아갔는데, 가뭄이 들자 유지(諭旨: 임금이 신하에게 내리는 글)에 응하여 차자(箚子)를 올렸으니, 덕을 닦고 허물을 살피는 실제에 이어 왕실의 종친과 외척들이 전횡을 일삼고 탐관오리들이 법망을 피해가는 실상까지 극구 논하면서 요체를 지적하였고 기휘(忌諱: 꺼려서 싫어함)하여 피하지 않았다. 주상이 이를 가상하게 여겨 말하기를, "임금을 사랑하고 나라를 걱정하는 마음이 말 밖으로 넘친다."라고 하였다. 7월에는 휴가를 청하여 부모를 뵈러 돌아가면서 군주의 덕목, 백성에게 끼치는 폐해, 시무(時務: 당시의 시급한 일)에 관한 수천 자의 차자를 올려 논하며 종실의 귀척(貴戚)들을 날카롭게 비판하는 말이 더욱 간절하고 애절하였는데, 주상 또한 가상하게 여기며 받아들였다. 9월에 사간원정언(司諫院正言)에 제수되었다가 수찬으로 돌아왔고, 장령(掌令)으로 옮겼다.

기미년(1679) 부수찬으로 부름을 받아 나아갔다가 장령으로 옮겼다. 이때 역수(逆豎: 반역자를 비하하는 말)가 군사를 일으킬 음모를 꾸민다는 흉서(凶書)는 실로 송시열(宋時烈)이 적자니 서자니 한 말에 근거하였으니, 송시열을 외딴 섬으로 유배하였고 그 당여(黨與: 당파)를 논죄함에 있어서는 조정의 논의가 둘로 갈렸다. 이봉징(李鳳徵)이 일찍이 전랑(銓郎)이었을 때 주상의 뜻을 거스른 적이 있었는데, 이때에 이르러 정언(正言) 조지석(趙祉錫)이 권신(權臣)들의 뜻을 받아들여 이봉징을 맞받아 공격하여 공론을 저지하려 하였다. 공은 이를 미워하고 조지석이 권신의 비위를 맞추느라 교묘하게 피한 상황을 아뢰어 배척하자, 주상이 준엄한 비답을 내려 공을 탐라(耽羅)의 정의현(旌義縣)으로 유배하였다. 신유년(1681) 귀양에서 풀려났다. 계해년(1683) 모친상을 당하였고, 병인년(1686) 시랑공(侍郎公: 부친) 상을 당하였다.

기사년(1689) 왕비(王妃: 閔氏)가 폐위되어 바뀌자, 간언한 자들은 유배되거나 죽임을 당하였다. 이때 공은 겨우 상복을 벗은 뒤였는데, 요로에 있던 제공(諸公)들이 극력 고집하지 못하여 주상이 지나친 거조를 내리도록 한 것을 한탄하였다. 여러 차례 관직에 제수되었으나 나아가지 않았고, 또한 눈물을 흘리며 말하기를, "이전에는 내가 부모 때문에 녹봉을 가리지 않았지만, 이제는 비록 후한 녹봉의 벼슬을 얻어도 누구를 위해서 봉양하겠는가?"라고 하였다. 제공(諸公)들이 분수에 맞는 도리를 자주 들어 공을 책망하자, 마지못하여 하는 수 없이 집의(執義)로 제수한 어명에 숙배하였다. 사복시 정(司僕寺正) · 헌납(獻納) · 집의(執義) · 승문원판교(承文院判校)로 옮겼고, 수원부사(水原府使)로 천거되어 제수되었으나 나아가지 않았으며, 교리·집의로 옮겼다가 승정원 동부승지(承政院同副承旨)로 승진하여 품계가 통정대부(通政大夫)로 올라갔으며, 좌승지(左承旨)로 서승(序陞: 관직에 있는 횟수를 따라서 품계나 벼슬을 올림)하였다. 경오년(1690) 공조참의(工曹參議)였다가 외직으로 나가 여주목사(驪州牧使)가 되었는데, 임신년(1692) 어떤 일로 파직되었다. 이듬해 홍주목사(洪州牧使)로 제수되어 부임하기도 전에 강원도관찰사로 제수되었지만 어떤 일로 사양하여 체직되었고, 병조참지(兵曹參知)로 옮겼다. 갑술년(1694) 봄에 호조참의(戶曹參議)로 옮겼다가 막내아들의 상을 당하여 사직하고 돌아왔다.

얼마 지나지 않아 시국이 크게 변하자 세상에서 물러나 전원에 지냈다. 무릇 14년 동안 스스로 '해촌노인(海村老人)'이라 부르면서 날마다 경서(經書)와 사서(史書)를 읽으며 즐겼는데, 간혹 오랜 친구들과 술을 마시며 세상일에 뜻이 없는 듯했으나 시국을 걱정하고 임금을 연모하여 한밤중에도 탄식하였으니, 한가한 생활 속에서도 세상에 대한 관심을 조금도 늦추지 않은 것이었다.

정해년(1707) 2월 7일 병으로 인해 침상에서 생을 마쳤다. 부음(訃音)이 전해지자, 주상이 예관(禮官)을 보내어 예법(禮法)에 따라 조문하고 제사를 지내도록 하였다. 4월 2일 영천(榮川: 영주) 치소(治所) 동쪽 영지산(靈芝山) 아래에 임시로 매장하였다. 11월 7일 정부인(貞夫人) 권씨(權氏)의 묘소에 합장하였는데, 실로 평은촌(平恩村) 뒷마을 밝은 언덕에 있다. 정부인의 본관은 안동, 참봉 권목(權霂: 權斗寅의 아버지)의 딸로 충정공(忠定公: 權橃) 아무개의 5세손이다. 성품이 단정하고 깨끗하였으니, 시부모를 예법에 따라 섬기고 제사를 정성스럽게 지냈다. 집안일을 다스리고 아버지를 여읜 조카들을 돌보았는데, 부지런하고 검소하면서 자애로웠다. 오직 공의 뜻을 받들었으며, 집안이 가난했지만 공이 관직에 있을 때조차 사사로이 한 푼도 취하지 않아서 군자(君子: 지아비)에게 누가 된 적이 없었다. 향년 63세였고 공보다 5년 먼저 죽었다. …(중략)…

공은 청렴하고 충성스러우며 평온하고 침착하였다. 집에서는 효도하고 우애를 돈독히 하였으며, 관직에 있을 때는 반드시 직무를 다할 것을 생각하였다. 관각(館閣: 홍문관·예문관·규장각)에 있을 때는 바른 말로 직언하며 숨기거나 회피하는 바가 없이 아뢰는 것에 능하여 보익(補益)이 매우 많았다.

외직으로 나가 고을을 다스렸을 때는 먼저 은혜를 베풀고 나중에 위엄을 세웠으며, 백성들의 고생을 위로하고 폐해를 없앴으며, 간악한 자들을 가려내어 제거하였는데, 돌아올 때는 주머니가 텅 비어 한 가지 물건도 싸가지고 온 것이 없었다. 매우 청빈하여 무너진 담장과 썩은 서까래 아래에서 살았으며, 아침 늦도록 간혹 밥 짓는 연기가 나지 않는 날도 있었다.

후생을 권장해서 나아가게 하는 것을 기뻐하였는데, 백성을 다스릴 때는 늘 글을 통한 가르침을 우선하였고, 물러나서 고향에 있을 때는 가르치고 이끌어 도와주면서 반드시 그 방도를 다하였으니 길러진 인재가 많았다.

술을 좋아하였는데, 기사년(1689) 이후로는 번번이 잔을 가득 채워 마셨으며, 술에 취하면 농담을 잘했으나 또한 남의 허물을 언급한 적이 없었다. 은대(銀臺: 승정원)에서 술에 취해 누워 있었는데, 불시에 부름을 받아 입대(入對: 임금을 알현함)해야 했을 때에도 부축을 받아 일어나서 입시(入侍)해 임금의 물음에 대답하여 아뢰며 자상하고 신중하여 착오가 없었다.

귀양에서 풀려 정의현(旌義縣)에서 돌아올 때, 바다에서 풍랑으로 배가 거의 뒤집힐 뻔하여 모두가 위태로움에 떨어서 산 사람의 기색이 없었지만, 공은 홀로 평소처럼 침착하게 앉아 있었다. 목사(牧使) 임홍망

(任弘望) 또한 같은 배에 있었는데 어떻게 두려워하지 않을 수 있는지 묻자, 공이 말하기를, "죽고 사는 것은 명(命)에 달린 것인데, 마음이 동요한다고 무슨 이익이 있겠습니까?"라고 하니, 임공은 공의 정력(定力: 사란한 마음을 지양하고 한 곳에만 정신을 쏟는 힘)에 크게 감복하였다.

공의 언론과 거취는 하나같이 자신의 소견을 지켰고 남의 뜻에 따라 굽신거린 적이 없었다. 시랑(侍郎) 이항(李沆)이 사람들에게 말하기를, "시골 사람이 현달한 벼슬길에 나아가려면 반드시 덕 보려고 요로에 빌붙었지만, 아무개는 평소 요로에 발걸음 한 적이 없었으니 참으로 올곧은 선비이다."라고 하였다.

이광정(李光庭) 나는 어리석고 무지했지만, 어려서부터 공의 언행과 처신이 정밀하고 합당하며 깨끗해 법도를 넘어서지 않는 것을 익히 알고 있었다. 가만히 생각하건대 조정의 변경이 많은 시기에 오직 공만이 선배들의 법도를 그르치지 않았으니, 죽은 뒤에도 제사를 받을 만한 분으로 선생이 여기에 해당하였다. 지금 그 후손들이 유당(幽堂: 무덤)의 명(銘)을 부탁하니, 의리상 감히 사양하지 못하고 마침내 내가 보거나 기억하는 것을 대략 정리하여 명(銘)을 지었다. 명은 이러하다.

"문소(聞韶)의 명가는 유학을 숭상하는 어진 이들이 대대로 이어졌으며, 바위와 산봉우리가 우뚝히 솟은 것처럼 그 형제들이 빛났다. 몇 대에 걸쳐 영광이 잠들었으나 가문의 명성은 변하지 않았으니, 모두가 과거에 올라 이름났더라도 가슴에 품은 뜻을 다 펼치지 못한 이도 있었다. 공은 조상의 음덕을 입고 태어나 얼굴이 반듯하고 눈매가 빼어난데다, 의기가 호쾌하고 시원시원하며 재기가 뛰어나 문장에 일찍부터 조예가 있었다. 젊은 나이로 과거에 급제하여 수염 뽑기 하듯 장원급제하였고, 봉양하기 위해 고을 수령으로 나가 두 고을 모두 은혜를 베풀었다. 연이어 삼사(三司)를 거치며 때마침 성대(聖代)를 맞아, 충직한 말과 바른 논설을 하면서 품은 바를 숨기지 않았다. 여러 차례 임금의 마음을 되돌리니 직언의 명성이 궁궐에 가득하였지만, 간신배가 갑자기 임금의 신임을 받아 밝은 해가 이내 가려졌다. 거센 바람으로 바다가 하늘에 닿고 산봉우리 너머 구름이 멀리 날아가는데, 임금을 그리워하고 어버이를 생각하니 북쪽을 바라보며 눈물을 흘렸다. 바닷가의 작은 생물을 보살피며 오랜 적폐를 쓸어내다가, 귀양지에서 되돌아오며 탔던 필마가 되돌려 보내지자 바닷가에서 울부짖었다. 정의현(旌義縣) 사람들이 뼛속까지 사무쳐 비석에 새겼고, 작은 밭 사이에서 뽕따는 이들이 느긋하기만 하였다. 어머니가 기쁘고 즐거웠을 때 형제들과 더불어 지냈지만, 어버이가 세상을 떠나자 벼슬살이의 뜻을 거두었다. 나라에 지나친 거조가 있었으나 힘껏 막아내지 못하여 한스러워 했고, 무리를 따르며 변변찮았으니 저 외로이 우는 이들에게 부끄러워 했다. 옥서(玉署: 홍문관)와 은대(銀臺: 승정원)에서 직분에 따라 예법(例法)을 충실히 다했는데, 자식까지 조정에 같이 있어 그 명망이 누구와 견줄 수 있었으랴. 세상의 파도가 다시 요동쳐 홀로 날개를 펼치기가 어려웠으니, 조용히 전원으로 돌아와 나와 마음 맞던 이들을 찾았다. 술자리를 베푸는 곳이나 학문을 논하는 곳으로 벗들을 불러 함께 어울렸고, 농부들과 촌로들과도 관대히 지냈다. 맑은 바람처럼 풍속을 일깨우고 소박한 나물도 마련해 나누었으니, 그 음덕이 후손에게까지 미쳐 과거급제의 경사가 연이어 일어났다. 원대한 뜻을 아직 펼치지 못하였고 그 뜻에 미치기에는 멀었는데, 정해년(1707) 봄에 공은 이 세상을 떠났다. 나이는 구공(歐公: 歐陽脩)보다 많아 예순일곱이었고, 공의 평생을 돌이켜 보면 구름과 물처럼 똑같이 깨끗하였다. 나라에 나아가 일할 때나 집에 물러나 있을 때나 크고 작은 일을 모두 합당하게 처리하였으니, 이를 묘비석에 새겨 오직 공의 덕을 기릴 뿐이다."

通政大夫守江原道觀察使八吾軒金先生墓誌銘 幷序

金氏之貫聞詔者, 出自羅敬順王。王子錫, 食采義城, 子孫遂爲義城人。高麗中, 太子詹事龍庇, 有功德於民, 縣人至今祠之。我朝有諱用超, 錄開國勳, 官兵馬節制使。六世而至陜州府使諱希參, 以文學歷敭華顯, 世謂之七峯先生, 贈冢宰, 享之鄉賢。是生諱宇宏, 號開巖, 與弟文貞公宇顒, 遊學南冥·退陶之門, 名聲盆遑, 卒官弘文舘副提學, 享之院祠, 公高祖也。曾大父諱得可, 蔭補昌寧縣監。大父諱璡, 考諱秋吉, 俱登上舍, 有文學盛名, 秩西樞, 以公故贈承政院左承旨·吏部左侍郎。侍郎娶全州柳氏同樞華之女。以仁廟辛巳生公。公諱聲久, 字德休, 八吾其號也。幼英爽, 文詞夙達。二十二, 登上庠, 二十九, 明經擢第三名。卽補長興庫直長, 轉金吾郎·成均舘典籍。辛亥, 由殿中, 出知務安縣。癸丑, 除司寇員外郎兼春秋。翌年, 陞本府正郎, 剖決明, 省中伏其能。肅廟初, 由成均直講, 轉騎省郎, 出佐畿幕, 入爲司憲府持平。丙辰, 除居昌縣監, 丁巳, 以弘文副修撰召, 辭遞。戊午春, 復以修撰赴召, 因旱應旨上箚, 極論修省之實, 繼以宗戚擅恣贓吏逭法狀, 剴切不避忌諱。上嘉之曰: "愛君憂國, 溢於言表."七月, 乞暇歸覲, 箚論君德·民弊·時務累數千言, 劘切貴近, 語盆懇惻, 上亦嘉納焉。九月, 除司諫院正言, 還修撰, 轉掌令。己未, 以副修撰赴召, 轉掌令。時逆豎謀稱兵, 凶書實本宋時烈嫡庶之說, 竄時烈絶島, 論其黨與, 朝議攜貳。李公鳳徵, 曾爲銓郎, 忤上旨, 及是正言趙祉錫, 受柄臣旨, 迎擊李公, 以沮公論。公惡之, 啓斥祉錫承望巧避狀, 上下嚴批, 責公耽羅之旋義縣。辛酉, 瓜還。癸亥, 丁內憂, 丙寅, 丁侍郎公憂。己巳, 坤儀易位, 諫者謫死。時公甫闋喪制, 恨當路諸公不能力執, 致上有過擧。累除官不出, 且泫然曰: "鄉吾以親故, 不擇祿, 今雖得厚仕, 誰爲養乎?"諸公數引分義誚公, 不得已肅執義之命。轉司僕寺正·獻納·執義·承文院判校, 薦除水原府使, 不赴, 轉校理·執義, 陞承政院同副承旨, 進階通政, 序陞左承旨。庚午, 以工曹參議, 出牧驪州, 壬申, 因事罷。明年, 除洪州牧, 未至, 拜江原道觀察使, 因事辭遞。移兵曹參知。甲戌春, 轉戶曹參議, 遭季子喪辭還。

未幾, 時事大變, 屛居丘園。凡十有四年, 自號海村老人, 日以書史自娛, 或間從故舊飮酒, 若無意世事, 而憂時戀闕, 中夜歔欷, 不以廢閒而少弛。丁亥二月七日, 疾終于寢。訃聞, 上遣禮官, 弔祭如禮。四月二日, 權厝于榮川治東靈芝山下。十一月七日, 合窆于貞夫人權氏之墓, 實平恩村後鄕明之原。貞夫人籍安東, 參奉霖之女, 忠定公某之五世孫。性端潔, 奉舅姑以禮, 祭祀以誠。理家政, 撫孤姪, 勤儉慈惠。一惟公志是承, 家貧, 其在官, 未嘗擅一物, 爲君子累。年六十三, 先公五年而卒。…(중략)… 公淸忠恬定。居家, 敦孝友之政, 當官, 必思盡職。處館閣, 直辭正言, 無所隱回, 善於敷奏, 補益弘多。出莅州縣, 先惠後威, 弔隱刮瘼, 摘去奸蠹。歸橐蕭然, 無一物齎。淸寒甚, 頹垣敗椽, 朝旰或無烟。喜獎進後生, 爲治, 輒先文敎, 退處于鄕, 指授誘掖, 必盡其方, 成材者衆。喜酒, 己巳以後, 飮輒引滿, 酣暢調諧, 亦未嘗及人過失。嘗醉臥銀臺, 不時召對, 扶起入侍奏對, 詳審無錯。容旋義還, 海風舟幾覆, 擧危怖無人色, 公獨安坐如平日。牧使任公弘望, 亦同舟, 問如何不懼, 公曰: "死生命也, 動心何益?" 任公大服公定力。公言論去就, 一守己見, 未嘗隨人低昂。李侍郞沆, 語人曰: "鄕人顯塗, 必由扳援, 而如某平生無要路跡, 眞貞士也." 光庭癡無知, 自幼習知公言行出處, 精當潔白, 不踰繩尺。竊以爲當朝著變更之際, 惟公不失前輩規矱, 沒而可祭, 其在先生也。今其諸孫以幽堂之銘見屬, 義不敢辭, 遂最其所目記大槩而爲之銘。銘曰: "聞韶名家, 儒賢繼繼, 巖岡卓峙, 有韡其棣。數世寢光, 家聲未替, 俱名上舍, 有蘊未洩。公藉餘慶, 方顔秀眥, 英爽超雋, 文思早詣。妙歲搴蓮, 髭摘上第, 爲養丐縣, 二境咸惠。聯翩三司, 載値盛際, 忠言讜論, 有含無閉。屢迴重瞳, 直聲盈陛, 左腹俄入, 白日旋翳。颶海接天, 嶺雲迢遞, 戀闕懷親, 北望橫涕。煦濡海蜒, 掃去宿弊, 瓜還匹馬, 歸嘶海滋。旋人銘骨, 銅以牲繫, 十畒之間, 桑者泄泄。北堂怡愉, 同我兄弟, 二親之坊, 宦意帚敝。國有過擧, 恨未力掣, 隨羣碌碌, 愧彼孤喉。玉署銀臺, 隨分充例, 有子同朝, 令望誰儷。駁波再澺, 隻羽無劌, 從容丘園, 尋我宿契。酒社學堂, 呼朋聯袂, 野夫田叟, 與共留齎。淸風洒然,

藜藿隨劑, 陰及後昆, 慶疊蓮桂。未展遐抱, 遠矣其逮, 丁亥春中, 公厭
斯世。壽逾歐公, 六十七歲, 溯公平生, 雲水同晢。進國退家, 俱宜巨細,
刻茲幽石, 惟德之揭."

〔訥隱先生文集, 권14, 墓誌碣〕

19. 권두인

권두인의 자는 춘경, 호는 하당, 본관은 안동이다. 충정공(忠定公) 권벌(權橃)의 후손이다. 인조 계미년(1643)에 태어났다. 숙종 을묘년(1675) 진사시에 합격하고, 기사년(1689) 학행(學行)으로 천거되었다. 벼슬은 정랑에 이르렀다.

공은 호탕하고 활달하였으며 영특하고 민첩하였는데, 학문이 깊어지고 행실이 믿어워서 아름다운 명성이 널리 퍼졌다. 상국(相國) 권대운(權大運)과 학사(學士) 권해(權瑎)가 모두 영남의 바닷가에 귀양을 와 있다가 사우(士友)들을 통해 공의 명망과 실력을 익히 듣고는 조정으로 돌아와서 공을 으뜸으로 천거하였다.

타고난 성정이 본래 차분한데다 온후한 인품이 더해졌으니, 성품은 지극히 고매하면서도 처신은 겸허하였다. 인정(人情)에 어그러지도록 거짓으로 꾸미거나 세상의 비속하고 하찮은 일들은 터럭 하나만큼도 마음에 싹트거나 말로 나타낸 적이 없었다. 다만 그가 초연하니 범접할 수 없었고, 담담하니 함부로 할 수가 없었다. 화합하되 세속에 섞이지 않았고, 청렴하되 사람과 단절하지 않았다. 이러한 인물을 말세에서 구한다면 흔히 볼 수 없을 것이다.【협주: 4촌동생 권두경이 찬한 행장에 실려 있다.】

• 權斗寅

權斗寅, 字春卿, 號荷塘, 安東人。忠定公橃[1]後。仁祖癸未生。肅宗

---

1 橃(벌): 權橃(1478~1548). 본관은 安東, 자는 仲虛, 호는 沖齋·萱亭·松亭. 안동 출신. 증조부는 횡성현감 權計經이며, 조부는 副護早 權琨이다. 아버지는 성균생원 權士彬이며, 어머니 坡平尹氏는 主簿 尹塘의 딸이다. 부인 和順崔氏는 직장 崔世演의 딸이다. 1513년 사헌부지평으로 재임할 때, 당시 辛允武·朴永文의 역모를 알고도 즉시 보고하지 않은 鄭莫介의 당상관 품계를 삭탈하도록 청하여 강직한 신하로 이름을 떨쳤다. 1519년 예조참

| 乙卯進士, 己巳薦擧行。官至正郎。

公爽闓穎敏, 學積行孚, 華聞彌達。權相國大運·權學士瑎[2], 俱謫嶺海, 從士友間, 飫聞望實, 還朝首薦。

質本恬靚, 而濟以溫厚, 性極高邁, 而處以謙虛。情外之矯餙, 世間之鄙璞, 未嘗一毫萌於心而形於言。但見其超然不可及, 而澹然不可褻。和不至同塵, 淸不至絶物。求之季世, 不可多見。【從弟斗經[3]撰行狀】

판에 임용되었는데, 이때 趙光祖를 비롯한 사림들이 왕도정치를 극렬히 주장하자, 기호지역 사림파와 연결되어 훈구파와 사림파 사이를 조정하려다가 파직되었다. 1545년 명종이 어린 나이로 즉위하자 院相에 임명되었다. 1547년 양재역벽서사건에 연루되어 유배지에서 세상을 떠났다.

2 權學士瑎(권학사해): 學士 權瑎(1639~1704). 본관은 安東, 자는 皆玉, 호는 南谷. 증조부는 權悏이며, 조부는 權偉中이다. 아버지는 호조판서 權大載이며, 어머니 新平李氏는 정랑 李淐의 딸이다. 첫째부인 江陵崔氏는 崔文湜의 딸이며, 둘째부인 全州李氏는 李益培의 딸이다. 1660년 생원시에 합격하고, 1665년 식년문과에 급제하였다. 1679년 판중추부사 許穆이 영의정 許積의 아들 許堅의 불법한 행위를 공격한 사건이 발단이 되어, 淸南·濁南의 당파 싸움이 벌어졌다. 그때 도승지 閔黯이 청남인 허목의 당으로 몰아, 아버지는 광주로, 권해는 청도로 귀양갔다. 이듬해 다시 창성으로 이배되었고, 1686년 또 다시 彦陽으로 이배되었다. 1689년 기사환국으로 대사간에 복관되어 대사성·강화유수·대사헌·부제학·승지·경기도관찰사·평안도관찰사를 역임했고, 다시 대사헌·형조참의를 거쳐 호조참의에 이르렀다. 1694년 갑술환국 때 창성에 위리안치되었다가, 1697년에 석방되어 예안에서 여생을 보냈다.

3 斗經(두경): 權斗經(1654~1725). 본관은 安東, 자는 天章, 호는 蒼雪齋. 증조부는 군자감정 權來이며, 조부는 군자감정 權碩忠이다. 아버지는 權濡이며, 어머니는 禮安金氏이다. 부인 義城金氏는 金是榲의 딸이다. 李玄逸의 문인으로 李栽 등과 교유하였다. 1679년 사마시에 합격하였다. 1689년 문학으로 천거되고, 1694년 학행으로 천거되어 태릉참봉·사옹원봉사·직장·종부시주부를 거쳐, 형조좌랑을 역임하였다. 1700년 봄 正郎에 승진되었으나 곧 이어 靈山縣監으로 부임하였다. 1710년 문과에 급제, 성균관직강·전라도사에 임명되었으나 부임하지는 않았다. 그 뒤 사간원정언에 임명되었으며, 1717년 영남에서 1만여 인의 유생들이 상소를 올릴 때 그 상소문을 기초하였다. 1721년 경종이 즉위하자 高山察訪에 임명되었으나 얼마 뒤 귀향하였다. 1723년 홍문관부수찬이 되었다. 그 뒤 수찬이 되어 시정의 폐단을 논하는 상소를 올렸다.

보충
권두경(權斗經, 1654~1725)이 찬한 행장

봉렬대부 행 공조정랑 하당선생 권공 행장

공의 휘는 두인(斗寅), 자는 춘경(春卿), 호는 하당(荷塘)이다. 권씨(權氏)는 대대로 안동 사람으로 고려 태사(高麗太師) 권행(權幸)의 후손이다. 조선에 들어와서는 권벌(權橃)이 있었으니, 벼슬은 우찬성에 이르렀고 여러 차례 추증되어 영의정이 되었다. 시호는 충정공(忠定公)이다. 중종·인종·명종 세 임금을 섬기며 도덕과 꿋꿋한 절개로 우뚝하게 이름을 떨쳤으니, 바로 충재(沖齋) 선생이다. 그에게는 두 아들이 있었는데, 맏아들 권동보(權東輔)가 벼슬은 군수에 그쳤으며, 호는 청암(青巖)이다. 둘째 아들 권동미(權東美)도 현감에 그쳤다. 권동미의 둘째아들 군자감 정(軍資監正) 휘 권래(權來)는 청암공(青巖公)의 후사가 되었으며 호는 석천(石泉)인데, 공에게 증조부가 된다. 권래의 장남 권상충(權尚忠)은 벼슬에 나아가지 않았다. 그 아들 권목(權霂)은 음직(蔭職)으로 영릉 참봉(英陵參奉)이 되었고, 여주이씨(驪州李氏) 휘 이백명(李伯明)의 딸과 혼인하였다. 숭정(崇禎) 계미년(1643년) 4월 11일에 공을 낳았다.

어릴 때부터 활달하고 호탕하였으며 영특하고 민첩하였다. 학문을 배우기 시작한 이후로는 날로 진보하고 달마다 성취를 이루는 향상이 있었으니, 경서(經書)의 구두(句讀)를 떼고 문장을 외우는 것이 또래들은 따르지 못하였다. 조금 장성해서는 이웃의 어른인 매헌(梅軒) 홍준형(洪浚亨)에게 가르침을 받으며 매우 엄격하게 노력하였는데, 번거로이 과제를 주고 단속하지 않아도 부지런히 힘쓰며 게으르지 않았으니, 가정에서 장려하는 뜻에 부합했다. 선친이 항상 말하기를, "나는 재주가 뛰어난 어린 아이들을 많이 보아 왔지만, 어린 아이의 학문을 진전시킴에 민첩한 자로 아무개와 견줄 만한 사람을 아직 보지 못했다."라고 하였다.

과거 시험을 위한 글을 짓는 데 남보다 뛰어나 일찍부터 성취하였고,

선배들 모두 그의 재능을 인정하였다. 양친을 모시다가 모두의 상(喪: 1666년 모친상, 1671년 부친상)을 연이어 치르느라 과거 시험에 응시하는 일이 매우 드물었다. 35세에 이르러서야 비로소 진사가 되었다.

청렴하고 소박하였으며, 말을 아끼고 돈독히 하였다. 몸가짐은 단정하고 아담하였으며, 품은 뜻이 확고하고 곧았다. 사람들과 어울리면서도 남을 그릇되게 따르지 않았으며, 홀로 있으면서도 태만하거나 방종하지 않았다. 학문이 깊어지고 행실이 미더워서 아름다운 명성이 자연스레 널리 퍼졌으니, 상국(相國) 권대운(權大運)과 학사(學士) 권해(權瑎)가 모두 영남의 바닷가에 귀양을 와 있다가 사우(士友)들을 통해 공의 명망과 실력을 익히 들었는데, 기사년(1689) 조정에 돌아온 후로 학사 권해가 영남지방에서 문장과 덕행이 뛰어난 선비 몇 명을 천거하면서 공을 으뜸으로 천거하였다. 마침내 효릉참봉(孝陵參奉)에 제수되었는데, 공은 문장과 덕행이 높다고 내세우지 않고 곧바로 달려가 숙배하였다. 권 상공(權相公: 권대운)은 영남의 여론을 수렴하여 공 및 이동표(李東標)의 문학과 행실이 영남 선비 중에서 으뜸으로 천거하여 모두 6품직에 서용(敍用)하여 경연에서 임금에게 권면하고 진강할 수 있도록 해주기를 청하였다. 마침내 등급을 뛰어넘어 특별히 장원서(掌苑署) 별제(別提)에 제수되었는데, 마침 공은 막 재랑(齋郎: 참봉)에 숙배하였던 터라, 애써 명을 사양하고 돌아왔다. 이어서 연달아 태복시주부(太僕寺主簿), 공조좌랑(工曹佐郎)에 제수되었다.

경오년(1690) 처음으로 수부(水部: 工曹)에 제수하는 명을 받고 부임하였으며, 여름에 동궁 사어(東宮司禦)가 되어 세자 책봉의 복잡하고 까다로운 예식에 참여하였으며, 가을에 전의현감(全義縣監)에 제수되었으나 부임하지 않았다. 신미년(1691) 가을에 또 공조정랑(工曹正郎)에서 사직서령(社稷署令)으로 옮겼고, 안음현감(安陰縣監)에 제수되었으나 부임하지 않았으며, 겨울에 다시 수부(水部: 공조)가 되었다가 곧 벼슬을 버리고 돌아왔다.

　임신년(1692) 또 공조정랑에서 영춘현감(永春縣監)에 제수되어 비로소 부임하였다. 고을을 다스릴 때는 백성을 다친 사람처럼 보듯 하였으니, 전정(田政: 토지에 부과되던 조세)을 완화하여 백성의 부담을 덜어주었고, 특히 화전(火田)에 대한 조세를 간소화하여 산골 백성들을 편안하게 하고 사랑하였다. 아전이나 장인들이 속임수를 쓴 일이 발각되더라도 호되게 다스린 적이 없었고, 단지 간단히 다스려 스스로 죄를 알게 하였을 뿐이었다. 여러 대에 걸친 조상의 제사를 받들 때면 고을에서 받아들인 찰벼가 제수(祭需)로 쓰기에 부족하여 자신의 집에 저장해 두었던 쌀을 실어다가 부족함을 메웠는데, 혹자는 그러한 일에 대해 명성을 구하려는 위선적 행동으로 비방을 받을까 염려하기도 했으나, 공이 웃으며 말하기를, “집에 남는 것을 가져다 관아의 부족함을 메우는 것인데, 나는 그저 본성을 따를 뿐이지 위선적으로 꾸미는 것이 없으니 어찌 남의 의심을 두려워하겠는가?”라고 하였다. 송사(訟事)를 관장하는 관아의 뜰은 매우 고요하여 날마다 독서를 일삼았고, 겨를이 날 때면 번번이 시를 읊으며 스스로 즐겼다. 산수를 몹시 사랑하였는데, 읍문(邑門) 밖으로 몇 리 떨어진 곳에 강가의 절벽이 뛰어난 경치가 있었으니, 매번 고을일을 다 돌보고 난 뒤에 문득 작은 배를 타고 홀로 찾아가서 강물을 따라 오르내리며 흥이 다할 때까지 머물렀다. 가끔 유람객이나 운치 있는 사람들을 만나면 손을 맞잡고 배를 띄우고서 시를 주고받으며 회포를 쏟아냈으니, 관복을 입고 있는 자신을 잊고 알지 못하였다. 병자년(1696) 봄에 수의(繡衣: 암행어사)의 논계(論啓)로 파직되었다. 대체로 공을 좋아하지 않는 자가 참소한 말을 들여다보더라도 또한 감히 청빈과 검약으로 백성을 사랑했던 실상마저 빠뜨리지 못했다. 이미 공이 돌아온 뒤에도 창고가 가득 차 넘쳤으니, 이를 본 사람들은 이전에 일찍이 없었던 일이라고 생각하였다. 선비와 백성들이 심지어 철로 주조해 비석을 세우고서 떠나간 뒤에도 생각하는 마음을 부쳤으니, 공이 돌아온 뒤 수십 년이 지나도 백성들의 덕을 기리는 말이 여전히 쇠하지 않았다.

무자년(1708) 장수현감(長水縣監)에 제수되었는데, 조상의 음덕에 의해 성은(聖恩)이 내려졌다 하여 달려가서 사은숙배하였고, 연한이 찼다며 체직(遞職)을 청하는 글을 올렸다. 세상에 위선적으로 꾸미는 자들이 뇌물을 주고 중개를 통해 승진하려는 것을 병통으로 여겼으니, 매번 제수하는 명이 있을 때마다 병고(病故)가 있지 않으면 곧바로 달려가 사은숙배하고 직무를 성실히 수행하였는데, 벼슬살이를 마치 더부살이처럼 여겨 한 해를 마치도록 여관(旅館: 관사)에 오랜 머문 적이 없었고, 조금이라도 뜻에 맞지 않는 일이 있으면 번번이 몸을 거두어 떠났다.

공이 수부(水部: 공조)의 낭중(郎中)이었을 때에 일찍이 장관(長官)에게 명함을 보낸 적이 있었는데, 장관이 예의 없는 태도를 보이자 즉시 일어나 그 자리를 떠난 뒤 벼슬을 버리고 고향으로 돌아가려 하였다. 갈암(葛庵) 이 선생(李先生: 李玄逸)이 경저(京邸: 지방관청의 도성 사무소)에 머물고 있었는데, 공에게 말 1필을 주고 노자(路資)를 보낸 것은 공의 깨끗한 처신을 좋게 여긴 것이었다. 이 선생은 명예와 이익에 파리처럼 찾아다니고 개처럼 구차히 탐내는 자들을 깊이 경멸하고 혐오하여 입에 올리는 것조차 하고 싶어 하지 않았다.

공은 장수현감을 사직하였을 때, 나이가 들수록 시대는 더욱 어렵고 떠도는 것도 더욱 지쳐가니 속세의 굴레에서 벗어나 자연에 정을 쏟고 쓰러질 듯이 상황에 순응하며 여유롭게 은거하려고 했던 본래의 뜻을 이루었다.

공은 평소 효성이 지극하였으니, 부모를 섬길 때에는 얼굴빛을 살피고 뜻을 따르며 마음을 기쁘게 하였다. 증조모 이씨 숙인(李氏淑人)과 조모 김씨 유인(金氏孺人)을 섬길 때에도 비록 따로 살았어도 아침저녁으로 문안을 드리는 일을 반드시 정성스럽게 하였고, 조금이라도 편치 못한 일이 있으면 약을 달이는 것을 살피고 침식(寢食)을 보살피며 감히 잠시도 게을리하지 않았다. 참봉공(參奉公: 부친 權霖)이 병으로 누워 있을 때, 손가락을 베어 나온 피를 약과 섞어 올렸다. 부모상을 당해서는 슬퍼하기를 다했고 예법에 따라 슬픈 심정에 걸맞게 다하였는데, 아침저녁으로 곡하며 우니 이웃들이 감동하여 눈물을 흘렸다.

특히 내외의 구분을 엄격히 하였으며, 승중(承重: 권리를 이어받음)하여 부모의 상을 치를 때 또한 그러하였다. 일찍이 자부인(慈夫人: 모친)의 심제(心制: 아버지가 살아 있을 때 어머니의 상을 당한 경우에는 기년복을 입지만, 심상은 여전히 3년이므로 모친상의 상기가 막 끝난 것을 일컬음)를 하다가 전염병에 걸려서 마을의 민가(民家)로 나가 지내며 병세가 극도로 위중해진 적이 있었는데, 참봉공(參奉公: 부친 權霖)이 병을 살피며 약을 먹일 사람이 없자 며느리에게 명하여 옆집에 머물며 병세를 살피게 하였다. 공이 이를 알고 급히 말하기를, “내가 비록 중병이라 하더라도 상중에 있는 사람인데, 아내가 어찌 감히 병든 곳에 가까이할 수 있단 말인가?”라고 하고는 즉시 멀리 옮기도록 명하였다. 공이 예법을 지키는 것이 이처럼 엄격하였다.

매번 부모의 제삿날이 되면 부모를 그리며 생각하고 슬피 통곡하니 좌우에 있는 사람들이 그 슬픔에 감동하였는데, 나이가 들었어도 그 마음은 처음과 같았다. 매헌공(梅軒公: 홍준형)의 상(喪)을 당했을 때도 온 힘을 다해 애통해 마지않았으며, 그 제삿날에는 반드시 제물(祭物)을 마련해 제사를 도왔다. 매일 아침이면 사당에 참배하였으며, 초하루와 보름날에는 자제들을 데리고 향을 피워 절을 올렸으며, 크고 작은 제사에 있어서도 심한 병이 아닌 한 결코 다른 사람에게 대신하도록 한 적이 없었으며, 묘제(墓祭) 또한 마찬가지였다. 나이가 많이 든 뒤에도 여전히 자력으로 몸소 다녔는데, 선영(先塋)을 오르내리면서 피곤한 기색을 보이지 않았다.

부인 성씨(成氏)의 봉작은 영인(令人)으로 부덕(婦德)이 세상에서 보기 드물었는데, 공은 부부간의 정이 매우 깊었으나 예를 갖추어 부인을 공경히 대하였다. 신혼 초부터 가벼운 농담이나 지나친 친밀한 몸짓으로 대한 적이 없었다. 집안의 크고 작은 일들은 모두 아내에게 맡기면서도 항상 비용을 줄이며 씀씀이를 절약하도록 단단히 경계하며 당부하였다. 그러나 급히 남을 돕는 일에 있어서는 형편껏 넉넉히 베풀었고, 아내 또한 그 아름다운 뜻을 기쁘게 이루어지도록 하였고 전적으로 검소와 절약을 고집하지 않았다. 공이 관직에 있을 때 청렴하고 덕망이 있었으며, 겉과 속이 모두 투명하게 빛났는데, 사람들 또한 아내의 조력으로 사치나 뇌물과 같은 기름진 것에 가까이하지 않았기 때문이라고 하였다.

스스로는 대대로 내려오는 명문가 선현(先賢)의 후손으로서 제사를 받들고 집안을 지켜야 했으나 일가친족이 매우 많아 한마음으로 되도록 다스리기가 어려웠으니, 대대로 이어온 덕을 욕되게 하고 가문의 명성을 추락시킬까 크게 두려워하였다. 매번 여러 아우와 조카들에게 화목을 돈독케 하는데 합당한 도리를 지키도록 말할 때마다 반드시 옛사람들의 훌륭한 말과 아름다운 행실을 인용하였는데, 거듭 반복해 암송하며 음미하여서 옛사람을 흠모하고 본받고자 하는 뜻을 전하여 그들을 감발하고 흥기하게 하려 한 것이다. 비록 종가의 계통이 다소 소원해졌더라도 관심과 애정을 놓지 않았는데, 부의(賻儀)하거나 환란을 구휼하여 마치 자신의 일인 것처럼 슬퍼하며 가엾게 여겼다.

그 만난 사람들 또한 오직 공이 반드시 인자하게 대해 줄 것으로 바랐을 뿐이었다. 추운 날에 구걸하는 사람을 만나면 자신의 옷을 벗어 솜을 넣어주어서 얼어 죽지 않게 하기도 하였으며, 어렵고 쉽고를 따지지 않았으니 집안 사람들 또한 감히 뜻을 거스르거나 아까워하는 기색을 보일 수가 없었다. 사람들 가운데 재물과 이익을 두고 다투어 화목하지 못한 자가 있다는 이야기를 들으면, 번번이 마치 자기 몸이 더러워진 것처럼 눈살을 찌푸리곤 하였으니, 사람들 또한 공경하면서도 꺼려 공의 옆에서 감히 이익의 많고 적음을 다투며 따지는 말을 하지 못했다.

격조의 고결하기가 마치 가을 물에 비친 옥 나뭇가지 같았는데, 보기만 해도 속되고 천한 마음이 씻겨 나가는 듯해 마음이 다스려지기를 기다리지 않아도 물욕에 대한 한도가 절로 줄어들었다. 넓은 자리에 사람이 빽빽하게 많이 모여 있어도 절로 속세를 벗어난 기상이 있었다. 사람들을 대할 때에는 따스하여 가까이할 수 있는 조용한 기색이 있었다.

책 이외에는 즐기고 좋아하는 것도 없었으니, 책을 읽으면 밤이고 낮이고 항상 싫증을 내지 않으며 고요히 곧은 자세로 앉아 깊이 몰입하여 끝까지 읽었는데, 손님이 문 밖에 이르러도 그가 책을 읽고 읊는 소리가 구슬이 구르는 듯 낭랑하게 들렸다. 특히 사서(四書), 사마천(司馬遷)의 사서(史書), 한유(韓愈)의 문장, 제자백가서(諸子百家書)에 공을 들였으니, 만년의 경지에도 매번 밤에 《맹자》·《중용》·《대학》을 외웠고, 때때로 사마천의 사서와 한유의 글도 외웠는데 하나도 잊어버리지 않았다. 문장에 대해 탁월한 안목을 지녔는데, 특히 선진(先秦)과 서한(西漢: 前漢) 시대의 글을 가장 좋아했지만 후세에 이르러 쇠하고 나약해진 글에 대해서는 눈길조차 주려 하지 않았다.

붓을 잡아 글을 지으면 거침없이 술술 흘러나왔으니, 깎고 다듬는 것을 일삼지 않았으나 물결이 일렁이고 소낙비가 내리듯 하여 끝이 보이지 않았어도 남다르게 명성을 얻으려는 행동을 한 적이 없었다.

심원한 덕을 품고 평소 행하는 것이 담박하여 세속에 마음을 얽어매고 지내지 않았다. 세상일에 응하고 사람을 대할 때에도 한결같이 맑고 진실한 마음으로 하였으니, 가까운 사람은 기뻐하고 멀리 있는 사람은 흠모하여 친구들이 모두 공을 따르며 존경하였다.

유학의 종사(宗師)로 덕이 높은 이를 정성스런 마음으로 공경하고 사랑하며 의문 나는 것을 묻고 배움을 구하였다. 벼슬하기 전, 미수(眉叟)

문정공(文正公) 허목(許穆)이 내쳐져 폐출되어 있는 곳으로 찾아가 반달 동안 머무른 적이 있었는데, 찬찬히 살펴보고 너그러이 허락하여 강론한 말과 뜻을 듣고 돌아왔다. 이듬해 미옹(眉翁: 허목)이 세상을 떠나자, 공이 늘 그의 인물됨은 옛 위인 같고, 기상은 맑고 고상하며, 담론은 간결하고 품격이 있었다며 칭송하고는, 닭들 속의 신선 같은 학처럼 느껴져 마주하면 사람으로 하여금 속된 생각을 절로 사라지게 한다고 스스로 시인하였다. 또 말하기를, "미옹의 문장에 대한 평은 매우 엄준하였는데, 명나라의 여러 문인들 가운데 스스로 '복고(復古)'라 칭한 자들 모두 습기(習氣)가 바르지 못하고, 다소 온건한 모곤(茅坤)조차 또한 바르지 못한 습기를 지녔다면서 배척하였으며, 우리 조선의 문장가들을 논하면서 간이(簡易: 崔岦) 이하 몇몇 대가(大家)라 불리는 사람들에 대해서도 마음에 차는 이가 드물었으니, 미옹이 고상하다고 자처한 것을 여기서 알 수 있다."라고 하였다. 갈암(葛庵: 李玄逸)과 우담(愚潭: 丁時翰) 등 여러 대가들에게 비록 직접 예를 갖추어 나아가 배운 적은 없었으나 그 의표(儀表)를 간곡하게 우러르며 겸허한 마음으로 믿고 따르는 것이 처음부터 끝까지 변함이 없었다. 만년에는 갈옹(葛翁: 이현일)이 유배지에서 돌아오자마자 달려가서 안부를 살피며 고령의 몸으로 오랫 동안 횡액을 겪은 것에 위로하였는데, 험난한 곳에서 추위와 풍토병을 견뎌내면서도 도의(道義)가 더욱 완숙해지고 정신과 기운이 쇠하지 않은 것을 보고 말하기를, "나의 도가 참으로 이와 같다."라고 하고는, 아들 권보(權莆)에게 그 문하에서 배울 수 있게 해달라고 청하도록 하였다.

평소에 지낼 때는 비록 한가로이 있을지라도 반드시 의관을 정제하였고 짧은 평상복 차림으로 스스로 편하게 지낸 적이 없었다. 다리를 뻗고 앉거나 삐딱하게 기대 서는 것을 몸에 익히지 않았으며, 늙어서도 여전히 그러하였다. 참봉 정선장(鄭善長)이 일찍이 말하기를, "병이 많아져 게을러졌네. 비록 번잡한 모임에서도 오래 앉아 있지를 못하겠는데, 습관이란 쉽게 고쳐지지 않으니 어찌해야 하겠는가?”라고 한 적이 있는데, 공이 《예기(禮記)》〈표기(表記)〉의 ‘군자는 엄숙하고 공경하면 날로 강해지고, 안일하고 방자하면 날로 구차해진다.’라는 구절을 암송하니, 정선장이 말하기를, “이 말은 내 정수리에 놓는 침(針)과도 같네.”라고 하였다. 공은 스스로를 과시하지 않았으나 마음속으로 늘 엄숙하고 공경함을 지녔기 때문에 몸 전체를 번거롭게 제한하지 않아도 스스로를 법도 안으로 수렴하였으니, 마음에 지닌 바를 바탕으로 사람들에게 말했던 것이다.

남의 선한 말을 들으면 진심으로 기뻐하고 자랑하며 마치 자기의 일처럼 여겼다. 선하지 않은 말을 들으면 엄하게 꾸짖거나 드러내놓고 나무란 적이 없었으며, 다만 얼굴을 찡그리거나 불쾌함을 드러냈을 뿐이었다. 사람들이 말하기를, “하옹(荷翁: 권두인)이 한번 얼굴을 찡그리는 것은 다른 사람이 눈을 부라리고 고함치는 것보다 더 위엄이 있었다.”라고 하였다. 번번이 모임에서 사람들이 세상 물정과 시사(時事)를 이야기하면서 말이 떠들썩할 때면, 공은 홀로 묵묵히 아무것도 듣지 못한 듯이 있다가 천천히 한마디로 자신의 뜻을 은근히 드러냈는데, 듣는 사람은 시원하고 상쾌하였다.

집에는 정자와 누대와 물과 바위가 뛰어난 곳이 있었는데, 훌륭한 손님과 좋은 벗이 오면 가장 기뻐하여 그들과 함께 경전의 가르침을 토론하고 명리(名理)를 강론하면서 붙잡아 머물게 하여 며칠을 함께 지내도 싫어하는 기색이 없었다. 집안 사람들도 접대하는 것을 피곤해 하지 않았고, 손님 또한 자기 집이 아닌 것을 잊을 정도였다. 떠난 후에 감탄하여 말하기를, “청암정(靑巖亭)에 도착하니, 이름난 정원에 어진 주인이 있었고 맑은 경치에 맛있는 음식이 있어서 하나도 부족함이 없었으니, 사람이 즐겁게 머무를 수밖에 없었다.”라고 하였다.

집이 있는 마을 밖에는 바위와 샘물, 계곡의 빼어난 경치가 있었는데, 충재(冲齋: 고조부 權橃) 선생이 그 맑고 뛰어난 풍경을 아껴서 지팡이를 짚고 짚신을 신은 채 한가로이 거닐며 그곳에 대(臺)를 쌓고 정사(精舍)를 짓고자 했으나 미처 이루지 못했다. 청암공(靑巖公: 權東輔)이 비로소 이를 짓기 시작하였다. 그러나 세월이 오래 지나 무너지고 허물어져 이제는 터만 남아 있을 뿐이었다. 공은 늘 감개무량한 마음으로 다시 지을 방법을 생각하였는데, 기축년(1709)에 이르러 4촌 형제들과 조카들에게 부탁해 재목과 기와를 모아서 곧바로 옛 터에 힘을 합쳐 다시 지었다. 정사가 완성되자마자 늘 꽃을 찾아 달빛의 길을 걷다가 투숙해 풍경을 바라보았는데, 간혹 친척과 손님을 초대하여 함께 즐기고는 하였으며, 여유롭게 한가히 거닐면서 자득한 정취도 있었다. 나이가 70세를 넘었지만 기력이 맑고 강건하였으며, 어깨와 등이 바르고 꼿꼿하여서 병들거나 노쇠한 모습이 드러나지 않았다. 때때로 바람이 맑고 날씨가 따뜻한 것을 틈타 아우와 조카들을 불러 데리고 바위와 샘을 찾아 놀며 쉬었는데, 언덕을 넘고 시내를 건너면서 지팡이에 의지하지 않고 걸은데다 걸음걸이도 바람을 타듯 하여 멀리서 보면 지상선(地上仙) 같았으니, 고령의 노인임을 알지 못했다.

산꿩이나 시냇가의 풀을 마음대로 잡고 뜯어 음식을 마련해 올리는데다 정신은 즐겁고 흥취는 넘쳐나서 어지러운 세상의 일이 마음에 닿지 않았으니, 산림과 시내에서 누리는 청복(淸福)은 보통 사람이 감히 바라지 못한다. 그러나 말년에 두 아들을 잇달아 잃게 되자, 비록 이성으로 스스로를 다스리려 했지만 기쁨과 즐거움은 이미 예전과 같지 않았다. 오직 책과 벗에게 의지하여서만 마음속에 쌓인 답답함을 조금이나마 해소할 수 있을 따름이었다.

기해년(1719) 가을 병으로 자리에 눕게 되었는데, 병세가 위중해지자 주위를 돌아보며 말하기를, "오직 말을 삼가고 우애와 화목을 돈독히 하라." 하면서 자제와 조카들에게 간곡히 당부하고 권면하였다. 10월 23일 외침(外寢: 사랑방)에서 숨을 거두었으니, 향년 77세였다. 12월에 송생(松生: 봉화군 봉화읍 소재 마을)의 선영 아래 오향(午向)의 언덕에 안장하였다. 성씨의 봉작은 영인(令人)으로 본관은 창녕(昌寧)인데, 아버지는 성석하(成錫夏)이고 조부는 홍문관 응교 성이성(成以性)이다. …(중략)…

권필(權苾: 권두인의 3남)과 권빈(權贇: 권두인의 4남) 등이 공의 시문(詩文) 약 10권을 수습하고 장차 식견과 안목을 갖춘 이에게 편집과 교정을 청하려 하였다.

대개 공은 타고난 성정이 본래 차분한데다 온후한 인품이 더해졌으니, 성품은 지극히 고매하면서도 처신은 겸허하였다. 인정(人情)에 어그러지도록 거짓으로 꾸미거나 세상의 비속하고 하찮은 일들은 터럭 하나만큼도 마음에 싹트거나 말로 나타낸 적이 없었다. 다만 그가 초연하니 범접할 수 없었고, 담담하니 함부로 할 수가 없었다. 화합하되 세속에 섞이지 않았고, 청렴하되 사람과 단절하지 않았다. 이러한 인물을 말세에서 구한다면 아마도 흔히 볼 수 없을 것이다.

권두경(權斗經) 나는 공보다 열한 살이 어린데, 어릴 때부터 늙을 때까지 함께 허물없이 가까이 지냈으니, 의리로는 스승과 벗이자 형제와도 같았다. 아버지를 여읜 아들들로부터 행장을 지어 달라는 부탁에 사양하지 못할 것이 있어서 직접 보고 마음에 새긴 바의 사실을 대략 서술하여 입언군자(立言君子)의 선택에 보태고자 삼가 행장을 짓다.

계묘년(1723) 4월일
재종제 통훈대부 전임 겸 고사도찰방(高山道察訪) 지제교
권두경이 행장을 짓다.

奉列大夫行工曹正郎荷塘先生權公行狀

公諱斗寅, 字春卿, 自號荷塘。權氏世爲安東人, 高麗太師幸之後。入本朝, 有諱橃, 官至右贊成, 累贈領議政。諡忠定公。事中宗·仁宗·明宗三朝, 以道德風節, 卓然名世, 是爲冲齋先生。有二子, 長諱東輔, 官止郡守, 號青巖。次諱東美。官止縣監。有次子軍資監正諱來, 爲後於青巖公, 號石泉, 於公爲曾祖。長子諱尙忠, 不仕。是生諱渫, 蔭補英陵參奉, 聘驪州李氏諱伯明之女。以崇禎癸未四月十一日生公。幼而闓爽穎敏。始受學, 有日進月就之益, 離經倍文, 曹輩莫及。稍長, 受業鄰丈梅軒洪公浚亨, 事之甚嚴, 不煩課督, 而勤勵不怠, 以稱家庭獎勉之意。先君子每言：“吾見童蒙才俊多矣, 進學之敏, 未見如某之比。”爲擧業程文, 超詣早成, 先進咸讓其能。連居兩親及承重喪, 應試甚罕。三十五, 始成進士。淸修簡潔, 寡言敦德。檢身以端雅, 秉志以堅貞。羣居而不詭隨, 獨處而無怠放。學積行孚, 華聞自然彌達, 相國權公大運·學士權公瑎, 俱謫嶺海, 從士友間, 稔聞公望實, 己巳還朝, 學士薦南士文行表著者若干人, 以公爲首。遂有孝陵參奉之除, 公避標高卽趨肅。權相公採嶺南公議。薦公及李公東標, 文學行檢, 爲南士第一, 請俱敍六品, 備經幄勸講。遂超拜掌苑別提, 適公纔肅齋郎, 卽勉謝命而歸。嗣是連有太僕主簿·工曹佐郎之除。庚午始赴水部之命, 夏以東宮司禦, 參世子冊封縟禮, 秋除全義縣監不赴。辛未秋, 又自工曹正郎, 遷社稷署令, 除安陰縣監不赴, 冬還水部, 俄棄歸。壬申, 又自工曹正郎, 除永春縣監, 始赴任。其莅縣, 視民如傷, 寬田政紓民力, 尤簡火田之稅。峽氓安而愛之。凡吏胥工匠, 或欺紿事覺, 未嘗痛繩, 只略治使之知罪而已。奉累代祭祀, 邑入粘稻, 不足於用, 輸家儲以支㒺, 或虞其招矯情之誚, 笑曰：“推家贏, 補官乏, 吾自率性無飾, 何畏人疑？”訟庭闃然, 日以讀書爲事, 暇輒哦詩自適。酷愛山水, 邑門外數里, 有江壁之勝, 每視事之餘, 輒扁舟獨往, 沿沂上下, 以興盡爲期。間値游人韻士, 相携臨泛, 唱酬陶寫, 不知章組之在身。丙子春, 爲繡衣所啓罷。蓋入不悅者讒言, 而亦不敢沒其淸約愛民之實。旣歸, 庫帑充溢, 見者以爲前此未嘗有。士民至鑄鐵竪碑, 以寓去思, 歸後數十年, 而民之頌德, 猶不衰。戊子, 有長水縣監之除, 以恩出先蔭, 旣趨謝, 而据年限呈遞。病世之沽矯者, 索價媒進, 每有除命, 非有病故, 輒趨謝供職, 而宦情如寄, 未嘗終年淹旅館,少有不慊意, 輒奉身而去。其爲水部郎中, 嘗投刺長官, 見其無禮貌, 卽起去, 投劾將歸。葛庵李先生, 在京邸, 資一鬣助行李, 蓋善其潔去就也。其見蠅營狗苟於名利者, 深賤惡之, 不欲掛諸齒牙。其辭長水也, 齒盆暮時盆艱, 遊盆以倦, 脫身樊籠, 放情丘壑, 頹乎其處順, 綽然而逐初矣。雅有至性, 其事親也, 承顏順旨, 以悅其心。其事曾王母李淑人王母金孺人, 雖異宮, 定省必謹, 少有不安節, 視湯劑視寢食, 不敢暫懈。參奉公寢疾, 至劈指血和藥以進。居喪致哀, 禮盡情稱, 朝夕哭泣, 隣里爲之感歎。尤嚴內外之別, 其承重持兩世喪亦然。嘗於慈夫人心制中染癘, 出寓閭家, 證極危, 參奉公以無人審證投餌, 命內子住旁屋察病情。公覺之, 遽言:"吾雖重病, 乃喪人, 室家何敢近病舍?"促令遠移。其守禮之嚴如此。每遇兩親諱日, 追慕號慟, 哀動左右, 至老如初。梅軒公之喪, 致哀致力, 其忌日必致物助祭。每晨謁祠堂, 朔望率子弟焚香展拜, 大小祭祀, 非甚病, 未嘗使人代攝, 墓祭亦然。年高後, 猶自力躬行, 登陟丘壟, 不見疲倦之色。內子成令人婦德冠世, 公琴瑟之友甚摰, 而將之以禮敬。自新婚初, 未嘗以戲言昵貌相接。家政大小一委內治, 而每以省費節用, 申申戒飭。至於急人濟物, 則視力從優, 內間亦樂成美意, 不顧尙省節。其莅官清德, 表裏瑩白, 人謂亦資內助之不近脂膏云。自以先賢世胄, 承祀持家, 而宗族衆多, 理難齊一, 大恐忝代德而隳家聲。每爲諸弟姪, 言保合敦睦之道, 必引古人嘉言懿行, 申復誦味。以致企慕之意, 欲使之感發興起。雖宗派稍疎, 眷念不置, 賻喪卹患, 惻然若身當者。其遇之者, 亦惟望公必仁之。遇人寒乞, 或脫衣裝絮, 俾免凍死。不計難易。家人亦不敢拂意示靳。聞人有爭財利失歡睦者, 輒嚬眉若將浼己, 人亦敬憚, 無敢以爭多較少之語, 發於公座側。標致皎然, 如秋水瓊枝, 望之可滌鄙吝, 不待克治而物欲分數自寡。稠人廣坐, 自有出塵之氣。其接人, 則溫然有可親之和色。書籍之外, 絶無嗜好, 讀書窮日夜不厭, 兀然端坐, 潛心佔畢, 客到門外, 諷誦之聲, 琅然可聽。積工尤在四書馬韓諸子, 晚暮之境, 每夜誦孟子·中庸·大學, 時及馬史韓文, 無一遺忘。於文字有隻眼, 最好先秦西京之文, 至後世萎靡衰薾之作, 不欲置眼。其操筆成文, 滔滔渾渾, 不事雕琢而波瀾滂沛, 不見涯涘, 未嘗爲厓異近名之行。懷沖履素, 泊然不以俗累經心。應事接物, 一任淸眞。近悅遠慕。朋遊翕然嚮服。其於儒宗碩德, 誠心敬愛, 質疑求益。韋布時, 嘗謁眉叟許文正公於擯廢中, 留止半月, 深見款許, 講聞言論風旨以歸。翼年, 眉翁下世, 公每稱其人物古偉, 氣象淸高, 譚說簡雅, 自是雞羣仙鶴, 對之令人俗慮消落。且言：“其文評甚峻, 斥明朝諸子自稱復古, 均之習氣不正, 茅坤稍平, 亦帶不正之習。其論本朝作者, 於簡易以下諸號大家數, 鮮有可其意者, 卽其自處之高, 於斯可見.”云。其於葛庵·愚潭諸老, 雖未嘗執贄問業, 而惓惓瞻儀, 虛襟信服, 始終無間。晚年, 葛翁自謫還, 旣馳往省候, 賀其高年久厄, 蹈險難飽冰瘴, 而道義彌熟, 神氣不瘁, 曰：“吾道固如是也.”命子甫請學其門。平居, 雖燕閒, 必整衣冠, 未嘗以短褻自便。箕踞之坐, 跛倚之立, 不設於身體, 至老猶然。鄭參奉善長, 嘗言：“多病成懶。雖稠會不耐久坐。習慣難矯奈何？”公誦表記‘君子莊敬日彊, 安肆日偸’之語, 善長曰：“此吾頂門針也.”蓋公不事矜持, 而內主莊敬, 故四體不煩拘束而自斂然於法度, 推所存以語人也。聞人之善, 誠心欣尙, 若己有之。其聞不善, 未嘗嚴辭顯斥, 但囁顧示不快意。人言：“荷翁一番囁顧。威於他人之努眼厲聲.”每座中諸人語及世情·時事, 談辯風生, 公獨穆然若無聞, 徐以一言微示己意, 聽者爽然。家有亭臺水石之勝。最喜嘉賓勝友, 與之討典訓·講名理, 挽止留款, 連日不厭。家人供待無倦, 客亦忘其非己廬。旣去而歎曰：“到靑巖亭。名園賢主, 淸玩佳饌, 無一不足, 所以使人樂留.”云。家居洞門外, 有石泉巖壑之勝, 冲齋先生愛其淸絶, 杖屨逍遙, 築臺砌營精舍, 而未及就。靑巖公始肯構焉。歲久頹隳, 只有遺址。公每慨然思所以重新, 歲己丑, 屬羣從弟姪, 鳩材陶瓦, 卽舊址合力改建。精舍旣成, 每傍花沿月, 投宿憑眺, 或邀親賓共賞, 悠然有自得之趣。年至稀耋, 氣力淸健, 肩背竦直, 癃瘁不形。時趁風日淸暖, 携呼弟姪, 游息巖泉, 經丘涉磵, 不恃杖而行, 步履飄然, 望若地仙, 不知爲高年尊老。山蔌澗毛, 隨意供進, 怡神遣興, 世塵不到心頭, 林泉淸福, 人不敢望。及末年連喪兩子,

則雖以理自遣, 而懽悰非復曩時。惟賴書籍賓友, 消散滯鬱而已。已亥秋寢疾。疾革顧言:“惟在於愼言語敦友睦.”諄諄勉勵子姪輩。以十月二十三日, 考終於外寢, 享年七十有七。十二月葬於松生先塋下午向之原。成令人籍昌寧。父錫夏。祖弘文應敎以性。…(중략)… 芯·蕡等, 收拾公詩文近十卷, 將請編校於具眼者。蓋公質本恬靚, 而濟以溫厚, 性極高邁, 而處以謙虛。情外之矯飾, 世間之鄙瑣, 未嘗一毫萌於心而形於言。但見其超然不可及, 而澹然不可褻。和不至同塵, 淸不至絶物。求之季世, 殆不可多見矣。斗經少公十一歲, 自少至老, 從遊無間, 義兼師友與兄弟。於諸孤狀行之屬, 有不容辭, 粗叙其目擊心識之實, 以備立言君子之採擇, 謹狀。歲癸卯四月日, 再從弟通訓大夫前兼高山道察訪知製敎斗經狀。

〔蒼雪齋先生文集, 권16, 行狀〕

20. 이동표 충간공

이동표의 자는 군칙, 호는 나은재, 본관은 진보이다. 송재(松齋) 이우
(李堣)의 후손이다. 인조 갑신년(1644)에 태어났다. 숙종 을묘년(1675)
사마시에 합격하고, 정사년(1677) 문과에 급제하였다. 이랑(吏郎)·응
교(應教)·사인(舍人)을 거쳐 승지에 이르렀다. 경진년(1700)에 죽었다.
이조판서에 추증되었다.

일찍이 동당시(東堂試)를 보러 간 적이 있었는데, 고관(考官: 시험관)이
공의 명성을 익히 들었던 터라 사전에 미리 말하기를, "장두(壯頭: 장원)
는 마땅히 돌아갈 곳이 있다."라고 하자, 공이 듣고서 싱긋 웃었다. 과거
보는 날이 되자 새벽에 일어나 머리를 빗질하면서 일부러 천여 번이나
하고 나니, 과거 시험장의 문이 이미 닫혀버렸다. 사람들이 손가락질하
면서 비웃으며 '이천소(李千梳)'라고 불렀다.

기사년(1689)에 주상이 한림(翰林)을 선발하라고 명하였는데, 공이 맨
먼저 천거를 받았다. 마침 수상(首相: 영의정) 권대운(權大運)이 주상에게
아뢰기를, "이 아무개의 학문과 행실은 당대에 비길 자가 없으니, 마땅히
옥당(玉堂: 홍문관)의 남상(南牀: 正字)에 두도록 추천하고 임용하는 것이
지금 시급하므로 차례를 밟지 않고 발탁하는 것이 마땅합니다."라고 하
였으며, 유신(儒臣) 권해(權瑎)도 이어 아뢰기를, "아무개는 나라를 경륜
할 큰 재주를 지녔으니, 만일 그를 등용한다면 비록 삼대(三代)와 같은
태평성대의 정치라도 이루지 못할 것이 없을 것입니다."라고 하였다.
이에 특별히 명하여 전적(典籍)으로 승진시켰다. 이튿날 홍문관 부수찬
(弘文館副修撰)으로 발탁하여 제수하였다.

이때 중궁이 왕비 자리에서 쫓겨나자 간신(諫臣) 박태보(朴泰輔)·오두
인(吳斗寅)·이세화(李世華)·이상진(李尙眞) 등 제공(諸公)들이 죽거나 유

배되었고, 다시 이 일에 대해 말하는 자가 있으면 역률(逆律)로 다스리겠다는 명이 내려졌다. 당시 공은 영남지방에 있었는데, 변고를 듣자마자 즉시 상소문을 짓고는 수레를 재촉해 경성(京城)에 올라와 궁궐로 나아가 상소문을 올렸으니, 대략 이러하다.

「오두인과 박태보 등은 죽음을 감하여 귀양을 보냈지만 끝내 귀양길에서 죽었으니, 의당 진노를 조금 거두시고 구휼하는 은전(恩典)을 베풀어야 합니다. 이상진이 죄가 경감된 것은 이미 유신(儒臣)들의 청을 따른 것이고, 이세화가 방면되어 풀려난 것 또한 대신의 차자(箚子)를 윤허한 것인데도, 단지 이상진만 완전히 풀려나는 은혜를 입지 못한 것 또한 어찌 똑같이 인애(仁愛)를 베푸는 도(道)이겠습니까? 전하의 오늘날 처사로 말미암아 전하의 조정에 서서 전하의 녹을 먹는 자들이 모두 전하의 뜻에만 따르고 한 사람도 감히 간언하는 이가 없다면, 전하는 전하의 신하를 어떠하다고 생각하겠습니까? 오늘날 신하들이야말로 다급히 말하며 의론을 다 펼친 적이 없음에도 오히려 합문(閤門: 편전의 앞문)에 엎드려 간언하는 것을 곧바로 제지 당하여 한스럽게 여기니, 그 마음이 어찌 다 전하에게 충성하지 않은 것이겠습니까? 분수에 알맞게 지켜나가는 도리에 당연한 일이기 때문입니다. 그런데도 전하가 진노를 그치지 않아서 말하는 것을 조심하게 되었으니, 어찌하여 후회한다는 한마디 말씀은 아끼면서 사방 백성들의 기대는 가볍게 저버릴 수 있겠습니까?」

게다가 대각(臺閣: 사헌부와 사간원의 총칭)이 조사기(趙嗣基)를 멀리 유배보내라는 계사(啓辭)를 정지시킨 것은 옳지 못한 일이라고 언급하였다. 이 상소가 올라가자, 주상이 진노하여 비답하기를, "합문에 엎드려 간언하는 것을 곧바로 제지한 것이 한스러웠는지 한스럽지 않았는지를 어찌 감히 오늘에 거론한단 말인가?"라고 하였으니, 사태가 어떻게 될지 장차 예측할 수 없었으나 연신(筵臣: 경연에 관계한 신하) 중에 구원하고 해명해 준 이가 있어 파직시켜 내쫓는 것으로 그치도록 하였다. 당초 공이 바야흐로 상소문을 지으려 하자, 가까이서 아는 이들이 그것을 보고 놀라 얼굴빛이 변하며 온갖 방법으로 막고 만류하였으나 끝내 할 수가 없자, 그 상소문 가운데의 위태로운 말을 힘써 지웠으니, 바로 '옥산의 새 무덤엔 양마석이 우뚝 서고, 여양의 옛집은 기상이 참담하다.(玉山新阡, 羊馬嵯峨, 驪陽舊宅, 氣像愁慘.)' 등의 말은 그 중의 하나이다. 공은 늘 초본(初本)을 진달할 수 없었던 것을 한스럽게 여겼다. 수찬으로 제수되었을 때, 삼사(三司: 사헌부·사간원·홍문관)가 모여 재상 민정중(閔鼎重)의 안율(按律: 범한 죄를 헤아려 律文에 의거해 처단함)을 의논하면서 여러 신료(臣僚)들이 함께하기를 요구하자, 공이 정색하여 말하기를, "지금 만약 이 사람을 논죄한다면, 그 화(禍)가 이 사람만으로 그치지 않을 것인데, 성모(聖母: 인현왕후)를 어찌 하려는 것인가?"라고 하였는데도, 어떤 동료가 붓과 벼루를 내밀면서 쓰도록 강요하니, 공이 말하기를, "어찌 경연관이 남을 대신하여 붓을 잡을 수 있단 말인가?"라고 하고는 마침내 벼슬을 버리고 돌아왔다.

일찍이 대가(大駕)를 호종한 적이 있었는데, 육신사(六臣祠) 앞을 지나게 되자 육신의 관직을 회복시키는 것을 논의하도록 명하였다. 이에 여러 신하들이 말하기를, "《춘추(春秋)》는 어버이를 위하여 숨긴다고 했습니다."라고 하였으나, 공은 아뢰기를, "세조(世祖)가 난신(亂臣)으로 여겨 주벌하였지만 충절로는 허여하였으니, 금일 성상(聖上)의 하교를 따르는 것은 불가함이 없습니다."라고 하였다. 주상이 가상히 여기고 받아들였다.

이조좌랑에 제수되었을 때, 꿋꿋하게 탁류(濁流)를 밀어 내보내고 청류(清流)를 끌어올리는 것을 자기의 소임으로 삼았다. 전장(銓長: 이조판서)이 민장도(閔章道)를 청직(清職)에 추천하려고 했는데, 공이 말하기를 "민장도는 본시 조행(操行)이 없어 사류(士類)들이 그를 천하게 여기니,

시상(時相: 우의정 閔黯)의 아들이라는 이유로 모록(冒錄: 허위 기록)해서는 안 됩니다."라고 하니, 장전(長銓: 이조판서)이 매우 노하였으나 끝내 어찌할 수가 없자 사람을 시켜 은근히 충고하기를, "민장도에 대해 만약 용인해 준다면 나 또한 오직 그대의 말대로만 하겠네."라고 하였다. 민장도는 민암의 아들이다. 바로 이때에는 민암이 나라의 권력을 잡아 권세가 불꽃이 활활 타오르듯 대단하였다. 공은 마치 자신을 더럽힐 것 같이 여겨 민암을 피하고 멀리하였는데, 이때에 이르러 말하기를, "장전(長銓)은 직분상 공정해야 하는데 사사로이 남을 꾀하려 하니, 나와 함께 일하기에는 맞지 않다."라고 하고는, 그날로 사직서를 올리고 도성의 성문을 나섰다. 이때는 대정(大政: 歲末都目. 12월의 인사이동)이 며칠 남지 않았는데, 하늘에는 비마저 내리고 있어서 도롱이를 걸치고 배에 올라 떠나니, 조정에서 나와 전송하던 자들이 서로 돌아보고 혀를 차면서 탄식하기를, "오늘날의 '소퇴계(小退溪)'이다."라고 하였다. 학사(學士) 채팽윤(蔡彭胤)이 지어 준 시에 이르기를, "다시 돌아보니 풍랑 속의 배가 구당협(瞿塘峽)을 떠나는구나."라고 한 것은, 대개 사실을 기록한 것이다.

이로부터 몇 년 동안 영천(靈泉)의 별서(別墅)에 있었는데, 단정히 앉아 《주역》을 강론하니 마치 평생을 그렇게 지낼 듯하였다. 그런데 벼슬을 내리는 교지가 모두 열세 차례나 되는데다 주상의 권애(眷愛)가 더욱 두터워져서 어쩔 수 없이 부름에 나아가니, 조정과 민간 모두가 기다렸고, 저자거리의 아이들조차 서로 다투며 떠들썩하게 말하기를, "너는 이사인(李舍人)의 덕망을 갖추었느냐?"라고 하기에 이르렀다.

사간(司諫)으로 제수되었을 때, 현(縣)과 도(道)를 통해 상소를 올려서 시정(時政)을 논하였는데, 조정의 벼슬아치들을 지적하고 비판하는 상소문에 이르기를, "흐리고 더러운 잔재가 제멋대로 흘러 벼슬에 나아가기를 바라고 관직에 들어가기를 힘쓴다."라고 하였으며, 상궁(上躬: 임금)에게 선한 일을 하도록 권면하는 상소문에 이르기를, "전하가 억조(億兆)의 백성 위에서 우뚝히 스스로 거룩하다고 여기는 것이야 어찌 편하지 않겠습니까만, 그러나 나라를 뒤엎고 국가를 잃게 되는 일에는 어떻겠습니까? 조정의 신하들을 바꾸어 놓는 사이에 주살(誅殺)을 크게 행한 것은 여러 신하들을 위하여 통쾌하게 은혜와 원수를 갚는 데에는 알맞겠으나 위험과 멸망이 장차 그 뒤를 따를 것이며, 더구나 궁궐 안의 말이 밖으로 나가고 궁궐 밖의 말이 안으로 들어오는 것은 모두 소인배들의 사사로운 길인데서 임금이 한번이라도 그것에 휘말리면 그들의 계책이 실현되고 말 것입니다. 바라건대 전하는 사사로운 길을 억누르고 사방의 소리를 밝게 들으소서.”라고 하였다. 이에 요로에 있는 자들과 임금의 친척들이 몹시 근심하였으나, 그와 같은 청의(淸議)를 견지하던 동료나 친구들은 공을 더욱 신뢰하고 중히 여겼다. 명망은 실로 융성하고 무성하여 대사성, 부제학, 이조참의에 두루 발탁되었으니, 모두 더할 나위 없는 엄선(嚴選)이었다.

공은 일찍이 선친의 병을 간호할 적에 손가락을 베어 피를 내서 약에 섞어 올렸지만 효과가 없자 슬퍼하다가 몸이 상하여 거의 목숨이 위태로울 뻔했던 것이 여러 번이었다. 무인년(1698) 태부인(太夫人: 모친) 상을 당하여 무덤 곁에 여막을 짓고는 아침저녁으로 무덤을 살피고 호곡(號哭)하였는데, 비록 심한 비와 큰 눈이 내려도 그만두지 않았다. 이에 집안 사람들이 은밀히 생강과 계피를 음식에 넣어 보았지만, 그때마다 공은 알아차리고 먹지 않았다. 끝내 여막(廬幕)에서 죽었다.

영조 17년(1741) 승지 원경하(元景夏)가 아뢰기를, “공은 수립한 공로가 남보다 뛰어납니다.”라고 하고는, 이어 공에게 추증하여서 한 시대를 진작하도록 청하였고, 상국(相國) 김재로(金在魯) 및 여러 중신(重臣)과 재신(宰臣)의 합사(合辭: 함께 올린 啓辭)에서 칭송하기를, “아무개는 당시에 늠름하게 청의(淸議)를 견지하였습니다.”라고 하였는데, 주상이 특별히 대총재 태학사(大冢宰太學士)에 추증하고 ‘청의를 힘써 주장하여 수립한 공로가 남보다 뛰어났다.(力主淸議, 樹立卓然)'는 여덟 글자를 증첩(贈帖)에 쓰도록 명하였으니, 특이한 은전(恩典)이었다.

　금상 9년(1785, 정조9) 산남(山南: 嶺南)의 여러 유생들이 청한 상소로 인하여 충간(忠簡)이라는 시호가 내려졌다.【협주: 채제공이 찬 묘갈에 실려 있다.】

• 李東標　忠簡公

李東標[1], 字君則, 號懶隱齋, 眞寶人。松齋堣[2]後。仁祖甲申生。肅宗乙卯司馬, 丁巳文科。歷吏郎·應敎·舍人, 至承旨。庚辰卒。贈吏曹判書。

　嘗赴東堂[3], 考官猰公名, 先期語曰: "壯頭當有所歸." 公聞而哂。及試日, 晨起梳髮, 故準千數, 試闈門已閉, 人指笑, 號'李千梳'.

　己巳, 上命選翰林, 公膺首薦。會首相權公大運白上, 曰: "李某文學行誼, 當世無雙, 宜置玉堂南床, 而進用方急, 宜用不次例." 儒臣權公

1　李東標(이동표, 1644~1700): 본관은 眞寶, 자는 君則·子剛, 호는 懶隱. 증조부는 奉事 李逸道이며, 조부는 李之馨이다. 아버지는 李雲翼이며, 어머니 順天金氏는 金基厚의 딸이다. 부인 安東權氏는 權鋏의 딸이다. 1675년 진사시에 합격하고, 1677년 증광회시에 장원하였으나 罷榜되었다가 1683년 증광문과에 급제하였다. 1687년 昌樂道察訪에 임명되었으며, 1689년 왕명으로 한림을 뽑을 때 영의정 權大運의 천거로 首薦이 되었다. 성균관전적을 거쳐 홍문관부수찬에 제수되었으나 기사환국 때 仁顯王后의 폐위를 반대하여 죄를 입은 朴泰輔·吳斗寅 등을 신구하다가 양양현감으로 좌천당하였다. 그 뒤 사간원헌납·이조좌랑·홍문관교리 등에 임명되었으나 그때마다 사직하고 귀향하였으므로 사람들은 小退溪라 일컬었다. 낙향한 뒤에도 계속하여 사헌부집의·호조참의·삼척도호부사 등에 임명되었으나 부임하지 않았으며, 사직의 상소와 함께 그때마다 직언으로 시정의 개선책을 건의하였다.

2　堣(우): 李堣(1469~1517). 본관은 眞寶, 자는 明仲, 호는 松齋. 증조부는 李云侯이며, 조부는 선산부사 李禎이다. 아버지는 진사 李繼陽이며, 어머니 英陽金氏는 副司直 金有庸의 딸이다. 부인 慶州李氏는 생원 李時敏의 딸이다. 李滉의 숙부이다. 1492년 생원시에 합격하고, 1498년 식년문과에 급제하였다. 동지중추부사, 형조참판, 강원도관찰사 등을 역임하였다.

3　東堂(동당): 東堂試. 과거의 본시험에 대한 별칭.

琚, 繼曰: "某有經國大才, 如用之, 雖三代治, 宜無不做." 特命陞典籍。
明日, 擢拜弘文館副修撰。

時中宮遜位, 諫臣朴泰輔[4]·吳斗寅[5]·李世華[6]·李尙眞[7]諸公, 或死或竄,

4　朴泰輔(박태보, 1654~1689): 본관은 潘南, 자는 士元, 호는 定齋. 증조부는 朴東善이며,
　　조부는 참판 朴炡이다. 아버지는 判中樞府事 朴世堂이며, 어머니 宜寧南氏는 현령 南一星
　　의 딸이다. 仲父인 朴世垕에게 입양되었고, 양모 坡平尹氏는 尹宣擧의 딸이다. 부인 全州
　　李氏는 李厚源의 딸이다. 1675년 사마시에 합격하고, 1677년 알성문과에 급제하였다.
　　예조좌랑 때 試官으로 출제를 잘못했다는 남인들의 탄핵을 받아 宣川에 유배되었다가
　　이듬해 풀려났다. 1680년 교리가 되어 문묘 陞黜(위패를 새로이 모시거나 있던 위패를
　　출향시킴)에 관한 문제와 당시 이조판서 李端夏를 질책한 소를 올려 파직되었다. 伊川縣監
　　을 시작으로 부수찬·교리·이조좌랑, 호남의 암행어사 등을 역임하였다. 1689년 기사환국
　　때 仁顯王后의 폐위를 강력히 반대해 주동적으로 소를 올렸다가 심한 고문을 받고 진도로
　　유배 도중 獄毒으로 노량진에서 죽었다.

5　吳斗寅(오두인, 1624~1689): 본관은 海州, 자는 元徵, 호는 陽谷. 증조부 병마절도사 吳定邦
　　이며, 조부는 吳士謙이다. 아버지는 이조판서 吳翔이며, 어머니 固城李氏는 李孝吉의
　　딸이다. 숙부 吳淑에게 입양되었다. 첫째부인 驪興閔氏는 판서 閔聖徽의 딸이며, 둘째부인
　　原州金氏는 學生 金崇文의 딸이며, 셋째부인 尙州黃氏는 府使 黃㙉의 딸이다. 1648년
　　진사시에 합격하고, 1649년 별시문과에 장원급제하였다. 1650년 지평을 거쳐 1656년
　　장령, 1661년 헌납·사간이 되었다. 이듬해 정조사의 서장관으로 청나라에 다녀왔고, 1667년
　　부교리·사간 등을 역임하였다. 1679년 공조참판으로서 사은부사가 되어 청나라에 다녀왔
　　다. 이듬해 호조참판, 1682년 경기도관찰사를 거쳐 다음해 공조판서에 올랐다. 1689년
　　형조판서로 재직 중에 기사환국으로 서인이 실각하자, 知義禁府事에 세 번이나 임명되고도
　　나가지 아니하여 삭직당하였다. 이해 5월에 仁顯王后 閔氏가 폐위되자 李世華·朴泰輔와
　　함께 이에 반대하는 소를 올려 국문을 받고, 의주로 유배 도중 파주에서 죽었다.

6　李世華(이세화, 1630~1701): 본관은 富平, 자는 君實, 호는 雙栢堂·七井. 증조부는 병조정
　　랑 李繼祿이며, 조부는 李德純이다. 아버지는 통덕랑 李以載이며, 어머니 扶安金氏는
　　金致遠의 딸이다. 백부 장릉참봉 李熙載의 양자가 되었다. 부인 淳昌薛氏는 薛時望의
　　딸이다. 1652년 사마시에 합격하고, 1657년 식년문과에 급제하였다. 그 뒤 정언·장령
　　등을 거쳐 황해도·평안도·전라도 관찰사를 역임하고, 1689년 경상도관찰사를 지내고
　　西湖의 향리로 돌아갔다. 그 해 仁顯王后 폐비설을 듣고 반대소를 올렸다가 정주로 유배가
　　다 풀려나와 坡山으로 돌아왔다. 갑술환국 후 1694년 4월 대사간·호조판서에 제수되었으
　　나 고사하고 나아가지 않다가 인현왕후 복위도감제조로 차정한다는 말을 듣고 곧 상경하
　　였다. 그 뒤 의금부사 겸 지경연사·세자빈객에 오르고, 청백리로 선정되었다. 그 뒤 공조·
　　형조·병조·예조·이조 판서를 두루 역임하고, 지중추부사에 이르렀다.

7　李尙眞(이상진, 1614~1690): 본관은 全義, 자는 天得, 호는 晚庵. 증조부는 부윤 李廷鸞이
　　며, 조부는 李遵吉이다. 아버지는 참봉 李榮先이며, 어머니 驪興閔氏는 참판 閔汝任의
　　딸이다. 부인 延安金氏는 현령 金迪의 딸이다. 1645년 별시문과에 급제하였다. 현종 때
　　이조참판·대사간을 역임하고 경상도관찰사를 지냈다. 1689년 仁顯王后의 폐위에 반대하
　　는 소를 올려서 종성·북청·철원 등지로 귀양갔다가 풀려나 부여에 있는 옛집에서 우거하

下令有復言者律以逆。公時在嶺外, 聞變立治疏, 趣駕赴京, 詣闕投進。
略曰:「吳斗寅·朴泰輔等, 貸死流竄, 卒死於道, 宜少霽威怒, 加以恤典。
李尙眞之減宥, 旣從儒臣之請, 李世華之放釋, 亦允大臣之箚, 而但尙眞
未蒙全釋, 亦豈同仁之道哉? 以殿下今日之事, 立殿下之庭, 食殿下之祿
者, 擧皆順殿下之旨, 無一人敢言, 則殿下謂殿下之臣何如哉? 今日諸
臣, 固未嘗不急言竭論, 而猶以伏閤驟止爲恨, 其心豈皆不忠於殿下哉?
分義當然故也。而天威震疊, 以言爲戒, 奈何重一言之悔而輕失四方之
望乎?」又及臺閣之停趙嗣基[8]遠竄之啓非是。疏入, 上震怒, 批曰:"伏閤
驟止之恨不恨, 何敢擧論於今日?"事將不測, 筵臣有救解者, 命罷黜而
止。初, 公方治疏, 親知見者驚失色, 百計沮挽, 而卒不可得, 則就其中,
力抹危言, '玉山新阡, 羊馬嵯峨, 驪陽舊宅, 氣像愁慘'[9]等語, 卽其一也。
公每以不得陳初本爲恨。拜修撰時, 三司會, 方議閔相鼎重按律, 諸僚要
與同, 公正色曰:"今若論此人罪, 禍不止此人, 如聖母何?"有僚友進筆
硯強之, 公曰:"安有經筵官代人執筆者乎?"遂棄官歸。

　　嘗扈駕, 過六臣祠前, 命議復六臣官。諸臣言:"春秋爲親者諱。"[10] 公
曰:"世祖以亂臣誅, 以忠節許, 今日聖敎, 將順無不可矣。"上嘉納之。

　　拜吏曹佐郞, 矯矯然以激濁揚淸爲己任。銓長欲通閔章道[11]淸任, 公

다가 세상을 떠났다.

8　趙嗣基(조사기, 1617~1694): 본관은 漢陽, 자는 敬止. 증조부는 趙德源이며, 조부는 趙公
　　謹이다. 아버지는 趙贇이며, 어머니 平康蔡氏는 蔡爾瞻의 딸이다. 1648년 식년문과에
　　급제하였다. 1655년 경기도사, 1661년 개성경력을 지냈으나 모두 탄핵을 받았다. 1672년
　　제용감정으로 있으면서 효종의 服喪이 잘못되었음을 공박하는 등 물의를 일으켰다. 1675년
　　사헌부장령을 거쳐 승정원부승지에 승임되었다. 1678년 송시열을 공격한 일로 물의가
　　비등하여 1680년 귀양보내졌고, 극처로 이배되어 유배생활을 하게 되었다.

9　玉山新阡, 羊馬嵯峨, 驪陽舊宅, 氣像愁慘(옥산신천, 양마차아, 여양구택, 기상수참): 옥산
　　은 장희빈의 본관인 仁同의 별칭으로 그 선조의 무덤이 이곳에 있으며, 여양은 인현왕후의
　　본관인 驪興의 별칭으로 그의 아버지 閔維重이 驪陽府院君에 봉해졌다. 따라서 이 말은
　　인현왕후가 폐위되고 장희빈이 왕후가 된 상황을 개탄한 것이다.

10　春秋爲親者諱(춘추위친자휘):《春秋公羊傳》閔公 1년 傳文에 "《춘추》는 존귀한 사람을
　　위해 숨기고, 어버이를 위하여 숨기고, 현자를 위하여 숨긴다.(春秋爲尊者諱, 爲親者諱,
　　爲賢者諱)"에서 나온 말. 사육신을 복관한다면 결국 세조가 사육신을 사사한 일이 부당하
　　는 것을 인정하는 결과가 되므로 명을 거두도록 요청한 것이다.

曰: "章道素無行, 士類賤之, 不可以時相子冒錄." 長銓恚怒, 卒無奈何, 則使人諷曰: "於閔若見許, 吾亦惟其所言." 章道, 黯[12]之子也。當是時, 黯執國命, 權焰熏灼。公避遠若浼己, 至是曰: "長銓職秉公, 欲以私誘人, 吾差與從事." 卽日呈告, 出國門。時大政[13]隔數日矣, 天又雨, 披簑登舟, 朝之出餞者, 相顧嘖嘖曰: "今之小退溪也." 蔡學士彭胤[14], 贈以詩曰: "却回驚棹出瞿塘[15]." 盖紀實也。自是數年, 在靈泉別墅, 端坐講易, 若將終身。除旨凡十三下, 上眷彌隆, 不得已赴召, 朝野想望, 市井

---

11 閔章道(민장도, 1655~1694): 본관은 驪興, 자는 汝明. 증조부는 閔馦이며, 조부는 대사헌 閔應協이다. 아버지는 남인 거두 우의정 閔黯이며, 어머니 慶州金氏는 참판 金始振의 딸이다. 부인 全州李氏는 李德周의 딸이다. 1679년 사마시에 합격하고, 1691년 알성문과에 급제하였다. 1693년 세자시강원문학, 1694년 사헌부지평·경기도사가 되었다. 이때 1689년의 기사환국으로 실세한 서인들은 폐비민씨의 복위를 통한 재기의 음모를 꾸미고 있는 것을 간파한 閔黯은 1694년 4월 아들 민장도를 시켜 그들의 조직과 계획을 탐지하게 하여 주동자 金春澤·韓重爀 등 수십인을 체포하여 국문하였다. 그러나 張禧嬪에 대하여 염증을 느끼고 있던 숙종은 갑자기 국문을 중지시키고, 도리어 민암을 비롯한 남인들을 禍를 꾸민 죄로 처단하였다. 이리하여 남인들이 조정에서 축출되고 서인들이 재집권하게 되었는데 이것이 갑술환국이다. 이때 아버지 민암과 함께 국문 도중 장독으로 죽었다.

12 黯(암): 閔黯(1636~1693). 본관은 驪興, 자는 長孺, 호는 叉湖. 증조부는 閔世舟이며, 조부는 閔馦이다. 아버지는 이조참판 閔應協이며, 어머니 豐山金氏는 金壽賢의 딸이다. 첫째부인 慶州金氏는 참판 金始振의 딸이며, 둘째부인 海州鄭氏는 鄭後俊의 딸이다. 1668년 별시문과에 급제하였다. 1678년 동지사 겸 辨誣副使(당시 명나라에서 인조반정에 대하여 잘못 기록했기 때문에 이것을 바로잡기 위해서 파견된 사신) 福平君 李㮒과 함께 명나라에 갔다가 이듬해에 귀국하였다. 그 뒤 이조참판을 거쳐 1680년 대사헌으로 있다가 경신대출척으로 남인이 실각하자 파직되었다. 1689년의 기사환국으로 다시 대사헌에 기용되어서는 이조판서 沈梓와 함께 서인 金壽恒·宋時烈을 탄핵하여 그들의 처형에 대한 강경론을 주장하였다. 이어 대제학·병조판서를 역임했고, 1691년 우의정에 승진했으며, 사은사로 청나라에 다녀왔다. 1694년 金春澤 등이 숙종의 폐비인 閔氏를 복위하는 음모가 있다는 고변이 있자, 남인의 영수이던 민암은 훈련대장 李義徵과 함께 옥사를 일으키고자 하였다. 그러나 이때 숙종은 갑자기 남인을 쫓아내고 서인을 등용하는 갑술옥사를 일으켰다. 이 옥사로 제주도 大靜으로 위리안치되었다가, 영의정 南九萬의 탄핵으로 곧 이의징과 더불어 사사되었다.

13 大政(대정): 歲末都目. 6월의 都目政事보다 규모가 큰 데서 유래하는데, 도목정사는 吏曹·兵曹에서 벼슬아치의 치적을 심사하여 면직하거나 승진시키던 일이다.

14 蔡學士彭胤(채학사팽윤): 學士 蔡彭胤

15 瞿塘(구당): 중국 四川省 三峽의 하나. 강 양쪽 언덕이 가파르게 높이 치솟은 데다 골짜기 어귀의 강 가운데 灧澦라는 큰 바위가 서 있어 물살이 몹시 사납기 때문에 이곳을 지나는 배들이 많이 전복된다 하여, 벼슬길의 난관에 봉착할 때를 나타내기도 한다.

童兒相爭鬩, 至曰: "汝有李舍人德望乎?"

拜司諫時, 由縣道上疏, 論時政, 其指斥廷紳, 則曰: "濁滓橫流, 干進務入." 其責難[16]上躬, 則曰: "殿下嵬然自聖於億兆之上, 豈不爲便? 而其於覆國喪邦, 何哉? 易置廷臣之際, 誅殺大行, 爲諸臣快恩讐則得矣, 而危亡將隨其後, 況內言之出, 外言之入, 皆細人邪逕, 人主一爲所中, 其計售矣。願殿下抑私逕, 明四聰焉." 當路貴戚嘖甚, 而儕友之持淸議[17]者, 益倚重焉。望實隆茂, 通擬[18]大司成・副提學・吏曹參議, 皆極選也

公嘗侍先公疾, 血指和藥以進, 及不效, 毁甚幾殆者數。戊寅, 丁太夫人憂, 廬于墓, 朝晡省號, 雖大雨雪不廢。家人潛試薑桂, 輒覺不食。竟卒于廬。

英宗十七年, 承旨元景夏[19]白: "公樹立卓然." 仍請崇贈以勵一世, 金相國在魯[20]及諸重宰, 合辭稱: "某在當時, 凜持淸議." 上特贈大冢宰太學士, 命書: "力主淸議, 樹立卓然." 八字於贈帖, 蓋異數也。

當丁九年, 因山南諸章甫[21]疏請, 賜謚忠簡。【蔡濟恭撰碣[22]】

---

16 責難(책난): 하기 어려운 선한 일을 임금에게 꼭 하도록 권면하는 것.

17 淸議(청의): 뜻이 높고 올바른 논의.

18 通擬(통의): 벼슬아치를 뽑을 때, 추천된 후보자의 이름을 모두 한데 모아 적어 놓고 선발을 담당한 관원이 모여 적임자를 가려 뽑는 일.

19 元景夏(원경하, 1698~1761): 본관은 原州, 자는 華伯, 호는 蒼霞・肥窩. 증조부는 동부승지 元萬里이며, 조부는 元夢鱗이다. 아버지는 元命龜이며, 어머니 慶州李氏는 형조좌랑 李世弼의 딸이다. 부인 平山申氏는 申思喆의 딸이다. 1721년 사마시에 합격하고, 1736년 식년문과에 장원급제하였다. 노론・소론만의 탕평인 小蕩平을 반대하고, 동서・남북을 다 포함한 大蕩平을 창도하였다. 예조와 공조 판서・판돈녕부사・좌빈객 등을 역임하였다.

20 金相國在魯(김상국재로): 相國 金在魯(1682~1759). 본관은 淸風, 자는 仲禮, 호는 淸沙・盧舟子. 증조부는 金克亨이며, 조부는 金澄이다. 아버지는 우의정 金構이며, 어머니 全州李氏는 李夢錫의 딸이다. 부인 靑松沈氏는 沈澄의 딸이다. 1702년 진사시에 합격하고, 1710년 춘당대문과에 급제하였다. 영조는 숙종의 뜻에 따라 김재로를 기용해 아꼈는데, 영조 초기에 탕평론을 주장했으나 결국 노론의 선봉에서 영수적인 구실을 하였다.

21 章甫(장보): 儒生의 異稱.

22 蔡濟恭의《樊巖先生集》권44〈神道碑〉에〈贈資憲大夫吏曹判書行通政大夫承政院右副承旨兼經筵參贊官春秋館修撰官懶隱李公神道碑銘〉이 실려 있으며, 한국고전번역원에서 번역문을 제공하고 있음.

21. 김세흠

김세흠의 자는 천약, 호는 칠탄, 본관은 의성이다. 효종 기축년(1649)에 태어났다. 현종 계축년(1673) 진사시에 합격하고, 숙종 정묘년(1687) 문과에 급제하였다. 벼슬은 교리에 이르렀다. 경자년(1720)에 죽었다.

숙종 병술년(1706)에 섬계(剡溪) 이잠(李潛)이 상소를 올렸다가 장살(杖殺)되자, 조정과 민간에서는 두려워하고 떨어서 감히 말하지 못하였다. 공은 고개 아래에 도착하여 상소문을 현(縣)과 도(道)를 통해 올리고 돌아왔는데, 그 상소문은 대략 이러하다.

「이잠이 올린 한 통의 상소는 단지 동궁의 처지만을 위한 것이니, 그 뜻은 참으로 노여워할 만하나 노여워해서는 안 되는 것입니다. 만일 이잠에게 죄를 주어야 한다면, 오직 유사(有司)에게 맡겨 죄인을 신중하게 심리하는 도리를 다하고서 유배를 보내야 한다면 유배를 보내고, 죽여야 한다면 죽이는 것이 마땅하온데, 어찌 전하는 그의 뜻을 천천히 살피지 않고 노여움이 북받쳐서 죽이도록 처결한단 말입니까? 무릇 이잠은 동궁을 위해 간언하고 사직을 위해 죽는데 있어서 자기 몸을 돌보지 않고 죽음조차 후회하지 않았으니, 그가 종묘사직에 충성한 것입니까? 충성하지 않은 것입니까? 우레와 같은 위엄 아래에서 온 조정이 충격과 공포로 단 한 사람도 전하에게 그의 충성을 밝히는 이가 없으니, 신(臣)은 삼가 이를 슬퍼합니다.」

이 상소가 올라가자 흥양(興陽: 전라남도 고흥)으로 유배되었다가 몇 년 뒤에 풀려서 돌아와 고향에서 죽었는데, 곧 관직을 회복하라는 명이 내려졌다.

공은 자태가 맑았고 풍채가 고아하였는데, 조정에서 옥처럼 꼿꼿하여 당시 고결한 명망 있는 벼슬아치들 가운데 공이 으뜸이었다. 지금 벼슬에서 물러나 전원에 지내니, 오랫동안 뜻을 펼치지 못하는 것을 모두가 안타까워하며 크게 쓰이기를 기대하였다.【협주: 김낙행이 찬한 행장에 실려 있다.】

• 金世欽

金世欽, 字天若, 號七灘, 義城人。孝宗己丑生。顯宗癸丑進士, 肅宗丁卯文科。官校理。庚子卒。

肅宗丙戌, 剡溪李公潛[1], 上疏杖死, 朝野震慄莫敢言。公到嶺下, 投疏縣道而歸, 略曰: 「李潛一疏, 只爲東宮地, 其情誠可怒, 而不可怒也。如使潛爲可罪, 惟當付之有司, 盡其欽恤之道[2], 可竄則竄, 可殛則殛, 何殿下不爲徐究其情, 而怒之暴而殺之處也? 夫潛爲東宮言之, 爲社稷死之, 不有其躬, 死且不悔, 其於宗社, 忠乎? 不忠乎? 雷霆之下, 舉朝震慴, 曾無一人爲殿下明其忠, 臣竊爲之差也.」疏入, 謫興陽[3], 數年宥還, 田里卒, 卽命復官。

公淸姿雅標, 玉立朝端, 當時搢紳淸望, 公爲首焉。方退居田野, 咸惜

---

1 李公潛(이공잠): 李潛(1660~1706). 본관은 驪州, 자는 仲淵, 호는 剡溪·西山. 증조부는 李尙毅이며, 조부는 李志安이다. 아버지는 李夏鎭이며, 어머니 龍仁李氏는 李後山의 딸이다. 1675년 사마시에 합격하였다. 1689년 기사환국 이후 6년간 남인의 재집권 시기가 있었지만, 얼마 지나지 않아서 일어난 갑술환국으로 다시 노론 계열이 정권을 장악하자 정치권에서 소외된 남인의 후예로써 그는 강한 좌절감 속에서 지냈다. 평소 노론계 金春澤의 행위에 강한 불만을 느꼈던 그는 김춘택이 禧嬪張氏의 소생인 元子 李昀(뒤의 景宗)의 세자 책봉을 미루는 것이 원자를 제거하고 延礽君(뒤의 英祖)을 후사로 삼기 위한 것이라고 여겨서, 1706년 9월 17일에 상소를 올렸다. 이 상소는 당시 국정을 장악하고 있던 노론계의 거센 반발과 숙종의 진노를 일으켜 그는 참혹한 국문 끝에 죽음을 맞았다.
2 欽恤之道(흠휼지도): 죄수를 조심히 다루고 불쌍히 여김.
3 興陽(흥양): 전라남도 고흥지역의 옛 지명.

久屈, 期以大用。【金樂行⁴撰行狀⁵】

보충

김도행(金道行, 1728~1812)이 찬한 행략

교리 칠난 김공 행략

공의 휘는 세흠(世欽), 자는 천약(天若), 호는 칠탄(七灘), 본관은 의성이다. 판서에 추증된 휘 김진(金璡)의 6세손이다. 고조부 휘 김용(金涌)은 병조참의를 지내고 이조참판에 추증되었다. 증조부 휘 김시주(金是柱)는 병조좌랑을 지냈다. 조부 휘 김임(金恁)은 성균관 생원을 지내고 대사헌에 추증되었는데, 중부(仲父) 휘 김시건(金是樌)의 양자가 되었다. 그 아들 김태기(金泰基)는 주부를 지내고 공에게 선친이 된다. 대대로 도의와 학문을 이어 내려왔는데, 효종 기축년(1649)에 공은 태어났다.

타고난 자품이 매우 뛰어났으며, 용모는 맑고 깨끗하기가 백옥과 백설 같았으며, 총명함이 남보다 뛰어났다. 어린 시절부터 문재(文才)가 매우 뛰어나서 일찍이 입춘시(立春詩)를 지은 적이 있으니, "취하여 산하를 폐부에 담아 오려 하니, 웃으며 하늘과 땅을 누대로 여기노라. 강가의 매화 눈 속에서 아직 향기 머금었지만, 언덕의 버들개지 떠도니 봄기운이 오려나.(醉把山河歸肺腑, 笑將天地作樓臺. 江梅雪著香猶在, 岸柳煙浮暖欲

---

4 金樂行(김낙행, 1708~1766): 본관은 義城, 초명은 金晉行, 자는 退甫·艮夫, 호는 九思堂. 증조부는 金邦杰이며, 조부는 金泰重이다. 아버지는 교리 金聖鐸이며, 어머니 務安朴氏는 통덕랑 朴震相의 딸이다. 부인 安東權氏는 權薛의 딸이다. 李栽의 문인이다. 1737년에 홍문관교리로 재직하던 아버지가 사도세자의 추존문제로 무고를 받고 있던 이재를 변호하다가 李海老·申瀌 등의 탄핵을 받아 제주도에 유배되자 아버지를 따라갔다. 그 뒤 아버지가 光陽에 이배되어 죽자 고향에 돌아가 장사지냈다.

5 金樂行의《九思堂文集》에는 김세흠의 행장이 보이지 않으며, 金道行(1728~1812)의《雨皐文集》권7〈遺事〉에 김세흠의 行略이 실려 있음. 金岱鎭(1800~1871)의《訂窩先生文集》권17〈墓碣銘〉에 김세흠의 묘갈명이 실려 있으나,《영남인물고》이후의 문헌이다. 따라서 김도행의 행략을 번역하여 보충한다.

來.)"라고 하였다. 당시 선배 등이 모두 감탄하고 칭찬하였다.

사부(詞賦)로 과거 시험장에서 이름을 날렸으니, 번번이 앞자리를 차지하였다. 계축년(1673) 진사시에 합격하고, 정묘년(1687) 문과에 급제하였다. 이후 승정원주서에 제수되었고, 얼마 되지 않아 지평을 거쳐 옥당(玉堂: 홍문관)에 발탁되어 들어갔으며, 수찬·교리를 역임하였다. 그 전후로 다른 관직에 옮겨서 제수되었는데, 모두 세 글자로 된 직함을 겸하였다.

정해년(1707) 다시 수찬에 제수되어서는 상소를 올려 시사(時事)를 덧붙여 아뢰었는데, 호남의 흥양(興陽: 고흥)으로 유배되어 몇 년간 지냈고, 죄가 감해져 진보(眞寶: 경상북도 청송)로 이배되었다가 임진년(1712) 고향으로 돌아왔다. 경자년(1720) 4월 어느 날 병에 얻어 정침(正寢)에서 숨을 거두었으니, 향년 72세였다. 미처 안장하기도 전에 특별히 관직을 회복하라는 명이 내려졌다.

공은 자태가 맑았고 풍채가 고아하였는데, 조정에서 옥처럼 꼿꼿하여 당시 고결한 명망 있는 벼슬아치들 가운데 공이 으뜸이었다. 지금 벼슬에서 물러나 전원에 지내니, 오랫동안 뜻을 펼치지 못하는 것을 모두가 안타까워하며 크게 쓰이기를 기대하였다. 그러나 법망에 걸려 있는 중에 임금의 은전이 내리려는 즈음 공은 이미 죽고 말았으니, 조정과 민간에서 탄식하지 않는 자가 없었다.

성품은 고결하여 평생 재산을 불리거나 이익을 좇는 일에 마음을 두지 않았다. 집에는 구활비(救活婢: 사노비로서 관에 적몰되어서 내의원·전의감·혜민서 등에 소속되어 환자의 치료를 맡은 여자 종)가 낳아 기르던 자식들이 많이 있었는데, 어떤 사람이 스스로 그 구활비의 주인이라고 일컬으며 와서 잡아가려 하였는데도, 공은 한번도 분별하지 않은 채 다 주겠다고 허락하였다.

옛 터전에서 밭을 개간한 적이 있었는데, 이웃 마을 사람과 노비가 다투자 공이 노비에게 묻기를, "무슨 까닭이냐?"라고 하니, 노비가 말하기를, "저 사람이 제 땅을 빼앗은 것이 이미 한 장(丈) 남짓 되는데, 지금 또 더 차지하려고 하기 때문에 다투었을 뿐입니다."라고 하였다. 공이 말하기를, "그 사람의 말대로 주어라. 어찌 토지 때문에 사람과 다툴 수 있겠느냐?"라고 하였다.

벼슬살이를 하느라 경성(京城)에 있을 때 권문세가와 가까이하지 않았으니, 늘 해직될 때면 그날로 도성을 떠나서 하루라도 머무른 적이 없었다. 백의(白衣: 布衣, 벼슬이 없는 자)로서 도성에 머무르고 있는 자를 보면 심히 옳지 않은 것으로 여겼다. 일찍이 옥당(玉堂: 홍문관)에 있으면서도 기러기 소리를 들으면 홀연히 산으로 돌아가고 싶은 흥이 생겨 시를 지었으니, "푸른 비단옷의 숙직이 또 오늘 밤이니, 하얀 조각돌의 맑은 강 꿈에서도 아득타. 시 읊다 창가에서 지나는 기러기 울음 듣자니, 돌아가고픈 마음을 보태어 한층 더해지는구나.(靑綾直宿又今宵, 白石淸江夢裏遙. 吟斷小牕聞鴈過, 也添歸興一分饒.)"라고 하였는데, 도성의 사대부들이 서로 이 시를 외워서 전했다.

평소에 집과 방은 반드시 깨끗하게 쓸었고, 책상과 서적들은 반드시 가지런히 정돈되어 있는 가운데, 정신을 모으고 단정히 앉아 있으면 혼탁한 속된 기운이 전혀 없었으니, 그 집의 문을 바라보는 자는 저도 모르게 흔쾌히 공경하는 마음이 생겼다. 판서(判書) 권이진(權以鎭)이 일찍이 본부(本府: 안동부)의 수령으로 있을 때 공을 찾아온 적이 있었는데, 돌아가면서 보낸 편지에 이르기를, "삼가 옥 같은 얼굴에 희끗희끗한 눈썹을 뵈니, 황홀하게도 마치 신선 속의 사람이 이 사람의 가슴에 쌓인 속세의 먼지와 때를 씻어내는 듯했습니다."라고 하였다.

공을 장례를 치를 때 뇌사(誄辭: 조문하는 글)를 지어서 애도하였으니, "그 사람은 맑고 깨끗하였고, 벼슬살이 또한 맑고 깨끗하였으니, 아아! 그 깨끗함이여."라고 하였다.

필법은 고상하고 고풍스러우며 맑고 굳세어 종요(鍾繇)와 왕희지(王羲
之)를 사모하였는데, 사람들이 글씨 한 자라도 얻으면 보배로 여겼다.
그러나 사람들 앞에서 휘갈겨 쓰는 것을 좋아하지 않았고, 글씨를 청하
는 이가 있어도 대부분 사양하고 거절하였다.

공이 살던 곳의 상류에 칠리곡(七里谷)이 있어서 자호(自號)를 '칠탄(七
灘)'이라 하였다.

校理七灘金公行略

公諱世欽, 字天若, 號七灘, 義城人。贈判書諱璡之六世孫也。高祖
諱涌, 兵曹參議, 贈吏曹參判。曾祖諱是柱, 兵曹佐郎。祖諱恁, 成均生
員, 贈大司憲, 出後仲父諱是楗。生泰基主簿, 於公爲皇考。連世以道義
文學相傳, 孝廟己丑公生。資稟絶異, 貌瀅潔如玉雪, 聰明過人。自童
幼, 藻思逸發, 嘗作立春詩, 曰:"醉把山河歸肺腑, 笑將天地作樓臺。江
梅雪著香猶在, 岸柳煙浮暖欲來."一時先進諸公, 皆歎賞之。以詞賦名
場屋, 輒居前列。癸丑進士, 丁卯及第。除承政院注書, 未幾由持平, 選
入玉堂, 歷修撰·校理。前後遷除, 皆帶三字銜。丁亥復拜修撰, 上疏附
陳時事, 責湖南之興陽數年, 量移眞寶, 壬辰歸田里。庚子四月某日感
疾, 考終于正寢, 享年七十二。未及葬。特命復官。公淸姿雅標, 玉立朝
端, 當時搢紳負淸望者, 公爲首焉。方退居田野, 人咸惜其久屈, 望復起
大用於時。旣中絓文網, 及恩霈之下, 公已歿矣, 朝野莫不嗟嘆。性高
潔, 平生不以生産財利經心。家有救活婢所産育多, 有人自稱其主, 來
推之, 公不一辨盡許之。嘗開田于舊基, 鄰境人與奴爭, 公問奴, 曰:"何
故?"奴曰:"彼奪吾地, 已一丈餘, 今又欲加占, 故爭之耳."公曰:"從其
言與之。何可以土地之故, 與人爭?"當從宦在京, 不近權門, 每解職,
卽日出城, 未嘗一日淹。見人以白衣留滯者, 深非之。常在玉堂聞鴈聲,
飄然有歸山之興, 作詩曰:"靑綾直宿又今宵, 白石淸江夢裏遙。吟斷小
牕聞鴈過, 也添歸興一分饒."洛下士大夫相傳誦之。平居堂室必淨掃,

几案書籍必整齊, 凝神端坐, 絶無塵埃氣, 望其門者, 不覺灑然起敬。權判書以鎭, 嘗知本府, 來訪公, 歸而致書曰:"伏覩玉貌厖眉, 怳若神仙中人, 滌此滿腸塵垢."及葬公, 作誄辭以哀之曰:"其人淸而潔, 其官又淸而潔, 於乎其潔矣."筆法高古淸勁, 慕鍾王, 人得一字以爲寶。然不喜對人揮灑, 有求之者, 多謝却之。以所居上流有七里谷, 自號七灘。

〔雨皐文集, 권7, 遺事〕

22. 류후장

류후장의 자는 군회, 호는 주일재, 본관은 풍산이다. 문충공 류성룡의 현손이다. 효종 경인년(1650)에 태어났다. 벼슬은 자의(諮議)에 이르렀다. 숙종 병술년(1706)에 죽었다.

문충공(文忠公: 류성룡)이 도산(陶山: 이황)의 의발(衣鉢: 도통 또는 학문)을 전하였고, 졸재공(拙齋公: 柳元之)이 이를 떨쳐 드러내어서 대대로 이어받아 성대하게 가법(家法)이 있게 되었는데, 공은 배양하는데 바탕을 두어서 덕망과 기국을 성취하였다.

숙종 기사년(1689)에 하교를 내려 말하기를, "그대가 와서 진궁(震宮: 왕세자의 거처 궁전)을 보좌한다면 임금과 신하 사이에 뜻이 서로 통하여 하나로 합쳐질 것이니, 마땅히 수수방관한 것들을 크게 시험하여 우리 동방의 사람들을 윤택하게 하라." 하였다. 이에 공은 더욱더 두려움을 느껴 감히 받들지 못하였다.【협주: 류성화가 찬한 묘지문에 실려 있다.】

• 柳後章

柳後章, 字君晦, 號主一齋, 豐山人。文忠公成龍玄孫。孝宗庚寅生。官諮議。肅宗丙戌卒。

文忠公克傳陶山衣鉢[1], 拙齋公發揮之, 世世承襲, 菀有家法, 公培養有素, 成就德器。

肅宗己巳, 敎曰: "爾來輔震宮[2], 風期[3]一合, 當大試袖手, 澤我東人."

---

1 衣鉢(의발): 학문 전수. 도통 계승.
2 震宮(진궁): 왕세자가 거처하는 궁전.
3 風期(풍기): 임금과 신하 사이에 뜻이 서로 통하는 것.

公益切惶懼, 不敢膚。【柳聖和[4]撰誌文[5]】

보충

류규(柳逵, 1730~1808)가 찬한 묘지

종조고 조봉대부 세자시강원자의 주일재 부군 묘지

공의 휘는 후장(後章), 자는 군회(君晦), 호는 주일재(主一齋), 본관은 풍산(豐山)이다. 류씨는 풍산을 본관으로 하는 저명한 성씨인데, 승국(勝國: 고려) 시절에는 높은 관직에 오른 이들이 이어졌고, 우리 조선조에 들어와 휘 류종혜(柳從惠)가 공조전서(工曹典書)를 지냈다.

5대조 휘 류중영(柳仲郢)은 관찰사를 지냈고 영의정 풍산부원군(豐山府院君)에 추증되었다. 고조부 휘 류성룡(柳成龍)은 영의정 풍원부원군(豐原府院君)으로 문충공(文忠公)이라는 시호에 추증되었다. 문충공의 아들 류여(柳袽)는 찰방을 지냈고 장령에 추증되었다. 찰방의 아들 류원지(柳元之)는 현감을 지냈고 졸재(拙齋)를 호로 삼았다. 현감의 아들 류만하(柳萬河)는 덕행으로 여러 차례 천염(薦剡: 과거시험에 응시하지 않은 사람에게 지방관이 특별히 추천하여 벼슬을 주는 제도)에 올랐으며, 노년에 호군(護軍)에 제수되었다. 이들은 공의 증조부, 조부, 아버지로 이어지는 3대이다. 어머니 숙부인(淑夫人) 밀양박씨(密陽朴氏)는 처사 박집(朴緝)의 딸이자 송당선생(松堂先生) 박영(朴英)의 6세손이다. 영릉(寧陵: 효종) 경인년(1650) 어느 달

---

4 柳聖和(류성화, 1668~1748): 본관은 豐山, 자는 介仲, 호는 西湖. 증조부는 현감 柳元之이며, 조부는 익위사익찬 愚訥齋 柳宜河이다. 아버지는 柳後常이며, 어머니 豐壤趙氏는 통덕랑 趙秋의 딸이다. 류후상의 생부는 류의화의 동생 柳萬河이다. 음직으로 관직에 나아가 1730년 奉列大夫 行廣興倉奉事와 主簿에 임명되었다. 1731년에는 山陰縣監을 지냈고, 그 후 副護軍에 제수되었다.

5 柳聖和의 遺集이 전한다고 하나 확인하지 못했으며, 그가 찬했다고 하는 묘지가 柳逵(1730~1808)의 《臨汝齋先生文集》 권7에 실려 있음.

어느 날에 공을 선산(善山) 신곡리(新谷里)의 집에서 낳았다.

어려서부터 영민하고 깨달음이 남보다 아주 뛰어났으며, 문재(文材)도 보통사람보다 뛰어났다. 왕고(王考: 죽은 조부) 졸재공(拙齋公)을 곁에서 모실 때부터 이미 옛 사람의 위기지학(爲己之學)을 알았다. 일찍이 기질이 편협하고 조급한 것을 걱정한 나머지, 어느 날 사람들에게 말하기를, "매사를 안온하고 자상하게 처리하면서 급하지 않으려면, 어찌 기질을 변화시키지 못할 이치가 있겠는가?"라고 하였다. 이때부터 마음을 가라 앉히고 학문에 힘써 경서와 사서에 깊이 관통하였으며, 일상의 일처리에서 노성한 어른과 다름이 없었다.

18세 때 영가(永嘉: 안동) 권윤(權鈗)의 집안에 장가갔는데, 생관(甥館: 처가살이하는 곳)에 드나들 때에 몸가짐이 침착하고 진중하여 함부로 말하거나 웃는 일이 없으니, 권공(權公)이 말하기를, "참으로 대현(大賢)의 후손이다."라고 하였다. 그해에 《역경》을 목재(木齋) 홍여하(洪汝河)에게 배웠는데, 의심나는 부분을 해설하고 토론할 때에 가는 터럭이나 실처럼 분석하였으니, 목재가 사람들에게 말하기를, "류 아무개는 젊은 나이에《역경》을 읽으면서 의젓하게 스스로 터득하여 그 견해가 이미 충분한 경지에 이르렀으니, 내가 어찌 그의 스승이 될 수 있겠는가?"라고 하였다.

공은 평소 생활하면서도 손에서 책을 놓지 않았으며, 책상 위에는 늘 《심경(心經)》·《근사록(近思錄)》·주자서(朱子書)들을 놓아두었다. 상수(象數)의 미묘하고 깊은 이치나, 예설(禮說)의 방대한 내용에 이르기까지 차분히 생각하고 힘써 궁구하여 환히 깨닫고야 말았다. 종가(宗家)의 책은 수레 다섯 대에 이를 정도로 많았는데, 읽고 외우다가 마음에 와 닿는 것이 있었다. 간혹 글 뜻이 다른 책에서도 찾아볼 수 있는 것은 반드시 종이에 기록하였는데, 이렇게 손수 기록한 것들이 책장 하나를 가득 채웠으니 그의 공부에 대한 독실함을 알 수 있다. 매일 아침 일찍 일어나 의관을 갖추고 부모에게 문안을 드린 후에 물러나 서재로 나와서 학동들이나 자제들에게 인사를 나눈 뒤에야 책을 마주하고 펼쳤다.

자제나 집안 친족 중에 누군가가 잘못이나 허물이 있더라도 사람들이 빽빽하게 있는 가운데서 드러내놓고 책망한 적이 없이, 늘 조용히 홀로 있을 때만 오도록 불러 잘못이나 허물을 고쳐서 올바르고 착하게 변화하는 도리를 간곡히 권면하였으니, 사람들은 감복하지 않은 이가 없었다. 일찍이 말하기를, "사람에게 재물과 이익은 비유하자면 기름과 같아서 몸에 조금이라도 가까이하면 더럽혀지는 것이니 삼가지 않을 수 있겠는가?"라고 하였다. 평생 해나 달을 향해 함부로 대소변을 본 적이 없었고, 길가의 옛 무덤조차도 조심스레 피해 다녔다.

문충공(文忠公: 류성룡)이 도산(陶山: 이황)의 의발(衣鉢: 도통 또는 학문)을 전하였고, 졸재공(拙齋公: 柳元之)이 이를 떨쳐 드러내어서 대대로 이어받아 성대하게 가법(家法)이 있게 되었는데, 공은 배양하는데 바탕을 두어서 덕망과 기국을 성취하였으며, 조심하고 삼가는 한결같은 마음은 언제나 충효(忠孝) 두 글자에 있었다.

공은 나이가 이미 30여 세였을 때, 문장과 행실이 온 세상을 감동시켜 여러 차례 천거를 받았다. 기사년(1689) 가을 건원릉 참봉(健元陵參奉)에 제수되어 사은숙배하고 직무를 성실히 행하였으나, 오래지 않아 부모의 연세가 점점 높아져서 벼슬을 버리고 돌아오니, 도성의 인사들이 입이 닳도록 말하기를, "남쪽에 참된 선비가 다시 나타났다."라고 하였다. 신미년(1691) 봄 익위사 부솔(翊衛司副率)에 제수되었고, 계유년(1693) 겨울 시강원 자의(侍講院諮議)에 제수되었으니 산림(山林)의 청선(淸選: 학식과 문벌을 갖춘 인물에게만 허용되어 명예롭게 여겼던 벼슬)이었다. 공은 안절부절 불편해 하며 항상 분수에 넘치는 것이라고 두려워해서 상소를 올려 극력 사양하였는데, 주상이 우악한 비답을 내려 윤허하지 않고 또 별도로 하교를 내려 말하기를, "그대가 와서 진궁(震宮: 왕세자의 거처 궁전)을 보좌한다면 임금과 신하 사이에 뜻이 서로 통하여 하나로 합쳐질 것이니, 마땅히 수수방관한 것들을 크게 시험하여 우리 동방의 사람들을 윤택하게 하라.” 하였다. 이에 공은 더욱더 두려움을 느껴 감히 명을 받들지 못하고 세 번이나 사직소를 올린 끝에 윤허를 받았다. 이로부터 더욱 스스로를 감추고 숨기기에 힘썼다.

한적한 방 한 칸에서 우러러 생각하고 고개 숙여 글을 읽었는데, 그 서재를 ‘주일재(主一齋)’라 이름하였으며, 마음을 가다듬고 학문을 연구하는데 독실해 마지않았다. 삼가 스스로 드러내는 것을 피하여 사람들에게 학문을 논한 적이 없었기 때문에 학문적 조예가 깊은지 얕은지를 사람들은 엿볼 수가 없었다. 성품은 본래 겸양하였고 또 헛된 명예를 수치로 여겼으니, 그간 직첩(職帖)을 공경스럽게 받을 때면 번번이 상자 속에 넣어 두고 꺼내지 않았다. 평소 문장으로 자처한 적이 없었으나, 계유년(1693)에 올린 세 번째 상소문을 보고는 도성에서 문형(文衡)을 잡은 제공(諸公)들이 모두 말하기를, “이 사람은 초야에서 자랐는데, 이와 같은 글을 어찌 그리도 능숙하게 써서 부족함이 없단 말인가?”라고 하였다.

병술년(1706) 2월 숙부인(淑夫人: 모친 밀양박씨) 상을 당하고 애통하던 끝에 병이 되어 3월 1일 진시(辰時: 오전 8시 전후)에 주일재(主一齋)에서 숨을 거두었으니, 향년 57세였다. 원근의 사대부들이 모두 놀라고 애도하며 말하기를, “이 사람이 이렇게 되었으니 우리들은 누구를 의지한단 말인가?”라고 하였다. 그해 5월 어느 날 사림들이 모여 수동(壽洞)에 있는 선친 묘 아래 자좌(子坐)의 언덕에 안장하였다.

부인 안동권씨(安東權氏)는 승지에 추증된 권윤(權鈗)의 딸이다. 경인년(1650)에 태어났고, 아름다운 덕에 짝할 만하여 시부모를 섬기면서 효성과 공경이 순수하게 갖추어졌다. 공보다 3년 뒤인 무자년(1708) 2월 8일 죽었다. 묘는 옥연정(玉淵亭) 뒤쪽 산기슭 묘향(卯向)의 언덕에 있다. 자식이 없어 둘째동생 생원 류후강(柳後康)의 둘째아들 류성사(柳聖師)를 양자로 삼았다. …(중략)…

아아, 공의 재주와 학문, 덕행은 한 세상을 구제하기에 족하여 사문(斯文)의 본보기였으나, 세상일이 갑자기 바뀐데다 수명을 다 누리지 못하여서 마음속에 온축한 바를 펼치지 못하였으니, 이를 아는 이들은 한스럽게 여겼다. 유집(遺集) 몇 권이 집에 보관되어 있다.

從祖考朝奉大夫世子侍講院諮議主一齋府君墓誌

公諱後章, 字君晦, 號主一齋, 豐山人。柳氏著姓豐山, 勝國時圭簪相望, 入我朝, 有諱從惠工曹典書。五世祖諱仲郢, 觀察使贈領議政豐山府院君。高祖諱成龍, 領議政豐原府院君贈諡文忠公。文忠之子曰袽, 察訪贈掌令。察訪之子曰元之, 縣監號拙齋。縣監之子曰萬河, 以德行累登薦剡, 大耋拜護軍。是爲公曾祖祖考三代也。妣淑夫人密陽朴氏, 處士緝之女, 松堂先生英之六世孫也。以寧陵庚寅月日, 生公于善山新谷里第。幼穎悟絶人, 文材超凡。侍王考拙齋公側, 已知古人爲己之學。嘗患氣質偏燥, 一日謂人, 曰:“每事安詳勿遽。豈有不可變化氣質之理?”自是潛心力學, 涵貫經史, 日用處事, 無異老成人。十八, 受室於永嘉權公鈗之門, 往來甥館, 擧止凝重。不妄言笑, 權公曰:“眞大賢後也.”是歲, 學易於洪木齋, 講論疑義, 毫分縷析, 木齋語人, 曰:“柳某靑年讀易, 超然自得, 見解已到十分地頭, 我安敢爲其師?”公平居手不釋卷, 案上常置《心經》·《近思錄》·朱子書。至於象數微奧·禮說浩繁, 無不精思力究, 通透乃已。宗家書冊, 多至五車, 誦讀有會于心。或文義之互見於他書者, 必書紙頭, 以此手蹟滿於一架, 可知其工夫之篤實也。每日晨起具衣, 省候於親側, 退出書齋, 與學徒子姪, 行相揖禮, 然後對越書冊。子姪門族, 或有過失, 未嘗顯責於稠廣中。每於靜居獨處時招致, 諄諄勉之以遷改變化之道, 人莫不感焉。嘗曰:“人之於財利, 比如油, 小近於身則汚, 可不愼哉?”平生不向日月溺便, 至於路傍古塚, 亦謹避焉。文忠公克傳陶山衣鉢, 拙齋公發揮之, 世世承襲, 菀有家法, 公

培養有素, 成就德器, 兢兢一念, 常在於忠孝二字。公時年已三十餘, 文章行誼, 聳動一世, 累被薦剡。己巳秋, 除拜健元陵參奉, 肅謝供職, 未久以親年漸高棄歸, 洛下人士, 無不嘖嘖曰: "南中眞儒復出矣." 辛未春, 拜翊衛司副率, 癸酉冬, 拜侍講院諮議, 山林淸選也。公蹙然不安, 常以匪分爲懼, 陳章力辭, 上優批不允, 又別下敎曰: "汝來輔震宮, 則風期一合, 當大試袖手, 澤我東人." 公益切惶懼, 不敢膺命, 至三疏乃允。自此益務韜晦。蕭然一室, 仰思俯讀, 名其齋曰主一, 兢存硏索, 憢憢不已。謹避標榜, 未嘗向人論學, 故造詣之淺深, 人莫得而窺焉。性本謙挹, 又以虛名爲恥, 前後職帖, 祗受訖, 輒藏之篋笥而不出焉。平生未嘗自任以文章, 而癸酉三疏, 洛下文衡諸公, 皆以爲: "斯人生長草野, 此等文字, 何其鍊熟無欠也?" 丙戌二月, 遭淑夫人喪, 哀毀成疾, 三月初一日辰時, 考終于主一齋, 享年五十七。遠近士大夫, 莫不驚悼曰: "斯人至此, 吾黨何依?" 同年五月日, 士林會葬冠履于壽洞先考階下子坐之原。配安東權氏, 贈承旨銋女。生庚寅, 克配令德, 事舅姑孝敬純備。後公三年戊子二月八日沒。墓在玉淵亭後麓卯向原。無子, 以仲弟生員後康第二子聖師爲嗣。…(중략)… 嗚呼! 公之才學德行, 足以經濟一世, 矜式斯文, 而時事忽變, 又不享年, 不得展布其所蘊, 識者恨之。有遺集若干卷藏于家。

〔臨汝齋先生文集, 권7, 墓誌〕

23. 이완

이완의 자는 수언, 호는 구애, 본관은 전주이다. 효종 경인년(1650)에 태어났다. 영조 임자년(1732)에 죽었다.

공의 학행과 문장은 성대하게 사림의 추앙을 받았다. 벼슬살이를 하지 않은 채 80년 동안 정처 없이 산야에서 분망하였지만, 하당(荷塘) 권두인(權斗寅)·창설(蒼雪) 권두경(權斗經)·모산(茅山) 이동완(李棟完)과 함께 나란히 당대에 이름을 떨치니, 세상 사람들이 천성(川城: 영주의 옛 지명)의 네 어른이라고 하였다.

경서(經書)와 사서(史書)를 볼 때마다 옛사람들의 훌륭한 말과 선행을 취하여 경계할 만한 것이면 반드시 기록하여 본받고자 하였다. 문장은 평이한데다 우아하고 부드러워 난삽한 문장이나 기이한 말을 쓰지 않았으며, 뜻이 잘 통하고 이치에 맞아 작가의 요결(要訣)을 깊이 터득했어도 평생 또한 문인으로 자처하지 않았다.【협주: 이광정이 찬한 묘갈에 실려 있다.】

• 李琓

李琓, 字粹彦, 號龜崖, 全州人。孝宗庚寅生。英宗壬子卒。

公學行文詞, 蔚爲士林所推重。布衣八十年, 棲遑山野, 與荷塘權斗寅·蒼雪權斗經·茅山李棟完, 並驚一世, 世稱川城[1]四老。

每看書史, 取古人嘉言善行, 可以監戒者, 必記而取則。爲文詞平實雅馴, 不爲棘句奇巧語, 意到理順, 深得作家指訣, 平生亦不以文人自處。【李光庭撰碣】

---

1 川城(천성): 경상북도 영주의 옛 지명.

보충

이광정(李光庭, 1674~1756)이 찬한 행장

구애 이공 행장

공의 휘는 완(琓), 자는 수언(粹彦), 우리 태종(太宗)의 별자(別子: 서자) 인 근녕군(謹寧君) 이농(李禯: 태종의 후궁인 信嬪辛氏의 4남)의 후손이다. 근녕군에게는 아들 이종(李踵: 근녕군의 2남)이 있었는데, 동복형인 온녕 군(溫寧君: 태종의 후궁인 信嬪辛氏의 3남) 이정(李裎)의 후사를 이었다. 이 사람이 우산군(牛山君)으로 아들 6명을 두었는데 그 중의 한 명이 바로 한산부정(韓山副正) 이정(李挺)이다. 여섯 공자는 어질어서 모두 사대부 들 사이에서 명성이 있었지만, 연산군 시대에 합문(閤門)에서 주륙을 당 했다가 중종반정 후 그 억울함이 풀렸는데, 부정이 도정(都正)으로 승진 하였다. 도정은 신양수(信陽守) 이회(李淮)를 낳았고, 신양수는 사포서별 제(司圃署別提) 이민(李敏)을 낳았으니 바로 공의 고조부이다. 여성군(礪城 君) 송인(宋寅)이 이 삼대(三代)에 걸친 선조의 묘갈명을 지었다. 증조부 이성립(李成立)은 효성과 우애가 깊었으며, 문장으로 당대에 이름이 났 으나 여러 차례 과거에 급제하지 못하여 태학(太學)의 천거로 능서랑(陵 署郞)에 제수되자 더욱 자자해졌다. 그러나 시류에 따르지 않아서 백부 (栢府: 사헌부)의 선발이 막히고 용궁현감(龍宮縣監)으로 관직을 마쳤다. 조부 이영기(李榮基: 1583~1661)는 처음으로 고개를 넘어 안동(安東)에서 살았는데, 중후한데다 은자의 덕을 지녔다. 실로 안동권씨(安東權氏: 權來 의 딸)에게 장가갔는데, 충정공(忠定公) 충재 선생(沖齋先生) 권벌(權橃)의 증손녀이다. 다섯 아들을 낳았는데, 그 중 둘째는 공의 부친 휘 이시항(李 時恒)으로 요절하였다. 어머니 여주이씨(驪州李氏)는 왕자 사부(王子師傅) 이환(李煥)의 딸이다. 두 아들을 낳았는데, 공은 그 중 막내이다.

어려서부터 의젓하였다. 9세 때 아버지를 여의고 백형(伯兄) 허직공(虛 直公) 이선(李瑄)에게 가르침을 받았다. 허직공은 당시에 훌륭한 이름이 있었는데, 그가 공을 가르칠 때면 비록 매우 사랑하였지만 의리를 폐하지 않았고, 공은 그 가르침을 공경히 듣고 받들어 믿으며 따라서 마치 엄한 스승을 대하는 듯했으니, 이를 본 이들이 말하기를, "이씨네는 장차 반드시 발흥할 것이다."라고 한 것은 공의 형제들에게 달려 있었다.

공은 타고난 자질이 깊고 두터웠으며, 함부로 말하거나 웃지 않았다. 어린 시절부터 그 행동거지가 보통 아이들과 달랐고 이미 어른스럽다는 칭찬이 있었다. 문학 또한 일찍 성취하였으니, 열다섯이나 열여섯의 나이에 사부(詞賦)로 과거 시험장에서 이름이 알려졌다. 비록 과거 시험을 위한 문체에 노련한 자라도 모두 겸손하게 미칠 수 없다고 인정하였다. 향시(鄕試)와 한성시(漢城試)를 연달아 합격했고 때로는 이장(二場: 과거 시험의 세 과정의 하나, 論 1편)·삼장(三場: 과거 시험의 세 과정의 하나, 策 1편)까지 응시하기도 했지만 끝내 예부시(禮部試: 會試)에 낙방하였으니, 사람들은 공을 위하여 애석해 하고 한스럽게 여겼으나 공은 개의치 않았다.

일찍이 성시(省試: 회시)에 응시하러 갔을 때, 전중랑(殿中郎)이 과거를 치르는 장소에 들어와 사람을 보내 공을 만나려 했으나, 공이 피하여 만나지 않았다. 허직공이 예전에 정릉랑(貞陵郎)을 맡은 적이 있었는데, 공이 과거 시험을 마치고는 같이 응시한 자들과 숙소에 머물러 있다가 방(榜: 합격자 명단)이 붙었다는 소식을 듣고 얼굴 기색이 변하지 않은 자가 없었으니, 합격하지 못한 자는 한탄하지 않은 자가 없었으나 공만은 홀로 말이나 얼굴에 어떠한 기미도 드러내지 않았다. 이에 허직공이 탄식하여 말하기를, "사람이 나아가 뜻을 이루려는 자는 그 기백이 언제나 격앙되어 반드시 얻고나서야 그만두는데, 만약 태연하기가 이와 같다면 장차 떨쳐 일어나지 못할 것이다."라고 하니, 마치 한스러워 하는 듯했으나 실은 기뻐한 것이다.

영릉(寧陵: 효종) 경인년(1650) 12월 20일에 태어나 금상(今上: 영조) 임자년(1732) 윤5월 16일에 죽었으니, 벼슬하지 않은 채 83년을 살았다.

평소에 집안 일을 돌보지 않아서 아내와 자식들은 늘 굶주린 기색이 있었다. 중간에 가족을 데리고 황산(皇山) 골짜기로 들어가 살면서 네댓 차례나 거처를 옮겼지만, 그 궁핍한 생활이 또한 심하였어도 얼굴의 기색에 근심이나 탄식이 비치는 것을 본 적이 없었다. 비좁은 집에 낮은 처마는 무릎조차 펼 수 없었지만 그곳을 마치 선비의 서재처럼 여겼다.

날마다 성현의 말을 읽고 외웠는데, 병이 지극히 심하지 않으면 책을 덮어 두고 읽지 않은 적이 없었다. 문장은 평이한데다 우아하고 부드러워 난삽한 문장이나 기이한 말을 쓰지 않았으며, 뜻이 잘 통하고 이치에 맞아 화려하거나 더러운 속된 기운이 없었다. 시 또한 간결하고 담백하며 사리를 밝히는 데에도 뛰어났지만 문인(文人)으로 자처한 적이 없었으니, 누가 글을 청하면 공손히 사양하거나 단호히 거절하며 다른 사람을 추천하였다.

그가 학문을 하는데 있어서는 또한 자랑하거나 적당히 꾸미지 않으며 겸손하고 소박하기가 마치 보통의 사람과 같았다. 그러나 사람들과 학문을 논변할 때에 이르러서 그 말이 명백하고도 절실하였으니 반드시 선유(先儒)들의 정론(定論)에 근거하였는데, 간혹 기이한 말이나 묘한 논리로 선대의 이치를 따르지 않고서 제멋대로 하며 스스로 즐기는 자는 반드시 통렬하게 꾸짖고 나서야 그쳤다. 일찍이 모산(茅山) 이동완(李棟完)과 함께 인심(人心)과 도심(道心), 사단(四端)과 칠정(七情), 이(理)와 기(氣)를 논한 이야기가 수천 글자였는데, 갈암(葛庵) 이 선생(李先生: 李玄逸)이 공의 논한 글을 보고서 회재(晦齋: 李彦迪)와 퇴계(退溪: 李滉)의 유지(遺旨)를 터득한 것으로 여겼다. 공(公: 할머니가 충재의 증손녀)은 모산공(茅山公: 어머니가 충재의 현손녀)과 중표형제(中表兄弟: 이종형제뻘)로 모두 충재 선생(冲齋先生: 權橃) 집안의 외손인데다, 충재의 손자 하당(荷塘) 권두인(權斗寅)·창설(蒼雪) 권두경(權斗經)도 모두 사문(斯文)의 중망(重望)이 있었으니, 사람들은 이들을 '천성(川城: 경상북도 영주의 옛 지명)의 네 사람'이라고 일컬었다. 서로가 스승으로 삼기도 하거나 서로가 연장자로 보기도 하면서 날마다 도의(道義)로 권면하고 학문과 덕행을 닦아 물이 스며들 듯이 영향을 끼쳤으며, 때로는 또한 시를 읊조리기도 하였다.

그가 살던 곳에는 푸른 바위와 샘물, 기암괴석이 어우러진 빼어난 경치가 있었으니, 그곳을 오가면서 기뻐하며 즐거워하였다. 그가 항상 말하는 것은 시경(詩經), 예기(禮記), 경서(經書), 사서(史書)에서 벗어나지 않았는데, 세속의 어떠한 공명이나 도리에 어긋나는 천박한 말은 그 속에 들어있을 곳이 없었다. 때문에 그의 몸가짐은 고상하였고 식견은 정대하였으며 문장은 특출하였으니, 홀로 당대의 으뜸이었다.

허직공이 일찍 죽자, 공은 항상 금옥지락(金玉之樂: 높은 벼슬의 생활)을 온전히 누리지 못한 것을 한스러워 하였다. 형의 아들 이인부(李仁溥, 1665~1725)를 가르쳐서 이끌어 그 학업을 성취시키자, 우뚝하여 명유가 되었다. 일찍이 조카가 선대의 미덕을 계승하여 과거에 급제하기를 바랐으나 끝내 또한 뜻대로 되지 않았는데, 그 조카의 아들 이장(李奬, 1696~1737)이 젊은 나이로 과거에 급제하자 공은 매우 기뻐하였다. 기쁜 소식을 들은 날에《주역(周易)》의 겸괘(謙卦)를 인용하여 글을 지어 주었으며, 금정찰방(金井察訪)이 되었을 때 또 임금을 잊거나 나라를 저버리는 일이 없도록 경계하라는 훈계의 말을 손수 써서 알게 하였으니, 참으로 독실하고 돈후한 군자의 말이라 하겠다.

공은 효성과 우애의 천성이 지극하였다. 어머니를 섬길 때는 부드러운 모습으로 얼굴을 뵈어 반드시 그 환심을 샀으며, 상(喪)을 당했을 때는 쇠한 나이였음에도 예를 지키는 것이 어긋남이 없었다. 번번이 종신지상(終身之喪: 기일)이 될 때마다 슬피 울며 피눈물을 흘리는 것이 마치 자신을 억제하지 못하는 듯하였다. 맏형이 은계(銀溪) 우관(郵館)에서 죽었는데, 그 상사(喪事)는 두창(痘瘡)이 생겨서 일어나 공 또한 이 질병을 두려워하였다. 그것은 어머니의 봉양 때문이었는데, 염습과 운구의 과정에 동생의 도리를 다하지 못하고 어머니 곁에서 애써 웃고 말하며 어머니의 마음을 위로하였으나, 한가하게 홀로 지낼 때면 항상 울적한 심정에 홀로 살고 싶은 생각이 없었지만 일년 내내 사랑채에서 지내며 복제(服制)를 마쳤다. 형의 자식을 매우 사랑하고 소중히 여기면서 항상 애태우는 듯했는데, 비록 잘못이 있더라도 다정하게 타이르고 깨우치며 엄한 얼굴로 허물을 꾸짖은 적이 없었다.

사람을 대할 때는 타고난 순수한 성품을 지켰고 아첨하여 비위를 맞추지 않았으며, 진실된 마음과 간곡한 정성으로 대하였고 친소(親疏)와 귀천(貴賤)의 차이를 가리지 않았다. 평소에 지낼 때는 안온하고 평탄하여 깎아지른 절벽과 같이 과격한 행동을 하지 않았으며, 마음가짐과 일 처리에서는 저절로 남이 미치지 못하는 바가 있었다.

성현(聖賢)을 존경하고 흠모하는 것이 나이가 들수록 더욱 독실해졌으니, 만년에 이르러서는 《주자서절요(朱子書節要)》를 손수 필사하여 항상 책상 위에 두고서 외우고 읽기를 그치지 않았다. 경서와 사서를 널리 볼 때는 옛사람들의 훌륭한 말과 아름다운 행실을 취해 써서 좌우명으로 붙여 놓았으며, 간혹 소책자에 적어 두기도 하였다. 비록 마을에서 떠돌며 전해지는 이야기일지라도 선과 악에 대해 본받게 하거나 경계할 만한 것이 있으면 반드시 문부(文簿)에 기록하여 알게 하였지만 남의 잘못이나 허물을 말한 적은 없었다. 그리고 남에게 선한 행실이 있으면 아무리 사소하더라도 반드시 기뻐하고 칭찬하기를 게을리 하지 않았다. 집안의 부녀자나 아이들이 간혹 남의 장단점을 이야기하면 반드시 엄한 얼굴로 꾸짖고 입 밖으로 내지 못하게 하였다. 70세가 되어가던 때에 사람을 만나면 항상 묵묵히 아무런 말이 없었는데, 그 까닭을 묻자, 말하기를, "근래에 정신과 기력이 예전 같지 않아서 혹여 망령된 말이라도 할까 두렵네."라고 하였다. 아아, 이것만으로도 공이 행한 몸가짐의 한 단면을 증험할 수 있을 것이다.

  공은 두 번 결혼하였다. 첫째부인 성주배씨(星州裵氏)는 교관 배유장(裵幼章, 1618~1687)의 딸로 온화하고 총명하였지만 공에게 시집온 지 2년 만에 죽어 영천군(榮川郡) 남원천(南遠川) 갑향(甲向)의 언덕에 안장하였다. 둘째부인 광주김씨(光州金氏)는 통덕랑 김낭헌(金郎憲)의 딸로 공보다 1년 뒤에 죽었으니 향년 84세였다. 슬기로운 어머니로서 전처의 자식과 손자들을 자기 소생보다 더 잘 돌보아 길렀고, 자녀들을 가르칠 때는 마치 엄한 아버지와 같았다. …(중략)…

  이인제(李仁濟) 등이 공이 죽은 그해 10월 13일에 공을 본부(本府: 안동부) 춘양현(春陽縣) 용혈(龍穴) 마을에 매장하였고, 이듬해 10월 19일(정묘)에 같은 고을의 정동(鼎洞) 인향(寅向)의 언덕으로 이장(移葬)하였다. 둘째부인도 같은 날 합장되었으나 봉분을 달리하였다.

  공은 흰 얼굴에 훤칠한 풍채에다 간략하고 중후하면서도 온화하고 순한 덕이 얼굴에 드러났는데, 비록 곤궁하고 어려운 처지에 있었을지라도 비루하거나 궁색한 모습은 전혀 없었으며, 비록 평소에 공을 알지 못하던 사람일지라도 한번만 보면 공이 우뚝하게 충직하고 후덕한 어른임을 알 수 있었다. 평소 초야로 물러났을 때에도 서운하고 언짢은 마음이 차서 넘치지 않았으며, 남과 말할 때에도 자기의 의견을 억지로 고집한 적이 없지만, 큰 시비나 의리와 관계된 것에 이르러서는 확고하여 조금도 흔들리지 않았다.

  공은 천성이 저술을 좋아하지 않은데다 글을 썼더라도 수록되지 않은 것이 많아서 지금 시문(詩文) 몇 권만이 집에 보관되어 있다.

  이광정(李光庭) 나는 아직 여러 선생들이 크게 쇠하지 않았던 때에 지팡이를 짚고 신을 들고서 시냇물과 산 사이를 모시며 함께한 지 사십여 년이 되었다. 여러 선생들은 불초(不肖)하다고 여기지 않으며 항상 더 이끌어주고 격려해주었으니, 비록 재주가 부족한데다 용렬하여 성취한 것이 없었지만 그 교화와 꾸지람 덕분에 요행히 소인의 길로 빠지지 않을 수 있었던 것은 네 선생의 은혜가 아닌 게 없다. 지금은 네 선생이 모두 세상에 있지 않고, 이광정 나는 백발이 성성한 채 옛날 모시고 따르며 즐거웠던 일을 떠올려 생각하려 해도 할 수가 없다.

이번에 공의 자제가 공의 덕행을 기록하는 행장을 지어 달라는 청을 받았는데, 실로 확실한 내용을 확실하게 기록해서 후세에 전하려는 부탁을 받을 만한 재주가 없지만, 의리상 감히 사양할 수가 없었다. 이에 공의 종질(從姪) 월포옹(月浦翁: 李仁濟)이 남긴 기록을 바탕으로 간략히 추려 정리하고 자손들의 뜻을 채웠는데, 또한 그 뒤에 몇 마디의 말을 덧붙이자면 이러하다. “한(漢)나라 시대에는 중후하고 과묵한 사람을 장자(長者)라 여기고 있었는데, 전숙(田叔)과 석분(石奮) 같은 이들이 그 부류이다. 그들이 숭상한 것은 황로학(黃老學)의 남은 사상이었으니, 어찌 선생들이 성취한 유가(儒家)의 가르침과 같겠는가? 그리고 언사와 용모, 기상에 이르기까지 후학들의 사표(師表)가 될 만하다고 생각할 수 있었다. 도정절(陶靖節: 도연명)이 검루(黔婁: 齊나라 隱士)의 말을 빌려서 스스로를 칭찬하여 말하기를, ‘빈천함에 근심하지 않고, 부귀함에 급급하지 않는다.’라고 하였는데, 선생이 아마도 이에 해당하리로다. 또 맹자(孟子)가 ‘군자의 즐거움이란 하늘 우러러 부끄러움이 없고 사람을 굽어보아도 부끄러움이 없는 것’이라고 말한 바는 바로 선생이 평소 부지런히 애쓴 바이다. 그렇다면 선생이 남긴 바는 또 어찌 장자(長者)로 치우쳐서만 보아야 겠는가? 선생의 풍모를 들은 자는 경박한 이도 순후해질 수 있었고 비루한 이도 청렴해질 수 있었다. 저 밖으로부터 이르러 잠깐 와서 본 자가 선생을 위하여 기뻐하거나 슬퍼하는 것은 선생을 아는 자가 아닐 것이다. 훗날의 군자가 혹여 이 기록에서 무언가 취할 것이 있기를 바란다.”

삼가 행장을 짓다.

龜厓李公行狀

公諱琬, 字粹彦, 我太宗別子謹寧君禔之後也。謹寧有子踵, 後母兄溫寧君裎。是爲牛山君, 生六子, 其一韓山副正挺。六公子賢, 俱有聲名士大夫間, 燕山世, 閤門受戮, 中廟改紀, 雪其冤, 副正陞都正。都正生信陽守淮, 信陽生司圃署別提敏, 是爲公高祖。礪城君宋寅爲三世墓碣銘。曾大父成立孝友, 以文有名於時, 累擧不第, 用太學薦, 補陵署郎, 益藉藉。以不能俯仰於時, 枳梏府選, 卒官龍宮縣監。大父榮基, 始蹟嶺家安東, 重厚有隱德。實娶安東權氏, 忠定公冲齋先生橃之曾孫。生五子, 其二公之考諱時恒, 早卒。其配驪州李氏, 王子師傅煥之女。生二子, 公於次爲季。幼嶷如也。九歲而孤, 受學於伯兄虛直公瑄。虛直公有盛名於時, 其敎公, 雖甚愛, 不以廢義, 公敬恭聽信, 如嚴師然, 見者謂:"李氏將必發." 其在公兄弟也。公天資深厚, 不遽言笑。自在童丱, 其擧止與凡兒殊, 已有老成名。文學亦早詣, 年十五六, 以詞賦名場屋間。雖老於時文者, 咸推遜以爲不可及。連中鄕試‧漢城試, 或疊二場三場, 卒不利於禮部, 人爲公恨惜, 而公則不以爲意。嘗赴省試, 有殿中郎入試院者, 遣人矙公, 公辟不見。虛直公常任貞陵郎, 公試畢, 與同試者, 留直舍, 聞榜至, 無不變易容色, 不得者無不嗟恨, 而公獨無幾微見諸言面。虛直公歎曰:"人之能進取者, 其氣常激昂, 必得乃已, 若恬然如此, 將不振矣." 蓋若恨然, 實喜之也。公以寧陵庚寅十二月二十日生, 以今上壬子閏五月十六日沒, 布衣八十三年。平居不事家, 妻孥常有飢色。中間挈家, 栖皇山峽間, 易四五處所, 其窶亦甚, 而未嘗見容色有若戚歎者。斗屋短簷, 不能容膝, 處之若齋閣也。日誦讀聖賢之言, 非病至深, 未嘗廢書不觀。文詞平實雅馴, 不爲棘句奇語, 而意到理順, 無芬華葷血氣。詩亦簡淡, 長於理致, 未嘗以文人自處, 有來丐文字者, 遜避固拒, 推與他人。其爲學, 亦不矜持安排, 悾悾如常人。至與人論辨, 明白剴切, 必本於先儒定論, 或爲奇談妙論, 不循先故而橫縱自快者, 必痛詆乃已。嘗與茅山李公棟完, 論人道‧四七‧理氣之說, 累數千言, 葛庵李先生, 以公所論爲得晦退遺旨。公與茅山公, 爲中表兄弟, 俱出

沖齋先生, 而沖齋之孫有荷塘公斗寅·蒼雪公斗經, 俱有斯文重望, 人謂之‘川城四老少’. 相師長相長老, 相勉日以道義, 切磋浸灌, 間亦發之吟咏. 其居有靑巖石泉水石之勝, 往來愉樂. 其所雅言, 不出詩禮書史之間, 而世間一種功名鄙背之談, 無所入於其中. 故其制行之高, 見識之正, 文辭之偉然, 獨爲一時冠冕. 虛直公早沒, 公常恨其不得全金玉之樂也. 敎導兄子仁溥, 成就其業, 蔚爲名儒. 嘗冀其趾美科第, 而卒亦蹇滯. 其子槳少年登第, 公深喜之. 於聞喜之日, 擧易之謙卦, 爲文以貽之, 其任金井郵, 又以忘君負國爲戒, 手書訓辭, 俾識之, 信乎其爲篤厚君子之言也. 公孝友天至. 事大夫人, 怡愉承顔, 必得其懽心, 及至遭艱, 已薄衰年, 而秉禮不愆. 每當終身之喪, 悲呼血泣, 如不自勝. 伯氏沒, 銀溪郵館, 其喪出於痘, 公亦畏是疾痛. 其以大夫人故, 不得自盡於殮送之節, 於大夫人側, 强爲笑語, 以寬譬其意, 而居閒處獨, 常悒悒不欲獨生, 終年外寢, 以終服制. 愛重兄子, 常若有傷, 雖或有過, 諄諄開譬, 未嘗盛色督過之. 待人接物, 一以天眞, 不爲翕翕傾倒, 而誠意懇惻, 無親疎貴賤之間. 平居坦夷, 不爲崖岸嶄絶之行, 而處心行事, 自有人不可及者. 尊慕聖賢, 老而愈篤, 晩年, 手書《朱子書節要》, 常置几案, 誦讀不輟. 凡看書史, 必取古人嘉言美行, 書以付座右, 或書之小冊子. 雖於閭里流傳, 其善惡有可以監戒者, 必籍記而識之, 未嘗言人過失. 而至人之有善, 雖小必喜, 道之不倦. 家人婦孺, 或語及人長短, 必峻色裁之, 不使出諸口. 至篤老之日, 與人逢, 常默默無言, 請其故, 則曰: “近來精力不如故, 恐或妄發耳.” 嗚呼! 此可以驗公撿身之一端矣. 公凡再娶. 前配星州裵氏, 敎官幼章之女, 和婉淑明, 歸公二歲而沒, 葬榮川郡南遠川甲向之原. 後配光州金氏, 通德郎憲之女, 後公一年而沒, 享八十四春秋. 哲而母, 撫養前夫人子若孫逾己出, 敎子女, 若嚴父然. …(중략)… 仁濟等以其年十月十三日, 葬公于本府春陽縣龍穴之村, 明年十月十九日丁卯, 改葬于同縣鼎洞寅向之原. 後夫人, 同日祔, 異封. 公白面脩幹風儀, 簡重而和順之德, 達於面貌, 雖處困約而無寠夫悴子之容, 雖素不知公者, 一見可知爲魁然忠厚長者. 平居斂退, 欲

而不盈, 與人言, 未嘗强執己見, 而至大是非義理所關係者, 卽確然不少撓。性不喜著述, 有作多不收, 今有詩文若干卷藏于家。光庭猶及諸先生未及甚衰之日, 執杖屨, 陪侍溪山之間, 四十有年。諸先生不以不肖, 常加誘掖, 雖謭劣無所成就, 而所以薰染鞭策, 幸免於小人之歸者, 無非四先生之賜也。今則四先生皆不在世, 而光庭鬖然白首, 追念昔日陪從之樂而不可得。迺者公之孤, 以紀德之狀見責, 實無以承傳信之托, 而義有不敢辭者。乃就公從子月浦翁之記, 而略加櫽括, 以塞諸孤之意, 而又綴數語於後, 曰:"漢世有以重厚寡默爲長者, 若田叔·石奮之流。所尙者黃老之緖餘。豈若先生步驟儒家之訓。而言貌氣像。有可以爲後學之師表也。陶靖節擧黔婁之言, 以自贊曰:'不戚戚於貧賤, 不汲汲於富貴.'先生庶可以當之。而孟子所稱'君子之樂, 仰不愧俯不怍者.'乃先生平日之所用力焉。則先生之所存, 又豈以長者偏目之哉? 聞先生之風者, 薄夫可以敦, 鄙夫可以廉。彼以儻來之自外至者, 爲先生欣戚者, 非知先生者也。後之君子, 庶或有採於斯焉."謹狀。

〔訥隱先生文集, 권15, 行狀〕

24. 이동완

이동완의 자는 국재, 호는 모산, 본관은 전주이다. 효종 신묘년(1651)에 태어났다. 숙종 정사년(1677) 진사시에 합격하였다. 영조 병오년(1726)에 죽었다.

공의 용모는 고상하고 옛사람 같았으며, 마음속에 품은 뜻은 맑고 깨끗하였지만, 세상에 있으면서 기꺼이 지나치게 스스로 잘난 체하여 명성을 높이려 하지 않았다. 일찍이 말하기를, "군자는 늘 지켜야 할 본분이 있으니, 기용되면 나아가 도를 행하고, 버려지면 물러나 은둔하는 것이다. 인정에 어긋나는데도 값을 요구하는 것은 본분을 지키는 사람이 아니다."라고 하였다.

일찍이 미수(眉叟) 허 선생(許先生: 허목)에게 가르침을 청한 적이 있는데, 선생은 손수 "마음을 지켜 헛된 생각을 하지 말고, 입을 지켜 헛된 말을 하지 말며, 몸을 지켜 헛된 행동을 하지 말라.(守心無妄念, 守口無妄言, 守身無妄動.)"는 열다섯 자를 써서 주었으니, 공은 늘 가슴에 새기고 잊지 않았다. 공은 일찍이 창설(蒼雪) 권두경(權斗經)과 고금의 문장을 이야기할 때 우레가 치고 번개가 번쩍이며 신출귀몰하듯 하여 보통 사람들이 이르지 못하는 경지에 다 이르니, 사람들은 그 깊이와 끝을 헤아릴 수 없었다. 이광정(李光庭)은 그때 놀라고 두려워 옴짝달싹하지 못하며 단지 "예, 예"만 할 뿐이었으나, 이제 늙어 거의 죽을 때가 되어서야 당시의 말을 생각해 보면, 마치 그림을 펼쳐 산수를 보는 것처럼 추호도 모두 바뀌지 않았다.【협주: 이광정이 찬한 묘갈에 실려 있다.】

• 李棟完

李棟完, 字國材, 號茅山, 全州人。孝宗辛卯生。肅宗丁巳進士。英宗

| 丙午卒。

　公容貌古高, 襟懷潔淸, 亦不肯過自標致爲高於世。嘗曰: "君子有常分, 用之則行, 舍之則藏。違情而索價, 非守分者也."

　嘗請敎於眉叟許先生, 先生手書"守心無妄念, 守口無妄言, 守身無妄動"十五言以贈, 公常佩服焉。公嘗與權蒼雪斗經, 談古今文章, 雷出電掣, 神生鬼沒, 能盡人之所不能, 莫測其涯際。光庭於此時, 駭逞窘束, 但唯唯而已, 今老幾死而思當日之言, 如開畫閱山水, 秋毫皆不易。

【李光庭撰碣】

보충

이광정(李光庭, 1674~1756)이 찬한 묘갈명

모산 이 선생 묘지명 병서

　신유년(1741) 맹추(孟秋: 음력 7월) 어느 날 저녁, 모산(茅山) 선생이 꿈에서 이광정(李光庭) 나에게 말하기를, "무릇 문장을 지을 때는 잘 쓰려고만 할 필요도 없고, 아는 것을 다 드러내려 할 필요도 없다. 오히려 마음이 담긴 실의(失意)의 글이 더욱 좋고, 아는 것을 다 쓰는 것만으로 될 수 없는 지극한 경지에 이르도록 해야 한다."라고 하였는데, 선생이 평소에 항상 나 이광정에게 이와 같이 말하였다. 지금 선생이 이 세상을 떠난 지 16년이 되었으나, 나 이광정에게 가르쳐 준 것은 예전과 같았다. 나 이광정이 어찌 차마 하루라도 선생을 잊을 수 있겠는가?

　선생은 옛것에 뜻을 두었고 세속의 일에 자주 관여하지 않았다. 무릇 글을 지을 때는 반드시 옛 작자들을 본받고자 하였지만, 그 자취에 얽매이지 않았다. 학문을 할 때는 반드시 깊이 사유하고 높게 바라보아 마음 속에 홀로 터득한 바가 있으면 구태여 남들과 같이하지 않았다. 비록 선현(先賢)의 정론(定論)일지라도 억지로 자신의 뜻을 굽혀서까지 같게하려 하지 않았다.

일찍이 창설옹(蒼雪翁: 권두경)과 고금의 도리, 문장의 성쇠를 이야기할 때 우레가 치고 번개가 번쩍이며 신출귀몰하듯 하여 보통 사람들이 이르지 못하는 경지에 다 이르니, 사람들은 그 깊이와 끝을 헤아릴 수 없었다. 나 이광정은 그때 놀라고 두려워 옴짝달싹하지 못하며 단지 "예, 예"만 할 뿐이었다. 이제 늙어 거의 죽을 때가 되어서야 당시의 말씀을 생각해 보면, 마치 그림을 펼쳐 산수를 보는 것처럼 추호도 모두 바뀌지 않았다. 지금의 세상에서 어찌 이와 같은 말을 들을 수 있겠는가.

선생의 휘는 동완(棟完), 자는 국재(國材)이다. 태종(太宗) 시대의 효령대군(孝寧大君) 이보(李補)에 근원하였고, 중간 세대에 휘 이경률(李景嶸, 1537~1597)이 있었으니 직언으로 소경(昭敬: 명나라로부터 받은 宣祖의 시호) 때 이름을 떨쳤고 관직은 헌납에 그쳤다. 그 손자 휘 이진철(李晉哲, 1591~1664)에 이르러 맑은 행실에 문장이 뛰어났으며, 호는 쌍계(雙溪), 관직은 군수에 그쳤는데, 선생의 조부이다. 아버지 휘 이천기(李天紀, 1614~1688)는 은자의 덕을 지녀 벼슬하지 않았다. 어머니 영가권씨(永嘉權氏: 안동권씨)는 충정공(忠定公) 권벌(權橃)의 현손녀이다. 선생은 영릉(寧陵: 효종) 신묘년(1651) 7월 21일에 태어났다.

27세에 진사가 되었을 때, 선친이 훈계하기를, "너는 성품이 세상과 잘 맞지 않으니, 부디 공명(功名)을 마음에 두지 말라." 하였다. 선생은 형제가 없어서 웃는 얼굴로 부모에게 효도를 다하였는데, 다시는 고개를 숙이고서 과거 공부를 하지 않았지만 간혹 사람들을 따라 과거 시험을 보았으나 합격 여부를 그의 마음에 두지 않았기 때문에 끝내 공명을 이루지 못하였다. 세상에 있으면서 기꺼이 지나치게 스스로 잘난 체하여 명성을 높이려 하지 않았다. 일찍이 말하기를, "군자는 늘 지켜야 할 본분이 있으니, 기용되면 나아가 도를 행하고, 버려지면 물러나 은둔하는 것이다. 인정에 어긋나는데도 값을 요구하는 것은 본분을 지키는 사람이 아니다."라고 하였다.

선생의 용모는 고상하고 옛사람 같았으며, 마음속에 품은 뜻은 맑고 깨끗하였다. 착한 것을 좋아하고 악한 것을 미워하여 자애롭고 신실하며 평화롭고 정직하였다. 집안에서 사람들을 다스릴 때는 거짓됨이 없이 진정으로 대하였다. 어려서 아버지를 여읜 종제(從弟: 4촌 동생) 이동성(李棟成)을 공의 집에서 가르치며 길렀는데, 외가에서 물려받은 전답을 떼어 그에게 주어서 생업으로 삼게 하며 함께 화락하게 지냈고, 나이가 들수록 우애가 더욱 깊어졌으니, 사람들은 그들이 같은 어머니에게서 태어난 형제가 아닌 줄 알지 못하였다. 또한 경기도에 사는 족제(族弟; 먼 일가붙이 동생)가 겨울에 찾아왔을 때, 그의 춥고 고된 형편을 가엾게 여겨 밭갈이하는 소를 팔아 옷을 장만해 입혀 주었으며, 또 노비를 나누어 주면서 생업을 이어가게 하였다. 그리고 신씨(申氏: 申命哲)에게 시집간 여동생이 남편을 잃고 가난하자 수시로 도와주었지만 살림 형편이 어렵게 되었을 때, 여동생의 아들이 외가(外家)의 전장(田莊)에 쌓아둔 것을 제멋대로 가져가니 사람들이 괴이하게 여겼으나, 선생은 말하기를, "나의 여동생이 거의 죽게 되었을 걱정을 덜게 해 주니, 나로 하여금 편히 잠들게 하는 것이오."라고 하였다. 무릇 그 죽고 사는 순간이라면 더욱 부지런히 보살폈으니, 마을 사람들이 이를 감동하여 찬탄하였다.

극심한 기근이 들었던 해에 굶주린 백성들이 공이 기르던 소나무 숲의 껍질을 다투어 벗겨 갔는데, 자제들이 이를 금할 것을 청하니, 말하기를, "나에게는 사람을 구제할 재물이 없는데, 이것은 아직도 죽어가는 목숨을 살릴 만하구나."라고 하였다.

선생은 일찍이 미수(眉叟) 허 선생(許先生: 허목)을 찾아 뵙고 가르침을 청한 적이 있는데, 미수는 손수 열다섯 자를 써 주었으니, '마음을 지켜 헛된 생각을 하지 말고, 입을 지켜 헛된 말을 하지 말며, 몸을 지켜 헛된 행동을 하지 말라.(守心無妄念, 守口無妄言, 守身無妄動.)'였다. 선생은 늘 가슴에 새기고 잊지 않았다.

일찍이 자손들에게 손수 경계의 글을 써 주었으니, 이러하다. 곧 "1. 뜻과 학업은 반드시 분려하도록 고무해야 한다. 2. 말과 문자는 반드시 온화하고 고요하도록 자상하게 살펴야 한다. 3. 도량은 반드시 크고 넘치도록 침착히 진득해야 한다. 4. 병통은 반드시 고쳐서 바로잡도록 반성하여 살펴야 한다. 5. 독서는 반드시 온갖 괴로움을 견디며 하도록 굳게 참아야 한다. 6. 일을 할 때는 반드시 정밀하고 민첩하도록 주도면밀하고 상세해야 한다. 7. 동기간은 반드시 우애해야 한다. 8. 집안 친족은 반드시 두터이 화목해야 한다. 9. 사람을 대할 때는 반드시 정성스럽게 돌보아야 한다. 10. 옛사람을 반드시 사모하고 우러러보아야 한다. 11. 희롱과 해학으로 남을 괴롭히지 마라. 12. 남의 잘못이나 허실을 이야기하지 마라. 13. 남이 자기보다 나은 것을 시기하지 말라. 14. 남이 나를 범한 것을 따지지 말라. 15. 지니고 있는 것으로 남에게 교만하지 말라. 16. 잠자리에서 반드시 일찍 일어나고, 앉을 때는 반드시 단정해야 한다."이다. 이 열여섯 가지 조항은 선생이 마음속에 가지고 있던 생각을 알 수 있다.

선생은 병오년(1726) 8월 7일에 정침(正寢)에서 죽었으니, 향년 76세였다. 부인 선성김씨(宣城金氏)는 승의랑(承議郎) 김종하(金宗河)의 딸로 선생보다 33년 먼저인 40세 때 죽었다. …(중략)…

애초에 선생은 어머니를 울진(蔚珍)의 서쪽 협곡에 있는 노전(蘆田)의 언덕으로 이장하였지만, 이사렴(李師濂: 이동완의 장남) 등이 또 선생을 합장하려 했기 때문에 실은 미향(未向)의 언덕이었다. 김 부인은 문경현(聞慶縣) 북쪽 노포산(蘆浦山) 미향의 언덕에 안장되어 있었으니, 서로 300리 정도 떨어져 마주보고 있다.

선생은 하당(荷塘) 권두인(權斗寅)·창설(蒼雪) 권두경(權斗經)·구애(龜

崖) 이완(李琓)과 함께 모두 충정공(忠定公: 권벌)의 내외손이 되는데, 서로 도의(道義)로 따랐으며, 문장과 덕업은 모두 원근에서 칭송하고 흠모하는 바가 되어 세상 사람들은 천성(川城: 영주)의 네 사람이라고 일컬었다.

이광정 나는 지팡이를 짚고 신을 들고서 네 선생을 모셨던 자였으나 이제는 늙었고, 이사렴만 홀로 살아 있으나 또한 늙었다. 묘도명(墓道銘)을 이광정 나에게 부탁하니, 의리상 감히 사양하지 못하고 이에 명문을 짓는다.

茅山李先生墓誌銘 幷序

辛酉孟秋之夕, 茅山先生夢光庭而言曰:"凡爲文, 不要好, 不要盡識。要好失意, 要盡識不得爲至."先生平日常語光庭者如此。今先生去此世, 十有六年, 而所以詔光庭者, 猶夫昔也。光庭尙忍一日忘先生? 先生志於古, 其於世不數數也。凡爲文, 必欲追古作者, 然而不屑屑於其迹。其爲學, 必深思高視, 有獨得於心, 不苟同於人。雖先賢定論, 不屈意以爲同也。嘗與蒼雪翁, 談古今道理文章盛衰, 雷出電挈, 神生鬼沒, 能盡人之所不能到, 人不能測其涯際。光庭於此時, 駭遑窘束, 但唯唯而已。今老幾死而思當日之言, 如開畫閱山水, 秋毫皆不易。今之世, 安得聞此言? 先生諱楝完, 字國材。太宗之世, 祖於孝寧大君補, 中世有諱景嶸, 以直言名昭敬世, 官止獻納。至孫諱晉哲, 淸修有文章, 號雙溪, 官止郡守, 先生之祖也。皇考諱天紀, 隱德不仕。妣永嘉權氏, 忠定公橃之玄孫。先生生於寧陵辛卯之七月二十一日。二十七, 成進士, 先公戒之曰:"汝性不合於世, 毋以功名爲意哉?"先生無兄弟, 色養二親。不復屈首爲擧業, 或隨衆入試, 得失非其心也, 以故卒無成功。其於世, 不肯過自標致爲名高。常曰:"君子有常分, 用之而行, 舍之而藏。違情而索價, 非守分者也."先生容貌高古, 襟懷潔淸。好善嫉惡, 子諒易直。居家御衆, 任眞無僞。從弟楝成早孤, 敎養於家, 割母家所得田, 以爲生業, 同居和樂, 老而愈湛, 人不知其非同母兄弟。畿居族弟, 冬月來訪,

憐其寒苦, 賣耕牛, 具衣衣之, 分臧獲以業之。申氏妹, 寡而貧, 周恤無時, 當艱匱, 妹子恣取外庄所儲去, 人以爲怪, 先生曰:"亦寬吾弟濱死之憂, 使我甘寢."凡其死生之須, 顧視益勤, 村氓爲之感歎。歲大侵, 飢民爭剝公所養松林, 子弟請禁, 則曰:"我無資捄人, 此猶可以濟死命乎."先生嘗拜許眉叟先生, 請敎, 眉叟手書十五言'守心無妄念, 守口無妄言, 守身無妄動.'先生嘗佩服焉。嘗手書戒子孫曰:"志業必須激昂奮勵。言語必須詳審和靜。度量必須沈重恢弘。病痛必須省察矯革。讀書必須堅忍刻苦。作事必須周詳精敏。同氣必須友愛。宗族必須敦睦。接人必須誠款。古人必須慕仰。毋以戲謔加人。毋談人之過失。毋忌人之勝已。毋校人之犯我。毋以所挾驕人。寢必夙興坐必端正."凡十六條, 先生之所存可知也。先生以丙午八月七日, 卒于正寢, 享年七十六。配宣城金氏。承議郎宗河之女。先先生三十三年。年四十而卒。…(중략)…初先生移葬母夫人於蔚珍之西峽蘆田原, 師濂等又以先生祔葬, 實未向原。金夫人葬在聞慶縣北蘆浦山未向之原, 相望幾三百里。先生與荷塘權公斗寅·蒼雪齋權公斗經·龜厓李公琓, 俱爲忠定公內外孫, 以道義相從, 文章德業, 俱爲遠近所稱慕, 世以爲川城四老。光庭常執杖屨, 侍四先生者, 今老, 師濂獨存, 亦老。以墓道銘, 見屬光庭, 義不敢辭, 乃爲之銘。…(이하 명문 생략)…

〔訥隱先生文集, 권13, 墓碣銘〕

25. 김구성

김구성의 자는 천칙, 호는 수분와, 본관은 선산이다. 효종 신묘년 (1651)에 태어났다. 숙종 무술년(1718)에 죽었다. 좌랑에 증직되었다.

선친이 병중에서 수박을 먹고 싶어 하였는데, 때가 5월이었지만 마침 겨울에 자란 수박으로 익은 것을 구하여 바쳤다. 또 송이버섯을 먹고 싶어 하였는데, 철도 아직 이른데다 그 지방에서 나는 것이 아니었지만 공은 꿈을 통해 소나무의 솔잎 속에서 송이버섯을 얻으니, 사람들은 효성에 감응한 것이라고 하였다.

상(喪)을 당했을 때는 수질(首絰)과 요대(腰帶)를 벗지 않았고 요대를 풀지 않은 허리 주위에 종기가 생기기에 이르렀지만, 밤낮으로 무덤을 살피니 사초(莎草)가 자란 섬돌에는 두 무릎을 꿇은 흔적이 남아 있었다.

조덕린의 맏형 지헌공(持憲公: 趙德純, 1652~1693)이 김군의 매제가 되어 김군이 평소에 의를 행한 것을 알고 있었다.【협주: 조덕린에 찬한 묘지에 실려 있다.】

- 金九成

金九成, 字天則, 號守分窩, 善山人。孝宗辛卯生。肅宗戊戌卒。贈佐郎。

先公病, 思西瓜[1], 時五月, 適得冬生瓜熟者, 進之。又思松茸, 時尙早, 且非土産, 公夢而得之松葉中, 人謂孝感。

及喪, 不脫絰帶帶圍成瘡, 晨昏省墓, 莎砌有雙膝痕。

德隣伯兄持憲公[2], 爲君妹壻, 知君行義有素。【趙德鄰撰墓誌】

---

1 西瓜(서과): 水瓜. 수박.

보충

조덕린(趙德鄰, 1658~1737)이 찬한 묘지명

수분와 김군 묘지명 병서

감응의 이치는 참으로 미묘하다. 《주역(周易)》에서도 "신의가 진실하면 돼지와 물고기에까지 미친다."라고 하였고, 전(傳)에서도 "효성이 신명을 감통시켰다."라고 하였는데, 그럴 수 있는 것인가, 그럴 수 없는 것인가? 나는 김군의 일을 불우하게만 여겼는데, 그 상서로움을 보고는 참으로 기이하였다. 옛사람 가운데는 눈 속에서 죽순이 나거나, 얼음 속에서 잉어가 뛰어나오거나, 참새가 품속으로 날아들거나 하는 등의 일이 있었는데, 이와 같은 일들이 한두 가지가 아니니 어찌 믿지 않을 수 있겠는가.

김군의 휘는 구성, 자는 천칙(天則), 자호는 수분와(守分窩)이다. 대대로 안동(安東)의 신성포(申城浦)에서 살았다.

어려서부터 효성스럽고 근신(謹身)하였다. 늘 새로운 맛있는 음식 및 과일을 얻으면 반드시 부모에게 드려야겠다고 생각하였다. 장가들고도 직접 아버지의 잠자리에서 시중들며 곁을 떠나지 않았고 아내도 시어머니를 모셨는데 늘 그렇게 하였다. 부모가 내실로 가라는 명이 있어야만 그제야 물러나는 것 또한 끝까지 변하지 않았으며, 맛있는 음식은 끊이지 않도록 마련하였다.

아버지 처사공(處士公)이 일찍이 여러 달 동안 병으로 누운 적이 있었는데, 김군은 밤낮으로 옷도 벗지 않고 지켰으며, 뜰로 나가 밖에 서서 하늘에 빌며 자신이 대신 죽기를 바랐다. 무릇 약과 침, 익힌 음식과

---

2 持憲公(지헌공): 趙德純(1652~1693)을 가리킴. 본관은 漢陽, 자는 顯夫·顯甫, 호는 壺峯. 증조부는 趙佺이며, 조부는 趙廷珩이다. 아버지는 忠義衛 趙頤이며, 어머니 豐山柳氏는 柳世長의 딸이다. 첫째부인 英陽南氏는 南天斗의 딸이며, 둘째부인 善山金氏는 金必鳴의 딸이며, 셋째부인 草溪鄭氏는 진사 鄭棗의 딸이다. 1679년 생원시에 합격하고 1690년 문과에 장원급제하였다. 벼슬은 사헌부지평에 이르렀다.

미음은 물론이요 변기통까지 반드시 직접 씻었고 남에게 대신하도록 하지 않았다. 처사공이 병중에서 수박을 먹고 싶어 하였는데, 5월은 제철이 아니었지만 김군은 지극한 정성스러운 마음으로 구하여 마지않으니, 마침 어떤 야인(野人)이 수박이 있는 곳을 가리키며 알려주어서 과연 겨울에 자란 수박으로 익은 것을 구해 바쳤다. 또 송이버섯을 먹고 싶어 하였는데, 그 지방에서 나는 것이 아닌데다 철도 아직 일렀지만 김군은 꿈을 통해 소나무의 썩은 솔잎 속에서 송이버섯을 얻으니, 사람들은 모두 놀라며 지극정성의 효성에 감응한 것이라고 서로 이야기하였다.

상(喪)을 당했을 때는 몸이 여윌 정도로 애통해 하며 예를 다하였는데, 거적으로 자리를 삼고 흙덩이로 베개를 삼았으며, 수질(首絰)과 요대(腰帶)를 벗지 않았고 허리띠를 풀지 않은 허리 주위에 종기가 생기기에 이르렀다. 안장한 뒤에도 아침저녁으로 반드시 걸어서 무덤을 찾아가 살피는 것을 바람이 불어도 비가 와도 폐하지 않으니, 사람들이 그를 위해 풀을 베고 길을 닦아주었고, 사초(莎草)가 자란 섬돌에는 두 무릎을 꿇은 흔적이 늘 남아 있었다. 어느 날 새벽에 무덤으로 올라갔는데, 개 한 마리가 앞서 가는 것을 보았지만 깊은 곳에서 호랑이를 만나 죽었다. 기르던 개에게 일어난 그 죽음 또한 기이한 일이었다.

어머니를 봉양하였고, 상을 당했을 때 또한 부친상과 똑같았다. 몸이 이미 늙었지만 조금도 쇠하지 않았다. 항상 모퉁이에 앉았고 자리 한가운데 앉지 않았으며, 사당을 배알하는 것도 아침저녁으로 거르지 않았으며, 제사를 지낼 때는 반드시 몸과 마음을 정결히 하고는 몸소 스스로 보고 검속하다가 일생을 마쳤다. 막내 숙부를 아버지 섬기듯이 모셨는데, 물건이 생기면 반드시 먼저 드렸으며, 병이 나면 정성껏 보살폈다.

손아래 처남이 아버지를 여의고 갈 곳이 없자 그의 가족들을 데려와 집을 나누어 주고 살게 하면서 곡식을 나누어 밥을 짓도록 하니, 그들이 옮겨 올 적에 제집인 양 여겨서 제집이 없어진 것을 잊었다. 처남이 장년의 나이로 천연두에 걸려 위독하자, 김군이 손수 간호하였고 남에게 맡기지 않았다. 책 읽기를 가르쳐서 성취하기에 이르게 하였다. 임종할 때에 밭을 주어서 외가의 선조들을 제사를 지내도록 하였다. 당시 문인들이 다투어 시가(詩歌)를 지어서 칭송하였다.

무술년(1718) 7월 28일, 병이 들어 집에서 생을 마쳤다. 임종할 무렵에 절구시(絶句詩) 1수를 읊조리고 스스로 일컫기를 "인간 세상에 버려진 한 사내일 뿐이다."라고 하면서, 자손들에게 분부하기를, "만사(挽詞)를 남에게 청하지 말라." 하였다. 비안현(比安縣) 광산동(光山洞) 누곡현(婁谷峴) 건향(乾向)의 언덕에 안장하였다.

김군은 일선(一善: 선산)의 지체가 높은 집안 성씨로 고려문하시중 순충공(順忠公) 김선궁(金宣弓)의 후예이며, 고려시대부터 우리 조선에 이르기까지 대대로 이름난 사람들이 있었다. 증조부 휘 김구(金思)는 생원이었다. 조부의 휘는 김명휴(金命休)이며, 아버지의 휘는 김필명(金必鳴)이다. 어머니 전의이씨(全義李氏)는 이명길(李鳴吉)의 딸로 신묘년(1651) 6월 27일에 김군을 낳았다. 죽은 해인 무술년은 향년 68세가 된다. 김군은 파평윤씨(坡平尹氏)에게 장가갔는데, 부호군(副護軍) 윤장(尹璋)의 딸이다. …(중략)…

김군은 몸가짐이 신중한데다 행의(行儀: 단정하고 예의바른 모습)가 있었으며, 앉을 때에는 반드시 단정하였고 말할 때에는 반드시 살폈으니, 그를 자세히 본 사람은 그가 범상한 사람이 아님을 알 수 있었다. 그의 행실을 가만히 살펴보면, 부모를 섬김에 그 효도를 극진히 하였고 골육의 형제 사이에도 그 우애를 다하였다. 사림(士林)들의 한결같은 호소와 동료 및 벗들의 감탄에 이르러서 아무도 다른 말이 없었으니, 서로 영향을 받고 반응한 것이 환히 사람들의 귀와 눈을 놀라게 하였다.

공자가 말하기를, "효성스럽고 공손하다고 하는 것은 인을 행하는 근본이니, 근본이 서면 도가 생긴다."라고 한 것이 있다. 그렇다면 그 밖의 자잘한 행실도 이로써 족히 알 수 있을 것이다.

김군은 만년에 주자서(朱子書) 읽기를 좋아하였으나 여력이 없어 배우지 못함을 스스로 한스러워 하였고, 또 일찍이 성실하려고 힘쓴 적이 있었으나 제대로 이루지 못한 것을 원망스러워 하였다. 아아, 효는 모든 행실의 근원이며, 성실은 또한 그것을 행하는 실제이다. 김군의 말을 통해서 김군의 행실이 나타나니, 김군이 마음속에 품은 바를 알 수 있다.

조덕린(趙德鄰)의 맏형 지헌공(持憲公: 趙德純, 1652~1693)이 김군의 매제가 되어 김군이 평소에 의를 행한 것을 알고 있었다. 지금 김군의 자제 김수태(金遂泰)가 묘지(墓誌)를 청하려고 수백 리 길을 세 번이나 왕래하였으니, 그 효성의 지극함을 돌이켜 보건대 어찌 차마 사양하겠는가. …(이하 명문 생략)…

守分窩金君墓誌銘 幷序

感應之理微矣。易曰: "信及豚魚." 傳曰: "孝通神明." 其然乎哉? 其不然乎哉? 余奇金君之事, 觀厥祥可異焉。古人有雪生筍, 冰躍鯉, 雀入懷, 若此類非一, 其不信矣乎? 金君諱九成, 字天則, 自號守分窩。世居安東申城浦。自幼孝謹。每得新味若瓜菓, 必懷之以獻父母。及有室, 自侍父寢, 不離側, 妻侍姑以爲常。父母命適私室, 乃退, 亦終不變, 甘旨之供無闕。父處士公, 嘗積月寢疾, 君晝夜不解衣, 露立祝天, 乞以身代。凡藥石烹粉, 必親至厠牏洗滌, 不令人代。處士公病, 思西瓜, 五月非其時, 君至誠心求不置, 適得野人指告其處。果得冬生瓜熟者, 進之。又思松蕈, 非土産, 時尙早, 君夢而得之松朽葉中, 人皆驚, 相告語以爲誠孝所感。及喪, 哀毁盡禮, 寢苫枕凷, 不脫絰帶帶圍, 至成瘡。旣葬, 晨昏必徒步省墓, 風雨不廢, 人爲之芟草除路。莎砌常有雙膝痕。一日, 曉上墓, 見一狗前行, 至深處, 遇虎殺死。其死於所畜乎, 亦異事也。其養大夫人, 及喪之也, 亦如之。不以其身之已老而少衰焉。常隅坐, 不主奧, 拜廟不廢晨昏, 祭必齋潔, 身自看撿, 以終其身。事季父如事父, 有

物必先之, 有疾謹視之。有內弟孤貧無歸, 迎其家, 分宅而居, 析廩而炊。其遷如歸, 其家忘亡。內弟壯年, 發痘危, 君手自救護, 不委之人。敎讀書以至成立。臨歿時, 給田以奉外先祀事。一時文士。爭爲歌詩以美之。歲戊戌七月二十八日, 疾終于家。臨絶口號一絶, 自謂人間棄漢, 戒子孫, 勿求挽。葬于比安縣光山洞婁谷峴乾向之原。君一善大姓, 高麗門下侍中順忠公宣弓之後, 自麗及國朝, 世有聞人。曾祖諱思, 生員。祖諱命休, 考諱必鳴。娶全義李氏, 鳴吉之女, 以辛卯六月二十七日生君。距其歿戊戌, 享年六十八。君娶坡平尹氏, 副護軍墇之女。…(중략)… 君修謹有儀行, 坐必端, 言必審, 諦見者, 知其非庸衆人。夷考其行, 事親極其孝, 處骨肉盡其愛。至士林齊籲, 儕友詠歎, 無異辭, 而其感應召致, 焯然驚人耳目。有子曰: "孝弟也者。其爲仁之本歟, 本立而道生." 則其他細行, 此足以槪之矣。君晚好讀朱子書, 而自悔其無餘力未學, 又嘗從事於誠, 而恨未之能也。嗚呼! 孝爲百行之原, 而誠又行之實也。由君之言, 實君之行。則君之所存可知已。德鄰伯兄持憲公爲君妹婿, 知君行義有素。今其孤㴑泰, 請誌其墓, 數百里三往來, 其追孝誠至, 何忍辭? …(이하 명문 생략)…

〔玉川先生文集, 권14, 墓誌銘〕

26. 김세호

김세호의 자는 경백, 호는 구주, 본관은 의성이다. 효종 임진년(1652)에 태어났다. 숙종 신유년(1681) 사마시에 합격하고 경오년(1690) 문과에 급제하였다. 벼슬은 봉교를 지냈다. 임인년(1722)에 죽었다.

공이 한원(翰苑)에 있을 때, 주상이 《주역(周易)》의 문의(文義)를 연신(筵臣)에게 물었는데, 모두가 제대로 대답하지 못하자, 어떤 자가 아뢰기를, "오직 김세호(金世鎬)만이 그것을 알고 있습니다."라고 하니, 사관(史官)에게 명하여 공의 숙직소에 가서 묻도록 하였다. 이때 밤이 깊어 공은 막 잠들려던 차에 놀라 일어나서 모든 내용을 외워 기억하여 조목조목 대답하는데 아무런 막히는 바가 없었다.

이현기(李玄紀)가 일찍이 말하기를, "금석문(金石文)은 허문정(許文正: 許穆) 이후로 오직 김 아무개뿐이다."라고 하였으며, 이재(李栽)가 번번이 평하기를, "아무개 참으로 이른바 비단처럼 아름다운 마음이 담겨 있다."라고 하였다.【협주: 김낙행이 찬한 가장에 실려 있다.】

• 金世鎬

金世鎬, 字京伯, 號龜洲, 義城人。孝宗壬辰生。肅宗辛酉司馬, 庚午文科。官奉教。壬寅卒。

公在翰苑, 上問《周易》文義于筵臣, 皆不能對, 有白曰: "惟金世鎬知之." 命史官至公直次[1]問之。時夜深, 公方寢, 驚起, 記誦條卞[2], 無所滯礙。
李公玄紀[3], 嘗曰: "金石之文, 許文正後, 惟金某是也." 李公栽, 每謂:

---

1 直次(직차): 숙직하는 곳.
2 條卞(조변): 條對. 조목조목 들어 대답함.

"某眞所謂錦繡心腸."【金樂行撰家狀[4]】

보충
김도행(金道行, 1728~1812)이 찬한 행략

병조정랑 겸 지제교 구주 김공 행략

공의 휘는 세호(世鎬), 자는 경백(京伯), 호는 구주(龜洲), 본관은 의성이
다. 판서에 증직된 휘 김진(金璡)의 6세손이다. 고조부 휘 김용(金涌)은
병조참의를 지냈고 이조참판에 증직되었다. 증조부 휘 김시주(金是柱)는
병조좌랑을 지냈다. 조부 휘 김임(金恁)은 성균관 생원이었고 대사헌에
증직되었는데, 중부(仲父) 휘 김시건(金是楗)의 양자가 되었다. 그 아들
휘 김익기(金益基, 1630~1699)는 호군을 지냈는데, 공에게 황고(皇考: 선친)
이다. 공은 효종 임진년(1652)에 태어났고, 숙종 임인년(1722)에 죽었다.

공은 어려서부터 총명함과 기억력이 남보다 뛰어났는데, 다만 천성이
부지런하고 정성스럽지만 자신을 드러내지 않았다. 책을 읽을 때면 반드
시 잘 알려지지 않은 것을 즐겨 찾았기 때문에 사람들은 그가 뛰어난
재능이 있는 줄 알지 못하였다. 처음 《십구대사략(十九代史略: 十九史略)》
1권을 주자 모두 외워버렸는데, 어른들이 다시 읽어서 익히라고 하자,
공이 말하기를, "한번 읽으면 잊어버리는 바가 없으니 다시 읽을 필요가

---

3 李公玄紀(이공현기): 李玄紀(1647~1714). 본관은 全州, 자는 元方, 호는 拙齋. 증조부는
   판서이자 학자 李晬光이며, 조부는 영의정 李聖求이다. 아버지는 李同揆이며, 어머니 安東
   權氏는 安原君 權阮의 딸이다. 1673년 사마시에 장원 합격하고, 1676년 식년문과에 급제
   하였다. 1686년 문과중시에도 급제하였다. 집의가 되고, 이어서 우부승지를 거쳐 대사성이
   되었다. 1688년 외직인 전라도관찰사로 나갔다. 1694년 경상도관찰사로 재직 중 갑술옥사
   가 일어나자 남인인 그도 이에 연루되어 5월에 함경도의 북청으로 유배되었다. 6월에
   다시 전라도 강진의 고금도로 옮겨졌다. 1699년에 유배에서 풀려나 고향에서 살았다.
4 金樂行(1708~1766)의 《九思堂文集》에는 김세호에 대한 家狀이 보이지 않으며, 金道行
   (1728~1812)의 《雨皐文集》 권7 〈遺事〉에 김세호의 行略이 실려 있음. 이에 김도행의
   행략을 번역하여 보충한다.

없습니다. 다른 책을 주십시오.”라고 하니, 곧바로 그것도 막힘없이 외워 버렸다. 어른들은 그제야 매우 기이하게 여겼다.

문장은 탁월하게 일찌감치 성취하였는데, 오경(五經)의 글 뜻을 해석하여 향시(鄕試)에서 장원한 적이 있었으니, 세상 사람들 중 박사업(博士業: 과거공부)을 닦는 자들이 대부분 법식으로 삼았다. 그러나 젊어서부터 원대한 뜻을 품고 있어서 명예와 이익은 그에게 소중한 바가 아니었다. 신유년(1681) 사마시에 합격하고 경오년(1690) 문과에 급제하였다. 4촌 형 김세흠(金世欽, 1649~1721)·김창석(金昌錫, 1651~1720)과 당시에 이름을 떨쳤으나, 공은 시원스레 영예로 여기지 않았다. 한원(翰苑)에 선발되어 들어갔다가 검열(檢閱)을 거쳐 봉교(奉敎)로 승진하였고, 병조 좌랑과 정랑 그리고 전라도와 강원도 도사를 역임하였으며, 내외직을 지내면서 모두 지제교(知製敎)를 겸하였다.

청렴하고 간결하며 검약하였으니, 평생 집을 짓지 않았고 집안 사람들의 생업에 마음을 둔 적이 없었다. 벼슬살이할 때 말안장과 쇠로 만든 등자(鐙子)가 도둑에게 잘려 나간 적이 있었는데, 하인이 볏짚으로 짠 나무등자 2개를 대신 바치자, 공이 웃으며 말하기를, “이것으로도 충분하다.”라고 하였다. 집이 가난하여 간혹 불을 때어 밥을 지을 수가 없었는데도 태연히 즐겁게 살았으며 그 때문에 마음이 동요되지 않았다. 남루한 옷차림으로 지위 높은 부유한 사람을 마주하고도 부끄러워하지 않았다.

집안에서는 효성과 우애가 돈독하고 진실한 덕이 있었다. 집안의 친족 사이에는 비난하는 말이 없었으니, 사람을 대할 때 충성스러운 신의가 있으며 너그러운 포용이 있었다. 마을 어른들에게는 공손하고 진실하여 마치 말을 제대로 하지 못하는 사람 같았다. 그러나 의리와 이익을 분변하고 옳고 그름을 가리는데 있어서는 확고하여 남이 빼앗지 못하는 바가 있었으니, 사람들은 공에게 만 마리 소가 끌어도 움직이지 않는 지조가 있다고 생각하였다. 반중(泮中: 성균관)에 있을 때 성균관에서도 공을 두고 산과 같이 동요하지 않는다고 일컬었으며, 관천(館薦: 성균관의 인재 천거)에서 이를 덕목으로 삼았다.

관동(關東)의 아사(亞使: 관찰사를 보좌하면서 행정 업무를 총괄하던 종4품 經歷과 종5품 都事를 일컬음)였을 때, 어떤 친구가 삼척부사(三陟府使)로 있으면서 직무를 다하지 않는다는 소리가 있자, 공은 재상(災傷: 수재·한재, 또는 풍해·병충해로 인해서 발생한 곡식의 피해)을 살피러 삼척에 이르러 그를 파직시켰다. 이현기(李玄紀, 1647~1714)가 이를 듣고 말하기를, "김 군의 이 한 가지 일로도 다른 사람보다 또한 훨씬 뛰어난 것이다."라고 하였다.

공이 일찍이 관동에서 과거 시험을 주관한 적이 있었다. 관동의 한 선비가 공의 중부(仲父) 동추공(同樞公: 金履基, 1628~1712)을 찾아와 과거 시험에서 급제할 수 있도록 도모해 주기를 청하자, 동추공이 차마 물리치지 못하고 편지를 써서 공에게 부탁하였다. 과거 급제자의 성명이 불렸을 때 그 사람은 포함되지 않았다. 이후로 공이 돌아왔을 때, 동추공이 꾸짖으며 타이르니, 공이 대답하여 말하기를, "그의 문장이 매우 졸렬하여 감히 사사로운 정 때문에 공적인 일을 해칠 수가 없었습니다."라고 하였다.

성품이 책읽기를 좋아하여 평소에 손에서 책을 놓지 않았는데, 반궁(泮宮: 성균관)에 있을 때 사람을 초대하거나 방문하는 것을 좋아하지 않고 날마다 성균관에 소장된 책을 읽었다. 과거에 급제하고 나서도 벼슬살이를 하며 더욱 스스로 노력하여 모든 경전(經傳)을 다 늘 외우고 있었다.

한원(翰苑)에 있을 때, 주상이 야대(夜對: 밤에 신하를 불러서 經筵을 여는 것)를 통해 《주역(周易)》의 문의(文義)를 연신(筵臣)에게 물었는데, 연신 모두가 제대로 대답하지 못하였다. 이에 대해 아뢰려는 어떤 자가 말하기를, "오직 김세호(金世鎬)만이 그것을 알고 있습니다."라고 하자, 주상이 사관(史官)에게 명하여 공의 숙직소에 가서 묻도록 하였다. 이때 밤이 깊어 공은 막 잠들려던 차에 급히 일어나 앉아서 모든 내용을 거침없이 외워 조목조목 대답하는데 아무런 막힘이 없었다. 당시의 벼슬아치들과 학사들이 모두 놀라며 감탄하였다.

노년에 이르러서도 여전히 책 읽는 것을 폐하지 않아 밤이면 소리를 내지 않고 속으로 글을 외웠는데, 사람들이 방문 밖에서 몰래 들으면 모두 《주역》, 《서경(書經)》, 《시경(詩經)》과 마사(馬史: 사마천의 사기), 한유(韓愈)의 비문(碑文)이었다.

글을 지을 때는 진부한 말을 없애고 옛 작가들의 규범을 따르고자 힘썼다. 당시 문장으로 이름난 이들이 모두 추어올리고 양보하였다. 이현기가 사람들에게 말하기를, "금석문(金石文)은 미수(眉叟: 許穆) 이후로 오직 김 아무개뿐이다."라고 하였으며, 밀암(密庵) 이재(李栽)가 공이 지은 글을 보고는 비단처럼 아름다운 마음이 담겨 있다고 평하였다.

시에서 격조의 기운이 고상하고 힘이 있었지만, 본래 시 짓기를 좋아하지 않았다. 친구들 중에 만시(輓詩)를 청하는 자가 있으면 대부분 사양하고 돌려보냈지만, 일찍이 우담(愚潭) 정공(丁公: 丁時翰, 1625~1707)을 위해 애도시 1수를 지은 적이 있었으니, 당시 사람들 사이에서 회자되었다.

백가서(百家書)에도 두루 통하여 점복(占卜)과 추명(推命: 인간의 운명을 헤아리는 일) 같은 것도 또한 궁구하여 깨닫지 못하는 것이 없었으나 남에게 말한 적이 없었다. 일찍이 후생들에게 묻기를, "너희들의 품은 뜻은 무엇이냐?"라고 한 적이 있었는데, 한 사람이 대답하기를, "급제하고 싶습니다."라고 하자, 공이 웃으며 말하기를, "어찌 그리도 낮단 말인가? 뜻이 높은 사람도 끝내 여전히 유속(流俗: 시류에 영합하며 자신의 이익만 좇는 풍속)에서 스스로 벗어날 수가 없는데, 하물며 미리 스스로 그 뜻을 낮게 잡은 자임에랴." 하였다.

공은 두터운 덕과 탁월한 문장을 지녔으면서도 때를 만나지 못하여 하급 관직에 오래 머물렀는데, 공론은 이를 안타까워 했으나 공은 담담하여 원망하거나 탓하는 마음이 없었다. 바야흐로 호남의 아사(亞使)였을 때 재상 서종태(徐宗泰, 1652~1719)가 공에게 말하기를, "군평(君平: 漢나라 嚴遵)이 세상을 버리자 세상도 군평을 버렸다네."(李白의 〈古風〉 시구)라고 하자, 공이 대답하기를 "상공(相公)이 어찌 이 같은 말을 하는 것입니까? 하관(下官)은 이 관직으로도 분수에 족합니다. 어찌 감히 다시 요행을 바라겠습니까?"라고 하였다.

전원에서 수십 년 동안 지내면서도 담담하기가 마치 가난한 선비와 같아서 다시는 영화로운 길로 나아가는 것을 마음에 두지 않았으니, 사람들은 이 때문에 더욱 고상하게 여겼다.

임인년(1722)에 병이 들어 숨을 거두려 하자 시중을 드는 사람에게 말하기를, "내 머리를 바로 해다오."라고 하고서 곧이어 그만 숨이 끊어졌으니, 향년 71세였다.

兵曹正郎兼知製敎龜洲金公行略

公諱世鎬, 字京伯, 號龜洲, 義城人。贈判書諱瑃之六世孫也。高祖諱涌, 兵曹參議, 贈吏曹參判。曾祖諱是柱, 兵曹佐郎。祖諱烋, 成均生員, 贈大司憲, 出後仲父諱是樑。生諱益基護軍, 於公爲皇考。生孝廟壬辰, 卒肅廟壬寅。公幼聰明强記絶人, 顧性勤恪沈晦。讀書必喜就深僻處, 以故人不知其有俊才。始授十九代史略一卷盡, 長者令重讀以習之, 公曰: "一讀無所忘, 不必重讀。請授他卷。"卽誦之無礙。長者乃大奇之。文辭卓然早成, 嘗以經義魁鄕解, 世之治博士業者, 多法式之。然少有遠大之志, 名利非其所重也。辛酉中司馬, 庚午登文科。與從兄世欽·昌錫, 一時揚名, 曠然不以爲榮。選入翰苑, 由檢閱, 陞奉敎, 歷兵曹佐郎·正郎·全羅江原都事, 凡內外職, 皆帶知製敎。淸簡儉約, 平生不起第宅, 未嘗以家人生業爲意。從宦時, 馬鞍鐵鐙, 爲偸兒所割去, 奴以藁草編雙木而代之, 公笑曰: "是足矣." 家貧, 或至炊爨不給, 悠然自樂,不以動其心。以惡衣服，對富貴人，不耻也。居家孝友敦睦有實德。宗族無間言，與人忠信寬裕。處鄉黨恂恂，若不能言者。至辨義利·析是非，確然有人不可奪者，人謂公有萬牛難回之操。在泮中，泮中稱之以如山不動，館薦以是爲目。其爲關東亞使也，有知舊人爲三陟府使，有不職聲，公撿灾傷至三陟，罷之。李公玄紀，聞之曰：“金君此一事，亦遠過人矣.”公嘗掌試關東。關東一士子，來請于公之仲父同樞公，圖占解，同樞公不忍却之，爲書以託公。及坼號，其人不與焉。後公歸，同樞公責諭之，公對曰：“其文甚劣，不敢以私廢公.”性嗜書，平居手不釋卷，其在泮宮，不喜徵逐，日閱館中所藏書。旣登科，從仕盆自力，凡經傳皆所常誦。方在翰苑。上因夜對。問周易文義于筵臣。筵臣皆不能對。有白之者曰：“惟金世鎬知之.”上命史官至公直次問之。時夜深，公方寢，急起坐，悉懸誦條對無滯礙。一時搢紳諸學士，皆驚歎之。至老猶不廢讀書，當夜默誦之，人從戶外竊聽，皆易書詩及馬史韓碑也。爲文，務去陳腐語，追古作者軌範。當時以文章名家，咸推讓焉。李公玄紀，語人曰：“金石之文，眉叟後，惟金某耳.”密庵李公栽，見其所爲文，謂之錦繡心腸。於詩格力高健，然素不喜吟詠。親舊有求輓詩者，多謝還之，嘗爲愚潭丁公，作哀詩一律，膾炙一時。傍通百家，如卜筮推命之說，亦無不究曉，而未嘗以語於人也。嘗問後生輩，曰：“汝等志尙何如?”有一人對曰：“欲做及第耳.”公笑曰：“何其卑也? 志高者，其終尙不能自脫於流俗，况先自卑其志乎?”公以厚德高文，不偶於時，沈滯下僚，公論惜之，而公泊然無怨尤之意。方爲湖南亞使也。故相徐公宗泰，語公曰：“君平旣棄世，世亦棄君平.”公答曰：“相公何爲發此言也。下官此職，於分足矣。何敢復僥覬也?”居田野數十年，蕭然若寒士，不復以榮進爲念，人以此盆高之。壬寅疾病，將屬纊，命侍者，曰：“正吾頭.”已而遂絕。享年七十一。

〔雨皐文集，권7，遺事〕

27. 변극태

변극태의 자는 여화, 본관은 황주이다. 효종 갑오년(1654)에 태어났다. 숙종 정유년(1717)에 죽었다.

공의 아버지가 일찍이 밤에 도적들에게 둘러싸였고 흰 칼날이 어지러이 내리치자, 공이 아버지를 껴안아 보호하고 울부짖으면서 자신의 몸으로 베는 것을 막았는데, 왼팔을 찌르면 왼팔로 막고 오른팔을 찌르면 오른팔로 막아 수십 곳에 찔렸으나 그래도 그치지 않자, 도적들은 버려두고 떠나갔다. 공은 거의 죽을 지경에 이르렀다가 반나절 만에 깨어났지만, 왼팔이 끊어질 듯하면서 단지 살가죽만 남아 있었으나 썩어 검은 빛을 띠며 안으로 곪아 들어갔다. 의원이 말하기를, "도려내어 제거하면 살길이라도 바랄 수 있을 것이다."라고 하자, 공은 큰 소리를 질러 말하기를, "부모에게서 받은 몸을 마음대로 버려서는 안 되니, 몸을 온전히 한 채로 죽겠다."라고 하니, 이 말을 들은 사람들은 슬퍼하며 탄식하였다. 하루는 공의 아버지가 꿈에서 한 신인(神人)이 처방을 주며 말하기를, "용뇌(龍腦)를 먹이면 괜찮아질 것이다."라고 하였다. 꿈에서 깨어나 이상히 여기고는 그 약을 사들여 시험삼아 먹이니, 과연 몇 달이 지나서야 효과가 있었다.【협주: 이광정이 찬한 행장에 실려 있다.】

• 邊克泰

邊克泰, 字汝和, 黃州人。孝宗甲午生。肅宗丁酉卒。

公父嘗夜爲賊所刼, 白刃亂下, 公保抱呼號, 以身受斫, 擊左則蔽左, 擊右則蔽右, 被數十創, 猶不止, 賊舍之去。公殊, 半日而甦, 左臂碎斷, 只存皮筋, 腐黑內蝕。醫言："截去, 庶得生路."公厲聲曰："遺體不可去,

當全而死也.”聞者嗟歎。一日，公父夢一神人授方曰：“可餌龍腦.”覺而
異之，貨而試之，果累月而效。【李光庭撰行狀】

보충
이광정(李光庭, 1674~1756)이 찬한 행장

통덕랑 원성 변공 행장

공의 휘는 극태(克泰), 자는 여화(汝和), 성씨는 변씨(邊氏)이다. 그 선계
(先系)는 본래 황주(黃州) 사람이다. 선조의 중간 세대에서 원(元)나라에
들어 북방 지역에 살았고, 여러 대에 걸쳐 요동(遼東)과 심양(瀋陽)에서
벼슬살이를 하였다. 공민왕(恭愍王)이 고려로 돌아올 때, 11대조 변안렬
(邊安烈)이 공민왕을 따라 동쪽으로 와서 무공을 세워 원성백(原城伯)으로
봉해져서 자손들이 본관을 원주(原州)로 삼고 대대로 도성에서 살았다.

4대를 지나 사직(司直) 변희예(邊希乂)가 처음으로 고개를 넘어 영천(榮
川: 영주)에 집을 장만하여 살았다. 그 아들 생원 변광(邊廣)이 안동(安東)
의 금계리(金溪里)로 옮겨 살았다. 그 아들 변영순(邊永淳, 1523~1612)이
또 금계리에서 내성현(乃城縣) 거수리(巨樹里)로 이주하였는데, 공의 5대
조이다. 변씨는 본래 무장 집안의 자손이었으니, 비록 불우해져 시골에
살았으나 대부분 침착하고 굳센 기개와 힘을 지닌데다 체구가 크고 우람
하여 계대(薊代: 요동과 북경의 시절)의 유풍을 지녔다.

고조부 변경회(邊慶會)는 장악원 직장(掌樂院直長)을 지냈다. 증조부 변
약(邊鑰)은 예빈시 부정(禮賓寺副正)을 지냈다. 조부의 휘는 변유한(邊有
翰)이다. 아버지 휘 변수(邊洙, 1631~1698)는 통덕랑을 지냈고, 중부(仲父)
휘 변유번(邊有藩, 1605~1671)에게 양자로 갔다. 선성김씨(宣城金氏)에게
장가갔는데, 통덕랑 김윤(金鎣)의 딸이자 소재(小宰) 김륵(金玏)의 증손녀
이다. 효종 갑오년(1654) 9월 21일 공을 낳았다.

어려서부터 지극한 성품을 지녔다. 부모가 병이 들면 음식을 먹지 않고 그 곁을 떠나지 않았다. 8세 때, 맏형 변언박(邊彦博, 1652~1672)과 함께 상사(上舍) 이우(李鍝)에게 배우며 서로 우애가 좋았는데, 책을 읽다가 '덕행은 근본이고 문예는 말기(末技)이다.(德行本, 文藝末:《논어》〈學而〉)'라는 대목에 이르러 그 형에게 말하기를, "우리들이 만약 불효하고 우애하지 않는다면, 어찌 스승을 따르며 학문에 힘쓰겠는가?"라고 하였다. 이공의 부인과 아들이 공을 보았지만, 공은 어린 아이와 또한 내외에 꺼릴 바가 있다고 생각하여 감히 가까이하지 않았다.

18세 때 어머니의 상을 당했는데, 때마침 신해년(1671) 대기근이 들자 강도들의 사건이 들끓었다. 하루는 밤에 강도들이 마침내 방에 침입하였다. 공이 빈소에서 자고 있다가 칼과 창 소리를 듣고서 놀라 깨어나 칼날을 무릅쓰고 밖으로 뛰쳐나가 말하기를, "아버지는 어디에 계십니까?"라고 하였다. 통덕공은 바야흐로 적에게 위협을 받아 어떻게 될지 예측할 수 없는 상황에서 말하기를, "여기 있다."라고 하자, 공은 곧장 뛰어들어가 아버지를 안고 지키며 적들에게 크게 소리치기를, "나를 죽이고 내 아버지를 해치지 말라."라고 하였다. 도적들이 오른쪽을 찌르면 오른 팔로 막고 왼쪽을 찌르면 왼팔로 막으면서 온몸으로 칼날을 막아 수십 군데나 찔렸는데도 슬피 부르짖기를 그치지 않으니, 도적들은 그를 버려두고 떠나갔다. 공 또한 거의 죽을 지경에 이르렀다가 반나절 만에 깨어났지만 수개월 동안 생사의 고비를 넘나들었다.

왼팔이 끊어질 듯이 단지 살가죽만 남아 있었으나 썩어 검은 빛을 띠며 안으로 곪아 들어가서 장차 치료할 수가 없었다. 이를 본 이들이 말하기를, "혹여 도려내어 제거하면 살길이라도 바랄 수 있을 것이다." 라고 하자, 공은 혼미한 와중에 큰 소리를 질러 말하기를, "불가하다! 부모에게서 받은 몸을 마음대로 버려서는 안 된다. 나는 부모 때문에 상해를 입었지만 죽더라도 몸을 온전히 하여 돌아가고 싶다."라고 하니,

이 말을 들은 사람들은 슬퍼하며 탄식하였다.

통덕공이 꿈에서 한 신인(神人)이 약을 주며 말하기를, "이 용뇌(龍腦)는 하늘이 준 것이어서 효자가 마시고 바르면 시간이 지나고서야 마땅히 나을 것이다. 그리고 세 아들 중에 후손이 있을 자는 이 아들이다."라고 하였다. 통덕공이 꿈에서 깨어나 이상히 여겨 그 약에 대해 물으니, 의원이 말하기를, "약으로 용뇌가 있습니다."라고 하자, 경성(京城)에서 그 약을 사들여 여러 번 써서 과연 수개월이 지나서야 상처가 아물었으니, 무릇 14개월 만에 일어났다. 왼팔이 끊어질 뻔하다가 다시 이어졌으나 자유롭게 쓰지는 못했다. 그럼에도 마침내 장가들어 자식을 낳았는데, 지금까지 통덕공의 후손은 모두 공의 자손들이다. 대개 공은 부모를 사랑하는 마음으로 칼날을 무릅쓰고 앞다투어 싸우다 온몸이 난자 당하여 거의 죽었다가 살아났는데, 용뇌가 창에 찔린 상처에 효과가 있을 줄 당시 의원들은 알지 못하였으나, 신인이 그 처방까지 알려주고 운수도 좋을 조짐을 일깨워 주었으니 어찌 또한 기이하지 않겠는가.

무릇 누군들 자식이 아닐 것이며, 누군들 부모를 사랑하는 마음이 없겠는가. 그러나 위급한 순간에 목숨을 바쳐 구하는 자는 드물다. 같은 방에서 난리를 만나 슬피 울부짖으며 자기가 대신 죽게 해달라고 청한 것은 자식의 지극한 마음으로 스스로 그만두지 못한 것이지만, 밖에 있다가 달려 들어가 죽음을 각오하고 목숨을 다툰 것은 단지 지극한 마음만으로 되는 것이 아니라 또한 시행하는 데에 반드시 용감한 자이다. 이는 노씨(盧氏: 唐나라 鄭義宗의 아내)가 시어머니를 구한 일을 주부자(朱夫子)가 《소학(小學)》의 책에 실어서 후세의 자식들을 권면하도록 하였지만, 노씨 같은 자가 몇이나 있겠는가. 세교(世敎)가 쇠하여 사람들 중 공을 제대로 알아주는 이가 없었으니, 끝내 위로 알려져 당나라 자사(刺史)처럼 정려나 포상을 받지 못하였지만 공에게 무슨 상관이겠는가.

통덕공이 도적들의 변란에 크게 다친 것을 공은 항상 슬퍼하고 마음

아파했다. 길 가다가 머리를 풀고 곡하는 이를 만났는데, 그가 말하기를, "아버지가 도적에게 죽었소."라고 하면, 공은 근심하고 슬퍼하여서 밤새 잠을 이루지 못하였다. 먼 길을 떠났다가 꿈에서 마음이 두근거려서 일을 멈추고 돌아온 적이 있었는데, 통덕공이 병을 앓은 지 여러 날이었다. 무인년(1698) 통덕공의 상(喪)을 당해 도에 지나치도록 애통해 하였으며, 땅기운이 시체에 해가 끼칠까 염려하여 분주히 풍수지리를 찾은 것이 수개월이었다. 매번 전곡(奠哭: 전을 드리며 곡함)을 마치고 나면 반드시 엎드려 기도하며 말하기를, "길한 곳에 묻혀 혼백이 평안할 것이니, 해치는 곳이 아님을 알려주소서."라고 하였다.

장례를 치르고 나자, 서제(庶弟)의 어머니가 살림을 따로 내어 돌아가고자 하였는데, 공이 울며 말하기를, "살아 있는 사람을 섬기는 도리가 아닙니다. 반드시 부득이하다면 상을 마칠 때까지 기다려 주십시오."라고 하였다. 상(喪)을 마친 뒤 재산을 나누는데, 자신은 나이 든 노복을 차지하고 서제에게 기름진 재산을 주었다. 매제 황수륜(黃壽崙, 1669~1710)은 재주를 지녔으나 명이 짧아 죽어도 염(殮)을 하지 못하자, 공이 힘을 다해 장례 비용을 마련하여 장사를 치르게 하였고, 과부가 된 누이의 의식주도 돌보았다. 무릇 18년 동안 지친 기색조차 없었으니, 그 장례 또한 직접 챙겨서 유감이 없게 하였는데, 그 천성이 그러한 것이다.

공은 부모의 제삿날이면 반드시 옷을 갈아 입고 죽만 먹었으며, 제사를 지낸 고기는 그 날을 넘기지 않았으며, 스승의 제삿날 또한 쌀과 고기를 보내 도왔다. 생일날을 맞이하면 근심하고 즐거워하지 않았으며, 동생들을 우애하고 구휼하면서 항상 경계하고 타일렀다. 굶주린 걸인이 있으면 자기 음식을 내어주어 먹였으며, 길에 굶주려 죽은 시신을 보면 옷을 입혀 묻어 주었다.

공은 기상이 고고하고 용모가 장대하였으며, 인품이 있어 이야기하고 웃는 것을 잘하였다. 정성스러운 마음으로 사람을 대하는데 친소나 귀천을 따지지 않았다. 성격이 강개하여 마음에 편치 못한 것이 있으면 개탄하며 떨쳐 일어나 눈물까지 흘렸다. 공의 조부는 기상과 풍도가 뛰어나 담론을 잘하고 시를 지었으며, 뛰어난 인품으로 사람을 감동시켰다. 일찍이 직장공(直長公: 고조부 변경회)은 강직한데다 백세의 노모를 잘 모셔 지극한 행실로 칭송을 받았다는 기록이 있으니, 공의 기개는 유래한 바가 오래다.

공이 일찍이 공조(功曹: 지방 郡縣의 하급관리 錄事)였을 때, 수령 여필용(呂必容, 1655~1729)이 공의 일을 듣고 찾아가 그 상처 자국을 보고서 조정에 진달하려 하였으나, 공이 간절히 거절하여 그만두었다.

정유년(1717) 7월 24일 공의 나이 64세였을 때, 우연히 왼손이 송곳에 찔려 반년 동안 치료를 받았으나 끝내 일어나지 못하고 병세가 위중해지자 사람들에게 말하기를, "내가 부모로부터 물려 받은 몸을 돌보지 못해 죽게 되었구나."라고 하고는, 자제들에게 세 가지를 당부하였으니, 조상을 효성스럽게 받들 것, 사람을 공경하게 대할 것, 만장(輓狀)을 구하지 말 것이었다. 또 마을 사람들에게 말하기를, "선친의 묘지가 아직 길지를 찾지 못했으니 죽어도 눈을 감을 수 없다."라고 하였다. 9월 22일 봉화(奉化) 동쪽 대조산(大鳥山) 태좌(兌坐) 언덕에 임시로 묻었는데, 바로 선친 묘소의 곁이었다.

공의 부인 안동권씨(安東權氏)는 통덕랑 권정(權挺)의 딸이자 참판 권주(權柱)의 후손이다. 법도 있는 집안에서 생장하였고 여자로서 마땅히 해야 할 도리를 닦았다. 공에게 시집와서 통덕공을 섬겼다. 공은 항상 부인을 아끼고 존중하여 말하기를, "내 아내는 우리 집안에 효성스러웠고, 남아의 뜻을 거스르지 않았다."라고 하였다. 공보다 2년 먼저 죽었으며, 무덤은 공과 같은 언덕이나 봉분은 달리하였다. …(중략)…

이광정은 공에게 중표(中表: 내외종 4촌)가 되는데, 뒷날 가까운 이웃에 태어나 살면서 자주 오가며 기쁜 정을 나누었다. 지금 공이 죽은 지 15년으로 마침 신해년(1731)인데 공이 도적 변란을 만난 해였다. 공의 막내 아들 변상수(邊尙綏)가 공의 유사(遺事)를 약간 초하고, 이광정 나에게 한마디의 말을 부탁하였다. 이광정 나는 재주도 없고 세상에서 곤궁하여 말이 믿을 것이 못 된다며 사양하였다. 그래도 변상수가 눈물을 줄줄 흘리며 굳이 청하니, 마침내 그 대략을 추리고 견문한 바를 보탠 것이 이와 같다. 아아, 이것이 어찌 공을 드러내어 밝히는데 충분하겠는가.

通德郎原城邊公行狀

公諱克泰, 字汝和, 姓邊氏。其先本黃州人。中世入元居北地, 數世 爲遼藩官。恭愍還國。十一代祖安烈, 又從之東, 積軍功, 封原城伯, 子 孫爲原州人, 世居京師。四世有司直希乂, 始蹠嶺家榮川。至子生員廣, 遷于安東金溪里。子永淳又自金溪移于乃城巨樹里, 於公五世矣。邊氏 故將家子孫, 雖落拓鄕居, 率沈毅有氣力, 容貌魁梧, 有薊代遺風。高祖 慶會掌樂直長。曾大父鑰禮賓寺副正。大父諱有翰。考諱洙, 通德郎, 爲後於仲父諱有藩。實娶宣城金氏, 通德郎鎏之女, 小宰功之曾孫。以 孝宗甲午九月二十一日生公。幼有至性。父母疾, 不飲食, 不去其側。 八歲, 與伯兄彦博, 學于上舍李公鍋, 相友愛, 讀書至德行本文藝末也, 謂其兄曰: "吾等, 若不孝不友, 何以從師爲學?" 李公夫人子視公, 公以 爲幼少, 亦有內外之嫌, 不敢近。十八, 居母夫人憂, 屬辛亥大侵, 强盜 竊發。一日夜, 盜卒入室。公在殯寢, 聞戈劍聲, 驚起冒刃而出曰: "父安 在?" 通德公方爲賊所刲, 幾不測, 曰: "在是矣." 公卽入抱衛。大呼賊: "殺我, 毋傷吾父." 賊擊右右蔽, 擊左左蔽, 以身値劍, 連數十創, 哀號 不已, 賊舍之去。公亦殊, 半日而甦, 累月出入死境。左臂斷, 只存皮肉, 腐黑內食, 將不可爲醫。見者謂: "或斷去, 庶致生路." 公昏昏中厲聲 曰: "不可! 遺體不可去也。吾以親故受傷, 然死猶欲全體而歸." 聞者嗟 若。通德公夢, 一神人授藥曰: "此龍腦, 天以畀而孝子飮而塗, 久之, 當 有瘳。而三子, 能有後者, 此子也." 通德公覺而異之, 誶其藥, 醫曰: "藥有龍腦." 貨諸京, 屢試之, 果累月而完, 凡十四月而起。左臂絶而復續, 不便任用。然卒娶婦生子, 至今爲通德公後者, 皆公子孫也。蓋公愛親之心, 至於冒白刃爭死, 身受亂斫, 幾死而甦, 龍腦之利於創病, 世醫莫之知也, 而神告其方, 啓以休祥, 豈不亦異哉? 夫誰非人子, 而孰無愛親之心哉? 倉卒之際, 能捨命救衛者鮮矣。在一室遇難, 呼哀請代, 則人子至心之不能自已, 而其在外奔入, 冒死爭命, 則非徒有至心, 而亦必勇於能行者耳。此盧氏之救姑, 朱夫子編諸小學之書, 以爲後世人子之勸, 而如盧氏者復幾人哉? 世敎衰, 人無能賞識公, 竟未有登聞于上, 旌褒如唐之刺史者然, 於公何與焉? 通德公丁巨創於賊變, 公常悲恫。行遇被髮而哭者, 曰:"父死於盜." 公戚然夜不能寐。嘗遠行, 夢而心動, 舍事而歸, 通德公感疾有日矣。戊寅, 居通德公憂, 哀慟踰節, 恐地道之有害於體魄也, 奔走堪輿術者累月。每返奠哭畢, 必俯伏而祝曰:"兆吉體魄寧, 願告以無害之地." 旣葬, 庶弟之母欲析産而歸, 公泣曰:"非事生之道也。必不得已, 待終喪乎?" 終喪析産, 自占羸, 推膏以業庶弟。妹壻黃君壽崙, 有才無命, 死無以斂, 公竭力營辦, 俾克葬, 而顧視其孶妹衣食之資。凡十八年, 無倦色, 其喪, 又自營幹無遺憾, 其性然也。公遇親忌, 必變服食粥, 祭肉無出其日, 師忌, 亦米肉往助。値生朝, 慼然不樂, 友恤諸弟, 常加戒勅。有餓而丐者, 推食以哺, 遇路殍, 衣而瘞之。公氣貌軒然恢疎, 有風度善談笑。誠心與人, 不間親疎貴賤。性忼慷, 有不平於心, 慨然奮厲, 以至涕泣。公大父公氣度偉然, 善談論吟詩, 風槩動人。嘗記直長公剛方, 善事百歲母夫人, 以至行見稱云, 則其氣類所由來者尙矣。公嘗爲功曹, 呂侯必容聞公事, 覓見傷痕, 欲陳于上, 公懇拒得止。丁酉七月二十四日, 公年六十四, 偶左手傷錐刃, 醫治半歲, 竟不起, 疾革, 謂人曰:"我不愼遺體, 將終." 戒子弟以三事, 孝於奉先, 恭於接人及勿求輓而已。又於邑曰:"先人葬地。猶未得吉。死不瞑目." 九月二十二日, 權葬奉化東大鳥山兌坐之原, 先壟之旁。公夫人安東權氏, 通德郞挺之女, 參判柱之後。生長法門, 女道修擧。及歸公, 事通德公。公常愛重之曰:"吾婦孝我, 兒志無違." 先公二年卒, 墓與公同壟異

封。…(중략)… 光庭於公爲中表, 後生居比里, 數往來承懽。今公歿十有
五年, 適辛亥, 公遇變之歲也。其季子尙綏, 草公遺事若干, 要光庭爲一
言。光庭不才窮於世, 言不足取信, 辭之。尙綏泫然泣下, 固以請, 乃撮
其大略, 參以所見聞如是。嗚呼! 此豈足以闡發公哉?

〔訥隱先生文集, 권19, 行狀〕

28. 권두경

권두경의 자는 천장, 호는 창설재, 본관은 안동이다. 충정공 권벌(權橃)의 후손이다. 효종 갑오년(1654)에 태어났다. 숙종 기미년(1679, 을묘년의 오기, 1675) 사마시에 합격하고, 갑술년(1694) 학행으로 천거되었으며, 현감을 지냈다. 경인년(1710) 문과에 급제하였고, 벼슬은 수찬에 이르렀다. 영조 을사년(1725)에 죽었다.

당시 이기설(理氣說)은 아직 확정되지 않은 이론이었는데, 이전과 이후에 영남 유학자들이 궁궐 앞에서 호소하려고 할 때면 매번 공에게 상소문의 초안을 청하였다. 공은 사단과 칠정의 구분을 미루어 밝혀 이기의 근원을 변별하였는데, 하나같이 모두 선유(先儒)의 정본(定本)에 근거하고 들은 바를 참고하였으니 명백하며 정밀하고 적절하였다.

숙종 정유년(1717)에 영남에서 거의 만 명에 이르는 유생이 바야흐로 상소문을 가지고 궁궐 앞에서 호소하고자 공에게 상소문을 지어주기를 청하였다. 공이 붓을 휘둘러 초안을 지었는데 말이 엄하고 의리가 곧았으니, 당시 사람들은 《육선공주의(陸宣公奏議: 당나라 陸贄의 주의)》에 견주었다.

경종 계묘년(1723) 수찬(修撰)으로 상소를 올려 시국에 대해 논하였는데, 수백 여 마디의 말을 올렸으나 아무런 비답(批答)을 받지 못하였다.

공의 동생 권두기(權斗紀)가 상소문에 논하며, "권세를 잡은 신하는 반역하려는 마음이 없어야 하는데, 권력에 굴하지 않고 절의를 굳게 지키는 선비들은 억울하게 죽었다."라고 하여 장독(瘴毒)이 자욱한 바닷가로 유배되었다. 유배지에서 한유(韓愈)와 유종원(柳宗元)의 문집을 구해 보려고 하자, 공이 대답하여 말하기를, "유종원은 유배 생활을 하며 항상 슬피 시름에 젖어 사라져 기개나 절개를 볼 만한 것이 없다."라고 하면서, 《자경편(自警編)》을 보내어 자신을 살피며 반성하는 자료로 삼게 하였다.

숙종(肅宗)이 승하하여 북사(北使: 청나라 사신)가 와서 조문하였는데, 대신들이 나가 접대하며 문답에서 실수가 있자 조정의 안팎이 크게 놀랐다. 고향 사람들 중에 연명으로 상소를 올리려는 자들이 있었는데, 공이 편지를 보내어 이르기를, "이번 일은 잘못을 알면서 저지른 잘못이 있었지만 달리 나라의 안위와 관계되는 것은 없다. 정부(政府)·의조(儀曹: 禮曹)가 이미 차자(箚子)를 올려 그것을 아뢰었으니, 또한 훗날의 폐단을 막을 수 있을 것이다. 심지어 이리저리 바쁘게 뛰어다니며 서로 연락하고 연명으로 위세를 부려서 마치 커다란 변고가 가까운 시일 안에 일어날 것처럼 하는 것은 사리(事理)로 따져보아도 십분 온당하게 볼 수가 없다. 우리들은 백발로 물러나 집에만 틀어박혀 지내면서 평상시 변고를 대할 때 고요함과 무거움으로 자신을 지킨다면, 마음속에 주견이 생기고 일을 처리하는 데 힘도 생길 것이다. 그런데 잠깐 바람이 불어 풀이 흔들리는 것만 보아도 놀라서 갑자기 허둥지둥하다가, 만일 정말 사변을 만나서 이해가 뒤얽혀 수습이 되지 않아 낭패스러워지면 나라에 도움되지 않을 뿐만 아니라 게다가 자신의 이름을 더럽히기에 적당할 뿐이니, 이를 염려하지 않을 수 없을 것이다."라고 하자, 그 논의는 마침내 그쳤다.

공은 천하의 산천 형세, 길의 길이와 원근, 인물의 출신과 행적, 시대의 변천, 동방의 임금과 신하가 지닌 어짊과 어리석음, 정치의 잘됨과 잘못됨, 유학의 순수함과 폐단 등을 환히 꿰뚫었으니, 마치 몸소 보고 들은 듯하였다. 심지어 시문(詩文), 율법(律法), 그림의 묘함에 이르기까지 품격에 따라 평할 적에 거의 오로지 익힌 듯하였다. 농사와 수공, 소금과 쌀, 잡다한 사소한 일, 음식과 약제 조제 같은 말단의 일들에는 굳이 관심을 두려 하지 않았으나, 일마다 익숙하게 알아서 빈틈없이 조리 있게 처리하였다. 특히, 책을 교정하는데 정밀하고 민첩하여 집에 수백 수천 권을 보관하고 있었는데, 그 모든 책은 손수 교정한 것으로 글자의 획, 음과 뜻, 운율의 조화까지도 하나하나 따지고 이해하여 터럭만한 오류조차 하나도 있지 않았다. 일찍이 말하기를, "선비가 고금의 일을 통달하지 못하고 세상사의 변화에 통달하지 못한 채 단지 하나의 재주로 이름을 얻는다면 통달한 유학자가 아니며, 번거로움을 참아내고 고됨을 견뎌내지 못한다면 덕 있는 사람이 아니다."라고 한 적이 있다.

시문(詩文) 수십 권,《퇴도언행통록(退陶言行通錄)》·《계문제자록(溪門諸子錄)》약간 권을 저술하였다.【협주: 이재가 찬한 묘갈에 실려 있다.】

• 權斗經

權斗經[1], 字天章, 號蒼雪齋, 安東人。忠定公橃後。孝宗甲午生。肅宗己未司馬, 甲戌薦學行, 歷縣監。庚寅文科, 至修撰。英宗乙巳卒。

時理氣說爲未定之論, 前後嶺儒之叫閤, 每請公草疏。公推明四七之分, 辨別理氣之源, 一皆根據先儒定本, 參以所聞, 明白精切。

肅宗丁酉, 嶺外近萬儒生, 方治疏叫閤, 屬公製疏。公奮筆起草, 辭嚴義正, 時人擬之《陸宣公奏議[2]》。

---

1   權斗經(권두경, 1654~1725): 본관은 安東, 자는 天章, 호는 蒼雪齋. 忠定公 權橃의 5세손으로, 증조부는 石泉 權來이며, 조부는 군자감정 權碩忠이다. 아버지는 權濡이고, 어머니 禮安金氏는 金鑑의 딸이다. 부인 義城金氏는 金是樞의 딸이다. 李玄逸의 문인으로 李栽 등과 교유하였다. 4형제중 둘째 權斗紀, 세째 權斗紘과 더불어 3형제가 대과에 급제하였다. 1679년 사마시에 합격하고, 1689년 문학으로 천거되고, 1694년 학행으로 천거되어 泰陵參奉·司饔院奉事·直長·종부시주부를 거쳐, 형조좌랑을 역임하였으며, 1700년 봄 正郎에 승진되었으나 곧 이어 靈山縣監으로 부임하였다. 1710년 문과에 급제, 성균관직강·전라도사에 임명되었으나 부임하지 않았다. 그 뒤 사간원정언에 임명되었는데, 사직 상소를 올려 時政의 잘못에 대해서 논하였다. 1717년 영남에서 1만여 인의 유생들이 嶺南萬人疏를 올릴 때 그 상소문을 기초하였다. 1721년 경종이 즉위하자 고高山察訪에 임명되었으나 얼마 뒤 귀향 하였다. 1723년 홍문관부수찬이 되었고, 그 뒤 수찬이 되어 시정의 폐단을 논하는 상소를 올렸다.
2   陸宣公奏議(육선공주의): 唐나라 陸贄의 문집《陸宣公全集》에 수록된 奏議 가운데 중요한 부분을 뽑아 엮은 선집.

景宗癸卯, 以修撰上疏, 論時事, 屢數百言, 而未得承批。

公弟斗紀[3]疏論：“柄臣無將, 烈士寃死。”見黜瘴海。謫中求見韓柳集, 公答曰：“柳侯居謫, 常悲愁消落, 無氣節可觀。”送《自警編[4]》, 以資觀省。

肅宗昇遐, 北使來吊, 大臣出待, 問答有失, 中外大駭。鄉中有欲聯名陳疏者, 公與書曰：“此事做錯[5]則有之, 別無係關安危。政府·儀曹已箚言之, 亦可以杜後弊矣。至於奔走相通, 聯名張皇, 有若大變出於朝夕者, 揆以事理, 未見其十分穩當。吾輩白首散蟄, 居常處變, 以靜重自守, 則中有主而應事有力。若乍見風吹草動, 便手忙脚亂, 脫遇事變, 恐利害交煎, 狼狽無收拾, 不但無裨於國, 適足以辱身名, 此不可不念也。”其議遂寢。

公於天下山川形勢·道里遠近·人物出處·世代沿革·東方君臣賢否·政事得失·儒學醇疵, 了然若身莅目擊。至於詩文·律法·畫妙, 隨品評隲, 殆若專攻。豊圃·工匠·塩米·雜細·飮食·和劑之末, 未必留意, 而隨事諳練, 綜理微密。尤精敏於校書, 家藏數百千卷, 皆經手校, 字畫·音義·叶韻之類, 一一理會, 無有一毫差謬。嘗曰：“士不通古今, 達事變, 但以一藝成名, 非通儒也, 不能忍煩耐苦, 非有德者也。”

著詩文數十卷·《退陶言行通錄》·《溪門諸子錄》若干卷。【李栽撰碣[6]】

---

3 斗紀(두기)：權斗紀(1659~1722). 본관은 安東, 자는 叔章, 호는 晴沙. 權斗經의 동생이다. 첫째부인 載寧李氏는 李嵩逸의 딸이며, 둘째부인 光山金氏는 金玩의 딸이다.

4 自警編(자경편)：송나라 趙善璙가 자기 자신을 경계하는 데 도움이 되는 유학자들의 嘉言과 善行을 모아 엮은 책. 1224년에 편찬한 것을 우리나라에서 다시 간행한 것이다. 총 9권 5책인데 권두에는 편자인 조선료의 서문이 있고, 권말에는 宋時烈 이 발문이 수록되어 있다.

5 做錯(주착)：잘못을 알면서 저지른 과실.

6 원전의 대부분 내용은 密庵 李栽이 찬한 墓碣에 실려 있지 않고 밀암이 지은 行狀에 실려 있는 것임. 매우 방대한 분량이라, 아쉽지만 번역하여 보충하지 않았다.

29. 권두기

권두기의 자는 숙장, 호는 청사, 본관은 안동이다. 충정공 권벌(權橃)의 후손이다. 효종 기해년(1659)에 태어났다. 숙종 정묘년(1687) 사마시에 합격하고 병자년(1696) 문과에 급제하였으며, 벼슬은 정언에 이르렀다. 경종 임인년(1722)에 죽었다.

숙종 신사년(1701) 공은 예조좌랑으로서 조정에 있는 것이 즐겁지가 않아 낙상(落傷)을 핑계로 벼슬을 버리고 돌아왔는데, 판당(判堂: 판서) 김진구(金鎭龜)가 그 뜻을 알고 있다가 중공(中公: 미상)의 뒤를 이어 공을 해운판관으로 교체되도록 장계를 올렸다.

정해년(1707) 상소를 올려 말하기를, "이잠(李潛)은 나라의 근본이 흔들리며 종묘사직이 몹시 위태로워지는 것을 보고 비분강개하여 상소를 올리고서 기휘(忌諱)를 피하지 않은 것입니다. 그러나 전하께서는 지존의 위엄을 내세워 형벌을 맡아 보는 관청의 권한까지 범하시며 이잠의 과오가 크다고 의심해 형벌을 너무 급히 내리셨습니다. 김세흠은 일개 먼 지방의 신하이나 논사(論思: 임금과 국사를 의논하고 생각하는 홍문관 관원)하는 직책에 있어 임금을 바로잡으려는 뜻에서 남이 감히 말하지 못하는 것을 말했는데, 언사가 비록 완곡하게 표현하지 못했을지라도 단지 이잠이 말했다는 것만으로 죽음을 당한 것을 불쌍히 여겼던 것이고, 그의 뜻에 딴 속셈이 없었음을 밝히려 했을 뿐입니다. 무슨 추호만큼이라도 위험이 있었겠습니까? 그런데도 전하께서는 꺾어 버리기를 이와 같이 하였지만, 대신(大臣)들 또 의중을 떠 보는 것으로 일컬으니 그 또한 위태롭고 두려운 것이 심합니다."라고 하였는데, 남해로 귀양을 보내도록 하였다. 신묘년(1711)에 유배에서 풀려나 돌아왔고, 신축년(1721)에 서용(敍用)되어 관작이 회복되었다.【협주: 조덕린이 찬한 묘갈에 실려 있다.】

• 權斗紀

權斗紀, 字叔章, 號晴沙, 安東人。忠定公橃後。孝宗己亥生。肅宗丁
卯司馬, 丙子文科, 官正言。景宗壬寅卒。

肅宗辛巳, 公以禮郎, 不樂在朝, 托墜傷, 棄歸, 判堂[1]金鎭龜[2], 知其
意, 後中公, 啓遞公海運判官。

丁亥上疏曰: "李潛目見國本動搖, 宗社嶷危, 慷慨陳疏, 不避忌諱。
殿下動至尊之威, 侵司敗之官, 疑潛太過, 用刑太遽。金世欽以一介疎
逖之臣, 職在論思, 志在匡君, 言人之所不能言, 辭雖欠於委曲, 特哀其
以言而死, 明其意之無他而已, 有何一毫危險? 而殿下摧折之若是, 大
臣又目之以嘗試, 其亦危怕之甚矣。"命竄于南海[3]。辛卯放還, 辛丑叙
復。【趙德鄰撰碣】

보충

조덕린(趙德鄰, 1658~1737)이 찬한 묘갈명

승의랑 사간원정언 청사 권공 묘갈명 병서

영가(永嘉) 권씨의 시조는 태사(太師) 권행(權幸)이다. 태사는 백성들에

---

1 判堂(판당): 당상인 판서, 판윤 등을 통틀어 이르던 말.

2 金鎭龜(김진구, 1651~1704): 본관은 光山, 자는 守甫, 호는 晚求窩. 증조부는 金槃이며,
조부는 金益謙이다. 아버지는 영돈녕부사 光城府院君 金萬基이며, 어머니 淸州韓氏는
군수 韓有良의 딸이다. 仁敬王后의 오빠이다. 부인 韓山李氏는 李光稷의 딸이다. 1680년
별시문과에 급제하였다. 여러 벼슬을 거쳐 1684년 경상감사가 되었으며 이어 승지가
되었다. 1689년 기사환국에 의하여 남인정권이 들어서자 金錫胄와 함께 가혹한 수법으로
남인을 숙청하였다는 탄핵을 받고 제주도에 위리안치되었다. 1694년 갑술환국으로 서인
이 집권하게 되자 풀려나 호조판서에 기용되고, 곧 경기도관찰사가 되었으나 부임하지
않았다. 이듬해 도승지·전라도관찰사 등을 거쳐서 1696년 江華府留守를 역임하였다. 이
어 형조·공조·호조의 판서를 역임한 뒤 1700년 지돈녕부사·어영대장·수어사 등을 거쳐,
이듬해 우참찬·좌참찬, 1702년 判義禁府事에 이르렀다.

3 南海(남해): 경상남도 남해군 일대.

게 공덕을 쌓아 영가에서 사당에 제향되었다. 그 후손들이 번성하여 지체가 높은 집안의 성씨가 되었으니, 고려에서 조선조에 들어오기까지 대대로 이름난 인물들이 있었다. 인종과 명종 때에는 충정공(忠定公) 휘 권벌(權橃)이 있었는데, 한결같은 충정과 크나큰 절개로 당대에 우뚝하여 벼슬이 찬성(贊成)에 이르렀고 호는 충재 선생(冲齋先生)이니, 공은 그의 5세손이다.

증조부 휘 권래(權來)는 군자감 정을 지냈다. 조부의 휘는 권석충(權碩忠)이다. 아버지 휘 권유(權濡)는 순정한 선비에 덕이 높아 이름이 났다. 어머니 예안김씨(禮安金氏)는 생원 김감(金鑑)의 딸이자 이조참판 김륵(金玏)의 증손녀이다. 네 아들을 두었고 세 사람이 이름을 날렸는데, 공은 태어난 차례로 셋째가 된다.

공의 휘는 두기(斗紀), 자는 숙장(叔章)이다. 태어나면서부터 영특하고 남다른 자질이 있었으니 보는 이마다 모두 그릇으로 여겼다. 어린 시절 학사(學舍)에 가서 배우며 친구들과 어울리면 홀로 진중하고 장난을 즐기지 않아 아무도 감히 경박한 말이나 장난질을 하지 못하였다.

정묘년(1687) 사마시에 합격하고, 병자년(1696) 문과에 급제하여 괴원(槐院: 승문원)에 등용되었다. 이태좌(李台佐, 1660~1739)가 한원(翰院)에 있으면서 그를 천거하려 하였으나 방해하는 자가 있어 이루어지지 않았다. 관례에 따라 전적으로 승진하였고, 예조좌랑으로 옮겼을 때는 신사년(1701) 겨울이었다. 흉인(兇人)이 때를 틈타 상소하여 이극(貳極: 왕세자)을 흔들어서 조정의 앞날을 헤아릴 수가 없었다. 공은 조정에 있는 것이 즐겁지가 않아 낙상(落傷)을 핑계로 스스로의 잘못을 탄핵하고 벼슬에서 물러나 돌아왔는데, 예조판서 김진구(金鎭龜)가 공의 뜻을 알아차렸다. 공이 호남막(湖南幕)에 제수되었을 때, 김진구가 때마침 판도지(判度支: 호조판서)로 옮기게 되자 조운(漕運)의 일이 급하다는 핑계로 장계를 올려 공을 체직하였다.

　을유년(1705) 관동 아사(關東亞使)로 제수되었다. 이때 증광 과거가 실시되었는데, 공이 여러 고을에 신칙(申飭)하여 감히 타도에서 본적을 옮겨 응시자격이 없음에도 응시하는 자가 있으면 교임(校任: 향교의 직원)에게 죄를 묻겠다고 하였다. 서울과 지방의 자제들이 공을 넘볼 수 없음을 알았으니, 시험장 안에 한 사람의 자취도 없었다. 또 오로지 공정함으로 인재를 선발하자, 모든 유생들이 크게 탄복하여 청간정(淸磵亭: 강원도 고성 소재)에 기록해 칭송하였다. 관찰사 강선(姜銑, 1645~1710)이 공에게 일러 말하기를, "이를 보면 시험을 공정하게 관장하였음을 알 수 있다."라고 하였다.

　병술년(1706) 사헌부 지평에 제수되자, 공은 부름을 받들어 고개를 넘었다가 벼슬자리를 내놓고 물러났다. 정해년(1707) 사간원 정언에 제수되어 명에 숙배하자마자 교체되어 도로 지평으로 제수되었는데, 서경(署經: 사헌부와 사간원의 동의 서명)을 기다리다 출사하지 못했다. 애초 처사(處士) 이잠(李潛, 1660~1706)이 상소하였는데, 그 일이 궁중에 관계된데다 기휘(忌諱: 나라의 禁令)에 저촉되는 말이 많았으니, 주상이 진노하여 친히 국문하고 곤장으로 때려 죽었다. 학사(學士) 김세흠(金世欽, 1649~1721)이 수찬을 사직하면서 상소를 올려 이잠의 억울함을 호소하였는데, 주상이 벼슬을 빼앗고 내쫓도록 하였지만 그 전후로 어느 한 사람도 말하는 이가 없었다. 공은 이에 대해 말하고자 했지만 서경(署經) 이전이라서 관례상 소장을 올리지 못했으나, 말하지 않는 것이 부끄러워 밤에 잠을 이루지 못한 지가 며칠이었다. 이때 중형(仲兄)이 그와 함께 있으면서 공의 더없는 간절함을 본데다 공의 번민함이 병이 될까 염려하여, 처음에는 만류하던 것을 끝내 허락하였다. 공이 이에 상소하였으니, 대략 이러하다.

　「이잠(李潛)은 나라의 근본이 흔들리며 종묘사직이 몹시 위태로워지는 것을 보고 비분강개하여 상소를 올리느라 기휘(忌諱)를 피하지 않은 것입니다. 그러나 전하께서는 지존의 위엄을 내세워 형벌을 맡아 보는 관청의 권한까지 범하시며 이잠의 과오가 크다고 의심해 형벌을 너무 급히 내리셨습니다. 김세흠은 일개 먼 지방의 신하이나 논사(論思: 임금과 국사를 의논하고 생각하는 홍문관 관원)하는 직책에 있어 임금을 바로잡으려는 뜻에서 남이 감히 말하지 못하는 것을 말했는데, 언사가 비록 완곡하게 표현하지 못했을지라도 단지 이잠이 말했다는 것만으로 죽음을 당한 것을 불쌍히 여겼던 것이고, 그의 뜻에 딴 속셈이 없었음을 밝히려 했을 뿐입니다. 무슨 추호만큼이라도 위험이 있었겠습니까? 그런데도 전하께서는 꺾어 버리기를 이와 같이 하였지만, 대신(大臣)들은 또 의중을 떠본 것으로 일컬으니 그 또한 위태롭고 두려운 것이 심합니다.」

밤이 깊어 비망기(備忘記)가 내려져 아주 멀리 떨어져 있는 변경으로 귀양을 보내도록 하자, 공은 해남(海南)으로 유배되었다. 이해조(李海朝, 1660~1711)가 주상에게 아뢰어 아울러 수찬 김세흠도 흥양(興陽)으로 귀양을 보냈다.

공은 이에 성을 나서려고 성문에서 기다리자, 도성 안의 여러 명망 있는 인사들이 모여들어서 전송하였는데, 모두들 혀를 끌끌 차며 말하기를, "이중연(李仲淵: 李潛)이 죽은 뒤로도 오직 영남 사람들만이 잇따라 분명하게 공언하여 동시에 귀양을 가게 되었으니, 이 두 사람의 행적은 앞선 이의 뜻을 이어받아 매우 빛나는 일이라 할 만하다."라고 하였다. 그 상소문을 보려고 다투어 구한 이들이 서로 번갈아 베꼈으니, 날이 저물기도 전에 온 도성에 퍼졌다. 모두가 돈을 내거나 옷을 벗어 도와주었으니, 비록 평소에 뜻이 달랐던 이들도 또한 있었다.

그 후로 주상이 가뭄으로 인하여 죄인들 중 억울함이 있는가를 살펴서 처리할 때, 주상이 용서하려 하였으나 대관(臺官)이 반대하여 결국 이루어지지 않았다. 경인년(1710) 겨울, 연일(延日: 경상도 영일현)로 양이(量移: 섬이나 변경으로 멀리 귀양 보냈던 사람의 죄를 감등하여 내지나 가까운 곳으로 옮김)되었다가, 신묘년(1711) 섣달에 유배지에서 풀려나 돌아왔다. 11년 뒤인 신축년(1721)에 비로소 서용되어 관작이 회복되었다. 학사(學士) 홍만우(洪萬遇, 1671~1722)가 전조랑(銓曹郎)이었는데 자신을 대신할 사람으로 공을 천거하려 하였지만, 당시의 의론(議論)이 불가하다고 하여 그만두었으니, 공도(公道)가 행해지기가 어려운 것이 바로 이와 같았다.

공은 살결이 희고 수행(修行)을 즐겼으며, 풍채가 풍만하였고, 행동거지가 의젓하였다. 타고난 자품이 순후하고 효성과 우애가 돈독하였는데, 집안 안팎의 친척이나 인척을 대할 때나, 나이가 많고 적은 사람들과 사귀는데 있어서나, 죽었든 살았든 이들을 섬기는데 있어서나, 조금도 유감스러운 점이 있는 것을 보지 못했다. 일찍 부모를 여의어 봉양을 다하지 못함을 마음 아파하였고, 형제들끼리 화목하고 기쁘게 지내는데 정성과 공경이 극진하였으니, 병이 들면 지극한 정성으로 돌보았다. 막내동생 정자군(正字君: 權斗紘, 1668~1717)이 병으로 도성에 누워 있을 때, 공은 천 리 길을 달려갔다가 상구(喪柩)와 함께 돌아와 자신이 수장(壽藏: 생시에 미리 만들어 두는 무덤)할 곳으로 마련했던 터에 안장하도록 하였다. 종형(宗兄) 하당공(荷塘公: 權斗寅, 1643~1719)이 병석으로 여러 달 동안 누워 있을 때도 공의 집과는 꽤 멀었지만 자주 찾아가 돌보며 끝까지 게을리 하지 않았다. 한 집안의 형제를 사랑하는 것만이 아니라 친구와 소원한 사이라도 또한 그러하였다.

성균관에 있을 때, 영천(榮川: 영주)의 상사(上舍) 조봉휘(趙鳳徽, 1655~?)가 병이 들어 성균관을 떠나게 되자, 공이 함께 나가 간호했다. 사람들은 혹시라도 전염병일까 의심하여 피하였으나, 공은 의연하게 개의치 않고 마침내 죽을 고비에 이른 위험한 목숨을 살려냈다. 성균관에 같이 있던 호남 출신 김시규(金時奎)가 상을 당해 급히 가야 했는데, 공은 그의 갈

준비를 챙겨주고 여름철 약까지 마련하여 보내주었다. 관동 아사(關東亞使)가 되어 대궐을 하직하고 막 떠나려 하는데, 직장(直長) 이성중(李誠中)이 마마에 걸렸음을 듣고 행차를 멈추고서 의원에게 치료하도록 하였다. 그러나 불행히 그가 죽자, 남의 집에 임시로 초빈(草殯)하도록 한 뒤에야 떠나갔다. 이러한 의리가 거의 사라졌으니 요즈음 사람에게서 어찌 볼 수 있겠는가?

자신을 단속함이 더욱 엄격하였고 문장의 재능이 밖으로 드러났다. 벼슬길을 처음 시작할 때 임시 관직으로 입시(入侍)하자, 주상이 자주 돌아보며 유독 특별하게 여겨 주목하였다. 재상들이 후련하게 남몰래 조용히 말하며 예(禮)를 묻자, 상국(相國) 윤지완(尹趾完, 1635~1718)을 찾아가 만나니 윤지완이 예의를 더 갖추어 대우하고 원대한 포부를 이룰 것으로 기대하였다. 마침내 주상의 총애가 쏟아지고 공론이 다그치자, 공에게 청요직(淸要職)이 주어져 다시 언관직에 배치되었다. 그러나 공은 조금도 뜻을 굽히지 않았으니, 어두운 새벽에 홀로 우는 닭처럼 주장하는 것을 바람이 부나 비가 오나 멈추지 않았고, 영해(嶺海: 변방의 귀양지)로의 유배도 태연하게 길을 떠났다. 공이 수립한 것 또한 위대하니, 또 어찌 한이 있겠는가?

공이 거처한 곳에는 개울을 바라보는 정자가 있었는데, 물은 맑고 모래는 깨끗하였다. 공은 그 안에 살며 힘써 농사짓고 누에치면서 경서(經書)와 사서(史書)를 이야기하였다. 스스로를 '청사(晴沙)'라 불렀으며, 세상일에 뜻이 없는 듯 지냈지만 당시 세상 형편을 돌아보며 간혹 걱정하기도 한탄하기도 하였다. 국면이 다소 바뀌자 시대의 여망이 비로소 무르익었지만, 임인년(1722) 3월 7일 역병에 걸려 일어나지 못했으니 향년 64세였다. 삼의산(三宜山) 어느 언덕에 묻혔다.

공의 첫째부인 재령이씨(載寧李氏)는 현감 이숭일(李嵩逸)의 딸이고, 일찍 죽어 자식이 없었다. 둘째부인 광산김씨(光山金氏)는 통덕랑 김윤(金

玧)의 딸이다. 어질고 행실이 훌륭하였는데, 가난한 살림에도 공을 도와 제사를 받들어 제수(祭需)를 차리면서 경건하되 소홀함이 없었다. 손님이나 친구들이 가득할 때에도 가난을 무릅쓰고 음식을 마련하여 공의 뜻을 받들었다. 공이 유배지에서 복성(卜姓: 첩을 얻음)하여 돌아왔는데, 문에 들어서자 딸처럼 대우했고 첩 또한 어머니처럼 받들면서 안색을 붉히거나 언짢은 말을 하지 않았으니, 사람들이 모두 공의 가르침 또한 집안에서도 행해지고 있음을 알 수 있었다.

장남 권훤(權蕙)은 근면하며 가문에 걸맞았다. 차남 권선(權蘐)은 약관이 되기도 전에 요절하였다. 나는 예로부터 사대부의 어진 집안이라 해도 예를 따르며 의리를 제대로 지키는 것이 드물어서 신세를 망친 사람이 많은 것을 보았다. 오직 공의 형제들은 예외였으니, 힘써 가업을 이어받아서 선친의 명성을 계승하여 한 종파(宗派)를 이루었으며, 연달아 벼슬길에 올라 명성이 성대하게 드러났다. 그들의 처신 또한 몸가짐에 신중하고 삼가하여 동료들에게 추앙을 받았다. 특히 하당공(荷塘公: 權斗寅) 같은 어진 사람이 있어 좌우에서 서로 도와 함께 도리를 닦고 아름다움을 이루었으니, 선조의 명성을 드높여 선조를 대하는데 부끄러움이 없는 것이라 하겠다. 하물며 아우와 형 두 사람이 상소를 하여 사직을 지키고 간신을 물리치는데 앞장서 우뚝하고도 엄숙하여 지금까지도 생생한 모습으로 남아 있다. 그러니 어찌 그 집안의 명성을 떨어뜨리지 않은 것에만 그쳤겠는가?

못난 나는 어려서부터 공의 형제들과 교유하였고, 만년에 다시 가족을 데리고 산속으로 들어가 산을 반쪽으로 나누어 살면서 정이 거궐(蚷蟩: 蚷라는 짐승과 蟩이라는 짐승이 서로 짝이 되어야 비로소 움직일 수 있음)과 같아서 끊임없이 서로서로 오고 갔는데, 머리 한번 돌리는 사이에 팔짱을 끼고 지냈던 이를 잃고는 홀로 서서 갈 길을 잃어 갈팡질팡하는 것이 마치 소경이 혼자서 길을 가는 것과 같았다.

이번에 공의 장남 권훤(權憲)이 손수 백부(伯父: 권두경)가 검토한 공의 행장을 가지고 와서 묘지명을 지어달라 청하니, 의리상 사양할 수가 없어 마침내 이 글을 짓고 명(銘)을 붙인다. …(이하 명문 생략)…

承議郎司諫院正言晴沙權公墓碣銘 幷序

永嘉之權, 肇太師幸。太師有功德于民, 廟食永嘉。其後蕃昌爲大姓, 自麗入國朝, 世有名人。仁明世有忠定公諱橃, 精忠大節, 卓冠一世, 官至贊成, 號冲齋先生, 公其五世孫也。曾祖諱來, 軍資監正。大父諱碩忠。父諱濡, 以醇儒長德名。娶禮安金氏, 生員鑒之女, 吏曹參判功之曾孫也。有四男, 達者三人, 公於倫次爲第三。公諱斗紀, 字叔章。生而秀穎有異質, 見者咸器之。少時出遊學舍, 處朋輩中, 獨凝重不嬉戲, 人不敢以媟語諧笑相加。丁卯, 捷司馬, 丙子, 登大科, 調槐院。李公台佐在翰院, 欲薦之, 有沮之者不果。例陞典籍, 遷禮曹佐郎時, 辛巳冬也。兇人乘時。投疏動撓貳極。有不可測。公不樂在朝, 託墜傷, 投劾歸, 金鎭龜判禮曹, 知其意。及公除湖南幕, 龜時移判度支, 託以漕運事急, 啓遞公。乙酉, 除關東亞使。時有增廣科, 公飭列邑, 敢有自他道著籍冒赴者, 罪校任。京洛子弟, 知公之不可干, 場中無一跡。又甄拔一以公, 擧儒輩大歎服, 題清磵亭以美之。監司姜公銑, 見謂公曰:"觀此可知掌試之公也。"丙戌, 拜司憲府持平, 公承召踰嶺, 辭遞。丁亥, 除司諫院正言, 拜命卽遞還持平, 待署未仕。初, 李處士潛上疏, 事涉宮闈, 語多觸犯, 上震怒親鞫杖殺之。金學士世欽, 因辭修撰, 疏訟其冤, 上命削黜, 前後無一人言者。公欲言之, 爲署前, 例不得陳章, 不言爲羞, 夜不能寐者數日。時仲兄, 與之俱往, 見其誠切, 且慮其鬱抑成病, 始止之, 終許焉。公乃上疏, 略曰:「李潛目見國本搖動, 宗社墓危, 慷慨陳疏, 不避忌諱。而殿下動至尊之威, 侵司敗之官, 疑潛大過, 用刑太遽。世欽以一介疎逖之臣, 職在論思, 志在匡君, 言人之所不能言, 辭雖欠於委曲, 特哀其以言而死, 明其意之無他而已。有何一毫危險? 而殿下摧折之若是, 大臣又目之以嘗試, 其亦危怕之甚矣.」夜深下備忘記, 命極邊遠竄。公竄于海南。李海朝言于上, 幷竄金修撰世欽于興陽。公乃待門出城, 洛中諸名勝, 坌集送行, 皆嘖嘖言曰:“李仲淵死後, 獨嶺人相繼訟言, 一時謫去, 此兩人之行, 可謂踵前修而赫赫矣.”爭求見疏本, 遞相謄寫, 日未暮, 遍都下。皆出錢脫袍以資之, 雖常時異趣者, 亦有之。其後, 上因旱疏決, 上欲宥之, 臺官沮之, 不果。庚寅冬, 量移延日, 辛卯臘月, 放還。後十一年辛丑, 始敍復。洪學士萬遇, 爲銓曹郎, 欲薦公自代, 時議不可而止, 公道之難行, 有如是夫。公白晳好修, 容姿相豐滿, 顧眄偉如。資稟醇厚, 隆於孝友, 處內外族姻, 長少交友, 存歿之間, 不見其小有遺憾。痛早失怙恃, 事養不逮, 兄弟翕翕怡怡, 情敬備至, 其有疾病, 則至誠視護。季弟正字君, 病臥京師, 公千里奔馳, 與喪同歸, 許自卜壽藏, 使葬之。宗兄荷塘公, 淹病累月, 公家居稍遠, 而頻頻造省, 終始不懈。不惟其一家兄弟之愛, 其在朋友疏遠亦然。在泮時, 榮川趙上舍鳳徵, 病而出泮, 公同出救視。人或疑避, 而公毅然不顧, 卒全其危死之命。同泮湖南生金時奎, 遭喪奔赴, 公爲之經紀其行, 至具暑月藥物而送之。其爲關東亞使也, 陛辭將行, 聞李直長誠中發痘, 輟行醫治。及其不幸, 寓殯于人而後去。此義寥寥, 何可見於今人也? 其飭己愈嚴, 而符彩外颺。發軔之初, 以假官入侍, 重瞳屢回, 獨視異之。卿宰洒然竊語, 以問禮, 往見尹相趾完, 尹相待之加禮, 期以遠到。卒以上眷之所注, 公議之所迫, 畀之淸途, 再置言職。然公不肯少貶, 獨凌晨孤雛, 風雨不停, 嶺海之責, 夷然就途。公之所樹立者亦偉矣, 又何恨也? 公所居有亭臨溪, 水淸沙明。公處其中, 力耕桑談書史。自號晴沙, 若無意於世, 而睠懷時象, 或形於憂歎。屬局面稍變, 時望甫殷, 而以壬寅三月七日, 遘癘不起, 享年六十有四。葬于三宜山某向之原。公前配載寧李氏, 縣監嵩逸之女, 早歿不育。繼娶光山金氏, 通德郎玩之女。賢有行, 佐公居貧, 奉蘋蘩供餕飣, 能敬而無闕。賓朋滿座, 亦拔貧設食, 以承公意。公在謫, 卜姓而歸, 入門, 視之如女子, 妾亦奉之如母。不見有失色違言。人皆知公之法敎亦行於家也。男長蕙, 謹愿稱家。次薲, 未冠而夭。余觀自古

賢大夫之家, 鮮克由禮秉義, 以失其世者多矣。惟公兄弟者出, 能砥力嗣事, 續聞成宗, 後先通籍, 蔚有聲譽。其處者, 亦能修謹飭行, 見推於流輩。又有荷塘公之賢, 左提右挈, 交修幷美, 可謂揚厲先烈, 克對無羞矣。況叔伯兩疏, 衛社折姦, 嶽嶽凜凜, 至今有生色焉。奚但不墜其家聲已哉? 不佞自蚤歲, 交公伯仲間, 晩復攜家入山, 獲分山半, 情同蚷蟨, 往來無間, 轉頭之間, 交臂相失, 則獨立倀倀如瞽之無相。迺者, 公之胤蕙, 手伯父撿討公之狀, 俾撰墓道之文, 義不可辭, 遂序而銘之。…(이하 명문 생략)…

〔玉川先生文集, 권12, 墓碣銘〕

30. 김여건

김여건의 자는 천개, 본관은 의성이다. 관찰사 김성구(金聲久)의 아들이다. 현종 경자년(1660)에 태어났다. 숙종 정묘년(1687) 사마시·문과에 급제하였으며, 벼슬은 수찬을 지냈다. 정축년(1697)에 죽었다.

공은 타고난 기질이 강직한데다 지조와 행실이 확고하고 올곧아 세태에 따라 부침하지 않았으며, 남의 말에 따라 아무렇게나 받아들이지 않았다. 17세 때 초시(初試)에 급제하였고, 시문(詩文)이 눈부셨으니 연로한 스승과 학식이 깊은 선비들이 모두 입을 모아 천거하며 말하기를, "어찌 이런 말을 능히 표현할 수 있는지 모르겠다."라고 하였다.

일찍이 조사석(趙師錫)이 거만함과 교만함으로 신하로서 예가 없음을 논핵하여 그를 유배 보내어서 죽게 한 적이 있었다. 갑술년(1694)에 시국이 크게 변하자, 그의 도당이 비로소 틈을 노리다가 앙갚음을 하여 명천(明川)으로 유배되었다.

공이 경연 석상에 출입할 때마다 말과 행동은 주상의 성대한 관심을 받았다. 갈암(葛菴: 葛庵) 이공(李公: 이현일)이 일찍이 말하기를, "함께 경연에 들어가 강론한 것은 우리들까지 덩달아 영광스러웠다."라고 한 적이 있었다.

간원(諫院)에 있었을 때, 당시 어떤 재상(宰相)이 공에게 청주목사를 공박해 달라고 청하였으나, 공은 일이 사사로운 이해관계에 얽힌 것으로 여기고 서너 차례 더 청이 왔지만 끝내 듣지 않았다. 또 내주(萊州)의 수령을 맡은 한 사람이 부모가 연로함을 이유로 사직하려 했으나 조정에서 허락하지 않았는데, 그가 부임하고 나니 간장(諫長: 대사간)이 이를 논핵하려 하자, 공이 말하기를, "그가 법을 따르며 사직하려 했는데도 억지로 부임하도록 하고서 또 다시 그것을 논핵하려 함이 옳은 것입니까?"라고 하였다.

강건함은 양덕(陽德)이거늘, 공은 참으로 이를 지녔도다. 군자의 상도(常道) 따르니, 봄날의 기운 하늘에 미쳤도다. 옥같은 기상으로 조정에 서니, 나라와 집안의 빛이었도다. 어찌 명은 이리도 짧았고, 복록은 어찌 넉넉지 않았던가. 그 남긴 바는 길이 전해지리라, 안산의 남쪽 땅에서나마. 높이 네 자 되는 곳에, 학사(學士)가 이곳에 묻혔도다.【협주: 조덕린이 찬한 묘갈에 실려 있다.】

• 金汝鍵

金汝鍵, 字天開, 義城人。監司聲久子。顯宗庚子生。肅宗丁卯司馬·文科, 官修撰。丁丑卒。

公資稟剛勁, 操履堅確, 不隨時低昻, 不以人茹納。年十七, 發解[1], 詞采燁然, 老師宿儒, 交口薦擧曰:"不知何能道此語也."

嘗論趙師錫[2]偃蹇驕傲, 無人臣禮, 竄之以死。甲戌, 時事大變, 其黨始修郤[3]而復恐, 謫明川[4]。

公出入經席, 有言動聽主眷隆重。葛菴李公, 嘗曰:"同入講筵, 吾輩與有光寵云."

在諫院時, 有時宰請公駁淸州牧, 公以爲事涉私憾, 往復數四, 終不聽。又有知萊州一人, 以親老辭官, 朝廷不許, 旣赴任, 諫長將論之, 公

---

1 發解(발해): 과거의 初試에 합격함.

2 趙師錫(조사석, 1632~1693): 본관은 楊州, 자는 公擧, 호는 晩悔·晩休·香山·蘿溪. 증조부는 趙擎이며, 조부는 趙存性이다. 아버지는 형조판서 趙啓遠이며, 어머니 平山申氏는 영의정 申欽의 딸이다. 부인 安東權氏는 權垕의 딸이다. 趙泰耈의 아버지이다. 1660년 진사시에 합격하고, 1662년 증광문과에 급제하였다. 좌의정을 지냈다. 기사환국 때 형이 고르지 못한 것을 상소하여 왕의 노여움을 샀고, 1691년 동궁 책봉 賀禮에 불참하였다는 것을 이유로 固城에 귀양 가서 죽었다.

3 修郤(수극): 틈을 노림.

4 明川(명천): 함경북도 동남부에 있는 고을.

曰：“彼以法辭，强令行之，又復論之可乎？”

　銘曰：“剛爲陽德，公實有之。君子之常，春當霄漢。玉立朝端，邦家之光。命何云短？祿何不豐？其存者長，鞍山之陽。四尺之高，學士斯藏.”
【趙德鄰撰碣】

보충
조덕린(趙德鄰, 1658~1737)이 찬한 묘갈명

중직대부 행 홍문관수찬 김공 묘갈명 병서

　학사(學士) 김천개(金天開: 김여건)가 죽은 지 30여 년이 되었다. 그의 아들 김경한(金景漢) 등이 사장(事狀: 선친의 행적을 정리한 글)을 갖추어 삼천 리 떨어진 종성(鍾城)의 최북단에까지 글을 보내 죄인 조덕린(趙德鄰)에게 비문을 청하며 말하기를, “우리 선친의 묘에는 의당 비각(碑刻)이 있어야 합니다. 못난 저희들은 당시 아직 어려서 선친께서 남기신 발자취를 세월이 가면 갈수록 잊고 있었는데, 다행히도 예전에 선친과 교유하셨던 분으로 홀로 집사께서만 살아 계시니 감히 아룁니다.”라고 하였다. 조덕린 나는 감히 감당할 수 없다고 사양하였으나, 다시 편지를 보내 더욱 간절히 청하는 말이 더욱 애절하였다. 조덕린이 스스로 생각하기를, ‘내가 젊었을 때부터 김천개와 교유한 지 오래였고, 그 아들들이 반드시 멀고 험한 천리 길에도 이 일을 부탁하는 의도하는 바가 있을 것이다. 접때 내가 북쪽으로 귀양을 오는 길에 명주(明州)를 지나면서 김천개가 일찍이 유배와 지냈던 것에 탄식하였으니, 그의 사람됨을 상상해 보았다. 가령 김천개가 지금까지 살아 있었다면 비록 때를 만나 자기의 도를 실천했을지 여부는 알 수 없으나, 그가 쌓은 학문과 덕행은 세상의 도의(道義)를 붙들어 세웠을 것이다. 우리 같은 무리들은 실로 은택을 입었을 것이니, 내가 어찌 꽁무니를 빼면서 무능함만 핑계 삼아 끝내 훌륭한 벗의 이름을 묻히게 하겠는가?'라고 하고는 사장(事狀)을 살폈다.

천개의 휘는 여건(汝鍵), 성씨는 김씨이다. 신라 왕족의 후예로 신라 말기에 왕자 김석(金錫)이란 자가 있었는데, 의성(義城)에 봉해졌다. 그 후손들이 마침내 본관을 의성으로 삼았는데, 고려 시대에 이르러 휘 김용비(金龍庇)가 있었으니, 관작은 금자광록대부(金紫光祿大夫)에 이르렀고 공덕이 있어 백성들이 사당에 제사를 지냈다. 4대를 지나 휘 김용초(金用超)는 우리 태조(太祖)의 개국을 도왔고, 벼슬은 호남병마사를 지냈다. 6대조 휘 김희삼(金希參)은 천조(天曹: 吏曹)의 전형(銓衡)을 맡아서 학문과 행실로 이름이 높아 향현(鄕賢)에 제향되었으며, 이조판서에 증직되었고, 호는 칠봉(七峯)이다. 그 아들 휘 김우굉(金宇宏)은 홍문관 부제학을 지냈고 호는 개암(開巖)으로 아우 동강선생(東岡先生) 김우옹(金宇顒)과 함께 문장과 덕행이 서로 엇비슷하였는데, 세상에서 추앙하였다. 공에게 5대조가 된다.

증조부 휘 김율(金瑮: 창녕현감 金得可의 아들)은 부호군을 지냈고, 승지에 증직되었다. 조부 휘 김추길(金秋吉)은 생원으로 지냈고, 이조참판에 증직되었다. 아버지 휘 김성구(金聲久)는 준수한 용모에 명망이 높은데다 고아한 인품을 지녔는데, 삼사(三司)를 역임하고 강원도 관찰사에 이르렀다. 어머니 정부인(貞夫人) 권씨(權氏)는 참봉 휘 권목(權霂)의 딸이자 충정공(忠定公) 충재선생(冲齋先生) 휘 권벌(權橃)의 5세손녀이다. 현종대왕(顯宗大王) 원년 경자년(1660)에 공을 낳았다.

어려서부터 영민하고 총명하였으니, 책을 한번 보면 곧바로 외웠다. 15세 무렵에 지은 시문(詩文)이 눈부셔서 사람들을 놀라게 하였고, 17세 때는 향시(鄕試)에 합격하였다. 그의 글은 모두 입에서 입으로 전해지며 익숙해졌다. 비록 원로한 스승과 학식이 깊은 선비들일지라도 또한 모두 입을 모아 천거하면서 어찌 이런 말을 능히 표현할 수 있는지 모르겠다고 하였다.

정묘년(1687) 가을 사마시에 합격하고, 이어서 경명과(經明科: 明經科의 오기)에 급제하여 괴원(槐院: 승문원)에 선발되어 들어갔다. 경오년(1690) 정자를 거쳐 저작과 박사를 역임하고 11월에 전적으로 승진하였다. 이로부터 화려한 명성이 더욱 크게 알려지자, 관직이 자주 바뀌어 쉴 틈이 없었다. 경오년부터 갑술년(1694)까지 내직으로는 기랑(騎郎: 騎省郎官, 병조 낭관)과 지평(持平)을 한 것이 4번, 정언(正言)을 한 것이 5번, 강원(講院)에서 사서(司書), 옥서(玉署: 예문관)에서 수찬(修撰)에 2번 제수되었으며, 외직으로는 한번 경상도 도사(慶尙道都事)가 되었으니, 모두 벼슬마다 그 직무에 적합하였다.

성격이 능히 강직하여 굴하지 않고 스스로 남에게 예속되지 않았다. 간원(諫院)에 있을 때 청주목사로 나가는 자가 있었는데, 이때 재상(宰相)이 그 사람을 달가워하지 않아 공에게 공박하도록 청하였으나 공은 듣지 않았고, 서너 차례 더 요청이 오고갔지만 공은 끝내 듣지 않았다.

손만웅(孫萬雄, 1643~1712)이 내주(萊州: 경상남도 남동부 일대에 있던 옛 고을)의 수령으로 나가야 했는데, 부모가 연로함을 이유로 법을 원용하여 힘써 사직하려 했으나 조정에서 허락하지 않았다. 부임하고 나자, 간장(諫長: 대사간) 이식(李湜, 1643~1700)이 이를 논핵하려고 공에게 간단히 물으니, 공이 말하기를, "그가 법에 따라 사직을 청한 것은 조정이 그러한 법이 있는 것을 알지 못한 것이 아니었는데도 단지 듣지 않고 억지로 시행한 것입니다. 이제 법대로 논핵한다는 것은 너무 심한 일입니다."라고 하면서 마침내 서경(署經)하지 않았다. 이공(李公: 이식)이 끝내 논핵하자, 공은 상소하여 사피(辭避: 사양하여 거절하고 피함)하니, 주상이 입대(入對)한 여러 신하들을 돌아보며 말하기를, "정언 김 아무개의 말이 옳도다."라고 하였다.

수찬(修撰)이었을 때, 주강(晝講: 낮에 시행하는 정규 강의)에서 우레가 치는 변고에 대해 경계의 뜻을 진언하였으니, 하늘의 마음이 인자하여 사랑하는 것을 거듭 생각하고 군주의 덕이 제대로 닦여졌는지의 여부를 늘 돌보아야 할 것이라면서 지나치게 교만하여 스스로를 성현(聖賢)으로 여기는 것에 경계하였던 것이다. 성상(聖上)의 학문에 대해 논함에 있어서는 경(敬)을 위주로 한 것인데, 모든 공경의 도리는 반드시 외면으로 용모를 바르게 움직이는 데서 시작하여 사려를 정돈하는 선상에서 실천해 나가야 하는 것이라 하였으니, 하나같이 정자(程子)나 주자(朱子)가 남긴 말씀에 근본한 것이었다. 그리고 공이 말하기를, "임금이 도에 지나치게 위엄을 부리거나 분노하는 것은 때가 아닌데 벼락이 떨어지는 변고와 같은 반응입니다."라고 하였고, 또 말하기를, "외면이 만일 단정하게 엄숙해진다면 내면도 자연히 수렴되는 것입니다."라고 하였는데, 이 몇 마디의 말은 모두 경술(經術: 경서에 관한 학문)에서 흘러 나온 것이지, 결코 한 순간 임시변통하는 대답이 아니었다. 다음으로 군주와 백성의 서로 의지함, 사치의 점점 성해짐에 대해 언급하였으니, 말한 바는 모두 사실에 근거한 것이었고 지적한 폐단은 모두 시세에 꼭 들어맞았는데, 응대는 자세하고도 품위 있었고 아뢰는 말은 민첩하며 능숙하였다. 주상이 자주 칭찬하여 말하기를, "유신(儒臣)이 경계에 대해 올린 진언은 간절함과 지성스러움이 모두 지극하니 유념하여 가슴에 새겨두지 않을 수 있겠는가?"라고 하고는, 마침내 술을 하사하여 장려하였다.

갈암(葛菴: 葛庵) 이 선생(李先生: 李玄逸)이 관찰공(觀察公: 부친 金聲久)에게 보낸 편지에 이르기를, "어진 아들과 함께 경연(經筵) 석상에 들어간 것은 우리들까지 덩달아 영광스러웠네."라고 하였다. 이후로부터 경연 석상에 출입할 때마다 말과 행동은 주상의 깊은 주목을 받았고, 조정 안팎의 마음이 한결같이 공에게로 향하였다.

그러나 갑술년(1694)에 시국이 크게 변하였는데, 얼마 지나지 않아 마침내 명천(明川)으로 유배가게 되었다. 아마도 공이 이전에 조사석(趙師錫)은 거만함과 교만함으로 신하로서 예가 없음을 논핵하여 그를 유배

보냈다가 죽었기 때문이다. 그의 도당이 비로소 틈을 노리다가 앙갚음을 한 것이었다.

명천은 황량하고 외지고 누추하여 사람이 살 만한 곳이 아니었다. 그러나 공은 그곳에서 태연히 지냈는데, 관찰공이 편지를 보내 글을 읽으며 천명을 따라 분수를 지키라고 하였다. 공은 무릎을 꿇고 가르침을 받고는 문을 닫아걸고서 손님을 받지 않은 채 날마다 주자서(朱子書)를 펴 하루 종일 읽었으며 밤에도 게으르지 않았다. 배우려는 자들이 모여들자 재능에 맞게 가르쳐 이끌었으며, 간혹 홍남파(洪南坡: 洪宇遠, 1605~1687)가 유배 중에 지은 시를 골라서 그 운(韻)을 따라 자신의 뜻을 드러내어 동료들에게 의리로 자신을 이기도록 권면하였다.

을해년(1695) 7월 재해로 인하여 죄수에 대한 사면령이 내려져 고향으로 돌아왔다. 그로부터 2년 뒤인 정축년(1697) 봄 역병에 걸려 낫지 못하고 세상을 떠났는데 정확히 정월 11일이었으니 향년 38세였다. 안동(安東) 춘양현(春陽縣) 안현(鞍峴)의 임좌(壬坐) 언덕에 묻혔다.

공은 타고난 기질이 강직한데다 지조와 행실이 확고하고 올곧았으니, 함부로 남의 뒤를 따르지도 않았고 남을 쉽게 인정하지도 않았으며, 뜻에 불가한 것은 비록 맹분(孟賁)과 하육(夏育) 같은 용맹한 이라도 꺾을 수 없었다. 특히, 선비의 절조를 갈고닦았으니, 오직 의리로 어떠해야 하는지를 살폈을 뿐이었고, 하나라도 이해관계를 따지는 마음이 없었다.

그의 효성과 우애는 타고난 성품 그대로였다. 관찰공이 여주(驪州)에 있었을 때 창증(脹症: 복부가 팽창하는 병)에 걸려 위독하였는데, 공이 의원을 불러들여 약을 지어서 드리며 몇 달 동안 밤낮으로 띠를 풀지 않고 보살폈다. 병이 깨끗이 낫자, 의원이 감탄하며 말하기를, "영공(令公: 관찰공)의 병은 실로 공의 지극한 정성 덕분에 나은 것이지, 약의 영험한 효과 때문이 아닙니다."라고 하였다. 여러 아우들과 우애하면서 그들을 가르치며 정과 사랑이 극진했으니, 따로 생업을 마련하지도 않았고 재물이나 이익에 대해 말하지도 않았다. 글을 짓는 틈틈이 때로는 술을 가져오게 하여 마음껏 즐기며 어울렸으나 또한 방종하거나 업신여기지 않았다.

만년에는 강직함을 꺾어 부드러워져서 유연함과 곧음이 조화를 이루었는데, 그의 문장 또한 젊은 시절의 과거 시험에 적용했던 기운을 벗어나 평이함을 힘써 지향하였으니 질박함과 검약함이 잘 어우려져 볼 만하였다. 시는 본래 익숙하지 않았으나 유배되어 있으면서 무료할 때마다 문사(文辭: 시문의 글귀)를 감상하며 그것을 잊었으니, 임금에 대한 사모함과 어버이에 대한 생각함, 시대의 걱정과 풍속의 개탄, 이 세상 일신상의 핍박함, 변방의 풍물 등이 모두 시에서 드러났다. 대체로 시인의 흥취와 원망이었지만 끝내 그것을 운명으로 돌리고서 태연하였다. 잡저와《북천록(北遷錄)》몇 권이 있어 집에 보관되어 있다.

김천개는 행실이 준엄한데다 맑고 깨끗하여 세태에 따라 부침하지 않았고, 남의 말에 따라 아무렇게나 받아들이지 않았으니, 이 때문에 대범하고 고귀하다는 명성을 얻었다. 공론은 비록 그와 같이하였지만, 세도(勢道)의 요인(要人)들이 다 아끼지는 않았다. 이로 말미암아 청요직(淸要職)에 오르기는 했으나 5년 사이에 대간의 직책을 두루 전전하며 번갈아 역임했으나 더 높은 자리로 나아가지 못했다. 마침 운 또한 따르지 않고 기일도 촉박하여서 그 쓰임이 다하지 못하였으니 어찌 안타깝지 않겠는가? 그렇다지만 김천개의 뜻이 아니었다.

부인 광릉이씨(廣陵李氏)는 선교랑(宣敎郎) 이휴명(李休命)의 딸이고, 공조참의를 지내고 이조참판에 증직된 석담선생(石潭先生) 휘 이윤우(李潤雨)의 현손녀이다. 공경하고 삼가며 바르고 엄정하여 시부모를 섬기는데 예를 다했으며, 규방 안에서는 화목하고 온화하였다. 공이 죽은 지 17년 뒤인 갑오년(1714)에 죽었고, 공의 묘 왼편에 합장되었다. …(중략)… 명(銘)은 이러하다.

강건함은 양덕(陽德)이거늘, 공은 참으로 이를 지녔도다.

군자의 상도(常道) 따르니, 봄날의 기운 하늘에 미쳤도다.

옥같은 기상으로 조정에 서니, 나라와 집안의 빛이었도다.

어찌 명은 이리도 짧았고, 복록은 어찌 넉넉지 않았던가.

그 남긴 바는 길이 전해지리라, 안산의 남쪽 땅에서나마.

높이 네 자 되는 곳에, 학사(學士)가 이곳에 묻혔도다.

中直大夫行弘文館修撰金公墓碣銘 幷序

金學士天開, 歿三十餘年。其孤景漢等, 具事狀, 走書三千里至鍾城極北界上, 乞文於纍囚趙德鄰, 曰: "吾先子之墓, 宜有刻也。不肖等時尚少, 其遺跡日遠日忘, 幸嘗與先君子遊者, 獨執事在, 敢以聞." 德鄰辭謝不敢當, 復書, 請益急, 辭益哀。德鄰自念: '吾少與天開遊久, 其孤之必絶險千里。託茲事, 意其有在。日吾之北逐也, 路過明州, 天開曾謫居, 於是歎息, 想見其爲人。假令天開至今生存, 雖不知遇其時行其道與否, 而積學蓄德. 扶竪世道。其吾徒實賴之, 吾奈何退託無能, 終沒賢友之名乎?' 按狀。天開諱汝鍵, 金氏。冑於羅王, 羅末有王子錫者, 封諸義城。其子孫, 遂爲義城人, 至麗朝, 有諱龍庇, 官金紫光祿大夫, 有功德民祠之。四世而至諱用超, 佐我太祖開國, 官湖南兵馬使。六世諱希參, 佐銓天曹, 以學行著稱, 祀鄉賢, 贈吏曹判書, 號七峯。子諱宇宏, 弘文館副提學, 號開巖, 與弟東岡先生宇顒, 文章德行相伯仲, 爲世所推重。於公爲五代祖。曾祖諱琭, 副護軍贈左承旨。祖諱秋吉, 生員贈吏曹參判。考諱聲久, 玉貌令望, 圭璋特達, 歷敭三司, 官至江原道觀察使。妣貞夫人權氏, 參奉諱霖之女, 忠定公冲齋先生諱橃之五世孫也。以顯宗大王元年之庚子生公。少精敏聰悟, 書過目輒誦。甫成童, 詞采燁然驚人, 十七, 發鄉解。其文皆口相傳以熟。雖老師宿儒, 亦交口薦譽, 不知何能道此語也。丁卯秋, 中司馬, 因登經明第, 選入槐院。庚午, 由正字, 歷著作博士, 十一月。陞典籍。自是華聞彌大, 遷除無暇時。自庚午至甲戌, 內則爲騎郎爲持平者四, 正言者五, 於講院爲司書, 於玉署再除修撰, 一出爲慶尙道都事, 皆官稱其職。能剛毅自立。在諫院時, 有出牧淸州者, 時宰不悅於其人, 請公駁之, 公不聽, 往復數四, 公終不聽。孫公萬雄, 出知萊州, 以親老援法力辭, 朝廷不許。旣赴任, 諫長李公湜, 將論之, 簡問于公, 公曰:"彼以法辭, 朝廷非不知有法, 特不聽強行之。今論如法已甚."遂不署。李公竟論之, 公上章辭避, 上顧語入對諸臣, 曰:"正言金某之言是也."其爲修撰也, 因晝講以雷變進戒, 反覆乎天心之仁愛, 眷眷乎君德之修否, 而以太亢滿, 自聖賢爲戒。論聖學, 則主於敬, 而凡敬之道, 必從外面動容貌, 整思慮上做將去, 一本於程朱之緖言。而其曰:"人君過中之威怒, 爲非時雷變之應."其曰:"外面若得整肅, 裏面自然收斂."此數語皆自經術中流出, 而決非一時湊合之對。次及於君民之相須, 奢侈之寢盛, 言皆實際, 弊皆切時, 應對詳雅, 敷奏敏給。上亟稱之曰:"儒臣進戒之言, 懇惻切至, 可不留心而服膺焉?"遂宣醞以獎之。葛菴李先生抵觀察公書曰:"與賢胤同入經席, 吾輩與有光寵焉."自是出入筵席, 有言動聽主眷, 物情翕然歸公。而甲戌, 時事大變, 未幾, 遂有明川之行。蓋公前論趙師錫偃蹇驕傲, 無人臣禮, 竄之以死。其黨始修郤而復怨也。明川荒絶僻陋, 非人可居。公處之怡然, 觀察公貽書, 勉以讀書安命。公跪受敎, 杜門卻掃, 日取朱子書, 讀之終日, 夜不倦。學子坌集, 隨才誘進, 間取洪南坡謫居日詩, 步其韻以見志, 勉同人以義理自勝。乙亥七月, 因旱災, 疏釋歸鄕。越二年丁丑春, 染厲不救, 實正月十一日也, 享年止三十有八。窆于安東春陽縣鞍峴負壬之原。公資稟剛勁。操履堅確, 不詭隨不輕許可, 有不可於意, 雖賁育不能奪。尤砥礪於士節, 惟義如何, 一無計較心。其孝友性也。觀察公在驪州, 病脹危甚, 公迎醫合藥, 不解帶晝夜數月。病良已。醫者歎曰:"令公之疾, 實賴胤公之至誠乃瘳, 非藥之靈也."與諸弟, 友而敎, 情愛備至, 不別治生, 不言貨利。文字之暇, 或命酒調, 諧以盡歡, 然亦不至褻瀆也。晚年摧亢爲和, 圓方互見, 而其爲文, 亦脫去少時場屋氣訣, 務趍平易, 質約彬彬可觀。詩非素所嫺, 在謫無聊, 翫而忘之以文辭,

戀君思親, 悶時病俗, 凡身世之迫阨, 邊土之物色, 皆於詩乎發之。大抵
詩人之興與怨, 而卒歸之於命, 泰然也。有雜著·《北遷錄》若干卷, 藏于
家。天開行峻潔淸, 不隨時低昂, 不以人茹吐, 以此得簡貴聲。公議雖與
之, 勢途要人, 多不愛。坐是登淸顯, 五年之間, 周流臺署, 更躓迭踐,
不能進一步。適又運舛期促, 不究其用, 豈不可惜也哉? 雖然, 非天開
志也。內子廣陵李氏, 宣敎郎休命之女, 工曹參議贈吏曹參判石潭先生
諱潤雨之玄孫也。敬恪方嚴, 事舅姑有禮, 閨第之內, 雍雍如也。後公十
七年甲午歿, 穿其墓左而合葬焉。…(중략)… 銘曰: 剛爲陽德, 公實有之。
君子之常, 春當霄漢。玉立朝端, 邦家之光。命何云短, 祿何不豐。其存
者長, 鞍山之陽。四尺之高, 學士斯藏。

〔玉川先生文集, 권12, 墓碣銘〕

31. 이인부

이인부의 자는 제중, 호는 월포이다. 태종의 왕자 근녕군(謹寧君) 이농(李襛)의 후손이다. 현종 을사년(1665)에 태어났다. 영조 정사년(1737)에 죽었다.

공이 칠계(七戒)를 자리 오른쪽에 써 두었으니, 곧 얼굴, 눈, 귀, 입, 손, 발, 마음이다. 각각 경계하늘 글이 있으니, 그것으로써 스스로 권면하였다. 얼굴에 대한 경계에서 이르기를, "아, 너의 얼굴이여! 너는 거만함을 경계하라. 침을 손으로 닦지 말고 저절로 마르기를 기다려라. 몸가짐을 삼가여 믿음에 가까게 하며, 여러 사람 앞에서는 어찌 삼가지 않겠는가?"라고 하였다. 입에 대한 경계에서 이르기를, "아, 너의 입이여! 말대꾸를 급히 하지 마라. 말을 함부로 내뱉자마자 네 마리 말로도 따라잡지 못한다. 다투고서야 후회하면 무슨 소용이랴? 이에 금인(金人)의 입을 세 번 밀봉하였으리라."라고 하였다. 손에 대한 경계에서 이르기를, "아, 너의 손이여! 너의 법도에 공손하라. 두 손을 모을 때는 마치 가득 찬 그릇을 받들고 가듯 하라. 넘어지는 것 붙들어 주기에 생각하고 장점 꺾는 것에 경계하라. 내 너를 깨우치나니 손바닥 위에 놓고 들여다 보듯 하라."라고 하였다. 발에 대한 경계에서 이르기를, "아, 너의 발이여! 네 발걸음질을 살펴라. 한 걸음이라도 잘못 디디면 반드시 곧 넘어지리라. 엎어지고 자빠지면 누가 부축해 주랴? 땅에 실제로 디뎌야 아마 위태롭지 않으리라."라고 하였다. 나머지는 다 기록하지 않는다. 그 아래에 써서 이르기를, "제중아! 너는 세상에서 버림받는 사람이 되기를 달게 여긴다면, 포기하고서 세상을 마감하는 것이 마땅하다. 만약 그렇지 않으면 너는 어찌하여 두려운 마음으로 떨쳐 일어서서 지난날의 법도를 속히 고치지 않느냐? 멀리 잘못 가기 전에 다시 돌아오면 후회가 없을 것이니 너는 힘쓰거라. 너는 힘쓰거라.”라고 하였다.

• 李仁溥

李仁溥, 字濟仲, 號月浦。太宗王子謹寧君禔後孫。玄宗乙巳生。英宗丁巳卒。

公書七戒于座右: 曰面, 曰目, 曰耳, 曰口, 曰手, 曰足, 曰心。各有箴辭以自勉。面箴曰: “嗟爾面戒汝慢, 毋拭唾待自乾。式執容以近信, 臨衆體可不愼?”口箴曰: “嗟爾口無捷給, 發纔妄駟不及。逮尋戈悔何盆? 茲金人三緘密[1].”手箴曰: “嗟爾手恭爾容, 拱必端如奉盈。思扶顚戒折長, 我警汝視諸掌.”足箴曰: “嗟爾足審爾作, 著一差蹶必亟。及顚沛孰扶持? 措實地庶不危.”餘不盡錄。書其下曰: “仲! 汝甘爲天下棄人, 則宜其暴棄以沒世! 如其不然, 汝何不惕然奮然以速改前度? 不遠而復, 可以無悔, 汝其念哉! 汝其勉哉!”

보충
이인부(1665~1737)의 가계

이인부(李仁溥)

이인부에 대해 이광정(李光庭, 1674~1756)이 지은 〈월포옹 이공 행장(月浦翁李公行狀)〉을 따라 정리하고 약간 보충하면, 다음과 같다.

본관은 전주(全州), 자는 제중(濟仲), 호는 월포(月浦)이다. 태종(太宗)의 여러 아들 중 근녕군(謹寧君) 이농(李禵)의 후손으로, 1665년 4월 7일에 태어났다. 고조부 용궁현감(龍宮縣監) 이성립(李成立)은 효우와 문장으로

1　金人三緘密(금인삼함밀): 《孔子家語》 觀周편에 따르면, 공자가 周나라로 가서 太祖 后稷의 사당에 들렀는데, 섬돌 앞에 그 입을 세 겹으로 봉해진 金人이 서 있었다는 고사에서 유래한 말. 금인의 등에 ‘옛날 말을 삼간 사람’이라고 새겨져 있었다.

세상에 이름을 떨쳤다. 그러나 세상에 아부하지 않아 벼슬은 현달하지 못했다. 증조부 추만(秋巒) 이영기(李榮基, 1583~1661)는 경상북도 봉화군 법전면 시드물 입향조이다. 중후하고 은자(隱者)의 덕이 있어 장자(長者)라 불렸다고 한다. 증조모 안동권씨(安東權氏)는 충정공(忠定公) 충재(冲齋) 권벌(權橃)의 증손녀이자, 석천(石泉) 권래(權來, 1562~1617)의 딸이다. 조부 이시항(李時恒)은 요절하였다. 조모 여주이씨(驪州李氏)는 이환(李煥, 1582~1661)의 딸이다. 아버지 이선(李瑄, 1640~1687)은 문학으로 당시 사람들에게 존중받았다. 1666년 진사시에 합격하고, 1679년 광흥창봉사(廣興倉奉事)에 제수되었으며, 1683년 증광문과에 급제하여 예조 원외랑(禮曹員外郎)으로 승진하였다. 호는 허직(虛直)이며, 은계(銀溪) 우관(郵館)에서 죽었다. 어머니 의성김씨(義城金氏)는 호군(護軍) 김정(金貞)의 딸이다. 계모 강릉김씨(江陵金氏)는 김일명(金一明)의 딸이다. 이인부의 첫째 부인 의성김씨는 의금부 도사 김명기(金命基)의 딸이다. 학봉(鶴峯) 김성일(金誠一)의 5세손이자, 목재(木齋) 홍여하(洪汝河)의 외손녀이다. 둘째 부인 하양허씨(河陽許氏)는 관찰사 허지혜(許之惠)의 딸이다.

이인부는 아버지로부터 '과거 급제와 같은 명예는 본래 우리의 분수에 맞는 일이 아니다. 그러나 동방의 풍속은 이를 통해 가문을 유지해 오고 있으니 선비된 자가 비록 이에 빠져서는 안 되지만, 부질없는 희망을 품는 것도 또한 완전히 포기하는 것도 옳지 않다. 다만 내가 해야 할 수양을 닦으며 때와 운명을 기다릴 뿐이다.'라는 훈계를 받아 과거를 달가워하지 않고 오직 자기 수양을 하며 평생을 보냈다. '칠계(七戒)'를 지어 스스로를 경계하였다.

정사년(1737) 겨울에 전라도사(全羅都事) 둘째아들 이장(李㢢)이 임피현(臨陂縣)에서 두창(痘瘡)으로 객사하자, 그 슬픔으로 삼계(三溪)의 집에서 11월 11일 세상을 떠났으니 향년 73세였다.

32. 권덕수

권덕수의 자는 윤재, 호는 포헌, 본관은 안동이다. 현종 임자년(1672)에 태어났다. 영조 기묘년(1759)에 죽었다.

공은 타고난 자질이 영특하고 호걸스러웠으니 기개와 도량이 준엄하고 반듯한데다 정신과 의식이 맑고 뚜렷하였으며, 담력과 지조가 굳세고 꿋꿋하였으니 산악과 같이 우뚝한데다 생강과 계피처럼 매서웠다. 일찍이 말하기를, "내가 갑자기 사변(事變)을 당하면 곧바로 한 가지 해결할 길이 눈앞에 분명하게 떠오르는데, 이는 평소에 글을 세밀하게 읽은 효과인 듯하다."라고 한 적이 있으며, 또 말하기를, "욕심이 있으면 마음이 저절로 좁아지고, 생각이 많으면 통찰이 정밀하지 못하니, 일을 파악하려면 모름지기 식견이 있어야 하고, 일을 행하려면 모름지기 기개가 있어야 한다."라고 한 적이 있다.

무신년(1728) 봄에 역적 무리가 속여 위협하면서 도리에 어긋나는 말을 퍼뜨린다는 소문을 듣고는, 공이 크게 놀라며 말하기를, "이는 대역(大逆)이다."라고 하면서 그 말을 전한 자를 꾸짖고 내쫓았는데, 역적의 무리가 원한을 품고 있다가 사로잡히게 되자 공을 모함하여 끌어들였다. 공은 다행히 하늘의 해가 환히 비춤에 힘입어 어명을 널리 알리도록 하여 위로하였다. 이후로부터 공은 흙을 쌓아 집을 만들어 그곳에서 생을 마쳤다. 자호(自號)로 '토실거사(土室居士)'라 하였다.

밀암(密庵) 이재(李栽)는 매번 저술한 글이 있을 때마다 반드시 공에게 의논하여 평가를 듣고는 말하기를, "이 노인의 문장법은 마치 혹독한 관리가 죄수를 심문하는 것과 같다."라고 하였다.【협주: 이상정이 찬한 행장에 실려 있다.】

• 權德秀

| 權德秀, 字潤哉, 號逋軒, 安東人。顯宗壬子生。英宗己卯卒。

　公天姿英邁, 器宇峻整, 神識精明, 而膽守堅定, 屹如山岳, 鮮如薑桂。
嘗曰：“吾猝當事變, 便覺一條路了了眼前, 似是平日看文字仔細之驗.”
又曰：“有欲則心自小, 多思則見不精, 解事須有見識, 做事須有氣魄.”
　戊申春, 聞賊竪誣贅不道之說, 公大驚曰：“此大逆也.”叱逐其傳語
者, 賊竪啣之, 及就擒, 誣援。公幸賴天日照燭, 宣旨以慰。自是公築土
爲室以終焉。自號土室居士。
　密庵李公栽, 每有論著, 必待公商量, 曰：“此老者文法, 一似酷吏勘
獄.”【李象靖撰行狀[1]】

보충
권덕수(1672~1759)의 가계와 이력

권덕수(權德秀)

권덕수에 대해 이상정(李象靖, 1711~1781)이 지은 〈행장(行狀)〉을 따라
정리하고 약간 보충하면, 다음과 같다.

본관은 안동(安東), 자는 윤재(潤哉), 호는 포헌(逋軒)이다. 고려태사(高麗
太師) 권행(權幸)의 후손으로, 1672년 7월 20일 기천현(基川縣) 우곡리(愚谷
里: 경상북도 영주시 풍기읍) 외가에서 태어났다. 5대조 송암(松巖) 권호문(權
好文, 1532~1587)은 퇴계 이황의 문하에서 수학하였고, 여러 차례 불러도
나아가지 않은 이래 출사보다 향촌에 은거하며 처사로서의 삶을 영위하
였다. 고조부 매호(梅湖) 권행가(權行可, 1553~1623)는 진사시에 급제하였

1　李象靖이 찬한 행장은 《大山集》에 실려 있지 않고, 權德秀의 《逋軒先生文集》 권5 〈附錄·
　行狀〉으로 실려 있음.

고, 순릉참봉(順陵參奉)에 제수되었다. 증조부는 권중정(權中正, 1592~?), 조부는 권명시(權命時, 1628~1688), 아버지는 권진원(權震元, 1625~1697)인데, 3대가 은자의 덕을 지녀 벼슬하지 않았다. 어머니 예안김씨(禮安金氏)는 통덕랑 김종발(金宗渤)의 딸이자, 군수 김선(金鑑, 1596~1625)의 손녀이며, 응교(應敎) 죽일재(竹日齋) 김광엽(金光燁, 1561~1610)의 외증손녀이기도 하다. 부인 의성김씨(義城金氏)는 예부원외랑(禮部員外郎) 금옹(錦翁) 김학배(金學培, 1628~1673)의 딸, 운암(雲巖) 김명일(金明一, 1534~1570)의 현손이다.

권덕수는 외가 별제(別提) 정근재(定跟齋) 김규(金煃, 1602~1685)의 가르침을 받았고, 벼슬에는 욕심이 없이 경사(經史)에 잠심하여 연마한 적암(適庵) 김태중(金台重, 1649~1711)을 따라 배웠다. 1687년 천성(川城)으로 유학가서 하당(荷塘) 권두인(權斗寅)의 문하에서 수학하였으며, 종조부 졸와(拙窩) 권이시(權以時, 1631~1704)에게 학문을 배워 가학을 전수받았다. 1690년 향시(鄕試)에 합격하고, 동당시(東堂試)에 응시하려 했으나 족형(族兄) 구소(鳩巢) 권성구(權聖矩)가 시관(試官)임을 알고 응시를 단념하였다. 그 후로 금양(錦陽)에 있던 갈암(葛庵: 또는 南嶽) 이현일(李玄逸, 1627~1704)의 문인이 되었는데, 과거를 단념하고 유학의 전통을 지키면서 학문연구와 후진교육에 전념한 병곡(屛谷) 권구(權榘, 1672~1749)와 갈암의 같은 문인으로 매우 깊은 우정을 나누었다. 1702년 조모상(祖母喪: 광산김씨 생원 金得礴의 딸), 1704년 갈암상(葛庵喪: 이현일)과 졸와상(拙窩喪: 권이시)을 겪고는, 후진 교육을 자신의 임무로 삼아 서재를 열고 학령(學令)을 벽에 걸어 제자들을 가르쳤다. 1709년 청성(靑城, 경상북도 안동시 풍산읍 막곡리)으로 거처를 옮기고, 구하대(驅下臺) 곁에 정자를 지어 '포촌(浦村)'을 호로 삼았다. 1712년 모친상을 당하여 치르고 난 뒤에 1717년 다시 성산(星山) 북쪽 기슭으로 거처를 옮겼는데, 이곳에서 여생을 마칠 뜻을 세우고 손자들의 학문을 가르치면서 《몽구(蒙求)》 1권을 지었다.

1728년 3월 13일 이인좌(李麟佐)의 난이 일어나자, 영남 안무사(安撫使) 박사수(朴師洙, 1686~1739)와 호소사(號召使) 조덕린(趙德鄰, 1658~1737)을 찾아가 의논한 뒤 고을의 의병을 모으는 격문을 짓고, 류승현(柳升鉉, 1680~1746)을 의병장으로 추천하였다. 그러나 권덕수는 권구·류몽서(柳夢瑞, 1680~1750)와 함께 적도들에 연루되어 죽음 직전까지 갔으나, 영조(英祖)의 선처로 목숨을 부지하였다. 5월 18일 그때 관찰사 박문수(朴文秀, 1691~1756)를 통해 영조의 뜻이 전달되었으니, "안동 사람들이 반역과 순종의 의리를 잘 알아서 역적들을 꾸짖어 물리쳐 그들로 하여금 분개하여 떠나게 한 것은 진실로 가상하고 탄복할 만하다. 지금 이 권덕수 무리들이 구원받아 풀려났는데, 어찌된 곡절 때문인지는 모르겠으나 아무런 근거도 없이 무함(誣陷)을 받은 데서 나온 것이라면 또한 이럴 리가 없지 않을 것이다. 설령 처음에는 저들의 현혹에 빠져 잘못되었을지라도 곧바로 깨닫고 징계하여 끝내 따르지 않았으니, 곧 깨끗이 씻고 벗어나 개과천선함으로써 이름난 고을의 충효스런 습속을 저버리지 않았다. 이에 일체 모두 단번 죄를 깨끗이 씻어주고 다시 철저히 추구하지 않기만 한다면 그들 무리는 필시 나의 이런 뜻을 알지 못할 것이니, 경(卿)이 그들을 불러다가 무함을 받았어도 구원되어 풀려난 전말을 자세히 말해 주어 그들로 하여금 환히 알게 한 다음 편안히 살도록 하면서 더욱 충의(忠義)를 힘쓰게 하라. 이어서 안동의 사민(士民)들로 하여금 내가 훌륭한 풍속을 깊이 가상히 여기는 뜻을 알게 하라."라고 하였다. 이때 안동 사람들이 잇따라 역적의 공초에 거론되었으나, 영조가 일체 불문에 붙였던 것이다. 권덕수는 이인좌의 난에 대한 전말을 〈황원일기(黃猿日記)〉로 남겼다.

1741년 동쪽으로 영산(英山) 석문(石門)으로 들어갔다가, 다시 야성(野城) 지원(芝院)으로 옮겼다. 또 1743년 진성(眞城: 경상북도 청송군 진보면) 송강(松江)으로 옮겼고, 1749년 다시 남쪽으로 길현(吉縣) 모산(茅山)으로 옮겼다가 삼자(三子) 천대(天台)의 거처로 돌아왔다. 이를 통해, 그는 만년에 들어 어느 한 곳에 정착하지 못한 삶을 볼 수 있다.

1757년에 수직(壽職: 80세 이상 노인에게 주던 명예직)으로 통정대부첨지중추부사에 제수되었다. 1759년 5월 자제들에게《대학(大學)》과《중용(中庸)》을 가져오도록 하여 직접 그 두 서문을 암송하고 5월 10일에 향년 88세로 세상을 떠났다.

33. 권구

권구의 자는 방숙, 호는 병곡, 본관은 안동이다. 현종 임자년(1672)에 태어났다. 영조 기사년(1749)에 죽었다.

공은 열네다섯 살이었을 때 《육경(六經)》·《사자(四子: 四書)》 및 정자(程子)와 주자(朱子)의 글에 이르기까지 전념하면서 천문(天文)·주수(籌數: 산수)·복서(卜筮: 점술)·병가(兵家)를 아울러 모두 두루 공부하였다. 일찍이 말하기를, "세속의 출세에 나아가기보다는 차라리 좋아하는 바를 따르겠다."라고 하며, 일찌감치 과거 공부를 끊었다. 사창(社倉: 공동 곡물 창고)을 마련하여 쌓아두니 피폐한 자가 구제되고, 향약(鄕約)을 손질하여 가르치고 인도하니, 완고하고 어리석은 자가 교화되었다. 매번 유림(儒林)에서 큰 논의가 있을 때마다 공의 한마디 말로 결론이 났다.

영조(英祖) 때 품행과 도의로 이름이 알려져서 밀암(密庵) 이재(李栽)와 함께 인재를 천거하는 문서에 들었다.

무신년(1728) 봄에 갑자기 흰 말을 탄 자가 오육십 명을 이끌고 곧장 집안으로 들어와 당에 오르며 공을 위협하여 말하기를, "근래에 이러이러한 일이 일어났는데, 어르신이 어찌 베개를 높이고 편안히 누워 있을 때이겠습니까?"라고 하자, 공이 벌떡 일어나 크게 꾸짖어 말하기를, "이 무슨 말인가? 나는 우리 임금을 저 하늘처럼 받드는데, 어찌 그 밖의 일을 알겠는가? 너는 내 목을 베어 가거라."라고 하면서 그대로 손으로 바닥을 짚은 채 머리를 수그려 그 역적에게 내밀었다. 역적이 빼어 든 칼로 누르면서 다시 무슨 말을 하려고 하자, 공이 연이어 꾸짖기를, "속히 내 목을 베어라."라고 하니, 역적은 한참 동안 하늘을 쳐다보기도 하고 땅을 굽어보기도 하다가 곧 일어나 갔다. 공은 다시 바로 앉아서 크게 꾸짖기를, "우리 고을의 풍속을 너만 홀로 듣지 못했느냐? 반역과 순종의 구분은 노예라도 또한 아는 것이니, 너희들이 호수나 강 어귀에서 목 잘린 귀신이 된 것을 길거리에서 보게 될 뿐이다."라고 하였다. 공은 힘으로 역적을 추격하여 섬멸할 수 없음을 생각하고 마침내 달려 안동부(安東府)로 들어가 의거를 일으킬 것을 의논하였다.

뒤로 영남에 권씨 성을 가진 자가 역적의 공초(供招)에서 나오자, 금오랑(金吾郎: 의금부 도사)이 체포하려 했으나 그 이름이 없었다. 안무사(安撫使) 박사수(朴師洙)가 해당자를 찾지 못하자 공을 명망 있는 선비로 여기고 마침내 공을 붙잡아 보냈다. 공은 갑작스럽게 이런 상황에 직면해서도 얼굴빛이 조금도 변하지 않았는데, 국문(鞫問)하는 자리에서도 거동이 침착하고 온화한데다 공초에 대한 대답도 상세하고 곧이곧대로이니, 주상은 점차 용안이 온화하고 맑아지다가 메아리 같은 옥음(玉音)으로 특별히 풀어주도록 하고 군졸을 붙여 호송하게 하였다. 유지(諭旨)를 영남에 내려 이르기를, "안동 사람들이 반역과 순종의 의리를 잘 알아서 역적들을 꾸짖어 물리쳐 그들로 하여금 분개하여 떠나게 한 것은 진실로 가상하고 탄복할 만하다."라고 하였다.

시랑(侍郎) 오광운(吳光運)은 문사랑(問事郎)으로 있으면서 사람들에게 말하기를, "아무개는 국문을 받을 때 수척하여 옷조차 가누지 못할 정도였으나, 말하는 기색은 침착하고 상세하며 명백하였으니, 도를 배워 정신을 지키는 사람이 아니고서는 그렇게 할 수 없을 것이다."라고 하였다. 【협주: 이상정이 찬한 행장에 실려 있다.】

• 權榘

| 權榘, 字方叔, 號屛谷, 安東人。顯宗壬子生。英宗己巳卒。

公甫成童, 專意《六經》·《四子》以及洛建之書, 如天文·籌數·卜筮·兵家之流, 並皆旁治。嘗曰: "進取[1]不如從吾所好." 早絶科業。爲社倉積貯,

凋弊者蘇, 修鄕約敎導, 頑悍者化。每有儒林大議, 以公一言決焉。

英廟朝, 以行誼聞, 與密庵李栽, 同入薦牘。

戊申春, 忽有人跨白馬, 率五六十人, 直入升堂, 贅公曰:"近日有如此如此事, 丈人豈高枕安臥時耶?"公蹶起大叱曰:"是何言也? 吾戴吾君如彼天, 寧知其他? 爾斷吾頭去."仍以手據地, 引頸而與賊。賊拔劍按之, 更欲有言, 公連罵曰:"速斷頭!"賊俯仰良久, 旋卽起去。公復坐大叱曰:"吾鄕風俗, 爾獨不聞? 逆順之分, 奴隷亦知, 行見汝輩爲湖港斷頭鬼耳."公念力不能追殲賊, 遂馳入府, 議倡義擧。

後嶺外, 有一權姓人, 出逆招, 金吾逮捕, 而無其名。安撫使朴師洙[2], 不能得其人, 以公爲望士也, 遂執送公。公猝遇之, 而色不少變, 及詣鞫庭, 擧止安閑, 供對詳直, 漸見天顔溫粹, 玉音如響, 特爲放釋, 給卒護送。下諭嶺南曰:"安東之人, 曉解逆順, 叱退賊竪, 使之發憤而去。誠可嘉歎."

吳侍郎光運[3], 以問事郎, 出語人, 曰:"某就鞫, 矐然若不勝衣, 而辭氣安詳明白, 非學道有神守者不能也."【李象靖撰行狀[4]】

---

1 進取(진취): 적극적으로 나서서 일을 이룩함. 여기서는 세속적인 출세을 일컫는다.

2 朴師洙(박사수, 1686~1739): 본관은 潘南, 자는 景魯, 耐軒·耐齋. 증조부는 朴世基이며, 조부는 朴泰定이다. 아버지는 朴弼英이며, 어머니 韓山李氏는 李興稷의 딸이다. 朴弼明에게 입양되었다. 첫째부인은 張泰亨의 딸이며, 둘째부인 礪山宋氏는 宋正明의 딸이다. 1714년 생원시에 합격하고, 1723년 증광문과에 장원급제하였다. 1727년 승지가 되었으며, 이듬해 대사성이 되었다. 대사헌·嶺南安撫使·대사간을 거쳐 判決事가 되었는데, 이때 영조의 명을 받아 宋寅明과 함께 신임사화의 전말을 밝힌《勘亂錄》찬수의 명을 받았다. 1731년 황해도관찰사 이후 평안도관찰사와 1738년 예문관제학을 거쳐 호조판서를 역임하였다. 우참찬으로 재직하던 중 죽었다.

3 吳侍郎光運(오시랑광운): 侍郎 吳光運(1689~1745). 본관은 同福, 자는 永伯, 호는 藥山. 증조부는 吳挺漢이며, 조부는 吳始鳳이다. 아버지는 돈녕부도정 吳尙純이며, 어머니 廣州安氏는 병조판서 安後說의 딸이다. 부인 安東權氏는 權諿의 딸이다. 1714년 사마시에 합격하고, 1719년 증광문과에 급제하였다. 說書에 올라 延礽君(뒤의 영조)의 書筵官이 되었으며 승지를 지냈다. 1728년 홍문관의 수찬·교리 및 동부승지를 역임하였다. 이때 3월에 李麟佐의 난이 일어나자 변을 아뢰고 대비하도록 하였다. 1729년 嶺南按覈御史가 되고, 이어 대사헌을 거쳐 1737년 대사간, 1740년 副司果가 되었다. 1743년 예조참판을 역임하고, 1744년 司直을 거쳐 개성유수에 이르렀다.

4 李象靖의《大山集》권50〈行狀·屛谷先生 權公行狀〉에 실려 있으며, 한국고전번역원에서

보충

권구(1672~1749)의 가계와 이력

권구(權榘)

권구에 대해 1780년 권명우(權明佑)가 권구의 생질 김서경(金瑞景)이 지은 〈실록기략(實錄記略)〉과 권보(權緖)의 〈상기(詳記)〉를 바탕으로 지은 가장(家狀)을 토대로 하여 이상정(李象靖, 1711~1781)이 찬한 〈행장(行狀)〉을 따라 정리하고 약간 보충하면, 다음과 같다.

본관은 안동(安東), 자는 방숙(方叔), 호는 병곡(屏谷)이다. 고려태사(高麗太師) 권행(權幸)의 후손으로, 1672년 윤7월 2일 안동 지곡리에서 태어났다. 1504년 갑자사화 때 화를 입었으나 좌참찬에 추증된 권주(權柱, 1457~1505)의 현손 권경행(權景行: 權浩然의 장남, 1583~1651)은 서반직(西班職)에 음보되었는데, 바로 권구의 증조부이다. 조부 권단(權摶, 1607~1661)은 문과에 급제하고 정랑을 지냈다. 아버지 권징(權憕, 1636~1698)은 선교랑을 지냈다. 어머니 풍산류씨(豐山柳氏)는 현감 류원지(柳元之)의 딸, 영의정 풍원부원군(豐原府院君) 서애(西厓) 류성룡(柳成龍)의 증손녀이다. 부인 재령이씨(載寧李氏)는 갈암(葛庵) 이현일(李玄逸)의 둘째아늘로 존재(存齋) 이휘일(李徽逸)의 양자가 된 이의(李檥)의 딸이다.

권구는 열네다섯 살 무렵에는 이미 과거 공부 외에도 유학자의 학문이 있음을 알았고, 세속을 벗어나 옛 사람의 자취를 좇았다. 백가(百家)의 학문은 물론이고, 천문, 산수, 점술, 율려 등도 모두 두루 익혀 그 핵심을 파악하였다. 이윽고 육경(六經)과 사서(四書), 정자(程子)와 주자(朱子)의 글에 몰두하고 심오한 뜻을 궁구하였다.

관례(冠禮)를 치르고 나서는 갈암 이현일의 문하에서 직접 가르침을 받았다. 밀암(密庵) 이재(李栽) 등 여러 선비들과 서로 학문을 토론하며

번역문을 제공하고 있음.

견문을 넓혔는데, 이때 선배이자 덕망이 높은 권태시(權泰時), 김명기(金命基), 류후광(柳後光), 권두경(權斗經) 등과도 교유하며 친구로 지냈으니, 권두경은 일찍이 말하기를, "아무개는 나이 어리지만 식견이 노숙하니, 우리가 미칠 수 없다."하고 하였고, 류후광도 그의 깊은 학문에 감탄하여 두 아들을 맡기기도 하였다.

1697년 모친상, 1698년 부친상을 겪었는데, 부친이 병중에 단술을 먹고 싶어 했지만 의원의 만류로 드리지 못한 것이 한이 되어 평생 단술을 마시지 않았을 정도였다. 잇따른 집상(執喪)으로 몸이 쇠약해진데다 당시의 세도(世道)가 심하게 무너지자, 과거의 뜻을 접고 집안에 들어앉아 독실하게 공부하였다.

1716년 병산(屛山)의 서쪽 동네에 머물다가 그 지세가 아늑하고 경치가 빼어나 집을 세내어 정착하였으니, 마을의 이름을 병곡(屛谷)으로 바꾸고 또한 자호(自號)로 삼았다. 1723년 지곡(枝谷)으로 돌아와 거처를 환와(丸窩)라 이름하고, 시로 뜻을 밝혔으니, 바로 "산에 숨어사는 촌 늙은이 오두막, 인간 세상 아니고 태허 속에 있다네. 황홀한 음양이 시작하기도 전에, 홍몽한 천지가 처음 모습을 드러낸다네. 머리 위에 해와 달 한가히 오가고, 눈앞엔 바람과 연기 모이고 흩어지네. 마음에 아무 일 없음을 깨달으니, 이 늙은이 신세 너무나 거침없어라."라고 하였다.

1728년 이인좌(李麟佐)의 난이 일어났을 때 영남에 파견된 안무사(按撫使) 박사수(朴師洙)에 의해 도성으로 압송되어 국청(鞫廳)에서 죄에 대해 진술하자 영조(英祖)가 특별히 풀어 주도록 하였고, 또 그 역적의 무리 조세추(曹世樞)가 안동의 세 사람을 모함하는 공초 속에 그의 이름이 포함되었으나 영조가 일체 불문에 붙였다.

이후로는 더욱 세상일에 뜻을 두지 않고, 부득이한 경우가 아니면 동네 밖을 나가지 않았는데, 1749년 1월 28일 늘 어지럼증으로 고생하던 그는 환와(丸窩)에서 78세의 나이로 세상을 떠났다.

　그의 문집 《병곡집(屛谷集)》에는 〈경의취정록(經義就正錄)〉, 〈독역쇄의(讀易瑣義)〉, 〈기형주해(璣衡註解)〉, 〈여사휘찬의의(麗史彙纂疑義)〉 등 학술적 저술, 18세기 안동 지방의 역사와 인물을 알 수 있는 〈천유록(闡幽錄)〉, 옛날 명훈(名訓)을 한글로 번역한 〈내정편(內政篇)〉 등이 포함되어 있다.

34. 이광정

이광정의 자는 천상, 호는 눌옹, 본관은 원주이다. 현종 갑인년(1674)에 태어났다. 숙종 기묘년(1699) 진사시에 합격하였다. 영조 때 참봉(參奉)·감역(監役)·세마(洗馬)에 천거되어 제수되었으나 모두 나아가지 않았다. 통정대부와 가선대부를 더하여 동지중추부사가 되었다. 병자년(1756)년에 죽었다.

공은 태백산(太白山) 아래에 은거하여 몸과 행실을 닦으면서 글을 읽고 문장을 지으며 늙어 가늘 줄도 모른 채 즐겼다.

풍원군(豊原君) 조현명(趙顯命)이 영남의 안절사(按節使: 관찰사)였을 때, 선비를 선발하여 스승으로 세워서 한 지역을 교화하려 했는데, 예를 다해 공을 불러 안동부(安東府)의 도훈장(都訓長)으로 삼았다. 공은 여러 생도들을 모아 성리학에 관한 글들을 강론하였는데, 이날 강론을 들은 자들은 모두 감탄하였다. 이때 주상이 효렴(孝廉)을 천거하라는 명하니, 조공(趙公: 조현명)이 명을 받들어 공을 천거하고는 조정에 돌아가 아뢰기를, "이광정의 문학과 행의(行誼)는 산남(山南)의 으뜸입니다."라고 하자, 주상이 말하기를, "남국(南國: 영남)은 우리나라의 추로지향(鄒魯之鄉: 예절을 알고 학문이 왕성한 곳)인데, 남국에서 으뜸가는 사람이 된 이상 지금 세상에 으뜸가는 사람이라 할 수 있으니, 무엇이 안 될 것이 있겠는가?"라고 하였다. 그 후로 상국(相國) 김재로(金在魯)가 영남 관찰사로 지내다가 조정으로 돌아와 또 천거하면서 아뢰기를, "가르침은 서당에 남았고, 행실은 향리에서 신망을 얻었습니다."라고 하니, 주상이 거두어 등용하도록 명하여 후릉 참봉(厚陵參奉)에 제수되었다. 부임한 후 곧바로 임명되었던 자의 서류를 열람하다가 서화담(徐花潭: 徐敬德)과 성청송(成聽松: 成守琛) 두 선생이 이 직위에 제수되었으나 부임하지 않은 것을 보고서 절구시 1수를 읊었으니, "두 어른의 높은 경지에 오를 수 없으니, 백발 외로운 능지기 얼굴에 부끄럼 이네. 내일 아침 자리 걷고 동남으로 떠나리니, 강해의 가을바람 소매 가득 차가우리라." 하고는, 마침내 병을 구실삼아 사직하고 돌아갔다.

또 장릉 참봉(莊陵參奉)에 제수되었는데, 공은 일찍이 꿈에서 단종(端宗)을 모시고 성삼문(成三問)·하위지(河緯地) 등 제공(諸公)과 함께 노닌 적이 있었다. 때마침 단종의 복위(復位)가 이루어지면서 경과(慶科)가 베풀어졌고 공이 사마시에 합격하였다. 일이 마치 꿈속의 일과 부합하는 점이 있는 것 같았으니, 이때에 이르러서 공은 편한 마음으로 직소(直所)에 나아갔다.

봉사(奉事)에 승진하자, 이웃과 친지가 모두 벼슬길에 나아가기를 권하면서 말이 있는 자는 빌려 주기도 하고 양식이 있는 자는 원조하기도 하였다. 공은 마치 기꺼이 부임하려는 사람 같았으나, 조령(鳥嶺)을 넘은 뒤에 단양(丹陽)의 산수를 두루 유람하고 시를 짓기를, "칠월에 가을물 불어나니, 구담에 푸른 물결 일어나네. 징사의 유적 이곳에 있을진대, 감히 노 저어 지나지 못하겠네."라고 하고는, 마침내 말고삐를 돌려 향리로 돌아갔다. 이로부터 감역(監役)과 세마(洗馬)에 거듭 제수되었으나 모두 나아가지 않았다.

상서(尚書) 조영국(趙榮國)이 이조판서로서 주상에게 아뢰기를, "이광정은 문장과 학술로 매우 두터운 명성과 인망이 있었던 까닭에 그동안 조정에서 불러 제수하였으나 모두 나오지 않았습니다. 산림에서 글을 읽고 생도를 가르치면서 지금 나이가 일흔이 넘었습니다. 청컨대 순자격(循資格: 循資法)에 의하지 말고 6품직으로 올려 서용(敍用)하소서."라고 하니, 주상이 윤허하였다.

공은 배우려는 자를 마주할 때면 반드시 학업에 매진하도록 하였고, 농부를 보면 부지런히 밭갈이하여 힘써 수확하도록 권하였다. 세속 밖을

유람하는 자를 만나면 산수의 빼어난 경치에 대해 이야기하였다. 친척이
나 친구가 죽었다는 소식을 들으면 비록 늙고 병들었지라도 번번이 소식
(素食)을 하였다. 사서(史書)를 읽다가 충신(忠臣)과 의사(義士)가 국난을
만나 목숨을 바치는 대목에 이르면 울음을 삼키며 간혹 눈물을 흘리기도
하였다. 효자(孝子)와 열부(烈婦)의 아름다운 행실과 탁월한 절개를 들으
면 번번이 그 이야기를 글로 써서 권면하고 경계하는 뜻을 부쳤다.

공의 문장은 영남에서 지난 100년 이래로 이러한 작품이 없다. 그
빛깔은 창연(蒼然)하고 그 말은 온화하여 문단의 법도가 될 만하고 세교
에 도움이 될 만하니, 세상에 전해지고 후세에 남겨지리라는 것은 자명
하다.【협주: 채제공이 찬한 묘갈에 실려 있다.】

• 李光庭

李光庭, 字天祥, 號訥翁, 原州人。顯宗甲寅生。肅宗己卯進士。英宗
朝, 薦拜參奉·監役·洗馬, 皆不起。加通政·嘉善, 以同中樞。丙子卒。

公隱居太白山下, 修身飭行, 讀書爲文章, 樂以忘老。

豊原君趙公顯命[1], 按節嶺南, 選士立師, 以風動一方, 禮致公, 爲安
東府都訓長。公聚諸生, 講性理諸書, 是日聽講者, 咸嘖嘖焉。時上命舉
孝廉, 趙公舉公以應命, 歸奏曰: "李光庭文學行誼, 爲山南第一。" 上曰:
"南國是我朝鄒魯。旣是南國一人, 則謂之今世第一人, 有何不可?" 後

---

1   趙公顯命(조공현명): 趙顯命(1691~1752). 본관은 豊壤, 자는 稚晦, 호는 歸鹿·鹿翁. 증조
     부는 趙珩이며, 조부는 趙相鼎이다. 아버지는 都事 趙仁壽이며, 어머니 光山金氏는 金萬均
     의 딸이다. 첫째부인 漆原尹氏는 尹志源의 딸이며, 둘째부인 安東金氏는 金聖游의 딸이다.
     1713년 진사시에 합격하고 1719년 증광문과에 급제하였다. 1721년 延礽君(뒤의 영조)이
     왕세제로 책봉되자 兼說書로서 세제보호론을 주창하였다. 1728년 李麟佐의 난을 진압한
     공으로 豊原君에 책봉되었다. 1730년 경상도관찰사로 나가 영남의 남인을 무마하고 이어
     전라도관찰사를 지낸 뒤 1734년 공조참판이 되면서부터 어영대장·부제학, 이조·병조·호
     조판서 등의 요직을 두루 역임하였다. 1740년 경신처분 직후 왕의 특별 배려로 우의정에
     발탁되고 뒤이어 좌의정에 승진하였다. 1750년 영의정에 올랐다.

金相在魯, 以嶺伯還朝, 又薦曰: "敎存堂塾[2], 行孚鄕里." 上命收用, 除
厚陵參奉。旣赴, 直閱任案, 見徐花潭·成聽松[3]二先生除是職不起, 吟
一絶曰: "二老高標不可攀, 白頭孤直愧生顏。明朝掛席東南去, 江海秋
風滿袖寒." 遂謝病歸。

又除莊陵參奉, 公嘗夢侍端廟, 與成河[4]諸公遊。時適端廟復位設慶
科[5], 而公中司馬。事若有冥會者, 至是, 公悠然就直。

及陞奉事, 隣里親知皆勸起, 有馬者借之, 有糧者助之。公若將樂赴,
旣踰嶺, 歷覽丹陽水石, 有詩曰: "七月秋水盛, 龜潭[6]生綠波。徵君[7]遺躅

---

2 堂塾(당숙): 塾堂. 글방과 숙소를 겸한 사설 사당.

3 聽松(청송): 成守琛(1493~1564)의 호. 본관은 昌寧, 자는 仲玉, 호는 竹雨堂·坡山淸隱·牛
溪閒民. 증조부는 한성부윤 成得識이며, 조부는 현령 成忠達이다. 아버지는 대사헌 成世純
이며, 어머니 光山金氏는 강화부사 金克愊의 딸이다. 아우 成守琮과 함께 趙光祖의 문인이
다. 1519년 기묘사화가 일어나 조광조와 그를 추종하던 많은 사림들이 처형 또는 유배당하
자 벼슬을 단념하고 청송이라는 편액을 내걸고 두문불출하였다.

4 成河(성하): 成三問과 河緯地. 成三問(1418~1456)의 본관은 昌寧, 자는 謹甫, 호는 梅竹軒
이다. 충청남도 洪城 출신이다. 증조부는 개성유후 成石瑢이며, 조부는 판중추부사 成達生
이다. 아버지는 도총관 成勝이며, 어머니 竹山朴氏는 현감 朴檐의 딸이다. 부인 延安金氏
는 金仍의 딸이다. 사육신 중 한 명이다. 세종 대 문과에 급제하여 관직 생활을 시작하였다.
집현전의 여러 관직을 역임하면서 세종 대의 주요 사업에 참여하였다. 특히, 신숙주와
함께 요동에 질정관으로 파견되어 어문 사업에서 중요한 역할을 수행하였다. 계유정난
이후 박팽년·이개·하위지·류성원·유응부 등과 단종 복위를 시도하였으나 정창손의 사위
였던 김질의 고발로 실패하고 처형되었다. 河緯地(1412~1456)의 본관은 晉州, 자는 天章·
仲章, 호는 丹溪·赤村. 선산 출신이다. 증조부는 河胤이며, 조부는 門下評理 河之伯이다.
아버지는 군수 河澹이며, 어머니 仁同兪氏는 兪勉의 딸이다. 1435년 생원시에 합격하고,
1438년 식년문과에 급제하였다. 1456년 단종복위운동으로 거열형을 당하였고, 두 아들도
연좌되어 사형되었다.

5 慶科(경과): 나라에 경사가 있을 때 보이던 과거.

6 龜潭(구담): 충청북도 단양군 단성면 자회리에 있는 바위산.

7 徵君(징군): 徵士. 학문과 덕행이 있어 나라의 부름을 받고도 벼슬하지 않은 선비의 존칭.
丁時翰(1625~1707)의 본관은 羅州, 자는 君翊, 호는 愚潭. 증조부는 대사헌 丁胤福이며,
조부는 丁好寬이다. 아버지는 관찰사 丁彦璜이며, 어머니 橫城趙氏는 직제학 趙正立의
딸이다. 부인 晉州柳氏는 응교 柳潁의 딸이다. 1648년 아버지가 회양부사로 있을 때 금강
산을 유람하였으며, 1649년 안동부사로 부임한 뒤에는 안동에서 학문을 공부하였다. 1649
년 겨울 원주 법천에 우거하였으며, 1650년 봄 恩休亭을 짓고 부모를 봉양하였다. 정시한
은 1650년 생원시에 합격하였다. 1657년 알성시에 응시했으나 시권을 내지 않았다. 이후
관직에 뜻을 두지 않고, 원주에서 농사와 학문에 힘썼다. 숙종 연간 영남지방에서 활동한

在, 不敢棹舟過." 遂迴轡而歸。自是, 除監役·洗馬, 皆不起。

趙尚書榮國[8], 以冢宰白上, 曰: "李光庭, 以文章學術有重望, 前後徵拜, 皆不起。讀書山林, 敎授生徒, 今年踰七十矣。請勿循資格[9], 超敍六品職." 上允之。

公對學子, 必勉進學業, 見農夫, 勸勤耕力穡。遇遊方之外者, 說山水遊觀之勝。聞親戚故舊死, 雖老病, 輒食素。讀史, 至忠臣義士遇難辨命處, 掩抑或至流涕。聞孝子烈婦懿行卓節, 輒筆之書, 以寓勉戒焉。

公之文, 嶺以南百年以來, 無此作矣。其色蒼然, 其言藹如, 可以範文苑, 可以補世敎, 其傳世垂後也明矣。【蔡濟恭撰碣[10]】

보충

채제공(蔡濟恭, 1720~1799)이 찬한 묘갈

눌옹 이공 묘갈명

채제공 나는 소싯적에 산남(山南: 嶠南 또는 嶺南) 아래에 눌은(訥隱) 선생 이공(李公)이 태백산(太白山) 아래에 은거하였는데, 의를 행하고 수신하여 고을에 알려지자 조정에서 효렴(孝廉)으로 천거해 일명직(一命職: 9품의 관직)을 주어 불렀으나 한번 사은숙배하고는 곧 돌아왔다는 것을

　　유학자이다. 병자호란 때 풍기 지역으로 피난하였으며, 한동안 부석사에 머물기도 하였다.

8　趙尙書榮國(조상서영국): 趙榮國(1698~1760). 본관은 楊州, 자는 君慶, 호는 月湖. 증조부는 趙龜錫이며, 조부는 대사헌 趙泰東이다. 아버지는 趙鳳彬이며, 어머니 昌寧曺氏는 曺憲周의 딸이다. 부인 淸州韓氏는 韓配夏의 딸이다. 1723년 진사시에 합격하고, 1730년 식년문과에 급제하였다. 1739년 동부승지, 1740년 공홍도관찰사, 그 뒤 전라도관찰사 등을 역임하였다. 1745년 대사간·대사성을, 1746년 우승지로 정조부사가 되어 청나라에 다녀온 뒤 공조참판을 거쳐 1747년 평안도관찰사가 되었다. 1752년 호조판서, 이듬해 형조와 이조의 판서를 거쳐 1756년 강화부유수를 거쳐 세자시강원우빈객·예조판서, 1759년 세손사부, 1760년 수어사가 되었다.

9　循資格(순자격): 循資法. 조선시대 근무 기간에 따라 관리를 승진시킨 인사제도.

10　李光庭의 문집《訥隱集》에는 실려 있지 않고, 蔡濟恭의 문집《樊巖集》권53에 실려 있으며, 한국고전번역원에서 번역문을 제공하고 있음.

들었다. 그 이후로 여러 차례 부름을 받았으나 끝내 나아가지 않고는 아무런 욕심 없이 글을 읽고 문장을 지으며 늙어 가는 줄도 모른 채 즐겁게 지냈는데, 한결같은 마음으로 학업에 매진한 실력과 풍부하게 지닌 대업(大業)이 엄연하게 일가의 문장을 이루어 한 시대의 명성과 덕망을 지녔으니, 선생을 천하의 제일이라고 추앙하지 않은 이가 없었다. 다만 채제공은 연배가 뒤인데다 사는 곳까지 천 리나 떨어져 아득히 멀었어도 항상 나만 몰랐다는 부끄러움을 품고 살았다.

공이 죽고 나서야 공의 손자 이종훈(李宗勳)이 유집(遺集)을 가지고 대령(大嶺)을 넘어와서 나에게 교감하는 일을 부탁하였는데, 그래서 감히 분수에 넘는 일인 것인도 잊고 그 일을 끝내어 돌려보냈다. 얼마 지나지 않아 이종훈이 죽어서 그 남은 자손들은 의지할 곳이 없는 고단한 처지였다. 사림(士林)에서 뜻밖에 행록(行錄) 1통을 욕되게도 나에게 주면서 말하기를, "접때 선생을 위하여 유집에 힘을 쏟은 사람이 그대가 아닙니까? 지금 묘도(墓道)에 아직도 비각(碑刻)이 없으니 처음의 그 은혜를 끝까지 베풀어 주기를 바랍니다."라고 하였는데, 채제공이 사양하였으나 뜻대로 되지 않아 마침내 대산(大山) 이공(李公: 李象靖)이 지은 행장(行狀)을 보고 삼가 다음과 같이 쓴다.

공의 휘는 광정(光庭), 자는 천상(天祥), 본관은 원주(原州)이다. 중간 세대의 선조에 봉례랑(奉禮郎)을 지낸 이거(李琚)가 있었는데, 여섯 아들을 낳고부터 집안이 번성하여 커졌고 대대로 유학을 가업으로 삼았다. 그 가운데 네 번째 지파(第四派: 司直公派) 이부(李赴)는 공의 8대조이다. 증조부 휘 이택(李澤)은 생원으로 지내고 사복시 정(司僕寺正)에 추증되었는데, 광해군 때 과거 공부를 그만두고서 남쪽으로 내려와 안동(安東)의 내성현(乃城縣)에 터를 잡아 살았다. 조부 휘 이시암(李時馣)은 문과에 급제하여 도사(都事)를 지냈고 예조참의에 추증되었다. 호는 만문(晚聞)이며, 문장으로 세상에 이름을 떨쳤다. 양부 휘 이선룡(李先龍)은 통덕랑으로 호조참판에 추증되었다. 양모 진성이씨(眞城李氏)는 정부인(貞夫人)에 추증되었는데, 사인(士人) 이시철(李時哲)의 딸로 퇴계 선생의 종손녀이다. 생부 휘 이후룡(李後龍)은 통덕랑이었다. 생모 공주이씨(公州李氏)는 사인 이유형(李惟馨)의 딸이다.

공은 소싯적부터 뜻과 기개가 맑고 소탈하여 과거 공부를 대수롭지 않게 여기었으나, 부모가 살아 있었기 때문에 억지로 과거에 응시하여 숙종 기묘년(1699) 진사시에 합격하였지만, 몇 년이 지난 뒤 생모와 양모의 상을 연이어 당하자 상기(喪期)가 끝나고서 과거 공부를 그만두려 하였다. 이에, 참판공(參判公: 양부 이선룡) 형제가 권면하기를, "어찌하여 문호(門戶)를 일으킬 계책에 힘쓰지 않느냐? 50세에까지 이르게 되면야 네가 좋아하는 것을 해도 좋다."라고 하였다. 계사년(1713)에 생부가 죽고 이듬해에 참판공마저 세상을 떠나자, 거듭 부모의 상사(喪事)를 겪고 나서는 한층 더 세상일을 담당할 생각이 사라졌으나, 다만 참판공이 남긴 훈계 때문에 감히 과거 공부를 폐하지 못하였다. 이후로 비록 향시 합격자의 명단에 연달아 이름이 올랐으나, 번번이 성시(省試: 覆試)에는 합격하지 못하고 50세가 되자 마침내 과거 보는 것을 그만두었다.

영조 갑인년(1734) 풍원군(豊原君) 조현명(趙顯命)이 영남 안절사(按節使: 관찰사)였을 때 선비를 선발하여 스승으로 세워서 한 지역을 교화하려 했는데, 예를 다해 공을 불러 안동부(安東府)의 도훈장(都訓長)으로 삼았다. 공은 여러 생도들을 모아 성리학에 관한 글들을 강론하였다. 부사(府使: 안동부사) 이보혁(李普爀, 1684~1762) 또한 일찍이 그 강론하는 자리에 온 적이 있었는데, 공은 〈서명(西銘: 張橫渠)〉에 있는 '동포(同胞)'와 '형제(兄弟)'의 뜻을 지칠 줄 모르고 간곡히 설명하면서 부사(府史)를 넌지시 돌려 깨우치는데 더욱 절실하였으니, 여러 생도들도 귀를 기울여 들었고 부사 또한 안색이 바뀌었다. 이날 강의를 들은 자들은 자리를 나서면서 모두 경탄을 쏟아 냈다. 이때 주상이 각 도(道)에 효렴(孝廉)을 천거하라 명하니, 풍원군이 명을 받들어 공을 천거하고는 조정에 돌아가 주상에게 아뢰기를, "이광정의 문학과 행의(行誼)는 산남(山南)의 으뜸입니다."라고 하자, 주상이 말하기를, "남국(南國: 영남)은 우리나라의 추로지향(鄒魯之鄕: 예절을 알고 학문이 왕성한 곳)인데, 남국에서 으뜸가는 사람이 된 이상 지금 세상에 으뜸가는 사람이라 할 수 있으니, 무엇이 안 될 것이 있겠는가?"라고 하였다. 그 후로 상국(相國) 김재로(金在魯)가 영남 관찰사로 지내다가 조정으로 돌아와 공을 추천하면서 아뢰기를, "가르침은 서당에 남았고 행실은 향리에서 신망을 얻었습니다."라고 하니, 주상이 거두어 등용하도록 명하였다.

을묘년(1735) 후릉 참봉(厚陵參奉)에 제수되었다. 부임한 후 곧바로 임명되었던 자의 서류를 열람하다가 서화담(徐花潭: 徐敬德)과 성청송(成聽松: 成守琛) 두 선생이 이 직위에 제수되었으나 부임하지 않은 것을 보고서 절구시(絕句詩) 1수를 읊었으니, 이러하다.

두 어른의 높은 경지에 오를 수 없으니
백발 외로운 능지기 얼굴에 부끄럼 이네.
내일 아침 자리 걷고 동남으로 떠나리니
강해의 가을바람 소매 가득 차가우리라.

마침내 병을 구실삼아 사직하고 돌아갔다.

병진년(1736) 또 장릉 참봉(莊陵參奉)에 제수되었다. 공은 일찍이 약관의 나이였을 적에 꿈에서 단종(端宗)을 모시고 성삼문(成三問)·하위지(河緯地) 등 제공(諸公)과 함께 노닐었는데, 꿈을 깨고나서도 눈물이 눈에 그렁그렁하였다. 얼마 뒤에 단종의 복위(復位)가 이루어지면서 경과(慶科: 나라에 경사가 있을 때 보이던 과거)가 베풀어졌고 공이 사마시에 합격하였다. 일이 마치 꿈속의 일과 부합하는 점이 있는 것 같았으니, 이때에 이르러서 공은 편한 마음으로 직소(直所)에 나아갔다.

무오년(1738) 관례에 따라 혜릉 봉사(惠陵奉事)로 승진되자, 이웃과 친지가 모두 벼슬길에 나아가기를 권하면서 말이 있는 자는 빌려주기도 하고 양식이 있는 자는 원조하기도 하였다. 공은 마치 기꺼이 부임하려는 사람 같았으나, 조령(鳥嶺)을 넘은 뒤에 단양(丹陽)의 산수를 두루 유람하고서 시를 지었으니, 이러하다.

칠월에 가을물 불어나니
구담에 푸른 물결 일어나네.
징사의 유적 이곳에 있을진대
감히 노 저어 지나지 못하겠네.

마침내 말고삐를 돌려 향리로 돌아갔다. 이로부터 선공감 감역(繕工監監役)과 익위사 세마(翊衛司洗馬)에 거듭 제수되었으나 모두 나아가지 않았다.

계유년(1753) 상서(尙書) 조영국(趙榮國)이 이조판서로서 주상에게 아뢰기를, "이광정은 문장과 학술로 매우 두터운 명성과 인망이 있었던 까닭에 그동안 조정에서 불러 제수하였으나 모두 나아오지 않았습니다. 산림에서 글을 읽고 생도를 가르치면서 지금 나이가 일흔이 넘었습니다. 청컨대 순자격(循資格: 循資法)에 의하지 말고 6품직으로 올려 서용(敍用)하소서."라고 하니, 주상이 윤허하였다. 이듬해 익위사 익위(翊衛司翊衛)에 제수되었는데, 곧 나라의 경사로 인하여 기로(耆老)들에게 은전이 베풀어짐에 따라서 통정대부(通政大夫)로 자급이 올라 첨지중추부사에 제수되었다.

병자년(1756) 또 나라의 추은(推恩: 조선시대 임금이 신하의 부모에게 관작을 내리던 일)으로 인하여 가선대부(嘉善大夫)로 자급이 오르고 동지중추부사에 제수되자, 영화(榮華)가 3대에까지 미치게 되었다. 이해 봄 여러 노인과 약조하여 태백산(太白山)에 들어가서 한 달 남짓 머물다가 돌아왔다. 4월 1일 무진일에 어은(漁隱)의 계사(溪舍)에서 죽었으니, 공이 태어난 현종 갑인년(1674)으로부터 83년을 살았다. 9월 기미일에 봉화현(奉化縣) 대조산(大鳥山) 태향(兌向)의 언덕에 안장하였다.

공은 소싯적부터 《좌전(左傳)》·《국어(國語)》·반고(班固)·사마천(司馬遷)·굴원(屈原)·송옥(宋玉)의 문장을 즐겨 읽었다가 만년에 이르러 탄식하기를, "소싯적에 망녕되이 문장에 뜻을 두어 이리저리 잡다한 서적을 읽었으니 후회한들 무슨 소용이 있겠는가?"라고 하고는, 마침내 찬술을 한다고 자처하지 않고 육경(六經)에 전념하였다. 일찍이 말하기를, "경서(經書)의 의리는 모두 선배들이 이미 확정해 놓은 논의가 있어서 삼가 그것을 지키면 된다. 그런데 오늘날 세상의 학자들은 실제로 자신이 터득하는데 힘쓰지 않고 한갓 글의 뜻을 따져 논하는 것으로만 학문한다는 명성을 사서 얻는다. 학문이란 어버이를 섬기고 어른을 공경하는데 있는 것이니, 그것을 집안과 나라에까지 미루어 가야 한다. 《소학(小學)》이 바로 그 근본이니, 마음을 치달려 뛰어올라 성명(性命)을 고상히 떠드는 것은 후학들이 절실하게 경계해야 한다."라고 하였다.

공은 참뜻을 미루어 진정을 따라서 털끝만큼의 교만과 허위도 없었다. 집에서는 어버이를 섬기는데 효성스러웠으니, 비록 집이 가난해도 맛난 음식을 올리지 않은 적이 없었다. 금씨(琴氏) 집안에 출가한 고모가 봉성(鳳城) 북지(北枝)에 살고 있어서 공의 집과는 20리쯤 떨어졌는데, 공이 항상 오갈 때 개 한 마리가 따라다녔다. 하루는 부모에게 밥 지어 드릴 양식이 떨어졌는데 공이 마침 병이 나고 심부름 시킬 노비도 없자, 그 개에게 말하기를, "네가 능히 내 편지를 북지에 전할 수 있겠느냐?"라고 하자, 개는 꼬리를 흔들며 나오는 것이 마치 말을 알아듣는 듯하였다. 마침내 공이 편지를 써서 개의 목에 걸어 주니 개가 곧바로 금씨의 집으로 달려갔다. 금씨 고모는 목에 걸린 편지를 받아 보고 재빨리 양식을 보내어 위급함을 구제하였다. 이를 들은 사람들은 모두 말하기를, "공의 정성스러운 효성이 능히 이와 같이 이류(異類)마저 감동시켰다."라고 하였다.

남을 대할 때면 덕스러운 기운이 그 사람을 감화시켰고, 배우려는 자를 마주할 때면 반드시 학업에 매진하도록 하였으며, 농부를 보면 부지런히 밭갈이하여 힘써 수확하도록 권하였고, 세속 밖을 유람하는 자를 만나면 산수의 빼어난 경치에 대해 이야기하였다. 친척이나 친구가 죽었다는 소식을 들으면 비록 늙고 병들었지라도 번번이 소식(素食)을 하였는데, 간혹 여러 날 동안 계속하기도 하였다. 사서(史書)를 읽다가 충신(忠臣)과 의사(義士)가 국난을 만나 목숨을 바치는 대목에 이르면 울음을 삼키며 간혹 눈물을 흘리기도 하였으며, 효자(孝子)와 열부(烈婦)의 아름다운 행실과 탁월한 절개를 들으면 번번이 그 이야기를 글로 써서 권면하고 경계하는 뜻을 부쳤다.

일찍이 장릉(莊陵)의 재실(齋室)에서 숙직하고 있으며 외지고 먼 곳에 있는 고을이라 문헌으로 실증할 수 없는 것을 안타깝게 여긴 적이 있었는데, 가르침을 청하러 오는 자가 있으면 그대로 받아 주었다. 호서(湖西)에서 학문으로 이름난 사람이 그 소문을 듣고서 찾아와 학문하는 순서를 묻고 또 말하기를, "스승들에게 듣건대 태극(太極) 속에는 청(淸)과 탁(濁)이 있다고 하는데, 그렇습니까?"라고 하자, 공이 말하기를, "일찍이 듣기로 태극 속에는 원래 어떤 사물도 없다고 하였으니, 맑게 되고 탁하게 되는 이치가 있다고 하는 것이야 괜찮겠지만, 곧바로 청과 탁이 있다고 하는 것은 내가 알지 못하는 것입니다."라고 하니, 그 사람은 탄복하고 돌아갔다.

늘 말하기를, "음식을 많이 먹으면 정기(精氣)가 손상되고 고기를 많이 먹으면 위장이 상한다. 화려하고 아름다운 것은 내 본성에 맞지 않는다."

라고 하였다. 일찍이 몇몇 장로(長老)들과 함께 각화사(覺華寺)를 유람한 적이 있었는데, 때마침 큰비가 내려서 꿩이 뜨락으로 내려왔다. 한 젊은 이가 그것을 산 채로 잡으니, 온 좌중이 즐겁게 웃으면서 저녁 식사를 준비하는 부엌에 주려고 하였다. 공이 꿩을 앞에 놓고 손으로 쓰다듬다가 창을 열고 놓아주었고, 꿩은 시원히 날아가 버렸다. 곁에 있던 사람들이 깜짝 놀라자, 공이 말하기를, "나는 그 곤궁하고 위급한 상황을 틈타서 요행으로 잡는 짓은 차마 할 수 없다."라고 하였다. 이익과 의리를 갈라야 하는 순간이 올 때에는 의연하게 자신의 지조를 지켰으니, 남이 그 뜻을 빼앗을 수 없는 것이 있었다. 늘 녹문(鹿門)의 산수를 좋아하여 그곳에 정사(精舍)를 짓고는 손수 옛《역경(易經)》을 베껴서 읽고 외우기를 그치지 않았는데, 얼마 뒤에 정사가 불타 버렸다. 만년에는 어은(漁隱)의 경치 좋은 곳에 터를 잡아 몇 칸의 집을 짓고 날마다 마음대로 시를 읊으며 지내다 생애를 마쳤다.

아아, 삼대(三代)가 아득히 멀어졌도다. 삼물빈흥(三物賓興: 周나라 때 고을의 인재를 가르치고 채용하던 제도. 삼물은 六德·六行·六藝을 가리키며, 빈흥은 그러한 교육을 통해 길러진 인재를 귀빈으로 대우하여 천거하는 것)의 법규가 폐지된 채 시행하지 않고 있어서 공의 가슴속에 품은 커다란 포부와 격조 높은 화려한 문장이 풀과 덤불 속에 묻히고 말았다. 훗날에 고인의 일을 논하는 선비들은 세도(世道)를 주관하는 자가 어떠한 사람이어야 하겠는가?

공의 문장은 영남에서 지난 100년 이래로 이러한 작품이 없다. 그 빛깔은 창연(蒼然)하고 그 말은 온화하여 문단의 법도가 될 만하고 세교에 도움이 될 만하니, 세상에 전해지고 후세에 남겨지리라는 것은 자명하다. 후학들이 이 글을 읽고서 공의 가슴속에 품은 바를 알고, 가슴속에 품은 바를 알고서 공의 생각하고 말한 바와 같아지기를 바라는 것이 단지 문장에만 그치지 않는다면, 공이 이 세상의 사람에게 끼친 은혜는 바로 그 점에 있을 것이다, 그 점에 있을 것이다.

공의 첫째부인 광산김씨(光山金氏)는 사인(士人) 김한익(金漢翼)의 딸이며, 둘째부인 봉화금씨(奉化琴氏)는 사인 금덕화(琴德華)의 딸인데, 두 사람 모두 정부인(貞夫人)에 추증되었다. …(이하 생략)…

訥翁李公墓碣銘

濟恭少時, 聞山南有訥隱先生李公者, 隱居太白山下, 行義修於身, 而著於鄕, 朝廷用孝廉擧, 縻一命以徵, 一肅旋歸。自是屢徵, 終不起, 囂囂然讀書爲文章, 樂以忘老, 藏修之工, 富有之業, 儼然成一家言, 一代聲望, 無不推之爲斗南一人。顧濟恭年輩後, 所居又千里遼敻, 常抱責沈之愧。公旣歿, 公之孫宗勛, 抱持遺集, 踰大嶺, 責以校勘之役, 乃敢忘僭猥, 卒業以歸之。未幾, 宗勛死, 遺嗣零丁。士林乃以行錄一通, 辱授之, 曰: "向時, 爲先生, 效力於遺集者, 非子歟? 今墓道尙闕顯刻, 願終始其惠焉." 濟恭辭不獲, 乃閱大山李公所爲狀, 謹書之。曰公諱光庭, 字天祥, 原州人也。中世有奉禮郞琚, 生六子, 寔繁以大, 世以儒行業其家。第四派赴, 於公爲八世。曾祖諱澤, 生員贈司僕寺正, 光海朝廢擧南下, 卜居于安東乃城縣。祖諱時馣, 文科都事, 贈禮曹參議。號晚聞, 文以名於世。考諱先龍, 通德郞贈戶曹參判。妣眞城李氏贈貞夫人, 士人時哲之女, 退溪先生之兄孫。生考諱後龍通德郞。妣公州李氏, 士人惟馨之女。公自少志氣淸踈, 不屑擧子業, 以親在也, 黽勉應擧。肅宗己卯, 中進士, 後數年, 連遭生夫人與貞夫人喪, 服旣闋, 欲廢擧。參判公兄弟, 勉之曰: "何不爲門戶計? 至五十從爾好可也." 癸巳生考卒, 明年參判公又下世, 旣荐經大故, 益無當世念, 顧以遺戒不敢廢。後雖連中解額, 輒不利省試。年五十遂已之。英宗甲寅, 豐原君趙公顯命, 按嶺南節, 選士立師, 以風動一方, 禮致公, 爲安東府都訓長。公聚諸生。講性理諸書。知府李普爀, 亦嘗在講座, 公說〈西銘〉同胞兄弟之義, 亹亹懇惻, 於諷諭知府尤切。諸生竦聽。知府亦色動。是日聽講者, 出以咸嘖嘖焉。時上命諸路擧孝廉, 豐原擧公以應命, 歸奏上, 曰:“李光庭文學行誼, 爲山南第一.”上曰:“南國是我朝鄒魯, 旣是南國一人, 則謂之今世第一人, 有何不可?”後金相國在魯, 以嶺伯還朝, 以公爲薦曰:“敎存堂塾, 行孚鄕里.”上命收用。乙卯, 除厚陵參奉。旣赴, 直閱任案, 見徐花潭·成聽松二先生除是職不起, 吟一絶曰:“二老高標不可攀, 白頭孤直愧生顔。明朝掛席東南去, 江海秋風滿袖寒.”遂謝病歸。丙辰, 又除莊陵參奉。公嘗於弱冠, 夢侍端廟, 與成河諸公遊, 旣覺涕泣在目。已而, 端廟復位設慶, 而公中司馬。事若有冥會者, 至是, 公悠然就直。戊午, 例陞惠陵奉事, 隣里親知皆勸起, 有有馬而借者, 有春粮而助者。公有若樂赴者, 旣踰嶺, 歷覽丹陽水石, 有詩曰:“七月秋水盛, 龜潭生綠波。徵君遺躅在, 不敢棹舟過.”遂廻轡而歸。自是, 復除繕工監役·翊衛司洗馬, 皆不赴。癸酉, 趙尙書榮國, 以冢宰白上, 曰:“李光庭, 以文章學術有重望, 前後徵拜, 皆不起。讀書山林, 敎授生徒, 今年踰七十矣。請勿循資格, 超敍六品職.”上允之。翌年, 除翊衛司翊衛, 旋因國有慶, 覃恩耆老, 加通政資, 授僉中樞。丙子, 又因國家推恩, 陞嘉善階, 除同中樞, 得以推榮三世焉。是年春, 約與諸老, 入太白山, 留月餘而歸。四月一日戊辰, 考終于漁隱溪舍, 距其生顯宗甲寅, 壽八十三。用九月己未, 葬于奉化縣大鳥山向兌原。公自少喜讀左·國·班·馬·屈·宋之文, 及晚暮歎曰:“少時妄有意文章, 馳騁雜書, 悔之何及?”遂不以撰述自居, 專精六經。嘗曰:“經書義理, 皆有先輩已定之論, 謹守之可矣。今世學者, 不務實得於己, 徒以辨論文義, 賭得爲學之名。學在事親敬長, 推之家國而已。《小學》一書, 卽其本原, 馳心超躐, 高談性命, 後學切宜戒也.”公推誠任眞, 無一毫矯僞。居家事親孝, 雖貧甘毳無闕。琴氏姑在鳳城北枝, 距公家可二十里, 公常往來, 有一狗隨之。一日, 親粮不繼, 而身適病, 無僮指可使, 語其狗, 曰:“爾能傳吾書北枝否?”狗搖尾而前, 若解意者。遂爲書係其頸, 狗直走琴氏家。琴氏得頸書, 亟致粮以濟急。聞者咸曰:“公之誠孝, 能感異類如此.”其接人德氣薰人, 對學子必勉進學業, 見農夫勸勤耕力穡, 遇遊方之外者, 說山水遊觀之勝。聞親戚故

舊死, 雖老病, 輒行素, 或至累日。讀史, 至忠臣義士遇難辦命處, 掩抑
或至流涕, 聞孝子烈婦懿行卓節, 輒筆之書, 以寓勉戒焉。嘗在莊陵齋
直, 悶僻邑文不足徵, 有請業者來, 斯受之。湖西以學名者, 聞風至, 問
爲學次第, 且曰: "聞諸師太極圖中有淸濁, 然乎?" 公曰: "嘗聞太極中
本無一物, 謂之有淸濁之理則可, 直曰有淸濁云爾, 則吾所未曉也." 其
人歎服而去。常曰: "多食損精, 多肉損胃。華美非吾性所存." 嘗與數三
長老, 遊覺華寺, 時適大雨, 華虫下庭。少年有生得之者, 一座歡笑, 將
以供夕廚。公置之前, 手撫之, 拓窓放下, 快意飛去。在傍者愕然, 公
曰: "吾不忍乘其困阨而幸之也." 及至利義剖判, 毅然自守, 有人所不能
奪者。常喜鹿門山水, 構精舍其間, 手寫古易經, 誦讀不輟, 旣而舍失火。
晚而卜漁隱水石, 築數楹, 日嘯傲以終。嗚呼! 三代邈矣。三物賓興之
規, 廢而不擧, 以公抱負之大, 黼黻之華, 草莽焉止矣。後之尙論之士,
以主世道者爲何如人也? 公之文, 嶺以南百年以來, 無此作矣。其色蒼
然, 其言藹如, 可以範文苑, 可以補世敎, 其傳世垂後也明矣。爲後學
者, 讀是書而知公所存, 知所存而願言思齊, 不徒文章乎而已, 則公之
嘉惠斯人, 其在斯歟, 其在斯歟。公配光山金氏。士人漢翼之女。後配
奉化琴氏。士人德華之女。俱贈貞夫人。…(이하 생략)…

〔樊巖先生集, 권53, 墓碣銘〕

35. 김양현

김양현의 자는 현보, 호는 도암이다. 문충공 김성일(金誠一)의 후손이다. 숙종 기미년(1679)에 태어났다. 영조 계해년(1743)에 죽었다.

성품이 재물에 담담하였으니, 일찍이 돈 천여 민(緡: 돈의 단위로 100문)을 얻은 적이 있었는데, 그것을 가난한 친척과 친구들에게 나누어 주며 말하기를, "나는 이 돈을 제멋대로 지나치게 사용하여서 귀신이 이를 금할까 두렵다."라고 하였다.

가슴속이 맑아 속세의 때라고는 한 점도 없었으니, 용모는 온화하고 순수하여 옥 같았고 그 기운은 향기로워 사람의 옷자락을 스치기만 하면 저도 모르게 비루하고 인색했던 것이 저절로 사라졌다.【협주: 이광정이 찬한 행장에 실려 있다.】

• 金良鉉

金良鉉, 字鉉甫, 號道巖。文忠公誠一後。肅宗己未生。英宗癸亥卒。

性淡於財, 嘗獲錢千餘緡, 分之親戚朋友之貧者, 曰: "吾懼其物侈而鬼嚇也."

心境朗然, 無一點塵, 容貌溫粹如玉, 而其馥馥襲人衣裾, 不覺鄙吝之自消。【李光庭撰行狀】

보충
이광정(李光庭, 1674~1756)이 찬한 행장

죽소처사 김군 행장

죽소처사(竹所處士) 김군(金君) 현보(顯甫) 휘 양현(良鉉)의 선조는 의성

(義城)을 관향으로 하는 사람이다. 문충공(文忠公) 학봉(鶴峯) 선생 휘 김
성일(金誠一)의 5세손이다. 문충공은 퇴도(退陶: 이황) 선생에게 배웠으며,
선조(宣祖) 때 명신이었으며, 도덕과 꿋꿋한 절개, 문장과 공적이 사람들
의 이목에 선명하게 남아 있다. 그 장남 휘 김집(金潗)은 익위사 세마를
지냈으며, 대대로 물려준 가업을 계승하여 닦으니 고을 사람들이 큰 덕
을 지닌 인물이라 일컬었다. 그 아들 휘 김시추(金是樞)는 의금부 경력을
지냈으며, 광해군 때 영남 유생들을 이끌고 간신(姦臣) 이이첨(李爾瞻)을
참수하도록 청하였으니 온 나라 사람들이 칭송하였다. 그 아들 휘 김전
(金烇)은 김현보의 조부이다. 아버지 휘 김명기(金命基, 1637~1700)는 의
금부 도사를 지냈으며, 막내 숙부 휘 김섭(金燮)의 후사를 이었으며, 호는
병와(甁窩)이다. 성품이 인자하여 만물을 사랑하였으니, 벌레와 물고기
같이 미물이라도 생명이 있는 것은 차마 잡아 먹지 못하였다. 어머니
부계홍씨(缶溪洪氏)는 우간의(右諫議) 목재(木齋) 선생 홍여하(洪汝河)의
딸이다. 명릉(明陵: 숙종) 기미년(1679) 4월 16일 김현보를 낳았다.

　어려서부터 안목이 밝았으니, 5세 때 거리에서 놀다가 추위에 떠는
거지 아이를 보고 곧바로 새 옷을 벗어 주었는데, 어머니 이를 듣고 기뻐
하며 말하기를, "참으로 내 아들이다."라고 하였다. 김현보는 타고난 성
품이 단정하고 빼어난데다 또한 늦둥이라서 선친의 사랑을 받았다. 배우
기 시작하면서 심하게 다그치지 않아도 능히 스스로 힘써 공부하였으며,
글을 읽고 글짓기에 조금도 게으름이 없었으니 아직 성동(成童)이 되기
도 전에 이미 사람들의 칭찬을 받았다. 14세 때 또래 친구들의 당기(堂記:
집을 기리는 글)를 지었는데, 어른들이 더욱 기특하게 여겼다.

　관례(冠禮: 남자가 20세에 이르면 상투를 틀고 갓을 쓰던 의례)를 치르기 전
에 책 보따리를 메고 산사(山寺)에 들어가 책을 거듭 깊이 생각하며 읽느
라 잠자고 먹는 것도 잊었다. 문장이 나날이 늘어나 공거(公車: 과거 시험)
에서 이름났는데, 여러 차례 향시에 응시하여 간혹 많은 선비 중에 장원

하기도 하였지만 끝내 성위(省闈: 會試)에는 합격하지 못하여 세상과는 맞지 않았으나, 김현보는 전혀 개의치 않았다.

때때로 매형 월포옹(月浦翁) 이인부(李仁溥, 1665~1725)를 종유하였다. 월포옹의 자는 제중(濟仲)으로 성품이 고결하여 명예와 이익을 탐하지 않았고 오직 옛 문장만을 좋아해 낙건(洛建: 정주학)의 서적에 전념하였다. 김현보는 그와 더불어 갈고 닦으며 서로 학문을 발전시켰는데, 경서와 사서 외에 제자백가의 뛰어난 글들을 섭렵하지 않은 것이 없었고 그것을 자신의 말로 요약하였으니, 문학과 식견이 또래들에 비해서 우뚝하게 앞섰다.

김현보는 어려서부터 이미 사적인 것과 공적인 것의 구분을 알아서 의리(義理)와 이욕(利慾)을 분별하는데 밝았다. 비록 여러 사람을 따라서 벼슬자리를 구하였으나 기필코 구하겠다는 생각이 없어 구하고 구하지 못함을 다만 운명으로 돌리고서 자기 본분상 마땅히 해야 할 바에 반드시 마음을 다하려고 하였다.

김현보의 부인은 정문장공(鄭文莊公: 鄭經世, 1563~1633)의 5대손이다. 문장공의 집에는 장서(藏書)들이 많았는데, 김현보가 중년에 상산(商山: 상주의 옛 지명)에서 처가살이를 하면서 처남 침랑(寢郞) 정주원(鄭胄源, 1686~1756)과 마주앉아 책을 펼치고 토론하며 밤늦게까지 종일토록 싫증내지 않았다.

만년에 다시 일선(一善: 선산)의 옛 집으로 돌아가 병와공(甁窩公: 부친 김명기)의 묘소 아래 둔암(遯巖) 위에다 작은 집을 짓고 살았다. 장남 김숭렴(金崇濂)이 온화하고 재능과 식견이 있었으니, 부자(父子)는 날마다 시(詩)와 예(禮)로 가업을 삼고 호젓하게 세상의 바깥일에 아무것도 추구하지 않았다.

계해년(1743) 김현보의 나이가 65세 되던 해에 부자(父子)가 천연두에 걸려 2월 23일 일어나지 못했고 김숭렴 또한 같은 날에 죽었다. 이를 들은 원근의 사람들은 마음 아파하지 않음이 없이 말하기를, "선(善)을 하고도 보답 받지 못한 것이 이렇게까지 심하단 말인가?"라고 하였다. 그해 모월 모일에 병와공 묘소 옆 모향(某向)의 언덕에 합장하였다. 오호라!

김현보는 태어나면서부터 지극한 성품이 있었다. 무릇 부모 곁에서는 부모가 명하는 것만 따랐고 어긴 적이 없었다. 병들었을 때는 자신의 손가락의 피를 내어 바쳤고, 상(喪)을 당했을 때는 초상을 치르고서 상복(喪服)을 입는 동안 정성을 다하였으며, 제사 때는 규(圭)를 준비하여 애통한 마음으로 올리면서 정성을 다하였다. 선친이 생전에 고기를 먹지 않아서 김현보는 종신토록 고기를 가까이하지 않았으며, 선비(先妣)가 생전에 항상 채소 반찬을 다 먹지 말라고 경계하여서 김현보는 식사할 때마다 반드시 채소 반찬을 남겼다. 무릇 평소에 일어나고 앉고 마시고 먹는 가운데 마음은 부모에게 있지 않은 적이 없었다.

맏형 김창현(金昌鉉)은 일찍 죽고 딸 하나를 남겼는데, 김현보가 조카딸을 돌보아 기르는 것이 심히 지극하였다. 구수(丘嫂: 맏형의 아내)도 예를 갖추어 섬겨서 수십 년을 함께 지냈어도 말다툼이 없었다. 병와공(甁窩公: 부친 김명기)이 만년에 금계(金溪)에서 외가를 따라 일선(一善: 선산)의 성곡(省谷)으로 이주하자, 김현보는 이어서 그곳에 머물러 살게 되었다. 김숭렴이 맏형의 후사를 이었는데, 장성한 뒤에는 집안일을 그에게 맡겨서 바로 상산(商山)의 율지(栗枝)에 살게 하였다. 집안 사당에 참배할 때마다 구수에게 절을 할 때는 반드시 기둥을 사이에 두고 예를 갖추었다.

김현보에게는 네 누이가 있었으나, 오직 이씨에게 시집간 막내 누이만 홀로 살아 남았다. 그 누이가 살고 있는 곳이 집에서 100여 리나 떨어져 있었지만, 김현보는 꾸준히 찾아가 살피면 반드시 열흘을 머무르기에 이르렀다. 누이가 일찍이 천연두를 앓은 적이 있었는데, 김현보는 금기를 무릅쓰고 달려가 단지 몇 리 밖에서 증상에 맞춰 약을 지어 주며 병이 나은 뒤에야 떠났다. 색다른 음식 하나라도 생기거나 옷을 지을 수 있는 천과 솜을 얻으면 반드시 누이 집에 보내 주었다. 생질들을 자기 자식처럼 돌보았는데, 과거에 급제한 사람이 있으면 노비를 주었고, 과거를 보러 가는데 여비가 없으면 노새를 빌려 주어 가도록 하였으며, 굶주린 자가 수백이나 수천 냥을 들여 생업을 꾸리려는 자가 있으면 또한 밭을 팔아 주면서도 되돌려 받는 것을 끝내 말하지 않았다.

성품이 재물에 담담하여 재산을 늘리는 것을 좋아하지 않았으니, 의리에 맞는 일이라면 항상 집안의 형편을 생각하지 않았다. 일찍이 많은 노비를 팔아서 천여 민(緡: 돈의 단위로 100문)을 얻은 적이 있었는데, 그것을 가난한 친척과 친구들에게 나누어 주며 말하기를, "나는 이 돈을 제멋대로 지나치게 사용하여서 귀신이 이를 금할까 두렵다."라고 하였다. 은의(恩義)를 돈독히 하여 재물을 가볍게 여기고 베풀기를 좋아한 것이 모두 이와 같았다.

무신년(1728)에 역란(逆亂: 이인좌의 난)이 일어나서 상사(上舍) 신준(申濬, 1678~1749)이 청주(淸州)에 있다가 온 가족이 죽음을 당하게 되었을 때, 집안사람들이 피난하여 명망 있는 집으로 각자 뛰어들어 몸을 맡겼다. 상사가 김현보의 집에 이르렀고, 김현보는 그를 벽에 숨겨 주었다. 사람들은 모두 김현보가 위험한 지경에 빠질 것으로 여겼으나, 김현보가 말하기를, "죽고 사는 것이야 천명이다. 나는 이 사람이 아무런 연고(緣故)가 없다는 것을 분명히 알면서도 옥석(玉石)이 아직 가려지지 않은 형벌 속에 둔다는 것은 내 마음에 차마 할 수 없는 바이다."라고 하였다. 사태가 급박해지자 신군(申君: 신준)이 스스로 목숨을 끊으려 하니, 김현보가 말리며 말하기를, "이렇게 하면 누가 그대의 원통함을 밝혀 주겠는가? 사람들이 자결한 것을 듣고는 필시 말하기를, '죄를 스스로 알고서 자결했다.'라고 할 것이네. 그대의 억울함을 밝히지 못할 뿐만 아니라, 그 화(禍)가 대인공(大人公: 신준의 부친 申康濟)에게 미칠 것이네."라고 하였다. 이윽고 대인이 옥에 갇혔다는 소식을 듣고는 신군에게 스스로 옥에 가서 사정을 설명하도록 하였고, 마침내 풀려났다. 아! 사람의 절개와 의리는 마땅히 위험한 난리 때에 드러나는 법이다. 저들은 평소에 궐(蹶)이 공공거허(蛩蛩蚷驢)에게 했던 것처럼 생사를 함께할 듯이 말하지만, 이해관계가 털끝만큼만 걸려도 곧 멀찌감치 마치 서로를 모르는 사람처럼 대하여 서로 도와주기는커녕 도리어 깊은 구렁에 밀어넣으며 그것을 좋은 계책으로 여기는 자가 세상에 넘쳐난다. 그들이 김현보를 보면 부끄러워 죽지 않겠는가?

김현보는 효성과 우애가 천성에서 나왔는데, 공경하고 온화함이 신명(神明)과 통하였다. 눈빛이 밝아 밤에도 글을 볼 수 있었으며, 가슴속이 맑아 속세의 때라고는 한 점도 없었다. 용모는 온화하고 순수하여 옥 같은데다 기운은 향기로워 사람의 옷자락을 스치기만 하면, 저도 모르게 비루하고 답답했던 것이 저절로 사라졌다. 남의 선행을 즐겨 말하고 남의 단점을 말하지 않았으며, 미천한 노복들에게도 또한 말소리나 얼굴빛으로 업신여기지 않았다. 작고 여린 날벌레조차 오히려 혹시나 다치게 할까 염려하였는데, 어린 아이가 올빼미 새끼를 잡아 오자 김현보는 곧바로 쫓아버리며 말하기를, "이것은 사람의 머리를 쪼아대는 짐승인데, 어찌 하늘과 땅 사이에 있어야 하겠는가?"라고 하였으니, 그의 마음속에 품은 바를 알 수 있다.

항상 설문청(薛文淸: 1389~1464, 명나라 薛瑄의 시호)의 '대장부는 마땅히 남을 용서할지언정 남에게 용서를 받는 사람이 되어서는 안 된다.'라는 말을 외우면서, 번번이 운위하기를, "옛 사람들은 음덕(陰德)을 이명(耳鳴)에 비유하였으니, 만약 사람들이 모두 알고 들을 수 있다면 그것을 음덕이라고 할 수 없다."라고 하였다. 맹자가 말하기를, "사람들이 남을 해치지 않으려는 마음을 가득 채울 수 있다면 인(仁)을 이루 다 쓰지 못할 것이다. 사람이 벽을 뚫거나 담을 넘어가지 않으려는 마음을 가득 채울 수 있다면 의(義)를 이루 다 쓰지 못할 것이다."라고 하였는데, 이는 김현보가 평소 조심하고 조심하던 것이라서 백발이 될 때까지도 여전히 갓난아이 같은 마음을 지니고 있었으니, 만약 그에게 끝없이 뜻을 펼치게 했다면 어진 마음은 만물에 미쳤을 것이고, 풍속도 부끄러움을 알게 되었을 것이지만, 마침내 연못의 물처럼 흐르지 못하고 고을과 마을 사이에서 묻히고 말았다. 비록 김현보와 교유하던 자들조차도, 단지 그의 순박하고 참되며 권모술수가 없음만 보았을 뿐, 한갓 착하기만 하여 실정에 어둡다고만 여겼으니, 실로 한탄스러운 일이다.

김현보는 본래 산수를 좋아하여 경치가 그윽하고 빼어난 곳을 만나면 곧 가족을 데리고서 살고 싶어 하였다. 율지(栗枝)에 살 때는 꽃모종을 내고 대나무를 심으며 자호를 '죽소(竹所)'라 하였다. 이후 태백산(太白山) 속으로 들어가 살려고 여러 차례 월포옹(月浦翁)과 거처할 만한 곳에 대해 의논했으나, 얼마 지나지 않아 월포옹이 죽고 말았다. 부자(父子)가 마침내 둔암(遯巖)으로 가서 세상을 떠난 부모를 사모하는 뜻을 부쳤다. 동네가 깊숙하고 그윽한데다 앞으로는 십리 강 모래가 펼쳐졌다. 그곳에서 책을 쌓아 두고 밤낮으로 소리내어 읽으며 간혹 시를 읊조리기도 하면서 저물녘까지 소일하니, 그것을 바라보는 사람들은 거의 신선과 같다고 여겼다. 만약 수명을 더 누렸었다면 마침내 평소의 학업을 다 이루어 자손에까지 미쳤을 것이다. 비록 능히 한 세상에 베풀지 못했을지라도 그 베푼 바가 적지 않았다. 그러나 또 장수를 누리지 못한데다 부자(父子)가 같은 날에 세상을 떠났으니, 이른바 천도(天道)라는 것을 알 수 없다.

첫째부인 정씨는 현감 정석교(鄭錫僑)의 딸이다. 부녀자의 덕행을 갖추어 항상 살림살이에 관한 일로 남편에게 폐를 끼치지 않으며 말하기를, "쌀과 소금 등은 아녀자의 일다."라고 했는데, 불행히도 일찍 죽었다. …(중략)… 둘째부인 영양남씨(英陽南氏)는 진사 남붕익(南鵬翼)의 딸이다. …(중략)…

이광정은 젊었을 때 여러 차례 김현보의 이름을 들었다. 하루는 그가 월포옹의 집에 도착했다는 소식을 듣고 급히 달려가 찾아보았는데, 서로 바라보며 웃다가 곧장 마음을 알아주는 지기(知己)로 허여하였으니 땅을 줄여 가깝게 해 아침저녁으로 함께 지낼 수 없음이 한스러웠다. 김현보는 월포옹과 함께 이광정이 거처하는 녹문(鹿門) 근처로 가서 옛 학문을 강론하고 연마하려고 꾀했으나, 미처 이루기도 전에 월포옹이 세상을 떠나자 김현보도 끝내 오지 못하였다. 번번이 어디서나 만날 때마다 오랫동안 헤어져 그리워하는 마음을 말할 뿐이었다.

김현보는 나보다 다섯 살이 어리고 정력(精力)이 아직 쇠하지 않았는데, 뜻밖에도 나보다 먼저 죽어 내가 더욱 외로움의 슬픔을 품게 되었다. 그런데 이광정(李光靖: 김양현의 셋째사위)·조성도(趙性道: 김양현의 첫째사위)가 잇따라 유사(遺事)를 가지고 와서 나에게 부탁한데다 김숭연(金崇淵: 김양현의 둘째부인 소생 아들)이 또 곁에 머물면서 청하는 것이 매우 간절하였고 말이 더욱 슬펐다. 이광정은 차마 붓을 들기가 어려웠지만 정력(精力)이 날로 쇠하는데다 여생이 얼마 남지 않았음을 생각하니 평소 전기(傳記)를 지어주기로 한 것을 끝내 저버렸다는 비난을 받을까 두려웠다. 이에 이군(李君: 김양현의 셋째사위 李光靖)이 기록한 유사(遺事)를 바탕으로 개괄하여 편차하였고, 평소에 듣고 본 것을 이와 같이 덧붙였다. 붓을 잡은 군자들이 부디 그 뜻을 헤아려 간략히 기록해 주기를 바란다.

삼가 행장을 짓다.

竹所處士金君行狀

竹所處士金君顯甫諱良鉉, 其先義城人。文忠公鶴峯先生諱誠一之五世孫。文忠公, 學於退陶先生, 爲宣廟朝名臣, 道德風節, 文章事業,赫赫在人耳目。其長子曰溁, 翊衛司洗馬, 率修世業, 鄕稱長德。生諱是樞, 義禁府經歷, 光海朝, 帥嶺儒, 請斬姦臣李爾瞻, 國人誦之。生諱烇, 顯甫大父也。皇考諱命基, 義禁府都事, 爲後於季父諱燮, 號瓶窩。性仁愛物, 雖虫魚之微, 有生氣, 不忍殺食。娶缶溪洪氏, 右諫議木齋先生汝河之女。以明陵己未四月十六日生顯甫。幼眉眼炯如, 五歲, 出戲街上, 見乞兒寒, 卽脫新衣予之, 母夫人聞之喜曰:"眞吾子也." 顯甫資性端秀, 又晚生, 爲先公所鍾愛。旣就學, 不甚程督, 而能自勖業, 讀書屬文, 不少解, 未成童, 已爲人稱譽。十四, 爲儕友作堂記, 長老益奇之。未戴冠, 攜笈入山寺, 讀曾思書, 至忘寢食。文詞日進, 有聲公車間, 屢擧於鄕, 或魁多士, 而竟不利省闈, 抹摋於世, 顯甫不以槪意。時時從姊婿月浦翁李君仁溥遊。翁字濟仲, 性雅潔, 不屑名利, 獨喜古文章, 專心洛建書。顯甫與之刮劘相長, 經史外諸家雋永, 無不涉獵而約之以吾家言, 文學見識, 犖然爲儕流先。顯甫自少已知內外分, 審於義利之辨。雖隨衆擧選, 而無必得之意, 得之不得, 第歸之命, 而於己分所當爲, 必欲盡心焉。顯甫內子, 鄭文莊公五代孫。文莊家多藏書, 顯甫中年, 贅寓商山, 與婦弟寢郞冑源, 相對披討。窮日夜不厭。晚更還一善故寓, 就瓶窩公墓下遜巖上, 築小窩居。長子崇濂, 溫雅有才識, 父子日以詩禮爲家業, 蕭然無物外營。癸亥, 顯甫年六十五, 父子遇痘, 以二月卄三日不起, 而崇濂亦同日殞。遠近聞者, 莫不痛之曰:"爲善而無報, 一至此乎?" 用其年某月某日, 祔葬于瓶窩公兆次某向之原。嗚呼! 顯甫生而有至性。凡在父母側, 惟父母所命, 未嘗有違。疾病, 爲之刲指, 旣喪, 治喪居喪, 用其情制, 祭祀, 圭爲哀薦, 致誠致愨。先公不食牢肉, 顯甫終身不近牢肉, 先夫人嘗戒不盡盤蔬, 顯甫每食, 必有餘靑。凡平日起居飮食, 心未嘗不在父母也。伯兄昌鉉早卒, 有一女, 顯甫撫養甚至。事丘嫂有禮, 同居數十年, 無間言。瓶窩公晚年, 自金溪從外氏, 移寓一善之省谷, 顯甫因留家焉。崇濂嗣伯氏後, 旣長, 屬之家事, 卽寓商山之栗枝。每歸省家廟, 拜丘嫂, 必隔楹爲禮。顯甫四姊, 惟季姊適李氏者獨存。其居去家百餘里, 顯甫源源往省, 至必留旬日。姊夫人嘗病痘疹, 顯甫觸忌奔走, 止數里外, 隨證投劑, 病良乃去。凡得一異味及布絮可衣服者, 必送致姊家。視諸甥猶己子, 見其有登科, 則出臧穫與之, 見其赴試無資者, 雇騾以資行, 見其飢餓, 欲雇數百千錢爲生業者, 亦斥田以畀, 終不問其入也。性淡於財産, 不喜營殖, 至義可爲者, 常不計有無。嘗贖饒奴, 獲千餘緡, 則分之親友之貧者, 曰:"吾懼其物侈而鬼禁也."其篤恩義, 輕財喜施, 皆此類。戊申逆亂作, 申上舍濬在淸州, 一家誅死, 閨室逃難, 望門各投。上舍至顯甫家, 顯甫壁而藏之。人皆危顯甫, 顯甫曰: "死生命也。我明知其人無故, 而置之玉石未分之科, 心所不忍也."事急, 申君欲自裁, 顯甫止之曰:"如此, 誰白汝冤者? 人聞之, 必曰:'自知其罪而自決耳.'非惟不能白, 禍且及大人公矣."已而, 聞其大人被囚, 令詣獄自申, 卒得解。嗟乎! 人之節義, 當見之危難之際。彼其平居, 自謂如蚯蛩, 相須以生死, 而臨利害毛髮比, 輒邈然若不相識, 不唯不相爲, 反擠之深塹, 以爲得計者, 卒滔滔也。其視顯甫, 不媿死矣乎? 顯甫孝友出乎天性, 愷悌通乎神明。眸子瞭然, 能夜見書, 而心境朗然, 無一點塵氣。容貌溫粹如玉, 而氣馥馥然, 襲人衣裾, 不覺鄙滯之自消也。樂道人之善而不談人之短, 至僕隷之賤, 亦不以聲色加之。肖翹喘奂之物, 猶恐其或傷, 而童子將鴉雛至者, 顯甫卽打除之曰:"此啄腦之物, 奚爲覆載間?"其心所存可知也。常誦薛文淸'丈夫當容人, 不當爲人所容'之語, 而每云:"古人以陰德比之耳鳴, 若人皆可聞知, 不足謂之陰德也."孟子言:"人能充無欲害人之心, 而仁不可勝用也。人能充無穿窬之實, 而義不可勝用也."此顯甫平日之所兢兢者, 而至白首, 猶有赤子心, 若使其不窮而行其志, 仁愛及於物, 俗猶可有恥, 卒澤而不川, 薶沒州里間。雖與顯甫遊者, 徒見其淳實無機關, 謂之徒善而闊於事情, 誠可歎也。顯甫雅喜山水, 遇幽絶處, 便欲挈家居之。其寓栗枝, 蒔花種竹, 自號竹所。後欲入太白山中, 數與月浦翁商量可處, 未幾, 失月浦翁。父子遂就邐巖, 寓孺慕之志。洞府幽夐, 前對十里江沙。峙書其間, 日夜誦讀, 或發之吟哦, 以消遣晚日, 望之者殆若神仙。使暇以年歲, 卒究素業, 以及其子孫。雖不能施之一世, 其所餉之亦不薄。而又不得壽考, 父

子同日淪逝, 所謂天道者, 不可知也。鄭夫人, 縣監錫僑之女。有婦德婦行, 常不以家事累夫子, 曰:"米鹽婦女事也。"不幸早卒。…(중략)… 繼配英陽南氏, 進士鵬翼之女。…(중략)… 光庭少時, 數聞顯甫名。一日, 聞其到月浦翁所, 馳往訪之, 相視而笑, 卽許以心知, 恨不能縮地朝夕處也。顯甫與月浦翁, 謀欲就光庭所棲鹿門近地, 與之講磨舊業, 未及而失月浦翁, 顯甫遂不果來。每逢場, 說雲樹之思而已。顯甫少我五歲, 精力未倦, 不意其先我死, 使我抱盆孤之恫。而李君光靖·趙君性道, 相繼而以遺事見屬, 崇淵又從留數月, 其請甚懇而語盆悲。光庭不忍把筆, 而念精力日消, 餘景已窄, 恐終負平日相爲傳之譏也。乃就李君所記遺事, 隳括編次, 附以平日所聞見者如是。秉筆之君子, 幸有以恕其意而加省錄焉。謹狀。

〔訥隱先生文集, 권19, 行狀〕

36. 류승현

류승현의 자는 윤경, 호는 용와, 본관은 전주이다. 숙종 경신년(1680)에 태어났다. 기해년(1719) 문과에 급제하였다. 양사(兩司)를 거쳐 벼슬은 참의에 이르렀다. 영조 병인년(1746)에 죽었다. 무신년(1728)에 창의(倡義)한 공으로 금상(今上: 정조) 무신년(1788) 이조참판에 증직되었다.

일찍이 과거 시험에 응시한 적이 있었는데, 선비들의 습속이 아름답지 못한 것을 보고서 답안지를 제출하지 않고 시험장을 나왔다. 과거에 급제하자, 사람들이 그에게 시골티를 버리고 낙양(洛陽: 도성) 사람들의 태도와 말투를 좇도록 권유하니, 공이 웃으며 말하기를, "재주가 없어서 능히 하지 못합니다."라고 하였다.

무신년(1728) 의병을 일으켰는데, 온 고을의 사람들이 공을 대장으로 추대하였다. 공은 마침내 공자(孔子)의 사당 앞에 병사들을 모아 군대의 규율이 엄하고 분명하게 하였다. 조덕린이 말하기를, "먹지로 머리를 싸매고 치마를 찢어 몸을 가리고서 나라의 일에 앞다투어 나아가게 한 것을 누가 창도했단 말인가?"라고 하였다.

종성부사(鍾城府使)가 되었을 때 선비와 백성들이 서로 축하하며 말하기를, "즐겁도다. 작년에 옥천(玉川) 조공(趙公: 趙德鄰)이 우리 땅에 귀양와서 늘 말하기를, '영남 지방에 류 아무개라는 어진 선비가 있다.'라고 했는데, 이제 우리 수령이 되는구나."라고 하였다.

함안(咸安) 수령이었을 때, 백성들이 말하기를, "우리 고을이 문목공(文穆公) 정공(鄭公: 鄭逑)의 유교적 교화를 다시 보게 될 줄 생각도 못했다."라고 하였다.

일찍이 관아에 있을 적에 혹자가 문을 엄히 닫아 빈객들을 끊으라고 권하자, 공이 말하기를, "어찌하여 굳이 그렇게까지 해야 하겠소? 내 마음과 능력을 헤아려서 노력하면 될 뿐입니다."라고 하였다.

관아의 어떤 아전이 공의 엄하고 분명한 것을 꺼려서 일부러 공물로 올리는 것을 신중하지 않게 하였으니, 공은 파직되고 아전은 달아났다. 고을 사람들이 분하게 여기며 탄식하지 않는 자가 없었으나, 공은 개의치 않았다.【협주: 채제공이 찬한 묘갈에 실려 있다.】

● 柳升鉉

> 柳升鉉, 字允卿, 號慵窩, 全州人。肅宗庚申生。己亥文科。歷兩司, 至參議。英宗丙寅卒。以戊申倡義功, 當宁[1]戊申, 贈吏曹參判。

嘗入試圍, 見士風不美, 不呈券而出。及登第, 人勸棄鄉野態, 效洛下容音, 公笑曰:"無才, 不能爲也."

戊申, 舉義兵, 一邑推公爲大將。公遂會兵於孔子廟前, 師律嚴明。趙公德隣曰:"墨紙裹頭, 裂裳被體, 爭赴王事, 伊誰之倡?"

守鍾城[2]時, 士民相賀曰:"樂哉! 往年玉川[3]趙公謫吾土, 常言:'嶺中有柳某賢士也.' 今乃爲我侯耶!"

守咸安[4]時, 民以爲:"不圖吾郡復見鄭文穆公[5]儒化也."

嘗在官, 或勸嚴閤絶客, 公曰:"何必乃爾? 度吾心力而爲之而已."

有官吏憚公嚴明, 故致不謹於上供, 公罷而吏則逸。邑人無不憤惋, 公不以介意。【蔡濟恭撰碣[6]】

---

1 當宁(당저): 지금의 임금. 바로 그 당시의 임금.

2 鍾城(종성): 함경북도 북단에 있는 고을.

3 玉川(옥천): 趙德鄰의 호.

4 咸安(함안): 경상남도 중남부에 있는 고을.

5 文穆公(문목공): 鄭逑의 시호.

6 원전의 사실은 李光庭의 〈行狀〉, 柳道源의 〈家狀〉과 함께 채제공의 묘갈명에서 부분적으로 초출한 것임.

보충

채제공(蔡濟恭, 1720~1799)이 찬한 묘갈명

통정대부 공조참의 용와 류공 묘갈명

공의 휘는 승현(升鉉), 자는 윤경(允卿), 자호(自號)는 용와(慵窩)이다. 류씨(柳氏)는 본래 문화(文化)에서 저명한 성씨인데, 중간 선조 세대에 전주(全州)로 이적(移籍)하였다. 우리 조정을 섬겨 총재(冢宰: 이조판서)의 벼슬에 올랐고, 문학이 뛰어나 집현전(集賢殿)의 명신이 된 류의손(柳義孫)이 있다. 2대를 지나 홍문관 전한(弘文館典翰)을 지내고 참판에 추증된 이는 류식(柳軾)이고, 경사(京師: 한양)에서 영남에 집을 마련하여 산 이는 류윤선(柳潤善)이다. 또 2대를 지나 호는 기봉(岐峯)이고 외삼촌 학봉(鶴峯) 김성일(金誠一) 선생에게서 학문을 배웠으며, 죽은 뒤에 좌승지에 추증된 이는 류복기(柳復起)인데, 공에게 5대조이다. 고조부 류우잠(柳友潛)은 호가 도헌(陶軒)이고, 증조부 류숙(柳橚)은 부호군을 지냈고, 조부 류진휘(柳振輝)는 성균관 진사이다. 아버지 류봉시(柳奉時)는 향리에서 의(義)를 좋아하는 군자(君子)라고 칭송하였다. 어머니 아주신씨(鵝洲申氏)는 신이징(申以徵)의 딸이다.

공이 막 어렸을 때 공의 아버지는 그의 재능과 국량을 이미 알아보고 성취할 수 있도록 해 주고자 산촌에 들여보내어 공부를 매우 엄격하게 가르쳤다. 공 또한 아버지의 마음을 미리 헤아려 뜻을 받들어서 날마다 부지런히 학업을 닦아 과거 시험장에서 명성을 크게 날렸다. 그러나 선비들의 풍습이 마음에 들지 않는 것이 있음을 보고서 비록 과거장에 들어갔더라도 바로 그만두고 돌아왔다.

숙종 기해년(1719) 증광문과에 급제하였는데, 시권(試券)을 개봉하여 급제자의 이름을 호명하기도 전에 공은 이미 고향으로 돌아가기 위해 길을 나섰다. 급제 소식이 객점(旅店)에 뒤따라 전해지자, 함께 묵던 사람들이 놀라 자빠지지 않은 자가 없었지만 공은 여전히 코를 골며 자니,

사람들은 공이 원대한 그릇임을 알았다. 신축년(1721) 태학관(太學官)으로 뽑혔고, 계묘년(1723) 전적(典籍)으로 승진했다가 예조좌랑으로 옮겼으며, 이듬해 갑진년(1724) 정랑으로 승진하였다.

하루는 갑자기 관직을 버리고 돌아오자, 부로(父老)들이 맞아 위로하며 말하기를, "요즘 사람들은 도성(都城)에서 벼슬하면 도성 사람들의 말투와 행동을 곧바로 좇아 하는데, 자네는 아직도 시골티가 있네."라고 하자, 공이 웃으며, "재주가 없어서 고치지 못했습니다."라고 하였다.

공은 류관현(柳觀鉉, 1692~1764)이라는 동생이 하나 있었는데, 동생이 장성하기 전에 아버지가 죽었다. 공은 그를 사랑할 때는 자애로운 아버지였고, 가르칠 때는 엄한 스승이었으니, 마침내 성장시켜 자립하게 하였다. 집안 사정이 좋든 나쁘든 좋은 일이든 힘든 일이든 모두 똑같이 함께하였고, 비록 밭갈이를 하게 하더라도 정해진 주인이 없었으며, 집안일을 모두 맡겼다. 표계(瓢溪)의 경치 좋은 곳에 초막을 지어 '용와(慵窩)'라 이름하고서 시를 읊고 노래하는 것이 뜻에 맞았으니, 세상의 득실을 거의 잊고자 하였다.

병오년(1726) 용강 현령(龍岡縣令)에 제수되었으나, 곧바로 전임자가 유임되어서 미처 부임하기 전에 체직되었다.

영조 무신년(1728) 흉얼(凶孼: 이인좌 무리)들이 사천(射天: 반역)을 꾀하고 영남까지 선동하자, 안동(安東)의 관료와 선비들이 농서(隴西)의 수치(역자주: 漢나라 농서 출신 李陵이 武帝의 명으로 흉노를 토벌하러 갔다가 도리어 흉노에 항복하고 우대를 받자, 농서의 사대부들이 수치스럽게 여긴 사실)로 여기고 의병을 일으켜 토벌하고자 했는데, 공자(孔子) 사당 앞에 군문(軍門: 군영)을 설치하고 공을 대장으로 추대하였다. 당시에 눈물을 뿌리며 구름처럼 모여든 사람들은 모두 장보관(章甫冠)을 쓴 유생들이었고, 군사일을 알지 못하였다. 공이 의연하게 그들을 불러 모아서 하늘을 우러러 맹세하고는, 밤에 격문(檄文)을 썼는데 그 말과 기세가 비분강개하니,

사람들이 고개를 숙이고 벌벌 떨며 두려워하지 않음이 없었으며, 숙연하여져 한 사람도 떠드는 이가 없었다. 깃발을 세우고 북을 울리며 행군하려 했으나, 관군이 이미 적을 토멸하여 호남과 영남이 평정되었다는 소식을 듣고, 공 또한 군대를 해산하고 돌아왔다.

공은 인간 본연 그대로 성실한데다 너그러우며 온화하여 사람들을 대할 때 조금의 구분이나 차별도 두지 않고 허식이 없는 참된 마음이 넘쳐 흘러서 사람됨이 어질든 그렇지 못하든 누구나 모두 말하기를, "덕이 두터운 어른이다."라고 하였다. 평상시에는 다만 유약하여 무능한 듯이 보이다가 사변(事變)에 맞닥뜨리면 충성과 의분으로 곧장 앞장섰는데, 죽고 사는 것으로도 그의 마음을 얽어맬 수 없었으니 큰 절개를 빼앗을 수 없음이 이러하였다. 바야흐로 공이 벽루(壁壘: 군영)를 지키고 있을 때, 안무사(安撫使) 박사수(朴師洙)가 원문(轅門: 營門) 안으로 들어와 감탄하여 말하기를, "군대가 군율이 있도다."라고 하였으며, 호소사(號召使) 조덕린(趙德鄰) 또한 말하기를, "먹지로 머리를 싸매고 치마를 찢어 몸을 가리고서 나라의 일에 앞다투어 나아가니, 또한 장하지 않은가?"라고 하였다.

기유년(1729)에 병조 정랑에 제수되었고, 사헌부 장령으로 옮겨 제수되었다가 교체되어 종부시 정(宗簿寺正)에 제수되었다. 얼마 지나지 않아 통정대부에 오르고 종성 부사(鍾城府使)에 제수되었다. 주상을 뵙고 하직 인사를 할 때, 주상이 공을 불러서 보고 말하기를, "작년에 역도들의 난이 일어나자 의병을 일으켜 사람들에게 맹서(盟誓)한 사람이 그대가 아니었던가? 참으로 이른바 임금이 어떠한 사람인지 알지 못했다고 한 격이로구나."라고 하고는 매우 정성스럽게 위로하며 활과 화살을 내려주고서 보냈다. 종성의 선비들은 서로 축하하며 말하기를, "즐겁도다. 작년에 옥천(玉川) 조덕린(趙德鄰)이 우리 땅에 귀양 와서 늘 말하기를, '남쪽 지방에 류 아무개라는 어진 선비가 있다.'라고 했는데, 이제 우리 수령이 되는구나."라고 하였다. 얼마 지나지 않아 동관(潼關)의 백성들이 몰래 청(淸)나라 국경을 넘어간 일이 발각되자, 관찰사가 장계를 올려 지방관을 파직하도록 청하였다. 공은 이미 파직되었으나 그럼에도 정사에 소홀하지 않으니, 온 고을 사람들이 그의 다스림을 칭송하였다. 이듬해 여름에 후임자가 오자, 백성들이 어른 아이 할 것 없이 길가를 에워싸고 전별하는데 심지어 눈물 흘리며 떠나보내는 사람까지 있었다.

계축년(1733) 조정에서 함안(咸安) 읍의 일이 어그러진 것을 우려하여 문신 중에 명망이 있는 사람을 뽑아 다스리게 했는데, 적임자를 찾기 어려워 이조(吏曹)에서 공을 천거하였다. 공은 정사를 다스림에 공평하고 관대하게 하는 데 힘써 관청의 비용을 줄이고 백성들의 세금을 줄이니, 2년이 채 안 되어서 마을이 회복되었다. 이에, 교궁(校宮: 고을의 문묘)을 옮겨 습지대를 버리고 높은 곳으로 옮겼으며, 우졸자(迂拙子) 박한주(朴漢柱, 1459~1504)의 묘를 봉식(封植)하였다. 또 행의와 문학이 뛰어난 여러 가문을 다시 일으켰는데, 고을의 자제들을 모아 봉급을 출연하여 곡식을 계속 대 주며 권면하고 신칙하기를 게을리하지 않았다. 고을의 습속은 친구 집안이라도 원수가 되어 날마다 눈을 부라렸는데, 공이 정성을 다해 화해시키자 거리에서 시끄럽게 다투는 사람이 없었다. 백성들은 "우리 고을이 문목공(文穆公) 정구(鄭逑)의 유교적 교화를 다시 보게 될 줄 생각도 못 했다."라고 하였다.

을묘년(1735) 세선(稅船)이 전복된 일로 인하여 규례에 따라 취조를 받게 되자, 아전이 말하기를, "율령을 맡은 자에게 뇌물을 주면 부임지로 돌아갈 수 있습니다."라고 하니, 공은 그를 꾸짖으며 말하기를, "조정의 처치(處置)가 있을 것이다."라고 하였는데, 끝내 파직되고서 돌아왔다.

임술년(1742) 판결사(判決事)에 제수되었고, 몇 달이 지나서 병을 핑계 대고 돌아왔다. 겨울에 영해부사(寧海府使)로 제수되었다. 영해는 고향 땅과 맞닿아서 인척들과 사귄 친구들이 그 안에 얽혀 있었는데, 어떤 사람이 문을 엄히 닫아 빈객들을 끊으라고 권하자, 공이 말하기를, "어찌

하여 굳이 그렇게까지 해야 하겠소? 내 마음과 능력을 헤아려서 노력하면 될 뿐입니다."라고 하였다. 3개월이 지나기 전에 창리(倉吏: 곡식 창고를 지키던 관리)가 공이 간악한 비리를 들춰낼까 두려워하여 일부러 공물로 인삼 올리는 일을 신중하지 않게 하니, 공은 파직되고 창리는 달아났다. 고을 사람들이 모두 분하게 여기며 탄식하였으나 공은 개의치 않았다.

공은 그간 고을을 다스리면서 스스로를 매우 엄격히 단속하였으니, 종성(鍾城)에서 돌아올 때는 홑이불이 해져도 바꾸지 않았고, 외동딸이 시집갈 때는 혼수로 북쪽에서 난 물건이 없었다. 그리고 함안(咸安)에서 취조를 받으러 갈 때는 고을 사람들이 옛날 관례에 따라 돈 400민(緡)을 마련하여 집으로 쫓아와서 주었는데도 공은 다 돌려주었다. 빈궁하기가 벼슬살이를 하지 않았던 예전과 같아 사람들이 칭송하고 감탄하면, 곧 웃으면서 말하기를, "실은 능력이 없는데다 고을도 척박했기 때문입니다."라고 하였다.

을축년(1745) 공조참의에 제수되었고, 이듬해 병인년(1746) 봄에 풍기군수(豐基郡守)로 제수되었다. 당시 대기근이 들었는데, 얼사(臬司: 관찰사)에 달려가 구민책(救民策)을 상의하고 돌아온 지 며칠 만에 병이 들었다. 장차 환곡(還穀)을 더 요청하려고 병석에 누운채 초안을 불러주며 쓰도록 명하였는데, 이튿날 아전이 자제들로 하여금 대신 서명하게 하자고 말하자, 공이 눈을 뜨고 말하기를, "안 된다."라고 하였다. 말을 마치자 곧 세상을 떠났으니, 병인년 3월 28일이었다. 환곡을 요청하는 문서가 나중에야 도착하자, 상사(上司: 관찰사)가 매우 슬퍼하여 진휼하는 곡식을 넉넉히 주었다. 진곡(賑穀)을 받은 백성들은 모두 눈물을 흘리며 말하기를, "이는 우리 고을 수령이 남긴 은혜다."라고 하였다. 향년 67세이었다. 9월 갑오일에 운구하여 안동(安東) 침곡(砧谷)의 부경(負庚) 언덕에 안장하였다. 숙부인(淑夫人)의 묘를 옮겨서 합장하였다.

공이 처음 벼슬길에 나섰을 때, 부모가 살아 계실 적에 그 영광을 누리게 하지 못한 것을 한스러워하였다. 또 가난으로 인하여 부모상에 스스로 극진히 하지 못하였으니, 자제들에게 자신이 죽은 뒤의 일을 감히 부모보다 조금도 후해서는 안 된다고 경계하였다. 과부가 된 누이와 아버지를 여읜 생질을 돌보았고, 당형(堂兄: 4촌형) 상사공(上舍公) 류원현(柳元鉉)을 엄한 아버지처럼 섬겼다. 공이 일찍이 청송(靑松)으로 집을 옮기려고 모든 준비를 이미 마쳤는데, 상사공이 울면서 만류하자 공도 차마 떠나갈 수가 없었다. 이에 밀암(密菴) 이재(李栽)가 탄복하며 말하기를, "아름답도다. 두 형제간의 우애가 돈독하구나."라고 하였다. 일찍이 제산(霽山) 김성탁(金聖鐸)과 막역지교를 맺었는데, 그가 세망(世網: 정치적 박해)에 걸려 들었을 때 그의 친지들은 두려워 떨며 감히 돌보지 않았지만, 공만이 홀로 꿈에도 그리고 깨어나서도 한탄하며 그의 곤궁하고 막힌 처지를 오래도록 구휼해 주기를 그치지 않았다.

공은 함양한 바가 겸손하고 온화한데다 너그럽고 순후하였지만, 법을 받들어 시행할 때는 청탁을 감히 들어주지 않았다. 예부랑(禮部郎)이 되었을 때는 같은 성씨의 어떤 사람이 향시(鄕試)에 합격하고서 진시(陳試: 초시에 합격한 자가 사정상 예조에 사유를 고하고 다음 기회에 會試를 보는 제도)를 하게 해 달라고 청탁하자, 공은 허락하지 않고 말하기를, "친척의 죽음을 사칭한 것도 진실로 해서는 안 되는 일인데, 하물며 이로써 임금을 속이려 한단 말인가?"라고 하였다. 함안(咸安)에 있을 때는 막 고시관(考試官)으로 가려고 할 즈음 고향에서 편지가 도착하자, 자제들에게 먼저 그 편지의 별지(別紙)를 없애도록 하고서 말하기를, "이미 보고서는 그 청을 들어주면 내가 사심을 쓴 것이 될 것이고, 만약 일부러 떨어뜨리면 그 사람은 억울한 일을 당하는 것이 될 것이니, 차라리 보지 않는 것이 낫다."라고 하였다. 고을에 어 정승(魚政丞)의 묘가 있었는데, 국구(國舅: 임금의 장인) 어유구(魚有龜)의 선조였다. 국구가 족인(族人)을 통해 공에게 편지를 보냈는데, 묘전(墓田)을 되찾고자 하였다. 그러나 그 묘전은 이미 백성의 것이 되어 영업전(永業田: 국가의 통제를 벗어난 토지는 아니었으나 일정한 조건이 충족되면 자손에게 세습할 수 있는 토지)과 같았으니, 공이 거절하고서 들어주지 않았고, 국구 또한 사과하였다.

공은 만년에 《주역(周易)》을 즐겨 읽어서 이를 읽지 않으면 의심을 풀고 사리에 통달할 수 없다고 여겼다. 시문을 지을 때는 오직 수수하고 질박하며 이치에 맞는 것을 중요시하였고, 글을 잘 쓰고 못 쓰고는 신경 쓰지 않았다. 유집(遺集)이 집에 보관되어 있다.

부인 광주김씨(光州金氏)는 현감 김한벽(金漢璧)의 딸이다. 시부모를 섬기고 남편을 받들면서 어긋나는 행실을 하지 않았고, 부지런하게 길쌈을 하여 공이 유학하는 데 밑천을 대었다. 공보다 16년 전에 죽었다. 아들을 낳지 못하여 공의 동생 참의(參議) 류관현(柳觀鉉)의 아들 류도원(柳道源)을 후사로 삼았다. …(중략)…

공의 족자(族子) 대사간 류정원(柳正源)은 독서인이다. 늘 말하기를 "용와공(慵窩公)은 사람을 진무(鎭撫)하는 도량과 편안하고 차분한 지조는 옛사람에게 부끄러움이 없으니, 우리들은 그의 발자취를 삼가 지키면 허물을 줄일 수 있을 것이다."라고 하였다. 공이 죽자 3개월 내내 소식(素食)하였다. 이것만 보아도 공의 참된 덕이 집안 사람들에게 얼마나 깊은 감동을 주었는지 더욱 알 수 있었다. …(이하 명문 생략)…

通政大夫工曹參議慵窩柳公墓碣銘

公諱升鉉, 字允卿, 自號慵窩。柳本文化著姓, 中世移籍全州。事我朝, 位家宰, 以文學爲集賢名臣者曰義孫。二世而弘文典翰贈參判者曰軾, 自京師而家嶺南者曰潤善。又二世而號岐峯, 從叔舅金鶴峯先生學, 卒贈左承旨者曰復起, 於公五世也。高祖友潛, 號陶軒, 曾祖橚副護軍, 祖振輝國子進士。皇考奉時, 鄕里稱好義君子。妣鵝洲申氏, 以徵之女。公方幼, 父已知其器局, 欲成就之, 入山村課讀甚密。公亦先意承志, 日孳葊劬業, 大有場屋聲. 然見士習有不可意, 雖入場, 卽棄歸焉. 肅宗己亥, 闈增廣文科, 未拆號, 公已首鄕路. 榜聲追及旅店, 伴宿者無不失驚倒, 公鼾睡如初, 人知其遠大器也. 辛丑, 調太學官, 癸卯, 陞典籍, 遷禮曹佐郎, 明年, 陞正郎. 一日, 忽棄官歸, 父老迎慰, 且曰:“今人仕京師, 卽效京師人言貌, 君猶有鄕野態.”公笑曰:“無才不能改也.”公一弟曰觀鉉, 未及成而皇考歿. 公愛之則慈父也, 敎之則嚴師也, 俾卒成立. 有無甘苦, 一與均, 雖使指耕垡, 無常主也, 以家務一界之. 結茆瓢溪水石, 名其窩以憻, 吟諷適志. 殆欲忘世間得喪. 丙午, 除龍岡縣令, 旋因前令仍其職, 未及赴而遞. 英宗戊申, 凶孼謀射天, 煽及嶺以南, 安東大夫士以爲隴西耻. 舉義兵討之. 設軍門孔子廟前. 推公爲大將. 時雪涕雲集者, 皆冠章甫儒生, 不知軍旅事. 公毅然麾召, 仰天以誓, 夜草檄, 辭氣忼慨, 人無不俯首聾慄, 肅然無一譁. 將建旗鼓鼓行, 聞官軍已滅賊湖嶺平, 公亦罷兵歸. 公質愨寬和, 待人絶無畦畛, 誠意盈缶, 人無賢不肖, 咸曰:“厚德長者.”平居, 但見其粥粥若無能, 臨事變忠憤直前, 不以死生攖其心, 大節之不可奪如此. 方其按壁壘也. 安撫使朴師洙, 入轅門, 歎曰:“師有律矣.”號召使趙公德隣, 亦曰:“墨紙裹頭, 裂裳被體, 爭赴王事, 不亦韙哉?”己酉, 除兵曹正郎, 移拜司憲府掌令, 遞授宗簿寺正. 尋陞通政資, 除鍾城府使. 及陞辭, 上召見曰:“當去年逆亂, 倡義誓衆, 非若歟? 眞所謂不識何狀.”慰諭甚摯, 賜弓矢以遣. 鍾之士, 相賀曰:“樂哉! 往年, 玉川趙公謫吾土, 常言:‘南中有柳某賢士也.’今乃爲我侯耶!”未幾, 潼關民潛越淸國界覺, 觀察使啓罷地方官. 公不以旣罷而弛於政, 一境稱治. 明年夏, 代者至, 民大小擁道餞, 至有涕出而送者. 癸丑, 朝廷憂咸安邑事瘝壞, 擇文臣負聲望者理之, 難其人, 銓部擧以公. 公爲治務在平恕, 節官用, 薄民稅, 未及二年, 閭里復. 於是, 移校宮, 去渫就高, 封植朴迂拙子墓. 復其有行義文學者數家, 聚邑子, 捐俸繼粟, 勸飭不倦. 邑俗朋家作仇日睢盱, 公盡誠和解, 無有譏訾于衖者. 民以爲:“不圖吾郡復見鄭文穆公儒化.”乙卯, 因稅船覆, 依例下之理, 吏言:“貨掌律者, 可得還任.”公訶曰:“有朝廷處置在.”竟罷還. 壬戌, 拜判決事, 居數月, 謝病

歸。冬, 除寧海府使。寧與家鄉壤接, 姻黨交舊綴其中, 人有勸嚴闆絶賓客, 公曰：“何必乃爾? 度吾心力而爲之而已.”未三月, 倉吏憚公將發姦, 故不謹上供蔘, 公罷而吏則逸。邑人無不憤惋, 公不以介意。公前後莅郡, 律已嚴, 其自鍾城歸也, 單衾敝而不易, 一女新嫁, 粧奩無北物。自咸安就理, 郡人用舊例, 賷錢四百緡。追贐于家。公悉還之。貧約如舊, 人或稱歉, 則笑曰：“實無能, 且邑薄故耳.”乙丑, 拜工曹參議, 明年春, 除豐基郡守。時大饑, 馳詣臬司, 商救民策, 還數日而病矣。將加請糶, 臥呼草命書, 明日, 吏白令子弟代署, 公開目曰：“不可.”言訖而逝, 丙寅三月二十八日也。糶狀後於赴, 上司惻甚給賑糶頗優。民受賑者, 皆流涕曰：“此我侯遺惠也.”享年六十七。以櫬歸用九月甲午, 葬于安東砧谷負庚之原。遷淑夫人墓同封焉。公初釋褐, 恨榮不及父母在世。又以貧不能自盡親喪, 戒子弟終事無敢踰於親。恤嫠姊撫孤甥, 事堂兄上舍公元鉉如嚴君。公嘗欲移家靑松, 措置已凝, 上舍公泣而止, 公亦不忍離去。密菴李公歎曰：“美哉! 兩君友于之篤也.”嘗與金霽山爲莫逆交, 及其罹世網, 親知惴慄無敢顧, 公獨夢思寤歎, 恤窮阨久而未已。公所養平易寬醇, 至奉法, 請托無敢售。爲禮部郎, 有同姓人中鄕解求陳試者, 公不許曰：“詐死親戚固不可, 況欲以是欺君耶?”在咸安, 將赴考試, 鄕書至, 則令子弟先去其別紙, 曰：“旣見而從其請, 我爲行私, 若故黜之, 彼爲見枉, 不如不見也.”郡有魚政丞墓, 國舅有龜之先也。國舅遣族人書抵公, 欲以推墓田。田入於民, 已同永業, 公謝不與, 國舅亦謝之。公晩喜易, 以爲不讀此, 無以決嫌疑通事理。爲詩文, 惟主平實當理, 不役意工拙。有遺集藏于家。配光州金氏, 縣監漢璧之女。事舅姑承君子無違行, 勤女紅以資公遊學。先公十六年而卒。男不育, 取弟參議觀鉉子道源爲嗣。…(중략)… 公族子大司諫正源, 讀書人也。常曰：“慵窩公鎭物之量, 恬靜之操, 無愧古人, 吾輩謹守其轍, 庶得寡過.”及公歿。素食終三月。斯可以益知公實德之爲家庭觀感者深矣。…(이하 명문 생략)…

〔樊巖先生集, 권51, 墓碣銘〕

37. 이산두

이산두의 자는 자앙, 호는 나졸재, 본관은 전의이다. 숙종 경신년(1680)에 태어났다. 갑오년(1714) 생원시에 합격하고, 계축년(1733) 문과에 급제하였다. 벼슬은 지중추부사를 지냈고, 기로소(耆老所)에 들어갔다. 영조 임진년(1772)에 죽었다.

공은 일찍이 과거에 응시하러 시험장에 들어간 적이 있었는데, 강경(講經)이 끝나고 막 강생(講栍: 채점용으로 쓰이는 대나무쪽판)을 거두어 들이려는 즈음, 공이 스스로 말하기를, "한 글자를 잘못 읽었습니다."라고 하니, 대관(臺官)이 깜짝 놀라서 말하기를, "고시관이 알지 못하였거늘, 그대는 어찌 스스로 밝히는 것이오?"라고 하자, 공이 말하기를, "남이 비록 알지 못한다고 해도 자기는 그것을 알 것이니, 어찌 자신을 속이고 남을 속이며 나아가 하늘을 속일 수 있겠소?"라고 하였다. 이 말을 들은 사람들이 놀라고 탄복하였다.

공은 천거되어 남포(藍浦) 수령이 되었다가 임기를 마치고 돌아와서는 초가 몇 칸에서 지내니, 사람들이 새로 관직을 마친 사람인 줄 알지 못하였다.

기로소(耆老所)에 들어가자, 주상이 화공에게 초상을 그려 가져오도록 하고, 원손(元孫)에게 '구십세상(九十歲像)'이라는 네 글자를 쓰도록 하였다.

• 李山斗

李山斗, 字子昂, 號懶拙齋, 全義人。肅宗庚申生。甲午生員, 癸丑文科。官知中樞, 入耆社。英宗壬辰卒。

公嘗入試闈, 講畢, 將收栍, 公自言: "誤讀一字." 臺官愕然曰: "掌試

之所不知, 爾何自明?” 公曰: “人雖不知, 己則知之, 豈可自欺欺人, 至
於欺天?” 聞者驚歎。

公被薦爲藍浦[1]守, 及歸, 草屋數間, 人不知新解官也。

及入耆社[2], 命工圖像以來, 命元孫書‘九十歲像’四字。□[3]

이산두(1680~1772)의 가계와 이력

이산두(李山斗)

이산두에 대해 소산(小山) 이광정(李光靖, 1714~1789)이 찬한 〈행장(行
狀)〉을 따라 정리하고 약간 보충하면, 다음과 같다.

본관은 전의(全義), 자는 자앙(子昂), 호는 나졸재(懶拙齋)이다. 고려태
사(高麗太師) 이도(李棹)의 후손으로, 고려 말 전농정(典農正) 이웅(李雄)이
안동 풍산현으로 이주하였는데, 1680년 6월에 그곳에서 태어났다. 증조
부 이령(李苓)은 좌승지에 추증되었고, 조부 이명길(李鳴吉)은 호조참판
에 추증되었으며, 아버지 이필(李泌)은 호조판서에 추증되었는데, 모두
이산두의 공덕으로 추증된 것이다. 어머니 광주안씨(廣州安氏)는 판관(判
官) 안칭(安偁)의 딸이다. 부인 안동권씨(安東權氏)는 권성보(權聖輔)의 딸
이다.

이산두가 3세 때 병을 앓아 혼절하자, 가족들은 그를 묻으려고 준비하
는데 마침 추명자(推命者: 사주를 가지고 사람의 운명을 추정하는 자)가 장차

---

1 藍浦(남포): 충청남도 보령시 남포면 일대.

2 耆社(기사): 耆老所. 조선시대에 70세가 넘는 正二品 이상의 문관들을 예우하기 위하여
   설치한 기구. 1394년 설치하여 英祖 때인 1765년에 독립 관서가 되었고, 이때부터 임금도
   참여하였다.

3 출전이 밝혀 있지 않으나, 李光靖(1714~178)의 《小山先生文集》 권13 〈行狀·正憲大夫知
   中樞府事懶拙齋李先生行狀〉임.

크게 될 아이니 조금 더 기다려 보라고 하였고, 사흘 뒤에 깨어났다는 일화가 있다. 또한 장성하여 정곡(井谷) 처사(處士) 권징(權憕)의 문하에서 수학하였는데, 겨울 추위 속에서 홑옷만 입고 꼿꼿이 앉아 전혀 추운 기색이 없자, 다른 학우들이 이유를 물으니, "춥지 않은 것이 아니라, 견디지 못하면 추위에 지게 되지만 마음을 단속하면 추위를 잊을 수 있다."라고 한 일화도 있다.

1701년 향시에 합격하고 1704년 부친상을 당하였다. 이때 이종사촌 형 좌랑(佐郞) 김구성(金九成, 1651~1718)이 그의 궁핍한 처지를 안타까워 하며 함께 살자고 권하여 상(喪)을 마친 뒤로도 한동안 함께 살았다.

1714년 생원시에 합격하였고, 1718년 조정에서 별과(別科)를 실시하였으나 성균관에 있었으면서도 과거를 포기한 채 고향으로 돌아갔다. 1721년 강경과(講經科: 경서에 정통한 사람을 가려내던 과거)에 응시하여 암송을 끝내고 물러날 즈음 스스로 한 글자를 잘못 읽었음을 실토하자, 대관(臺官) 홍용조(洪龍祚, 1686~1741)가 놀라면서 고시관이 알지 못하였거늘 어찌 스스로 밝히려 하느냐고 물으니, "남이 비록 알지 못한다고 하여 나 자신을 속이고 하늘을 속이겠는가"라고 하였다. 1722년 모친상을 치렀고, 1732년 전강(殿講: 경서의 강독을 장려하기 위하여 실시한 시험)에서 직부급제(直赴及第: 과거의 최종시험인 殿試에 곧바로 응할 수 있는 자격을 얻는 것)하고는 1733년 전시(殿試: 覆試에서 선발된 사람에게 임금이 친히 치르게 하던 과거)에 급제하였다.

1734년 선무랑(宣務郞)에 제수되었고, 1735년 전적으로 승진한 뒤로 그해 12월 남포현감(藍浦縣監)에 제수되었다가 임기를 마치고 돌아와 1737년 풍현(豊縣) 동쪽 단구촌(丹丘村)에 거처를 정했다. 1748년 예조정랑과 성균관사예로 제수되었으나 모두 나아가지 않았으며, 1749년 봉산(烽山) 아래에 작은 재실을 짓고 살았는데, 이때 사람들이 그를 '나졸(懶拙)'이라 불렀다.

1756년 부호군이 되었고 곧 첨지로 승진하였으며, 1758년 장례원판결사에 제수되었으나 사양하고 나아가지 않았다. 그해 10월 첨지중부부사에 제수되었다. 1761년 특별히 품계를 가선대부에 올려서 공조참판으로 제수하였으나 또한 사양하였다. 1763년 가의대부(嘉義大夫)에 오르고 1766년 자헌대부(資憲大夫)에 올랐으며, 1767년 지중추부사로서 기로소(耆老所)에 들어갔다.

1769년 영조(英祖)는 화공에게 초상을 그리도록 하고서 자손이 직접 가지고 오라는 명을 내렸다. 초상을 가지고 온 손자 이전춘(李全春)에게 영릉참봉(寧陵參奉)을 제수한 뒤, 왕이 직접 화상에 '지중추이산두(知中樞李山斗)'라는 여섯 자를 쓰고, 원손으로 하여금 오른쪽에 '구십세상(九十歲像)'이라는 네 글자를 쓰게 하였다. 1770년 정헌대부(正憲大夫)에 올랐다.

이산두는 만년에야 비로소 벼슬길에 나아가 낭청에 잠시 머물렀고, 백성의 일을 잠깐 맡았다가 곧 관직을 버렸으며, 가끔 부름이 있어도 문을 닫고 굳게 누워 20여 년을 가난과 굶주림을 견디며 살았다. 1772년 4월 20일 93세의 나이로 세상을 떠났다.

38. 김성탁

김성탁의 자는 진백, 호는 제산, 본관은 의성이다. 약봉(藥峯) 김극일(金克一)의 후손이다. 숙종 갑자년(1684)에 태어났다. 영조 경술년에 처음 벼슬길에 나서서 현감을 역임하였다. 을묘년(1735) 문과에 급제하여 벼슬이 교리에 이르렀다. 정묘년(1747)에 죽었다.

무신년(1728) 난적(亂賊)이 일어나자, 공은 창의소(倡義所)에 달려가 격문을 지어 사방을 깨우쳤으니, 글의 뜻이 엄정하고 강개하였다.

영남안핵사(嶺南按覈使) 오광운(吳光運)이 찾아와 예절에 맞는 몸가짐으로 몹시 공손하였는데, 조정에 돌아가서는 공을 수망(首望: 1순위로 추천)으로 천거하며 말하기를, "금옥(金玉)처럼 훌륭한 사람입니다."라고 하였다. 그리하여 참봉(參奉: 英陵參奉)에 제수되었으나 한번 사은하고 곧 돌아왔다.

영남관찰사 조현명(趙顯命)이 또한 공을 수망(首望)으로 천거하며 말하기를, "온화하고 공손하며 겸손하게 사양하고 물러나 힘써 자신의 재주와 덕을 감추었으나 해박한 학문과 정밀하고 명확한 견해는 영남 선비의 교초(翹楚)로 삼기에 마땅합니다. 나이는 비록 적지만 명예를 이미 이루었는데, 한번 거두어 쓰시고서 다시는 기용하지 않고 있으니, 인재를 샅샅이 찾아내어 밝게 드날려야 하는 도리로 헤아려 보면 이미 지극히 개탄스럽습니다. 청컨대 그를 기용하도록 도탑게 권면하여서 혹은 경전의 뜻을 따져 물으며 혹은 치도(治道)를 두루 자문하여 명(明)나라 선종(宣宗: 仁宣之治, 과거제도의 개선)의 고사처럼 하소서."라고 하였다. 그리하여 참봉(參奉: 靖陵參奉)에 제수되었으나, 한번 사은숙배하고 또 돌아왔다. 영남 감진어사(監賑御史) 이종백(李宗白)이 또한 특별히 따로 천거하자, 주상이 사과(司果)에 제수하도록 명하였다. 오래지 않아 별제에 제수되었는데, 도신(道臣)에게 공이 벼슬에 나올 수 있게 권하도록 명하였다. 공이 대궐에 이르자, 주상이 속히 접견하고서 치평(治平)의 요체와 성경(誠敬)의 근원을 물으니, 공이 옛일을 인용하여 지금의 일을 증거삼고 자기가 온축한 바를 가지고서 정성을 다해 아뢰자, 주상이 훌륭하다고 칭찬하였다.

증광복시(增廣覆試)를 보러 갔는데, 주상이 과거 시험을 주관하는 자를 불러 하교하기를, "영남의 어진 선비가 지금 과장(科場)에 들어왔을 터인데, 과연 보배를 버려둘 수 없지 않겠는가."라고 하자, 과거급제자의 명단을 뜯어 보니, 공이 과연 급제하였다. 과거급제자의 명단을 부른 날에 주상이 어제시(御製詩) 절구(絶句) 1수를 내렸으니, 이러하다.

어제는 영남 지방에서 과거 보러 온 사람일러니
오늘은 머리 위에서 계수나무 꽃이 새롭구나.
어찌 다만 그대에게 있어 어버이만 기쁘게 하랴
나의 금마문 출입하는 문학의 신하가 되었노라.

임금의 총애가 날로 융숭하여 장차 조만간 크게 등용할 것 같자, 공을 질투하는 무리가 옆에서 엿보다가 몰래 사주하였다. 이에 호남과 영남의 유생 이해로(李海老)와 신헌(申鑣) 등이 본디 노기를 품고 있다가 또 당로에 아첨하고자 상소문을 올려 무고(誣告)하면서 욕되게도 공의 사문에까지 언급하였다. 공이 이때 교리(校理)로 있으면서 상소를 올려 변론하여 말하기를, "신(臣)의 스승 이현일(李玄逸)은 지금까지도 그 이름이 죄적(罪籍)에 올라 있는 것은 기사년(1698) 가을에 올린 응지소(應旨疏: 어명에 응한 상소) 가운데 한 구절의 말 때문이었으나 그 상소 전체의 본뜻을 살펴본다면, 실로 성모(聖母: 국모)를 위해 높이고 편안하게 해 드리는 도리를 다하고 선대왕을 위하여 변고에 대처하는 의리를 다하고자 했던 것입니다. 기묘년(1699)에 사면이 내려졌고 신사년(1701)에 완전히 석방되었으며 경자년

(1720)에 관직이 회복되었음은, 비록 혹은 시행되고 혹은 중지되었으나 이미 성상께서 통촉해 주셨고 또한 상신(相臣)이 평번(平反: 되풀이 신문하여 죄를 공평히 함)을 해주었던 것이니, 그 본래의 뜻이 다름이 없었다는 것은 이에서도 알 수 있습니다. 하물며 이현일은 기사년(1689) 초에 멀리 향촌에 있다가 사업(司業)으로 4월에 부름을 받아 광주(廣州)에 이르렀을 때 곤성(坤聖: 인현왕후)을 위하여 상소를 올렸으나 후원(喉院: 승정원)에서 막혔으니, 흉론을 주장했다고 이르는 것은 또한 억울하지 않겠습니까? 신(臣)은 전하가 기사년의 일에 대해 선천(先天: 따질 것 없는 과거의 일로 간주함)으로 맡긴 것을 알지만, 신(臣) 때문에 욕이 사문(師門)에까지 미친 것은 남몰래 스스로 통분하였습니다."라고 운운하였다. 이 상소가 정원(政院: 승정원)에 도달하자, 승지 류엄(柳儼)이 별도로 계사(啓辭)를 지어 거침없이 모함을 하며 성상의 귀를 놀라게 하는 계책으로 삼고서 공의 상소와 함께 올리니, 주상이 영남에 있는 공을 체포하도록 명하였다. 고문하여 때리고 신문하는 데에 이르러 조현명(趙顯命)이 상소를 올려 공을 구하려다가 죄를 입어 삭직되었지만, 수개월 뒤에 죄에서 풀려나 서용되자 다시 상소를 올려 변론하는데 더욱 힘써니, 공을 정의(旌義)에 안치하도록 명하였다. 이후에 광양(光陽)으로 이배되었고, 그 유배지에서 죽었다.

일찍이 경연(經筵)에 입시(入侍)한 적이 있었는데, 주상이 여러 제신(諸臣)들을 돌아보고 이르기를, "김성탁은 고사(故事)의 출처에 대한 응대에 막힘이 없었는데, 비록 유경(幽經: 相鶴經)과 벽서(僻書: 세상에 널리 알려지지 않은 기이한 내용의 책)일지라도 또한 그러하니, 과연 경학(經學)을 하는 선비이다."라고 하였다.

금상 을묘년(1795)에 공의 손자 김시전(金始全)이 공의 억울함을 울부짖으니, 주상이 하교하기를, "문자를 들추어내는 것은 태평성세에 할 일이 아니다. 내가 김성탁의 억울함을 안다."라고 하며 특별히 직첩(職牒)을 지급하고서 판부(判付: 上奏한 안건을 임금이 허가하던 일)로써 김시전

에게 유시(諭示)하기를, "네 조부는 행의(行誼)로 선조(先朝: 영조)의 은전
을 두텁게 입었고, 네 아버지의 행의도 자자하게 칭송하지만 생전에 미
처 거두어 쓰지 못하였으니, 이것이 흠이 되는 일이다."라고 하였다.【협
주: 채제공이 찬한 묘갈명에 실려 있다.】

• 金聖鐸

金聖鐸[1], 字振伯, 號霽山, 義城人。藥峯[2]克一之後。肅宗甲子生。英
宗庚戌筮仕, 歷縣監。乙卯文科, 至校理。丁卯卒。

戊申, 亂賊起, 公赴倡義所, 爲文諭四方, 辭意嚴正慷慨。

嶺南按覈使吳公光運[3]來訪, 禮貌甚恭, 及還朝, 以公首薦曰: "金玉其

---

1   金聖鐸(김성탁, 1684~1747): 본관은 義城, 자는 振伯, 호는 霽山. 증조부는 金是樞이며,
    조부는 생원 金邦烈이다. 아버지는 金泰重이며, 어머니 順天金氏는 호군 金如萬의 딸이다.
    부인 務安朴氏는 통덕랑 朴震相의 딸이다. 1735년 증광문과에 급제하였다. 사헌부지평에
    이어서 사간원정언·홍문관수찬 등을 역임하였다. 1737년 李玄逸의 伸寃疏를 올렸다가
    왕의 노여움을 사서 旌義에 유배되었다. 그 뒤 光陽으로 이배되어 배소에서 죽었다.
2   藥峯(약봉): 金克一(1522~1585). 본관은 義城, 자는 伯純, 호는 藥峰. 경상북도 안동 출신.
    증조부는 金萬謹이며, 조부는 金禮範이다. 아버지는 金璡이며, 어머니 驪興閔氏는 병절교
    위 閔世卿의 딸이다. 부인 逢安李氏는 동지중추부사 李薿의 딸이다. 이황의 문하에서
    수학하였다. 1546년 증광문과에 급제하였다. 여러 벼슬을 거쳐 1553년 승정원주서가
    되고, 얼마 뒤 형조좌랑·사헌부감찰에 제수되었고, 1554년 홍원현감을 지냈다. 1556년
    청홍도도사를 거쳐 1558년 성균관직강·형조정랑·예조정랑이 되었으며, 1559년 경상도
    도사를 거쳐 평해군수를 역임하였다. 1566년 예천군수에 제수되었고, 1569년 성주목사,
    1575년 밀양부사, 1582년 내자시정, 1583년 사헌부장령을 겸하였다. 주로 지방관을 역임
    했고, 효성이 매우 지극하였다. 문장은 고결하고 蒼古해 한 글자도 진부한 말이 없었다고
    한다. 더욱이 시에 뛰어나 시인으로서 명성이 높았다. 시는 매우 정교했고 사실을 인용함에
    비유함이 간절하였다.
3   吳公光運(오공광운): 吳光運(1689~1745). 본관은 同福, 자는 永伯, 호는 藥山. 증조부는
    吳挺漢이며, 조부는 吳始鳳이다. 아버지는 돈녕부도정 吳尙純이며, 어머니 廣州安氏는
    병조판서 安後說의 딸이다. 부인 安東權氏는 權韠의 딸이다. 1714년 사마시에 합격하고,
    1719년 증광문과에 급제하였다. 1728년 동부승지를 거쳐 3월에 이인좌의 난이 일어나자
    변을 아뢰고 대비하도록 하였다. 영남안핵어사가 되고, 이어 대사헌을 거쳐 1737년 대사
    간, 1740년 부사과가 되었다. 1743년 예조참판을 역임하고, 1744년 사직을 거쳐 개성유수
    에 이르렀다.

人.”除參奉, 一謝卽歸。

嶺南觀察使趙公顯命, 又首薦曰：“溫恭謙退, 務自韜晦, 而文學之該博, 識解之精明, 當爲嶺士之翹楚。其年紀雖少, 名譽已成, 一番收用, 更不檢擧[4], 揆以搜剔明揚之道, 已極慨然。請敦勸以起, 或問經義, 或詢治道, 如明宣故事.”除參奉, 一謝又歸。嶺南監賑御史李公宗白[5], 又別薦, 命付司果。旋除別提, 命道臣勸起。及來, 亟賜引接, 問治平之要·誠敬之原, 公引古證今, 罄陳所蘊, 上稱善焉。

及赴增廣覆試, 上召主試者敎曰：“嶺南賢士, 今當入試圍, 能不遺珠否?”及坼號, 公果捷矣。放榜[6]日, 賜御製詩一絶曰：“昨日嶠南貢擧身, 今辰頭上桂花新。豈徒於爾榮親喜? 爲我金門[7]文學臣.”眷注日隆, 若將朝暮大用, 娟嫉之徒, 旁伺陰囑。於是, 湖嶺儒生李海老[8]·申鑮[9]等, 素有蓄怒, 又媚當路, 投疏搆誣, 辱及公師門。公時以校理疏卞曰：“臣師李玄逸[10], 至今名在罪籍者, 以己巳秋應旨疏中一句語, 而若以全疏

4　檢擧(검거)：起用.

5　李公宗白(이공종백)：李宗白(1699~1759). 본관은 慶州, 자는 太素, 호는 牧川. 증조부는 李時術이며, 조부는 李世弼이다. 아버지는 관찰사 李衡佐이며, 어머니 坡平尹氏는 尹趾慶의 딸이다. 첫째부인 東萊鄭氏는 鄭錫圭의 딸이며, 둘째부인 光山金氏는 金宗碩의 딸이다. 1721년 사마시에 합격하고, 1723년 증광문과에 급제하였다. 주로 청환직을 역임하였고, 1728년 기사관을 거쳐 1729년 정언과 수찬을, 1731년 이조정랑과 부교리 등을 지냈다. 1732년 영남어사, 1733년 응교, 1734년 사간 등을 지내고 1737년 대사간과 승지를 거쳐 1738년 대사성에 이어 廣州府尹으로 나갔다가 1739년 대사헌이 되었다. 1740년 이조참의, 1741년 병조참지, 1749년 평안도관찰사를 지냈고, 1751년 이조참판에 이어 1752년 함경도관찰사, 호조참판을 거쳐 1754년 동지부사가 되어 청나라에 다녀왔으며, 공조·호조·이조의 판서 등을 역임하였다.

6　放榜(방방)：榜目에 적힌 과거급제자의 이름을 부름.

7　金門(금문)：金馬門. 漢나라의 宮門. 본디 學士들이 待詔하던 곳이었는데, 조정을 가리킨다.

8　李海老(이해로, 1699~?)：본관은 韓山, 자는 宗之. 아버지는 李壽涵이다. 1733년 사마시에 합격하였다.

9　申鑮(신헌, 1688~?)：본관은 平山, 자는 華叔. 아버지는 申命亨이다. 1735년 사마시에 합격하였다.

10　李玄逸(이현일, 1627~1704)：본관은 載寧, 자는 翼昇, 호는 葛庵. 증조부는 李殷輔이며, 조부는 현감 李涵이다. 아버지는 참봉 李時明이며, 어머니 安東張氏는 張興孝의 딸이다. 부인 務安朴氏는 朴玏의 딸이다. 李徽逸의 아우이다. 1646년 초시에 합격했으나 문과에 응시하지 않았다. 영릉참봉, 공조좌랑, 사헌부지평 등에 제수되었으나 출사하지 않았다.

本意觀之, 則實欲爲聖母致尊安之道, 爲先大王盡處變之義也。已卯之賜環[11], 辛巳之全釋, 庚子之復官, 雖或行或寢, 而旣蒙天鑑之下燭, 又有相臣之平反, 則其本情之無他, 於此亦可見矣。況玄逸當已巳初, 遠在鄕邑, 其以司業被召, 在於四月, 行到廣州[12], 爲坤聖陳疏, 而見阻喉院, 則謂之主張凶論, 不亦冤乎? 臣知殿下於已巳之事, 付之先天, 而窃自痛以臣之故辱及師門云云。" 疏到政院, 承旨柳儼[13]別作啓辭, 索性[14]謀陷, 以爲驚動聖聽之計, 偕公疏入徹, 上命逮捕公嶺外。及至栲掠[15]以訊, 趙公顯命疏救公, 被罪削。數月後蒙敍, 復疏卞益力, 命安置公旌義。後移配光陽[16], 卒于配所。

嘗入侍經筵, 上顧謂諸臣曰: "金聖鐸, 於故事出處, 應對無滯, 雖幽經僻書亦然, 果是經學之士也."

當宁乙卯, 公孫始全鳴其冤, 上下敎曰: "抉摘文字, 非聖世事。予於金聖鐸知其冤也." 特給職牒, 以判付, 論始全, 曰: "渠祖行誼, 厚被先朝恩數, 渠父行誼, 亦所藉稱, 未及收用生前, 是爲欠事."【蔡濟恭撰碣[17]】

1689년 산림에게만 제수되는 사업과 좨주에 임명되었다. 갑술환국 이후 함경도 홍원과 종성, 호남의 광양 등지로 유배되었다. 1699년 해배되어 안동으로 귀향한 후 강학에 전념하였다. 이황의 학통을 계승한 영남학파의 거두로 평가되고 있다.

11　賜環(사환): 임금이 신하에게 사면령을 내려, 방축된 신하가 다시 조정으로 돌아오는 것.

12　廣州(광주): 경기도 중앙에 있는 고을.

13　柳儼(류엄, 1692~1752): 본관은 晉州, 자는 思叔, 호는 省庵. 중종반정의 공신 柳順汀의 후손으로, 증조부는 柳長運이며, 조부는 柳縮이다. 아버지는 柳挺晉이며, 어머니 潘南朴氏는 朴泰定의 딸이다. 부인 礪山宋氏는 宋正明의 딸이다. 1723년 증광문과에 급제하였다. 영조가 즉위하자 등용되어 정언과 지평을 번갈아 하고, 1729년 헌납을 거쳐 수찬으로, 1731년 廣州府尹을 지냈고, 1732년 대사간, 1735년 충청도관찰사, 1739년 황해도관찰사, 1743년 경기도관찰사 등을 역임하였다. 예조판서에 이어 1745년 형조판서가 되고, 그해 한성부판윤에 제수되었다.

14　索性(색성): 머뭇거리지 않고 곧장 결정하는 것.

15　栲掠(고략): 拷掠. 고문하여 때림.

16　光陽(광양): 전라남도 동남쪽에 있는 고을.

17　蔡濟恭의《樊巖先生集》권50〈墓碣銘·通訓大夫行弘文館校理知製教兼經筵侍讀官春秋館編修官霽山金公墓碣銘〉에 실려 있으며, 한국고전번역원에서 번역문을 제공하고 있음.

39. 권만

> 권만의 자는 일보, 호는 강좌, 본관은 안동이다. 충정공 권벌(權橃)의
> 후손이다. 숙종 무진년(1688)에 태어났다. 신축년(1721) 사마시에 합
> 격하고, 영조 을사년(1725) 문과에 급제하였으며, 병인년(1746) 중시
> (重試)에 급제하였다. 벼슬은 정랑에 이르렀다. 무신년(1728) 창의한
> 공으로 금상(今上: 정조) 무신년(1788)에 이조참의에 추증되었다.

공은 타고난 자질이 화평하고 호탕하며 재주와 기량이 뛰어나 학문의
조예가 뛰어났으며 문장이 깊고 넓었다. 일찍이《홍범(洪範)》의 오황극
(五皇極) 중 한 조목을 추론하고 부연해 1만여 자의 글을 지어 이를《홍범
책(洪範策)》이라 이름하였고, 또《역설(易說)》을 지었으며, 특히 자학(字
學)과 성률(聲律)에 정통하여 번번이 경서(經書)를 읽을 때마다 중국음으
로 읽었다.

무신년(1728) 역적의 반란이 갑자기 일어났음을 듣고 눈물을 뿌리며
관청에 들어가 의병을 일으키도록 앞장서 주장하며 붓을 들어 격문을
초안했는데, 대략 이러하다. 곧 "하늘과 땅이 아직 무너지지 않았으니
군신(君臣)의 분수와 의리를 범할 수 없고, 해와 달이 높이 떠 있으니
귀신과 요괴의 실상을 숨길 수가 없다. 오직 저 정여립(鄭汝立)과 이몽학
(李夢鶴)이 난리를 일으켰던 땅에 또한 역적들의 부활이 놀라울 뿐이다.
이 어찌하여 남명(南冥: 曺植) · 동계(桐溪: 鄭蘊)가 향기를 퍼뜨린 고장에
서 도리어 역적들이 근간에 나타나는 것을 본단 말인가? 한갓 글만 읽고
세상일에는 전혀 경험이 없는 선비여서 비록 군대에 관한 일을 배우지
못했으나, 대대로 벼슬한 집안의 가업은 충효의 전통이 아직껏 추락하지
않았다."라고 운운하였다. 온 고을에 울려 퍼지자 바람같이 호응하며,
공을 의병장으로 추대하였다. 안무사(安撫使) 박사수(朴師洙)가 군문(軍

門: 軍營)에 들어와 살펴보고는 감탄하여 말하기를, "권 아무개는 과연 그 집안의 충의로운 기풍을 잃지 않았고, 기율이 매우 엄하고 밝구나."라고 하였다.

영조(英祖)가 공의 집에 소장된 충정공(忠定公)의 《근사록(近思錄)》 및 황조(皇朝: 명나라)에서 하사받은 복두(幞頭)와 난삼(欄衫)을 진상하도록 명하고, 이어 공에게 입시하도록 명하였다. 주상이 손수 어루만지며 감상하고는 나아와 《근사록》을 설명하게 하니, 공이 경서의 뜻을 명확히 분석하여 몇 차례 아뢰는 내용이 매우 분명하자, 극구 칭찬하고 장려하면서 세자궁에 있던 《근사록》 1부를 더 하사하고는, 또 하교하기를, "지금 너로 인해 황조(皇朝: 명나라)의 옛 물건들을 보았는데 이미 공경하는 마음이 많아진데다 또한 감회까지 생기니, 중주(中州)에서 지은 글이 있으면 반드시 가지고 와서 그 법을 본받아야 할 것이다."라고 하였다. 이윽고 돌아보아 웃으며 말하기를, "난삼(欄衫)을 펼쳐서 보니, 때마침 함인정(涵仁停)에 두었다가 원량(元良: 왕세자)이 입으면 좋아할 것이다."라고 하였다. 안동(安東) 사람들은 이 말을 듣고 더욱 의당 보배처럼 간직하였다. 그리하여 어제시(御製詩) 1수를 내려 안동의 교궁(校宮: 각 고을에 있는 文廟)에 옛 제도대로 도로 간직하게 하면서 상의원(尙衣院: 임금의 의복과 궁내의 일용품 따위를 관리하던 관아)에 그 본을 따라 다시 만들게 하고 생원시와 진사시의 합격자 이름을 부를 때 영구히 쓰도록 하였다.

금상(今上) 무신년(1788)에 대신(大臣)들이 경연에서 아뢰자, 주상이 하교하기를, "권만(權萬)이 의병을 일으켜 사기를 북돋우었으니, 그 공과 절의를 어찌 등한한 것이었겠는가? 그 격문(檄文)이 널리 입으로 전해진다고 하니, 포장(襃獎)의 은전(恩典)을 이 사람에게 베풀지 않고서 무엇하겠는가?"라고 하였다. 즉시 해당 관청에 영예로운 추증을 하도록 하여 옛 은혜를 기억하는 뜻을 보였으니, 이조참의(吏曹參議)에 추증하였다.

【협주: 행적에 실려 있다.】

• 權萬

權萬[1], 字一甫, 號江左, 安東人。忠定公橃後。肅宗戊辰生。辛丑司馬, 英宗乙巳文科, 丙寅重試。官正郎。以戊申倡義功, 當宁戊申, 贈吏曹參議。

公天資夷曠, 才器儁逸。學業超詣, 文章淹博。嘗推演《洪範》五皇極一疇[2], 作萬餘言, 名之曰《洪範策》。又著《易說》, 尤邃於字學·聲律, 每讀經書以華音。

戊申, 聞逆亂猝起, 雪涕入府, 倡起義旅, 奮筆草檄, 略曰: "天地未墜, 君臣之分義不可干, 日月高懸, 鬼魅之情狀無所遁。惟彼汝立[3]·夢鶴[4]稱亂之地, 尙駭逆豎之復生。是何南冥[5]·桐溪[6]播馥之區, 反見賊子

---

1 權萬(권만, 1688~1749): 본관은 安東, 자는 一甫, 호는 江左. 증조부는 權碩忠이며, 조부는 權濡이다. 아버지는 權斗紘이며, 어머니 豐壤趙氏는 趙啓胤의 딸이다. 부인 務安朴氏는 朴天楒의 딸이다. 1721년 사마시에 합격하고, 1725년 증광문과에 급제하였다. 1728년 정자로 재직시 李麟佐의 난이 일어나자 의병장 柳升鉉을 도와서 반역을 꾀한 무리들을 진압하는 데 공을 세웠다. 1746년 병조좌랑으로 문과중시에 급제하였고, 병조정랑이 되었다. 정조 때 창의의 공으로 이조참의에 추증되었다.

2 五皇極一疇(오황극일주): 九疇 중에서 다섯 번째의 建用皇極을 말한 것.《詩經》홍범의 다섯 번째의 덕목으로 임금이 나라 다스리는 법칙을 세우는 것이다.

3 汝立(여립): 鄭汝立(1546~1589). 본관은 東萊, 자는 仁伯·大輔. 증조부는 진사 鄭克良이며, 조부는 鄭世玩이다. 아버지는 청도군수를 지낸 鄭希曾이며, 어머니 密陽朴氏는 朴纘의 딸이다. 1567년 진사시에 합격하고, 1570년 식년문과에 급제하였다. 이어 성균관학유을 거쳐 李珥와 成渾 등을 따르며 1583년 예조좌랑이 되었고 1584년 홍문관수찬에 올랐다. 홍문관수찬이 된 뒤 이이, 성혼, 박순 등 서인의 주요 인물을 비판하고 동인으로 돌아섰다. 1584년 율곡 이이를 배반했다는 탄핵을 받고 선조의 진노를 사서 좌천되었다. 즉시 관직을 버리고 낙향한 뒤 정여립은 진안 죽도에 書室을 짓고 호를 죽도라고 하였다. 그곳에서 대동계를 조직해 매달 활쏘기 모임을 열면서 세력을 확장하였다. 1589년에는 왜선들이 전라도 損竹島에 침입하자 전주부윤 南彦經의 부탁으로 왜적을 물리쳤다. 1589년 10월 기축옥사에 연루되어 관군의 포위가 좁혀들자 자살했다.

4 夢鶴(몽학): 李夢鶴(?~1596). 왕족의 서얼 출신으로, 宣祖 때의 반란자. 임진왜란 후 기근으로 굶주린 농민을 선동하여 1596년 반란을 일으켜 홍산과 청양 등지를 점령하고 서울로 진격하다가 배신한 부하의 손에 죽었다.

之近出? 白面迂儒, 雖未學軍旅之事, 靑氈[7]舊業尙不墜忠孝之傳云云.”
一道響起風從, 推公爲義將. 安撫使朴師洙, 入軍門, 按視之, 歎曰:“權
某, 果不墜乃家忠義之風, 紀律甚嚴明.”

英廟命進公家所藏忠定公《近思錄》及皇朝所賜幞頭[8]·襴衫[9], 仍命公
入侍. 上手自撫玩, 進講《近思錄》, 公剖析經旨, 數奏甚明, 亟加稱獎,
加賜《近思錄》一部在震邸者, 又敎曰:“今因爾得見皇朝舊物, 旣多敬
心, 又有感懷, 中州有作, 必來取法.”因顧笑曰:“襴衫展看, 時置之涵
仁停[10], 元良着之, 稱好云.”安東人聞之, 尤宜寶藏也. 遂下御製詩一
首, 使之還弄舊制于安東校宮, 命尙衣依樣更造, 永爲生進唱榜之用.

---

5 南冥(남명): 曺植(1501~1572)의 호. 본관은 昌寧, 자는 健中, 증조부는 생원 曺安習이며,
   조부는 曺永이다. 아버지는 승문원판교 曺彦亨이며, 어머니 仁川李氏는 충순위 李菊의
   딸이다. 부인 南平曺氏는 曺琇의 딸이다. 과거에 실패한 후 처사로 살면서 학문연구에
   전념했다. 학자로서 명망이 높아지면서 수차례 관직 천거가 있었으나 응하지 않았다.
   대신 척신정치의 폐단과 비리를 통절히 비판하고 시정을 요구하는 상소를 올려 정치에
   대한 견해를 피력했다. 정인홍·최영경·정구로 대표되는 그의 문인들은 남명학파를 이루
   어 북인의 주축이 되었고, 실천을 강조하는 그의 학문적 특징을 현실 정치에서 구현하며
   투철한 선비정신을 보여주었다.

6 桐溪(동계): 鄭蘊(1569~1641)의 호. 본관은 草溪, 자는 輝遠, 호는 桐溪·鼓鼓子. 증조부는
   별제 鄭玉堅이며, 조부는 좌승지 鄭淑이다. 아버지는 진사 鄭惟明이며, 어머니 晉州姜氏는
   장사랑 姜謹友의 딸이다. 부인 坡平尹氏는 충의위 尹勘의 딸이다. 1606년 진사시에 합격
   하고, 1610년 별시문과에 급제하였다. 임해군옥사에 대해 全恩說을 주장했고, 영창대군이
   강화부사 鄭沆에 의해서 피살되자 격렬한 상소를 올려 정항의 처벌과 당시 일어나고
   있던 폐모론의 부당함을 주장하였다. 이에 광해군은 격분하여 李元翼과 沈喜壽 등의 반대
   에도 불구하고 국문할 것을 명하고 이어서 제주도에 위리안치하도록 하였다. 그 뒤 인조반
   정 때까지 10년 동안 유배생활을 하였다.

7 靑氈(청전): 푸른색의 담요. 벼슬하는 집안에서 대대로 전하는 물건인바, 대대로 벼슬한
   집안이란 뜻이다. 晉나라 때 王獻之가 齋室 안에 누워 있을 적에 도둑이 들어 물건을
   훔쳤는데, 온 방 안의 물건을 다 훔치도록 내버려 두다가 청전을 훔치려고 하자 왕헌지가
   청전을 그대로 두라고 소리치니, 도둑이 그대로 놔 두고 도망쳤다는 고사가 있다.

8 幞頭(복두): 紗帽 같이 두 段으로 되고 뒤쪽의 좌우에 날개가 달렸으며 각이 지고 위가
   평평한 冠.

9 襴衫(난삼): 조선시대에 유생, 생원, 진사 등이 입던 예복.

10 涵仁停(함인정): 국왕이 신하들을 만나고 경연을 하는 곳. 1484년 인양전이란 건물이
    있었으나 임진왜란 때 불타버렸고, 그 자리에 1633년 함인정이 건립되었는데 1830년
    불타 없어졌다가 1834년에 중건되었다.

當宁戊申, 大臣筵奏, 上敎曰: "權萬倡起義師, 鼓奬士氣, 其功與節, 豈比等閑? 其檄文多傳誦云, 褒奬之典, 不施於此人而何爲?" 卽令該曹加贈華職, 以示記舊之意, 贈吏曹參議。【行蹟[11]】

---

11 行蹟(행적): 權萬의 《江左先生文集》 권10 〈附錄〉에 丁範祖가 찬한 〈行狀〉이 실려 있으나, 《영남인물고》 이후에 지은 것으로 보임.

40. 권업

| 권업의 자는 훈중, 본관은 안동이다. 충정공(忠定公) 권벌(權橃)의 후손
이다. 숙종 기사년(1689)에 태어났다. 영조 을해년(1755)에 죽었다.

공은 가정에서 효성과 우애가 두터웠으며, 이웃 고을에서 신의로 소
문이 났다. 유경(幽經: 相鶴經)과 벽서(僻書: 세상에 널리 알려지지 않은 기이한
내용의 책)까지도 통달하지 않은 것이 없었다. 학문으로 이치를 밝힐 수
있었고, 재능으로 변화에 대응할 수 있었으며, 지혜로 장래를 예견할
수 있었다.

일찍이 심기(心氣)가 조급하고 과격한 것을 걱정하여 통렬하게 고치려
하며 말하기를, "칠정(七情) 중에는 오직 노여움이 쉽게 생기니, 산을
무너뜨릴 만한 기력이 있지 않으면 제어할 수 없다."라고 한 적이 있다.

눌은(訥隱) 이광정(李光庭)이 말하기를, "사람들은 명성이 실제보다 지나
친 경우가 많으나 권 아무개는 실제가 그 명성보다 더하다."라고 하였다.

무신년(1728) 전해에 밤하늘의 별자리를 보고 말하기를, "내년에 반드
시 편안하지 못할 것이나, 마침내는 걱정할 것이 없겠다."라고 하였다.

일찍이 말하기를, "깊은 산림 속에서 나무 열매를 먹고 시냇물을 마시
면서 성명(性命)을 보전하는 것만 한 일이 없으니, 어찌 한때의 부귀를
부러워하겠는가?"라고 한 적이 있다.【협주: 권정침이 찬한 행록에 실려 있다.】

• 權業

| 權業, 字勛仲, 安東人。忠定公橃之後。肅宗己巳生。英宗乙亥卒。

公孝友篤於家庭, 信義聞於鄕里。幽經僻書, 無不淹貫。學可以明理,
才可以應變, 智可以知來。

嘗患心氣躁厲, 痛加矯革, 曰:“七情中, 惟怒易發, 非有摧山氣力, 未
可制也.”

李訥隱光庭曰:“人多名過於實, 權某實過於名.”

戊申前年, 觀天象曰:“明年國必不靖, 竟無憂也.”

嘗曰:“深處山林, 木食澗飮, 以全性命, 豈羨一時富貴哉?”【權正忱[1]撰
行錄】

보충

권정침(權正沈, 1710~1767)이 찬한 행록

무위재 권공 행록

공의 이름은 업(業), 자는 훈중(勛仲), 본관은 안동(安東)이다. 고려시중
(高麗侍中) 휘 권행(權幸)의 후손으로 동방의 저명한 성씨이다. 우리 왕조
에 들어와 휘 권벌(權橃)이 있었는데, 중종·인종·명종 세 임금의 조정
을 차례로 섬겼고 벼슬이 좌찬성에 이르렀으며, 영의정에 추증되었고
시호는 충정(忠定)이다. 세상에서는 충재선생(冲齋先生)이라 불렀으니,
바로 공의 6대조가 된다. 고조부 휘 권채(權采)는 의흥현감을 지냈다.
증조부 휘 권상절(權尙節)은 수직(壽職)으로 호군(護軍)을 지냈다. 조부 휘
권흡(權洽)은 처사(處士)였다. 아버지 휘 권두정(權斗晶)은 일찍 죽었다.

---

1 權正忱(권정침, 1710~1767): 본관은 安東, 자는 子誠, 호는 平庵. 증조부는 權涉이며,
   조부는 權斗翼이다. 아버지는 權蓋이며, 어머니 全州柳氏는 생원 柳以觀의 딸이다. 첫째부
   인 豐山金氏는 金瑞兼의 딸이며, 둘째부인 昌原黃氏는 黃一寧의 딸이며, 셋째부인 豐川任
   氏는 任晙의 딸이다. 대대로 봉화에서 살았다. 어려서부터 학문을 좋아하고 李光庭·姜再
   恒을 사사하였다. 1754년 사마시에 합격하고, 1757년 식년문과에 급제하였다. 영조의
   신임을 받아 세자시강원설서에 제수되었고, 장헌세자를 가르치기도 하였다. 그때 성심으
   로 세자를 잘 받들고 가르쳐서 세자의 신임을 독차지하였다. 1762년 영조가 세자를 폐해
   서인으로 하고 뒤주에 넣어 죽게 하자, 이를 극력 반대하다가 형장에까지 끌려갔다. 그러나
   영조의 特旨로 풀려 나와 고향으로 내려가 은거하였다. 그 뒤 정조가 즉위, 여러 번 불렀으
   나 나가지 않고 여생을 고향에서 보냈다.

어머니는 풍산김씨(豐山金氏)이다. 생부의 휘는 권두명(權斗明)이며, 생모는 전주류씨(全州柳氏)이다. 명릉(明陵: 숙종) 15년 기사년(1689)에 공을 낳았다.

어려서부터 영특하여 보통 아이들과 달랐다. 배우게 되면서 암기력이 조금 부족하여 글을 암송하는 데는 능하지 못했으나 오직 연구하고 사색하는 데에 뛰어났다. 모든 의리의 심오한 대목에서는 번거로움을 견디며 이치를 깨우쳤으니, 처사공(處士公: 조부 권흡)이 일찍이 책상의 책들을 꺼내 읽게 한 적이 있는데, 구두(句讀)와 문장의 뜻을 통달하여 알지 못하는 것이 없었다. 비록 연로한 학식 있는 유학자라 할지라도 이보다 낫지 못할 것이다.

관례(冠禮)를 치르고는 처사공의 명으로 시문(時文: 과거 시험을 위한 문체)을 공부하였는데, 또래들 사이에서는 자못 명성이 있었으나 그것을 좋아하지 않았으니, 오직 널리 보고 이치를 깊이 탐구하는 것을 일삼았다. 비록 남들을 따라 과거에 응시하기는 했지만, 합격하고 낙방하는 데에 마음을 두지 않았다. 양친상(兩親喪)을 치른 전후로 10여 년을 문을 닫아걸고 책만 읽으며 사람들과 교유하지 않았다. 과거 공부를 단념하고자 했으나, 백씨공(伯氏公: 權穫, 1684~1757)이 강권하자 어쩔 수 없이 병오년(1726) 향시에 응시하였지만 끝내 예부(禮部) 시험에서 떨어졌다. 이에 말하기를, "이 모든 것은 천명이 있다. 게다가 나는 병을 잘 앓는데, 자기 몸을 돌보지 않고 출세나 명예를 좇는 것은 나의 뜻이 아니다."라고 하고는 마침내 과거 공부하는 것을 그만두었다.

백씨공 및 계씨(季氏: 權莄, 1698~1781)는 모두 문학으로 세상에 이름을 떨치고 차례로 성균관 생원으로 합격하였지만, 공은 재능을 풍부히 지녔으면서도 숲동산에서 병 조리하며 명예와 이익에 대한 생각을 끊어 버린 채 오로지 경서와 사서에만 매진하여 낮에는 읽고 밤에는 사색하였다. 그 미묘한 말과 깊은 뜻을 반드시 끝까지 탐구하여 스스로 터득한 뒤에야 멈추었다. 특히 《서경(書經)》·《중용(中庸)》의 글을 깊이 음미하였는데, 매일 밤마다 단정히 앉아 서너 편씩 외웠다. 이윽고 또 〈경재잠(敬齋箴: 주희)〉·〈숙흥야매잠(夙興夜寐箴: 이황)〉·〈육선생화상찬(六先生畫像贊: 주희)〉 및 〈퇴계자명(退溪自銘)〉을 외웠는데 심한 병이 아니면 폐하지 않았다. 또 역학(易學)에 조예가 깊어서 선천(先天)과 후천(後天)에 따른 변화 생성의 오묘함, 음양·길흉·존망의 이치에도 손바닥 보듯 환히 알았다. 심지어 천문·지리·역법·점복·산수 또한 모두 그 흐름을 거슬러 올라가 그 근원을 탐구하였다.

무릇 슬프거나 기쁜 일이 있으면 반드시 이치로 스스로를 처신하였고 얼굴에 드러내지 않았다. 심기(心氣)가 조급하고 과격한 것을 걱정하여 만년에는 통렬하게 고치려 하며 일찍이 말하기를, "칠정(七情) 중에는 오직 노여움이 생기기가 가장 쉬우니, 산을 무너뜨릴 만한 기력이 있지 않으면 제어할 수 없다."라고 한 적이 있다. 늘 여동래(呂東萊: 呂祖謙)가 죽을 때까지 분노를 폭발하는 일이 없었다는 말을 들어서 스스로 힘쓰고 또한 자제들에게도 경계하였다.

공은 평소 습증(濕症)을 앓아 몸이 비대하고 기운이 쇠하여 중년 이후로 수련하는 방법에 마음을 두었는데, 즐기려는 욕심을 절제하고 음식을 삼가며 조용히 지내니 절로 병이 사라져서 정신과 기력이 늙어서까지 쇠하지 않았다. 임종시에 이르러 병도 없이 한밤중에 담소하다가 새벽닭이 울고 나서 자리를 바르게 하고 세상을 떠났다. 때는 을해년(1755) 정월 16일이었으니, 향년 67세였다.

부인 창원황씨(昌原黃氏)는 선무랑(宣務郎) 황석규(黃錫圭)의 딸이다. 시부모를 봉양함에 정성과 공경을 다하였으며, 남편을 섬김에 의리가 있으면서 순종하였으며, 자녀를 가르침에 사랑하면서도 엄했으며, 사람을 대우함에 그 귀천에 따라 차별을 두지 않았으며, 비록 좌우에서 시중드는 하녀들이라도 항상 온화한 안색으로 대하였고 험한 말로 꾸짖거나 욕한 적이 없었다. 힘써 누에 치고 길쌈을 하여서 손님 접대와 제사에 필요한 것을 마련하였으며, 시댁 쪽의 한 여자 아이가 귀의할 곳이 없자 거두어 길렀고 장성하자 혼수까지 꾸려서 시집을 보냈다. 대개 공은 평소 내조에서 얻은 것이 많았다. 공보다 8년 먼저 죽었고 오록(梧麓) 성자산(聖子山) 축좌(丑坐)의 언덕에 안장하였으니, 선영에 묻은 것이다. 공을 안장할 때는 하나의 봉분에 신실(神室)을 달리하였다. …(중략)…

공은 타고난 기질과 성품이 온화하고 후덕한데다 자애롭고 선량하였으며, 겸손하게 자신을 수양하였다. 풍만한 얼굴에 체구가 훤칠하여 의젓하게 포용력이 있었다. 가정에서는 효성과 우애가 두터웠으며, 이웃 고을에서는 신의(信義)로 소문이 났다. 일찌감치 내외(內外)와 빈주(賓主)의 구분을 알았으며, 명예와 이욕으로 분잡하고 화려한 허울을 능히 물리쳤다. 평생 고상한 일을 드러내려 하지 않았고 분수에 따라 꼿꼿하게 지냈는데, 즐거워서 걱정도 잊어버려 때로는 시를 읊으며 마음을 달랬고 때로는 바둑을 두는 것으로 재미를 붙였다. 맏형과 아침저녁으로 마주보고 토론하는 것이 지(篪)와 훈(塤)을 번갈아 연주하는 듯하였으니, 그 즐거움은 진진하였다.

책이라면 읽지 아니한 것이 없었고, 특히 천인(天人)·성명(性命)의 이치에 마음을 다하였으며, 심지어 유경(幽經: 相鶴經)과 벽서(僻書: 세상에 널리 알려지지 않은 기이한 내용의 책)까지도 통달하지 않은 것이 없어 그 오묘함을 궁구하였다. 정미년(1727) 봄, 밤에 하늘의 별자리를 보고 탄식하며 말하기를, "내년에 나라가 반드시 편안하지 못할 것이다."라고 하고는, 얼마 안 되어 말하기를, "국운이 신령하고 장구하니 걱정할 것이 없겠다."라고 하였다. 이듬해 과연 정희량(鄭希亮)과 이인좌(李麟佐)의 난이 일어났다. 훗날 자제들이 그 방법을 청하여 묻자, 공이 말하기를, "우리 유가(儒家)에는 법문(法門: 성리학의 정통을 이어받은 師門)이 있으니, 그 밖의 것들은 배울 것이 못 된다."라고 하였다. 공은 비록 수학(數學: 미래의 운수를 예언하는 術數)으로 자처하지 않았으나, 책을 읽고 이치를 궁구하는 중 남은 여가에 이루어낸 것이 또 이와 같았다.

늘 집 안에 머무르고 밖으로 나가지 않으며 남보다 앞서 알려지길 원하지 않았다. 대개 그 뜻과 행실이 삼가고 아름다운데다 견문과 식견이 해박하였으니, 문장가나 선비들이 감히 가까이할 수 없는 바가 있었지만 세상은 그를 능히 알아보지 못하였다. 눌은(訥隱) 이공(李公: 李光庭)이 이른바 오늘날 역(易)을 아는 자는 권 아무개만 한 사람이 없다. 요즘 사람들은 명성이 실제보다 지나친 경우가 많으나 권 아무개는 실제가 그 명성보다 지나친 사람이라고 하였으니, 진실로 정확한 평가이다.

갑인년(1734) 우리 집이 오계(梧溪)의 분포(汾浦)로 이주하였는데, 객지에서 벗들을 떠나 쓸쓸히 지내어 생각이 좁고 천박해짐이 날로 심하였다. 공이 일찍이 마마를 피해 우리 집으로 와서 머물러 있은 적이 있었는데, 아침저녁으로 모시고 이야기꽃을 피웠다.

책상 위에 《참동계(參同契)》 한 권이 있었는데, 권정침 내가 곁에서 펼쳐 보았으나 구두점조차 제대로 하지 못한 것이 많았다. 공이 한 번 눈으로 훑어보더니 곧바로 이해하고 말하기를, "이는 위백양(魏伯陽)의 연단법(煉丹法)이니 이른바 신선이 되는 올바른 길이라 하는 것이다. 9년 동안 신단(神丹)을 완성하고 백일승천(白日昇天)하였다 하니, 진실로 그럴 만한 이치가 있다. 주자(朱子)가 이에 대해 주해(注解)하면서도 또 용고기를 아직 맛보지 못했다는 탄식을 하였지만, 이는 단지 우언(寓言)일 뿐이다. 너희 같은 이들은 저마다 아주 긴요하게 해야 할 공부가 있는데, 어찌 이런 잡서(雜書)를 들춰 보면서 정력을 낭비할 필요가 있겠는가?"라고 하고는, 또 말하기를, "우리 영남은 벼슬길이 막혀 세상을 살아가는 길이 험하고 험하니, 산림 깊은 곳으로 들어가 나무 열매를 먹고 시냇물을 마시면서 성명(性命)을 온전히 지키는 것만 한 일이 없다. 어찌 한때의 부귀를 부러워하겠는가?"라고 하였다.

아, 공은 세상에 쓰일 만한 재주를 성대하게 지녔으니, 학문으로 이치를 밝힐 수 있었고, 재능으로 변화에 대응할 수 있었으며, 지혜로 장래를 예견할 수 있었다. 그러나 궁벽진 곳에서 은둔하는 것을 달게 여기다가 마침내 산림에서 늙어갔고, 게다가 오래도록 수도 누리지 못하였으니 하늘이 공에게 내린 보답이란 것이 또한 어찌 이리도 인색하고 박하단 말인가?

어느 날 공의 아들 생원군(生員君: 權運)이 공의 행록(行錄) 1통을 가지고 와서 권정침 나에게 보여주며 말하기를, "선친은 세상에 드러나지 않고 덕을 숨기며 조용히 행하여 사람들 중에 아는 이가 없어 세월이 오래 될수록 더욱 잊혀질까 심히 두렵습니다. 삼가 생각건대 선친을 깊이 하는 이는 다만 형뿐이니, 부디 그 자취를 정리해 주십시오."라고 하였다. 권정침 나는 덕도 없고 문장도 부족하다며 사양하였으나, 생원군이 또 여러 차례 거듭 찾아와 너무도 간절히 요청하니, 그 뜻을 끝내 사양할 수 없는 바가 있었다. 이에 생원군이 편집한 바에 약간 손을 보태고 틈틈이 예전에 들은 바를 참고하여 위와 같이 엮은 것이다. 감히 붓을 잡는 이가 선택하기를 바라지 않으나, 후세에 사실이 전해져 다만 생원군의 효심과 간절함을 조금이나마 위로하고자 함일 뿐이다.

無爲齋權公行錄

公諱業, 字勛仲, 安東人。高麗侍中諱幸之後, 爲東方著姓。入本朝有諱機, 歷事中仁明三朝, 官左贊成, 贈領議政諡忠定。世稱冲齋先生, 寔爲公六世祖。高祖諱采, 義興縣監。曾祖諱尙節, 壽職護軍。祖諱洽處士。考諱斗晶早世。妣豐山金氏。本生考諱斗明。妣全州柳氏。以明陵十五年己巳八月二十三日生公。幼穎悟異於凡兒。及就學, 少記性, 不能課誦, 惟長於究索。凡義理奧處, 能耐煩理會。處士公嘗抽案上諸書令讀之, 句讀文義, 靡不通曉。雖老師宿儒, 莫之過焉。旣勝冠, 以處

士公命, 從事時文, 頗有聲於儕流間, 然非其所好, 惟以博觀窮理爲事。雖隨衆應擧, 而不以得失關心。居兩堂憂, 前後十餘年, 杜門讀書, 不與人遊從。欲斷置科工, 伯氏公强之。不獲已赴丙午鄕解。竟屈於禮部。乃曰:"是有命焉。且吾善病, 忘身逐名, 非我志也。"遂棄公車文。伯氏公曁季氏, 俱以文學聞於世, 節次登上庠, 公富有才具, 而養痾林園, 絶意名利, 專精經史, 晝讀夜思。凡其微辭奧旨, 必窮究自得而後已。尤深味《書經》·《中庸》之文, 每夜端坐, 誦三四篇。旣又誦敬齋箴·夙興夜寐箴·六先生畵像贊及退溪自銘, 非甚病不廢。又深於易學, 先後天生出變易之妙, 陰陽吉凶存亡之理, 瞭然如指諸掌。至於天文·地理·曆卜·筭數之術, 亦皆溯其流而探其源。凡有悲喜事, 必以理自處, 不形於色。患心氣躁厲, 晩年痛加矯革, 嘗曰:"七情中, 惟怒最易發, 非有摧山氣力, 未可制也。"每擧呂東萊終身無暴怒之語以自勉, 且以戒子侄。公素病濕, 體肥氣萎, 中身以後, 留意修煉之方, 節嗜慾愼飮食, 靖居自息, 神精氣力, 老而不衰。臨化無疾恙, 中夜談笑, 鷄旣鳴, 正席而逝。時乙亥正月十六日也, 春秋六十七。配昌原黃氏, 宣務郞錫圭之女。奉養舅姑, 誠敬備至, 事夫子義而順, 敎子女愛而嚴, 接人不以貴賤有間, 雖左右婢使, 常蒙假與顔色, 未嘗惡言罵詈。力治蠶績, 以供賓祭, 夫黨一女子無歸, 爲之收育, 及長備粧需以嫁之。蓋公平日得於內助者爲多。先公八年而沒, 葬于梧簏聖子山丑坐之原, 從先兆也。及公之葬, 異室同封。…(중략)… 公天稟溫厚慈良, 謙以自牧。豐顔偉軀, 儼其有容。孝友篤於家庭, 信義聞於鄕隣。早見得內外賓主之分, 能擺却聲利紛華之累。平生不爲皎厲之事, 隨分揣兀, 樂以忘憂, 或吟詩以遣懷, 或圍棊以寓戲。與伯氏朝夕對討, 篪塤迭唱, 其樂怡怡也。公於書無所不讀, 尤致意於天人性命之理, 至如幽經僻書, 無不淹貫, 究極其妙。丁未春, 嘗夜觀天象, 歎曰:"明年國必不靖矣。"旣而曰:"國祚靈長, 庶無憂也。"翼年果有亮佐之亂。異日子弟, 請問其方, 公曰:"吾儒家自有法門, 外於此者, 不足學也。"公雖不以數學自居, 而讀書窮理之暇, 得於緖餘者又如此。常內而不出, 不欲前知於人。蓋其志行之脩姱, 見識之該博, 有非文人

才士之所可幾及, 而世莫之能知。訥隱李公所謂今之知易者, 無如權某, 今人多名過於實, 權某實過其名者, 誠確論也。歲甲寅, 我家移寓于梧溪之汾浦, 客土離索, 孤陋日甚。公嘗避痘於我宿留, 昕夕獲侍談讌。案上有《參同契》一書, 正忱從傍佔閱, 多不能句讀。公一過眼便理會曰: "此魏伯陽煉丹法, 蓋所謂神仙正道也。九年成丹, 白日昇天, 是則誠有其理。朱子爲之注解, 而又有龍肉未嘗之歎, 然此特寓言耳。如爾輩自有喫緊工夫, 何必觀此等雜書, 以分精力爲哉?" 又曰: "吾嶺枳塞, 世路險巇, 莫如入山林深處, 木食澗飮, 以求全性命。豈羨夫一時之富貴哉?" 嗚呼! 公盛有需世之具, 學可以明理, 才可以應變, 智可以知來。而甘心窮伏, 卒老於林下, 又未能享得遐筭, 天之報施於公者, 又何其尠薄也? 日公之子生員君, 以公行錄一通, 示正忱曰: "先君不顯於世, 隱德潛行, 人無知者, 深恐其愈久而愈泯泯也。竊惟知先君深者惟兄在, 請有以最其迹也。" 正忱以不德不文辭, 生員君又累累還往, 需索之甚勤, 其義有不容終辭。乃就其所輯述者, 稍加隲括, 間又參以舊聞, 撰次之如右。非敢冀爲秉筆者所取, 而傳信來世, 姑以小塞生員君之孝懇云爾。

〔平庵先生文集, 권7, 行錄〕

41. 김경온

김경온의 자는 광보, 본관은 의성이다. 숙종 임신년(1692)에 태어났다. 영조 을사년(1725) 진사시에 합격하고 학행으로 천거되어 참봉에 제수되었으나 나아가지 않았다. 갑인년(1734)에 죽었다.

일찍이 사마시(司馬試) 복시(覆試)에 응시한 적이 있는데, 공의 시권(試券: 과거 시험의 답안지)이 높은 점수를 받아 합격하였다고 휘장(揮場)되었다. 그러나 과거 합격자 명단이 게시되자 도리어 다른 사람의 이름이 있으니, 사람들 중에 분해하지 않는 자가 없었으나 공은 웃으며 그 일을 따져 묻지 않았다.

또 일찍이 과거 시험장에 들어갔던 적이 있는데, 한 늙은 선비가 공이 지은 책문(策文: 문과 시험에서 답으로 쓴 글)을 부러워하며 말하기를, "그것을 가지고 싶으니, 그대는 이름을 고쳐서 줄 수 없겠는가?"라고 하자, 공은 그 자리에서 주어 버렸다.

또 일찍이 성시(省試: 覆試)에서 장원을 차지하고서도 얼마 뒤 합격자 명단에서 제외되었으니, 대책문(對策文)의 대부분 너무나 곧았으나 당시의 기휘(忌諱)에 저촉하였기 때문이다.

일찍이 꿈에 한 신인(神人)이 나타나 높이 솟은 바위 옆에 있는 차디찬 우물을 가리키며 말하기를, "이곳이 그대가 머물 곳이다."라고 한 적이 있었다. 단사협(丹砂峽)에 터를 잡아 살았는데, 푸른 절벽이 두르고 맑은 물이 흐르는 것이 완연히 신인이 알려 준 것이었다.【협주: 채제공이 찬한 묘갈에 실려 있다.】

공은 일찍이 수의(繡衣)를 입고 학문에 독실한 나그네가 되었으니, 그 편지에 이르기를, "늦게 단사협에 들어가 홀로 만 권의 책을 품었다."라고 하였다.【협주: 유사에 실려 있다.】

• 金景溫

金景溫[1], 字光甫, 義城人。肅宗壬申生。英宗乙巳進士, 薦學行拜參奉, 不膺。甲寅卒。

嘗赴司馬覆試, 公券占高等揮場[2]。及榜揭, 乃別人名, 人無不憤惋, 公笑不辨。

又嘗入試圍, 有老儒艶公策, 謂曰﹕"願得之, 君不可改爲否?" 公立與之。

又嘗魁省試, 已而見拔, 以對策多切直, 觸犯時諱也。

嘗夢神人指峭巖洌井曰﹕"是子所也." 及卜居丹砂峽[3], 翠壁澄流, 宛是神人所告。【蔡濟恭撰碣[4]】

公嘗被繡衣, 篤學行人, 其牘曰﹕"晚入丹砂峽, 獨抱萬卷書."【遺事[5]】

---

1 金景溫(김경온, 1692~1734)﹕ 본관은 義城, 자는 光甫. 증조부는 성균관생원 金秋吉이며, 조부는 강원도관찰사 金聲久이다. 아버지 홍문관수찬 金汝鍵이며, 어머니 廣州李氏는 李休命의 딸이다. 부인 眞城李氏는 현령 李守謙의 딸이다.

2 揮場(휘장)﹕ 과거 합격하였다고 합격자 명단 들고 과거장 가운데 돌아다니며 외치던 일.

3 丹砂峽(단사협)﹕ 경상북도 안동시 도산면 단천리 대세 마을의 동쪽에 있는 지명. 벼랑이 병풍처럼 둘러쳐져 있고, 낙동강이 그 밑을 할처럼 둘러 흘러서 경치가 아주 아름다운 곳이다.

4 蔡濟恭의 《樊巖先生集》 권52 〈墓碣銘·健元陵參奉金公墓碣銘〉에 실려 있으며, 한국고전번역원에서 번역문을 제공하고 있음.

5 金鎭東(1727~1800)의 《素巖先生文集》 권5 〈遺事·本生先考從仕郎行健元陵參奉丹砂府君行錄〉에 실려 있음.

42. 류관현

류관현의 자는 용빈, 호는 양파, 본관은 전주이다. 숙종 임신년(1692)에 태어났다. 영조 을묘년(1735) 문과에 급제하였다. 양사(兩司)·춘방(春坊: 세자시강원)을 역임하고 벼슬이 참의에 이르렀다. 갑신년(1764)에 죽었다.

공은 신사년(1761) 보덕(輔德)을 사직하여 체직된 이래로 6차례나 부르는 교지가 내려졌으나 끝내 나아가지 않았으니, 이는 천문의 변화를 관찰하여 인간세상의 길흉을 점치고 난 뜻이었다.

일찍이 경성(鏡城)의 수령으로서 임기가 차서 돌아오는데, 사인들이 길을 막고서 전별연을 베풀었고, 백성들이 앞다투어 가마채를 메었으며, 출경에 이르러서는 모두 울며 하직였으니, 백성들에게 끼친 은혜를 알 수 있다.【협주: 채제공이 찬한 묘갈에 실려 있다.】

애초에 주상이 하교하기를, "자질이 충실하고 문학이 있는 자를 춘방(春坊: 세자시강원)의 보도(輔導)하는 직임에 추천하라."라고 하였는데, 공은 이로써 필선(弼善)에 제수되었다.【협주: 이상정이 찬한 유사에 실려 있다.】

《춘방일기서(春坊日記序)》에 이르기를, "고을의 어른들이 기색을 바꾸고 서로 축하하며 말하기를, '영남의 류공(柳公)이 춘방(春坊)의 벼슬을 맡게 되었으니, 좌우에서 제대로 된 사람이 있구나.'라고 하였으며, 그 후에 또 서로 하소연하기를, '류공이 떠났도다, 어찌해야 하겠는가?'라고 하였다. 그를 잃은 슬픔이 오래도록 가시지 않았으며, 사람들로 하여금 이와 같이 의지하고 우러러보게 하였다."라고 하였다.【협주: 이가환이 찬한 서문에 실려 있다.】

• 柳觀鉉

| 柳觀鉉[1], 字用賓, 號陽坡, 全州人。肅宗壬申生。英宗乙卯文科。歷
兩司·春坊, 至參議。甲申卒。

公自辛巳辭遞輔德以來, 六下召旨, 而終不起, 此觀象玩占之意也。
嘗遞鏡城歸, 士人塞路設餞, 小民爭備擔輿, 出境皆泣辭, 遺愛[2]可見。
【蔡濟恭撰碣[3]】

初, 上敎:"選質實有文學者, 擬春坊輔導之任."公以是得除弼善。【李
象靖撰遺事[4]】

《春坊日記[5]序》曰:"父老動色相賀曰:'嶺南柳公爲春坊, 左右其有人
哉!'已而, 又相告曰:'柳公去矣, 奈何?'悵然者久之, 能使人倚重傾慕
如此."【李家煥撰序文】

보충

채제공(蔡濟恭, 1720~1799)이 찬한 묘갈명

통정대부 형조참의 양파 류공 묘갈명

채제공 내가 일찍이 평사(評事)로서 북관(北關)의 과거 시험을 감독한

---

1 柳觀鉉(류관현, 1692~1764): 본관은 全州, 자는 用賓, 호는 陽坡. 아버지는 柳奉時이며,
  둘째 아들로 태어났다. 어머니 鵝洲申氏는 申以徵의 딸이다. 부인 善山金氏는 金九用의
  딸이다. 외직에 있을 때 목민관으로서 선정을 베풀어 丁若鏞이 쓴《牧民心書》에 치적이
  실려 있다. 향리에 돌아와서 학문을 연마하고 근면 성실하게 생업에 종사하여 여유 수입으로
  가난한 친척을 구휼하는 데 전심하였다. 그 때문에 주위 사람은 류관현이 짓는 토지를 義田이
  라 불렀다. 鄭玉, 金聖鐸, 權萬, 權相一 등과 서신을 많이 왕래하였다. 柳升鉉의 문인이다.
2 遺愛(유애): 지방관이 선정을 베풀어 백성들에게 끼친 은혜.
3 蔡濟恭의《樊巖先生集》권51〈墓碣銘·通政大夫刑曹參議陽坡柳公墓碣銘〉에 실려 있으
  며, 한국고전번역원에서 번역문을 제공하고 있음.
4 李象靖의《大山先生文集》권51〈行狀·通政大夫刑曹參議陽坡柳公行狀〉에 실려 있으며,
  한국고전번역원에서 번역문을 제공하고 있음.
5 春坊日記(춘방일기): 1807년에 간행된 柳觀鉉의 문집《陽坡集》권3에 실려 있으나, 李家
  煥(1742~1801)의 서문은 보이지 않으며 현재로서는 확인할 수 없음.

적이 있었는데, 양파(陽坡) 류공(柳公)이 때마침 경성(鏡城) 통판(通判)으로서 참시관(參試官)으로 왔었다. 삼가 공의 후덕하고 순박함을 엿보고는 함께 이야기를 나누었는데, 마치 진한 술에 취한 듯하여 나는 진실로 이미 공경히 탄복하였다. 이틀이 지나 장차 사서의(四書疑: 文科初場과 생원시의 終場에서 보이던 시험의 하나로, 四書 중에서 어려운 문제를 뽑아 논술하게 하는 시험)에서 뽑아 시험 문제를 내고자 하였다. 나는 등불을 밝히고 책을 살펴 보았지만 문제에 적합한 구절을 전혀 찾지 못하여 가끔 공에게 물어 보았다. 공은 그때마다 성인의 말 가운데 한 행이나 두 행 짜리를 외우면서 사서(四書)에 대해 대답하는데 모두 맞지 않은 곳이 없었다. 나는 이에 공이 경학(經學)에 이토록 깊이 통달하였음에도 스스로 남보다 많이 안다고 자랑하지 않은 것에 또한 탄복하였다.

뒤이어 내가 일을 마치고 돌아가게 되자, 공이 부성(府城: 함흥부의 성) 밖의 류정(柳亭)에 나와 전송하면서 손을 맞잡고 미련을 금치 못하여 백발이 되어서도 노력하기로 약속하였다. 그 후로 공이 시종신(侍從臣)으로 간혹 부름을 받아 경사(京師: 도성)에 들어오면, 나는 번번이 찾아가서 이야기를 나누다가 한참 지나서야 일어났다. 대개 공의 말과 얼굴빛은 온화하고 부드러웠으며 간간이 익살스런 농담도 섞으면서 화목하고 부드럽게 대하려 애썼다. 그러나 마음을 세우고 행동을 절제함에 있어서는 위엄과 무력으로도 또한 굽힐 수 없었다. 나는 공에 대해 알지 못했던 바를 이와 같이 더욱 알게 되었다.

공의 휘는 관현(觀鉉), 자는 용빈(用賓), 본래 문화(文化)였지만 중간 세대의 선조 때 전주(全州)로 이적(移籍)하였다. 이로부터 휘 류의손(柳義孫)은 세종을 섬기며 집현전 학사로서 당시의 명신이 되었다. 2대가 지나 휘 류식(柳軾)에 이르러는 홍문관 전한을 지냈다. 또 2대가 지나 휘 류성(柳城)에 이르러서야 비로소 영남에 터를 잡고 살아서 이제는 안동(安東) 사람이 되었다. 그 아들 휘 류복기(柳復起)는 외삼촌 학봉(鶴峯) 김성일(金

誠一) 선생에게 학문을 배웠고, 호는 기봉(岐峯)이며, 좌승지에 추증되었다. 그 아들 휘 류우잠(柳友潛)은 은자(隱者)의 덕을 지녔고 호는 도헌(陶軒)인데, 바로 공의 고조부이다. 증조부 휘 류숙(柳橚)은 부호군을 지냈다. 조부 휘 류진휘(柳振輝)는 성균관 진사이다. 아버지 휘 류봉시(柳奉時, 1654~1709)이며, 어머니 아주신씨(鵝州申氏)는 신이징(申以徵)의 딸이다. 아들 둘을 낳았는데, 장남 류승현(柳升鉉, 1680~1746)은 참의를 지냈고 호는 용와(慵窩)이며, 공은 용와공의 동생이다.

어려서부터 총명하여 하루에 만 마디의 말을 외웠는데, 용와공에게 배우니 용와공의 기대가 매우 컸다. 영조 을묘년(1735) 증광문과에 급제하였다. 을축년(1745) 성균관 전적에 제수되었다가 사헌부 감찰로 옮겼을 때, 용와공은 수부(水部: 工曹) 우시랑(右侍郎)으로 조정에 나아갔다. 형제가 한집에 살면서 공무가 아니면 문밖을 나가지 않고 시를 서로 주고받았으니, 《연상록(聯床錄)》이 남아 있다.

병인년(1746) 영희전 영(永禧殿令)으로 옮겼는데, 용와공이 기천(基川: 豐基) 수령으로 나갔다가 얼마 지나지 않아 관아에서 죽었다. 공이 바야흐로 당직하던 중에 부고(訃告)가 도착하자 허락도 받지 않고 곧장 달려갔는데, 조정에서 공의 마음을 불쌍히 여겨 불문에 부쳤다. 몇 달이 지난 뒤에 마지못해 다시 직임에 나아가려고 발걸음이 조령(鳥嶺)에 이르렀을 때, 형제가 말고삐를 나란히 하여 길을 갔던 옛일을 회상하고는 차마 앞으로 나아가지 못하고 눈물을 가리며 돌아오니, 들은 사람들이 감동하고 탄식하였다.

계유년(1753) 경성판관(鏡城判官)에 제수되었고 임기가 만료되었는데, 을해년(1755) 큰 흉년이 들자 관찰사가 주상에게 치계(馳啓)를 올려 1년 더 맡기기를 청하니, 주상이 허락하였다. 이듬해에 비로소 임기를 마치고 돌아왔다.

무인년(1758) 사헌부지평에 제수되었고, 그 뒤로 사간원사간이 되었

다가 사헌부장령으로 승진하였으며, 춘방(春坊: 세자시강원)에서는 문학
(文學)·필선(弼善)·보덕(輔德)에 임명되었고, 여러 시(寺)에서는 군자감
정과 종부시 정에 임명되었다. 계미년(1763) 자품이 통정대부에 오르고
형조참의에 제수되었으나 이미 병석에 누웠다.

공은 일찍 아버지를 여의어서 아버지를 섬긴 것으로써 용와공을 섬
기며 10여 년을 함께 사는 동안, 매사를 반드시 물어본 뒤에야 행하였
다. 용와공이 표계(瓢溪)의 경치 좋은 곳으로 이주한 뒤에도 비록 단 한
가지 음식일망정 먼저 드리지 않으면 먹지 않았다. 과부 누이를 마음
아파하여 누이가 춥거나 배고플 때면 약속이라도 한 듯 음식을 보냈고,
누이가 죽은 뒤에도 누이의 자식을 자기 자식처럼 돌보았다. 연로한 4
촌형도 자기 형처럼 봉양하였다. 향리 사람들은 공의 효성과 우애에 탄
복하였다.

나아가 조정에서 벼슬하게 되자, 자기가 배운 것을 조금이나마 펼칠
수 있었던 것은 오직 경성(鏡城)에서의 한번 다스림이었는데, 세금이 가
혹한 것을 줄여 주고 풍속이 거친 것을 유가(儒家)의 도리로 교화하였다.
기근을 진휼(賑恤)할 때에는 지극정성으로 하였으니, 온 고을이 그 덕분
에 살아날 수 있었다. 임기가 차서 돌아올 때, 선비들이 모두 전별한데다
굶주렸던 가호(家戶)들로 진휼을 받았던 자들 또한 전별하니, 길이 막혀
갈 수가 없을 지경이었다. 행차가 귀문관(鬼門關: 함경도 경성의 관문)에
이르자 장정 수십 명이 앞으로 나아와 말하기를, "저희는 진휼을 받은
백성들입니다. 명부(明府: 지방민이 자신의 고을 수령을 일컫는 말)의 은혜에
보답할 길이 없었으니 가마꾼으로라도 써 주기를 바라나이다."라고 하
니, 공이 손을 내저으며 말하기를, "여기 가마꾼이 있다."라고 하자, 백성
들이 가마꾼들을 밀쳐 내고서 다투어 가마채를 멨고 평탄한 길에 나와
공이 말에 오른 다음에야 눈물로 하직하고 떠나갔다.

필선(弼善)이 되어 서연(書筵)에서 동궁을 모셨는데, 동궁은 공의 해설

과 대답이 상세하고 분명한 것에 기뻐하여 《주역(周易)》의 요지를 뽑아 그림으로 그려 바치라고 명하고는 음식과 환약(丸藥)을 하사하였다. 또 일찍이 주연(胄筵: 왕세자가 시강원의 빈객이나 강관에게 경서나 史書 등을 수강하고 강론하는 자리)이 오래 중단된 적이 있었는데, 달사(達辭: 왕세자에게 아뢰는 말)를 올려서 경계하니, 예비(睿批: 비답)를 내려 기꺼이 받아들였다.

공은 그간 벼슬을 제수하는 교지를 받으면 나아가기도 하고 물러나 있기도 하면서 한 자리에만 고집한 적이 없었다. 신사년(1761) 보덕(輔德)을 사직하여 체직된 이래로 6차례나 부르는 교지가 내렸으나 끝내 나아가지 않았으니, 이는 천문의 변화를 관찰하여 인간세상의 길흉을 점치고 난 뜻이었다. 어느 누가 어울릴 수 있었겠는가? 갑신년(1764) 2월 10일에 정침에서 생을 마치니, 향년 73세였다. 4월 기유일에 안동부 동쪽 달시동(達施洞) 묘향(卯向)의 언덕에 안장하였다.

아내 숙부인(淑夫人) 김씨는 김구용(金九用)의 딸이다. 유순하고 근검하였으며, 손위 동서를 시어머니처럼 섬기고 함께 살면서 즐겁고 편안하게 지냈다. 공보다 14년 일찍 죽었으며, 안동부 동쪽 침곡(砧谷)에 안장하였으니, 또한 묘향의 언덕이었다.

공이 젊었을 때 집이 매우 가난하였는데, 용와공은 성품이 깨끗하고 담담하여 생계에 마음을 두지 않았으니, 공이 집안일을 대신 맡아 농사일에 힘쓰고 자질구레한 일도 잘하였다. 사람들이 혹시 너무 힘들 것이라고 충고하면, 웃으며 말하기를, "가난하지만 내 힘으로 먹고사는 것이 본분이니 무슨 나쁠 것이 있겠습니까?"라고 하였다. 조금이라도 남은 것이 있으면 가난한 친족들에게 나누어 주니, 사람들이 그 밭을 의전(義田)이라고 불렀다. 그러나 늘 자제들을 경계하며 말하기를, "세상에서 다스리기 어려운 것으로는 사리사욕만 한 것이 없느니라. 나는 늘 경계하고 두려워하며 반성하고 고치려 했으나, 생업을 마음에 둔 까닭에 끝내 깨끗하게 벗어나지 못하였다. 너희들은 이것을 알아야 한다."라고

하였다. 며느리들이 시집오자, 며느리들에게 현미밥을 먹게 하고 아이
들에게는 고기 먹는 것을 허락하지 않으면서 말하기를, "이렇게 하는
것이 훗날 너희들에게 힘이 될 것이다."라고 하였다. 교제에는 더욱 돈독
하여 친한 벗이 전염병에 걸려 죽으면 염습을 반드시 직접 하였고, 집안
친척이 전염병에 걸려 위태로우면 약을 반드시 손수 달였다. 제산(霽山)
김공(金公: 金聖鐸)은 허물없는 친구 사이로, 천리 먼 길을 마다않고 호남
의 유배지로 찾아가서 문안하였고, 그의 본가를 구휼해 주는 일도 끊이
지 않았다. …(중략)…

　아, 공의 자손들은 모두 몸가짐을 삼가고 문학도 훌륭하여 선비들의
추앙을 받았다. 공의 훈도(薰陶)가 이어진 것임을 알 수 있으니, 더욱
경탄할 만하도다. …(이하 명문 생략)…

通政大夫刑曹參議陽坡柳公墓碣銘

　濟恭嘗以評事, 按北關試, 陽坡柳公, 時適通判鏡城, 以參試至。竊覵
公敦厚質實, 與之語, 若飮醇醪, 余固已敬服。居二日, 將以四書疑揭試。
余明燭閱書, 完不得合揭者, 間以質之公。公輒誦聖人語一行二行, 以
復於四書, 無不皆然。余於是又服公之深於經學如是而未見其自多於
人也。已而, 余竣事還, 公送之府城外柳亭, 握手依戀, 有皓首努力之期
焉。其後, 公以侍從, 或承召入京師, 余每往敍, 不移晷不起。蓋公言貌
藹藹, 問雜以諧笑, 務在和易。至立心制行, 威武亦不能屈。余於公益知
所不知者如是云。公諱觀鉉, 字用賓, 本文化人, 中世移籍全州。自是有
諱義孫, 事世宗, 以集賢學士, 爲時名臣。二世至諱軾, 弘文典翰。又二
世至諱城, 始卜嶺南居, 今爲安東人也。是生諱復起, 從舅金鶴峯先生
學, 號岐峯, 贈左承旨。生諱友潛, 有隱德, 號陶軒, 是爲公高祖。曾祖
諱櫶副護軍。祖諱振輝國子進士。考諱奉時, 妣鵝州申氏, 以徵之女。
生二男, 長曰升鉉, 官參議, 號慵窩, 公其季也。幼聰穎日誦萬言, 學於
慵窩公, 慵翁期待甚至。英宗乙卯, 擢增廣文科。乙丑, 除典籍, 改監察,

時慵翁以水部右侍郎赴朝。兄弟共一室, 非公故, 不出門, 以詩相唱酬, 有《聯床錄》。丙寅, 移永禧殿, 令慵翁出守基川, 未幾卒於官。公方在直, 訃及徑出奔赴, 朝廷悲其意不問。旣數月, 黽勉還就職, 行及鳥嶺, 追思兄弟聯鑣舊事, 不忍前, 掩涕而還, 聞者感歎。癸酉, 除鏡城判官, 秩旣滿, 値乙亥大歉, 觀察使馳啓上願借民一年, 上許之。明年, 始解歸。戊寅, 拜司憲府持平, 自是諫院爲司諫, 憲府陞掌令, 春坊則文學‧弼善‧輔德。諸寺則軍資‧宗簿正。癸未, 陞通政資, 拜刑曹參議, 已寢疾矣。公蚤孤, 以事父者事慵翁, 共爨十餘年, 每事必諮而後行。及翁移住瓢溪水石, 雖一味不先獻不食。軫嫠姊, 時其寒飢而饋如期, 姊歿, 恤姊子如己子。奉養老從氏視伯氏焉。鄕里服其孝友。及出而仕於朝, 得以少展其所學者, 惟鏡城一治耳。稅甛則省之, 俗羖則儒之。及賑饑, 至誠以將之, 一境賴活。其解紱而歸, 士皆餞, 餓戶受賑者, 亦別設餞, 至路壅不可行。行到鬼門關, 有丁壯數十人前曰: "民賑民也。無以報明府恩, 願備籃輿卒." 公麾曰: "自有擔夫." 民擠擔夫, 爭先擔昪, 出平途, 上馬然後, 泣辭而去。其以弼善, 侍書筵也, 東宮悅敷對詳明, 命取易經要旨, 作圖以進, 賜食物丸藥。又嘗因胄筵久停, 進達辭以戒, 睿批嘉納焉。公於前後除旨, 或出或處, 未嘗執於一。自辛巳辭遞輔德以來, 召旨者六而終不起, 此觀象翫占之意也。人孰得以際之也? 甲申二月十日終于寢, 享年七十三。用四月己酉, 葬府東達施洞向卯原。配淑夫人金氏, 九用之女。柔惠勤儉, 事姒婦如姑, 同居樂而湛。先公十四年卒, 葬府東砧谷, 亦向卯原也。公少也家甚貧, 慵翁性恬淡, 不以生事經心, 公代幹家務, 力稽能鄙事。人或規其太苦, 笑曰: "窮而食力, 本分耳, 何傷之有?" 及稍有贏餘, 分諸窮族, 人有號其田曰義田。然每戒子弟, 曰: "天下之難制者, 無如利欲。吾常警懼省改, 而以留意生業, 終覺脫灑不得。爾曹其知之." 諸婦入門, 飭令飯脫粟, 小兒輩不許肉, 曰: "此他日得力處也." 於交際尤篤, 親友有瘟而死, 斂襲必躬焉, 門族有癘而殆, 灌藥必手焉。霽山金公, 忘形友也, 千里命駕, 問湖南謫居, 饋恤本家不絶也。…(중략)… 嗚呼! 公之子若孫, 皆禔躬有文學斐然, 爲士流推重。所薰襲

可知，尤可敬也。…(이하 명문 생략)…

〔樊巖先生集，권51，墓碣銘〕

可知，尤可敬也。…(이하 명문 생략)…

〔樊巖先生集，권51，墓碣銘〕

43. 김박

김박의 자는 순부, 본관은 광주(光州)이다. 숙종 병자년(1696)에 태어났다. 계해년(1743)에 죽었다.

일찍이 한 종인(種人: 별난 사람)이 향권(鄕權: 향촌의 권력)을 취하려고 도모하여 청음사(淸陰祠)를 안동부 서쪽에 창립하였는데, 그의 본심은 진실로 청음(淸陰: 김상헌)을 사모하고 존경하는 것이 아니라 소굴임을 빙자하여 자기의 의견과 다른 자를 노려서 치려는 것이었다. 사림들이 모여서 의논하여 철거시키니, 이로부터 일변인(一邊人: 한쪽 사람들 곧 서인세력)들이 고을사람들을 원수로 보아 반드시 그들을 아주 결딴내고자 하였다. 그 화(禍)를 두려워하여 따르는 자들은 특별히 두텁게 대우하여 《귀정록(歸正錄)》을 만들어서 그들의 이름을 써서 실렸지만, 자기들에게 따르지 않는 자들이 있으면 함정을 만들어 사람을 모함하여 빠뜨렸다. 순부는 병진(丙辰: 己未의 오기, 1739)에 종친들과 화수회(花樹會)를 성의 남쪽에서 열어서 술을 마시며 즐긴 지 3일이 지나서야 끝냈다. 순부를 미워하는 자는 진수(鎭帥: 병마절도사)에게 순부가 좋지 못한 모의를 했다며 잡아다가 치죄하도록 고하였다. 순부가 웃으며 잘 말하기를, “어떤 일을 모의하는 자라면 반드시 인적이 드문 외딴 곳에 숨어서 오직 다른 사람들이 알까 두려워할 것인데, 어찌 사람이 많고 넓은 곳인 수령이 있는 관청 앞마당에서 풍악을 울리며 비밀스런 일을 모의할 수 있겠소?”라고 하였다. 진수가 장차 용서하려 하자, 또 그 사람이 거듭 무고하며 이르기를, “사당을 철거했을 때 주모자입니다.”라고 하였다. 법률로 죄를 다스려 관동(關東)의 흡곡(歙谷)으로 보내어 그 지방의 호적에 편입시켰다. 대개 사당을 철거했을 때 순부는 바야흐로 어머니 상복을 입고 있었으니, 사람들이 원통해 하지 않은 이가 없었다. 6년 뒤에 유배지에서 풀렸으니, 순부가 효행을 행하였고 무신년(1728)에 앞장서서 거의한 공이 있었기 때문이다. 성품은 강개하고 기개와 절조가 많았으나 끝내 기막힌 화를 만났고 또 수를 누리지 못했으니 슬픈 일이로다.【협주: 이광 정이 찬한 전에 실려 있다.】

• 金樸

| 金樸, 字淳夫, 光州人。肅宗丙子生。癸亥卒。

嘗有一種人圖取鄕權, 創立淸陰祠於府西, 其心非直尊慕淸陰, 欲憑作窟宅[1], 狙擊畢己。士林會議撤去, 自是一邊人仇視鄕人, 必欲魚肉之。其懼禍趨附者, 優禮之, 爲《歸正錄》, 書其名, 其有不附者, 設穽驅陷焉。淳夫於丙辰[2], 與衆宗人, 設花樹會於城南, 飮酒張樂三日而罷。嫉之者, 告鎭帥執治以謀不臧。淳夫笑卜曰: "謀議者, 必屛處匿跡, 猶恐人知, 寧有官城多人地廣, 張聲樂而謀議陰事者乎?" 鎭帥將脫之, 又因其人重誣謂: "是毁祠時首謀人。" 論以律, 編管[3]關東之歙谷。蓋毁祠時, 淳夫方持母服, 人無不寃之。後六年得釋, 淳夫有孝行, 戊申有首倡擧義之功。性慷慨多氣節, 而竟罹奇禍, 又不壽, 悲夫!【李光庭撰傳】

보충
이광정(李光庭, 1674~1756)이 찬한 전

김순부전

순부(淳夫)의 이름은 박(樸), 초명은 륜(楍), 자는 득여(得輿), 성씨는 김

---

1 窟宅(굴택): 소굴.
2 丙辰(병진): 己未의 오기.
3 編管(편관): 죄인을 변방에 보내어 해당 지방의 호적에 편입시킴으로써 해당 지방관의 통제를 받게 하는 것.

(金)씨, 본관은 광산(光山)인데, 대대로 안동(安東)에서 살았다. 내 친구 김한경(金漢經: 자는 章仲)의 맏아들이다. 김장중이 전주최씨(全州崔氏: 崔斗興의 딸)에게 장가들어 김순부를 낳았다. 그런데 큰 아버지 김한진(金漢軫)이 슬하에 자식 없이 일찍 죽으니, 큰 어머니 조씨(趙氏)가 강보에 싸인 김순부를 데려다 길렀다. 김순부는 어려서부터 영리하여 말을 잘 하는 것이 보통 아이와 달랐고, 또 깨달아 이해하는 것이 어른들이라도 미치지 못하였으니, 보는 이들이 기특하게 여겼다.

순부는 13살 때 어머니 최씨가 천연두에 걸려 죽었다. 큰 어머니 조씨는 본디 천연두를 두려워했던지라 순부를 데리고 미리 피하여 순부로 하여금 모친상에 가지 못하게 하니, 돌아가 참여할 수가 없었다. 순부는 이에 지나치게 슬퍼하고 여러 해 동안 소리 내어 우니, 피를 토한 것이 몇 되나 되었다. 그러자 점쟁이가 말하기를, "멀리 피해 있는 것이 좋겠습니다."라고 하였다.

순부의 막내 작은 아버지 김한위(金漢緯: 자는 章遠)는 이런 일이 있기 이전부터 안동부의 서쪽에 있는 작현(鵲峴: 까치고개)에 살았었는데, 이때 순부를 데리고 가서 수년 동안 가르쳤다. 그 사이 순부의 병도 거의 나았다. 19세 때 군위홍씨(軍威洪氏) 가문에 장가들고 까치고개에 살림집을 차렸는데, 그 아내는 큰 어머니 조씨를 맞이하여 모시면서 집안일을 도맡아 하였다. 조씨는 일찍 과부가 되어 그때 마침 광증(狂症)이 있었으나, 순부 부부는 있는 정성과 힘을 다하여 조씨를 순종하고 거스르지 아니하니, 조씨는 끝내 마음이 안정되었다.

순부는 담력과 지혜가 장대하였고, 사물의 이치도 훤히 알았으며, 책에 대해서는 반대 뜻까지도 늘 살펴 이해하지 못하는 것이 없었다. 과거 시험 또한 이른 나이에 응시하여 초시(初試)에 합격했었다. 비록 성위(省闈: 省試. 초시에 합격한 사람을 도성에 모아서 보이던 과거시험)에 떨어졌을지라도 사람들은 원대한 그릇으로 대하였다.

　무신년(1728) 봄, 호얼(湖孼: 충청도 청주의 李麟佐와 영남의 鄭希亮)의 역모가 일어났을 때, 순부는 교임(校任)으로서 향교(鄕校)에서 숙직하다가 아직 일어나지 않았는데, 아전이 작은 쪽지를 들고 급히 달려와 아뢰었다. 이를 본 순부는 그 아전을 꾸짖으며 말하기를, "이것은 반적(叛賊)의 격서(檄書)이다. 이 가운데는 나라님의 이름까지 있으니 남에게 보여서는 아니 되고, 반드시 돌아가 지부(知府)에게 알려라."라고 하였다. 지부는 몹시 부끄러워하고 급히 살피지 못한 것을 사과하면서 부디 사람들에게 보이지 말라 하였다. 온 성이 흉흉하였지만, 순부는 향교에 딸린 하인들을 불러 동요하지 못하게 하고서 또 말하기를, "반적들이 조만간 이곳에 이르지는 않겠지만, 굳게 앉아 그들을 토벌할 계획을 의논해야 하겠다. 그러니 문건을 꾸며 안동부 전체에 널리 알려서 일제히 모여 반적들을 막기 위한 봉기를 해야겠다."라고 하였다. 그리고는 안동 지부에 들어가 이 사실을 알려서 수비와 전투의 대비책을 마련하였다. 이때 한 종인(種人: 별난 사람)이 향교에 투서하여 향인(鄕人)을 헐뜯고 함정에 빠뜨리고자 했으나 순부가 그를 내쫓아 버렸으니, 간계가 그의 마음대로 성사되지 않았다. 안동에서 반적들을 막기 위한 봉기의 깃발이 맨 먼저 올려진 것은 순부의 노력 때문이었다.

　병진년(1736) 겨울에 큰 어머니 조씨가 죽자, 순부는 상을 치루고 3년 동안 문밖을 나지 않았다. 기미년(1739) 겨울, 순부의 종친(宗親)이 성의 남쪽에서 화수회(花樹會)를 열었다. 이보다 먼저 광산(光山)의 종친도 매년 산사(山寺)에서 화수회를 열었었다. 도성의 종친 김응복(金應福, 1683~?)이 이때 예천(醴泉) 수령으로 있으면서 안동 수령도 겸임하였는데, 종회(宗會)에 참여하고자 예천 관청 안으로 옮겨 열기를 청했다. 천총청(千總廳)이 대단히 넓어 많은 사람을 수용할 수 있었기 때문에 종회 열 장소로 빌어서 음식을 마련하고 풍악을 울리며 지내다가 3일이 지나서야 끝냈다. 그런데 예천 수령이 마침 상(喪)이 생겨서 참석하지 못했으며, 순부의 맏아들이 괴질(怪疾)에 걸려 순부도 분주히 간호하면서 일찍 안동에 들어가 약을 구해야 했으므로 문중 어른께 인사드리고 돌아갔으니, 실제로는 종회에 참여하지 못했다.

며칠이 지난 뒤, 진수(鎭帥: 병마절도사)가 아전을 풀어 순부를 체포하도록 했다. 이때 정씨(鄭氏) 성을 지닌 사람이 영남지방을 순찰하고 있었다. 순부는 시골에 살고 있었는데, 본디 박식하고 사려 깊다고 칭송되었었다. 그런데 한 종인(種人)이 당시의 의론을 억지로 끌어 붙이며 순부를 몹시 미워하여서 죄를 꾸며 순부를 법망에 끌어넣고자 하였다. 마침 김씨 종친들이 군청(軍廳)에서 화수회를 연다는 소문을 듣고는 곧바로 법망에 끌어넣을 계략을 진수와 함께 꾸몄다. 진수(鎭帥) 정양빈(鄭陽賓: 鄭晹賓, 1692~?)은 방백(方伯: 黃璿, 1682~1728)의 문객(門客)이었는데, 처음에는 북상하는 반란군에 빌붙었다가 사태가 실패로 기울어지는 것을 보고는 방백에게 돌아가 빌붙어서 공을 세워 입신하고자 하였다. 한 종인(種人)이 말하기를, "어떤 사람인지 알 수 없는 수백 명이 군청(軍廳)을 빼앗고는 소를 잡고 풍악을 울리며 모였었는데 어떤 반란을 모의했는지 알 수 없으니, 모였던 날 그곳에서 시중을 들었던 하인들을 추문(推問)하여 제일 먼저 주창한 사람을 지적하여 고하게 하십시오."라고 하였다. 이에 김씨 종친들이 매우 두려워하며 말하기를, "곧 관청에 들어가 신문에 응하다가 말을 잘못하면 재앙이 곧바로 이르게 될 것이니, 순부를 관리의 신문에 응하도록 하는 것보다 더 좋은 것이 없다."라고 하고는, 순부를 제일 먼저 주창한 사람으로 관청에 알렸고, 진수는 즉시 순부를 잡아오도록 했다. 순부는 자신을 잡으러 온 포졸에게 말하기를, "진수란 직책은 도적을 잡아 다스리면 그뿐인데, 어찌하여 상부의 명령도 없이 감히 선비를 잡아 신문하려 한단 말이냐? 돌아가 이 말씀을 진수께 전해드려라."라고 하자, 포졸은 감히 접근하지 못했다. 이를 안 김씨 종친들이 연이어 와서는 말하기를, "자네가 아니고서는 이 분란을 해결할 자가 없네."라고 하자, 순부가 관청에 들어가 신문에 응하였는데, 진수가 몹시 노하여 말하기를, "저 무신년(1728) 이래로 조정에서는 사사로이 모여 이야기하는 것을 금하였으니, 이를 어긴 자는 법으로 다스려야 한다. 그런데 지금 너희들이 군청(軍廳)에 모여서 소를 잡고 풍악을 울리며 즐기느라 3일 동안이나 머물렀으니, 모의한 것이 어떤 일인지 실상을 숨김없이 바른대로 말하라. 실상을 숨기면 법을 적용하여 다스리겠다."라고 하니, 순부가 웃으면서 말하기를, "영남(嶺南)에 사는 종친들이 해마다 한번씩 모여 친족 간의 신의를 이야기하고 화목하는 길을 닦은 것은 이번만 그러한 게 아니오. 황강(黃岡: 金繼輝, 1526~1582)과 사계(沙溪: 金長生, 1548~1631) 두 부자 어르신의 시첩(詩帖)이 아직도 남아 있으니 살펴볼 수 있을 것이오. 어떤 일을 모의하는 자라면 반드시 인적이 드문 외딴 곳에 숨어서 오직 다른 사람들이 알까 두려워할 것인데, 어찌 사람이 많고 넓은 곳인 수령이 있는 관청 앞마당에서 풍악을 울리며 비밀스런 일을 모의할 수 있겠소? 우리들은 늙은이와 젊은이 가리지 않고 다 함께 모이기 때문에 흥을 돋우지 않을 수 없어 각자 술과 안주들을 가지고 오게 하여 넓은 곳에서 먹고 마셨으며, 먹은 소고기는 관주(官廚)에서 산 것이니 아전들에게 물어보시오."라고 하였다. 진수는 더 이상 무어라고 힐난하지 못하고 순부를 풀어주며 나가도록 했다.

　며칠이 지난 뒤, 한 종인(種人)이 와서 진수에게 성내며 말하기를, "공(公)은 어찌하여 김 아무개를 풀어 주었습니까? 그 자는 무오년(1738) 훼묘(毁廟: 金尙憲을 기리는 祠院을 부순 사건)가 일어났을 때 주모자인데, 그의 행위를 조사하여 다스리지 않으면 반드시 상사(上司)의 마음을 거슬러서 노여움을 살뿐이오."라고 하자, 진수가 이에 다시 순부를 잡아들이고는 비밀리에 상사에게 보고하였다.

　이보다 앞서, 그 종인(種人)은 향권(鄕權: 향촌의 권력)을 차지하려고 청음사(淸陰祠)를 안동부 서쪽에 지었다. 그의 본심은 진실로 청음(淸陰:

金尙憲)을 사모하고 존경하여 배향(配享)하려 한 것이 아니고, 안동이 자기의 의견과 다른 사람들의 소굴임을 빙자하여 그들을 노려서 치려는 것이었는데, 결국 안동의 사림(士林)들에 의해 사당은 철거되었다. 당시에 득세했던 자(者: 西人)들은 모두 안동 사람들을 원수로 보아 반드시 그들을 아주 결딴내고자 하였다. 그 화(禍)를 두려워하여 따르는 자들은 비록 무거운 죄를 졌어도 또한 관대한 처분을 하였고, 책자(冊子)에 이름을 쓰고는 '귀정(歸正)'이라 불렀다. 항상 함정을 만들어 사람을 모함하여 빠뜨렸다가 꾀어 빼내니 귀정한 자가 날로 많아졌는데, 이렇게 한 의도는 반드시 영남 사람들을 모두 서인세력으로 만들고자 한 것이었다.

방백(方伯)이 보고를 받고는 매우 기뻐하면서 신임 지부(知府: 고을수령)에게 비밀리에 관문(關文)을 내려 보내어 반드시 군청(軍廳)에서 모의한 것으로 죄목을 삼도록 하였다.

때는 경신년(1740) 정월 초하룻날이었다. 순부가 일찍 일어나 점괘를 보니 불길하여 곧장 머리쓰개를 벗고 누워 있는데, 안동부의 아전이 순부를 잡으러 왔다. 순부는 병든 아들에게 말하기를, "나는 운수가 좋지 않아 곤액을 치루거나 죽을지도 모르겠다. 부디 걱정하지 말고 몸조리 잘하도록 해라."라고 하였다. 순부가 안동부에 들어가니, 부(府)에서는 큰 칼을 씌우고 족쇄와 굴레를 채웠다. 그리고 범죄조서를 갖추어 놓고는 순부에게 서명하라고 하였으나, 순부는 큰 소리로 말하기를, "이 범죄조서는 진상과 전혀 다르니, 바라건대 종이와 붓을 빌려주어 아전 중에 글에 능한 사람을 시켜 대신 쓰게 해주시오."라고 하였다. 순부가 칼에 기대어 입으로 부르고, 아전은 멈춤이 없이 받아 적었다. 지부(知府)가 그것을 살펴보고는 찬탄하면서 천천히 말하기를, "내가 너를 사면해 줄 터이니, 너는 문장(門長)과 유사(有司)를 대신 고발하여라."라고 하자, 순부가 말하기를, "문장은 나의 집안 어른과 같은 항렬이고, 유사는 또한 같은 문중의 연소자이거늘, 일이 이미 이 지경에 이르렀다고 해서 어찌

그들을 곤경에 빠뜨려놓고 스스로는 풀려나려 할 수 있단 말이오?"라고
하니, 지부가 말하기를, "네가 그들을 끌어들이지 않으니, 나는 다만 너
를 가둘 수밖에 없다."라고 하였다. 순부가 감옥에 갇혀 있으면서도 천연
두가 매우 성하니, 주위에 있는 사람들이 순부에게 액이 닥칠까 걱정하
였다. 방백이 이 보고를 받고 지부에게 다시 추문(推問)하되 순부를 유인
하도록 하니, 지부가 말하기를, "기사년(1689) 이래 뜻있는 선비들은 모
두 남인(南人)이 됨을 부끄러워하는데, 너는 지금 뜻밖의 재앙을 만났으
니 이를 생각해 보아라. 너의 고향에는 반드시 너에게 살 방도를 가르쳐
줄 사람이 있을 것이다."라고 하자, 순부가 말하기를, "나으리! 저는 아
무 죄가 없는데도 살 방도를 찾아야 한다는 것이 슬픕니다. 그러니 살
방도를 찾는 것은 비록 죽임을 당하더라도 또한 할 수가 없습니다."라고
하니, 지부가 노하여 다시는 말하지 않았다. 이때 친구가 옷소매 속에
한 종인(種人)의 편지를 넣어 왔으나, 순부는 뜯어보지도 아니하고 돌려
보냈다.

　방백은 마침내 순부를 토호(土豪)라고 거짓으로 꾸미고는 문신을 새기
고 관동(關東)지방의 흡(歙) 골짜기로 귀양 보냈다. 흡 고을은 집에서 천
리나 되고 꽉 막힌 험한 길이어서 순부의 6촌 형제인 김광식(金光拭)이
함께 갔다. 흡의 지현(知縣) 조봉주(趙鳳周, 1692~?)도 역시 당시 득세한
서인세력의 사람이었지만 처음 보아도 대범한 사람인 것 같은지라, 김광
식은 순부가 있을 곳 가까이에 천연두가 성함을 알고 정결한 곳으로
옮겨서 지낼 수 있게 해주기를 청하였다. 지현도 이들이 타향의 선비인
지라, 상석(上席)에 앉게 하고는 사건의 전말을 물어 알고는 탄식하며
말하기를, "뜻밖에 헤아릴 수 없는 화를 당했는데도 문중 사람들을 끌어
들이지 않았으니 그 의로움이야 높이 살 만하나, 당신은 상복 입은 사람
으로서 험준한 천리 길에 환난을 함께 겪기는 매우 쉽지가 않을 것이오."
라고 하였다. 이에 순부를 맞이하여 더불어 이야기하고, 그간의 억울하

고 원통한 죄를 호소한 문서를 상세히 살폈다. 마침내 성심으로 서로 어울렸고, 매일 오고 갔으며, 음식 보내기를 끊이지 않았다. 그의 아들 조덕림(趙德林)과 조득림(趙得林)을 시켜 순부를 좇아 과거공부를 익히도록 하였다.

가을에 관동(關東)의 방백이 순시하다가 흡(歙) 고을에 이르렀을 때, 지현이 순부의 원통한 정상을 온갖 말로 아뢰자, 관백(關伯)이 말하기를, "청음사를 훼손한 저 안동사람은 다만 목숨이 끊어지는 것이야말로 달가운 일이었거늘, 어찌 풀려날 수 있겠는가?"라고 하였다. 지현이 아뢰기를, "청음사가 훼손될 때 이 사람은 모친상 중이었고, 게다가 천연두를 두려워하여 문밖에 나지 않았으니, 어찌 그 모의에 참여할 수 있었겠습니까?"라고 하니, 관백이 말하기를, "상복을 입고 천연두를 무릅쓰고도 흉론(凶論)을 주장한 것은 더욱 사악하다네."라고 하였다.

관동의 방백은 영남의 방백과 외사촌 형제간인데, 대체로 그가 말한 바는 한 종인(種人)이 순부를 영남의 방백에게 헐뜯어 거짓으로 고하던 말 그대로였다. 지현은 이미 순부가 무고(誣告)에 얽힌 것임을 알고서도 대우하는 것이 결코 쇠하지 않았고 해마다 순부가 부모를 뵙기 위해 잠시 동안 고향에 돌아갈 수 있도록 허락했다.

신유년(1741) 가을, 조봉주가 임기가 차서 돌아가고, 신임 지현(知縣)으로 이산(尼山: 尹拯)의 손자 윤동겸(尹東謙)이 왔는데, 순부를 대우하는 것이 또한 후했다. 겨울에 순부는 부모를 뵙기 위해 고향에 갔는데, 겨울을 지내고 돌아오기로 약속했다. 그런데 관동지방에 큰 기근(饑饉)이 들어 귀양살이하는 사람들이 모두 내지(內地)로 옮겨졌으나 순부는 옮겨지는 것이 결정되지 않았다. 봄에 순부는 간신히 가져가야 할 것들을 갖추고, 바닷길을 좇아 유배지로 돌아가려고 순풍이 불기를 기다리면서 배를 아직 띄우지 않고 있을 때, 마침 대사면(大赦免)이 내려졌다. 조봉주가 형조(刑曹)의 낭관(郎官)이 되었는데, 본도(本道: 강원도)에서 옥에 갇힌 죄수들의 신상을 기록한 장부를 올리라고 하였지만 순부를 기록해 넣지 않았다. 이때 종친이 본부시랑(本部侍郞)으로 있었고, 류승현(柳升鉉)이 판결사(判決事)로 있었으니, 순부를 석방하기로 조봉주와 상의하였던 것이다.

순부는 귀양살이 3년 동안 글 짓는 재주가 더욱 나아졌다. 일찍이 조봉주 부자와 산과 바다를 마음껏 유람하였으니, 풍악산(楓嶽山)을 오르고 해금강(海金剛)까지 뱃놀이하였으며, 세상 사람들이 일컫는 관동팔경(關東八景) 외에 국도(麴島)·천도(穿島)·사봉(沙峯)·시중대(侍中臺)·백정봉(百井峯) 등과 같은 깊고도 먼 기괴한 경관을 널리 찾아서 두루 보지 않은 것이 없었다. 그것을 글로 지은 산수유람기와 시가는 맑고 고우며 진기하여 거의 속세의 말씨가 아니었다. 순부는 어려서부터 기이한 기운이 있었으며, 장성해서는 구레나룻과 턱수염이 무성하였고 난관 앞에서도 웃으면서 말을 잘하였으며, 성품도 강개하여 그 어느 것에 구애받지 않았으니 세상이 평탄치 않고 험난한 것을 보고는 세상과 접촉하지 않고자 하였다. '농아(聾啞)' 두 글자로서 당호(堂號)로 지은 것은 환난이 깊어서 끝내 간악한 세력가들이 얽어 놓은 교묘한 그물망을 벗어나지 못할 것을 염려하였기 때문이다.

순부가 흡(歙) 고을에 있을 때 《주역(周易)》을 읽고 있는데, 산사(山寺)의 빈승(貧僧)이 구걸하러 다니다가 순부가 곤괘(坤卦)를 읽는 것을 보고는 질문과 응답을 주고받다가 서글프게 말하기를, "불가(佛家)에서 부처님의 경전을 가지고 성인의 《주역》을 꿰맞추면, 그 깊은 뜻의 귀의점이 다른 데도 불구하고 견강부회한 것인지라 자못 아무런 의미가 없는 듯했는데, 이제 공(公)의 강론(講論)을 들으니 미심쩍었던 것이 환하게 풀렸습니다."라고 하였다. 그리하여 날마다 순부의 논설(論說)을 들었는데 10일이 지나도록 떠나가지 않았다. 그러다가 하루는 그 중이 순부에게 말하기를, "공(公)은 내년 5월에 이르러 사면을 받아 집으로 돌아가겠으나,

오래지 않아서 뜻밖의 재난이 있을 듯하니 삼가 조심하시오."라고 하였는데, 순부가 이 말의 의미를 그에게 물었으나, 그는 말하지 않고 일어나 갔는데 간 곳을 알 수 없었다. 순부는 정말로 임술년(1742) 5월에 집으로 돌아왔다.

계해년(1743) 정월 초하룻날, 순부가 점을 쳐 점괘를 얻었는데, 그 괘를 한참 동안 묵묵히 보다가 불사르고는 배회하며 빙빙 돌아다녔다. 얼마 있지 않아서 순부의 죽은 동생의 부인이 천성(川城)에 살았는데 천연두에 걸렸다. 시아버지 장중(章仲: 김순부의 생부 김한경)이 이미 늙었으나 몸소 며느리의 병을 간호하였다. 순부는 6촌형 김황(金榥: 자는 開仲)에게 편지하여 생부를 다른 곳으로 속히 피신시켜 줄 것을 청하면서, "오직 형님만이 어려운 처지에 있는 저에게 도움을 줄 수가 있을 것입니다."라고 썼다. 개중과 장중은 시내를 사이에 두고 살았는데, 개중이 여러 번 간절히 청하여 장중을 다른 곳으로 피하도록 하면서 집안의 연소자에게 번갈아 가며 병을 간호하도록 시켰다. 그러나 장중이 차마 버리고 가지 못하여 개중의 권유를 듣지 아니하니, 개중도 끝내 장중을 다른 곳으로 떠나도록 억지로 하지 못하였다. 그런데 순부의 제수가 병에서 일어나지 못하고 죽고 말아서 시아버지 장중이 머물러 초상을 치루고 난 후에 계촌(溪村)으로 피하였으나 며칠 동안 앓았다. 이에 순부가 허둥지둥 달려가서 모시고 간호하였으나, 끝내 상을 당하고 말았다.

내가 장례 치루는 일로 마을에 있으면서 서둘러 입관하도록 하고 나오니, 순부가 기운이 고르지 못하여서 집에 돌아가 몸조리하도록 했다. 그런데 얼마 되지 않아 순부의 온 집안사람들이 천연두에 걸렸으며, 순부는 끝내 2월 28일에 죽었고, 그의 부인 홍씨 또한 뒤를 이어 죽었다. 순부의 나이 48세였다. 슬프도다! 뜻밖의 재난이 닥치리라는 것을 이미 알았었거늘, 능히 피할 수 없었던 것이 운명인가 보다. 순부의 2남 2녀 또한 한꺼번에 천연두에 걸렸으나 모두 온전하였다.

정첨윤(鄭詹尹: 楚나라 사람)이 말하기를, "10촌(寸)인 척(尺)이라도 오히려 짧아 보이는 수가 있고, 촌(寸)이라도 오히려 길어 보이는 수가 있으니, 점(占)인들 진실로 세상일을 다 알 수 없다."라고 했는데, 그 말이 정녕 믿을 만하도다. 진수(鎭帥)가 김씨 문중을 그물로 옭아맸을 때 사람들은 헤어날 수 없는 화(禍)로 여겼지만 순부는 웃으며 말로써 그 화를 벗어났고, 귀양살이를 바다 근처 흡(歙) 고을에서 했을 때도 천하의 명승지를 두루 유람하였으며, 그의 집안에 화가 아직 미치지 않았지만 그 낌새에 앞서 미리 피할 수 있을 것 같았는데도 끝내 피하지 못하였으니, 바로 그것이 짧아 보이는 경우이다.

순부는 총명함이 남보다 뛰어나 경사(經史)의 요체나 제가(諸家)의 비밀스런 진기함을 지나쳐 보기만 해도 문득 깨달았고, 주역점을 치는 것 또한 오묘했다. 내가 항상 그의 탁월함을 사랑했고, 다만 그의 미간에 뭉친 기운이 있음을 마음속으로 걱정했으나, 그의 평탄치 못한 기구함이 이 지경에까지 이를 줄은 또한 생각하지 못했다. 그러나 순부가 재앙을 만나지 않았다면 또한 명승지를 두루 다니고 그것을 문장으로 옮겨 후세에 보는 자로 하여금 상쾌한 기분으로 몸소 그곳을 밟는 것처럼 할 수는 없었을 것이니, 기이하도다!

金淳夫傳

淳夫名樸, 初名棆, 字得興, 姓金氏, 光州人, 世居安東。吾友漢經章仲之長子。章仲娶全州崔氏, 生淳夫。伯父漢軫早卒, 妻趙氏, 取淳夫于襁褓而養之。淳夫幼嶷然, 出言與常兒異, 其悟解有長者所未及, 見者奇之。淳夫年十三, 而母崔氏以痘卒。趙氏素畏痘, 挈淳夫預辟, 挽淳夫不得歸視喪。淳夫逾益痛, 悲號數年, 常吐血數升。卜者言:"遠辟吉。"淳夫季父漢緯章遠, 先時寓居府西之鵲峴, 取淳夫去, 敎之數年。而淳夫疾良已。十九, 授室于軍威洪氏之門, 因家鵲峴, 迎侍趙氏, 幹治家事。趙氏早寡, 多心恙, 淳夫夫婦, 竭誠致力, 以順適趙氏, 趙氏遂安心焉。淳夫, 長瞻智, 通達事理, 於書常以意逆指, 無不曉解。程文亦蚤就, 嘗中發解。雖不利省闈, 而人以遠器待之。戊申春, 湖孽搆逆, 淳夫以校任在校, 宿未起, 吏以小紙急走謁。淳夫詰之曰：“此賊書也。中有君父名, 不可示人, 須歸報府.”府大憼, 謝急不察, 幸勿煩人。一城盡洶, 淳夫招校僕無動, 且曰：“賊不朝夕至此, 可堅坐議討賊事。迺具牘通諭闔境, 齊會擧義.”入告知府, 設守戰備。有一種人投書鄕校, 欲誣陷鄕人, 則斥去之, 奸不得逞。安東之首揭義旗, 淳夫力也。丙辰冬, 趙氏卒, 淳夫持喪, 三年不出門。己未冬, 淳夫宗人, 設花樹會于城南。先是, 光山宗人, 每歲會山寺。京宗人應福, 時守醴泉, 兼任安東, 欲與宗會, 請移設府內。以千揚廳, 寬闊可容衆, 借設會所, 供具張樂, 三日而罷。醴守適有服不至, 淳夫長子兒得怪疾, 淳夫奔走救視, 嘗入城劑藥, 候門長而歸, 實不與會事。後數日, 鎭帥發吏捕淳夫。時鄭姓人巡察嶺南。淳夫居鄕, 素稱多識慮。一種人, 附會時論, 疾惡淳夫, 然欲羅致淳夫。適聞金宗人, 設會軍廳, 卽鎭帥謀。鎭帥鄭陽賓方伯客, 初附北, 見事敗, 歸附方伯, 欲立功自效。迺曰：“不知何許人數百, 刼奪軍廳, 殺牛張樂, 不知有何謀議亂, 推會日所使喚者, 令摘告首倡.”金宗人大懼曰：“卽入對失辭, 禍敗立至, 莫如使淳夫對吏.”以淳夫告, 卽捕淳夫。淳夫謂捕者, 曰：“鎭帥捕治盜賊而已, 奈何無上令而敢推士子。歸語鎭帥.”吏不敢逼。宗人絡繹來告曰：“非君, 無可以解此紛者.”淳夫入對, 鎭帥盛氣曰：“自戊申來, 朝家禁私會偶語, 犯者有律。今汝收聚軍廳, 殺牛張樂, 三日留連, 所謀議者何事, 直告無匿情。匿情照律.”淳夫笑曰：“宗人居嶺南者, 歲爲一會, 以講族修睦, 匪今斯今。黃岡·沙溪兩老詩帖尙在, 可覆視也。夫人謀議者, 必屛處匿跡, 惟恐人知, 寧向官城多人地廣, 張聲樂而可謀議陰事者？生等以老少咸集, 不可無助懽, 具各齎酒肴, 就曠處所, 費牛肉, 貿取官廚, 問之吏輩.”鎭帥無以詰, 令出去。數日, 一種人來, 嚇鎭帥, 曰：“公何以出金某？某是戊午毁廟時首謀, 不因事覈治, 必觸怒上司.”鎭帥乃更搆淳夫, 密報。蓋先是, 一種人, 圖取鄕權者, 創淸陰祠於府城西。其心非眞慕淸陰爲尊享, 計欲憑藉爲窟宅, 狙擊異己者, 爲士林所撤去。得時者, 皆仇視安東人, 必欲魚肉之。其懼禍趨附者, 雖有重負, 亦優假之, 書名冊子, 號曰歸正。常設穽驅陷人, 而又誘之出, 歸正者日衆, 其意必欲盡化嶺人也。方伯得報大喜, 下密關于新知府, 必欲以謀議軍廳爲罪目。時庚申元日。淳夫早起筮不吉, 卽解巾臥, 府吏來推淳夫。淳夫語病兒, 曰:“吾數不吉, 當厄或可消也。須勿憂, 善調.”淳夫入府, 府大枷鎖勒, 具供辭, 令淳夫署, 淳夫呼曰:“此供非情實, 乞借紙筆供, 令吏能書者代草.”淳夫倚枷口號, 吏不停筆。知府取覽稱嗟, 徐曰:“吾欲免汝, 汝告門長·有司.”淳夫曰:“門長乃我父兄行, 有司亦一門年少, 事已至此, 何可擠人爲自解計?”知府曰:“汝不援引, 吾無爲地可下獄.”淳夫在獄, 痘忌燼, 左右人憂危淳夫。方伯得報, 令更推知府, 因誘淳夫, 曰:“自己巳後, 有志者, 皆羞爲南論, 汝今橫罹思之! 汝鄕必有指示汝生道者.”淳夫曰:“閤下! 哀某無辜而欲致之生道。然此則雖蒙重僇, 亦不可爲也.”知府怒不復言。有知舊袖致一種人書者, 淳夫不圻而還之。方伯竟誣淳夫以土豪, 編管關東之歙谷。歙去家千里, 忌梗塞路, 淳夫從祖兄子光枇, 與之俱至。歙知縣趙鳳周亦時人, 初視之落落, 光枇, 以淳夫所寓近痘忌, 請移駐淨地。知縣, 以其他鄕士子也, 令上坐, 扣得事首末, 歎曰:“橫罹不測之禍, 不援族人, 其義可尙, 而足下, 以緦服之人, 崎嶇千里, 與共患難, 甚不易也.”於是, 邀淳夫與語, 考閱前後訴寃狀。遂誠心相與, 逐日還往, 餽遺不絶。命其子德林·得林, 從肄科業。秋, 關東伯巡到歙, 知縣盛稱淳夫寃狀, 關伯曰:“彼安東人毀廟者, 徒盡僇之快矣, 何以得解?”知縣曰:“毀廟之時, 此人方持母服, 且畏痘不出門, 豈與其謀?”關伯曰:“著衰冒忌, 而主張凶論, 尤可惡也.”蓋關伯, 嶺伯之內兄弟, 而其所言, 卽一種人之譖淳夫於嶺伯者也。知縣已知其搆誣, 遇之不衰, 歲許淳夫歸覲。辛酉秋, 趙君瓜還, 新知縣尹東謙, 尼山之孫, 待淳夫亦厚。冬, 淳夫歸覲, 期過冬還。關東大饑, 遷者皆移內地, 而淳夫不論。春, 淳夫艱具齎, 將由海道, 還配候風, 仙槎未發, 會大赦。趙君爲秋曹郎, 而本道上囚徒, 不錄淳夫。時宗人爲本部侍郎, 柳君升鉉爲判決事, 與趙君相議出淳夫。淳夫, 在謫三年, 藻思益進。嘗與趙君父子, 窮山海之遊, 上楓嶽, 舟海金剛, 世所稱八景之外, 如麴島·穿島·沙峯·侍中臺·百井峯, 幽遐詭怪之觀, 無不旁搜極覽。其所撰遊錄歌詩, 淸麗瑰奇, 殆非煙火口氣。淳夫, 幼有奇氣, 及長, 好髭髥, 能笑語, 性忼慨不苟, 見世路嶮崎, 不欲與世接。以聾啞名堂, 其慮患深而卒不免羣宵之所搆。淳夫在歙, 嘗讀易, 山寺有貧衲行乞, 見淳夫讀坤卦, 與之質問, 悵然曰:“佛家, 以釋氏經, 湊合聖人之易, 旨趣殊歸, 而强爲附會, 殊無意味, 今聞公講論, 釋然矣.”於是, 日聽淳夫論說, 旬日不去。一日, 告淳夫, 曰:“公至明年五月, 當赦歸, 而未久, 似有奇禍, 愼之.”淳夫問之, 不言, 起而出, 不知所去。淳夫果以壬戌五月歸家。癸亥元日, 淳夫筮得卦, 默觀良久焚之, 彷徨數匝。未幾, 淳夫亡弟嫂, 在川城發痘。章仲已老, 自視病。淳夫, 書告再從兄槻開仲, 請速辟章仲于外, 且曰:“惟兄或可救我.”開仲與章仲隔溪, 數懇章仲出辟, 令一家年少, 替視病。章仲不忍舍去, 不聽, 開仲卒不能强章仲出。而嫂病不起, 章仲留治喪斂, 而後出辟溪村, 病數日。淳夫蒼皇奔侍, 竟遭喪。余以事在院, 趣治棺斂而出, 淳夫氣不平, 令歸家調治。未幾, 而闔家遘痘, 淳夫竟以二月廿八日不救, 妻洪氏亦繼逝。淳夫年四十八。悲夫! 奇禍之至, 已知之矣, 而不能辟命矣夫。淳夫二子二女, 亦一時遘痘, 得全。鄭詹尹言:“尺有所短, 寸有所長, 龜筴誠不能知事.”信夫! 方鎭帥之羅織金門, 人以爲禍將不測, 而淳夫以談笑得脫, 羈流海縣, 窮覽天下之秘區, 及其家禍之未至, 若可以先幾預辟者, 而終莫之違, 其所短也。淳夫, 聰悟過人, 經史之肯綮及諸家秘怪, 過眼輒解, 其筮易亦妙。余常愛其犖落, 而第滯氣在眉睫間, 心慮之, 亦不料其嶮崎至於此。然淳夫不遇厄, 亦不能遍歷幽勝, 而移之文字之間, 使後之覽者, 爽然若身履其境也, 奇矣哉。

〔訥隱先生文集, 권20, 傳〕

44. 김명기

김명기의 자는 용휴, 호는 병간, 본관은 의성이다. 문충공(文忠公) 김
성일(金誠一)의 후손이다. 숙종 정축년(1697)에 태어났다. 영조 정사년
(1737) 사마시에 합격하고 계유년(1753) 천거되어 도사에 제수되었다.
경진년(1760)에 죽었다.

일찍이 한 사인(士人)을 본 적이 있는데, 그가 말하기를, "가난하여
부모를 봉양할 수 없는데, 다만 은행나무 한 그루만 있을 뿐이니, 바라건
대 이것으로 한 말의 곡식과 바꾸었으면 합니다."라고 하자, 공이 그에게
백 되를 주고서 그 은행나무는 우(虞)와 예(芮)가 서로 사양하던 밭처럼
되었다.

공은 일찍이 성시(省試: 覆試 또는 會試)를 본 적이 있었는데, 대책(對策:
왕이 출제한 질문에 답한 제술문)을 짓자, 어떤 아전이 뒤에 와서 몰래 베꼈
다. 공이 괴이하게 여겨 물으니, 그 아전은 나직한 목소리로 말하기를,
"소인은 주사(主司: 과거의 시험관)의 명을 받아 왔으니, 놀리지 마십시오."
라고 하였다. 공은 붓을 내던지고 그를 꾸짖으면서 시권(試券: 답안지)을
찢은 뒤 시험장에서 나왔다. 같이 과거 보러 들어갔던 사람이 공의 초고
를 보려고 하자, 공은 그에게 주었다. 그 사람은 과연 과거에 급제하였다.

공의 아들 김창현(金昌鉉)이 성시(省試)를 보러 갔는데, 말이 도중에
병들어서 도성에 들어가니 이미 강(講)이 끝났다. 친지가 그를 위하여
도록강안(圖錄講案)을 마련하고 그를 기다렸으나, 김창현이 돌아가기로
결정하고 말하기를, "이는 임금을 속이는 일이니, 나는 감히 할 수 없습
니다. 게다가 아버지에게 죄를 지을까 두렵습니다."라고 하였다.【협주:
손자 김숭덕이 찬한 행장에 실려 있다.】

• 金命基

金命基[1], 字用休, 號甁艮, 義城人。文忠公誠一後。肅宗丁丑生。英宗丁巳司馬, 癸酉薦拜都事。庚辰卒。

嘗見一士人, 言：“貧無以供親, 只有銀杏一株, 願以此換斗粟.” 公以百斗與之, 而銀杏爲虞芮之田[2]。

公嘗赴省試, 製對策, 有吏從後潛膽。公怪問, 吏低聲曰：“小的[3]承主司[4]命來, 勿驚!” 公却筆罵之, 折券而出。有同入者, 請見其稿, 公與之。其人果擢第。

公之子昌鉉, 赴省試, 馬途病, 入都已撤講。有親知爲之圖錄講案以待之, 昌鉉決歸曰：“此是欺君, 我所不敢。且恐得罪家君.”【孫崇德撰行狀[5]】

1　金命基(김명기, 1697~1760): 본관은 義城, 자는 用休, 호는 甁艮. 증조부는 金漢이며, 조부는 경력 金是樞이다. 아버지 선교량 金燮이며, 어머니 缶林洪氏는 간의 洪鎬의 딸이다. 仲父 金炷의 양자가 되었다. 양모 密陽朴氏는 첨추 朴敬吉의 딸이다. 부인 缶溪洪氏는 洪汝河의 딸이다. 柳元之의 문인이다. 1737년 사마시에 합격하였다. 1753년 천거되어 금부도사에 제수되었다.

2　虞芮之田(우예지전): 虞나라와 芮나라가 밭의 소유권을 서로 사양하며 다툼 없이 해결한 예를 말함. 양보와 덕행의 상징이다.

3　小的(소적): 저. 小人.

4　主司(주사): 과거의 시험관.

5　孫崇德(손숭덕): 손자 김숭덕이나 그의 글은 미상임. 柳致明(1777~1861)의 《定齋先生文集》 권28 〈墓碣銘·義禁府都事甁艮金公墓碣銘 幷序〉가 있으나, 《영남인물고》 이후의 문헌이다.

45. 김정한

| 김정한의 자는 부중, 호는 지곡, 본관은 의성이다.

　제산(霽山) 김성탁(金聖鐸)이 천전(川前: 경상북도 안동시 임하면 川前里)에서 도를 강론하였는데, 공은 어려서부터 가르침을 받았다. 김성탁이 탐라(耽羅)로 귀양을 가게 되자 후진을 도와서 이끌어주기를 공에게 부탁하였다.

　일찍이 말하기를, "요즘 사람들은 딴 일에는 모두 고풍을 사모하고자 하나, 유독 문장에 있어서는 그저 진부한 글을 그대로 따르기만 하니 어찌 그릇된 일이 아닌가?"라고 한 적이 있었다. 그래서 주(周)·한(漢) 시대의 책을 취하여 날마다 고구하여 외면서 익혔고, 글을 짓는데 법도가 있었으며, 낡고 허름한 표현으로 지은 시문(詩文)이 없었다.【협주: 류장원이 찬한 행장에 실려 있다.】

• 金正漢

| 金正漢, 字扶仲, 號芝谷, 義城人。

　金霽山聖鐸, 講道川上, 公自幼受業。及聖鐸竄眈羅時, 托以誘掖後進。
　嘗曰: "今人於他事, 皆欲慕古, 獨於文章, 一任其陳腐, 豈不誤哉?" 於是, 取周漢書, 日研究誦習, 作文有法度, 無塵蠹口業。【柳長源[1] 撰行狀】

1　柳長源(류장원, 1724~1796): 본관은 全州, 자는 叔遠, 호는 東巖. 증조부 진사 柳振輝이며, 조부는 柳奉時이다. 아버지는 형조참의 柳觀鉉이며, 어머니 善山金氏는 金九用의 딸이다. 부인 安東權氏는 權斗山의 딸이다. 柳信迪의 양자가 되었다. 1769년 대산 李象靖의 문인으로 心學을 전수 받았으며, 金宗德·李宗洙와 함께 '湖門三老'로 불려지고 있다. 1763년 사마시에 합격하였으나 출사의 뜻을 접고 爲己之學에 전념하였다. 특히 도학에 심취하여 金江漢과 대좌 강론을 심도 있게 하였다. 1787년 東巖亭을 지어 후진교육에 힘썼다.

보충

류장원(柳長源, 1724~1796)이 찬한 행장

지곡처사 김공 행장

공의 휘는 정한(正漢), 자는 부중(扶仲), 성은 김씨(金氏), 본관은 의성(義城)이다. 휘 김용비(金龍庇)는 고려조에서 벼슬하여 관직이 태자첨사(太子詹事)에 이르렀으며, 백성들에게 큰 공덕을 베풀어 진민사(鎭民祠)에 향사(享祀)하였다. 이로부터 대대로 이름난 석학이 있었다. 휘 김진(金璡)에 이르러 이조판서에 증직되었고 호는 청계(靑溪)이며, 경덕사(景德祠)에 향사되었고 다섯 아들과 함께 배향되었다. 다섯 아들 가운데 장남의 휘는 김극일(金克一), 호는 약봉(藥峯)인데, 아들이 없어서 동생 구봉(龜峯) 김수일(金守一)의 아들인 김철(金澈)을 후사로 삼았으며, 성균관 진사였다. 그 아들 휘 김시온(金是榲, 1598~1669)의 호는 표은(瓢隱)인데, 숭정 병자년(1636) 이후 산림에 자취를 감추었으니, 광릉참봉(光陵參奉)에 제수되었으나 나아가지 않고 자칭 숭정처사(崇禎處士)라 하였다. 영조 을묘년(1735) 사헌부 집의에 추증되었으니, 바로 공의 고조부이다. 증조부의 휘는 김방형(金邦衡)이다. 조부 휘 김천중(金千重)은 통덕랑이었다. 아버지 휘 김순석(金舜錫)은 밀옹(密翁: 李栽, 1657~1730)의 문하에서 배웠고, 불행히도 일찍 죽었다. 어머니 완산류씨(完山柳氏: 전주류씨)는 처사 휘 류봉시(柳奉時)의 딸로 규문의 아름다운 범절을 지녔다.

공은 명릉(明陵: 숙종) 신묘년(1711) 7월 22일에 분포리(汾浦里)의 집에서 태어났다. 모습은 마른 송골매 같았고, 눈빛은 사람을 꿰뚫는 듯했다. 겨우 두 돌이 되었을 때 천자문을 읽는 사람이 있으면 날마다 기어가서 바라보니, 마치 깨달아 이해하는 듯했다. 어른들이 이를 이상하게 여겨 시험삼아 아무 글자는 어디에 있느냐고 물으면 곧 손가락으로 가리켰는데, 묻는 글자마다 다 그러하였다. 조부 처사공(處士公: 김천중)은 무릎 위에 공을 안고 사람들에게 말하기를, "이 아이는 우리 집안에서 3세에 글자를 아는 아이다.”라고 하였다.

정유년(1717)에 아버지를 여의었고, 몇 해 지나지 않아 할아버지 또한 세상을 떠났다. 이때 맏형 인재공(忍齋公: 金宇漢, 1705~1763)은 열여섯 살이었고, 공은 열 살이었다. 어머니가 울면서 이르기를, “대저 집안의 존망이 너희 형제에게 달려 있으니, 너희가 만약 아버지의 남기신 뜻을 잘 받들어 글을 읽고 행실을 닦아서 가문의 명성을 잇는다면 나는 잠시라도 더 살며 죽지 않고서 너희의 성취를 볼 것이나, 만약 그렇지 않으면 나는 오래도록 이 세상에 붙어 살고 싶지 않다.”라고 하였다. 두 형제가 눈물을 흘리며 명을 받고는 어머니의 뜻을 새기고 학문에 힘썼는데, 그 총명과 재주는 서로 비슷하였다. 때로 나란히 다니면, 백씨(伯氏: 김우환)는 한 가닥의 맑은 얼음 같아서 겉과 속이 환히 투명하고, 중씨(仲氏: 김정한)는 막 갈라진 형산(荊山)의 옥 같아서 생기 넘친 기상이 단단하니, 길 가는 사람들이 모두 주시하였고, 당시 사람들은 ‘김씨쌍벽(金氏雙璧)’이라 하였다.

열다섯 살이 되었을 때 산사(山寺)에서 《논어(論語)》를 읽었는데, 의심스러운 곳을 탐색하느라 잠자거나 밥 먹는 것도 거의 잊고 처음부터 끝까지 백 번 넘게 읽은 후에야 산에서 내려왔다. 그 후로 문장과 식견이 크게 진보하였다. 이때 제산선생(霽山先生: 金聖鐸, 1684~1747)이 천전(川前: 경상북도 안동시 임하면 川前里)에서 도를 강론하였는데, 인재공(忍齋公: 金宇漢, 1705~1763) 및 구사옹(九思翁: 金樂行, 1708~1766)이 후학의 으뜸이었다. 공이 두 분의 뒤를 따라서 가르침에 물들고 또 익힌 지 몇 년이 되지 않아 두 분과 이름을 나란히 하게 되었다. 선생은 공을 매우 의지하고 믿었다. 선생은 영해(嶺海)로 유배를 가게 되자, 후진을 도와서 이끌어 주기를 공에게 부탁하였다.

무오년(1738) 가족을 이끌고서 지곡(芝谷: 안동시 임동면 지례동 구곡상류 삼수고리)으로 들어가 ‘지곡산인(芝谷散人)’을 자호(自號)로 삼아 문을 닫아걸고 강의하여 제자들을 가르쳤다. 때로는 하루의 양식으로 이틀을 먹어도 태연하였으니, 늘 모친의 안부를 물을 때마다 어머니가 살림이 어떠한 지 물으면 번번이 말하기를, "요즘 제법 나아졌습니다."라고 하면서, 시름겹다거나 힘들다는 말을 어머니에게 들려드린 적이 없었다.

병인년(1746) 어머니가 세상을 떠나자 도연(陶淵: 경상북도 안동시 길안면 용계리) 가에 안장하였다. 날마다 무덤에 올라가 슬퍼하며 살폈고, 제철 과일이 있으면 번번이 소매에 넣어 가서 묘 앞에 놓고 슬피 곡하니, 나무꾼과 목동들도 함께 눈물을 흘렸다.

계미년(1763) 인재공이 천연두에 걸려 불행히도 세상을 떠났다. 이때부터 더욱 허전하여 세상에 살아갈 생각이 없었으니, 때로는 시를 지어 감정을 쏟아내곤 하였는데, 어머니와 형을 그리는 작품은 모두 슬프고 처량하여 안타까우니, 자못 사람으로 하여금 차마 읽을 수 없게 하였다.

병술년(1766) 구사옹 또한 천연두에 걸려 불행히도 세상을 떠났다. 공은 슬픔에 며칠 동안 눈물을 흘렸는데 또한 천연두에 걸렸다. 집안 친척들 모두 말하기를, "이 어른마저 또 구하지 못한다면 김씨 집안에는 어른이 없어진다."라고 하면서 허둥지둥 달려와 구제하지 않음이 없었으나 이미 손을 쓸 수가 없었다.

하루는 밤에 누워서《주역전의(周易傳義)》의 서문을 암송하다가 이윽고 인삼차를 올리게 하여 마신 뒤, 한참 후에 눈을 뜨고 말하기를, "더 이상 가망이 없구나. 밖에 있는 친척들과 마지막 인사를 나누게 해다오."라고 하였다. 4촌동생 김태한(金台漢)을 돌아보며 말하기를, "만약 하늘이 나에게 세월을 더 허락한다면 그나마 여생을 수습하여 헛되이 이 세상에서 산 사람이 되지 않았을 텐데, 이제 갑자기 이 지경에 이르렀으니 어찌 운명이 아니겠는가? 약간 남겨놓은 나의 저술들을 네가 수습하고 류 표제(表弟: 외사촌 동생 류장원을 가리키는 듯)에게 간략한 서문 몇 마디의 말을 부탁해서 그것을 기록하여라."라고 하고서, 또 말하기를,

"'오로봉 아래에 배를 띄우며'라는 시의 마지막 구절은 '비로소 몸이 물 위에 떠가는 줄 알았네.'라고 해도 좋을 것이다."라고 하였다. 여러 자손들을 불러 학업에 힘쓸 것을 당부할 뿐 다른 말을 하지 않고 절구시 1수를 읊조리기를, "한겨울의 이른 새벽에, 태허 사람으로 돌아가네. 천추만세가 지난 뒤에, 뉘 다시 나의 참모습 알랴."라고 하였다. 이윽고 평온히 세상을 떠났다. 바로 병술년(1766) 11월 30일이었다. 정해년(1767) 3월 3일 일지동(日池洞) 해좌(亥坐)의 언덕에 안장하였다. 향년 56세였다.

부인 창녕조씨(昌寧曺氏)는 처사 조선장(曺善長, 1661~1726)의 딸이다. 기축년(1709)에 태어나서 갑오년(1774)에 죽었다. 무덤은 같은 언덕에 있다. …(중략)…

공은 가슴에 품은 운치가 고고한데다 기품은 곧고 맑았으니, 온화하고 윤택하기가 좋은 옥과 같으며 맑고 깨끗하기가 얼음과 눈 같아서 그 안색만을 보고도 청렴하게 수양하며 절개를 지키는 선비임을 알 수 있을 것이다. 날마다 볼 수 있는 행실로 말하자면 집안에서는 효성과 우애가 두터웠고, 고을에서는 신의와 의리가 널리 알려졌다. 굶주림과 추위가 몸에 절실하여도 곧은 뜻과 절조는 더욱 굳세었고, 과거를 보면서도 번번이 태연하였다. 청렴하면서도 도량이 있었고 확고하면서도 융통성이 있었으며, 기쁨과 분노를 얼굴에 드러내지 않았고 도리에 어긋나는 상스런 말을 입에 올리지 않았다.

세속의 번화함에는 마음이 고요하여 흔들리는 바가 없었고, 평소 즐겨 좋아하던 것은 오직 경서(經書)·사서(史書)·제자백가서(諸子百家書)·시문집(詩文集)뿐이어서 마치 맛있는 고기가 입을 즐겁게 해 주는 것과 같았다. 서책을 대할 때는 정신을 집중하여 주의 깊게 살피니 오래된 종이를 뚫을 듯했다. 단지 뜻을 파악하는 데만 그치지 않고서 반드시 옛 사람들이 글을 짓고 고사를 인용하는 법을 환히 살펴 본 뒤에라야 그만두었다.

마음에 맞는 대목을 만나면 번번이 기뻐하며 두 손을 가슴에 모으고 읽었는데, 읽는 소리는 마치 쇠와 돌을 두드리는 듯하여 높고 낮고 맑고 탁한 소리가 분명하게 그치지 않으니 듣는 이로 하여금 정신이 맑아지게 하였다. 일찍이 말하기를, "요즘 사람들이 의복과 기물 같은 보잘것없는 것에는 고풍을 따르며 속된 것을 싫어하면서, 유독 문장에 있어서는 그저 진부한 글을 그대로 따르기만 하고 돌아보지 않으니 어찌 그릇된 일이 아닌가?"라고 한 적이 있었다. 그래서 주(周)·진(秦)·한(漢)·당(唐) 시대의 책이 아니면 앞에 두지 않았다. 붓을 놀려 글을 쓸 때에는 글자마다 법도가 있었으니, 사람들은 그의 문장이 땅에 떨어져도 쇳소리가 날 만큼 힘이 있다고 여겼다. 과서 시험 답안의 시문 또한 모두 속된 틀을 털어버리고서 정교하고 치밀하여 빈틈이 없었다. 공의 진퇴(進退)로서 유사(有司)가 사람을 제대로 기용했는지 여부를 판단하게 된 것이 거의 수십 년에 이르렀다. 그러나 이것만 공의 뛰어난 점이 아니었다.

성리학의 서적에 대해서도 반복해서 고구하여 그 미묘한 뜻을 터득하였고, 심지어 천문과 역법, 산수에 이르게까지 두루 통하여 꿰뚫지 못한 것이 없었다. 다만 남에게 이를 말한 적이 없었기 때문에 사람들은 그런 줄을 잘 알지 못했다. 여러 선배들이 일찍이 사수(泗水: 경상북도 안동시 임하현에 있던 泗濱書院 앞을 흐르는 내) 가에서 《근사록(近思錄)》을 강론한 적이 있었는데, 공도 모임에 참석하였으나 무슨 별다른 말이 없었지만, 때때로 긴요한 대목에 대해서만 간략히 자신의 견해를 밝혔고 그의 말은 항상 옳았다. 이대산(李大山: 李象靖, 1711~1781)은 매우 더 탄복하면서 그를 따를 수 없다고 여겼다. 난곡(蘭谷) 김탁이(金濯以: 金江漢, 1719~1779)이 공에게 《주역(周易)》을 배웠는데, 늘 말하기를, "공이 주역을 논할 때면 종종 사람들의 예상치 못한 것이 있었다."라고 하였다. 류장원(柳長源, 1724~1796) 또한 공에게 기주기형(朞籌璣衡: 천체의 주기적 현상을 관측하는 기계, 璿璣玉衡)의 제도를 배운 적이 있었으나 지금은 모두 잊어

버렸지만, 아직도 그때 타일러 일깨워 준 것을 상세히 기억하여 손바닥을 가리키듯 명료하였다. 당시에 공에게 그 말들을 기록해 달라고 청하여 배우려는 자에게 보이지 못하는 것이 한스럽다.

아, 공은 재능이 있었으나 운이 따르지 않아 때를 만나지 못하고 세상을 떠났다. 가슴에 운몽(雲夢: 초나라의 大澤)과 같은 풍요로움을 지녔어도 세상에 드러내지 못했고, 글은 종리권(鍾離權)과 여동빈(呂洞賓)처럼 중대한 뜻을 담고 있어도 나라의 성세를 알리지 못했다. 그의 진정한 업적이 제대로 남아 있지 않고, 다만 몇 편의 시문만 있을 뿐이니 어찌 공의 전모를 알 수 있겠는가? 비록 그렇지만 옛사람이 이르기를, "봉황의 깃털 하나를 보면 오색을 갖추고 있음을 알 수 있다."라고 하였으니, 천년이 지난 뒤에 또한 어찌 이 글을 통해 그의 진면목을 아는 자가 없겠는가?

공은 어렸을 때 아버지를 여의고 어머니를 따라 위양(渭陽: 外家)을 오갔으며, 외삼촌을 아버지처럼 섬기고 외사촌 동생들을 친형제처럼 대하였다. 또 류장원 등을 못난 자라 여기지 않고 때때로 경서의 뜻을 함께 논하며 고금의 학설을 넘나들었는데, 공의 말은 명백하고 정확하여 사람을 잘 깨우쳐 주었다. 어리석고 둔한 자질의 내가 어(魚)와 노(魯) 글자를 구분할 수 있게 된 것은 대체로 공의 힘이 컸다.

지금까지 죽지 않고 홀로 살아남은 윤자(胤子: 대를 이을 아들) 김시인(金始寅) 등이 유언을 받들어 나에게 행장을 청하였다. 아아, 어찌 차마 사양할 수 있으랴? 다만 늙고 병들어 정신이 흐릿한 데다 필력이 모자라고 문장이 졸렬하니 공의 덕과 아름다움을 형용하기가 부족하였다. 단지 대략이나마 위와 같이 기록하여 붓을 잡는 이가 채택할 수 있도록 하였다.

삼가 행장을 기록하다.

芝谷處士金公行狀

公諱正漢, 字扶仲, 姓金氏, 義城人。有諱龍庇仕麗, 官至太子詹事, 有大功德於民, 享鎭民祠。自是世有名碩。至諱璡, 贈吏曹判書, 號靑溪, 享景德祠, 以五子配焉。長諱克一, 號藥峯, 無子, 以弟龜峯諱守一之子澈爲後。成均進士。生諱是榲, 號瓢隱。崇禎丙子後, 遯迹山林, 除光陵參奉不起, 自稱崇禎處士。英廟乙卯, 褒贈司憲府執義, 卽公之高祖。曾祖諱邦衡。祖諱千重通德郎。考諱舜錫, 遊密翁門下, 不幸早世。妣完山柳氏, 處士諱奉時之女, 有閨門懿範。公以明陵辛卯七月二十二日, 生于汾浦里第。貌若瘦鶻, 眼彩射人。纔二晬, 有讀千字文者, 日匍匐就視, 若有曉解者然。長者異之, 試問某字安在, 則輒手指之, 逐字皆然。王父處士公, 抱置膝上, 語人曰: "此吾家三歲識字兒也." 丁酉先公下世, 未數年而王父公又下世。時伯氏忍齋公年十六, 公年十歲。母夫人泣而詔之曰: "夫家存亡。在汝兄弟。汝等, 若克體遺意, 讀書修行, 以繼家聲, 則吾當少須臾無死, 以觀其成就, 如其不然, 則吾不欲久寄人世也." 二公涕泣受命, 刻意勉業, 蓋其聰明才調相上下焉。有時連袂而行, 伯氏如一條淸冰, 表裏瑩澈, 仲氏如荊玉初剖, 精彩栗然, 行人皆屬目, 時謂之金氏雙璧。旣成童, 讀論語于山寺, 探索疑義, 殆忘寢食, 通首尾讀過百遍, 然後下山。自是文識大進。時霽山先生, 講道川上, 忍齋公及九思翁, 爲後進之首。公隨二公後, 擩染服習未數年, 乃與二公齊名。先生甚倚仗公。及其投竄嶺海, 以扶接後進, 托於公。戊午, 挈眷入芝谷, 自號芝谷散人, 杜門講授。有時幷日而食, 晏如也, 每候慈闈, 問調度何如, 則輒曰: "近頗有賴." 未嘗以愁苦之語聞於親。丙寅, 母夫人下世, 葬陶淵之上。逐日上墓哀省, 得時物輒袖往, 置墓前悲哭, 樵牧爲之隕涕。癸未, 忍齋公以痘疾不幸。自是尤忽忽無世況, 時或發之吟章, 其思母思兄之作, 皆悲凉感愴, 殆令人不忍讀。丙戌, 九思翁亦以痘疾不幸。公悲悢數日, 又發痘。門親皆曰: "此老又不救, 則是無金氏也." 無不蒼黃奔救, 而已無可爲。一日夜臥誦《易傳》序, 因命進參茶, 良久開目曰: "無可望矣。請在外親戚, 與之永訣." 顧從弟台漢, 曰: "夫若假我以年, 庶幾收拾桑楡, 不至虛爲此世人, 而今遽至此, 豈非命哉?
汝其收拾若干著述, 使柳表弟略序數語而識之."又曰:"泛舟五老峯下
詩末句, 一作始知身在水中行, 可也."呼諸兒勉以學業, 他無所言。乃
詠一絶云:"仲冬之卯辰, 歸作太虛人。千秋萬世後, 誰復識其眞."因迫
然而逝。是丙戌十一月三十日也。以丁亥三月初三日, 葬于日池洞亥坐
之原。享年五十六。配昌寧曹氏, 處士善長之女, 己丑生, 甲午卒。墓同
壟。…(중략)… 公襟韻孤高, 氣味簡淡, 溫潤如良玉, 皎潔如冰雪, 望其
眉睫, 而可知爲淸修苦節之士也。以其日可見之行而言, 則孝友篤於
家, 信義著於鄕。飢寒切身而志操愈堅, 從事場屋而每見從容。淸而有
量, 確而能通, 喜怒不形於色, 鄙倍不出於口。凡於世俗紛華, 泊然無所
動於中, 而平生所嗜好, 惟經史子集, 不啻若芻豢之悅口也。其對書冊,
專精注目, 古紙欲穿。不但究其旨義, 必欲洞見古人造辭用事之法然後
已。有會心處, 輒欣然高拱而讀之, 聲音若出金石, 高低淸濁, 分明歷
落, 使聽者灑惺。嘗曰:"今人於衣服器用之末, 無不慕古而厭俗, 獨於
文章, 一任其陳腐而莫之省。豈不誤哉?"於是, 非周秦漢唐之書, 不列
於前。運筆行辭, 字字有法度, 人以爲有擲地金聲。其功令文字, 亦皆擺
落俗套, 精緻緊密。以公之屈伸, 卜有司之得人與否者, 殆數十年矣。然
此非公之至也。其於性理之書, 蓋嘗反復考究而得其微旨, 以至星曆籌
數之類, 無不旁通淹貫。但不曾對人言之, 故人或莫之知也。諸先輩嘗
講《近思錄》於泗上, 公赴會, 不甚講說, 時於緊要處, 畧供所見而其言
常是。李大山, 甚加歎服, 以爲不可及。蘭谷金㴻以, 嘗受易於公, 每
言:"公論易, 往往有出人意外者."長源亦嘗學朞籌機衡之制於公, 今皆
忘失之, 然猶記其誨諭纖悉, 如指諸掌。當時, 恨不請公錄其語以示學
者也。嗟! 夫公有才無命, 坎坷以沒世。胸有雲夢之富而不能以表見於
世, 筆有鍾呂之重而不得鳴國家之盛。寂寥眞蹟, 只有詩文數篇而已,
烏足以得公之全哉? 雖然古人云:"觀鳳一羽而知五色之備."千載之下,
亦豈無因是文而得其眞者哉? 公幼孤, 隨母往來渭陽, 事舅如父, 視內
弟如同氣。又不以長源等爲無似, 有時與論經旨, 出入古今, 其說明白

的確, 善開發人。以愚魯之質而得辨魚魯者, 大抵多公之力也。今不死孤存, 而胤子始寅等稱遺戒, 謁狀於余。嗚呼! 其何忍辭之? 第以老病昏塞, 筆萎辭弱, 不足以形容德嫩。只錄其大槩如右, 以備秉筆者之採擇云。謹狀。

〔東巖先生文集, 권12, 行狀〕

46. 김강한

김강한의 자는 탁이, 호는 난곡, 본관은 의성이다. 숙종 기해년(1719)에 태어났다. 영조 경인년(1770)에 죽었다.

공은 성리학에 마음을 쏟아 매진하여서 충효의 절개로 권면하였다.
대산 이상정이 말하기를, "탁이는 나의 외우이다. 불행히도 죽었으니 사문이 망하겠구나. 우리들이 누구를 믿어야 하랴?"라고 하였다.【협주: 류장원이 찬한 유사에 실려 있다.】

꼿꼿하게 밤이고 낮이고 책을 마주하였으니, 비록 선정(禪定)에 들지라도 미치지 못하였을 것이다.

공은 제산(霽山) 김공(金公: 金聖鐸)에게 배우며 뜻이 확고하고 생각이 깊어졌는데, 사서(四書)와 낙건(洛建: 程朱)의 글에 힘을 쏟아 깊이 몰입해 충분히 체득하고 몸소 절실하게 실천한 것이 40여 년이나 되었어도 게으르지 않았다.【협주: 이상정이 찬한 애사에 실려 있다.】

• 金江漢

金江漢, 字濯以, 號蘭谷, 義城人。□□□□[1]生。英宗庚寅卒。

公潛心性理之學, 以勵忠孝之節。
李大山象靖[2]曰:"濯以, 余畏友也。不幸而死, 斯文喪矣。吾儕何恃?"

---

1 肅宗己亥의 누락.
2 李大山象靖(이대산상정): 大山 李象靖(1711~1781). 본관은 韓山, 자는 景文. 증조부는 통덕랑 李孝濟이며, 조부는 통덕랑 李碩觀이다. 아버지는 李泰和이며, 어머니 載寧李氏는 李玄逸의 손녀이자 李栽의 딸이다. 경상북도 안동 출신이다. 1735년 사마시와 대과에 급제하여 가주서가 되었으나 곧 사직하고, 학문에 전념하였다. 1739년 延原察訪에 임명되었으나, 이듬해 9월 관직을 버리고 고향으로 돌아와 大山書堂을 짓고 제자 교육과 학문 연구에 힘썼다. 1753년 연일현감이 되어 민폐를 제거하고 교육을 진흥하는 데 진력하였다.

【柳長源撰遺事[3]】

兀然窮日夜對冊, 雖入定禪, 有不可及。

公學於霽山金公, 志堅思苦, 用力於《四子》·洛建之書, 沈潛涵飫, 親切履踐, 積四十年而不懈。【李象靖撰哀辭】

보충

이상정(李象靖, 1674~1756)이 찬한 애사

난곡처사 김군 탁이 애사

난곡처사 김군(金君: 자는 濯以)은 나의 외우(畏友)이다. 불행히도 죽었으니 아, 사문의 명맥이 끊어지는 것인가. 우리들이 누구를 믿고 의지한단 말인가? 김군은 표은(瓢隱: 金是榲) 어른의 후손으로 제산공(霽山公: 金聖鐸)에게 배우며 뜻이 확고하고 생각이 깊어졌는데, 사서(四書)와 낙건(洛建: 程朱)의 글에 힘을 쏟아 깊이 몰입해 충분히 체득하고 몸소 절실하게 실천한 것이 40여 년이나 되었어도 게으르지 않았다. 그 여러 해 동안 순수하게 익히자 이 마음이 유행하는 본체임을 깨닫고서 마음을 움직이고 고요한 즈음에 충만하게 드러내었으니, 강론하기를 좋아하지 않고 저술하는 일에 힘쓰지 않으며 오로지 자신에게 돌이켜 체험하는 공부를 한 것이었다.

날마다 볼 수 있는 행실을 보자면, 부모를 섬김에 효도하고 가까이 나아가 봉양하는데 격식에 구애되지 않았으며, 어려서 어머니를 여읜 것을 슬퍼하여 이장(移葬)을 하면서 3년 동안 소식(素食)하였으며, 영조

2년 2개월 만에 사직하려 하였으나 허락되지 않자, 그대로 벼슬을 버리고 돌아와 告身(직첩의 별칭)을 박탈당하였다. 그 이후로는 오직 학문에만 힘을 쏟아 사우들과 강론하고, 제자를 교육하는데 전념하였다.

3   柳長源의 《東巖集》에는 〈遺事〉가 실려 있지 않음.

(英祖)가 승하했을 때도 소식을 행하였다. 만년에는 산사(山寺)에 머무는 것을 좋아했는데, 아침저녁으로 몇 줌의 곡식만으로 지내면서 꼿꼿하게 밤이고 낮이고 책을 마주하여 읊으며 즐겼으니, 비록 선정(禪定)에 들지라도 미치지 못하였을 것이다. 남들을 대할 때에는 다만 얼굴에 덕의 윤택이 나고 등에도 후덕한 기품이 드러날 뿐 세속의 속된 기운이 없었다. 묻는 자가 있지 않으면 말하지 않았고, 뜻이 부합하지 않으면 곧 입을 닫고 더 이상 강변하지 않았다.

김군이 나보다 여덟 살이 어리나 학문에 힘쓴 것은 내가 미칠 바가 아니었다. 김군은 나를 어리석다고 여기지 않고 간혹 지나치다 들렀는데, 성현의 글을 마치 자기가 말하는 것처럼 외우는 것을 보고는 그저 바다를 바라보며 해약(海若: 海神)을 향한 것처럼 따라갈 수 없는 탄식이 있었다. 오직 중(中)을 구하는 설에 대해서만은 서로 버티며 의견이 서로 합치되지 못했는데, 충분하게 토론하여 일치된 결론에 도달할 수 있도록 하려고 생각했으나 김군이 잠시를 기다려 주지 않고 떠나고 말았다.

김군의 아들 김시기(金始器: 자는 大用)는 자질이 훌륭하고 행실이 독실하며 문학이 뛰어나 일찌감치 성취가 있었다. 김군의 장례를 치를 때, 상여를 메고 길을 가다가 상여꾼이 물을 건너다 발을 헛디뎌 상여가 급류에 휩쓸려 떠내려가자, 대용이 영구를 안은 채로 쓸려 떠내려가 사람들이 나오라고 권하는데도 듣지 않아서 마침내 효도를 하느라 죽고 말았다.

아아, 참으로 어렵구나. 선한 사람이 복을 누리지 못하는 것은 예로부터 상심하던 것이니, 무엇으로 세상 사람들 가운데 선을 행하는 자들을 권면할 수 있겠는가? 류범휴(柳範休, 1744~1823)는 김군의 이한(李漢: 韓愈의 사위, 창려문집서 썼음)이라 할 만한 사위이니, 반드시 유문을 수집하여 천년토록 김군의 이름을 전할 것이다. 김군이 일찍이 나에게 곡란설(谷蘭說)을 지으라고 했는데, 내가 허락하고도 아직 짓지 못했다. 이제 의란사(猗蘭辭)를 지어 김군의 영령에 답하노라. …(이하 의란사 생략)…

蘭谷處士金君濯以哀辭

蘭谷處士金君濯以, 余畏友也。不幸而死, 噫! 斯文喪矣。吾儕何恃而爲賴也? 君瓢老之世而學於霽山公, 志堅思苦。用力於四子·洛建之書, 沈潛涵飫, 親切履踐, 積四十餘年而不懈。及其積累純熟, 則見得此心流行之體, 洋洋於動靜之際, 不喜講論, 不事著述, 專以反躬體驗爲功。其見諸日可見之行, 則事親孝, 就養無方, 痛幼失母, 因改葬食素三年, 英廟昇遐, 朞而行素。晚年喜棲山寺, 朝夕進數溢米, 兀然窮日夜對冊吟玩, 雖入定禪, 有不及者。其與人處, 但見其睟面盎背, 無世俗董血氣。非有問者不言, 其不合則便默然不復强辨也。君少余八歲, 而用功於學, 非余所及。君不以余爲愚, 時或過從, 見其誦聖賢書如己言, 徒有望洋向若之歎。惟求中之說, 相持而不相合, 思欲瀾漫同歸而君不少須矣。君有子始器大用, 質美而行篤, 文學蔚然, 早成。及君之葬, 輀而在塗, 擔夫涉水而趺其足, 喪車流下急灘, 大用抱柩而從, 人勸之出不聽, 遂殉孝而死。於乎其難矣。善人無福, 自古所傷, 何以勸世人之爲善者也。柳君範休爲君之李漢, 必能收輯遺文, 以不朽君於千載矣。君嘗俾余爲谷蘭說, 余諾之而未能。今爲猗蘭辭, 以侑君之靈。
…(이하 의란사 생략)…

〔大山先生文集, 권46, 哀辭〕

47. 류정원

류정원의 자는 순백, 호는 삼산, 본관은 문화이다. 숙종 계미년(1703)에 태어났다. 영조 기유년(1729) 생원시에 합격하고, 을묘년(1735) 문과에 급제하였다. 삼사(三司)·춘방(春坊: 세자시강원)을 역임하고 벼슬이 대사간에 이르렀다. 신사년(1761)에 죽었다.

영조(英祖)가 만년에 이르자 유신(儒臣)이 행하는 경전의 강설을 위 무공(衛武公)의 《억계(抑戒)》로 바꾸려 하면서 묻기를, "누가 이를 맡을 수 있겠는가?"라고 하니, 대신(大臣)과 제신(諸臣) 모두 말하기를, "류정원은 경학에 조예가 깊어 성현의 글을 마치 자기가 말하는 것처럼 외우니, 그보다 나은 사람이 없습니다."라고 하였다. 주상이 또 묻기를, "한 시대의 학식이 많은 인물을 뽑아 춘궁(春宮: 세자)을 권면하고 강학하도록 하여 성과를 이루어 내기를 바라는데, 누가 좋겠는가?"라고 하니, 대신이 다섯 명을 아뢰었는데 공이 첫 번째였고, 경술(經術)로서 부름을 받았다.

일찍이 자인현(慈仁縣) 수령이었지만 왜인들을 접대하러 내주(萊州: 동래)에 갔는데, 왜인들이 말하기를, "귀국에 인물이 많은 것을 이와 같은 훌륭한 관리가 작은 고을에 있으니 알 만하다."라고 하였다.

통주(通州: 通川) 군수가 되었을 때 백성들이 구리로 비(碑)를 세워 공의 덕을 기렸다.【협주: 채제공이 찬한 묘갈명에 실려 있다.】

《역해참고(易解參考)》·《하락지요(河洛指要)》 등의 책을 저술하였다.【협주: 가장에 실려 있다.】

• 柳正源

柳正源, 字淳伯, 號三山, 文化人。肅宗癸未生。英宗己酉生員, 乙卯文科。歷三司·春坊, 至大司諫。辛巳卒。

英宗寶齡遲暮, 要儒臣講說, 以替衛武《抑戒[1]》, 問: "誰可任此?" 大臣詣臣, 咸曰: "柳正源, 邃於經學, 誦聖賢書如誦己語, 無出其右." 上又問: "一代宿儒, 勸講春宮, 俾責成敎者, 有誰?" 大臣以五人對, 公居其一, 以經術召.

嘗以慈仁[2]守, 享倭人於萊州[3], 諸倭曰: "貴國人物之盛, 可知, 以如此好官員在下邑也."

爲通州[4]時, 民立銅碑, 以頌其德.【蔡濟恭撰碣】

著《易解參考》·《河洛指要》等書.【家狀】

보충

채제공(蔡濟恭, 1720~1799)이 찬한 묘갈명

통정대부 사간원대사간 유공 묘갈명

영조(英祖)가 만년에 이르자 유신(儒臣)이 행하는 경전의 강설을 위 무공(衛武公)의《억계(抑戒: 95세의 위무공이 자신에 대한 경계를 늦추지 않도록 측근에게 끊임없이 간언을 올리도록 한 글)》로 바꾸려 하면서 대신(大臣)과 제신(諸臣)에게 묻기를, "누가 이 책임을 맡을 만한 자인가?"라고 하니, 모두 말하기를, "류정원(柳正源)이 경학에 조예가 깊어 성현의 글을 마치 자기가 말하는 것처럼 외우며 아울러 제가(諸家)의 주석들 또한 꿰뚫지 않은 것이 없습니다."라고 하였다. 이때 채제공 나는 여러 신하들 뒤를 따라 또한 그렇다고 여겨 말하기를, "지금 경악(經幄: 經筵)에 필요한 인

---

1 抑戒(억계):《시경》〈大雅·抑〉을 가리킴. 춘추시대 衛 武公은 95세의 고령에도 오히려 사람들에게 "卿 이하로부터 師長과 士에 이르기까지, 만일 조정에 있는 자들이면 내가 늙었다고 하여 나를 버리지 말고, 반드시 조정에서 삼가고 공손히 하여 서로 나를 경계하라."라고 하고는, 마침내 〈억〉을 지어 스스로를 경계하였다.

2 慈仁(자인): 경상북도 경산시 자인면 일대.

3 萊州(래주): 東萊. 부산광역시 중북부에 있는 구의 이름.

4 通州(통주): 通川. 강원도 동북단에 있는 고을.

물로는 아마 그보다 나은 이가 없을 것입니다."라고 하였다. 다른 날에 주상이 또 묻기를, "나는 한 시대의 학식이 많은 인물을 뽑아 춘궁(春宮: 세자)을 권면하며 강학하도록 하여 그 직임에 오래 있으면서 성과를 이루어 내기를 바라는데, 누가 좋겠는가?"라고 하니, 수상(首相: 영의정)이 다섯 명을 아뢰었는데 류공(柳公)이 첫 번째였다. 그 후로 공은 춘방관(春坊官)으로 부름에 나아가 입시하여 대조(대조: 英祖. 1749년부터 1762년까지 대리청정했던 사도세자를 小朝라 일컬은 데서 나온 말)의 자문(諮問)에 대해 경전의 뜻에 근거해 받드니 임금의 포상이 심히 도타웠으며, 물러나서는 춘궁(春宮: 동궁)을 모신 강석(講席)에서 의리를 분별하여 설명하니 왕세자의 관심이 날로 그윽하였다. 내가 이에 마음속으로 기뻤던 것은 공이 추로(鄒魯)의 고장에서 왔는데 '어려서 배우는 것은 장성하여 실행하고자 하는 것'이라는 말을 진정 저버리지 않은 것이고, 또 입 밖으로 낸 말이 임금님을 속였다는 것에서 벗어날 수 있어서 스스로 다행스러웠다. 아아, 만약 공이 세상에 오래 살았더라면 영조(英祖)가 신하를 알아보는 총명함으로 공을 등용하였을 것이니, 어찌 다 헤아릴 수 있겠는가? 그러나 공이 갑자기 죽은데다 지위로는 비옥(緋玉: 당상관)에 그치고 나이로는 59세에 그쳤으니, 이는 우리 도의 불행인 것인가, 세상 운수의 쇠함인 것인가?

20여 년이 지난 뒤, 공의 손자 류종문(柳宗文)이 공의 행장을 가지고 와서 나에게 묘갈명을 지어 달라고 청하였다. 그 행장을 읽어보니, 영조(英祖)와 옳고 그름을 가리어 논란한 바의 절반은 내가 지난날 임금 앞에서 함께 논의하던 것이었다. 나는 영조(英祖)를 모셨던 옛 신하로서 눈물이 주르르 흘러 종이를 적셨지만 울음을 삼키며 쓴다.

공의 자는 순백(淳伯)이다. 어려서부터 재주와 성품이 남달리 지혜롭고 민첩하였다. 13세에 《상서(尚書)》를 배우다가 기삼백(朞三百: 《書經》〈虞書·堯典〉)의 주(註: 蔡沈의 주로 굉장히 난해함) 부분에 이르러 말하기를,

"3일만 더 시간을 주십시오."라고 말하고는 풀이 절차를 사흘이 지나서야 산가지로 펼쳐 보이는데 막힘없자, 아버지가 이를 기특하게 여기고 마침내《주역(周易)》을 가르쳐 주니, 공은 정신을 오로지하여 연구하느라 잠자고 밥 먹는 것조차 잊을 지경이었다. 이때부터 제가서(諸家書)에까지 두루 힘써서 천문(天文)·지지(地志)·음양(陰陽)·복서(卜筮)·주수(籌數)에서부터 병률(兵律)·도가(道家) 등에 이르도록 엄두도 낼 수 없는 데에 손대지 않은 것이 없었다. 나중에야 삼경(三經)과 사서(四書)로 한정하여 말하기를, "유가(儒家)의 학업이 여기에 있다."라고 하고는 마침내 힘써 탐구하고 깊이 생각하였다. 이는 대개 남들이 미처 알지 못해도 스스로 즐거움으로 삼는 바가 있었기 때문이다.

기유년(1729) 생원시에 합격하고, 을묘년(1735) 과거에 급제하였다. 정사년(1737)에 부친상을 당하였고, 상을 마친 뒤로 10년 동안 관직에 나아가지 못했으나, 공은 개의치 않고 오직 문을 닫아걸고서 독서에 몰두하였다.

기사년(1749) 전적(典籍)에 올랐고, 얼마 지나지 않아 자인현감(慈仁縣監)에 제수되었다. 부임하자 화전(火田)에 부과되는 세금을 감면하고, 군액(軍額)을 줄이고, 가산(架山: 경상북도 칠곡면 가산면에 있던 산성)에서 받아가는 환곡(還穀)을 면제하고, 관찰사가 징수하는 말가죽을 줄였는데, 관찰사가 오래된 관례라며 버티고 허락하지 않기라도 하면 공은 거취를 걸고 다투어 허락을 받고야 그쳤다. 백성 중에 숙부와 조카가 송사를 벌이자, 공이 수심에 잠겨 말하기를, "비록 이같을지라도 또한 어찌 본연의 양심이 없겠느냐? 다만 물욕에 가려져 이 지경에 이른 것일 뿐이다."라고 하면서 관아의 뜰 한쪽 구석에 세워 꽤 오래 두자, 두 사람이 깊이 스스로 부끄러워하며 머리를 조아리고, 마침내 다투던 것을 서로 양보하였다. 이후에도 4촌형제가 물길을 두고 싸운 일이 있었는데, 곧 뉘우쳐 말하기를, "어찌 우리 수령이 듣지 않겠는가?"라고 하였다. 빨리 왜인들을 접대하라는 사명(使命)을 받들어 내주(萊州: 동래)에 갔는데, 왜인들이 역관에게 묻기를, "귀국에 인물이 많은 것을 이와 같은 훌륭한 관리가 작은 고을에 있으니 알 만하다."라고 하였다.

임신년(1752) 사헌부 지평으로 옮겼다가 곧 체직되었다. 이에 앞서 공이 홍문관의 관원 선발에 들었었는데, 당시는 아직 대직(臺職: 사헌부와 사간원의 관직)에 오른 적이 없었으나 상신(相臣) 정우량(鄭羽良, 1692~1754)이 공이 대유(大儒: 해박한 유학자)임을 알아보고 공의(公議)로 천거하였던 것이다. 그러나 공을 시기하는 자가 탄핵한 일이 있었다. 이때에 대신(臺臣) 정희신(丁喜愼)이 공의 경학(經學)과 청아한 명망에 대해 있는 힘을 다해서 간하여 말하며 고쳐 바로잡으라는 영(令)을 거두어줄 것을 청하자, 옳다는 영지(令旨: 왕세자의 명령서)가 내려졌다. 이로부터 홍문관 수찬에 제수된 것이 세 차례였으나, 모두 사양하고 나아가지 않았다.

갑술년(1754) 시강원 필선으로 옮겼는데, 처음으로 조정에 나아가자 주상이 즉시 불러서 보고 말하기를, "그대가 책을 많이 읽었다 들었나니, 마땅히 힘써 권면하며 춘궁(春宮: 왕세자)에게 강의하라."라고 하였다. 공이 춘방(直春: 세자시강원)에 40여 일 입직하는 동안 거동하는 모습이 엄숙하면서 공손하였고, 강학하고 설명하는 것이 분명하면서 적실하였으며, 사안에 따라서 바르게 경계하는 말을 올렸으니 반드시 우리 동궁을 요순(堯舜)처럼 되게 하고자 하였다. 동궁은 성심껏 이를 기꺼이 받아들였으며, 동료들 또한 탄식하며 진정한 강관(講官)으로 여겼다. 일찍이 밤에 동궁을 따라 대조(大朝)에 입시한 적이 있었는데, 주상이 묻기를, "오늘 연신(筵臣) 가운데 '공명(孔明: 제갈량)이 추녀(醜女)를 골라 아내로 맞았다.'라고 하였는데, 어찌 생각하는가?"라고 하니, 공이 대답하기를, "공명은 추한 여자를 구한 것이 아니라 바로 어진 여자를 구한 것입니다. 만약 추한 외모를 구하는데 뜻을 두었다고 하면 너무 과한 추론일 것입니다. 그런데 주자(朱子)가 말하기를, '공명이 아내를 구할 때 정히 못생긴 여자를 얻게 되었지만, 욕심을 줄이고 마음을 수양하는 것이 더불어 도움이 되었다.'라고 하였으니, 이것은 군주가 더욱 마땅히 힘써야 할 바입니다. 정자(程子)는 태후(太后)에게 글을 올리며 청하기를, '궁인(宮人) 가운데 덕성이 온순하고 인정이 두터운 자를 골라 어린 군주를 돕게 하소서.'라고 하였으니, 그 뜻이 깊습니다."라고 하였다. 주상이 훌륭하다고 칭찬하였다.

이보다 앞서 학사(學士)들이 주상을 모셨는데, 《역경(易經)》을 논하면서 어떤 이는 복희(伏羲)가 단지 팔괘(八卦)만 그렸다고 하였고 어떤 이는 중괘(重卦) 또한 복희가 그렸다고 하였으며, 〈관저(關雎)〉편을 논하면서 어떤 이는 말하기를, "전전(轉輾: 이리저리 뒤척임)과 우락(友樂: 친애하고 즐겁게 함)은 궁인이 스스로 말한 것"이라고 하였고 어떤 이는 말하기를, "궁인이 문왕(文王)의 일을 두고 말한 것"이라고 말하였으며, 꿈속에도 지각(知覺)이 있는지 없는지를 논하면서 어떤 이는 있다고 하였고 어떤 이는 없다고 하였으며, 또 어떤 이는 지각이 체(體)와 용(用)으로 나누어진다고 하였었다. 이때에 이르러 주상이 하나하나 거론하며 물으니, 공은 번번이 주자의 학설을 인용하고 자신의 견해를 더하여 대답하였다. 주상이 웃으며 말하기를, "아무개는 이겼고 아무개는 졌구나."라고 하면서, 공을 마치 송사(訟事)를 듣고 판결하는 자처럼 여기는 듯하였으니, 그 신망을 받음이 이와 같았다. 주상이 또 말하기를, "그대는 어찌하여 옥당에 제수하는 명을 받들지 않느냐? 근자에 나는 나이가 들어 잠이 없어서 유신(儒臣)들에게 문의(文義)를 강설하게 하여 듣고자 한다."라고 하였다. 얼마 되지 않아 수찬과 사간에 제수되었다가 또 특별히 교리에 제수되었다.

이때 상은 패초(牌招: 임금이 필요한 신하의 입시를 명할 때 패를 사용하는 제도)를 어긴 신하들의 직임을 모두 파면하였으나, 유독 공만은 파직하지 않고 날마다 나오도록 재촉하니, 이에 공은 궐문 밖에 나아가 부복하였다. 하루에 패초를 어긴 것이 모두 11번이었다. 밤 2경(二更: 밤 10시 전후)에 주상이 사관에게 명하여 전지(傳旨)에 이르기를, "여든을 바라보는 늙은 임금이 추운 밤에 선 채로 기다리고 있으니, 그 굳은 절조는 비록 펼 수 있겠으나 신하로서의 의리는 어디에 있는가."라고 하였으나, 공은 의리상 나갈 수 없다고 스스로 생각하여 움직이지 않았다. 4경(四更: 새벽 2시 전후)이 되자, 외직으로 통천군수(通川郡守)에 보임(補任)한다는 명이 내려졌다. 그 후로 주상이 시신(侍臣)들에게 말하기를, "류정원은 의리를 내세우는 것이 과하기는 하나, 지키는 바가 확고한 것 또한 높이 살 만하다."라고 하였다.

때는 을해년(1755)으로 큰 흉년이 들었다. 부임한 뒤 계획을 세워 수천 곡(斛)의 곡식을 마련하고는 번번이 죽을 쑤어서 나누어 구휼할 때면, 각 마을마다 깃발을 들게 하여 들어오고 나가게 하였으니 종일토록 소란스럽거나 줄을 어기는 사람이 없었다. 암행어사가 미복(微服) 차림으로 이를 몰래 살펴보고는 감탄하며 떠났다. 하루는 큰 눈이 내려 길이 막히자, 배에 미곡을 싣고 해안을 따라 마을을 순회하였다. 백성들이 자주 자리에 누워 일어나지 못하였는데, 갑자기 문을 두드려 불러서 쌀을 나누어 주자, 사람들은 감격한 나머지 눈물을 흘리지 않은 자가 없었다. 병자년(1756) 응교 원인손(元仁孫, 1721~1774)과 채제공 내가 공을 경술(經術)로 추천하여 내직으로 의망(擬望: 추천)하라는 명이 내려졌고, 마침내 부교리에 제수되었다. 그러자 백성들이 노소를 막론하고 말 머리를 에워싸고는 눈물을 흘렸다. 구리로 비(碑)를 세워 공의 덕을 기렸다. 얼마 뒤에 주상의 특명으로 자급이 올랐고, 이어 동부승지에 제수되었으나 극구 사양하여 체직되었다.

무인년(1758) 춘천부사(春川府使)에 제수되었다. 하직인사를 하자, 주상이 불러서 보고 말하기를 "내가 옥서(玉署: 홍문관)와 은대(銀臺: 승정원)에 쓰고자 하였는데, 지금 외직으로 나가게 되었으니 애석하다. 그러나

한(漢)나라 때에는 사람을 쓰면서 반드시 백성을 다스리는 경험을 쌓게 하였으니, 부디 힘쓰도록 하라.”라고 하였다. 공은 엄정히 법을 지키고 은혜롭게 정사를 베풀었는데, 진공(進供)하는 인삼의 일부를 면제하고 요역(徭役)을 줄여 주니, 이에 백성과 아전들이 집집마다 노래를 불렀다. 이듬해 봄에 벼슬을 버리고 돌아왔다.

경진년(1760) 형조참의에 제수되자, 글을 올려 사양하였으나 허락받지 못하였다. 신사년(1761) 비로소 명을 받들었고, 얼마 뒤에 동부승지로 옮기게 되었다. 주상이 유시(諭示)하기를, “오랫동안 보지 못하였구나. 제수한 뜻은 우연이 아니니, 갑자기 돌아가지 말라.”라고 하였다. 우부승지로 옮겨졌고, 다시 판결사(判決事)로 옮겨졌다. 휴가를 받아 갔다가 돌아오자, 대사간과 호조참의에 연이어 제수되었다.

공은 병이 심해져 의원을 찾아 안교(安郊)에 있는 딸의 집으로 갔다. 하루는 방을 깨끗이 청소하게 하고 이불에 기대어 누운 채로 나랏일을 언급하게 되자 한참 동안 걱정하고 탄식하다가 말하기를, “나는 털끝만큼도 성은에 보답하지 못하였구나.”라고 하고는 이윽고 한숨을 쉬며 눈물을 흘렸다. 얼마 뒤 세상을 떠나니 9월 30일이었다. 죽은 다음 날 병조참지(兵曹參知)에 제수한다는 명이 내려졌다. 염(殮)하고 입관(入棺)하여서 고향으로 돌아왔으며, 이듬해 1월 도장동(道藏洞) 축좌(丑坐)의 언덕에 안장하였다.

류씨(柳氏)는 본래 문화(文化) 사람인데, 중간 선조 세대에 장령 류습(柳濕)이 전주(全州)로 옮겨 관향을 삼았다. 류의손(柳義孫)에 이르러 우리 세종을 섬겨 집현전에 뽑혀 들어갔고 문학으로 이름났으며 벼슬은 대총재(大冢宰)에 이르렀다. 5대를 지나 류복기(柳復起)에 이르러 외숙 김학봉(金鶴峯: 金誠一) 선생에게 배웠고 호는 기봉(岐峯)이며 좌승지에 추증되었는데, 공에게 6대조부가 된다. 증조부의 휘는 류익휘(柳益輝)이고 조부의 휘는 류상시(柳相時)이며 부친의 휘는 류석귀(柳錫龜, 1673~1737)인데,

모두 문장과 행실로 고을에서 중하게 대우를 받았다. 모친 연안이씨(延安李氏)는 이천린(李天麟)의 딸이다.

공은 어려서 어머니를 여의어 지극한 슬픔을 품었고, 고을의 수령으로 나간 뒤에도 또한 부친이 살았을 때에 미치어서 따르지 못했기 때문에 번번이 성묘할 때면 슬픔을 가누지 못하였다. 누이들과 우애하였고, 소모(小母: 아버지 측실인 어머니)를 섬기는 일에 조심함과 정중함이 모두 지극하였으며, 집안에 화목한 분위기가 늘 넘쳤다.

재물에 대해서는 무덤덤하였는데, 부자가 된 종이 속량(贖良)을 청하자 공은 단지 백금(百金)만을 취하고서 말하기를, "종이 몹시 가난하였다가 스스로 만금(萬金)을 이루었으니, 이는 그의 복이다. 내 어찌 남의 복을 뺏을 수 있겠는가?"라고 하였다. 종이 이에 감동하였다가 죽으면서 자기 아들에게 좋은 밭 몇 경(頃)을 바치도록 당부하였지만, 공은 이를 물리쳤다. 어떤 사람이 몰래 밭에 들어와 벼 이삭을 뽑다가 집안의 젊은 이들이 그를 붙잡아 공 앞으로 데려왔는데, 공이 말하기를, "네 잘못이 아니라 흉년 때문이다. 이미 뽑은 것은 가지고 돌아가서 굶주림을 면하게 하라. 이후로는 다시 이런 짓을 하지 말라."라고 하고는, 젊은이들을 돌아보며 이르기를, "금하면 그만이지, 굳이 동네 사람들이 알게 할 것은 없다."라고 하였다.

고을의 수령으로 있을 때에는 공변되고 분명하며 자애롭고 어질었으니, 백성들에게 작은 잘못이 있으면 대부분 너그럽게 용서하였다. 사람들이 때로 그 비와 이슬처럼 고르게 내리는 은택이 너무 과하지 않은가 의아해하자, 공이 말하기를, "수령은 백성을 기르는 자인데, 그들을 자식처럼 사랑하더라도 오히려 제대로 하지 못할까 걱정이다. 하물며 위엄과 노여움으로 백성을 다스린다면 그들이 또 누구를 믿고 의지할 것인가."라고 하였다. 그러나 특히 양심이 없는 자가 백성들을 해치는 경우에 철저히 조사하지 않고서는 엄히 다스리는 것을 멈추지 않았으니, 백성들은 시간이 오래 지날수록 더욱 잊을 수가 없었다. 자인(慈仁)을 다스리던 때, 온 고을의 전부(田簿: 전답 장부)를 받아 벼룻집 속에 두었다가 갑자기 분실하였다. 공은 아전들이 훔친 것을 알고 장부의 초본을 담긴 상자를 다시 꺼내 주면서 계리(計吏: 회계 장부 업무를 보고하는 아전) 예닐곱 명에게 소리내어 맞춰 보며 산가지를 놓게 하였다. 문을 닫고 앉아 산가지 두 개를 사용하여 책상 위에서 이리저리 계산하였는데, 아전들이 계산을 마치고 전결(田結)의 총합을 아뢰자, 공이 말하기를, "총합은 응당 얼마가 되어야 하는데, 80여 결이 줄었으니 어떻게 된 것이냐?"라고 하면서 다시 산가지를 놓게 하자, 과연 공이 말한 대로였다. 아전들이 속일 수 없음을 알고 훔친 장부를 다시 상자 속에 넣고 간 것이었으니, 그의 총명함이 이와 같이 남보다 뛰어났다.

공은 역학(易學)에 조예가 깊어 학자들의 《주역》에 대한 학설을 모아 편집하였는데, 서로 비교하여 고증하고 자신의 의견을 붙여 《역해참고(易解參考)》 10권을 만들었고, 또 한씨(韓氏: 명나라 韓邦奇)의 의견(意見: 《易學啓蒙意見》)에 있는 그림들이 여전히 미비한 점이 있다고 생각하여 《하락지요(河洛指要)》 1편을 지었다. 배우기를 청하는 자가 있으면 번번이 말하기를, "이것은 학자가 먼저 해야 할 일이 아니다. 《논어》·《맹자》 같은 평이한 글을 숙독한 다음에 《주역》을 공부해도 늦지 않다."라고 하였다.

평소 저술하기를 좋아하지 않았지만 간간이 지은 글이 있는데, 눌옹(訥翁) 이광정(李光庭)이 당대에 필적할 이가 드물다고 자주 칭찬하였다. 공의 아내 숙부인(淑夫人)에 증직된 선성이씨(宣城李氏)는 이희(李曦)의 딸이며 3남 1녀를 낳았다. …(이하 생략)…

通政大夫司諫院大司諫柳公墓碣

英廟當寶齡遲暮, 要儒臣講說, 以替衛武抑戒, 問大臣諸臣, 曰: "誰

可任是責者?"咸曰:"柳正源, 邃於經學, 誦聖賢書如誦己語, 並諸家註
說, 亦無不貫穿."時, 濟恭隨諸臣後, 亦惟曰:"當今經幄之需, 恐無出
其右者."他日, 上又問曰:"予欲選一代宿儒, 勸講春宮, 久其任, 俾責
成效, 誰可者?"首相以五人對, 柳公居其一。已而, 公以春坊官赴召入,
以承大朝顧問, 根據經旨, 天襃甚摯, 退以侍春宮講席, 剖說理義, 睿注
日勤。余於是竊喜, 公至自鄒魯鄕, 眞不負'幼學壯行', 而又自幸言出於
口, 得免爲欺聖明也。嗚呼! 使公而久於世, 以英廟知臣之明, 晉用公,
何可量也? 而公遽歿矣, 以位也止緋玉, 以壽也止五十九, 此吾道之厄
耶? 世運之衰耶? 後二十有餘年, 公之孫宗文, 袖公狀, 乞銘於余。閱其
狀, 其所辨難於英廟, 半是余前日與論於前席者。余英廟舊臣, 涕簌簌
霑紙, 掩抑而書曰: 公字淳伯。自幼才性絶通敏。十三, 學《尙書》, 至昘
三百註, 乃曰:"願得寬三日."課至三日而布籌無滯碍。父奇之, 遂授以
《周易》, 公專精研究, 至忘寢食。自是務泛博諸家。自天文·地志·陰陽·
卜筮·籌數, 以及兵律·道家之類, 靡不染指。後乃約之以三經四子曰:
"儒業在是."遂力隤潛繹。蓋有人不及知而自以爲樂者。己酉, 中生員,
乙卯, 擢第。丁巳, 丁父憂, 旣免喪, 十年不調, 公不以爲意, 惟閉門課
讀。己巳, 陞典籍, 未幾, 除慈仁縣監。至則蠲火稅, 移軍額, 除架山受
糶, 減臬司徵皮, 觀察使或以舊例持不許, 公去就爭, 得准而後已。民有
叔姪訟者, 公愀然曰:"雖若, 亦豈無彝性? 但爲物慾所蔽, 以至此耳."
置庭隅頗久, 兩人深自慚叩頭, 遂以所爭讓。後有從父兄弟, 爭水而鬪,
悔曰:"得無我侯聞之乎?"奉使檄享倭于萊州, 諸倭問譯舌, 曰:"貴國
人物之盛, 可知, 以如此好官員在下邑也."壬申, 移拜司憲府持平, 尋
遞。前此公入瀛選, 時未經臺職, 而相臣鄭羽良, 知公爲大儒, 公擧之也。
有忌怢者彈之。至是, 臺臣丁喜愼, 盛言公經學雅望, 請收還改正之令,
令曰可。自是拜弘文館修撰者三, 皆辭不起。甲戌, 遷侍講院弼善, 始赴
朝, 上卽召見曰:"聞爾多讀書。宜勉力勸講春宮也."公直春坊四十餘
日, 儀貌肅恭, 講說明剴, 隨事進規, 必欲堯舜我儲君。東宮傾心嘉納,
同僚亦歎息, 以爲眞講官。嘗夜隨東宮侍大朝, 上問曰:"今日筵臣有

言:‘孔明擇醜婦以娶.’何如?”公對曰:“孔明非求醜, 實求賢也。若以爲有意求醜, 恐推之太過。然朱子言:‘孔明擇婦, 正得醜女, 寡慾養心, 與有助焉.’此人主尤宜用力處。程子上太后書, 請‘擇宮人德性淳厚者, 以輔少主.’其意深矣。”上稱善。先是, 諸學士侍上, 論《易經》, 或以爲伏羲只畫八, 或以爲重畫亦羲畫, 論〈關雎篇〉, 或曰:“轉輾·友樂, 是宮人自道.”或曰:“宮人說得文王事.”論夢中知覺, 則或曰有, 或曰無, 又或以知覺分體用言。至是, 上一一擧以問, 公輒援引朱子說, 參己見以對。上笑曰:“某也勝, 某也負.”有若以公爲聽訟而決之者然, 其見重如此。上又曰:“爾何不膺玉署命也? 近予老無寐。欲令儒臣說文義以聽.”未幾, 拜修撰·司諫, 又特授校理。時上並罷違牌諸臣職, 獨命不罷公, 日敦迫, 於是公進伏闕門外。一日違召者凡十一。夜二更。命史官傳旨曰:“望八老君, 寒夜立以待, 廉隅雖曰可伸, 分義安在?”公自念義不可出, 不爲動。四更, 命外補通川郡守。後, 上語侍臣, 曰:“柳正源引義則過, 守確亦可尙也。時乙亥大侵。旣赴任措畫, 得數千斛穀, 每當分賑饋粥, 使坊里各揭旗進退, 竟日無喧譁失伍者。繡衣使者以微服覘, 嗟歎以去。一日, 大雪道不通, 船載米粟, 遵海巡閭里。民往往僵臥不起, 忽叩門呼與米, 人無不感極流涕者。丙子, 因應敎元仁孫及臣濟恭, 推薦公經術, 命內擬, 遂拜副校理。民老少擁馬啼泣。碑以銅以頌其德。頃之, 上特命陞資, 仍拜同副承旨, 力辭遞。戊寅, 除春川府使。及陞辭, 上召見曰:“予欲以玉署·銀臺使之, 今焉出外, 惜哉! 然漢時用人, 必經治民, 努力焉.”公嚴以奉法, 惠以敷政, 蠲蔘省徭, 民吏戶歌。明年春棄歸。庚辰, 除刑曹參議, 上書辭不許。辛巳, 始拜命, 尋遷同副承旨。上諭曰:“久不見矣。除旨非偶, 勿遽歸也.”轉右副, 又移判決事。受暇還, 連拜大司諫·戶曹參議。公病甚, 尋醫至安郊女家。一日, 命淨掃房室, 倚衾而臥, 語及國家事, 憂歎良久曰:“吾不能絲毫報聖恩.”因嗚唏流涕。已而逝, 九月三十日也。卒之明日, 有兵曹參知除命。旣斂以櫬還, 用明年正月, 葬于道藏洞坐丑原。柳本文化人, 中世有掌令濕, 移籍全州。至義孫, 事我世宗, 選入集賢殿, 以文學著, 官至大冢宰。五世至復起, 從叔

舅金鶴峯先生學, 號岐峯, 贈左承旨, 於公爲六世。曾祖諱益輝, 祖諱相時, 考諱錫龜, 俱以文行重於鄕。母延安李氏, 天麟之女也。公以幼失恃, 懷至痛, 及後出宰州縣, 又不及皇考在世時, 每掃塋域, 悲不自勝。友姊妹, 事小母, 愛謹並至, 門庭之間, 和氣常融如也。澹於財, 有富奴請贖, 公只取百金曰: "奴甚貧, 身致萬金, 是渠之福也。吾豈可掠人之福?" 奴感之, 且死, 屬其子納良田數頃, 却之。人有潛入田摘稻穗者, 家少輩執致于前, 公曰: "非渠也, 歲也。旣取者歸以救飢。後勿復爾也。" 顧謂少輩, 曰: "禁之卽已, 不必使閭里知之." 其在州縣, 公明仁恕, 民有小過, 率多寬貸。人或疑其雨露太勝, 公曰: "守令民牧。愛之如子, 猶懼其不蘇。況武怒以臨之, 彼將何所恃耶?" 然尤無良爲民害者不根究, 痛治不止, 民愈久而愈不能忘。苾慈仁也, 受一邑田簿, 置硯室中, 忽失之。公知吏輩竊, 復出中草籠, 使計吏六七輩唱准布籌。闔戶而坐, 用兩籌縱橫案上。吏計畢, 白總數, 公曰: "爲總當幾何, 縮八十有奇, 何也?" 令更籌, 果如公所言。吏知其不可欺, 以所竊者還投籠中, 其聰明絶人如此。公深於易, 裒輯諸家易說, 參互攷證, 附以己意, 爲《易解參考》十卷, 又以爲韓氏意見諸圖, 猶有未備, 爲《河洛指要》一篇。有請學者, 輒曰: "此非學者先務。熟讀語孟平易文字, 後及易未晚也." 平生不喜著述, 間有作, 李訥翁光庭, 亟稱爲當世罕倫云。公配贈淑夫人宣城李氏, 曦之女, 生三男一女。…(이하 생략)…

〔樊巖先生集, 권52, 墓碣銘〕

48. 김낙행

김낙행의 자는 퇴보, 호는 구사당, 본관은 의성이다. 교리(校理) 김성탁(金聖鐸)의 아들이다. 숙종 무자년(1708)에 태어났다. 영조 병술년(1766)에 죽었다.

정묘년(1747: 정사년의 오기. 1737) 교리공(校理公: 부친 김성탁)이 조옥(詔獄: 의금부의 감옥)에 잡혀 들어가 여러 차례 고문을 당했는데, 공은 밤낮으로 옥문 밖에 엎드려 두 손으로 땅을 긁어 열 손가락에 모두 피가 났다. 이와 같이 한 것이 5개월이었는데, 어떤 때는 기진맥진하여 혼절해서 엎어지니 시정아치들이 모두 달려와 구해 주었으니, 어떤 이는 술을 가져와 입에 부어 주고 어떤 이는 거적자리로 햇볕을 가려 주었다. 옥졸도 모두 말하기를, "옥사가 비록 엄할지라도 어찌 차마 효자에게 마음을 쓰지 않겠는가?"라고 하면서 옥중의 소식을 매우 자세히 전해 주었다. 당시 사람 중에 원수처럼 보던 자일지라도 또한 가여워하며 효자라고 여겼다. 교리공이 옥을 나오자, 시정아치들이 서로 축하하며 말하기를, "김 효자가 맨땅에서 자지 않을 것이니, 이제부터 우리도 또한 자리에 편히 누워야겠다."라고 하였다.

교리공이 정의(旌義)로 유폐되어 가는 길에 공은 밤이면 반드시 부친의 호흡소리에 귀를 기울이고 앉아서 아침까지 지샜다. 배소(配所)에 도착한 뒤에도 친히 시고 짠맛을 조리하였으며 몸소 땔감을 캐다가 불을 지펴 자신이 어린 종의 몫을 대신하였다. 남은 힘이 있으면 글을 읽고 강론하고 질정하여 부친의 마음을 풀어 주었다.

이듬해(1738) 광양(光陽)으로 이배(移配)되자, 공은 할머니가 집에 살아 있어서 돌아가 보살피라는 부친의 명을 받들며 생각하기를, '부모와 천리에 각각 떨어져 있는데, 자식으로서 어찌 차마 부부가 한방에 같이 지내는 즐거움을 누리겠는가.'라고 여겼다. 그리하여 발걸음을 내당(內堂)에 들여놓지 않은 것이 7년이었다.

교리공이 옥중에 있었을 때, 풍원군(豊原君) 조현명(趙顯命)이 그를 구하기 위해 상소하여 옥에서 나왔다. 조공(趙公)이 죽자, 술을 차고 어포(魚脯)를 가지고 천 리 길을 걸어 기전(畿甸)으로 들어가 그의 묘를 찾아갔는데, 제문을 지어 제사를 지내며 반나절을 곡하고 수없이 절을 하고서야 돌아왔다. 이때 공은 부친의 지극한 원통함이 신원되지 않았기 때문에 일찍이 문 밖을 나간 적이 없었으나, 유독 은혜를 입은 집에 대해서만은 이와 같이 정을 다하였다.

공이 죽자, 대산(大山) 이상정(李象靖)이 사람들에게 말하기를, "이 어른의 덕성은 형용하기 어려우니, 너그럽고 부드러운 사람이라 여기면 매우 강하고 굳셈을 깨닫게 되고, 강하고 굳센 사람이라 여기면 매우 너그럽고 부드러움을 깨닫게 됩니다. 성기고 어설픈 듯하나 도리어 세밀하고, 매우 평이하나 도리어 미치기 어려우니, 갑이 보면 이와 같고 을이 이를 보면 저와 같습니다. 비유컨대 마치 천 이랑의 물을 다 퍼내지 못하는 것과 같으니, 아마도 황숙도(黃叔度: 후한 黃憲)와 견줄 만하였고 학문의 힘으로 확충한 듯합니다."라고 하니, 공을 알고 있는 자들은 지언(知言: 옳은 말)이라고 여겼다.

저술한 글로는 《계몽질의(啓蒙質疑)》·《시법질의(蓍法質疑)》·《상복경전주소통고(喪服經傳註疏通考)》·《강록간보고의(講錄刊補考疑)》 및 문집(文集: 遺文의 오기인 듯) 몇 권이 있다.

금상 을묘년(1795)에 주상이 교리공의 억울한 정상을 특별히 생각하고 말씀과 분부가 측은하였으니, 천신(賤臣: 채제공)이 마침 어전에 엎드려 있다가 일어나 아뢰기를, "그 아들 김낙행은 지극한 성품과 빼어난 행실이 있어 《소학》에 기록된 여러 어진 이에게 부끄러움이 없음은 유독 신(臣)만 아는 것이 아니라, 사림 중에 그것을 말하지 않는 이가 없습니다. 아들을 둔 것이 이와 같은 것은 의방(義方: 집안에서 덕의에 알맞은 교훈)의 가르침으로 미루어 넓혔으니, 평소 나라를 저버리지 않았음을 알 수 있습니다."라고 하였다. 이에 주상이 10줄의 윤음을 내려 교리공에게 직첩을 특별히 주고, 이어서 공을 미처 등용하지 못한 것을 세도(世道)를 위해 한스럽게 여겼다.【협주: 채제공이 찬한 묘갈명에 실려 있다.】

• 金樂行

金樂行[1], 字退甫, 號九思當, 義城人。校理聖鐸子。肅宗戊子生。英宗丙戌卒。

丁卯[2], 校理公(捕)入詔獄[3], 屢施栲掠, 公晝夜伏獄門外, 兩手掘地, 十指皆血。如是者五朔, 有時氣盡昏仆, 市井皆奔走來救, 或持酒灌口, 或以席蔽陽。獄卒皆曰: "獄情雖嚴, 何忍不致意於孝子?" 爲通獄中事甚悉。時人之視以仇敵者, 亦愍然以爲孝子也。及校理公出獄, 市井相賀曰: "金孝子不露地宿, 自此吾輩亦帖席臥矣."

校理公幽于旌義, 在途, 公夜必耳其呼吸, 坐而至朝。既到配, 親調酸

---

1 金樂行(김낙행, 1708~1766): 본관은 義城, 초명은 金晉行, 자는 退甫·艮夫, 호는 九思堂. 아버지는 교리 金聖鐸이며, 어머니 務安朴氏는 통덕랑 朴震相의 딸이다. 부인 安東權氏는 權薛의 딸이다. 본래 호를 사용하지 않았는데 사후에 知人들이 '顔子實若虛'의 뜻을 취하여 虛庵이라 불렀다가, 서재에서 '九思堂'이란 도장을 발견하고 '구사당'으로 호를 정했다고 한다. 안동부 임하현 천전리(현 경상북도 안동시 임하면 천전리)에서 태어났다. 18세 때 密庵 李栽의 문하에 나아가 수학하며 스승으로서 지극히 모셨으며 23세에 이재가 죽자 심상하였다. 27세 때 文殊山을 유람하며 견문을 넓히고 이때 처세와 수신에 관하여 〈自警文〉을 짓기도 하였다. 30세 때 아버지 김성탁이 밀암 이재를 변호하다가 제주도로 귀양을 가게 되자 유배지까지 아버지를 모셨다. 그 뒤 아버지가 광양에 이배되어 세상을 떠나자 고향인 안동으로 모셔와 장사지냈다. 42세 때 大山 李象靖과 四端에 대해 논의하였다. 46세 때 柳長源에게 편지하여 《中庸章句》에 대해 논하였다. 48세 때 鳳城里로 이주했고, 이듬해는 奉化縣 黃海村에 우거하였다. 50세 때 다시 臨河로 돌아왔다. 55세 때 柳道源에게 편지하여 格物致知에 대해 논하였다. 57세 때 《朱書講錄刊補》의 의심난 뜻에 대해 이상정과 논하였다. 2년 뒤 향년 59세로 세상을 떠났다.
2 丁卯(정묘): 丁巳의 오기.
3 詔獄(조옥): 왕명에 의해 죄인을 가두어 두는 義禁府의 옥.

鹹, 躬採薪烝, 以替僮僕之任。有餘力, 則讀書講質, 以解親心。

明年移配光陽, 公以祖母在堂, 承父命歸省, 以爲: "父母千里各所, 人子豈忍有居室之樂." 足不躡中門之內者七年。

校理公在獄時, 趙豊原顯命疏救, 得出獄。及趙公歿, 佩酒齎魚, 千里入畿甸, 訪其墓, 爲文祭之, 哭半日, 百拜而還。時公以至冤未伸, 未嘗出門, 而獨於恩家盡情如是。

公歿, 大山李公象靖語人, 曰: "此老德性, 難於形容, 以爲寬柔底人, 則覺甚剛毅, 以爲剛毅底人, 則覺甚寬柔。似疎濶而却細密, 儘平易而却難及, 甲視之則如此, 乙視之則如彼。譬如千頃之陂, 不可得而把, 其殆黃叔度[4]之倫, 而充之以學力者乎." 識者以爲知言。

所著書有《啓蒙質疑》·《蓍法質疑》·《喪服經傳註疏通考》·《講錄刊補攷疑》及文集[5]若干卷。

當宁乙卯, 上特念校理公冤狀, 辭敎惻然, 賤臣適伏於前, 起而言曰: "其子金樂行, 有至性絶行, 無愧《小學》編中所錄諸賢, 不獨臣知之, 士林無不言之。有子如此, 以義方之敎推之, 平日不負國可知." 於是, 上下十行綸音, 特給校理公職牒, 仍以不及用公, 爲世道恨之。【蔡濟恭撰碣[6]】

---

4 黃叔度(황숙도): 後漢 때 黃憲의 字. 집안은 가난하고 천했으며, 아버지는 소를 치료하는 의사였으나, 황헌은 학문과 인품으로 당대에 높이 평가받았다. 열네 살이었을 때, 潁川의 荀淑이 여관에서 그를 만나 이야기를 나눈 뒤 하루 종일 자리를 뜨지 못하고 그를 스승이자 모범으로 여기며 顔子라 불렀다는 일화가 있다.

5 文集(문집): 遺文의 오기인 듯.

6 蔡濟恭의 《樊巖先生集》 권50, 〈墓碣銘·九思堂金公墓碣銘〉에 실려 있으며, 한국고전번역원에서 번역문을 제공하고 있음.

49. 권정침

권정침의 자는 자성, 호는 평암, 본관은 안동이다. 충정공(忠定公) 권벌(權橃)의 후손이다. 숙종 경인년(1710)에 태어났다. 영조 갑술년(1754) 사마시에 합격하고, 정축년(1757) 문과에 급제하여 벼슬이 설서(說書)에 이르렀다. 정해년(1767)에 죽었다.

공은 시강원 설서로서 정형(正刑: 죄인을 사형에 처하던 형벌)에 처하라는 명을 받았다가 뒤이어 풀려 나왔다. 공은 마침내 안동의 고향 마을에 돌아와서 문을 닫어걸고 드러누웠는데, 비록 이웃이나 오래된 친구라도 얼굴을 보지 못했을 정도로 항상 가리고 숨기다가 6년이 지나 죽었다. 임종할 즈음에 울며 말하기를, "나에게 의소(擬疏: 상소의 기초문)가 있어서 베갯머리에 감추어 두었지만 끝내 미처 써 올리지 못한 채, 이제 이 지경에 이르니 장차 눈을 감지 못하는 귀신이 될 것이로다."라고 하였다.

• 權正忱

權正忱, 字子誠, 號平菴, 安東人。忠定公橃後。肅宗庚寅生。英宗甲戌司馬, 丁丑文科, 官說書。丁亥卒。

公以侍講院說書, 被正刑之命, 已而置之。公遂歸安東鄉里, 閉戶而臥, 雖隣里故舊不見面, 常時掩抑, 過六年以卒。臨歿泣曰: "吾有擬疏, 藏之枕邊, 終未書呈, 今至於此, 將爲不瞑之鬼矣."□[1]

---

1 원전에 수록된 사실의 출전을 확인할 수 없음.

보충

권정침(1710~1767)의 가계와 이력

권정침(權正忱)

권정침(權正忱)에 대해 간암(艮嵒) 권정흠(權正欽, 1713~1787)과 모암(慕菴) 권정룡(權正龍, 1718~1776)이 찬한 〈유사(遺事)〉(《평암선생문집(平庵先生文集)》 권8, 부록)를 따라 정리하고 약간 보충하면, 다음과 같다.

본관은 안동(安東), 초명은 정침(正沈), 자는 자강(子剛), 개자는 자성(子誠), 호는 평암(平庵)이다. 고려태사(高麗太師) 권행(權幸)의 후손이자 충정공(忠定公) 권벌(權橃, 1478~1548)의 7세손으로 봉화의 묘곡리(卯谷里)에서 1710년 7월 26일에 태어났다. 증조부는 권섭(權涉, 1621~1695)이며, 조부는 서설당(瑞雪堂) 권두익(權斗翼, 1651~1725)이다. 아버지는 권신(權藎, 1680~1747)이며, 어머니 전주류씨(全州柳氏)는 류이관(柳以觀)의 딸이다. 첫째부인 풍산김씨(豐山金氏)는 김서겸(金瑞兼)의 딸이고, 둘째부인 창원황씨(昌原黃氏)는 황일령(黃一寧)의 딸이며, 셋째부인 풍천임씨(豐川任氏)는 임준(任晙)의 딸이다.

권정침이 여섯 살 때 동생을 다치게 하고서 자신이 다친 것처럼 울자, 어머니가 "네가 다친 것도 아닌데 왜 우느냐?"라고 하니, "동생이 피를 흘리는 것을 보고 어찌 아프지 않겠습니까? 더구나 제가 다치게 했으니 더욱 그러합니다."라고 했다는 일화가 있다.

어려서부터 이미 글을 지을 줄 알아 집안의 어른인 치암(恥庵) 권기(權蘷)와 창설재(蒼雪齋) 권두경(權斗經)에게 재기와 의지를 인정받았는데, 장성해서는 학문에 더욱 힘써 정진했으니, "도(道)는 나에게 있으며, 다른 곳에서 구할 수 있는 것이 아니다. 그 본체는 내 마음에 갖추어져 있고, 그 작용은 일상생활 속의 사물들 사이에 있다. 하물며 옛 성현들이 명확하게 설명해 놓은 것이 마치 방향을 가리키는 수레나 어둠을 비추는 거울과 같을 뿐만이 아니니, 비록 훌륭한 스승의 가르침이 없다 하더라도 어찌 어디서부터 시작해야 할지를 알지 못하겠는가?"라고 하면서, 뜻을 높이고자 하였다. 약관의 나이 때는 성잠(星岑) 강재항(姜再恒, 1689~1756)에게 질정을 받았고, 일찍이 이광정(李光庭, 1674~1799)의 문하에서 배웠다. 권정침은 공부의 순서와 방법론에 대해 말하기를, "《소학》은 집을 세우는 기초, 《대학》은 집의 재목, 사서와 경전은 집을 꾸미는 재료"라고 비유하며, 기초부터 차근차근 쌓아가는 학문관을 강조하였다. 경전의 깊은 뜻을 이해하기 위해 스스로 탐구하고, 어려운 부분은 반드시 남에게 묻는 등 실천적이고 성실한 자세를 견지하였던 것이다.

그 결과 과거를 보기 이전에 이미 〈형상하설(形上下說)〉·〈물격지지설(物格知至說)〉·〈중용총론(中庸總論)〉·〈지의(志疑)〉·〈물지물조변(勿忘勿助辯)〉·〈무자기설(毋自欺說)〉·〈자강불식설(自彊不息說)〉·〈사단칠정변(四端七情辯)〉·《근사록강의(近思錄講義)》 등을 저술하였으니, 그 학문의 깊이를 알 수 있다. 결코 자신의 재능이나 학식을 앞세우지 않았다. 당대의 어진 선비들이 모두 그를 칭찬하였으니, 구사(九思) 김낙행(金樂行)은 항상 그를 두려워하며 벗으로 삼았고, 눌은(訥隱) 이광정도 "권정침은 단지 한 고을의 선비가 아니라, 젊은이들 중에서 스승이 될 만한 인물"이라고 평했다.

1754년 진사시에 합격하고, 1757년 식년문과에 급제하였다. 과거에 급제하여 주상을 배알한 자리에서 신하의 도리를 묻자, '존주비민(尊主庇民: 임금을 받들어 높이고 백성을 두둔하여 보호함)'으로 답하였다. 특별한 은혜로 벼슬을 받았으나, 감당하기 어렵다 하여 사양하고 곧장 돌아왔다. 이듬해 1758년 모친상을 당했는데 부친상을 1747년에 이미 당했었으니, 아마도 그 이전의 모친 병구완과 모친상이 겹쳐 임명과 사직을 8차례나 반복해야 했던 것으로 보인다.

그리하여 1762년 세자시강원 설서(世子侍講院說書)에 올랐다. 그때 성심으로 사도세자(뒤에 장헌세자로 추존)가 선현들의 가르침을 체득하여 성군이 되기를 바라며 강의했고 세자도 이를 잘 받아들였다. 세자가 학업에 몰입하자 영조는 크게 감동하였고, 세자 또한 권정침을 매우 신임하였다. 얼마 지나지 않아 형조판서 나경언(羅景彦)이 세자의 난행과 비행은 물론 장차 반역을 꾀하고 있다며 무고하자, 영조가 격노해 세자를 책망하였고, 비행을 알면서도 알리지 않은 신하들까지 문책하였다. 이 때 세자궁의 관원이 모두 물러났지만, 권정침과 사서 임성(任城), 검열 임덕제(林德躋)만이 세자를 배종하고 왕 앞에 나가 세자의 무고함을 주청해 무사히 풀려나오게 하였다. 그러나 다음 달에 영조가 세자를 서인(庶人)으로 폐하고 뒤주에 넣어 8일 만에 죽게 하자, 이를 극력 반대하다가 형장에까지 끌려갔다. 영조는 불같이 화를 내며 정배시켰다가 다시 사형을 명했는데, 밤 삼경에 사형을 중지하라는 명이 내려졌다.

결국 영조의 특지(特旨)로 풀려 나와 고향으로 내려가 6년간 은거하였다. 사도세자와 죽지 못한 것을 천추의 한으로 여기고 문을 닫아걸고 하늘의 해를 보지 않았다고 한다. 이웃과 친척의 경조사에도 일체 발길을 끊었으며 손님이 찾아오면 병을 핑계로 만나지 않았다. 이 시기에 사도세자에게 강연한 일지인 '서연일기(書筵日記)'를 기록하였다. 1766년 관직이 회복되어 영조가 세손의 사부로 여러 차례 불렀으나 나아가지 않았다. 끝내 병이 깊어져 1767년 2월 28일 58세의 나이로 세상을 떠났다. 임종 시에도, "내가 올린 상소가 끝내 받아들여지지 않아 억울함을 풀지 못했으니, 죽어도 눈을 감지 못하겠다."라고 하였다.

50. 이상정

이상정의 자는 경문, 호는 대산, 본관은 한산이다. 숙종 신묘년(1711)에 태어났다. 영조 을묘년(1735)에 사마시에 합격하고, 같은 해 문과에 급제하였다. 정언을 거쳐 벼슬이 참의에 이르렀다. 신축년(1781)에 죽었다.

주상(主上: 정조)은 동위(銅闈: 동궁)로 있을 때 공이 유림(儒林)의 일인자라는 것을 이미 알았다. 왕으로 즉위하자 친히 발탁하여 몇 년 사이에 세 번이나 좌이(佐貳: 참판이나 참의)로 옮겨 반드시 한번은 조정에 나오게 하여서 문치(文治)를 아름답게 펼치고자 하였는데, 때로 친히 옥음(玉音: 御旨)을 내려서 꼭 한번 보고싶다고 타이르거나 때로 연신(筵臣)들에게 글을 보내어 공이 출사토록 권장하라고 하였으니, 대개 어진 이를 공경히 대우하려는 생각이 지극했던 것이다. 이에 공이 말하기를, "몸이 이미 나아갈 수 없으니, 말씀으로써 임금을 섬기는 것도 옛사람들의 도리이다."라고 하고는, 아홉 조목의 상소문을 올렸는데, 앞의 다섯 조목은 임금의 덕을 논한 것이고, 뒤의 네 조목은 다스림의 요체를 논한 것이다. 주상이 하사한 비답에 이르기를, "아홉 조목의 만언(萬言)은 한마디 한마디가 지당하니, 이를 좌우명으로 대체하여 나를 살피고 반성하는 자료로 삼겠노라."라고 하였다.

공이 몸은 마치 공손하여 옷조차 못 이길 듯하였으나 도를 추구하는 용기는 분육(賁育: 중국의 용사였던 齊나라 孟賁과 衛나라 夏育)이라도 빼앗을 수 없었고, 말은 마치 겸양하여 입에서 못 꺼낼 듯하였으나 이치를 분석하는 정밀함은 누에실 하나도 빠뜨리지 않았다. 얼굴에 윤택하게 드러나고 등에 가득 차 넘쳤으니, 엄연하게 덕을 이룬 것이었다. 공이 비록 죽었지만, 영남 학자 중에 언행이 겸손하고 공손한데다 외관이 단정하고 정중하게 보이는 사람들은 물어보지 않아도 대산공(大山公)의 문인임을 알 수 있다.

친구와 문인들이 공의 언행을 사적으로 기록하면서 흠모하고 우러르는 내용으로 기술하며 칭송하였는데, 그 말하는 방식은 같지 않았으나 그것에 이르기를, "도산(陶山: 퇴계 이황)의 적통을 이었다."라고 한 것은 이견이 없었다.

저술한 글로는 《약중편(約中編)》·《제양록(制養錄)》·《경재집해(敬齋集解)》·《이기휘편(理氣彙編)》·《주자절요성서(朱子節要成書)》·《사칠설(四七說)》이 있다.

일찍이 말하기를, "차라리 성인을 배우다가 미치지 못할지언정 하나의 장점으로 명성을 이루고 싶지는 않다."라고 한 적이 있었는데, 이로 말미암아 초야에 묻혀 있었던 삼사십 년 동안 하루도 공자와 맹자, 정자와 주자의 글을 읽지 않은 날이 없었고, 잠시도 마음을 기르고 반성하며 살피는 공부를 그친 적이 없었다. 일상의 행위에 부지런히 힘써서 학문 수행의 길이 바르고 적확하였으며, 조금씩 쌓아 지키고 오르는데 힘쓰면서 단계에 준하여 가지런하였으니, 체(體: 높은 지혜)가 갖추어져서 그 운용이 다소 편중되더라도 거처함이 편안하고 자뢰함이 깊었다. 사람들로 하여금 날마다 볼 수 있게 했던 것은 연원도찰방(連原道察訪: 1739년)으로 있을 때 깨끗하게 절조를 지키며 자기를 단속한 것과 연일현감(延日縣監: 1753년)으로 있을 때 교화가 백성들에게 두루 미치게 한 것뿐이다. 그렇지만 이는 아주 은미한 것이다.

일찍이 동생 이광정(李光靖)에게 말하기를, "자신의 분수에 따라 몸가짐을 단정히 하고 후학들을 위해 힘써 다오."라고 하였으며, 또 말하기를 "자제들은 본분에 따르도록 가르쳐서 유가(儒家)의 기상을 잃지 않도록 해 다오."라고 하였다.【협주: 채제공이 찬한 묘갈명에 실려 있다.】

• 李象靖

李象靖, 字景文, 號大山, 韓山人。肅宗辛卯生。英宗乙卯司馬, 同年文科。歷正言, 至參議。辛丑卒。

上自在銅闈[1], 已知公爲儒林第一人。及卽位, 親拔擢, 數年之間, 三遷佐貳[2], 必欲一致之朝, 以賁飾文治, 或親降玉音, 諭之以必欲一見, 或命筵臣貼書勸起, 蓋側席[3]之思至矣。乃曰: "身旣不可進, 以言事君, 亦古人之道." 陳九條疏, 上五條, 論君德也, 下四條, 論治體也。賜批曰: "九條萬言, 言言切至, 庸替座右之銘, 要作觀省之資."

公之體若不勝衣[4], 而進道之勇, 賁育[5]莫奪, 言若不出口, 而析理之精, 蠶絲不遺。粹面盎背[6], 儼然成德。公雖歿, 嶺儒之言貌謙恭, 瞻視端重者, 不問, 尚可知爲大山公門人也。

知舊門人, 私錄言行, 稱述慕仰之辭, 不一其說, 而其曰: "得陶山嫡傳." 無異辭也。

所著有《約中編》·《制養錄》·《敬齋集解》·《理氣彙編》·《朱子節要成書》·《四七說》。

1 　銅闈(동위): 동궁을 달리 이르는 말. 漢나라 때 황태자의 궁전 문 이름이 銅龍門이었던 까닭에 붙여진 이름이다.

2 　佐貳(좌이): 조선시대 때 六曹의 參判·參議를 일컬음.

3 　側席(측석): 임금이 어진 인재를 공경히 대우하는 것. 後漢 章帝가 "짐은 곧은 선비가 오거든 공손히 앉아 남다른 이야기를 듣고자 한다.(朕思遲直士, 側席異聞.)"라고 한 데서 나오는 말이다.

4 　體若不勝衣(체약불승의): 매우 공손하고 겸양함.《禮記》〈檀弓下〉의 "문자는 그 몸이 겸퇴하여 마치 옷을 이기지 못하는 듯이 하였으며, 그 말이 어눌하여 마치 그 입에서 제대로 내지 못하는 듯이 하였다.(文子其中退然如不勝衣, 其言吶吶然如不出諸其口.)"라고 하였다.

5 　賁育(분육): 옛날 중국의 용사였던 齊나라 孟賁과 衛나라 夏育.

6 　粹面盎背(수면앙배): 睟面盎背. 사람이 타고난 천성을 고이 보전했을 때 그것이 겉으로 드러나는 기상을 형용한 말.《孟子》〈盡心章句 上〉의 "군자가 본성으로 지닌 것은 인의예지가 마음에 뿌리를 박고 있다. 이것이 빛을 낼 때에 맑고 윤기 나는 빛이 얼굴에 나타나고 덕스러운 빛이 등에 충만해진다.(君子所性仁義禮智根於心, 其生色也, 睟然見於面盎於背.)"라고 한 데서 나온 말이다.

嘗曰：“寧學聖人而未至，不欲以一善成名。”以故林下三四十年，無一日不讀孔孟程朱之書，無一息或輟存養省察之工。致勤乎日用而門路[7]端的，用力於銖積寸攀而階級齊整，體具用偏，居安資深[8]。使人日可見者，連郵[9]之氷蘗[10]律已，延邑之治化浹民。然此塵糠也。

嘗謂弟光靖[11]，曰：“隨分收拾，勉進後學。”又曰：“敎子弟以依本分，不失儒家氣味。”【蔡濟恭撰碣[12]】

보충

이상정(1711~1781)의 가계와 학문

이상정(李象靖)

조선 후기의 대표적인 유학자이다. 도학의 전통이 퇴색해 가던 시기에 오로지 학문과 덕행으로 유학의 본령을 지켜낸 인물로 평가된다. 퇴

7　門路(문로): 학문상의 지름길.

8　居安資深(거안자심): 학문의 깊은 뜻을 궁구하여 스스로 터득함. 맹자가 말하기를 “군자가 깊이 나아가기를 도로써 함은 자득하고자 해서이니 자득하면 處하는 것이 편안하고 처하는 것이 편안하면 資賴함이 깊게 되고 자뢰함이 깊으면 좌우에서 취함에 그 근원을 만날 수 있을 것이다.(君子深造之以道, 欲其自得之也, 自得之則居之安, 居之安則資之深, 資之深則取之左右 逢其原.)”라고 하였다.《孟子》〈離婁章句 下〉 여기서 모든 곳에서 근원을 만난다는 것은 모든 주변의 사물에서 도의 근원을 만날 수 있다는 뜻으로, 마음의 거울이 밝아져서 모든 사물의 이치를 환히 알 수 있음을 말한 것이다.

9　連郵(연우): 連原道察訪. 이상정이 1739년에 역임하였다.

10　氷蘗(빙얼): 물이 없어 얼음을 마시고 먹을 것이 없어 나무의 움을 먹음. 청빈한 생활을 하면서 깨끗하게 절조를 지킨다는 뜻이다.

11　光靖(광정): 李光靖(1714~1789). 본관은 韓山, 자는 休文, 호는 小山. 大山 李象靖의 동생이다. 부인 義城金氏는 金良鉉의 딸이다. 密庵 李栽에게 수학하였다. 1728년 이인좌의 난이 일어났을 때 부친 李泰和가 의병을 일으키자, 15세의 나이로 종군하였다. 이황의 학문을 흠모하여 형 이상정의 지도를 받으며 경학과 성리학을 공부하였다. 經術로 천거되어 童蒙敎官 등에 제수되었다. 당시 학자에 따라 구구하던 禮說을 정리하여 안동 지방의 표준 예설이 되게 하였다. 18세기 후반 퇴계학맥을 계승한 유학자로 형 이상정과 함께 북송 때 도학자 程顥·程頤 형제에 비유되었다.

12　蔡濟恭의《樊巖先生集》권51,〈墓碣銘·通政大夫禮曹參議大山李公墓碣銘〉에 실려 있으며, 한국고전번역원에서 번역문을 제공하고 있음.

계 이황의 학통을 잇는 영남학파의 거두로서 학문은 깊고 인품은 고결하였으며, 무엇보다도 일생을 통해 도학을 실천한 참된 선비였다.

본관은 한산(韓山), 자는 경문(景文), 호는 대산(大山)이다. 고조부 회인현감(懷仁縣監) 수은(睡隱) 이홍조(李弘祚, 1595~1660)가 광해군 때 외조부 서애(西厓) 류성룡(柳成龍, 1542~1607)이 있는 안동으로 피신해 오면서 그 후손들이 안동에 세거하게 되었는데, 이상정은 고려조 가정(稼亭) 이곡(李穀)과 목은(牧隱) 이색(李穡) 부자의 후손으로 1711년 1월 29일 안동부 일직현(一直縣) 소호리(蘇湖里: 경상북도 안동시 일직면 망호리)에서 6남 3녀 가운데 셋째아들로 태어났다. 증조부는 이효제(李孝濟)이고, 조부는 이석관(李碩觀)이며, 아버지는 이태화(李泰和)이다. 이들은 성품이 고결하여 평생 벼슬길에 나아가지 않고 처사로 지냈다. 어머니 재령이씨(載寧李氏)는 밀암(密庵) 이재(李栽, 1657~1730)의 딸이다. 부인 장수황씨(長水黃氏)는 익성공(翼成公) 황희(黃喜)의 후손으로 처사 황혼(黃混)의 딸이다.

5세 때(1715) 글자를 배워 부수와 획을 구별할 수 있었고, 6세 때 모친상을 당했지만 부친상은 38세 때 당했으며, 7세 때 십구사(十九史)를 읽었고, 열두세 살 때 사서(四書)를 섭렵하였다. 14세 때부터 외조부 밀암(密庵) 이재(李栽)에게 가르침을 받았으니, 《소학(小學)》·《맹자》·《중용》·〈태극도(太極圖)〉·〈서명(西銘)〉·《가례(家禮)》·《주자서절요(朱子書節要)》 등을 배웠는데, 해마다 한번씩 찾아가 네댓 달씩 머물렀다. 19세 때 추촌(秋村) 김익한(金翼漢, 1702~1785), 소산(小山) 권정택(權正宅, 1706~1765), 구사당(九思堂) 김낙행(金樂行, 1708~1766), 범암(凡巖) 김익명(金翼溟, 1708~1775) 등과 《근사록》을 읽었고, 20세 때 스승 밀암 이재의 상을 당하였다. 21세 때(1731) 사서·정주서(程朱書)·《심경(心經)》 등을 주자의 독서법에 따라 1년 남짓 공부하여 깊이 깨달아 알게 되었다.

1735년 3월 동당시(東堂試)에 합격하였고, 4월 진사 복시(進士覆試)에 합격하였으며, 윤4월 증광문과에도 급제하였다. 이후 1738년 연원 찰방

(連原察訪), 1741년 휘릉 별검(徽陵別檢), 1742년 승문원 부정자였다가 정자로 승진, 1747년 전적과 예조 및 병조의 좌랑, 1751년 예조 정랑, 1753년 연일 현감(延日縣監), 1762년 사헌부 감찰, 1771년 강령 현감(康翎縣監), 1777년 사간원 정언, 1780년 병조 좌랑과 병조 참지, 예조 참의, 1781년 형조참의 등의 관직을 제수받았다. 특히 외관직으로 연일 현감이었을 때, 연일은 풍속이 교화되지 않아 고을 백성들이 소송을 일삼아 다스리기 어려운 지역이었으나 송사를 판단함에 명확하고 신중하였을 뿐만 아니라 백성들을 어루만질 때 너그러웠으며, 직무에 임할 때 민첩하였으며, 아전들을 다스릴 때 엄격하였다. 오랜 가뭄으로 민심이 동요하던 때에 그가 부임하자마자 비가 내리니, 이를 백성들이 '사군우(使君雨)'라고 불렀다고 한다. 이렇듯 조정에서는 여러 차례 벼슬을 제수하였고 연원 찰방, 연일과 강령 현감 등을 지냈으나 정치보다는 학문과 도덕적 실천을 우선시하여 급제 이후 45년 동안 6년 정도에 불과했을 정도로 대부분 짧은 기간만 봉직하거나 부임하지 않았고, 말년에도 조정의 여러 차례 요청을 사양하였다. 정조(正祖)는 즉위 후 1780년과 1781년 2년에 걸쳐 그의 학덕을 유림의 으뜸으로 여겨서 세 차례나 조정에 불러 문치의 중심으로 삼고자 하였으나, 그는 고사의 뜻을 굽히지 않았다. 그 대신 '아홉 조목 상소문'을 통해 군주의 도리와 유학 정치의 요체를 아뢰었고, 정조는 "좌우명으로 삼고 반성할 거리로 삼겠다"는 비답을 내리며 그 뜻을 기렸다.

이상정은 어릴 적 외조부 밀암 이재(李栽)에게 학문을 배우며 속된 학문을 멀리하고 도학에 몰두하였으니, 27세 때 안동의 대석산(大夕山)에 대산서당(大山書堂)을 짓고 퇴계의 학통을 계승하여 성리학을 연구하면서 후학 양성에 주력하였다. 우선 그의 학문적 성공과 결실은 그가 남긴 저서를 통해 확인할 수가 있다.

19세 때 궁리(窮理)·주경(主敬)·근독(謹讀)·독지(篤志)·일신(日新)을

골자로 하는 〈동지오잠(冬至五箴)〉, 20세 때 〈성현유상권서(聖賢遺像卷序)〉, 21세 때 〈자경명(自警銘)〉, 29세 때 국가의 관리를 선발하는 과거와 관련한 〈과거사의(科擧私議)〉 및 〈만수록(晚修錄)〉, 30세 때 〈솔성지위도설(率性之謂道說)〉, 31세 때 일상생활에서 행해야 하는 법도와 성현들의 기품과 기상 그리고 언행 등을 서술한 것들을 편집한 〈제양록(制養錄)〉, 퇴계가 편찬한《주자서절요》를 본떠 퇴계가 문인들과 주고받은 편지글을 모은《퇴도서절요(退陶書節要)》, 34세 때 〈일성구사덕설(一性具四德說)〉과 〈이기동정설(理氣動靜說)〉·〈이기선후설(理氣先後說)〉, 이기의 관계를 이합(離合)·선후(先後)·동이(同異)·편전(偏全)·동정(動靜) 등 14조로 나누고 정리한《이기휘편(理氣彙編)》, 35세 때 주자(朱子)의 경재잠(敬齋箴)을 앞에다 먼저 제시한 다음에 여러 선비들의 경(敬)에 대한 설을 모아서 각 장(章)마다 서로 같은 부류들을 덧붙이면서 다시 곳곳에서 필요한 설명을 제시한《경재잠집설(敬齋箴集說)》, 39세 때《사례상변통고(四禮常變通攷)》, 칠정(七情)에 관한 여러 설들을 모아 정리한《약중편(約中編)》, 41세 때 〈사단칠정설(四端七情說)〉, 47세 때 〈국휼복제사의(國恤服制私議)〉, 〈심무출입설(心無出入說)〉, 49세 때《주자어류》에서 뽑은 글인《주자어절요(朱子語節要)》, 50세 때 〈중용부도불문설(中庸不睹不聞說)〉, 57세 때 〈계문제자록(溪門諸子錄)〉, 60세 때《심경강록간보(心經講錄刊補)》, 65세 때 〈연평답문속록(延平答問續錄)〉 등을 편집하거나 지었다. 그의 학문은 도산(陶山: 퇴계 이황)의 정통을 이었으며, 사림들은 그를 '도산의 적전(嫡傳)'이라 일컫기를 주저하지 않았다.

이상정이 저술에 평생을 바쳤음을 알 수 있는데, 또한 제자 양성에 전념하였다. 만년에는 더욱 유순하고 온화한 덕성을 갖추었으며, 제자들을 성심껏 지도하여 기질을 변화시키는 데 중점을 두었다. 그의 문하에서 배출된 인재들은 학문뿐 아니라 인품으로도 존경을 받았으며, 대산의 문인이라는 명성은 곧 도덕성과 수양의 상징으로 여겨졌다. 사후에는

1200명이 넘는 유림이 장례에 참석했고, 많은 사람들이 그의 언행을 기록으로 남겼다.

1781년 12월 9일 안동 소호리의 집에서 71세의 나이로 세상을 떠났다. 영남 백성들이 눈물을 흘리면서 "대산 선생이 복이 없으시니, 그야말로 우리 백성들이 복이 없는 것이구나."라고 하고, 영남 선비들은 서로 마주 보고서 곡을 하며 "현자께서 돌아가셨으니, 우리는 앞으로 누구를 존숭한단 말인가."라고 하고, 조정 관료들은 모두 탄식하며 "재능을 다 쓰지 못하였으니, 세상 사람들을 무엇으로 권면한단 말인가."라고 하였다. 이상정은 비록 세속적 출세에 뜻을 두지 않았으나, 그 도학의 위엄과 영향력은 조선 유학사의 한 획을 긋기에 충분하고, 가장 깊은 울림을 남긴 인물이었다.

51. 이광정

　이광정의 자는 휴문, 호는 소산, 본관은 한산이다. 대산(大山) 이상정(李象靖)의 동생이다. 숙종 갑오년(1714)에 태어났다. 금상 계묘년(1783) 학행(學行)으로 참봉에 제수되었고, 전임(轉任)하여 교관·별제에 이르렀다. 기유년(1789)에 죽었다.

　어린 시절부터 날마다 서재에 머무르며 마음을 다해 학업에 힘썼다. 때론 형제들이 변론하고 힐난하느라 분분하였고, 가족들이 그것을 가만히 엿들어 보면 모두 문장의 뜻을 해석하고 익히려는 말들이었다.

　무신란(1728) 때 모집하는 곳으로 스스로 나갔는데, 어떤 사람이 나이가 어리다며 못 나오게 하자, 공이 말하기를, "당태종(唐太宗)은 나이 열여섯 살 때 모집에 응했거늘, 어찌 저만 홀로 못 한단 말입니까?"라고 하였으니, 이때 공은 나이가 열다섯 살이었다.

　영남어사(嶺南御史)가 일찍이 특별히 인재로 천거한 적이 있었는데, 공이 첫째였다.

　금상 계묘년(1783)에 하교하여 말하기를, "고(故) 참의(參議) 이상정의 아우 이광정 또한 곤궁함을 꿋꿋하게 견디며 글을 읽어 몸을 정하게 하고 언행을 삼가며 점잖고 바른 몸가짐으로 고을에서 자자하고 도내(道內)에서도 이름나서 형의 풍도가 있다 한다."라고 하고는 특별히 등용하도록 명하였다.【협주: 가장에 실려 있다.】

- **李光靖**

李光靖, 字休文, 號小山, 韓山人。大山象靖弟。肅宗甲午生。當宁癸卯, 以學行除參奉, 轉至敎官·別提。己酉卒。

自兒時, 日處書室, 潛心肄業。或兄弟辨詰紛然, 家人竊聽之, 則皆文義講貫之言也。

戊申之亂, 自詣召募, 人有以年少止之, 公曰: "唐太宗十六, 應募, 吾何獨不能?" 時公年十五。

嶺南御史, 嘗別薦人才, 以公爲首。

當宁癸卯, 敎曰: "故參議李象靖之弟光靖, 亦能固窮讀書, 修飭行檢, 鄕里盛稱, 道內知名, 有乃兄之風." 特命調用。【家狀[1]】

보충
이광정(1714~1789)의 가계와 학문

이광정(李光靖)

본관은 한산(韓山), 자는 휴문(休文), 개자는 경실(景實), 호는 소산(小山)이다. 아버지는 이태화(李泰和, 1676~1748)이며, 어머니 재령이씨(載寧李氏, 1677~1716)는 밀암(密庵) 이재(李栽)의 딸이다. 1714년 3월 9일에 안동부(安東府) 일직현(一直縣) 소호리(蘇湖里, 현 경상북도 안동시 일직면 망호리)에서 6남 3녀 가운데 넷째아들로 태어났다. 대산(大山) 이상정(李象靖)의 동생이다. 종숙부 이지화(李志和)의 양자로 출계하였다. 부인 의성김씨(義城金氏)는 김양현(金良鉉)의 딸로 학봉 김성일의 6세손이다. 슬하에 2남 1녀를 두었는데, 장남은 이우(李堣), 차남은 이도(李𡑮)이며, 딸은 장수훈(張壽勛)에게 시집갔다.

어려서부터 단정하고 정결하였으며, 재주가 남보다 뛰어났다. 7세 때부터 글을 배우기 시작하였으며, 1723년 10세 때 "예전부터 갈라산을 들었는데, 오늘 올라 보니 참 좋구나. 다른 산들이 아무리 높다 해도,

---

1 李堣(1739~1811)의 《俛庵文集》 권11 〈行狀·先考承議郎司圃署別提府君家狀〉에 실려 있음. 매우 방대한 분량이라, 아쉽지만 번역하여 보충하지 않았다.

다 갈라산 아래에 있도다."라는 〈갈라산(葛蘿山)에 올라〉 시를 지어 원대한 포부를 드러내었다.

1728년 이인좌의 난이 일어나자 안동 지방 유림들이 의병을 일으켰는데, 직접 모집소에 찾아가서 "내가 듣기로는 열다섯이 되면 장정이라 하던데, 법에 따라 자원하니 이름을 명부에 올려 주세요."라고 청하고는 종군하였다. 이해 금양(錦陽)으로 가서 외조부 밀암 이재의 문하에 나아가 수학하였다.

1735년 증광 향시(增廣鄕試)에 합격하고 1740년 동당 향시(東堂鄕試)에도 합격하였으나, 둘 다 성위(省闈: 覆試)에는 합격하지 못하였다. 그후 세상이 점점 험해지고 출세의 뜻도 더욱 약해져 형 이상정과 함께 오직 이치를 궁구하고 몸을 닦는 것만을 궁극의 방법으로 삼았다. 1748년 생부상을 당하여 삼년상을 치렀다.

1753년 영남어사 이득종(李得宗)이 경술(經術)로 영남의 인재 3인을 천거하면서 으뜸으로 넣었다. 그러나 1754년 41세가 되자, "춘추시대 거백옥(蘧伯玉)은 50세에 49세 때의 잘못을 알았는데, 나는 어찌 50세까지 기다릴 필요가 있겠는가."라고 하고서 과거공부를 그만두고 은거하여 도(道)를 구하는 공부를 하였다. 1768년 모친상을 당하여 삼년상을 치렀다.

1783년 정조(正祖)가 "이상정의 아우 광정이 학문과 행검(行儉)으로 도내에 칭송되어 그 형의 풍도를 지녔다 하니 가상한 일이다."라고 하고는 이조(吏曹)에 기용하도록 명하여 온릉참봉(溫陵參奉)에 제수되었으나 노쇠하고 병이 심해 부임하지 못하였다. 또한 1784년에는 동몽교관(童蒙敎官), 1785년에는 3월 교관에서 사임하고 사과(司果)로 옮긴 후로 5월 승의랑(承議郞) 사포서별제(司圃署別提)에 잇달아 제수되었으나 한 번도 나가지 않았다.

1789년 7월 25일 대산서당(大山書堂) 만완재(晚翫齋)에서 임종시에

"대산문집을 제대로 마음을 다하여 다듬어서 후세에 남기지 못한 것이 잊을 수 없는 원한이다."라고 하며 76세의 나이로 세상을 떠났다.

이광정은 일찍이 밀암 이재의 문하에 나아가서 스승으로부터 '학문은 구방심(求放心: 잃어버린 마음을 찾음)을 위한 것이니 학문에 전념하라.'라고 하는 가르침을 받았다. 이에, "학문의 요체인 박학(博學), 심문(審問), 신사(愼思), 명변(明辯)은 무엇을 하고자 하는 것인가? 다만 독행(篤行: 실천에 힘쓰는 것)을 바랄 뿐이다. 그러므로 사람이 한 가지를 알면 한 가지를, 두 가지를 알면 두 가지를 행해야만 그것이 진정한 공부요, 참된 학문이라 할 수 있다. 만일 어떤 일을 알게 되었으면서도 한쪽에 제쳐 두고 다시 다른 두세 가지를 더 알려고 한다면 비록 천하의 모든 이치를 다 안다 하더라도, 자신에게 무슨 도움이 되겠는가."라고 하며 실천적인 학문을 중요시했다. 그리하여 평상의 도리에서 벗어나지 않으려 하였고, 또한 사(私)를 온갖 병폐와 악행의 근본으로 여겨 이를 타파하는 것으로 마음을 다스리는 요체를 삼았다.

52. 류도원

> 류도원의 자는 숙문, 호는 노애, 본관은 전주이다. 참의 류승현(柳升鉉)
> 의 아들이다. 경종 신축년(1721)에 태어났다. 금상 무신년(1788)에 학
> 행으로 천거되어 참봉에 제수되었다. 신해년(1791)에 죽었다.

공은 나이가 10세였을 때 상을 당했는데, 일곱 살인 동생이 묻기를,
"형처럼 곡하면서 눈물을 흘리려고 해도 흘릴 수가 없으니 어찌해야
합니까?"라고 하자, 공이 말하기를, "부모님의 음성과 모습 및 사랑하시
던 일을 생각하며 곡하면 눈물이 날 것이다. 눈물은 억지로 해서 흘릴
수가 없는 것이다."라고 하였다.

일찍이 과거에 보러 간 적이 있었는데, 길을 나선 지 하루 만에 갑자기
막내동생이 함께하지 못한 것을 생각하고서 탄식하다가 말고삐를 되돌
려 돌아왔다.

금상 무신년(1788)에 공의 아버지에게 증직하면서 이에 교지를 내려
말하기를, "그의 아들 류도원(柳道源)은 학행(學行)이 있어서 관찰사의 추
천에 여러 번 올랐다고 들었는데, 하물며 그 집안 사람임에랴?"라고 하
고는, 참봉에 제수하니 어명에 숙배하고 곧바로 돌아왔다. 번암 재상
채제공이 편지를 보내어 이르기를, "소미성(少微星: 덕망이 높은 은둔 선비
의 상징)이 홀연히 종남산(終南山: 도성의 남산) 가까이에 왔다가 곧바로
벼슬하기 이전의 옷을 입겠다고 읊었구려. 삼가 바라건대 소리(素履: 본
래 행하던 대로 함)를 더욱 도탑게 하여 산남(山南: 영남)의 귀감이 되소서."
라고 하였다.【협주: 정범조가 찬한 묘갈에 실려 있다.】

저술한 글로는 《유계집증(有溪集證: 溪集考證의 오기)》·《사례편고(四禮
便考)》·《동헌집록(東獻輯錄)》·《일경록(日警錄)》이 있다.【협주: 가장에 실
려 있다.】

• 柳道源

柳道源, 字叔文, 號蘆厓, 全州人。參議升鉉子。景宗辛丑生。當宁戊申, 以學行除參奉。辛亥卒。

公年十歲, 遭喪, 有七歲弟問曰: "欲如兄哭而有淚, 不可得, 奈何?" 公曰: "思父母聲容及嘗愛也而哭, 則有淚。淚不可强也."

嘗赴擧, 行一日, 忽念季氏不偕, 悵然回轡而還。

當宁戊申, 贈公父職, 仍敎曰: "聞其子有學行, 屢登道剡[1], 況是家人乎?" 除參奉, 公肅命卽歸。樊菴蔡相國濟恭, 貽書曰: "少微[2]忽近終南, 旋賦初服[3]。惟願盒敦素履[4], 以式山南."云。【丁範祖[5]撰碣】

---

1   道剡(도섬): 道薦. 관찰사가 관할 도내의 사람 중에 학식이 높은 이를 임금에게 추천하는 것.

2   少微(소미): 少微星. 處士와 大夫를 상징하는 별로, 벼슬에 나아가지 않고 은거하는 덕망이 높은 선비를 가리킴. 이 별이 밝게 빛나면 賢士가 등용되는 것이고, 다른 별에 의해 가려지거나 빛을 잃게 되면 처사나 대신들에게 불길한 일이 생긴다고 한다.

3   初服(초복): 벼슬하기 이전의 복장으로, 벼슬자리에서 물러나오는 것을 일컬음. 楚辭〈離騷經〉의 "나아가도 들어가지 못한 채 허물만 입게 되었으니, 물러가 다시 나의 초복을 손질하리.(進不入以離尤兮, 退將復脩吾初服.)"라고 한 데서 나온 말로, 관직을 버리고 벼슬길에 들어가기 전에 입었던 옷을 다시 입기를 원하는 마음을 일컫는다.

4   素履(소리): 꾸밈이 없는 짚신. 본래 행하던 대로 행하는 것으로 본분을 지키며 질박하고 청백하게 살아가는 것이다.

5   丁範祖(정범조, 1723~1801): 본관은 羅州, 자는 法世, 호는 海左. 고조부는 丁時翰이고, 증조부는 丁道恒이며, 조부는 丁永愼이다. 아버지는 유학 丁志寧이며, 어머니 平山申氏는 申弼讓의 딸이다. 부인 東萊鄭氏는 진사 鄭瑾의 딸이다. 洪而憲·申聖淵·兪漢遇 등과 친교가 깊었다. 1759년 진사시에 합격한 뒤 성균관유생이 되었다가, 마침 東宮(思悼世子)을 비난하는 儒疏가 바쳐지자 이에 반대하였다. 1763년 증광문과에 급제하였다. 성균관전적·병조좌랑을 거쳐 지평이 되었다. 그러나 왕명을 받드는 데 지체했다는 죄로 잠시 갑산으로 유배되었다. 이듬해 이조좌랑에 서용되고 옥구현감을 거쳐 홍문록에 뽑히자, 그 문학의 재주를 평가한 우의정 元仁孫의 천거로 수찬이 되었다. 그 뒤 공조참의·풍기군수를 역임하고, 정조 초에 양양부사가 되어 부세를 줄이고 儒風을 진작시키는 등 서민 교화에 진력하였다. 그러나 兼官으로 있던 강릉에서 木商이 소나무를 潛買한 사건으로 파직되었다가 이듬해인 1781년 동부승지로 서용되고, 대사간을 거쳐 풍천부사가 되어 사직하였다. 1788년 예조참의로 서용되었으나 부임하지 않았다. 1792년 대사헌에 임명되었으나 나이가 많음을 들어 致仕를 청했으나 허락되지 않고 예조참판·개성유수·이조참판 등에 차례로 제수되었다. 2년 후 지돈녕부사가 되어 耆老社에 들어가면서 형조판서에 승진, 지춘추관사를

所著有《有溪集證[6]》·《四禮便考》·《東獻輯錄》·《日警錄》。【家狀】

보충
정범조(丁範祖, 1723~1801)가 찬한 묘갈명

첨추 류공 묘갈명

근세에 향촌의 서당 교육을 산남(山南: 영남)에서만 폐하지 않아 이따금 독실하게 행하고 깨끗하게 몸을 닦은 선비들이 나왔다. 그러나 돌아보건대 세속에 따라 기꺼이 어울리지도 않고 세상에 등용되지 못해 초야에 묻혀 있는 것을 달갑게 여기며 후회하지도 않았으니, 어찌 때가 그렇도록 한 것이겠는가? 노애(蘆厓) 류공(柳公)이 바로 그런 사람이다.

살피건대 공의 아들 류범휴(柳範休, 1744~1823)가 자기의 계부(季父) 류장원(柳長源, 1724~1796)이 지은 행장(行狀)을 가지고 와 묘갈명을 청하는 것이어서 삼가 다음과 같이 서술한다.

공의 휘는 도원(道源), 자는 숙문(叔文), 자호(自號)는 노애(蘆厓)이다. 그의 선대는 본래 문화(文化) 사람인데, 중간 세대의 선조에 장령 휘 류습(柳濕)이 있었는데 전주(全州)로 분적(分籍)하였다. 3대를 지나 세종조에 집현전 학사를 지냈고 이조판사에 증직된 휘 류의손(柳義孫)은 그의 동생 집의(執義) 휘 류말손(柳末孫)의 아들이자 도승지에 증직된 휘 류계동(柳季潼)을 후사로 삼았다. 그 아들 휘 류식(柳軾)은 홍문관 전한을 지냈고 이조참판에 증직되었다. 다시 2대를 지나 사복시 정(司僕寺正)에 증직된 휘 류성(柳娍)이 사는 곳을 영남의 안동으로 옮겼다. 그 아들 좌승지에 증직된 휘 류복기(柳復起)는 외삼촌 학봉(鶴峯) 김 선생(金先生: 김성일)을 스승으로

겸임하였다. 그 뒤 78세가 되던 정조 말년까지 조정에 머물며 예문관·홍문관의 제학으로서 文詞의 임무를 맡았다.

6 有溪集證(유계집증): 溪集考證의 오기.

삼아 가르침을 받았다. 그 아들 휘 류우잠(柳友潛)은 어질면서도 세상에 나가지 않았다. 그 아들 휘 류숙(柳橚)은 부호군(副護軍)을 지냈는데 바로 공의 고조부이다. 증조부 휘 류진휘(柳振輝)는 진사였다. 조부 휘 류봉시(柳奉時, 1654~1709)는 옳은 행실이 있어서 집안 친족들의 인망이 두터웠다. 아버지는 공조참의를 지내고 이조참판에 증직된 휘 류승현(柳升鉉, 1680~1746)이며, 어머니 정부인(貞夫人)으로 증직된 김씨(金氏)는 현감 김한벽(金漢壁)의 딸이다. 생부는 형조참의를 지낸 휘 류관현(柳觀鉉, 1692~1764)이며, 생모 숙부인(淑夫人) 김씨(金氏)는 김구용(金九用, 1662~1718)의 딸이다.

공이 양자가 된 것은 어렸을 때였는데, 숙부인이 겨울에 얇은 옷을 입고 있는 것을 보고 울면서 집으로 돌아와 솜을 보자기에 가득 싸서 안고 나갔으니, 이는 숙부인에게 드리려는 것이었다.

10세 때 정부인(貞夫人: 양모)의 상을 당했는데, 매번 울 때마다 얼굴에 눈물로 범벅이었다. 아우 류장원(柳長源, 1724~1796)이 이때 7살의 나이로 승중(承重: 대를 잇는 것)한 후에 상을 당하여 공에게 묻기를, "형님처럼 곡하면서 눈물을 흘리려고 해도 흘릴 수가 없으니 어찌해야 합니까?"라고 하자, 공이 말하기를, "부모님의 음성과 모습 및 우리를 사랑하시던 일을 생각하며 곡하면 눈물이 날 것이다. 눈물은 억지로 해서 흘릴 수가 없는 것이다."라고 하였다.

양부와 생부를 섬겼는데 곁에서 기쁘게 모시며 뜻을 잘 받들고 좋은 음식으로 봉양하기를 다하였으며, 상을 치르고 상복을 입은 것이 단정하고 엄숙하여 안팎의 법도를 확실히 하였다. 제사를 받드는 일에는 더욱 재계(齋戒)하고 정결(淨潔)하였으며, 제사를 지내는 저녁에는 앉아서 닭이 울 때까지 기다렸다. 서모(庶母)를 매우 따뜻하게 대우하면서 그 서모 집을 보살피는데 처음부터 끝까지 변하지 않았다.

형제 간에는 친부모를 섬기는 도리로 백씨(伯氏: 柳通源, 1715~1778)를 섬기면서 어린아이처럼 보호하였으며, 백씨와 계씨(季氏: 류장원)와 함께 같은 마을에 살면서 노년을 함께 보낼 계획을 세웠으며, 흉년이 들면 세 집이 재산을 합하여 입고 먹는 것을 고르게 하였다. 일찍이 과거에 보러 간 적이 있었는데, 길을 나선 지 하루 만에 갑자기 막내동생이 병중에 있음을 생각하고서 탄식하며 말하기를, "내가 내 동생과 함께하지 않고 홀로 과거를 보러 갈 수 있단 말인가?"라고 하고는 마침내 돌아왔다. 자녀들과 조카들이 둘러서서 뜻을 받들어 기쁘게 하면서 온화하고 화창하였으니, 대산(大山) 이상정(李象靖)이 그 모습을 보고서 감탄하여 말하기를, "인간 세상의 화락한 기운이 모두 여기에 있구나."라고 하였다.

종친을 위하면서 큰 흉년이 들었을 때, 종친과 마을사람들에게 알리고 권하여 돈과 곡식을 모아 친족 중에 가장 곤궁하고 위급한 이에게 베풀어 구제하였다. 류범휴가 고을 수령이 되자 모든 종친들을 기록하여서 보여 주며 경계하여 말하기를, "선조의 음덕으로 국록을 먹게 되었으니, 어찌 홀로 누릴 수 있겠는가?"라고 하였다. 이는 공이 집안에 있을 때의 행실이 진실하고 성실하였던 것이다.

공은 4세 때 글자를 알았는데, 글을 배우자마자 말을 하여 사람들을 놀라게 하였다. 13세 때 백운시(百韻詩: 류승현의 巴山百韻詩)에 차운하였다. 장성한 뒤에는 정문(程文: 科文體 문장)이 매우 훌륭하고 뛰어났지만, 일찍이 출세라는 것을 하찮게 여기고 도학을 중시하는 뜻을 가진 적이 있었으니, 비록 애를 써서 과거 시험에 응시하여 사마시에 급제했을지라도 좋아해서 한 것은 아니었다. 일찍이 크고 작은 회시(會試: 覆試)에 응시하기 위해 도성에 들어간 적이 있었는데, 당시 재상으로 공의 명성을 듣고서 만나고 싶어 한 자가 있었으나 공은 응하지 않았다. 과거 시험장에 들어가려고 하니, 시험장 안의 서리(書吏)가 은밀하게 공에게 부탁하며 시권(試券: 과거 답안지)을 반드시 직접 제출하라고 하자, 공은 그에게 부정한 의도가 있음을 생각하고 딴사람을 시켜 시권을 제출하게 하였다.

만년에는 집을 지어 노애(蘆厓: 경상북도 안동시 임동면 박곡리에 있는 류도원이 기거하던 집의 편액)라 하고서 성현의 경전을 쌓아 두었는데, 그 안에 잠자리로 삼아서 세상사를 다 떨쳐 버렸다.

금상(今上: 정조) 무신년(1788)에 참의공(參議公: 류관현)이 지난 무신년(1728) 역난(逆難: 李麟佐의 난) 때 창의한 공으로 특별히 품계를 올려 증직하면서 교지를 내려서 말하기를, "그의 아들 류도원(柳道源)은 학행(學行)이 있어서 관찰사의 추천에 여러 번 올랐다고 들었는데, 하물며 그 집안 사람임에랴?"라고 하고는, 선부(選部: 吏曹)에 칙서를 내려 등용하게 하였다. 도정(都政: 都目政事. 관리의 인사이동)을 하는 날에 다시 별도의 칙서를 내려 명릉참봉(明陵參奉)에 제수하니, 공이 말을 달려 상경하여 어명에 숙배(肅拜)하고 직소(直所)에 나아간 지 3일 만에 곧바로 병을 이유로 사직을 청원하고 돌아갔다. 재상 채제공(蔡濟恭)이 편지를 보내어 이르기를, "소미성(少微星: 덕망이 높은 은둔 선비의 상징)이 홀연히 종남산(終南山: 도성의 남산) 가까이에 왔다가 곧바로 벼슬하기 이전의 옷을 입겠다고 읊었구려. 삼가 바라건대 소리(素履: 본래 행하던 대로 함)를 더욱 도탑게 하여 산남(山南; 영남)의 귀감이 되소서."라고 하였다. 해당 부서에서 병을 이유로 한 사직서의 초기(草記: 정무상 중대하지 않은 사항을 그 내용만 간단히 적어 올리는 서식)를 올리자, 주상이 말하기를, "특별히 제수하여 내린 명을 어찌 초기(草記)의 예(例)를 따라 할 수 있겠는가?"라고 하고는, 해당 관청에서 다시 검토하여 한직(閑職)으로 바꾸도록 명하여 선공감 감역(繕工監監役)으로 옮겼고, 또 임지에 나아가는 기한도 늦추도록 명하였다. 공은 8개월 동안 머뭇거렸는데, 경술년(1790) 나라의 경사(慶事: 세자의 책봉)로 인하여 품계를 올려 첨지중추부사(僉知中樞府事)에 제수되었다.

공은 재물과 이욕에 담담하였다. 참의공이 임소에서 취리(就理: 稅船이 전복된 일로 조사를 받음)를 받은 적이 있었는데, 공이 자신의 거처에서 돌아갈 행장을 꾸리자 고을에서 쇄마(刷馬)를 빌리도록 전별금(餞別金)을 주는 관례가 있었으나 받지 않았다. 참의공이 기천(基川: 풍기) 임소에서 죽었는데 고을 사람들이 전례에 따라 부의금(賻儀金)을 거두어 주자, 공이 눈물을 흘리며 말하기를, "아버님께서 관직에 계시면서 일찍이 단 한 푼도 탐한 적이 없었는데, 이것을 어찌 받을 수 있겠습니까?"라고 하면서 굳이 사양하였다. 이것이야말로 공이 몸가짐을 삼간 고고함과 강직함이다.

공은 타고난 자질과 품성이 이미 도(道)에 가까웠으며, 경전(經傳)과 성인(聖人)의 가르침 및 송유(宋儒: 정자와 주자 등)의 심성설(心性說)들을 익히 살폈으며, 한둘의 석학들과 오가면서 공부하고 질문하며 체험하여 깨달은 것이 있었기 때문에 일상생활에서 드러났으며, 남을 대할 때는 너그러웠고 자신을 책망할 때는 엄중하였으며, 바르게 일깨우는 말을 들으면 기뻐하여 십계삼잠(十戒三箴)을 지었고, 법도가 될 만한 옛사람의 말을 벽에 써서 항상 눈에 띄게 하였다.

죽기 며칠 전에 정신이 또렷하여 곁에서 시중드는 이에게 주자서(朱子書) 몇째 권을 뽑아오게 하여 5판까지 읽고 말하기를, "이 부분은 내가 미처 읽지 못한 것이다."라고 하였으며, 이어서 학봉(鶴峯) 선생의 '노릉(魯陵: 단종)의 복위를 청하는 상소'를 읽게 하고 탄식하였으며, 목구멍 사이로 '억계시(抑戒詩: 《시경》〈억(抑)〉, 위나라 무공이 95세가 되어서 스스로를 경계한 시)'와 '불괴옥루장(不愧屋漏章: 張載의 〈西銘〉, 구석방에서도 부끄러운 짓을 하지 않음)'을 암송하였다. 죽음을 앞두고 곁에서 시중들던 자녀와 조카들을 불러 말하기를, "너희가 학문에 힘쓰고 행실에 삼가며 종족을 돈독히 하여 집안을 대대로 이어간다면 나는 눈을 감을 수 있으리라."라고 하였다. 이것이야말로 공은 평소 행적의 근원이 학문에서 나온 것이다.

공은 경종(景宗) 신축년(1721) 정월 3일에 태어나 금상(今上) 신해년(1791) 8월 6일에 세상을 떠났으니, 향년 71세였다. 같은 해 10월 19일

영덕(盈德) 송명산(松明山) 아래 곤좌(坤坐) 간향(艮向)의 언덕에 안장하였다.

아내 숙부인(淑夫人) 김씨(金氏)는 참봉 휘 김경온(金景溫, 1692~1734)의 딸이며, 감사 휘 김성구(金聲久, 1641~1707)의 증손녀이다. 시부모를 섬기고 제사를 받들 때는 정성과 공경을 다하였으며, 시누이와 동서들 및 시댁 족친을 대할 때는 은혜와 예의를 갖추었으며, 아들과 딸을 시집보내고 장가보내는 일까지 모두 스스로 베를 짜서 혼수를 마련하였다. 종친과 마을 사람들이 한결같은 말로 현숙하고 능력 있는 며느리라고 칭송하였다. 부인은 신축년(1721)에 태어나 무자년(1768)에 죽었고, 형조 참의공(刑曹參議公)의 묘소 옆 묘향(卯向)의 언덕에 안장하였다. …(중략)…

공이 비록 초야의 선비로 살면서도 일찍이 세상을 구제할 뜻을 품고 널리 배워 깊은 식견을 갖추었으며, 또한 당세에 쓰일 만했으나 일명(一命)의 낮은 벼슬길에도 머뭇거리며 기량을 감추어 세상에 알지 못했으니, 앞에서 이른바 '때가 그렇도록 한 것이겠는가?'라고 한 것이 아니겠는가. …(이하 명문 생략)…

斂樞柳公墓碣銘

近世鄕塾之敎, 山南獨不廢, 往往出篤行淸修之士。而顧不肯與俗俯仰, 甘槁枯丘壑弗悔, 豈時使然歟? 蘆厓柳公其人也。按公之子範休, 以其季父長源所爲狀來, 請墓銘者, 而謹叙之曰: 公諱道源, 字叔文, 自號蘆厓。其先本文化人, 中世有掌令諱濕, 移籍全州。歷三世而爲世宗朝集賢殿學士, 贈吏曹判書諱義孫, 以其弟執義諱末孫子贈都承旨諱季潼爲後。生諱軾, 弘文館典翰, 贈吏曹參判。二世而爲贈司僕正諱城, 移家嶺南之安東。生贈左承旨諱復起, 師事舅鶴峰金先生。生諱友潛, 賢而隱。生諱橚, 副護軍, 卽公之高祖。而曾祖諱振輝進士。祖諱奉時, 有行義, 爲宗黨重。考工曹參議贈吏曹參判諱升鉉, 妣贈貞夫人金氏, 縣監諱漢璧女。本生考刑曹參議諱觀鉉, 妣淑夫人金氏, 諱九用女也。

公爲子則幼時, 見淑夫人冬衣薄, 泣而歸, 包綿滿袂, 抱而出。盖將以進淑夫人也。十歲, 遭貞夫人喪, 每哭涕淚被面。弟長源, 時七歲, 遭所後承重喪, 問公曰:"欲如兄哭而有淚, 而不可得, 奈何?" 公曰:"思父母聲容及嘗愛我也而哭, 則有淚。淚不可强也." 其事二大人, 左右歡侍, 盡志物之養, 居喪持制斬斬, 壺內外截如也。奉祀事, 尤戒潔, 將事之夕, 坐而待鷄。遇庶母甚恩, 庇其家始終不衰。爲兄弟, 則以所事父者, 事伯氏, 保護若嬰兒, 與伯季氏, 並閈居, 爲同老計, 歲饑則三家合産, 均衣食。嘗赴擧, 行一日, 忽念季氏在疚中, 悵然曰:"吾不與吾弟偕, 而獨赴擧耶?" 遂還。子姪環侍承歡, 瀜瀜如也, 大山李公象靖, 見之歎曰:"人間和氣, 盡在此矣." 爲宗族, 則值歲大饑, 告諭宗黨, 鳩錢穀, 振施族人之最窮急者。範休之宰邑, 錄諸族以視戒曰:"以先蔭而有祿食, 其可以獨享乎?" 此公內行之篤厚也。公四歲識字, 甫受書, 出語驚人。年十三, 次百韻詩。及長, 程文甚工而碩, 嘗有薄進取重道學之意, 雖黽勉應擧, 中司馬試, 然非其好也。嘗赴大小會試入洛, 有時宰聞公名而願見者, 公不應。將入試圍, 圍內書吏, 密屬公, 試券必親納, 公意其有邪徑, 而倩人納券。晚年, 築室蘆厓, 貯墳典, 寢處其中, 遺落世事。今上戊申, 用參議公戊申逆難倡義功, 特陞贈秩, 仍下敎曰:"聞其子道源, 有學行, 屢登道剡, 況是家人乎?" 勑選部調用。都政日, 又下別勑, 除明陵參奉, 公馳上肅命, 旣就直三日, 卽呈病歸。蔡相濟恭, 貽書曰:"少微忽近終南, 旋賦初服。惟願益敦素履。以式山南." 云。該曹以呈病草記聞, 上曰:"特除之下, 豈可循例草記?" 命推考該堂, 換閟司, 移繕工監監役, 又命寬赴任日限。公低徊者八朔, 因庚戌邦慶, 陞授僉知中樞府事。公於貨利泊然。參議公嘗自仕所就理, 公在子舍治歸裝, 而邑有例贐夫馬錢, 不受。參議公卒于基川任所, 而鄉人議例受賻喪錢, 公泣曰:"大人居官, 未嘗以一錢染。此豈可受耶?" 固辭。此公持修之淸介也。公旣資性近道, 而樂觀經傳聖人之訓及宋孺心性諸說, 與一二鴻碩, 往復講質, 體驗而有得, 故其見於日用之間者, 遇物恕責己重, 聞規警則喜, 作十戒三箴, 壁書古人法語, 以常目。觀化前數日, 神識炯然, 命侍者, 抽

朱子書第幾卷, 閱至五板曰:"此吾未了看者也."命讀鶴峰先生請復魯陵疏, 爲之歎息, 喉間誦〈抑戒〉詩·〈不愧屋漏〉章。臨沒, 詔侍旁子姪, 曰:"使汝勤學勅行, 敦宗族, 能世其家, 則吾瞑目矣."此公平日事行之原本學問者也。公生景宗辛丑正月三日, 今上辛亥八月六日卒, 壽七十有一。用是年十月十九日, 葬盈德之松明山下向艮原。配淑夫人金氏, 參奉諱景溫女, 監司諱聲久曾孫也。事尊章, 奉蘋蘩, 盡誠敬, 處姊姒嫌及夫族, 有恩禮, 嫁娶男女, 皆自機杼中辦需。宗黨壹辭稱是婦賢而能幹。夫人生辛丑, 戊子卒, 葬從刑議公墓側向卯原。…(중략)…公雖布衣, 嘗有濟物之志, 博學深識, 又足以需當世, 而逡巡一命, 藏器不識, 嚮所謂時使然者非耶? …(이하 명문 생략)…

〔海左先生文集, 권28, 碣銘〕

53. 이종수

이종수의 자는 학보, 호는 후산, 본관은 진보이다. 경종 임인년(1722)에 태어났다. 정사년(1797)에 죽었다.

공은 일찌감치 도 있는 이를 가까이하여 크나큰 도리를 직접 얻어들으며 스승의 가르침을 독실하게 믿고 한결같이 학문을 지향하는 데에 뜻을 두었다. 구두와 문자에서부터 의리를 정밀하게 연구하여 신묘한 경지에 들어가는데 이르기까지, 또 인륜(人倫)을 행하는 일상생활에서부터 천인성명(天人性命: 하늘이 부여한 命과 사람이 받은 性)의 이치에 이르기까지 학문의 나아갈 길이 이미 올바른데다 애써 들이는 힘이 더욱 부지런하였다. 지혜는 할 일을 대처하기에 넉넉하고 어젊은 백성을 구제하기에 넉넉하며, 문장은 크나큰 계책을 꾸미기에 넉넉하고 재주는 세상을 경영하기에 넉넉하였다. 옛사람들이 말한 성인(成人)에 공은 아마도 가까울 것이다. 고을 사람들이 공경하고 사모하였으며, 사림들이 본받고 따랐다. 일찍이 대산(大山: 李象靖)과 소산(小山: 李光靖)의 학문을 흠모해서 스스로 '후산(后山)'이라 호로 삼았다. 저술한 글로는 《근사어류집록(近思錄語類輯錄: 近思錄朱語類輯)》·《감흥주해(感興註解: 感興詩諸家註解)》·《퇴계시집차의(退溪詩集箚疑: 退溪先生詩集箚疑)》·《가례집유(家禮輯遺)》·《수사전습록(洙泗傳習錄)》·《도설(圖說: 《대학》誠意章의 도설)》·《훈의(訓義: 논어집주의 훈의)》가 있다.【협주: 이우가 찬한 행장에 실려 있다.】

• 李宗洙

李宗洙, 字學甫, 號后山, 眞寶人。景宗壬寅生。丁巳卒。

公早親有道, 得聞大方, 篤信師訓, 一意向學。自句讀文字, 至於精義入神¹, 自人倫日用, 至於天人性命², 門路旣正, 功力益勤。智足以應務, 仁足以濟物, 文足以飾猷, 才足以經世。古所謂成人³, 公其近之。鄕黨敬慕, 士林矜式。嘗慕大小山之學, 自號后山。所著有《近思錄語類輯錄》·《感興註解》·《退溪詩集箚疑》·《家禮輯遺》·《洙泗傳習錄》·《圖說》·《訓義》。【李瑀⁴撰行狀⁵】

보충

이종수(1722~1797)의 가계와 학문

이종수(李宗洙)

이종수는 대산(大山) 이상정(李象靖)과 소산(小山) 이광정(李光靖)의 문하에서 43년 동안 공부하면서 돈독한 사제지의(師弟之義)를 맺었다. 호를 '후산(后山)'이라 한 것은 대산과 소산의 학문을 계승하라는 의미에서

---

1 精義入神(정의입신): 의리를 정밀하게 연구하여 신묘한 경지에 진입함.《周易》〈繫辭傳下〉에 "사람이 의리를 정밀히 연구하여 신묘한 경지에 드는 것은 극진하게 활용하기 위함이다.(精義入神, 以致用也.)"라고 한 데서 나오는 말이다.

2 天人性命(천인성명): 하늘이 부여한 命과 사람이 받은 性.《周易大傳》〈乾卦 象〉에 "하늘의 도가 변화하매 각각 성과 명을 바르게 하여 큰 和氣를 보전케 해 준다.(乾道變化, 各正性命, 保合大和.)"라고 하였는데, 주희의《本義》에 "하늘이 부여한 것을 命이라 하고, 물이 받은 것을 性이라 한다."라고 하였다.

3 成人(성인):《荀子》권1〈勸學篇〉에 보이는 말. "덕이 지켜진 뒤에 내심을 정할 수 있고 내심이 정해진 뒤에 외물에 응할 수 있으니, 능히 정하고 능히 응하는 경지에 오른 이를 '성인'이라 이른다.(德操然後能定, 能定然後能應, 能定能應, 夫是之謂成人.)"라고 한 데서 나오는 말이다.

4 李瑀(이우): 李㙖(1739~1811)의 오기. 본관은 韓山, 자는 穉春, 호는 俛庵. 증조부는 李碩觀이며, 조부는 李泰和이다. 아버지는 小山 李光靖이며, 어머니 義城金氏는 金良鉉의 딸이다. 가학을 통해 공부를 하였으나 과거 공부에는 뜻을 접고 자신의 정신을 수양하는 공부를 하였다. 타고난 성품이 과단성 있고 정의로워 영남유생 1만여 명이 思悼世子의 억울함을 풀어주고 해명하는 상소를 올릴 때 앞장섰다가 전라남도 완도군 古今島로 유배되었다. 사면된 후에는 참봉에 추천되어 제수되었지만 사직하고, 숙부 大山 李象靖의 遺事를 짓고 문집을 발간하는데 정성을 다하였다.

5 李㙖의《俛庵文集》권12의〈行狀〉에 실려 있는 것임. 매우 방대한 분량이라, 아쉽지만 번역하여 보충하지 않았다.

스승이 지어준 것이라 한다. 당대는 물론이고 후대에도 대산 이상정에게
이어진 퇴계학의 정맥을 계승한 인물로 평가받는다.

본관은 진보(眞寶), 자는 학보(學甫), 호는 후산(后山)이다. 고조부 난옹
(懶翁) 이긍(李亘, 1618~1686)은 생원시 합격하여 춘추관 학사(春秋館學士)
를 역임하였으며, 1676년 여강서원(廬江書院)이 호계서원(虎溪書院)으로
사액될 때 향중(鄕中)의 소수(疏首)로 추대되어 활약했다. 증조부는 이태
징(李台徵)이며, 조부는 이정영(李廷英)이다. 이들은 모두 두터운 덕으로
향리에서 존중을 받았다. 아버지 이덕삼(李德三)은 행실과 효우로 추앙
받았으며, 어머니 의성김씨(義城金氏)는 장사랑 김이감(金以鑑)의 딸로 김
시권(金是權)의 현손녀이자 학봉 김성일(金誠一)의 6세 손녀이다. 1722년
11월 4일에 일직리(一直里)에서 태어났다. 백부 이기삼(李起三)의 양자가
되었다. 백모 전주류씨(全州柳氏)는 류성시(柳聖時)의 딸이자 목사 류정휘
(柳挺輝)의 손녀이다. 부인 의성김씨(義城金氏)는 김명탁(金命鐸)의 딸이자
표은(瓢隱) 김시온(金是榅)의 현손녀이다.

어려서부터 남달랐으니, 네 살 무렵 우연히 넘어져 입술을 심하게 다
쳤는데, 의사가 약을 지어주며 말하기를, "입을 벌려 말하거나 웃으면
상처가 아물 수 없다."라고 하니, 사람들이 아무리 말을 걸어 웃게 하려
해도 다 나을 때까지 말하지도 웃지도 않았다는 일화가 있을 정도로
뜻을 세우고 고통을 참는 힘이 남달랐다. 7세 때《십구사(十九史)》를 익
혔고, 열네댓 살 때 통사(通史)와 사서(四書)를 두루 읽으며 이미 대의를
이해하였고, 시서와 고문을 읽을 때는 반드시 천 번을 읽겠다고 하여
잠자고 먹는 것도 잊을 정도였다. 1738년《문산책(文山策: 文天祥)》을 읽
고 있을 때, 부친이 우연히 찾아와 이를 보고 말하기를, "네가 이 책을
읽는 것은 과거에 급제하려는 것이냐? 유자의 공부는 과거 시험에 있는
것이 아니다. 공자와 맹자가 언제 과거를 위해 책을 읽으라고 한 적이
있느냐? 마땅히《논어》와《맹자》를 읽고 성현의 본뜻을 구하여야 일생

을 그르치지 않을 것이다.”라고 하니, 이 말을 듣고 깊이 감화되어 곧바로 성현의 책을 찾아 읽으며 이른바 ‘사람을 가르치는 본래의 뜻’이 무엇인지 구하게 되었다.

1739년 겨울, 봉두산(鳳頭山)의 옥련사(玉蓮寺)에서 책을 읽고 있었는데, 마침 대산(大山) 선생이 제자들을 데리고 왔다가 지은 시에 화답하기를, “먹줄과 곡척(曲尺)은 큰 장인이 필요하고, 작은 시내도 큰 강의 흐름을 익힌다.”라고 하였으니, 자신의 뜻을 말한 것이다. 1740년 양부이자 백부인 이기삼에게 청하여 대산 선생의 문하에서 수학하였다. 어린 나이에 그 문하에 들어가 따라다니며 열흘 혹은 한 달 이상 머무르곤 하였는데, 들었던 가르침과 말씀을 곧바로 기록하여서 보고 익히는 데 썼으며, 나중에 다시 보고 성찰하는 자료로 삼았다.

중년 이후로는 더 이상 과거에 응시하지 않고 오로지 경전의 뜻을 강구하는 것을 궁극의 방법으로 삼았다. 그 사이에 지나치게 깊이 생각하다가 병이 들어 몸이 수척했는데, 대산이 경계하여 말하기를, “정 부자(程夫子: 송나라 程顥와 程頤)가 ‘학문으로 인해 마음에 병이 생긴다는 말을 들어본 적이 없다.’고 하셨으니, 반드시 마음을 평온히 하고 몸을 잘 돌보아야 힘을 얻을 수 있다.”라고 하였다. 그래서 옛사람들의 마음을 다스리는 요점을 필사해 날마다 익히고 기르니 병이 곧 나았다. 평생 명예를 좇는 일을 부끄럽게 여겨 늘 ‘입으로는 과장된 말을 끊고, 발로는 실지를 밟는다.(口絶夸辭, 脚踏實地)’라는 여덟 글자를 자리에 써두고 스스로 경계하였다.

이종수가 살던 마을은 풍속이 순박하고 거칠며 글을 아는 이가 드물었는데, 마을 원로들에게 자문하여 사당을 세우고 고쳤다. 1747년 강회를 열었으니, 대산과 소산을 모시고서 논어의 강론을 청하였다. 이로부터 점차 학문을 닦으려는 분위기가 조성되었다. 권구(權榘, 1672~1749), 권덕수(權德秀, 1672~1759), 김낙행(金樂行, 1708~1766), 권상일(權相一,

1679~1759), 권병(權炳, 1723~1772) 등의 여러 선생을 모시고 강마를 거듭했다. 특히, 천사(川沙) 김종덕(金宗德, 1724~1797)과 동암(東巖) 류장원(柳長源, 1724~1796)은 뜻을 같이한 벗으로 서로를 격려하고 후학을 양성하려는 뜻까지도 서로 고무하였다.

그가 일찍이 말했던 바, "사람이 학문을 하는 것은 오직 한 마음에 달려 있다. 마음을 잘 보존할 수 있으면 모든 일을 할 수 있다. 그러나 마음을 보존하는 데에도 도가 있으니, 이른바 '경(敬)'이 바로 마음을 보존하는 핵심이다."라고 한 것을 평생 실천하였다. 그의 저술은 처음부터 의도적으로 쓴 것이 아니라, 일상생활에 있어 결코 소홀히 할 수 없는 내용을 접할 때마다 그때그때 손수 기록한 것이었다. 《근사록주어류집(近思錄朱語類輯)》은 《사자서(四子書)》가 초학자의 입문서이나 주석이 다소 조잡한 면이 있어서 주자의 어록 가운데 사자서와 관련된 내용을 뽑은 것이다. 《감흥시제가주해(感興詩諸家註解)》는 주자(朱子)가 지은 〈감흥시〉는 학문을 논한 시이지만, 여러 학자들의 주석은 뒤섞여 난잡하였기에, 여러 유학자들의 해석을 모은 것이다. 《퇴계선생시집차의(退溪先生詩集箚疑)》는 퇴계 선생의 시집에 고전에서 인용한 내용이 많아 초학자들이 이해하기 어려워 한유와 소식의 주석 방식을 본받아 자료를 수집하고 고증을 더한 것이다. 《가례집유(家禮輯遺)》는 매오(梅塢) 김태렴(金泰濂: 金是權의 현손, 1694~1775)이 편찬한 의문(儀文)과 변절(變節)이었지만 미정리된 부분이 있어 수년에 걸쳐 교정하고 수정하여 예절과 절차를 정비함으로써 비로소 실용적인 준거가 되도록 한 것이다. 그 외에도 여러 저술이 있다.

1797년 11월 15일에 안동시 일직면 송리리 후산서당(后山書堂)의 산천재(山泉齋)에서 76세의 나이로 세상을 떠났다. 임종시에 못난 나 이우(李㙖, 1739~1811)에게 말하기를, "선생 문집의 교감이 아직 끝나지 않았으니 김굉(金宏, 1739~1816)과 함께 힘써야 한다."라고 하였고, 집안의 동생 이종상(李宗相)에게 말하기를, "그대 집안에 후사 세우는 일을 어찌하여 빨리 결정하지 않는가?"라고 하였으며, 시중드는 이에게 말하기를, "병중이라 정신이 매우 혼란스럽구나. 전에는 쓸모없는 학문이 눈앞에 늘 맴돌아 물리칠 수 없었는데, 이제는 사서(四書)가 모두 눈앞에 펼쳐져 있어 스스로 읊조리게 된다. 꽤나 지치는구나."라고 하였다 한다.

　그의 학문은 신실함과 실천력이 두드러졌고, 깨달음이 깊어 지키는 데 확고했다. 의리와 논변에서는 오로지 옳음을 따랐으며, 겸손하게 남의 의견을 받아들이는 태도를 견지했다. 만년에 이르러서도 학문에 대한 열정이 식지 않았다. 이종수는 당대 물론이고 후대에도 대산 이상정에게 이어진 퇴계학의 정맥을 계승한 인물로 평가받는다.

54. 류장원

류장원의 자는 숙원, 호는 동암, 본관은 전주이다. 참의(參議) 류관현(柳觀鉉)의 아들이다. 경종 갑진년(1724)에 태어났다. 영조 계미년(1763) 사마시에 합격하였다. 병진년(1796)에 죽었다.

공은 풍모가 준엄한데다 기량이 크고 넓었으며, 덕을 닦는 데에 차근차근히 하고 효도와 우애에 독실하였으며, 글을 논하고 이치를 강론하면서 백가서(百家書)에 두루 밝았다.

공은 만년에 대산(大山: 이상정) 선생의 문하에서 교정(矯正)을 구하여 옛사람들이 서로 전해 온 지결(旨訣: 가르침)을 배웠다.

기유년(1789)에 사림이 호계서원(虎溪書院)에서 강회(講會)를 베풀고 공을 강론의 주재자로 삼으니, 이때 모인 이가 300여 명이었다.

일찍이 말하기를, "근래 영남 사람들이 자주 남다른 대우를 받아 임금의 은혜가 끝이 없으니 마땅히 힘써 보답해야 한다. 그러나 후생들 가운데 자못 함부로 들떠 남과 권세를 다투려는 기운이 있으니, 이는 매우 우려할 만한 일이다"라고 한 적이 있다.

일찍이 말하기를, "기해년(1659) 방례(邦禮: 慈懿大妃의 복상 문제)에서 피차가 논란을 벌여 의논이 여러 갈래였다. 그렇지만 그 다투었던 바는 단지 장자(長子)에게 대를 이를 자손이 있는지 없는지 여부 및 차남(次男)이 적자(嫡子)의 자리를 이어받을 경우에도 또한 서자(庶子)라 부를 수 있는지 없는지 여부일 뿐이다. 우암(尤庵) 송씨(宋氏: 송시열)가 《가소(賈疏)》를 정자(程子)·주자(朱子)가 자세히 보지 않았다고 해서 믿고 따르려 하지 않았다. 그러나 지금 《의례경전(儀禮經傳)·내치편(內治篇)》의 〈입세자(立世子: 세자를 세움)〉 조목을 살피건대, '세자가 병으로 죽으면 다시 적장자(嫡長子)를 세운다.'라고 하였는데, '세자'라고 하였으니 어린 나이에 죽어 적자(嫡子)

가 되지 못한 경우가 아니며, 또 '다시 적장자를 세운다.'라고 하였으니 더구나 차남이 적자의 자리를 이어받으면 서자가 되지 않음을 밝히는 증거이다. 이는 주자(朱子)가 손수 살핀 것이니, 당시 만약 이를 증거로 제시했다면 우암이 또 무엇이라고 말할지 모르겠다."라고 한 적이 있었다.

학술의 옳고 그름을 매우 엄격하게 분별하였다. 일찍이 익찬(翊贊) 안정복(安鼎福)의 《천학혹문(天學或問: 천주교 비판서)》을 얻어 본 적이 있었는데, 감탄하여 말하기를, "이 어른이 사악한 설을 배척한 공은 참으로 우연이 아니다. 그러나 만일 이단의 학문을 분별하여 타파하고자 했면 마땅히 '변파(辨破)'라는 두 글자를 제목으로 삼아 사람들이 미처 책을 펼치기도 전에 그 방향을 알 수 있게 했어야 했다. 어찌 문답이라는 어휘를 취사선택하여 표제(標題)로 삼아서 마치 《학용혹문(學庸或問: 주자의 대학혹문과 중용학문)》과 같게 할 수 있단 말인가? 저들은 '천(天)'을 그 학문의 이름으로 삼으면서도 천을 도외시하고 하늘의 품질(品秩)을 말할 때면 군신(君臣)과 부자(父子)가 없으니, 이것을 죄라고 성토해야 할진댄 이미 하늘 아래 용납될 수 없는 일이다."라고 하였다.

일찍이 조정에서 《소학》의 강규(講規: 강회에 관한 규정)를 더욱 엄하게 시행한다는 소식을 들은 적이 있었는데, 기뻐하여 말하기를, "이것이 비록 겉으로는 형식적인 것 같으나, 온 나라의 유생들이 모두 《소학》을 읽는다면 어찌 입으로 읽다가 충심으로 기뻐하여 마음이 움직여서 떨쳐 일어나는 자가 없겠는가?"라고 하였다.

저서로는 《사서찬주증보(四書纂註增補)》 32권, 《사서소주고의(四書小註考疑)》 2권, 《상변례통고(常變禮通考)》 22권, 《계훈류편(溪訓類編)》, 《호서류편(湖書類編)》, 《자경록(資警錄)》, 《학용의의(學庸疑義)》, 《근사록석의변(近思錄釋疑辨)》, 《의례고견(疑禮瞽見)》, 《주천농법(周天筭法)》 및 문집 몇 권이 있다.【협주: 가장에 실려 있다.】

• 柳長源

柳長源[1], 字叔遠, 號東巖, 全州人。參議觀鉉子。景宗甲辰生。英宗癸未司馬。丙辰卒。

公風儀峻整, 宇量弘曠, 循循進德, 篤於孝友, 論書講理, 汎濫百家。

公晚而取正於大山先生之門, 得古人相傳旨訣。

己酉, 士林設講會于虎溪書院[2], 以公主敎, 時會者三百餘人。

嘗曰:“近日嶺人, 荐被異數, 聖恩罔極, 宜勉報答。但後生輩頗有掀動躁競之漸, 此甚可憂也.”

嘗曰:“己亥邦禮[3], 彼此繳紛, 議論多端。然其所爭, 只在長子無後與否及次嫡承統亦名庶子與否而已。尤庵宋氏, 以《賈疏[4]》未經程朱勘破[5], 不之信服。然今按《儀禮經傳[6]·內治篇》〈立世子〉條, 有曰: ‘世子疾死,

---

1 柳長源(류장원, 1724~1796): 본관은 全州, 자는 叔遠, 호는 東巖. 아버지는 경성판관 柳觀鉉이며, 어머니 善山金氏는 金九用의 딸이다. 부인 安東權氏는 權斗山의 딸이다. 柳通源과 柳道源 두 형이 있었는데, 류도원은 백부 柳升鉉에게, 류장원은 柳信迪에게 각각 입양되어 대를 이었다. 류장원은 세 아들을 두었으나 모두 사망하여 류통원의 아들 柳川休를 후사로 삼았다. 9세에 류승현에게 수학하였고, 金樂行에게 배웠다. 1763년 진사시에 합격하였다. 1769년 李象靖의 문하에서도 수학하였다. 이상정 아래에서 동문수학하던 李宗洙·金宗德·趙述道·金鎭東·南漢朝·李㙖·金道行 등과 평생을 두고 학문을 나누었다. 특히 김종덕·이종수와 함께 '湖門三老'라 불렸다. 그의 학문은 柳健休·柳致明·柳斗文·柳洛文·柳炳文·柳約文·柳鼎文 등으로 계승되었다고 한다.

2 虎溪書院(호계서원): 1573년에 李滉의 학문과 덕행을 추모하기 위하여 월곡면 道谷洞에 廬江書院으로 창건하여 위패를 모셨고, 1625년에 柳成龍과 金誠一을 추가 奉享하였으며, 1767년에 사액되었다. 1973년에 안동댐 건설로 수몰하게 되어 경상북도 안동시 임하면 임하리로 이전하였음.

3 己亥邦禮(기해방례): 1659년 효종의 장례에 효종의 계모이자 인조의 계비인 慈懿大妃의 服喪 문제가 제기될 때 서인인 宋時烈과 宋浚吉이 주장한 朞年說이 채택된 것을 말함. 서인의 기년설에 대해 남인인 윤휴와 허목은 三年說을 주장했다.

4 賈疏(가소): 賈公彦이 지은 각종 禮書의 註疏. 가공언은 당나라 사람으로 永徽 연간에 太學博士를 지냈다. 저서로는 《周禮義疏》와 《儀禮義疏》가 있다.

5 勘破(감파): 자세히 따지어 분석함.

6 儀禮經傳(의례경전): 儀禮經傳通解. 宋나라 朱熹가 고대 禮書인 《儀禮》를 經으로 하고 《禮記》 및 注疏·여타의 經·史·雜書에서 禮에 관련된 내용들을 취하여 경 아래에 傳으로 附記함으로써 經傳 체재로 편찬한 책이다.

復立嫡長子.' 旣曰世子, 則非死在幼穉而不成爲嫡者也, 又曰: '復立嫡長子.' 則乃是次嫡不爲庶子之明證也。 此是朱子所手勘者, 當時若擧此爲證, 不知尤庵又何以爲說也."

　學術邪正, 辨之甚嚴。 嘗得安翼贊鼎福[7]《天學或問[8]》, 歎曰: "此老闢邪之功, 誠不偶然。 然如欲辨破異學, 當以'辨破'二字把作題目, 使人未開卷而知所向背可也。 何可設辭問答, 作爲標題, 有若《學庸或問》哉? 彼以天名其學而外天, 斁天秩[9], 無君臣父子, 聲此爲罪, 已不可容於覆載矣."

　嘗聞朝家申嚴《小學》講規, 喜曰: "此雖似文具[10], 一國儒士, 咸讀《小學》, 安知[11]無口讀而心悅感發而興起者乎?"

　所著書有《四書纂註增補》三十二卷·《四書小註考疑》二卷·《常變禮通考》二十二卷·《溪訓類編》·《湖書類編》·《資警錄》·《學庸疑義》·《近思錄釋疑辨》·《疑禮瞽見》·《周天籌法》及文集若干卷。【家狀[12]】

7　安翼贊鼎福(안익찬정복): 翼贊 安鼎福(1712~1791). 본관은 廣州, 자는 百順, 호는 順庵·漢山病隱·虞夷子·橡軒. 提川 출신. 증조부는 安信行이며, 조부는 예조참의 安瑞羽이다. 아버지는 安極이며, 어머니 全州李氏는 李益齡의 딸이다. 부인 昌寧成氏는 成純의 딸이다. 어려운 초년을 보내며 독학으로 유교 경전과 병서·불교·노자·소설에 이르기까지 광범하게 독서했고 역학에도 조예가 깊었다. 35세에 李瀷의 문인이 되면서 학문이 더욱 깊어졌고 실학적 경세론을 펴기도 했다. 1749년 萬寧殿參奉으로 처음 벼슬을 시작해 이듬해 義盈庫奉事가 되고, 1752년 歸厚署別提를 역임하였다. 이어 이듬해 사헌부감찰에 이르렀으나 부친의 사망과 자신의 건강 때문에 벼슬을 그만두었다. 1772년에 세자익위사 관원으로 세손의 교육을 맡은 인연으로 정조 집권 후 1776년 충청도의 木川縣監으로 나지방관으로 나가 자신의 사상을 실천에 옮기는 기회도 가졌다. 천주교가 사회문제가 되자 철저히 비판하는 입장에 섰다.

8　天學或問(천학혹문): 안정복이 제자 남한조에게 말한바, "오호라. 이단이나 사학은 마땅히 물리쳐야 하는 것이다. 그런데 총명하고 재변이 있는 우리 선비들이 점점 더 여기에 빠져들고 있으니 어찌 안타까운 일이 아니겠는가. 장차 그들의 행동은 가정과 국가가 반드시 화를 입은 뒤에야 그치게 될 것이다. 나는 이제 이를 우려하여 '사악한 설을 풀어 헤치고 밝혀 물리치고자' 하는 글을 짓고, 〈天學或問〉이라 이름짓는다. 모든 正學人들이 나의 이러한 뜻을 헤아리고 斥邪에 앞장서 주기를 바랄 뿐이다."라고 함. 그 뒤에 개정하고 보완하여 《天學問答》으로 발표되었다.

9　天秩(천질): 尊卑·貴賤의 등급.

10　文具(문구): 일의 실속은 없이 겉만 그럴듯하게 꾸밈.

11　知(지): 得의 오기인 듯.

12　柳長源의 《東巖集》에 南漢朝가 지은 〈행장〉과 李㙖가 지은 〈묘갈〉이 실려 있으나, 위의 원전 사실과 부합하지 않아서 현재로서는 확인할 수가 없음.

55. 김시기

김시기의 자는 대용, 호는 낙유재, 본관은 의성이다. 난곡(蘭谷) 김강
한(金江漢)의 아들이다. 영조 정묘년(1741: 신미년의 오기 1751)에 태어
났다. 경인년(1770: 기해년의 오기, 1779)에 죽었다.

아버지를 장사지내려고 관을 받들어 낙연(落淵: 안동시 길안면 용계리)을
건너려다가 돌연히 깊고 험한 곳에 빠졌는데, 물살이 급하여 멈출 수가
없어서 상여는 떠내려갔다. 공이 관을 끌어잡고 함께 떠내려가 그대로
급류의 여울목으로 향했다. 물은 깊고 강폭은 좁아서 종종 강언덕에 부
딪치며 지나가니, 강언덕 위에 있던 사람들이 다급하게 소리쳐 말하기
를, "뛰어내려라! 뛰어내려라!"라고 하였다. 공은 끝내 뛰어내리지 않았
고 여울에서 죽고 말았다. 시신은 사흘이 지나서야 비로소 떠올랐고,
관 또한 바위틈에 걸려 있었다.【협주: 가장에 실려 있다.】

• 金始器

金始器, 字大用, 號樂有齋, 義城人。蘭谷江漢子。英宗丁卯[1]生。庚
寅[2]卒。

將葬父, 奉柩, 渡落淵, 忽陷深險, 水急不能止, 喪車浮下。公攀附同
泛, 直向灘頭。水深而狹, 往往掠過涯岸, 岸上人, 疾聲呼曰: "投下! 投
下!" 公竟不下, 死於灘。屍三日始出, 柩亦冑在石齒。【家狀[3]】

---

1 丁卯(정묘): 辛未의 오기.
2 庚寅(경인): 己亥의 오기. 金江漢의 몰년이다.
3 家狀(가장): 실려 있는 문헌을 찾을 수 없음.

보충

류도원(柳道源, 1721~1791)이 찬한 사적

효자 김대용 순부사적략

효자는 바로 난곡처사(蘭谷處士) 김강한(金江漢)의 아들이다. 처사는 기해년(1779) 모월 모일에 집에서 죽었다. 한 달이 지난 뒤 수서(水西) 송석산(松石山: 경상북도 안동시 임하면 소재)에 장지를 정했는데, 집에서 10여 리 떨어져 있었고 큰 강을 네 번이나 건너야 했다.

때마침 남쪽 지방에 장맛비가 열흘에 걸쳐 내리자, 효자는 장례 당일 물에 막힐까 염려해 예정일보다 5일을 앞당겨 관을 받들어 길을 떠났는데, 실제로는 모월 모일이었다. 상여가 두 여울을 건너고 나서 낙연(落淵) 가에 이르렀다. 효자는 폭포 위를 상여가 건너기에는 위험한 길이라고 여겨 관을 받들어 벼랑길로 가고자 하였으나, 상여꾼들은 모두 물길에 익숙한 자들이라서 비웃으며 응하지 않은데다 또 넓은 여울을 피하고서 곧바로 아래쪽 물살을 향해 나아갔다. 효자는 이를 막지 못하자, 마을 사람들이 효자에게 억지로 상여에 오르게 한 뒤 함께 건너게 하였다. 이윽고 가장 깊고 험한 곳에 빠지게 되었는데, 상여꾼들은 모두 뛰어내렸으나 상여는 강을 가로질러 떠내려갔다. 폭포까지는 아직 백여 보쯤 남았는데, 물은 깊고 강폭은 좁아서 상여의 양 끝이 이따금 강가에 가까워졌다. 효자의 6촌형 김시정(金始精) 또한 상여 앞에 있었는데, 강가로 뛰어내리며 큰 소리로 외치기를, “상주야, 뛰어내려라, 뛰어내려라!”라고 하였고, 강가의 사람들 또한 모두 다급하게 소리쳐 뛰어내리라고 재촉하였으니, 그 소리는 온 골짜기를 뒤흔들었다. 그러나 효자는 끝내 돌아보거나 일어나지도 않았고, 상복과 상건을 단정히 가다듬고서 휘장을 걷어 관을 안은 채 이미 폭포 어귀에 들어섰다. 상여는 한꺼번에 산산이 부서졌으나, 유독 관과 시신만은 손상되지 않은 채로 곧 물 위에 드러났는데, 상주가 짚는 지팡이도 그 곁에 있었다. 효자의 시신은 사흘이 지나서야 비로소 떠올랐고, 마침 관이 드러났던 곳은 그 모래와 돌 사이에 있었다. 얼굴은 살아 있는 듯했고, 두건과 상복 및 엄짚신 등까지도 조금도 변하거나 흐트러지지 않았다고 한다.

효자의 본관은 문소(聞韶: 의성), 이름은 김시기(金始器), 자는 대용(大用)이다. 향년 29세였다. 그가 10세 남짓 되었을 때 내가 난옹(蘭翁: 김강한)을 찾아간 적이 있는데, 벽에 역경(易經)의 괘도(卦圖)가 걸려 있는 것을 보고 주인의 작품인 것으로 생각하여 질문해 판별하려 하였다. 그러나 난옹은 웃으며 말하기를 "아이가 멋대로 그려 벽에 걸었는데 꾸짖어 막지 못했다"라고 하였지만, 나는 이미 크게 기이하게 여겼다.

그가 장성하자 문학이 뛰어났고 효성과 우의(友誼)가 널리 알려졌으며, 집은 가난하였으나 콩과 물로 어버이를 봉양하면서도 근심스러운 기색을 보인 적이 없었다. 그의 사람됨이 겉으로는 온화하고 순하였으나 마음속은 지조를 지니고 있었다. 어떤 이들은 그를 부드럽고 느슨하다 평했지만, 아범(阿範)만은 이 사람이야말로 절개를 지키다 의리에 죽을 선비라고 여겼으니, 그 말이 과연 들어맞았다.

아아, 난옹은 평소에 성리학 공부에 몰두하여 충효의 절개를 갈고 닦았다. 일찍이 영조대왕의 상을 당해서는 1년 동안 소식(素食)을 하였으며, 또 어머니의 상을 추모하며 죽과 소금으로 3년상을 마쳤으니, 그 지극한 행실이 이와 같은 것이 있었다. 효자는 진실로 전해 받은 바가 있었던 것이다. 아아, 공경할 만하구나.

孝子金大用殉父事蹟略

孝子, 即蘭谷處士金公江漢之子也。處士以己亥某月日, 考終于家。既踰月, 卜葬于水西松石山, 去家十餘里, 其涉大江凡四焉。時南潦連旬, 孝子恐臨時阻水, 前期五日, 奉柩而行, 實某月某日也。喪車既涉兩灘, 到落淵上。孝子以瀑上渡礜危道也, 欲奉柩由遷路, 擔夫皆狃於水

者, 笑而不應, 又捨廣灘而直向下流。孝子不能禁, 里人强孝子登車後
以渡。遂陷於最深險處, 擔夫皆跳出, 喪車橫江而浮。去瀑尙百餘步, 水
深而狹, 故喪車兩頭, 往往與岸相近。孝子之再從兄金始精, 亦在車前,
投岸大呼曰:"喪主投下! 投下!"岸上人, 亦皆疾聲促下, 聲震一谷。孝
子終不顧起, 而整衰絰, 褰帷抱柩, 已入瀑口矣。車轝一時破碎, 獨棺柩
無傷, 卽露出, 苴杖在其傍。孝子之屍, 三日始出, 正在棺柩露出處, 沙
石之間。顏貌如生, 巾絰衰裳及菅屨結束, 不少變移云。孝子, 聞韶人,
名始器, 字大用。得年二十九。方其十餘歲, 余過蘭翁, 見壁上有易卦
圖, 意其爲主翁所作, 欲與之問辨。翁笑曰:"阿兒妄作而揭壁, 不能呵
禁矣."余已大異之。及長, 文學蔚然, 孝誼著聞, 家貧菽水承歡, 未嘗有
戚戚容。其爲人, 外和順而中有守, 人或以柔緩目之, 而阿範獨以爲是
伏節死義之士, 其言果驗矣。嗟夫! 蘭翁平日, 潛心性理之學, 以礪忠孝
之節。曾於英宗大王之喪, 食素期年, 又嘗追行母服, 以糜鹽終三年, 其
至行有如此者。孝子蓋有所受之也夫。嗚呼! 其可敬也已。

〔蘆厓集, 권7, 雜著〕

56. 배상열

배상열의 자는 군필, 호는 괴담, 본관은 곡강이다. 백죽당(栢竹堂) 배상지(裵尙志)의 후손이다. 영조 기묘년(1759)에 태어났다. 기유년(1789)에 죽었다.

태어나면서부터 자질이 남달라서 가르치지 않아도 법도를 따랐다. 인륜에 도타웠으며 성인(聖人)의 학문을 두루 꿰뚫었다.

천문(天文)·지리(地理)·율려(律呂: 음악)·주수(籌數: 수학 계산법)에 정통하여 일경대(日景臺: 日影臺. 해시계)를 짓고 혼천의(渾天儀: 천체의 변화 현상 관측기 璿璣玉衡)를 제작하였는데 털끝만큼의 오차도 없었다. 《도학육도(道學六圖)》·《서계쇄록(書計瑣錄)》를 저술하였는데, 모두 아주 자세히 조사하여 철저히 밝힌 논의였다.

온 고을의 사우(士友)들이 그의 죽음을 슬퍼해 한숨을 쉬면서 애석해하지 않음이 없었는데, 제문(祭文)이나 뇌사(誄辭)를 지어 온 자가 70여 명이었고, 상여의 줄을 잡은 이가 수백 명이나 되었다.【협주: 유적에 실려 있다.】

- **裵相說**

裵相說, 字君弼, 號槐潭, 曲江人。栢竹堂尙志[1]後。英宗己卯生。己

---

1 尙志(상지): 裵尙志(1351~1413). 증조부는 保勝別將 裵裕孫이며, 조부는 典理判書 裵榮至이다. 아버지는 興海君 裵詮이며, 어머니 一直孫氏는 靖平公 孫洪亮의 딸이다. 부인 安東權氏는 權希正의 딸이다. 牧隱 李穡의 문인이다. 蔭仕로 判太僕寺事를 지냈으며, 여말 정국이 혼란하여 머지않아 변혁이 있을 것을 알고 벼슬에서 물러나 안동 金溪村(경상북도 안동시 서후면 금계리)으로 옮겨가 은거하였다. 그곳에서 집 주위에 추운 겨울에도 시들지 않고 꿋꿋한 절개를 보여주는 잣나무와 대나무를 심어 자신의 뜻을 나타내고서 栢竹堂이라고 불렀다. 조선이 건국된 후, 여러 차례 출사의 명이 내려졌으나 자신의 뜻을 그대로 지켜 나갔다. 은거하는 중 金烏山에 숨어 살던 冶隱 吉再와 교유하였다.

酉卒。

生有異質, 不敎循矩。篤於人倫, 瀜貫聖學。

精於天文·地理·律呂·籌數, 作日景臺[2], 制渾天儀[3], 無毫忽差謬。著 《道學六圖》·《書計瑣錄》, 皆精核之論。

一鄕士友, 無不咨嗟其死, 操文而誄者七十餘人, 執紼者數百人。【遺 蹟[4]】

보충

류장원(柳長源, 1724~1796)이 찬한 묘표

괴담처사 배군 묘표

배상현(裵相賢, 1754~1796)이 그의 동생 처사군(處士君)의 유고를 내게 보여주며 말하기를, "죽은 동생이 조금 고상한 마음과 뜻을 가졌으나 학문은 방도를 알지 못하여 기수(氣數: 길흉화복의 운수) 문파(門派)에 빠져 들어 헤맨 것이 거의 20년이었습니다. 그런데 갑자기 깨달은 듯 말하기 를, '유자(儒者)의 학문에는 근본적인 것이 있고 지엽적인 것이 있는데, 상수(象數)는 곧 지엽적인 것일 뿐이다.'라고 하고는, 비로소 남쪽으로 호상(湖上: 안동시 일직면 소호리)으로 달려가 대산(大山) 이 선생(李先生: 李象靖)을 찾아뵈었습니다. 선생이 《대학(大學)》을 읽으라고 권하자, 드 디어 책을 품에 안고서 태백산 속으로 들어가 머리를 숙여 읽고 고개를

---

2   日景臺(일경대): 日影臺. 태양 광선의 이동에 따라 그 그림자의 방향을 알아보는 臺로서 해시계를 말한다.

3   渾天儀(혼천의): 《書經》에 나오는 璿璣玉衡. 해·달·별의 天象을 그려서 천체의 운행과 위치를 관측하던 기계인데, 四脚의 틀 위에 올려 놓고 회전시키면서 관측하도록 되어 있다.

4   遺蹟(유적): 裵相說의 《槐潭遺稿》에 金鎭東이 지은 〈행장〉, 鄭宗魯가 지은 〈묘지〉, 柳長源 이 지은 〈묘표〉 등이 있으나, 원전의 사실과 부합하지 않음.

들어 생각하느라 잠자는 것도 먹는 것도 거의 잊을 정도였습니다. 조금이나마 터득한 바가 있고 나자, 선생은 이미 세상을 떠났습니다. 집사(執事: 류장원)가 호상(湖上)에 가서 배웠다는 것을 듣고는 장차 찾아 뵙고 의문난 바를 질정하려 했지만 미처 길을 나서기도 전에 병을 얻어 죽고 말았습니다. 감히 생각건대 죽은 동생이 집사에게 마음을 기울여 흠모한 것이 이미 이와 같았으니, 집사 또한 어찌 무정할 수 있겠습니까? 바라건대 한마디의 말을 내려 묘도(墓道)에 표하게 해주십시오."라고 하였다. 이윽고 눈물을 마구 흘리니, 그 정성스러운 마음이 사람을 감동시키기에 충분하였다. 그리하여 마침내 늙고 못난 것을 생각지 않고 대강 한두 마디를 다음과 같이 적는다.

처산군의 이름은 상열(相說), 자는 군필(君弼), 본관은 곡강(曲江)이다. 백죽당(栢竹堂) 휘 배상지(裵尙志)의 후손이다. 증조부는 배응만(裵應萬)이고, 조부는 배행목(裵行睦)이며, 아버지는 배집(裵緝)인데, 모두 순후하고 삼가며 가풍을 지켜왔다. 어머니 안동권씨(安東權氏)는 권경여(權慶餘)의 딸이다. 처사군은 원릉(元陵: 영조) 기묘년(1759) 12월 25일에 내성현(乃城縣) 유록동(呦鹿洞)에서 태어났다. 절기가 입춘을 지났으므로 경진년(1760)으로 행세하였다. 기유년(1789) 4월 14일에 죽었고, 괴담(槐潭) 앞 산기슭 묘좌(卯坐)의 언덕에 안장하였으니, 나이 겨우 30세였다. 아, 슬프도다.

처사군은 태어나면서부터 자질이 남달라서 가르쳐 인도할 필요도 없이 스스로 법도를 따랐다. 부모의 뜻을 받들어 순종하고, 형을 공경하여 섬겼다. 앉을 때는 다리를 벌리지 않았고, 서 있을 때는 반드시 향하는 방향을 바르게 하였다. 살아 있는 벌레를 죽이지 않았고, 네모지고 긴 나무를 꺾지 않았다. 이는 대체로 타고난 성품이 그러했기 때문이다.

글자를 가르쳐 주자 곧 하나를 들으면 둘을 알았고, 동쪽을 이야기하면 서쪽을 깨달았다. 집에 책이 없어서 남에게 책을 비렸는데, 모두가 그의 사람됨을 좋아하여 그가 책을 빌리려는 것을 싫어하지 않았다. 계몽서(啓蒙書)를 얻게 되자 매우 기뻐하고는, 문을 닫아걸고서 몇 달 동안 몰입하여 탐구하였다. 이윽고 연이어서 율려(律呂)·주수(籌數)·천문(天文)·지리(地理)·상수(象數)에 관한 글들까지 보았고, 특히《주역(周易)》공부를 하였다. 그리하여 밤에는 천상(天象: 천체가 변화하는 여러 현상)을 관측하여 별자리를 분별하였고, 낮에는 구고(句股: 직각 삼각형에서 직각을 낀 짧은 변이 句, 긴 변이 股)를 펼쳐서 높이와 깊이를 재었으며, 일영대(日影臺)를 만들었고 혼천의(渾天儀)를 제작하였다. 또 호씨(胡氏: 胡安國)의 기농(朞筭: 曆法)으로는 여기(餘奇: 우수리)에 대해 아직 정통하지 못하였는데, 일월(日月)을 나눈 몫을 그 여기(餘奇)에 넣으니 꼭 맞아서 남거나 모자람이 없었다. 그의 재주는 뛰어났지만 전수받지 못했기 때문에 종종 단계를 건너뛰어 거꾸로 공부하였다.

　이 선생(李先生: 이상정)을 만나 배움의 순서를 들은 뒤로부터는 마침내 옷깃을 여미며 단정히 앉아 사서(四書) 및 민락(閩洛: 程明道·程伊川과 朱熹)의 글들을 읽고서 점차 그 말의 뜻에 맛이 있음을 알게 되었다. 처음에는 고심하고 힘을 다쏟는 모습에서 미처 벗어나지 못하였지만, 이런 노력이 오래되고 나서는 날로 더 평탄하고 신실한 데로 나아갔으니, 대개 장차 진척하고 진척하여 그침이 없어서 원대한 학업을 궁구하였을 것이다. 결국에는 뜻을 품은 채 죽었으니, 애석함을 금할 수 있겠는가.

　저술한 글로는《도학육도(道學六圖)》·《서계쇄록(書計瑣錄)》·《사서의의(四書疑義)》·《성리찬요(性理纂要)》·《사서찬요(四書纂要)》 및 잡저(雜著) 몇 편이 있는데, 대부분 약관(弱冠) 때 지은 것이었다. 때문에 반드시 하나하나 정곡을 찔렀다고는 할 수 없으나 대체로 모두 아주 자세히 조사하여 철저히 밝힌 논의였다.

　아, 처사군은 궁벽한 시골에 살았으니 문헌을 징험할 길이 없어 본 것이라고는 농사일에 불과하였고 들은 것이라고는 마을사람들의 이야기에 불과하였는데도, 홀연히 우리 학문에 뜻을 두고서 부지런히 힘쓰고 힘쓰다가 죽은 뒤에야 그만두었다. 어찌 이른바 호걸(豪傑)이라고 하지 않겠는가.

가정에서는 효도와 우애가 돈독하면서도 항상 부족한 점이 있는 듯이 하였으며, 이웃과 친족에게 교화가 행해지면 자신의 몸가짐은 더욱 엄격하고 세밀하였다. 마음을 경계하여 두려워한 것이 마치 깊은 연못이나 낭떠러지에 다다른 듯이 하였고, 지극히 겸손한 것이 마치 전연 무식한 듯이 하였다. 몸을 낮추어서 자신의 덕을 길렀는데도 사람들은 그를 더욱 고상하게 여겼다.

사대부들이 모두 그와 함께 종유하는 것을 즐거워하였으니, 그의 장례를 치를 때에는 제문(祭文)이나 뇌사(誄辭)를 지어 온 자가 70여 명이었고 상여의 줄을 잡은 이가 수백 명이나 되었다. 처사군의 덕행과 학문이 사람들의 마음을 감동시키지 않았다면, 어찌 이와 같을 수 있겠는가.

집 주변에 큰 홰나무가 있었는데, 그 아래에 연못을 파고서 '직방담(直方潭)'이라 부르고, 그 위에 서재를 세워 그 안에서 책을 읽었다. 배우려는 자들이 많이 모여들어 그를 따랐고, 사람들은 그를 '괴담처사(槐潭處士)'라 불렀다고 한다.

부인 풍산김씨(豐山金氏)는 김우추(金遇秋)의 딸로 허백당(虛白堂) 휘 김양진(金揚震)의 후손이다. 두 아들을 두었는데, 장남 김현덕(金顯德)은 아직 성년이 되지 않았고, 차남은 어리다.

槐潭處士裴君墓表

裴生相賢, 以其弟處士君遺卷示余, 曰: "亡弟, 稍有志尙, 而學未知方, 汎濫於氣數門戶, 殆二十年。 忽飜然曰: '儒者之學, 有本有末, 象數乃末也.' 乃南走湖上, 謁大山李先生。 先生勸讀《大學》, 遂抱書入太白山中, 俯讀仰思, 殆忘寢食。 旣粗有得, 而先生已下世矣。 聞執事聞湖上之學, 將以所疑就質, 未成行而遇疾死矣。 竊念亡弟, 所以傾嚮於執事者

已如此, 執事亦豈得無情乎? 願賜一言, 以表墓道."因涕淚橫流, 其誠意
有足動人。遂不計老拙, 最其一二如下。君名相說, 字君弼, 曲江人。栢
竹堂諱尙志之後也。曾祖應萬, 祖行睦, 父緝, 俱以醇謹持家。妣安東權
氏, 慶餘女。君以元陵己卯十二月二十五日, 生于乃城縣呦鹿洞。節氣
在立春後, 以庚辰行。以己酉四月十四日卒, 葬于槐潭前麓負卯之原,
得年僅三十。嗚呼惜哉! 君生有異質, 不待敎導而自入矩度。承順父母,
敬事兄長。坐不箕踞, 立必正方。不殺生蟲, 不折方長。蓋其天性然也。
授以文字, 便能聞一而知二, 語東而悟西。以家無書冊, 從人借書, 皆愛
其爲人。不厭其求假。得啓蒙書喜甚, 閉門潛究者數月。因迤邐看律呂·
籌數·天文·地理·諸象數文字, 尤用工於周易。於是夜觀天象, 以辨星
辰, 晝鋪句股, 以御高深, 作日影臺, 制渾天儀。又以胡氏朞筭, 有餘奇
未精通, 分日月分, 而納其餘奇, 適足無餘欠。以其才高而無所傳受, 故
往往躐進而倒用工夫。及見李先生, 得聞爲學次第, 遂將四子及閩洛文
字, 整袵而讀之, 漸覺其言之有味。其初蓋未免有苦心極力之象, 用力
旣久, 日就平實, 蓋將進進不已, 而以究夫遠大之業。畢竟齎志而歿, 可
勝惜哉? 所著有《道學六圖》·《書計瑣錄》·《四書疑義》·《性理纂要》·《四
書纂要》及雜著若干篇, 多是弱冠時所作。故未必其一一中鵠, 而大抵
皆精核之論也。嗟夫! 君居在窮村, 文獻無徵, 所見不過農圃之業, 所聞
不過里巷之言, 而能脫然從事於吾學, 俛焉孜孜, 斃而後已。豈非所謂
豪傑之士者哉? 孝友篤於家庭而常若有欠闕, 敎化行於隣族而自治愈
嚴密。惴惴然如臨淵谷, 謙謙若全無知識。卑以自牧, 而人益高之。士大
夫皆樂與之遊從, 及其葬也, 操文以誄之者七十餘人, 執紼者數百人。
非君之德學有以厭服乎人心, 能如是乎? 宅邊有大槐樹, 穿池其下, 名
之曰'直方潭', 立齋其上, 而讀書其中。學者多從之遊, 人謂之槐潭處士
云。配豐山金氏, 遇秋之女, 虛白堂諱揚震之後。生二子, 長顯德未冠,
次幼。

〔東巖先生文集, 권12, 墓碣誌〕

57. 김숭덕

김숭덕의 자는 이용, 호는 제성재, 본관은 의성이다. 문충공(文忠公) 김성일(金誠一)의 후손이다. 영조 임자년(1732)에 태어났다. 갑술년(1754) 사마시에 합격하였다. 병신년(1776)에 죽었다.

공이 진사로서 입시했을 때 제생(諸生)들은 모두 다투어 나아가려 했으나, 공만은 종일토록 두 손을 맞잡고 서 있다가 맨 나중에 나아가 물음에 대답하니, 주상이 말하기를, "너는 혼자 분주히 쫓아다니지 않으니 어째서이냐? 우리나라 사람들은 성질이 본래 들뜨고 방정맞는데, 너는 홀로 종일토록 반듯이 서 있으니 참으로 뜻이 있는 선비로다."라고 하였다.

한 이름난 관리가 새 급제자를 만나 업신여기며 욕보이기를 좋아하더니, 공을 보고는 유독 희롱하지 않고서 말하기를, "이 사람은 풍채와 용모가 엄중하여 사람으로 하여금 존경심을 일으키게 해서 절로 감히 희롱하지 못했다."라고 하였다.

대산(大山) 이공(李公: 李象靖)이 공의 만시(輓詩)를 지어 말하기를, "너그러운 군자의 풍도를 갖추고, 장대한 장부의 마음을 가졌어라."라고 운운하였다.【협주: 정종로가 찬한 행장에 실려 있다.】

• 金崇德

金崇德[1], 字利用, 號齊省齋, 義城人。文忠公誠一後。英宗壬子生。

---

1 金崇德(김숭덕, 1732~1776): 본관은 義城, 자는 利用, 호는 齊省齋. 1732년 1월 28일에 文忠公 鶴峯 金誠一의 6세손으로 태어났다. 고조부 의금부경력 金是樞는 광해군 때 영남 유생들을 이끌고 간신 李爾瞻의 처형을 청하였으며, 병자호란 때는 의병장이 되었다. 증조부는 선교랑 金燮이며, 조부는 의금부도사 瓶艮 金命基이다. 아버지는 竹所 金良鉉이다. 죽소의 첫째부인 晉陽鄭氏는 현감 鄭錫僑의 딸로 愚伏 鄭經世의 현손녀이며, 둘째부인 固城南氏는 진사 南鵬翼의 딸이다. 김숭덕은 고성남씨의 소생이다. 첫째부인 全義李氏는 李命休의 딸이며, 둘째부인 平康蔡氏는 蔡應洙의 딸이며, 셋째부인 玉山張氏는 張錫鳳의

甲戌司馬。丙申卒。

　公以進士入侍時, 諸生皆爭進, 公獨終日拱立[2], 最後登對[3], 上曰: "汝獨不奔競[4], 何也? 我國之人, 性本浮躁[5], 汝獨終日正立, 眞有志之士也."
　有一名官, 遇新恩[6], 好慢辱, 見公, 獨不爲戲曰: "此人氣貌嚴重, 使人起敬, 自不敢爲戲."
　大山李公輓公詩曰: "休休[7]君子度, 落落[8]丈夫襟."云云。【鄭宗魯撰行狀[9]】

　딸이다.

2　拱立(공립): 공경하는 뜻을 표하기 위하여 두 손을 마주 잡고 서 있음.

3　登對(등대): 대궐에 나아가서 임금의 물음에 대답함.

4　奔競(분경): 분주히 쫓아다니며 이익을 추구함.

5　浮躁(부조): 성질이 아주 들뜨고 방정맞음.

6　新恩(신은): 새로 왕의 은혜를 입었다는 뜻. 문과·무과·생원진사시의 급제자를 부른 명칭이다.

7　休休(휴휴): 마음이 너그러운 모양.

8　落落(낙락): 대범하고 솔직함.

9　行狀(행장): 鄭宗魯(1738~1816)의 《立齋先生文集》에 실려 있지 않으며, 현재로서는 확인할 수 없음.

영인자료

嶺南人物考 三

서울대학교 규장각한국학연구원 소장

嶺南人物考卷之三目錄

安東 三

宋栯	南天溹	柳穉[?]	柳元之
金郁萬	南天斗	柳子之	金佳烒
李如瑝	柳挺輝	李時善	李惟樟
李東標	柳世鳴	金址[?]	柳元定
權栢秀	權斗寅	金蕡久	金世敏
	李駞泰	柳後章	金九成
	李仁溥	金世縞	權斗紀
		金汝鍵	

柳[?]鉉	金良銓	李光庭	權[?]柴
金[?]萬	權[?]萬	金珵鐸	李山斗
金[?]	柳正源	柳觀鉉	金孝溫
裵相說[?]	李光靖	金江漢	金正溪
	金始器	李象靖	李正帆[?]
		柳長源	李宗洙
			金孝德

安東三

柳元之

柳元之字長卿號拙齋豊山人文忠公成龍孫 宣
祖戊戌生官縣監 顯宗甲寅卒
十歲受孟子於修巖公袗問七篇中要語修巖公
曰求放心公於竹尼上書屛思慮三字修巖公曰
屛雜慮則可屛思慮則不可公自是益加潛心於
性理之學
丁卯赴試闈搆草未畢遇疾徑出有人足成書呈
榜出得中公耻不赴覆試又赴別科考官潛使人
要見公券公不應而出遂輟擧業

為昌樂丞到家行中有所捧驛奴貢布公夫人請
曰春衣未措此布未可用耶公驚曰此乃官布何
得私用夫人笑曰吾豈不知其不可用聊試之爾
聞者兩賢之
嘗遇雨入路傍矮屋藉草簷底自念世間事都無
不足之理惟安分則可以隨處安樂遂記其事
丙子 大駕入南漢時公之外從李弘祚為本府
義將事多草剏公往見之留而經畫臨機應智酬
應如流且謂禦虜莫如車戰依戚繼光紀效書增
損古制以便其用

縣有常平倉縣官私用公役己弊例爲縣官補民之物補民已樹碑以頌之由蓋
經制軍頌之弊己役蠲減民賴藩殖自田制軍頌主委之亂尸不滿百公至則者
縣論縣而德官歸周推度問譚度論十二辟卦疏盛不齊之由蓋以論十二辟卦
名曰常平和碑也仁化祠訟敏小說以諫問於未子有爭合之病公不得之者已
知工知名間知爲露着卦後朔訓主論辟卦後朔疏論子未有爭合之病公之者

知鎮安縣事封事論知名間知爲仁化之祠訓敏小說周護問論於未子有爭合

著錄
流忘先尊
製敢作尊
問死作
韵九龍
將雖日
廷臣勾
朝年昭
言百昭
有二上
時傳頭
疏相志
禮孝生平
議愛國
儒云愛子
儐說愛子

滌一會從禮
眼稅條且理
陳十移九近禮
備二載便道天文
書耕耗不自然地
相入平事歆天文
凝公依記文正故事上等相書
之家文論遺書倭德之資文論
以為廣遠著論對馬龜主移館熊川事不
減之非文論馬龜主不待橋樣自然近道
公謙馮厚端直謹公之門如理氣姿數天文地理
學於鄭文達經也之門知理氣姿數且從禮

樂世
律神宗撰
唐家宗狀
醫春
樂卜
策
之
說
腑
不淹
賣寶
有文
集刊
行于

儐中先筆
勤書
唐退陶以後性命義理之說到挺齋
楷書趙文河

柳楥

柳楥字廷堅號百拙庵全州人　宣祖壬寅生　仁
祖庚午司馬　顯宗壬寅卒
公在太學時有牛溪栗谷從祀文廟之議乃率諸
生首倡陳疏斥其不可辭氣甚峻疏凡累千百言
遂被錮禁
丙子聞　大駕出城悲憤作詩曰空揮危淚瞻天
北欲悅明河洗海東又曰忍見周正草誰能晉甲
書　　李惟樟撰行狀

漢天南，字章，號孤嚴，英陽人。官至大司諫。祖庚午司馬，丁酉文科。以文有殷疾代服，主於哭，教閔代服之禮。令者陳疏言其非禮，教閔者陳疏言其相。乙亥大哭時，宋相剃其眉髮，許之。兒子游衰，以文之名，山善道諡相。

其學以文為宗，然其罪以文。其死以學。子大同然之，罪之。丁同然之之念，宋可不趙龍川，引朱引禮。說其不可，王弓言，超網敢，很莫逆。

甲寅，遂與諸公復上疏，痛辨邦禮，遂正其後。見時事漸繆，不說〔嶺南遺逸〕，歸家徽〔遺逸〕。

宋摘

宋摘字　　延安人　　贈都事

公弟構殺人當逮獄公曰吾有四子弟無一兒吾
不忍生而使渠死也遂遁之夷然就獄臨死顧謂
四子曰汝輩以吾故而與身家失和則吾將不瞑
矣
其子後當　國難有輸粟勞　贈禁府都事　李光庭撰
碣

金佳

金佳字受甫號野逸義城人　贈祭判通議　宣祖
甲辰生　仁祖乙亥司馬　顯宗丁卯卒　贈大司
憂

丙子後公不欲應舉晦跡窮巷老于部卽南老星興
公有養志見其志切使人致容語公舉不往
家人欲買田時官通方邑族人多不供價者公責
家人而以其錢與族人

南天斗

南天斗，字景六，英陽人。光海乙未生，　肅宗庚辰卒。
贈正郎。

母夫人年近百歲，公亦八十餘，嘗侍側不離須臾。坐臥必自扶持，飲食必自調嘗，衣衾必自澣濯。事請代勞，曰：吾離久爲親服勞，其可得乎。及歿，晝夜號哭不解絰帶。毎日晨起，掃除廟庭，收其平生手澤之存，若几筵，又別藏逕簡，臨終命人棺以殉。

〔鄭　撰行狀〕

金邦杰

金邦杰字士興彌芝村義城人　仁祖癸亥生　顯宗庚子文科歷三司承旨至大司成　肅宗乙亥卒己巳公爲司諫時値　中宮遜位之變間百官廷請已輒明日卽棄歸曰身居諫職見　君上有過而不能救不如奉身而退矣嘗以承文正字持進奉文書對提擧辨難剖破甚錬熟精詳聞者歎曰此眞文學之士也權相大運嘗謂朴參判廷薛曰君識金某予非今世人若與同舘凡事皆當取法也嘗守靈巖淸淨爲治廉潔律己及歸行橐蕭然惟蘆菖花一盆而已　行狀　李簠撰

李惟梓

李惟梓，字頃卿，番禺沁山全義人。仁祖乙丑生，辛巳……

……宗庚子司馬霸……乙巳鷹拯列拯官至閱賁辛巳卒

公嘗讀書山房，幼夫人手畏寢具洋之歟日而還異日在也

公持議正乎論時事，朝曰不必山林為高朝市為污，全定乙若全
非論出處則曰不必……為……拯列拯從……縣……皆不赴
大臣以賤頃馬實鷹起拯列拯從即……此不赴……圖

其去就之合義
嘗論今朝論丁思渾六條疏曰人君體天之道在於慮私不
今朝論清裂偏慮政召公疏不言之何也思渾矣
曰此老兄他曰之言
秋末子退漢程論類編曰二先生禮說就東史刊
其煩記問附乙意……編……新

李時善

李時善字子修號松月齋　太宗王子溫寧君裎後孫　仁祖乙丑生　先生少時自號松月　周流四方　遍名山大川通邑大都　英雄之所割據　壯士之所　博士家　有恒　讀萬遍　班馬　六經諸子百家　武經地理卜筮等類　無不貫穿　性理之書　文章　於鄉黨

守字及得年至大參膺筆遷兒神宋彌章吾日茶無修鍊
年此可其也身潘攻婚嫁以時口中摘暗晴
誦中庸者書有傳義駢枝書傳參詩詩傳遷涂荷準鯿
藏子宗書多漢撰

柳挺輝

柳挺輝字仲謙全州人　仁祖乙丑生　孝宗辛卯
文科歷兩司至牧使　肅宗乙亥卒
公以叔父拙庵公嘗疏斥李珥成渾不合躋祀文
廟故登第後久不得循例遷轉
庚午拜掌令時停閔鼎重按律　啓拜正言停金
錫衍啓
公以直講在邸有名宰數人謂曰君何不疏論宋
時烈誤禮之罪公曰時烈之罪在所可論然有所
爲而爲之吾不爲也　行狀

金如萬

金如萬　字會曾　一號其山　順天人　府使先安源……仁祖乙丑生

公教成於家　愛人各執其業　夜深不敢倦……退門

庸洪

公嘗嗜飲烟茶　一日見……遠有客人寢疾　時惡烟

寫小紙曰　飲烟者……吾……飲

公有妙……無子老且病　公……歸親……扶護……不

解衣者數日

有孫子其……公取有之三十餘年……四五口得免於流

彩

隣人有不得於父者　公嘗夜……客　語曰　父子之天性

禽獸亦有之　可以人而不如禽獸乎　其人泣謝其

文亦聞而感悟　父子如初……

柳楷

柳楷字重吾號蹄夲正全州人　仁祖丙寅生丙戌司
馬　孝宗甲午文科歷丙司六邑至府尹　肅宗辛
乙卒

孝宗大喪時禮官收議服制於宋相時烈公見其
降從庶子之禮大駭曰此禮大誤必有論議果先知
之非色僑所及

丁巳爲正言時金錫胄進一疏顯有譏間君臣之
意公論斥之閔相熙歎曰柳某之論出於防微杜

漸可謂餘書畫責之讖也　行于　狀碣　拱

李址

李址字厚卿號大朴子月城人 仁祖戊辰生 肅
宗戊辰卒
公魁梧有氣量嘗曰吾是側室子也當守分常戴
平涼子着大布衣草屨
父母死而嫡子幼公不敢管家務必請事於門長
封其帑藏器用受門長署以待嫡子之長成
嫡子嘗患瘟氣絕公抱保安卧絕食屏氣泣禱五
日而復甦
及嫡子長成公悉還其籍業牛載其妻入小川山
中不以一背隨身勤儉力穡以養其親戚之無依
者每於祭日雖有大故必往風雨寒暑不避 李光庭撰
碣

柳世鳴

柳世鳴　字甫能　弼雩軒　宣山人　謙庵　雲龍昌溶　諭　仁
柳祖　丙子生　顯宗庚子進士　肅宗乙卯文科　歷　輪
林湖　遺事　即　至校理

爲公悲　郡事勤　羆寄川令　不法之罪　一道　簡傲　清
州牧使　聞之　即上京　曰　圖謀羆民　言寄川之　罷　清
州之事

公受業於族文佐翁公元之　講討總與　見辭精透
及發解　母夫人喜曰　此賢師之功也　捷翁公笑曰
嫂氏不知吾之學于謀　而又以我爲敎耶

公於書無所不讀　於理無所不窮　造語曰　漂而先
嚴於坐　獨持省之工　柳狀撰

李瓘

李瓘字奉彦稀虛直全州人　太宗王子湜字君程
之後　仁祖庚辰生　顯宗丙午司馬　肅宗乙未
盛仕系家文科官佐郎丁卯卒
公累擧不中時以許偕至許相積要子堅來見致
意公一不往謝
公為鄉琿有未應之而不感其心以比見忖汰職後倉
中數十年有一先危支見顏人曰闢倉信多矣不把後
秋毫不畏强圍未見如孝春事云

公之文辭學明白典雅而有作述前稿科制流傳外
詩文不多傳有若干卷藏于家行李狀撰揮稱外

柳元之

柳元之字善父號松窩豊山人公性篤孝十三而孤執喪如成人哭泣哀聞者掩泣事母夫人色愉而容婉及其有疾晝夜不離側藥餌必親調嘗甘旨必親供衣衾必親灌左右就養未嘗令子弟代之積數十年如一日三以孝行聞於 朝公每歔然不敢當焉公自罹前喪已有癏悴之疾遠遭後喪病益篤自知不起命子弟勿進藥〔金應祖撰行狀〕

金聲文

金聲文字德，依馮人曰軒誠城人詞槐學字序忞孫
仁祖字乙生　　顯宗主演司馬乙司文科歷三司大
成至監司　蕭宗丁亥竒等牙象柏甚　祠
公容承端枠聰悟絕倫目少登顯一　德春時
甫廟汾先志蹇正邦經門司譜吉　庸頃敕可
上用許祖稿信不能公梁司條上剑言公論不可
不從曰此朝議己有攷異之漸
迻堅有瀆投書江輔密諫耤夫摘得伏誅函書情
節皆祖宋相時烈婦焦之說逐移置時烈于絕島

兩司將論向時憲己臣正言趙徔錫及其
未救先碑鑑邱李鳳懲得不差出諫官以祖其
論公以社錫希意避事疏行之於是政院及大臣
請寰逐諸持論者三人僞五人補外公得徵義一
時正人注士見公去國卓不泥學輔敕而若金
某安常守靜曰致淸顯吳為難耳
許文正穆在連上不告鄆　上令賜月憲公進言
曰待讀臣當畫誠禮不可從尚臺文　上從之趨
集隅

以蓋溢沛衝歸馬正還於曰銘碑撰庭光隱調李
遷而石之義歸馬調馬匹乘而以時歸義慈自公
之也（未家）

權斗寅字春卿號荷塘安東人也　仁祖
即位後　公至國相　權廣定　開飲闡
定　朋聞　達權相國　大遷朝者　即正至信行學焉巳
己士進卯之宗庸　穎敏經學積行孝友聞於鄉黨學士皆俱誦
其文　觀世間之禍飾而不能悟本悟之　濟以溫厚性梳馬
遇而調　於心而形於同　以謇諤聞於朝　庶情
其甚然不可及而遭然不可　和不至　見不可多見
應清不至絶物求之季世不可　言但見外之　頀本

李東標　忠簡公

李東標字君則號懶隱眞寶人松齋瑠後仁祖
甲申生　肅宗乙卯司馬丁巳文科贈吏曹判書
人至承旨東壁考信試公名先朗
當知東壁而西及試曰辰起梳髮故
閈人皆笑弼李子杭
已已　上命選翰林公僑寓會寓相權公大運
白　上曰李東其文學行誼世儒冕槿公主堂南
承　而進用方呈宜用不次例

有經國大才堪用之雖三代
陸典籍明日擢拜孫文館副
時甲申遷信諫臣朴泰輔
眞諫公咸死咸寃下今有
在頹外間變去治流更駕赴
昊斗寅朴泰輔等僅死流竄卒
怒加以溫與李尙眞之減宥而
等之故釋亦免大匡之劇而
臺同仁之道救以殿下今

臣諭其心威之人於今方則
曰今教文何如殿下謂殿下之臣何如
殿下論而猶以伏閣驟止為也
失四方之人疏於今公方初
陳陽得而不輕夫之啓非是
人之怖恨不恨何敢異論於今
則宜可得舊邑本為
初公方異論而止樂解者令謙溫
規其遂值悔而輕失四方之人
奈何重一言之信甚遂實之啓
成奈何重一言閣之信規霸
為以言為成奈何甚聖閣之
震霆以言為文及墜閣之信
皇帝不忿於殿下教令義當然故也
固未嘗不忿豈以言為戒奈何

諸臣言許如代
信臣當是經筵
此人視強之公曰安有經筵是
令議方論此人罪禍不止此人
閣相鳴重搜拜諸條
以怒臣諫以忠諍言許
諸臣以怒臣諫以忠諍言上嘉納之
銓長住已為清揚濁激以然無可矣
殿之不可諷曰
使人諷曰可
恨與聖人執筆當春秋今日
拜同公正色曰今若友進筆者
修同何有修友進筆者遂榮官歸前
慄時三司僉若論此視強之
佐邪福禍然以激濁揚清為士行
聖救書佐邪福禍
今日拜吏書佐通
通判章通清任公曰導素無行奈何
以時相子冒錄長銓重慈牟無奈何則使人通曰可

也子之顯遭章言而其惟亦吾許見若閔於
至己洸若逐避公灼重焰權命國靴霽時
呈曰卯事秋與善吾人誘私以欲公東藏金
朝舟登義披而文天美曰激隔政大時門國
彭士學蔡也漢退小之今曰嘖嘖顧相者餞
贈嵐也貢僑紀羔塘聲出舜蘇即却曰詩以
除身終若易講坐端望別泉慶任年毀是自
召赴己得不修隆殯香上下三十凡吉

濁澤橫流千進務人其貢難 上昭則曰
覺然自聖於德兆之上豈不爲使而其於後
邪何私易置廷臣之際誅殺大行爲諸臣快
則得美而危巳將隨其後況內言之出外豈
皆細人邪運人主一爲而中其非但美顏友之
柳私逞明回聰馬當陸貴威嘻注石情友之
議者光信運馬座債隆汶通撰大司成副撰
唐參議比曰極諫也
公嘗侍先公疾血指和藥以進及不效竣其
者殺戊庚丁太夫人慶度應子墓朝晴肖瀰雖大

雪不修給人洺試盡拱軸覽不食見子應
英宗十七年承吉元景及白公樹立卓然仍請崇
贈以勳一也金相國在魯及諸直字合辭稱其在
當時澤持清議　上特贈大家字大學士　令書
力主清議樹立卓然人守於贈賜盡其數也
嬌宁九年同山南諸字南院調　賜諡忠陶　宋濂

金世欽 字天若 號七灘 義城人 仁祖己丑生 顯宗癸丑進士 肅宗丁卯文科 官校理 庚子卒 肅宗丙戌 烈溪李公潝上疏死 朝野震駭 書公到嶺下投疏 縣道而歸 略曰 李潝一疏 只爲東宮地 其情誠可怨 而不可怨也 如使潝爲可罪 惟當付之有司 盡其欽恤之道 可寬則寬 可强則強也 何殿下不爲徐究其情 而怒之暴 而殺之遽死 且不恤其於東 信信之爲社稷 死之不有其

朝廷 …… 殿下明其忠臣 勿爲之舉也 疏入院 …… 年 …… 里卒 …… 命復 公請退居田野 感慨 …… 以大用

柳後章

柳後章字君晦號一衞豐山人文忠公成龍耆源
孝宗庚寅生官謚議　　肅宗丙戌年
文忠公兄傳陶山水幹拙蕭公敬揮之世世孫葉
窕有家法公培養有素成就德器
肅宗己巳　教曰瀰来輔震啓風期一合當大試
袖手澤戎東人公益切惶懼不敢膺　　　文和

李琓　字粹秀　號疆野　全州人　李崇　庚寅生　壬子卒

公學行文詞　爲士林所推重　布衣八十年

每有書史　取古人嘉言善行可以監戒者　必記而

取　爲文詞平實雅馴　不爲巧語　文人自廢

李棟完　字國材　號菁山　全州人　李宗字卯生　庸
宗丁巳進士　英宗丙午卒
今容貌瑰奇高標標潔清亦不肯過自標致為高於
世嘗曰君子有常分用之則行舍之則藏違情而
求借非守分者也
嘗講教於眉叟許先生先生手書守己華安危守
口無妄言守身無妄動十五言以贈公常佩服焉
公嘗與權蒼雪斗經談古今文章虛虛理製事神主
兒沒能盡人之所不能真測其運際先庭於此時

駿逸清未包催催而已今老業死而影　　日之言
如聞書閱山水秋建洽不為　　棋詩陽先庭

金九成 字天則 號守拙 善山人 孝宗辛卯生

肅宗戊戌辛 贈佐郎

先公病思松茸時 尚早 且非土産 公學而得之 松葉中人 調孝感

德痕 衲伯兄 持憂 公爲君妹 精知君 行義有孝 郡處 撰德

金世鎬

金世鎬字京伯滯調洲義城人　勞字士辰主　病
字字南司馬庚午文科官奉教主寅辛
公在翰苑　上閣周　曰文義子延匿皆不能封祐
白曰惟金世鎬　宗之　命史官至公直次閤之時
夜深公方寢諳馬起記調悴于熊衙滯礙
李公玄紀等曰金右之文訂文正後惟金某英之
李公栽母調某員所調錦繡心勝撰金某狀行

遲兒泰字汝和黃州人　孝宗甲午生　肅宗丁酉

公受誣黑去　父所會內當　當擊之儻　盡之去　應死言　至也　則　諫　誠殊　手　日　被　而左　而　白　氣下公保拒呼　則獻右　髮殺十　只存皮前不止　碑斷　身以　倜　腐發

李洪達

權斗經　字天章　肅宗甲午生　至文科　理學疏　公推爲本朝先儒　肅宗丁酉　嶺外辯　萬儒義　正時人　論時事

後　校　公　定　悳　人　束　安　庵　待　天　字　經　斗　權
庚　歷　行　學　廣　戌　甲　馬　司　乙　己　宗　肅　午　甲　宗

承　公　有　北　紀　疏　論　柳　臣　將　烈　士　死　見　瘴　海
中　來　見　韓　柳　集　公　答　曰　柳　候　居　悲　消　落
氣　郡　可　觀　送　自　敬　編　以　資　觀　有
肅宗　斗　退　壯　使　來　大　臣　出　待　問　答　有　夫　外　大
駿　鄉　中　有　欲　係　名　陳　疏　者　公　與　書　曰　此　事　做　則
有　之　別　燕　係　關　安　危　政　府　儀　書　已　到　言　之　亦　可　以
社　後　學　矣　至　於　奔　走　相　通　聯　名　張　皇　有　若　大　變
於　朝　夕　者　採　以　事　理　守　見　且　十　分　穩　當　者　進　事　有
敬　執　居　常　慶　以　靜　重　自　守　則　中　有　主　而　應　事　有

力若午見風吹掌動使手忙脚亂脫遇事變死利
宇文前狼狽無收拾不促無得於國適廷以辱身
名此不可不念也其議遂覆
公於天下山川形勢道里遠近人物出處世代治
革東方君臣賢否政事得失儒學醇疵了然若身
泣日鮮至於詩文筆法畫妙隨品評隲治否攻
豊圖工匠搢紳末得細欲食和劇之末未必留意而
隨事論練綜理微突无精欲於校書家讌歡百十
卷皆經手校字畫音義叶韻之頖一一理會無有
一度庄諧嘗曰士不通古今達事變促以一號庶成

名非通儒也不能忍煩耐苦非有德者也
著詩文數十卷退陶言行通錄溪門諸子錄若干

權斗紀　字叔章　號晴沙　安東人　忠定公橃後
孝宗己亥生　肅宗丁卯司馬　丙子文科　官至正言　景宗壬寅卒

肅宗辛巳公以禮即位之後啓曰見國事日非朝著携貳慨然陳疏不避大家之忌用意過世道至此不能言一介踈逖之臣傷敗之餘基敗危疑判官藏在

辛丑特除危險而亦危怖都之甚矣命說于南海辛卯放遷

金汝鍵

金汝鍵字天開義城人監司瞻之子 顯宗庚子生

肅宗丁卯司馬文科官修撰丁丑卒

公資稟剛勁操履堅確不隨時低昂不以人言如納

年十七從辭詞來學然老師宿儒交口薦譽曰不

知何能道此語也

嘗論趙師錫偃蹇驕傲無人臣禮竄之以死甲戌

時事大變具黨始修卻而復怨論明川

公出入 經席有言勤懇 主眷隆重葛菴李公

嘗曰同人講筵吾輩樂有光寵云

在諫院時有時宰請公投清州牧公以爲事涉私

嫌往復數四終不聽又有知家州一人以親老辭

官朝廷不許既赴任諫長將論之公曰彼以法辭

後令行之又復論之可乎

銘曰剛爲陽德公實有之君子之常吾嘗譽漢玉

立朝諤諤邦家之光命何云促祿何不豐其存者長

韓山之陽四尺之高碣學士斯藏 趙德鄰

權德秀

權德秀字潤式號通軒安東人　顯宗
宗己卯生
公天姿英邁器宇宏深神識精明而膽守堅定乞
如山兵隸如筆社信曰岳侍儒事後使還一修詠
丁丁眠前以文手曰有文字行細之嶺又曰有詠演
則心自小多恩直見不精辭事須有見識微事演
有氣魄
戊申春聞賦聲詳腐不過之說公大驚曰此大違
也此遂其博語者賦歐歐衙之及託倫證援公辈頽

天曰彤燭瑄　恂以懿曰取公諸士膚壼　以縈焉
自辭士室唐士
室庵李公栽毋有編纂必待公啇量曰此老爲文
法一以简支勤俄撰手行矣戌諾

權葉字方叔諱屏合安東人　顯宗[　]子生　英宗
公甫成童誦六經四子以及洛建之書如天文
籌數卜筮兵家之流並皆旁洽嘗曰進取不如從
吾所好早能料事
爲社倉精舍軒渠樂善穡修鄉約教導褊悍者化毎
有德林大議以公一言決焉
英廟朝以行誼聞興啓掩券栽同人屬儐
戊申春忽有人跨白馬臨五六十人直人杜室一

公曰近日有如此如此事文人官高統安卦時耶
公殊起大比曰是何言也吾戴吾君彼使天寧賊板
其他甫衡吾顧吾仍以手搬把引頭而與誠俯久
劒拵之吏欲有言公遽寫曰吾鄉風伶甫僑不聞公達
疾即起去公復坐大此曰吾擧馬渭港衡頭見耳公
順三分奴隸亦知行見沈筆爲議倡義學
念力不能遅繼誠遂馳人府議倡義學
後甫外有一權進人出逆招金吾速捕而乗其名
安撫使朴即泳不郎得其人以公爲望士也逐執
送公將遇之而色不少優及語範使釋之安閒執

釋放爲特鄕卽音玉將還顏天　見漸直許薦對供
此順　辭號人之東安曰閣殞論下　送護孝給
　　　　　　　　　　去而惻救之使堅賊退
君然懍乾其曰人語出卽事問以運光卽侍兵
能者守神有道學非白明詳安氣辭石衣勝不也
　　　　　　　　　　　　　　　　　〔李祺孝行請狀〕

李光庭

李光庭字天祥號詢翁廉州人　顯宗甲寅生
宗乙卯進士　英宗朝拜恭陵參奉　靈徙洗馬　恰不起
加調戊嘉書以同中樞丙子
公隱居太白山下　修身從行讀書爲文章樂以忘
老
豐原君趙公顯命除縟郡遂評之風動一
方禮致公爲安東府邸訓之公然講書注理諸
書是曰能講　　命評孝行爲士
緣公以應　命歸奏曰李光庭文學行誼爲士南

事　上曰車國是求郭鄒會訴是車國一人則
調之今世豈一人有何不可後金相在嶺以歲但
還朝又語曰敎得呈訴行字鄉里　上命取用
陞　厚陵參奉既赴真　任肇見待花障成　松
二先主陞是識不起令一能曰二老高標不可攀
曰寗邪直悠主瘦明朝掛帶東南去江海秋風滿
神棨逐謝病歸
又陞　莊陵參奉公信義慤然就有

有詩曰　橚桿改不起　喬水在不　馬陽獨遺蜀　有丹覺遺邊　起見應君徵後　勸嶺蜀　信踰院共樂　知院共樂若公　親共樂若公秋水盛　宰字咿不起讀書山林　擇譯不起讀書　事嘗而馬斈　奉春日吳　陸贄之　及助之

以文章學　教授生徒化　撲生徒　文章　沈庭以文章　李沈庭　曰李　卜　感慨　龜　水迥逐　秋水盛　若公　奏議　陸之　及助之

公對　隆　學者　子必勉　進學　舉業　見　慶　天　勸親戚　勤　耕力　力　穡遇老　遇　達老　公之外者誂山水　遊觀之　勝聞　觀威　故　信死　雖　老

病至　輒流　食涕　素讀　史聞　至孝　忠子　臣烈　義婦　士　遇　雜　辭命　慶　搟　柳　或戒王馬

公之文　調　以南　可以範文　足可以補　也教　其博　也　遠後　也　明矣　矣

金良弦

金良弦字顯南猊道嚴文忠公諴一後　庸宗乙未
生　英宗丙辰年
性淡於財貨後戚十餘餘分之親戚朋友之貧者
心境朗然無一慶客頗溫粹如玉而流額額棠
人衣裕不覺臨客之自消

柳升鉉

柳升鉉字允卿號嘯窩全州人　肅宗庚申生己亥
文科歷西司至叅議　英宗丙寅卒以戊申倡義功
當宁戊申　贈吏曹叅判
嘗入試圍見士風不美不呈奏而出及登第人勸
棄鄉野態效洛下容膚公笑曰無才不能爲也
戊申舉義兵一邑推公爲大將公逐會兵於孔子
廟前師律嚴明趙公德鄰曰墨紙累頫裂裳被體
爭赴王事伊誰之偶
守鍾城時士民相賀曰樂哉徃年玉川趙公論吾

士常言嶺中有柳其賢士也今乃爲我侯郎
守咸安時民以爲不圖吾郡復見鄭文穆公儒化
也
嘗在官或勸嚴闊絕容公曰何必乃爾度吾心力
而爲之而已
有官吏憚公嚴明故致不謹於上供公罷而吏則
逸邑人無不憤惋公不以介意
碣　蔡濟恭撰

斗山等字卬彿懈林橫

李午，字山斗，等秦人。甲午生，庚申宗甫英崇，社者人，全義人。公嘗為人試闕，講筆將之，時不敢取草。守及歸，官知科文，毋字字卬彿。公曰：「何至於欺天？」聞者驕，欺人間數屋，人不知，雖讀一字誤，言自明。公曰：「人鮮不欺，官不知新鮮。」其官不知。九十歲。

然則知和為薦，被薦為。嘗人日學，之壹可盡涌守及歸草屋數間。公也，己公。及人者社，像四字。命工匾修像，以来。命元孫書。

金聖鐸

金聖鐸字振伯號霽山義城人藥峯克一之後肅宗甲子生英宗庚戌筮仕歷縣監乙卯文科至校理丁卯卒

戊申亂賊起公赴倡義所爲文論四方辭意嚴正慷慨

嶺南按覈使吳公光運來訪禮貌甚恭及還朝以公首薦曰金玉其人除叅奉一謝即歸

嶺南觀察使趙公顯命又首薦曰溫恭謙退務自韜晦而文學之該博識解之精明當爲嶺士之翹楚其年紀雖少名譽已成一書收用更不檢擇以搜剔明揚之道已極慨然請敦勸以起或問經義或詢治道如明宣故事除叅奉一謝又歸

嶺南監賑御史李公宗白又別薦命付司果旋除別提命道臣勸起及來丞賜引接問治平之要誠敬之原公引古證今罄陳所蘊上稱善焉

及赴增廣覆試上召主試者教曰嶺南賢士今當入試圍能不遺珠否及坼歸公果捷矣放榜曰賜御製詩一絶曰昨日嶠南貢擧身今辰頭上

臣嘗於文學侍從之臣嘗爲侍讀以文詞贊導為文詞媚上曰臣中一句致其指斥之語李子捧讀而泣曰臣在金門待詔之路於是親嫉之徒為之搆陷謂之媚上曰臣中一句致聖之賜蒙以他

先大夫庚子輝燭之文玄遠語安于天此亦可見桂花新章陸德儒諭至今若以全為先以全度之道之全下爆之下可見矣

公在孤疏中以應秋之義也已坤為聖之臣臣自痛以臣之辭廣州為聖學之士柳公疏顯命安置公莊於故之土先天改聖德之承吉諭行論自作隆辭上公莊義於故事

四月之主付之廣州別人徵之旨諭諸臣曰金聖先承德至揀掇下義復疏掇下謀達罪後嘗出虛應對無涉見下於名院已云蔽門以為嶺上後光延雜書

也
文摘曰　上特教　下諭　特藏于繪　恩事　先朝　先父　報厚　誼行　誼純厚　祖用　選曰　金聖鐸　公於世事　始論　非村　以文行　行誼　調

權專

權辰以戊公演若戊申略曰天地未墜孽臣之介義不可于以地尚高聵

馮主字申倡義功天資純洪範說尤邃於字義之間逢亂狩起為浮海人佮倡起義

字母司馬江左安求人思史公樸後庸宗戊

瑀

法因廉笑曰禰衫辰看時置之滋仁享元良青之
稱好云安束人間之元伺僑藏也逐下　御奈書
一書使之逢者逢制于安束校信　命奇承依様
吏言永爲生進曼禰之用

當宁戊申大擧　逸家　上敎曰權鄆僧起義師
鼓奬士氣其功與節並七等閨其檄文多傳誦云
使奬之典不施扵此人乎何爲即今議當加贈莘
藏以子記逢之意贈吏曹叅議錄行

金景濕

金景濕字先甫義城人　廟宗壬申生　英宗乙巳
進士薦學行拜參奉不膺甲寅卒
嘗赴司馬覆試公恭占高等禪場及榜揭乃別人
名人無不惝恍公笑不辯
又嘗入試圍有老儒甿公策調曰賴得之君不可
改焉否公立與之
又嘗覩循試乙而見疾以對策多切直彌扎時諱
也
嘗學號神人揭調藏河井曰戈子洿也及卜居丹砂

嵬翠陸澄流究是神人所告　屬漁　蓋
公嘗校補衣薦學行人其曆曰晼人丹砂峽獨扎
禹秦事　遺

柳觀，字用之，金州人。英廟朝，主甲申生，庸宗甲申……終不起，出境……

牧防……辟……設路，課士人歸城……造鏡……當此……小民爭備擔輿出境……傳……信……

初上教……語善讀……有文學者撰……春坊輔導之任，公為春坊……記……序曰……文……事動色相賀曰：嶺南柳公一人……

坊帳然者，大之能使人情重陶慕如此。撰序……左右其有人教乙，文相告曰：柳公去，夫何……汰澈……

金樣字浮夫光州人　創立淸陰祠於府西
嘗有一種人圖取鄉權排擊異己士林
非眞守私淸陰欲憑作威福視鄉人
攝去自是一邊之人仇視鄉人設
趨附者優禮之爲歸正錄書其宗人
爭驅隱馬浮夫於內庶與衆之
南飮酒張擧三曰謀議峽之者必府
不藏浮夫笑千回謀議者必設
寧有信城多人地應張聳樂而

帥以人倡義夫
將律編管闢東之欲谷盡敦祠時浮夫方持
人無不寃之後六年得釋浮夫有孝行戊申
倡縣義之功性慷慨多氣郡而愛惜奇禍又
悲夫撰博夫良服壽

金命基

金命基，字用休，緋良義城人文忞……一後庸
廟丁丑生，英宗丁巳司馬……庚辰……以
審見一王人言衛無以供親……之……
此投斗梁公以有斗與之而服老為之……
公等赴武……潘筆有又從後循瞻公……為
聲曰小的弘至司命……驚公卻爭之其竹為我
出有同人有指見其稿……己其人群等有親
公之號……隨赴宿試病人都己微講有君
為之圖餘講澤以荷之昌餘洪……曰此其……

所不敢，且恐得罪家君……

金正漢

金正漢字扶仲號三谷義城人
金霽山聖鐸講道川上公自幼至孝及長
羅嘗托以誘掖後進
嘗曰今人於他事嘗欲其精獨於文章一任其麤
信不誤熱於是取周漢書日研究誦習作文有
法度

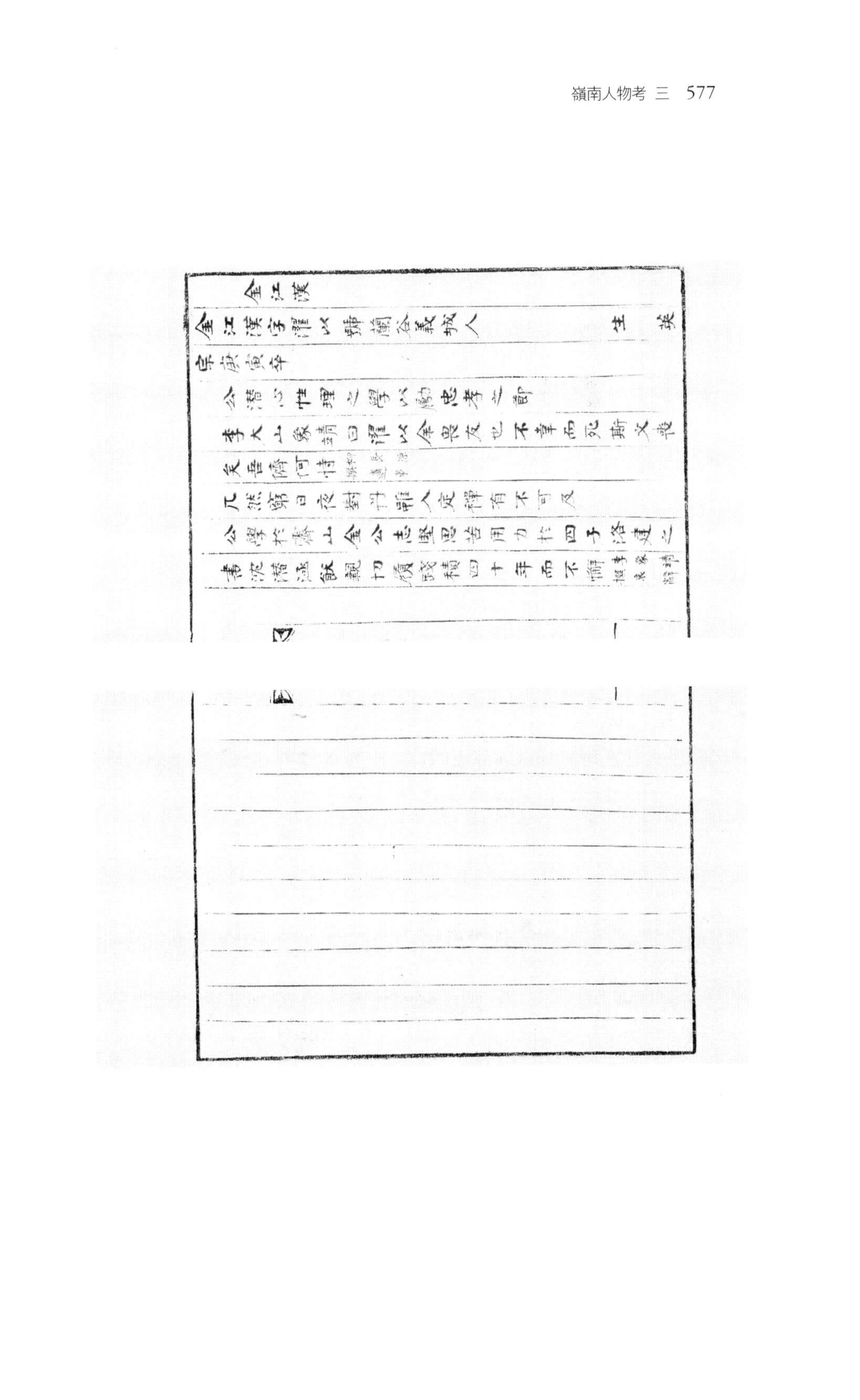

金江漢

金江漢

柳正源 字浮彌 三山人 文化人 肅宗辛　生英
序 乙酉 生員 乙卯文科 歷三司 春坊 至大司諫 辛巳
辛卒

誅浮賓銓逢　儒臣講　說以婿衛武柳　問誰
可任此大匡諸逢咸曰柳正源逢於經學調聖問
書如誦乙綸無出其右上文問一代信儒　講
春官碑青成致春有誰大匡以五人對公及其一
以經術　名召
壽以惠仁守字傳人於菜州諸傳曰貴國人物之

感可和以知此好官員在下己也
爲通川時 民之銅碑 以頌其德
若易解 參考河洛指要等書　校長張　編濟

金樂行　字退甫，南雄府保昌縣人。嘉靖丙戌進士，授校理。

容視之則又甲視得者
形則又甲不可得者
雜又得者誠
性底人誠而卻雜不識
德叙剛而卻雜不識者
光爲剛頃之皮不識者
此以爲剛頃之皮不識
曰旦勿之以學力者才
人覺甚而元之以學力
語甚室彼而元之倫
請叙細室僅半學
象人以眞之倫而元之
公則濶而敎度之倫
李子示視之敎度
山覓示如此之視度
大爲覓如此之
拔爲甚之紿蚩敎文集
公以之拖以紿知言

所考當守之伻作前起
著講書有啓家官試法前賣試衰服經傳註疏通
錄刊補致詖及文集若十卷狀解至性絶行
當守之伻作前起而言曰其子金樂行有至性絶行

無懼小學編中所錄諸啓不獨臣知之士林無不
言之有子如此以養方之敎推之平日不負國可不
知於是上下十行繪書特繪校理公藏堞仍以不
及用公爲也道恨之樂善唱高泰

羅正咷

羅正咷字子誠號辛庵安東人恖己公樺後甫卒
庚寅生　英宗甲戌司馬丁丑文科官說書丁亥
公以侍講院說書被正刊之命己而置之公逢時
歸安東鄉里閒居雖鄰里故舊不見面帶時
施柳過六年以辛縣殘逶曰吾有槪踪藏之桃
終夫書至今至於此將為不順之見矣

李象靖

李象靖字景文號大山韓山人　英宗辛卯生
宗乙卯司馬同年文科　至叅議辛丑辛
上自在闈己科公儒林第一人及即後親見
挍權殷年之間三遷佐貳必欲一致之朝以簡牌
文治武親脩　王番論之思至矣乃欲一見成命延泛
胎書勸花盖惻傭之道陳九條疏上五條論君德也
言事君亦右人之　賜批曰九條萬言言言言初至
下四條論治緩之　綏要作觀省之資

公之軆若不勝衣而進道之勇資貴集修言若不
此口而析理之精篤絲不遺粹面盎背清癯然淡德
公雖爲大山公門人之　頤儒之言頷謙恭瞻視瑞重者不問尙可
知舊曰得陶山私縣言行補述異卯之辭不一其說而
其曰得陶小嫡傳無異縛也
所著有約甲編制春處敬齋集解理氣彙編朱子
節要成書四七說
等曰學聖人而未至不欲以一善成名以改林
下三四十年無一日不讀孔孟程朱之書無一息

或輟存養省察之工致勤于日用而門路端的用
力於銖積寸累而階級齊整體具用備居安資深
使人日可見者連鄆之氷蘗律已延邑之治化決
民然此麈攈也
嘗謂弟光靖曰隨分收拾勉進後學又曰教子弟
以依本分不失儒家氣味　琪蔡濟碣舉

李光靖

李光靖字休文號小山人大山象靖之弟肅宗
甲午生　當宁癸卯以學行薦除參奉聘至敎
視己酉年
人自兒時日覆書室滿心肆筆成章辨語紛然愛
戊申之亂自倡召募人有以年少止之公曰唐太
宗十六應募吾何獨不能時公年十五
嶺南御史等別薦人才以公為首
當宁癸卯　敎曰故參議李象靖之弟光靖亦能

固窮讀書修勗行校鄉里咸稱補道內知名有乃兄
之風　特命調用

柳道源

柳道源字秋文號蓬莊金州人　參議升鐵孫　濂宗
辛丑生　當寧戊甲以學行　除參奉辛亥卒　有涕
公年十歲遭喪有七歲弟聞曰欲如比哭而　哭則
不可得奈何公曰思父母聲容及嘗愛也而　淚前
有涕涕不可强也
嘗赴舉行一日愁信季氏不備帳然旧憂而　逢
當寧戊甲　贈公父職仍　教曰聞其子有學行
屢薦遺烈況某家人字　除參奉公肅命即歸初
柴花蔡相國濟恭能書曰少微憂孤終南旅献初朝齡

服惟顧盖敦素碩以主山南云
所著有有溪集證四禮便考東巖軒鹺曰蟹碟

李宗洙

李宗洙　字學甫　號侍山　眞寶人　景宗壬寅進士己
卒

當以辯破二字把作題目使人未開老而知浩句
請可也何可設講問答作爲標題有君學庸或問
我依以天名其經而外天叙天秋無君臣文子講
此爲罪己不可容於慢軾天

當聞朝家申嚴小學講規書曰此韶似文具一
國儒士咸讀小學咨知無口講而己悅感發而興
走若手

序清書有四書注譜補三十二卷四書小註考
輯二圣常幾禮通考二十二圣深訓類編湖書類
編濟啓彙學庸製義近思錄釋疑辨疑禮記見周

天筆法及文集若干卷　状家

裴相說字君弼視渾由江人稻竹屢尚志後　英
宗己卯生乙酉辛
至有里淨不教循邦爲於人倫瀔貴聖學
精於天文把程律呂廣毁作日崇厚制渾天儀熙
一鄕士友無不咨遠其死操文而謀者七丁餘人
執縞者毁有人

金肇德

金肇德字利用鄉薦省疆義斌人文巳公試一後
梁宗士子進甲戌司馬丙申辛
公以進士人　林皆諸江造爭諱公國終曰其至
最後登對上曰汝德不奔範何之我國之人性
本浮蹀汝偶終曰正之其有志之士也
有一名官遇新　邑好慢曙見公偶不為戲曰此
人流額嚴重使人起欲自不敢為道
大山李公軀公詩曰林林君子度落洛文人稿云
云

역주자 신해진(申海鎭)

경북 의성 출생
고려대학교 국어국문학과 및 동대학원 석·박사과정 졸업(문학박사)
전남대학교 제23회 용봉학술상(2019); 제25회·제26회 용봉학술특별상(2021·2022);
제28회 용봉학술대상(2024)
제6회 대한민국 선비대상(영주시, 2024)
현재 전남대학교 석좌교수 겸 명예교수

저역서 『서류 송사형 우화소설』(보고사, 2008), 『권칙과 한문소설』(보고사, 2009), 『소대
    성전』(지식을만드는지식, 2009), 『증보 해동이적』(공역, 경인문화사, 2011), 『떠난
    사람에 대한 그리움의 미학, 애제문』(보고사, 2012), 『요해단충록(1)~(8)』(보고
    사, 2019~2020), 『검간일기』(보고사, 2021), 『검간일기 자료집성』(보고사, 2021)
    외 다수

영남인물고嶺南人物考 3
−안동

2025년 6월 25일 초판 1쇄 펴냄

편수자 이유수·한치응
역주자 신해진
펴낸이 김흥국
펴낸곳 보고사

책임편집 이경민
표지디자인 김규범

등록 1990년 12월 13일 제6-0429호
주소 경기도 파주시 회동길 337-15 보고사
전화 031-955-9797(대표)
팩스 02-922-6990
메일 bogosabooks@naver.com
http://www.bogosabooks.co.kr

ISBN 979-11-6587-895-5 94910
    979-11-6587-789-7 (세트)
ⓒ 신해진, 2025

정가 33,000원